歴史的資料で読み解く

伊藤音次郎

明治末から大正・昭和、
民間航空を愛し続けた
飛行家の生涯

Otojiro Ito
*Pioneer of
Japanese
civil aviation*

著　長谷川 隆

監修　井上和子
（伊藤音次郎 末子）

西村美和
（伊藤音次郎 孫）

はじめに

監修　井上和子

（伊藤音次郎　末子）

　父、伊藤音次郎は明治24年（1891年）大阪に生まれました。幼少期より絵の才能があり、絵描きを目指した時期もあったようです。佐渡島商店という銅鉄商に丁稚奉公していた17歳の時、ライト兄弟の初飛行の活動写真を観て飛行家に憧れました。これが父ののちの人生を決定づける運命の出会いとなりました。丁稚奉公という貧乏な身でありながらも、飛行家を志して上京し、当時海軍を辞めて民間飛行家に転身したばかりの奈良原三次氏に弟子入りし飛行機の基礎を学びました。その後独立し、多くの人の助けを得ながら、自ら飛行機を設計、製作、操縦、そして後進の育成を行いました。

　時代が戦争一色となる中、軍事化の流れに翻弄されつつも飛行機づくりは終戦まで続けておりましたが、戦後は、航空界から引退し、成田で農場を開墾しました。父はよほど飛行機と縁があったのでしょう。そこは現在、成田空港のＢ滑走路予定地になっております。

　まさに、父伊藤音次郎は、日本の航空黎明期に、民間航空界で活躍したパイオニア的存在。その人生は波瀾万丈でした。一方で、父は非常に几帳面な一面を持っており、記録魔でもあったので、膨大な日記とアルバムなど多数の資料を残しておりました。

　その日記などをもとに、以前、航空作家の平木國夫氏が、父が民間航空界の第一線で活躍していた頃を著作「空気の階段を登れ」で小説化してくださったことがありました。そして、ゴジラ映画で有名な円谷英二監督から映画化したいとの話があり具体的に進んでいたのですが、監督の急逝により幻に終わりました。その後、父の業績が語られる機会はほとんどありませんでした。

　私は末っ子で、父が飛行機を作っていた頃は幼かったので、当時のことはほとんど記憶にありませんでしたが、兄弟が他界し私も歳をとるにつれ、父の偉業をこのまま風化させてよいものかと思っていたところ、平成24年（2012年）長谷川先生から「伊藤音次郎展」を行いたいので協力してほしいとの依頼がありました。短い期間にもかかわらず、熱心に取材をしてくださり、とても詳しくわかりやすい素晴らしい展示会になりました。最終日には、講演会をすることになり、人前で話すことは不慣れなためどうなることかと思いましたが、会場が満員になるほど大盛況で、講演会の後もたくさんの方々からご質問やお声がけをいただきました。父のことに興味を持ってくださったことがなによりも嬉しく、本当にありがたく思いました。そのような場を作っていただいたことに深く感謝しております。

　その後、長谷川先生からこの展示会でまとめたものを中心に本を作ろうと考えているとのお話をいただき、父の残したものを娘と物置から探してみました。古い手紙や雑記帳、写真、スクラップブック、設計図等々、初めて見るものばかりでしたが、多くの方々との交流の記録がたくさん詰まっておりました。父の思い出に改めて触れ、ぜひ、長谷川先生の本の執筆にお役立てていただきたいと思いました。航空協会様のご協力も得ながら、長谷川先生は膨大な音次郎日記の全ての要点をまとめてくださり、本の中に挿入していただきました。その時その時の父の声が聞こえるようで、とても深みが増したように思います。

　今回、長谷川先生には執筆中に大病をされたにもかかわらず、強い関心と使命感をお持ちくださり、散逸する資料を取りまとめていただきました。大変な労力をかけ素晴らしい本に仕上げていただきましたこと、心より感謝しております。この本を多くの方が手に取ってくださりお読みいただくことを願います。

　何もなかった日本の航空界を、手探り、命がけで切り開いた先人達の軌跡をたどることで、未来に踏み出す勇気と希望そして開拓精神をお持ちいただく一助になることを祈念しております。

伊藤音次郎アルバムとの衝撃的な出会い

—— 航空素人が写真の中の音次郎や恵美号と苦楽を共にした10余年

著　長谷川　隆

　それは、ふとした出会いでした。定年退職後に務めた公民館の生涯学習相談員2年目の平成24年4月。公民館で活動する古典のサークルに参加されていた井上和子氏が「父、伊藤音次郎のアルバムがあるが有効活用してもらえないだろうか」とおっしゃっているとの話を偶然漏れ聞いたことに始まります。伊藤音次郎は習志野市の小学校社会科副読本や習志野市史にも掲載されており、それらを斜め読みした程度の知識でした。しかし、音次郎を調査研究できるチャンスとばかりに先のことも考えずに手を挙げ、無謀にも7月に展覧会を実施することまで決めてしまったのです。展覧会では、音次郎の生涯を小テーマ毎に集約していく方針をたて、設定テーマに合わせアルバム写真を中心に統計資料や地図、図面類および解説を組み合わせる基本形ができ、菊田公民館地区学習圏会議の皆様のご協力を得て模造紙50枚分の展示資料ができ上がりました。いわば、本書の原型ともいえるものです。7月末には1週間の展覧会と最終日の井上和子氏の講演会にこぎ着けることができ、市民に郷土の先覚を知っていただく、という当初の目的もある程度達成できたかなと満足していました。

　しかし、展覧会終了後に改めて展示資料を見直してみると、誤謬や説明不足に加え、帝都訪問や全国巡回飛行、山縣豊太郎の活躍など華々しい面が強調されている反面、国の施策や大企業に翻弄される中で苦悩し続けた経営者音次郎を簡単に扱っていました。また、広告宣伝や空中写真、グライダーなど新時代の事業展開、および晩年期の運命のいたずらの数々がほぼ抜け落ちているなど不完全なものでした。再び調査を進めていくうちにジグソーパズルのピースが埋まっていくように真の音次郎の姿が少しずつ見え始めてきました。そうなると不思議なもので、次から次へと関連資料が集まり出しました。とりわけ、井上和子氏の長女西村美和氏が祖父音次郎の膨大な遺品の整理を進めていただいた結果、かつて公開されたことのない貴重な資料が続々と現れ、それらをお借りできたこと、さらには日本航空協会から「音次郎日記の活字起こし」の利用をお許しいただいたことは調査の大前進で、推測に過ぎなかった出来事の資料的裏付けがとれました。また経営者音次郎の苦悩や戦後の運命的な出来事など、通史では詳しく触れられたことのない事実も明らかになっていきました。

　ただ、先人の調査研究として、膨大な音次郎日記を読み込んで書き上げた平木國夫氏の「空気の階段を登れ」という航空伝記小説をはじめとする著作群がそびえていました。比較すればする程、航空素人である身の限界を痛感しました。航空一般の基礎知識（航空史のイロハや航空機の簡単なメカニズム）さえも無知であったからです。そこで、聞きかじりの中途半端な航空史やメカの解説には無理にとらわれず、アルバム写真と日記をメインに据え「伊藤音次郎の"航空人生"を描く」こと、そして統計数値や図面、地図、新聞・雑誌記事など貴重かつ迫真の一次資料の数々、後世の航空史家をはじめとする人々の評論や見解、思い出や伝聞などの二次資料も引用し、「伊藤音次郎"資料集"」としての側面も持たせました。その結果、資料編も含め約70項目の具体的なテーマと数多くのエピソードからなるミニコラムの設定が可能となり、栄光と挫折、復活を繰り返した音次郎の80年の人生を多様な角度から描くことができました。どのページからでもどのテーマからでも興味関心に応じて読み進め、音次郎に迫っていけることと思います。

　航空素人が音次郎アルバムと出会い、写真と日記の中の音次郎や恵美号、同時代のヒコーキ野郎たちと苦楽を共にした日々が本書には詰まっています。黎明期の日本民間航空を牽引した音次郎や数々の航空機とそれらを取り巻く人々の熱い思いに触れ、「少年時代に思い描いた夢を生涯追い求め続けた音次郎」と共に、読者の皆様方の心も広く高い大空へと飛び立っていただけることを願っております。

注　記

本書の編集にあたり下記の点についてご了解願います。

○伊藤音次郎の残したアルバム写真と添え書き（キャプション）および音次郎の日記を中心に、覚え書き、書簡、図面、記録冊子等の資料、新聞・雑誌記事や地図で構成した、音次郎の立場から見た個人史および伊藤音次郎資料集であり、日本民間航空史の全容を網羅した訳ではありません。そのため、民間航空史上重要な出来事や人物・団体および飛行機・発動機などの記載が漏れていることが多々あります。

○事績やその年月日などについては、「日記」と「アルバム」、各種資料、研究書や写真集間で異なる記述がなされている部分が多々あります。また音次郎自身の記憶違いも見られます。そこで、明らかに誤りであるもの以外は、原則として両論または異論を┊┈┈┈┈┈┊内に併記し断定を避けました。

○編集の都合上「横書き」としました。そのため、日記を始め写真キャプション、縦書き書簡や文書類も横書きとし、熟語以外の漢数字の多くはアラビア数字を使用しています。句読点は「。」「、」を用いました。

○「テーマ別構成」のため、各ページの事績や年代が大きく前後する箇所、同一写真や同一出来事が関連テーマの別ページに「再掲」されている箇所があります。

○日記、写真等資料について
　・「日記の引用」は『昭和15年7月8日　急轉直下　自分ニ社長トナリ』のように太字を『かぎ括弧』で括り、冒頭に年月日（省略も）を記しました。また、原文に沿いカタカナ・旧漢字を用いました。
　・「写真」に大正四年作　惠美号　など「下線」のあるものは、音次郎自身のアルバムキャプションです。下線のないキャプションは、著者の書き加え、または参考資料からの転載です。
　・写真原本はほぼ全てモノクロです。写真の多くは１００年を経過しており褪色など著しく劣化したものが大半ですが、貴重な原資料であり不鮮明のまま掲載しました。なお、セピア色に褪色した古写真及び一部現代のカラー写真はモノクロ処理をしました。
　・「引用、転載資料」は『伊藤飛行機會社の社長は矢張り伊藤氏』［「航空時代」昭和15年9月号より］のように『かぎ括弧』で括り、［　］内に出典を付しました。なお、資料提供者、協力機関、協力者、参考文献などは巻末に記載してあります。
　・音次郎アルバムや日記記載のものと一般書籍で「用語」の表記が異なる場合がありますが原文を優先し統一していません。また、音次郎自身も資料により異なる場合があります。［例　第2鶴羽と鶴羽2号など］
　・「日記や資料の引用」「㊟」「解説」等に『大ニ感心ス　山縣以上ナリ』など「波下線」のある部分は、原文にはなく、著者による強調箇所です。

○旧字、旧仮名遣い（カタカナ、旧漢字）について
　・100年以上前から戦前までの資料を多用していますので、旧字、旧仮名遣いで表記された資料が大半です。「資料集的な役割」を担うことを目指した本書では、原文に沿って旧字、旧仮名遣いのまま引用・転載しています。ただし、解説部分などは現代の常用漢字で表記しています。［例　惠美號⇔恵美号］なお、読み取りを容易にするため、6ページに【参考】難読語、旧字旧仮名遣い等の読み方を載せてありますので参考にしてください。

◆物価の変動と貨幣価値［飛行機や発動機、部品等の価格や借金の額を現在と比較するために］
　「モノの価格(物価)」は時代により絶えず変動しており、明治・大正時代と令和の現在を単純に比較することは困難です。また、モノの種類により価格の推移も異なります。そのため本文中では当時の金額で記しましたので、下表を参考に現在の価格への「換算」をしていただく必要があります。換算のための一例を示しましたが、基準となる物資等の種類により換算数値の幅がありますので参考程度にご活用ください。なお、消費者物価指数(含推計値)と下記の個別物価4品目(庶民の生活感覚)では換算数値が異なりますのでご注意ください。
㊟消費者物価指数の調査(総務省統計局)は昭和21年8月から開始。それ以前の数値は推計値「物価の文化史事典」より引用。

《物価の推移と現在の価格への換算表》㊟下記の例示と異なる品目では換算数値も大きく変わる。

㊟表中の物価出典 巡査＝風俗史より 他＝文化史より	白米10kg 中級品 (標準価格米)	巡査初任給 基本給月額	うどん/そば 外食(東京)	銭湯 (東京)	消費者 物価指数 明33＝1	換算数値(当時の価格に数値を乗じる)	
						消費者物価指数 による算出数値	左の個別物価4品目による 算出数値(庶民の日常生活)
明治40年(1907)	1円49銭	12円	3銭	3銭	1.28	3,000倍	15,000～18,500倍
大正8年(1919)	3円67銭	20円	7銭	5銭	2.84	1,400倍	8,000～ 9,500倍
昭和10年(1935)	2円39銭	45円	10～13銭	5銭	2.06	2,000倍	4,000～ 9,500倍
昭和55年(1980)	3,356円	99,100円	280円	195円	2947.0	1.3倍	1.8～　2.5倍
平成27年(2015)	＊食管法廃止	177,300円 警視庁 高卒	554円	470円	3955.7	1	1

出典［「値段の風俗史」昭和56年　週刊朝日］　［「物価の文化史事典」平成20年 展望社］　［各業界のWebsite(HP)］
　　　［Web版「消費者物価指数」総務省統計局］　［Web版「Q&A 教えて！にちぎん」日本銀行 公表資料 平成30年］

目　次

御協力、御指導および各種資料を提供していただいた皆様方

引用・転載および参考文献・資料、伊藤音次郎遺品類について

◆本書所収の歴史的資料「音次郎日記」「書簡」「社史や行政文書」「新聞記事」には、現代ではあまり使用されない「難読語」や「旧字旧仮名遣い（旧漢字）」を多数転載しています。日記や資料を読み音次郎の生涯を理解するための《読み方や現代仮名遣い等への変換》例をまとめてみました。
㊟本書で使用している主な語句を例示。ただし、音次郎独特の言い回し(癖)や誤記も含みます。(順不同)

加ハル⇒加わる　買ヒタイ⇒買いたい　貰フ⇒貰う　ゐる⇒いる　居ル⇒いる　居ク⇒おく
夢のやうに⇒夢のように　衝突しさう⇒衝突しそう　而シテ⇒しかして・しこうして　尚⇒なお
如何二⇒いかに　云々⇒うんぬん　余・予⇒よ(自分のこと)　毫も⇒ごうも(少しも)　稍⇒やや
所謂⇒いわゆる　乍ら⇒ながら　然シ⇒しかし　拂ひ⇒払い　續き⇒続き　處⇒処・しょ・ところ
於ヒテ⇒おいて　呉レ⇒くれ　之レ⇒これ　茲二⇒ここに　愈々⇒いよいよ　忽ち⇒たちまち
雖も⇒いえども　了フ⇒しまう　乃至⇒ないし　迄⇒迄・まで　盡く⇒尽く・ことごとく　圓⇒円
壱・壹⇒一　弐・貳⇒二　参・參⇒三　拾⇒十　廿⇒二十　卅⇒三十　數分⇒数分　米突⇒メートル
千呎⇒千フィート(約305m)　一哩⇒1マイル(約1,609m)　臺臨⇒台臨(皇族がお出でになること)
一臺⇒一台　亞細亞(亜細亜)⇒アジア　欧羅巴⇒ヨーロッパ　欧米⇒欧米　佛國⇒仏国・フランス
獨逸⇒独逸・ドイツ　露西亞(亜)⇒ロシア　關東⇒関東　帝國⇒帝国　讀ム⇒読む　賣ル⇒売る
實二⇒実に　云フ⇒言う　與へ⇒与え　榮へ⇒栄え　對シ⇒対し　從フ⇒従う　擧ゲル⇒挙げる
傳ヘル⇒伝える　竝ビニ⇒並びに　惡ヒ⇒悪い　蒸氣⇒蒸気　惠美號⇒恵美号　發動機⇒発動機
機體(體)⇒機体　輕飛行機⇒軽飛行機　倶樂部⇒倶楽部・クラブ　警視廳⇒警視庁　縣廳⇒県庁
練習⇒練習　硝子⇒ガラス　横轉⇒横転　廻シ⇒回し　囘轉⇒回転　會社⇒会社　經營⇒経営
來場⇒来場　支拂ヒ⇒支払い　當タル⇒当たる　當時⇒当時　旣二⇒既に　來ル⇒来ル　譯⇒訳
圖畫⇒図画　計畫⇒計画　晝食⇒昼食　變更⇒変更　中學校⇒中学校　寫眞⇒写真　眞實⇒真実
醫師⇒医師　廣告⇒広告　繪畫⇒絵画　爲⇒為　點⇒点　聯絡⇒連絡　歸朝⇒帰朝　餘分⇒余分
縱斷⇒縦断　假に⇒仮に　處理⇒処理　將來⇒将来　壯觀⇒壮観　聯合會⇒連合会　證據⇒証拠
擴大⇒拡大　獨特⇒独特　奬勵⇒奨励　御禮⇒御礼　汐⇒潮　名稱⇒名称　數々⇒数々　缺⇒欠
實現⇒実現　總務⇒総務　營團⇒営団　試驗⇒試験　團結⇒団結　立證⇒立証　其邊⇒その辺
單獨⇒単独　駅辨⇒駅弁　覺后(ママ)⇒覚悟　觀覽⇒観覧　塲⇒場　電燈⇒電灯　舊⇒旧　絶對⇒絶対
鐵道⇒鉄道　状態⇒状態　大變⇒大変　危險⇒危険　藝當⇒芸当　笑聲⇒笑声　横濱⇒横浜
おそなゑ⇒おそな(供)え　茲許⇒ここもと(ここに)　矍鑠⇒かくしゃく(年老いても元気な様子)

産業革命時 J.ワット(英)が考案した仕事率(Horse Power)に由来。
[馬に荷物を運ばせて進んだ距離と重量⇒550ポンド・フィート/秒＝1馬力]
　　㊟1ポンド＝453.6㌘、1フィート＝30.5cm
＊英馬力(HP)、仏馬力(PS)、ワット(w、kw)等各種表記がある。
　　[英1HP＝仏1.014PS] [英1HP＝745.699872ワット]
＊換算数値[恵美1型45HP、第2鶴羽50HP、恵美31型飛行艇220HP]
　　[人間0.1～0.2HP(継続して出せる力)、1HP(100m走等瞬発力)]
　　[軽自動車40～64HP、一般自動車64～300HP位、ゼロ戦1,130HP]
　　　　　　　　　　　　── ㊟1999年、日本は仏馬力(PS)を採用した。──

伊藤音次郎 書『飛行』
「飛行」大正5年4月号 より [航空図書館 蔵]

序 "伊藤音次郎" って誰だ？

八面六臂の大活躍をした温厚なチャレンジャー

伊藤音次郎という名前を聞いて、「ああ、民間航空黎明期の飛行家だ！」と答えられる人は一部の飛行機好きだけかもしれない。しかし、ライト兄弟が世界初の有人動力飛行に成功したわずか十年余りの極東日本で、ほぼ独学の若者が名機を「設計」、手作りで「製作」、世紀の冒険「飛行」を敢行、後の名だたる後進を「育成」、困難な事業を「経営」したのだ。職人肌であった音次郎は、時代の流れと大資本には対抗すべくもなく挫折と復活を繰り返しつつ遂には消えていったが、日本民間航空黎明期に燦然と輝くパイオニアでありチャレンジャーであったことは疑いようのない事実である。そして引退後二十数年、再び現れ民間航空界に大きく貢献した後、静かに世を去っていくのだった。そんな数奇な運命に彩られた飛行機人生を、音次郎自身の編集したアルバム写真と日記、数々の遺品など歴史的資料をもとに読み解く。

設計 丁稚奉公中に3ヶ月半通っただけの夜学で学んだ知識と独学から生まれた緻密な設計。

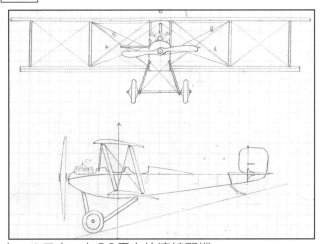

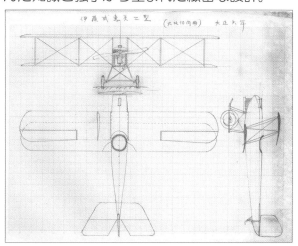

ホールスカット80馬力快速練習機
（大正6年の設計構想メモ帳所収）

注 キャプションの下線部分はアルバムや図面に音次郎が記した原文

伊藤式恵美二型
（昭和30年代の再現設計図）

＊終戦と共に全ての設計図を焼却してしまったが、僅かに残るメモから緻密な設計が垣間見られる。

製作 少ない予算で一機一機丁寧に手作りした飛行機は、後の世からも名機と称賛。

伊藤式恵美一型45馬力の飛行 大正五年 栃木

曲技(宙返り)専用機鶴羽二号 大正八年 設計:稲垣

＊製造した飛行機は50数機種。全てが手作りで、大企業にはない独創的な優秀機を製作した。

冒険飛行 — 長距離飛行に夜間飛行、民間航空初の冒険飛行を敢行した若者に日本中が喝采。

東京朝日新聞 大5/1/9付

民間新飛行家 ▽初て帝都訪問

国会図書館蔵

民間飛行家奈良原三次氏の助手として数年來飛行術研究中なりし伊藤音次郎（廿一）氏は過般來麹町區有樂町一日本民間飛行會の練習生と成り千葉縣稲毛海岸にて熱心研究中なりしが其技術漸く上達したるを以て七日稲毛に於て約一時間の試験飛行を行ひ愈長時間飛行の自信を得たる結果八日午後折柄の好晴に乗じ帝都訪問の初飛行を行ひたり氏が操縦の機體はグレゴー四十五馬力の發動機を附せる複葉トラクター式にて午後零時四十五分稲毛を發し高度五百米突にて帝都の空に直進し同一時廿二分丸の内なる日本民間飛行會社上を旋

帝都訪問飛行（稲毛〜東京往復55分間）大正五年

東京日日新聞 大6/1/12付

美事な夜間飛行 ＝伊藤氏三度飛ぶ＝

千葉県立図書館蔵

稲毛海岸にて

検見川町稲毛の飛行家伊藤音次郎氏は十日夜の月光を利用して夜間飛行を敢行すべく海岸の飛行場に二箇所の篝火を焚き機體を充分檢査し八時四十分滑走川米突にて離陸し三百米突の高度に飛翔し同上空を一周し八時五十五分間宛二回翔し前後三回の

かがり火を焚き夜間飛行　大正六年

＊自ら設計、製作の高性能機と操縦技術に熱い冒険心が加わり、民間初の偉業に次々成功する。

育成 — 日本中が熱狂した宙返り、高度飛行、定期航空路開拓等、愛弟子の活躍の数々。

一番弟子山縣豊太郎
大正八年 連続２回宙返り

東京朝日新聞 大8/5/11付

民間飛行の若猛者が 空中の腕くらべ
山縣氏の宙返り妙技 一機墜落せしも無事

国会図書館蔵

大正十年の卒業生
日本初の女性飛行士、朝鮮空軍司令官、
中国空軍初の戦闘機製作など各地で活躍

＊数々の競技会で優勝した山縣豊太郎始め、音次郎のもとからは次代を担う人材が数多く輩出した。

経営 — 中小企業の悲哀を味わいながらも、空中広告や写真、軽飛行機やグライダーへも挑戦。

伊藤飛行機株式會社津田沼工場　昭和十三年

伊藤式ユニバーサル型グライダー
昭和十年 上ノ原高原にて

＊軍とつながりのない中小企業は悪戦苦闘する。安価な払い下げ機が出回り、音次郎は新たな道へと軽飛行機やグライダーに活路を見い出すのだった。

夢を追い続けた音次郎

「安全な飛行機作りと大勢の人や荷物を大型飛行機で運ぶ」
この夢の実現のためすべてを投げ打ち挑戦した男。栄光に奢ることなく、挫折にめげることなく夢を追い続けた音次郎。

1 伊藤音次郎が残した記録

「音次郎日記」「音次郎アルバム」明治末から昭和まで

音次郎は、どんなに忙しくとも毎日詳細な日記をつけていた。そこには飛行機製作や飛行記録、研究所経営の苦労はもとより、日本航空界の動静まで記されている。また、恵美号を始め各種の飛行機や飛行家たちの活躍、航空写真など膨大な写真もアルバムに整理されている。日本民間航空史研究の貴重な基礎資料であり、本書はこれらの一次資料を中心に編集した。

伊藤音次郎日記

「日本航空協会」HPに原本写真と本文の活字起こしが公開されている。

［伊藤家より千葉市に寄贈⇒日本航空協会が明治42年～昭和18年までをデジタル化、活字起こし実施］

音次郎は、少年期から80歳で亡くなる昭和46年（1971）まで日記をつけ続け、その都度メモ代わりに記したり一日の反省や考え、飛行記録を記したりしていた。音次郎の実に几帳面な一面が伺えると共に、この小さな日記帳の中に、日本民間航空史上特筆されるような新事実や各種証言、そして音次郎自身の数々の冒険と活躍、苦悩など迫真の一部始終が書かれていたのである。

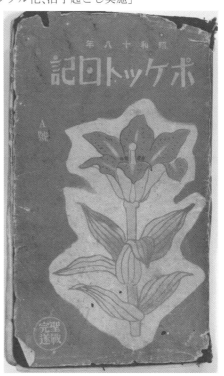

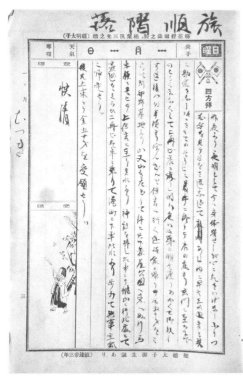

（左）現存する最も古い日記
　　Ｂ６版ハードカバー
　　明治38年（1905）
　　　１月１日［13歳］
　　正月らしい挿絵が秀逸。
　　［資5参照］藤井質店に
　　丁稚奉公中に記す。

（右）ポケット日記の表紙
　　博文館発行
　　昭和18年（1943）版
　　9cm×15cm前後

（右）大正７年４月12日の日記
　　津田沼敷地決定　　［20］参照］
　　高潮で壊滅した稲毛から津田沼
　　町鷲沼へ移転の日の出来事。
　㊟ポケット日記の名の通り常に携帯していたと見え、内外共痛みが激しい。

大正３年から昭和18年までは、全て簡便で携帯しやすいこのポケット日記を利用している。それ以外の多くは、左上および次ページのハードカバーＢ６版の当用日記、新農家日記（戦後の開拓農場時代）等を利用していたようだ。㊟昭和37年の新農家日記には「主人が」との表現多く妻きちが記載。

日記であるため、当然他人に見せるために書かれたものではなく、文字は細かく、音次郎独特の崩し字や加筆・訂正、時には表記方法も暗号のように書かれており解読するのは容易ではない。航空史家の平木國夫氏は、「私事だから」と恥ずかしがって渋る音次郎を根気強く説得して借り受けた後、ご家族の協力を得て何年もかけ解読・筆写した。日本航空協会でも最近明治42年～昭和18年分の解読を完了し、「活字起こし文」を「原本」と共に平成30年７月より協会ＨＰで公開している。

日記は就寝前に限らず、夜更かしした時などには『6時起床 入浴新聞日記朝食製図…（大正3年10月9日）』とあるように翌朝または後日まとめて記すなど、毎日ほぼ欠かされることなく貴重な記録の数々が後世に伝わったのである。

＊残念ながら、長い年月の間に散逸し一部欠落年が生じている。

（左）最晩年の昭和46年、80歳で記した日記
　　　亡くなる当日？までメモが記されている。

（右）「空気の階段を登れ（新装版）」平木國夫
平成22年三樹書房（初版 昭和46年朝日新聞社）
日記をもとに音次郎たちを描いた伝記小説。平木氏の努力の結晶。日記原文も数多く引用されている。ほかにも日記を元にした関連書籍多数刊行。

伊藤音次郎アルバム ［伊藤家 所蔵］

　日記と併せ、膨大な写真を撮影・収集し、記録として残している。人物、飛行機、飛行の様子、建物や風景等、記録魔であった音次郎らしいといえよう。現在は、新しいアルバムに編集されご家族の元に保管されている。それらのアルバムのうち、飛行界に関する7冊を中心に本書をまとめている。アルバムのタイトルは「明1」「大1」「大2」「昭1」などとなっているが、必ずしも各集が時系列に連続しているのではなく、撮影年月が大きく前後している箇所も多く見られる。また、同様の内容（例えば全国巡回飛行や大阪謝恩飛行）が2～3冊にまたがって掲載されているなどのケースもある。さらに、他のアルバムから切り取って貼り付けたと思われるページもあった。各集写真に散見する写真説明の記述などから、昭和42年前後の70歳代半ば頃、成田から習志野市袖ヶ浦への転居に伴い、手元にあった膨大な写真や別のアルバムを再編集・整理したのではないかと考えられる。

　それぞれの写真の撮影者は記述がないため不明（一部に柳原、矢野と記載）だが、音次郎自身あるいは助手が撮影したのか、専属のカメラマンがいたのかは「音次郎日記」との照合など今後の解明が必要。大正10年以降は伊藤飛行機研究所内に「空中写真部」を設立［ 34 参照］し、専門的な航空写真撮影に取り組んでいる。これら航空写真を始めとする数多くの写真を見るに、優れた撮影技術と何でも記録しようとする強い意志、そして旺盛な好奇心が伺える。

第1集「明1 伊藤飛行機研究所より」［64ページ・写真132枚］
　　　　大正4年伊藤飛行機研究所より昭和11年グライダー時代まで
第2集「大1 一般航空界」　　　［60ページ・写真137枚］
第3集「大2 一般航空界」　　　［60ページ・写真143枚］
第4集「昭1 近身者、友人、知己 自個撮影写真類」［60ページ・写真131枚］
第5集「山縣豊太郎50年祭」　　［56ページ・写真138枚］
その他「奈良原三次アルバム」「徳次編集アルバム」、単独の写真多数など。

（右）
明1の表紙
（左）明1
　　　大正元年　熊本ニテ
　　　助手時代　伊藤　大口豊吉君
（中）昭1
　　　大正九年四月二十一日
　　　東京－大阪周回
　　　無着陸懸賞飛行競技

㊟数字は原則として算用数字に変換しているが、下線のある写真キャプションは左記の音次郎アルバムに記された原文の転記であり、漢数字のまま掲載している。

（仮称）設計構想メモ ［16 参照］

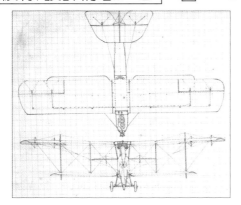

ホールスコット100馬力機

大正5年2月から7年7月にかけて描かれた設計のためのメモ帳118ページ。研究所ではもちろん巡回飛行の旅先でも緻密な構想を練っていた。

設計図（再現図）

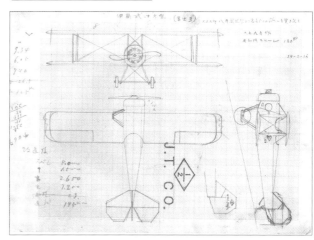

伊藤式十六型（冨士号）　大正九年作
34-2-16　昭和34年作図。
70歳前後にかつての恵美号各機三面図を再現。

研究所略年譜 ［資4 参照］

大正4年の創設から昭和20年解散までの30年余の研究所史。400字詰め原稿用紙で27枚。
昭和42年前後作成。膨大な日記を読み返し記述したのだろう。短い文章の中に数々のエピソードが満載。

書簡類 ［29 30 参照］

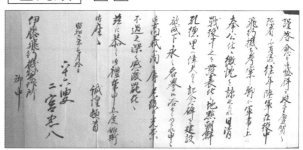

二宮忠八より記念碑建立の報告　昭和6年

誰にでも誠実に対応する音次郎は多くの人々と交流があった。航空界の友人、大先輩、政財界、軍関係と多数の書簡。
（右）奈良原三次　昭和19年
家族に宛てたように親しみのこもった手紙。

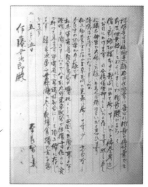

表彰状、会社書類等

FAI（国際航空連盟）表彰
昭和39年（1964）「氏は技術者であり」で始まる文面は、民間飛行機製作に命をかけてきた音次郎にとって最高の賛辞であった。

第二征空小史
大正10年

絵画、模型

（左）11歳の頃の水彩画
先生の評価は「上」。飛行家にならなければ画家になっていたと語っていた。

（右）78歳の頃に製作した
鶴羽2号模型　昭和44年
山縣豊太郎50年忌配布
歳はとっても手先は器用で、多数製作した。

2 大空を夢見た先人たち①

[海外編] 神話の世界〜ダ・ヴィンチの発想〜19世紀の発明

古来より、人々は自分も鳥のように空を飛び回りたいと憧れてきた。そんな夢のようなお話も、先人たちのたゆまぬ努力と命をかけた挑戦で徐々に現実のものとなっていった。有人動力飛行が間近に迫ってきたのである。

「ダイダロスとイカロス」
（絵 ドメニコ・ピオラ）17世紀

「イカロスの墜落」（絵 伝・ブリューゲル）16世紀の模写

イカロスの飛翔（ギリシア神話） イカロスは、父ダイダロスが蝋で固めた羽根で作った翼を背中につけてもらい、空高く舞い上がる。しかし、太陽に近づきすぎたため蝋が溶けて海に落ちてしまう。空への憧れが死を招いてしまったのだ。

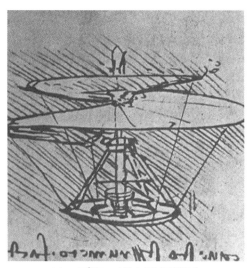

ヘリコプター様の飛行機械

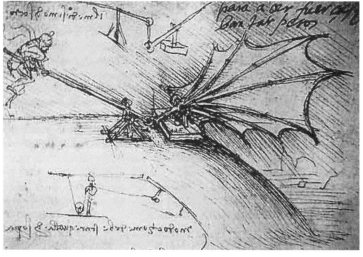

布を骨組みで支えたコウモリの翼様の飛行機械

レオナルド・ダ・ヴィンチ（イタリア 1452〜1519）
絵画、彫刻、科学等々のマルチ天才のダ・ヴィンチは、飛行機械のスケッチを何点も残している。ただし、実用化にはほど遠く、重量と揚力の関係や動力をどう生み出すかなどが未解決で、空想の域を出ていない。そのため、これらが他に影響を与えることはなかった。とはいうものの、科学的な発想を用いて飛行機械を考えるなどさすがといえよう。

モンゴルフィエ兄弟の熱気球
（フランス1783年11月飛行）熱した空気が軽くなることを
利用して25分間、距離8.5kmの有人飛行（数値は諸説あり）。

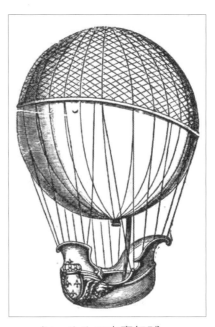

シャルルの水素気球
（フランス　1783年12月飛行）
「シャルルの法則」で有名な化学者。
モンゴルフィエ兄弟による初飛行の
10日後、空気より軽い水素を詰めた
気球で2時間、距離40kmの有人飛行。

「ほらふき男爵の冒険」
の挿絵に描かれた気球
（ドイツ　18世紀）
当時発明されたばかりの
水素気球が、早速お話に
取り入れられている。

リリエンタールが最初に作った単葉グライダー
（ドイツ　1891年）
当初は距離25m、その後250mまで滑空。

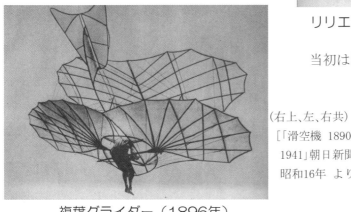

（右上、左、右共）
［「滑空機　1890〜
　1941」朝日新聞社
　昭和16年　より］

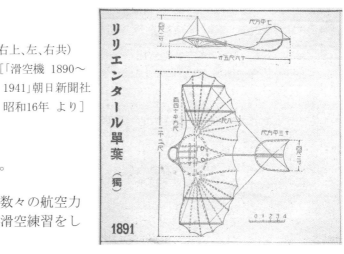

複葉グライダー（1896年）
リリエンタールはこの機で墜落負傷後、死去。

今でいうところのハンググライダーである。数々の航空力
学の研究・実験のもとに製作、2000回以上も滑空練習をし
たという。

3 大空を夢見た先人たち②

[日本編] 江戸時代の挑戦～明治中期二宮忠八の発明

古来、不可思議な力やそれを操る人物の存在を信じていた人々は、空を飛ぶことに対し様々な伝承を生み出した。江戸時代には、空を飛ぶ道具で飛行に挑戦したと伝えられる人も現れた。そして明治時代になると、科学的に研究し模型ながらも飛行原理に沿った機械が世界に先駆け発明された。

空飛ぶ伝承・物語（古代・中世）

役小角（えんのおづぬ）「役行者」とも呼ばれる

　7世紀に実在した山岳修験者。超人的能力を発揮し、空を飛んで移動したと言い伝わる。

吉備真備　「吉備大臣入唐絵巻」より

　8世紀に実在した政治家。遣唐使として入唐、数々の困難を空を飛ぶなどの超人的な力で乗り切るという絵巻物が12世紀末頃に描かれた。

　古代・中世は、一種の超能力や不可思議な力として飛翔伝説・物語が数多く知られている。飛行機の発想へとは発展しなかったが、日本人の空への畏れや憧れが脈々と息づいている。

かぐや姫と月の住人　「竹取物語」より

　かぐや姫が月に戻る際、瑞雲に乗り月の住人一行がやって来た。「乗り物」としての瑞雲が登場。

空を飛んだ? 江戸時代人の伝承

鳥人幸吉 [浮田幸吉] 1785年（天明5）滑空?

　備前国児島郡八浜の表具師浮田幸吉は、鳩の羽根の構造を研究し、竹と紙で翼を作って旭川にかかる京橋の上から『自ら羽翼を製し機を設けて胸前にて繰り搏ちて飛行す…[筆のすさび]』と飛び回る?行為が、世を惑わすと所払いとなった。駿府に移ってからも再び橋から滑空して捕まり遠江の見附（磐田）に所払いとなり91歳で没したと伝わる。

＊同時代の漢詩人菅茶山「筆のすさび」に表具師幸吉の飛行の様子や追放されたとの記述が残り、信憑性あり?

　リリエンタールのグライダー飛翔の100年も前の江戸時代、空に憧れ実際に挑戦、そして飛んだと言われた人がいた。備前～遠江の浮田幸吉と琉球の安里周當・周詳である。真偽は不明だが、地元の人々によって長い間その偉業が語り伝えられている。

「始祖鳥記」飯嶋和一
平成14年　小学館文庫
幸吉を描いた小説。

岡山市旭川河畔に立つ
表具師幸吉之碑
この近辺から河原に滑空
したと伝わる。

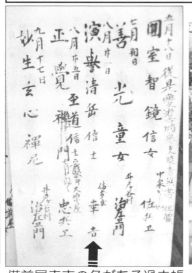

備前屋幸吉の名がある過去帳

浮田幸吉の墓
[静岡県磐田市大見寺 蔵]

飛び安里 [安里周當、周祥] 18世紀末（1787年とも）滑空?

　琉球の花火師で、2人の名前が残っており親子とも。強風の日に丘の上から弓の弾力を利用した羽ばたき式の機械で空を飛んだとされ、飛行後、王より恩賞を授かり「飛び安里」として伝えられている。残念ながら設計図などは近年焼けてしまったとのことで伝承以外全く不明。現在、地域の人々が町おこしの一環として調査研究、資料集の発行、復元機体の製作や初飛翔顕彰記念碑の建立などに取り組んでいる。＊齋藤茂太「飛行機とともに」

展示されている復元機体
[沖縄県南風原町役場 蔵]

飛行機の科学的原理を解明　二宮忠八　慶応２年～昭和11年　伊予国宇和郡八幡浜出身

明治22年（1889）、丸亀歩兵第12連隊での演習中、カラスが羽ばたいていないのに滑空する姿を見て飛行の原理を着想。早速烏型飛行器を制作。ゴム紐動力でプロペラを回し推進力とし、24年４月29日には10m程の飛行に成功する。続いて26年には翼幅２mの玉虫型飛行器を制作。有人飛行を考えていたが、動力源は未開発で実用化はまだ遠い状況だった。

日清戦争中の従軍先朝鮮孔徳里にて、27年８月19日付で玉虫型飛行器開発を混成旅団長大島義昌少将宛上申したが、参謀の長岡外史少佐（後中将）により却下されてしまった。

退役し、製薬会社に勤めて研究を続けていたが、ライト兄弟による有人動力飛行の報に研究を断念。

後に再評価され数々の受章や記念碑も建立（朝鮮京城孔徳里）された。長岡は詫び状を雑誌「飛行」に掲載すると共に直接会い謝罪している。

明治時代半ば、欧米の航空研究の成果や実情を知ることもなしに、「飛行機の科学的原理」を解明し「模型機による飛行実験に成功」した伊予八幡浜出身の二宮忠八。人が乗り、動力を備えた実用的な飛行機の発明ではなかったが、独自の発想は大いに讃えられるものである。

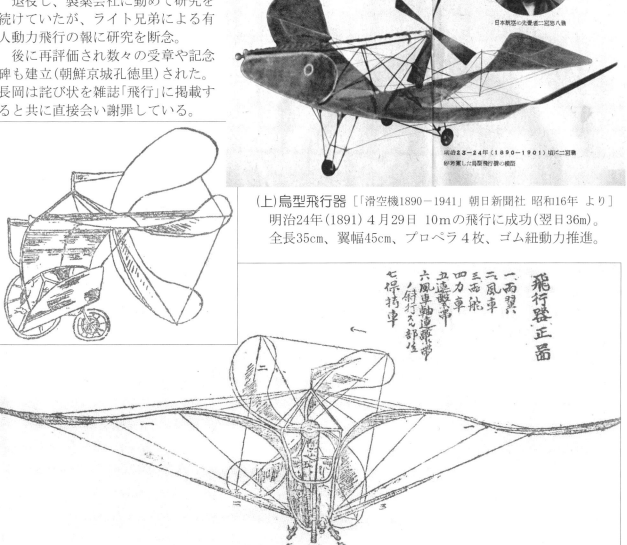

日本航空の先覚者二宮忠八翁

明治23－24年（1890－1901）頃に二宮翁が考案した烏型飛行機の模型

（上）烏型飛行器［「滑空機1890－1941」朝日新聞社　昭和16年　より］
明治24年（1891）４月29日　10mの飛行に成功（翌日36m）。
全長35cm、翼幅45cm、プロペラ４枚、ゴム紐動力推進。

飛行器正面

一両翼　二鳳車　三西舵　四力車　五連繋帯　六鳳車軸連繋帯　人斜行之部位　七保持車

（上）二宮忠八設計の玉虫型飛行器　「歐米に先驅したる日本飛行機―二宮忠八氏の偉業―」陸軍中将　長岡外史が寄稿した手記中の図面。　［「飛行」大正10年11月号　帝國飛行協会　（航空図書館蔵）］
＊［「合理飛行機発祥之地」碑　を訪れた際の忠八の写真および碑建立の報告（忠八から音次郎宛書簡）は 29 参照］。

真偽不明の伝承や模型段階とはいえ、世界に誇れる偉業でもある鳥人幸吉や飛び安里、そして近代における二宮忠八の挑戦・発明の数々は、残念ながらそれを認める人や続く人がなく途絶えてしまう。結果として世界に先を越され、追い付くのに多大な努力と日々を要するのだった。

４ ライト兄弟、世界初飛行

ついに世界初有人動力飛行成功！ 1903年(明治36)

アメリカ合衆国オハイオ州の自転車屋であったライト兄弟の発明したライトフライヤー号が人類初の「有人動力飛行」に成功した。この後、数年のうちに欧米では次々に動力飛行が行われるなど一気に飛行機開発時代がやって来た。日本の飛行機開発も遅ればせながらもすぐ間近に迫ってきている。

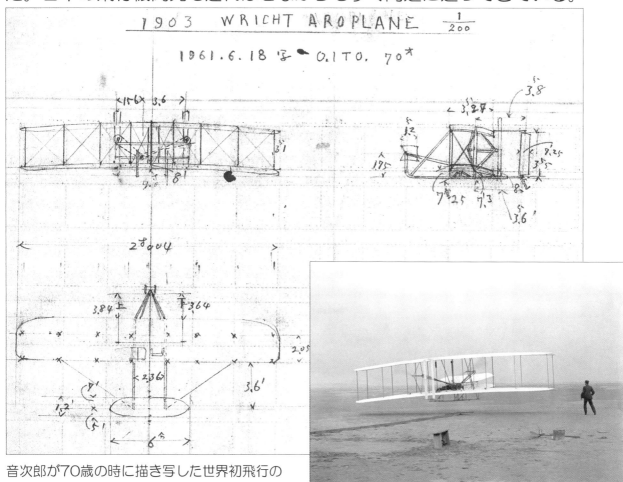

音次郎が70歳の時に描き写した世界初飛行の
ライト機三面図（部分）1961.6.18 写 70才
引退し成田で農業に励んでいた音次郎だったが、
飛行機への情熱は生涯にわたり持ち続けていた。

記念すべき初飛行の模様

――――　1903年(明治36)12月17日 米国ノースカロライナ州キル デビル ヒルズ　――――

　ライト兄弟（ウィルバー・ライト、オーヴィル・ライト）　ライトフライヤー号
　12秒間　距離約36.6m［この日4回目には260m］機体は木製で布張り翼　12馬力発動機
　キティホークの町外れの砂丘で木製レール上を発動機付の乗り物が滑走、遂に離陸。「世界初の有人動力飛行成功！」の瞬間だ。この飛行は無謀な一発勝負での成功と思われがちだが、ここに至るまでには各種滑空機を用いた翼や操縦装置、プロペラや発動機の研究・実験を繰り返し行い、十分な検証を重ねた上での「発動機搭載機体での有人飛行」実験だったのである。
　しかし、成功はしたものの科学者や新聞社、軍は取り合ってくれず「空気より重い機械が空を飛ぶことは科学的に不可能」と断定し新聞等で盛んに攻撃した。裁判所が認め公式に世界初飛行となったのは２年半もたってからのことだったという。特許も取得するが不毛な争いは続き、その間に欧米では新たな技術開発が進んでおりライトは時代遅れとなってしまう。初飛行６年後の1909年にライト社を設立するがウィルバーが３年後に亡くなり、1915年には会社を売却するのだった。

世界初飛行5年後の1908年（明治41）、17歳でライト兄弟の飛行の模様を活動写真で観て感激した大阪の銅鉄商丁稚の伊藤音次郎は、その時「飛行家になる！」と決意し、生涯を飛行機に捧げることとなる。若き音次郎がライト機を評した文章が日記に残されている。

◆丁稚音次郎のライト式飛行器批評　「乗りたい」よりも、構造に興味を示し「作りたい」と願う音次郎。
『裏ヘ出デ空ヲ仰ギ色々考ヘテ見タ。ドーシテモ余ノ思考デハ、ライト氏ノ飛行器デハマダヽヽ不完全デアル。何故カト云フニ最近ノ彼レガ実験ハ　九百二十封度（ポンド）ノ重量ヲ有セル飛行器ニテ十四馬カノ瓦斯（ガス）エンジンヲ設ヘ然シテ近々一時間程シカ、空中ニ居ル事ガ出來ナシ。ノミナラズ飛行セントスル際、シバラク単線レールノ上ヲ走ナカ（ママ）ケレバナラナイノデ場所ニ限リガ有リ猶垂直ニ上昇スル事ガ出來ナイノトデ、余リ之レ等ノ點ニ居イテ第一二垂直ニ上ル工夫ヲ考ヘツヽアルノデ、今ノ處デハ空気ヲ利用シテ之レヲ壓迫シ、アツ迫セラレタル空気ノ二ケ場ヲ求メテ上方ニ押上グル様ナ仕懸ニシタイノダ。ケレドモ之レハ実際ニ飛行器ト人間ヲ空中ニ上ゲルニハ何程ノ力（ちから）ヲ要スルカ。又構造ヲ如何ニスベキカノ研究ヲ、シナケレハナラナイ。アヽマヽナラヌ身体！』
　　　　　　　　　　　［明治42年2月4日の日記より（活動写真を観た41年の日記は現存せず）］

＊初飛行後僅か5年余、雑誌記事と活動写真でしか知らない飛行機に対し「空中浮揚時間の短さ」や「レール上の滑走による飛行場所の限定」など適切に評価している。一方では、垂直離着陸の必要性から圧縮空気による装置の研究までも構想している。

ライト兄弟初飛行後の航空10年
1903(明36)ライト兄弟世界初動力飛行
1905(明38)国際飛行連盟［FAI］創設
1906(明39)欧州初の固定翼機動力飛行
1908(明41)ファルマン27km20分飛行
1909(明42)ブレリオ英仏海峡横断［37分］
同年　　　競技会［速度カーチス90km/時］
［距離ファルマン180km］
同年　　　初の航空輸送会社［ドイツ航空］
1910(明43)日野、徳川大尉日本初飛行
1911(明44)森田、奈良原国産機初飛行
同年　　　英で航空貨物輸送始まる
同年　　　飛行機が戦争［偵察］に使用
1912(明45)全金属製飛行機の登場

1914年（大正3）の航空データ（抄）

國名	飛行機	飛行者		飛行場
獨國	500	200	民700	主22 他42
佛國	700	400	民1200	32
伊國	150	100	民200	7　民6
英國	200	200	民450	15
露國	300	120	民250	4
墺國	150	150		2
米國	24 民750	24	民300	6
支那	12	26		
日本	14 海軍ヲ除ク	24 海軍ヲ除ク	民10数名	1

「各國航空界大勢一覧表」航空論叢1914年　帝國飛行協会

　上記図表から、ライト兄弟による初飛行以来僅か10年余で、欧米諸国は飛行機時代に突入していることがわかる。1914年には第一次世界大戦が勃発し、偵察や爆撃、空中戦までも行われるようになる。飛行機の軍事面での実用性が証明され、更に高性能、大型の飛行機が次々と開発されていく。
　日本では、輸入機や奈良原三次の国産機が漸く飛揚したばかりで、その後千葉の稲毛海岸で奈良原のもと音次郎が飛行機製作や整備、飛行訓練に追われている頃である。
(右)昭和43年6月東峯にて　木下耶麻次氏と伊藤[47参照]
後方の松の木は昭和35年の日本航空50年を記念してアメリカより贈られたるキティフォーク飛行場の米松の種子を昭和36年春播種生育したるもの（東峯；戦後入植地）
＊ライト兄弟の飛行の活動写真に衝撃を受け「飛行家になる」と志した音次郎にとって、キティホークは生涯忘れることの出来ない地でもあったのだろう。現在、松は音次郎が生涯最後の大仕事として建立した稲毛の民間航空発祥之地碑の隣に移植され高く聳えている。

5 少年が飛行家を決意するまで

一人の丁稚の人生を変えた転機　明治24年～43年

大阪で生まれた絵の得意な少年音次郎は、質屋の丁稚奉公中に絵の才能を見い出され化粧品の新聞広告画を描いた。銅鉄商に移ってからも仕事と読書と勉強に打ち込むが、ある日ライト兄弟の飛行の模様を活動写真で観て飛行家となることを俄然決意する。さらに奈良原三次のまだ飛ばない飛行器の記事を読み夢は膨らんでいく。丁稚音次郎の人生を変えた出会いの数々。

音次郎誕生　明治24年（1891）6月3日　大阪府西成郡今宮村

＊父 伊藤岩吉、母 ぬい（戸籍上はヌイ）後に大阪市南区惠美須⇒浪速区惠美須へと住居表示変更
通天閣のほぼ真下辺りで、近くにはエベッサンと親しまれる今宮戒神社がある。
（右）明治38年（13歳～14歳　質店丁稚奉公中）の日記巻末の住所録に記された自宅住所

12歳　惠美（えみ）尋常高等小学校卒業　明治37（1904）年3月

『小学校は、どうした間違いか数えの六歳で入学してしまっている。気の弱い恥ずかしがり屋で、よく女の子の様だと言われたと音次郎は書き残している。』［「伊藤音次郎」村田博史；兄の久太郎の孫が［津市民文化 第4号（昭和53年3月）に寄稿した文より引用］＊1～2歳違いの中で8年間を過ごしたことになるが、成績はもちろん図画も得意で器用な少年だった。『小学校を出たばかりの音次郎は画家を志していたので、その庭をよく写生した。』（同上引用）

＊生家の町名惠美須（えびす）、小学校名惠美（えみ）が、後の名機［惠美（えみ）号］の命名につながっていく。［13 参照］二女にも惠美子さんと名付けている。
＊下の図画に「明治三十六年 高等科四学年」（満12歳）とあるのも、早く入学したことでつじつまが合う。㊟尋常4年、高等科4年であり、通常高等科4年は満14歳となる。

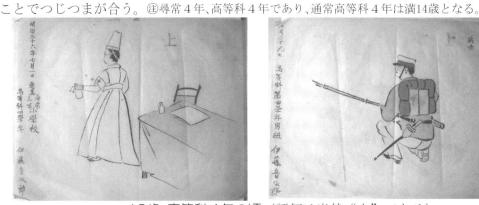

12歳　高等科4年の頃（評価は当然"上"である）

13歳 藤井質店勤務の頃に描いた絵（原画は遠近法をつかった美しい水彩多色画）　［資5 参照］

13歳 藤井質店に奉公 明治37年(1904)

＊藤井甚兵衛質店　東区備後町三丁目百八番(現中央区)
『ふとしたことから画才を認められ、（店主の）娘婿の実家である桃谷順天館から新聞掲載用の広告画を描かされたことがある。有名な「美顔水」の美人画であるが、これは少年の絵とは思えないほどの出来栄えで、長い間新聞の広告欄に登場し続けた。』[「空気の階段を登れ」より]

　新聞広告画について、航空作家の平木國夫氏の問い合わせに対する音次郎の回答は『美顔水の繪の件は一寸時代が違っております。私の関係したのハ、明治三十七、八年の事でした。絵もカンタンで図の様なものであったと思います。以上　音次郎　平木國夫様』と記され、右の絵が添えられていた。[「平木國夫氏宛書簡より」昭和36年]
(右) 思い出しながら描いた美顔水の広告画[上記書簡より]。
(右下) 音次郎作かどうかは不明だがこの様な絵だったろう。

＊明治37年3月に高等小学校卒業後すぐ奉公にあがったのか中途からなのかは不明だが、38年元日の日記で既に質店勤務の記述があることから37年中には奉公し始めていたことがわかる。
　下記広告画は37年4月新聞掲載であり卒業直後の音次郎作の可能性は捨てきれない。この絵は度々顔つきや着物の柄が変わっており、原画を描き直していたのかもしれない。38年1月19日の日記に記された「美顔水の上繪」とはこの広告画の原画か？

『粉河の美顔水の上繪をかくのをめーぜられて美人が傘をさして居ル処を畫(画)て　時ノうつるのもわすれた居たところへ児玉様が來て　ちょーど出上たとこなので内へ持て行かれた　不圖時計を見ルと早十二時ニなって居たのである』＊この絵が初めてなのか37年から描いていたのかは不明　粉河＝紀州粉河の桃谷順天館　[藤井質店勤務中の明治38年1月19日の日記 より]
『備後町(藤井質店)へ行キ、六時頃迄遊ビ美顔水ノ看板ヲ貰ヒ帰宅ス』＊広告画がブリキ製の屋外看板にでもなっていたのを記念に貰ってきたのだろうか。
[佐渡島商店勤務中の明治42年8月22日の日記より]

[参考]大阪朝日新聞 明治37年4月17日付 国会図書館蔵

余　話「初恋」　青春に恋はつきもの。丁稚音次郎は密かに思い焦がれるが成就することは…？

『（トーサン、仲さんとすれ違い様に突き当たりそうになり言葉を交わしたところで夢から覚めた）
　目ハ全クサメテ仕舞タ。噫々馬鹿ナ前途未ダ多望　身…身分ガ違フ…今マデアノ家ニ居タナラバ…』
＊かつて勤めた藤井質店の娘(トーサン＝長女、仲さん＝中の娘)の夢を見た。　[明治42年6月24日　18歳]

『空想ハ尚木盡キズ止ンメ(ママ)ト欲シテ止マラズ。アヽ余ハ遂ヒニ彼女ノ捕トナッタ』[明治43年8月23日]
『（彼女の噂をする声を聞く）「イカケ(夫婦連れ)デ何處カ行キヨッタ」アヽ此ノ一言如何ニ恨メシキ…
　余失戀スルコト之レニテ三度』[同　9月4日] ＊いつも店の前を通る女性に恋をするが人妻であった。

『（藤井質店の仲娘の消息を40年振りに聞く）初恋ノ女　今デモマタ(ママ)ニ夢ニ見ル女　夜眼サメテ一句アリ
　帽子取る　額ひの汗に　風涼し　　　初恋や　四十天引き　夢の春』[昭和18年5月7日 52歳]
　＊「藤井の仲さん」への初恋の思い出は、いくつになっても鮮明に蘇ってくる。

質店を辞め、数えの16歳で佐渡島商店(銅鉄商)に奉公 明治39年(1906)

＊38年の日記に『5/15母(店に)キタリ…私ノヒマヲ取リ…事ノ意外ニ大ニ驚キタリ』『5/17備後町ゑ家ヲヒマモラヘリ』と寝耳に水で店を辞め兄の仕事を手伝ったり、絵描きになるつもりで絵を描いたりした模様。　親が質店を辞めさせた意図は不明。音次郎はその後も度々質店を訪れ息子の甚松と遊び、手紙を頻繁に出し合っている。

　翌39年、大阪船場の銅鉄商佐渡島商店へ奉公にあがる。ここで、生涯にわたり「恩人」と慕い敬う佐渡島英禄[佐渡島家への入り婿]と出会う。奉公にあたっては、同じ恵美須町に住み伊藤家とも親交があった竹島新三郎(後々まで英禄と共に音次郎を支援)の仲介による。『私が英禄氏の御支援を得るようになりましたのは、私が十六歳の時、佐渡島本店(佐渡島伊兵衛商店)へ、一小僧として竹島さんの御紹介で入れて頂いたのですが、英禄氏が

音次郎が奉公した佐渡島伊兵衛商店 「経済要報」より
大阪市南区安堂寺橋通二丁目（現 南船場）

谷崎家から、佐渡島本家の、只今のイマ未亡人と御婚約が出来た事から始まります。御婚礼の当日（明治四十年一月、即ち一九〇七年）私は、浅葱のお為着（シキセ）に定紋のついた箱提灯を持って、お迎えの人々と共にお供に加わったのでした』㊟「佐渡島英禄の足跡」では、婚礼の日付は2月27日「回想記 佐渡島英禄氏と私」経済要報 昭和37年より

㊟佐渡島商店へは通説より早い明治39年から奉公（月日は不明）[資2] 参照]
・「回想」で40年1月、「足跡」では2月に英禄の婚礼のお供に加わっている。
・『何ンシロ三十九年ニ余力佐渡島ヘ行ク時』（明治43年6月2日「日記」）
・『三十九年 数え年十六歳にして丁稚奉公に上がる』「佐渡島英禄の足跡」

17歳 "運命の日" 「飛行機を作って飛ぶ！」
ライト兄弟の初飛行を活動写真で観て即座に決意
〜明治41年9月23日？ 10月17日？ 11月23日？〜

①9月23日または24日説『自分が飛行家たらんと決心したのは、忘れもしない明治四十年（ママ）、たしか秋季皇霊祭の夜（以下略 下記の回想記と同じ内容） [「第二征空小史」大正10年7月より 32 に全文掲載] 秋季皇霊祭は秋分の日に行われる。明治40年なら9月24日、41年なら9月23日。他の記述では全て明治41年。

②10月17日説『今日ハ立志十週（ママ）年ニ付夜祝宴ヲ張ル』10年後の［大正7年10月17日の日記より］まさしく「立志」＝飛行機を作って飛ぶことを決意した日 ではないだろうか。

③10月17日説『明治四十一年（1908年）十月十七日（旧新嘗祭）活動写真（当時は映画とは言わず、勿論、無声時代でした）で、米国のライト兄弟が1903年に行った世界最初の飛行を見ました。然し、幼稚なカタパルトを使用していましたので、これでは不便だ、どこからでも飛び立ち得るものが出来たら、と思ったのが病みつきで、以来、航空熱に取りつかれ、研究に熱中するようになりました。』
[「回想記 佐渡島英禄氏と私」月刊経済要報 昭和37年より 資2 に全文掲載] ただし、10月17日は神嘗祭の誤りであり、新嘗祭は11月23日。"日付"と"祭典"の記述とどちらが正しいのか。

④11月23日説『私が飛行機にとりつかれたのは、忘れもしない十七歳（明治四十一年）の新嘗祭（十一月二十三日）の晩のことでした。その夜大阪道頓堀の朝日座で…（以下略 上記の回想記と同じ内容）…しかし、当時私は、船場の佐渡島という銅鉄商に年季奉公をしていたので、とても"飛行機をつくって飛ぶ"などというあてもつてもなく、そうした願いは、単なる"少年の夢"にすぎませんでした。』 [「民間飛行一番機はこうして飛んだ」伊藤音次郎 「別冊新評」所収 昭和46年]

㊟明治41年の日記は現存せず決定的な決め手には欠ける上、音次郎自身の記述でもこれだけ違いがあることから記憶の不確かさを物語っている。「回想記」は音次郎の原文の写しであり、10月17日が新嘗祭との誤った記述となっている（引用間違いかも）。航空界引退後の音次郎が「新評」で記述し、平木氏も取り上げた11月23日が通説となっているが、最も古い記録である「大正7年、10年後の日記」記述の10月17日を選ぶのが順当かと思われるが如何？

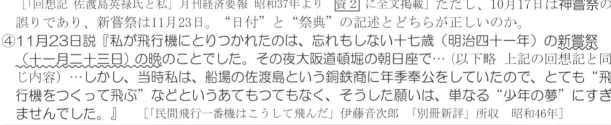

明治41年当時の音次郎 17歳
[月刊「経済要報」昭和37年1月号]
「音吉」と呼ばれていた丁稚時代

回想記に見る佐渡島商店での音次郎の仕事ぶり | 明治39年〜43年5月 (1906) (1910)

◆音次郎少年の努力と、それを見逃さない英禄 ＊この頃の勉学の様子は［巻末 資6 読書と自学 参照]
英禄と音次郎とは、英禄が佐渡島家へ婿養子に入った頃に出会っており、自分と同じように刻苦勉励する若い丁稚を気に掛けていたのだろう。音次郎の仕事に対する責任感と努力、それを見逃さない英禄、二人の間に繰り広げられたエピソードが音次郎の回想記と日記に記されている。
『（明治41年）私が夜学ながら、簿記を学んでいた（この頃夜学に通っていたとの資料はなく不明）のが幸いして、簿記係として、帳場へ、河野通胤君と共に抜擢されました。その年が暮れ、春を迎えた時でした。当時、同店（佐渡島伊兵衛商店）では、暮は三十一日夜まで営業し、正月三日間休業して、四日に棚卸しが行われるのが慣例となっていました。しかし帳簿係としては、三十一日の終りに廻ってくる年末の多量の伝票は、四日の棚卸しと歩調を合わせて決算に持ち込むためには、普通では到底処理しきれないので、元日、一日を伝票整理に一人で頑張っていた処、夕方、英禄氏が店へ出て来られて、特別賞与として金五円を授けられました。これはその頃、私の一ヵ月分の給与に近い額でした。』
[「回想記 佐渡島英禄氏と私」より][「明治42年1月2日の日記」にも同内容] そんな中、工学教材で山田式気球の記事を読んだ直後の42年7月3日『山田猪ノ助（ママ 猪三郎）君ニ職工デモ何デモヨイカラ居イテ呉レル様申込ンデ』、翌日『手紙ノ下書ヲ作ッタ』と記しているが投函せず計画だけで終わったようだ。

18歳 ある決意「飛行機乗員ニ採用セラレン！」　明治42年9月9日

飛行家になろうと思い立ってから1年後、ある新聞記事を目にし音次郎の決意はさらに強まる。

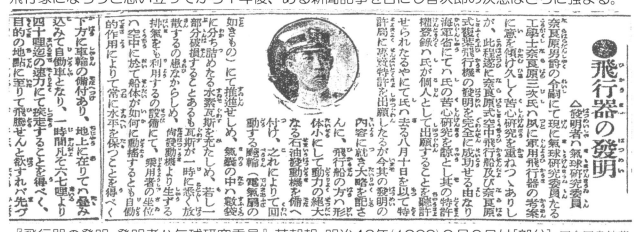

『飛行器の發明　發明者ハ氣球研究委員』萬朝報　明治42年（1909）9月9日付［部分］国会図書館蔵
まだ飛んでもいない机上の研究なのに脚光を浴びている。日本中から期待されていたのだろう。

――明治42年9月9日の日記より
『非常ナ事ガ起コッタ。ソレハ今朝例ニ依ッテ飛行機ノ事ドモガナト新聞ヲアサッテ居ルト、目ニ入ッタノガ奈良原式飛行機發明ノ九字デアッタ　早速讀ミ下シテ見ルト飛行気球ト飛行機ノ二種デ飛行機ハ米ノ「カーチース」式ヲ基トシ之レニ改良ヲ加ヘタルモノニシテ地上ヲ行ク時ハ翼ヲタトミ（ママ）テ普通ノ自働車（ママ）トナル、スコブル新式ノモノナリトカ。余ハチマチ決シタ　即積日ノ志ヲ達スルハ此機ニアリト　而シテ夜ヒソカニ同飛行機乗員ニ採用セラレン事ノ願書ノ下書キヲ作リ置イタ。後チ新聞切取リヲナシ九時半就寝』＊新聞により飛行器/機とある⇒音次郎は日記に飛行機と表記。

　今度こそ本気だ、即断即決。新聞を読み、その夜のうちに『飛行機乗員ニ採用セラレン』と願書の下書きを書く。その夜の音次郎は、きっと気持ちが高ぶって中々眠れなかったことだろう。

憧れの奈良原三次に熱烈なる手紙を出す　明治42年（1909）9月10日

　日記は翌10日、11日とどういう訳か空欄だが、唯一翌10日の発信欄に『奈良原三次君』とあり、直ちに清書をして投函したようである。文書の記述がないため手紙の内容は分からないが『熱烈な手紙を書き送った』と高揚する気持ちを後日「別冊新評　昭和46年」の回想録で書いている。

――奈良原三次という人物［明治10年～昭和19年］　［30 参照］
・男爵家二男（父　繁は島津家家令、静岡県令、沖縄県知事等歴任）
・六高→東京帝国大学造兵科卒業・臨時軍用気球研究会創設時委員
・この頃海軍中技士（中尉待遇）後に大技士　　㊟兄が独留学中病気のため中途帰国後死亡。三次が男爵家を継ぐ。
・数少ない民間飛行家だが飛行経験なし
　　　　　　　㊟明治9年12月出生とも

奈良原からの返信来たる　明治42年9月19日

『飛行家を志願するなら、まず第一に機械学を研究せられよ』

　意を決して出した手紙に対し、学究肌の奈良原らしい的を射た返事が届く。音次郎が喜び勇んだ様子が目に浮かぶ。地方の青年への温かい返信が、一人の男の人生を決定づけ、さらにはその後の民間航空を推進していく立役者を生み出すことになっていくのだ…と言うのが通説で、［「民間航空一番機はこうして飛んだ」別冊新評　昭和46年］でも奈良原の前記の言葉を音次郎自身が書き残している。

　しかし、その日の日記には『奈良原君カラ手紙ガ來テ居タ。讀ンデ見ルト、マダ設計ガ出來上ガッタバカリデ之レカラ　マダヽヽ完成迄ハ時日モカヽルシ大金モ入ルシ殊ニ事軍事上ノ秘密ニ関ル事ナレバ軍人ノ外採用セラレナイシ、其内ニハ民間ニモ出來ルダローカラ、其方へ

海軍中技士当時の三次氏

儘(ママ 任)カセヨトノ文意デアッタ　余ハ大二落膽シタ』と記述されており、機械学云々は日記のどこにも見当たらない。軍人ノ外採用セラレナイという衝撃的な言葉に大いに落胆し、この時点では『まず第一に機械学を研究せられよ』という貴重な助言は、心の内に収めるか「別紙」に記述したのかも。

別紙 音次郎は毎日の日記のほかに手紙の草稿や重要事項を記す「別紙」「ホンマノ記」と名付けたメモ帳を持っていたようである。『明治43年2月13日（返事を待ち望み）妙ナ夢ヲ見タ　即チ別紙ノ如クデアル』『大正4年1月9日 民間飛行家ノ現状ニツキ帝国飛行協会ニ対シー文ヲ艸シホンマノ記ニ記シ居ク』といった記述が日記に散見する。

「工業学校」の夜学に入学　仕事と勉強(機械学、製図)を両立　　　明治42年11月3日

　奈良原から返信をもらってしばらくは目標を見失って思い悩み、こんな愚痴をこぼしている。
『明治42年9月28日 思ヘラク近頃ノ余ハ全ク何ニカシテ居ルカ？　実ニ吾レナガラ譯ガ分カラナイ　書(昼)ノ間ハ勉強シナケレバヽヽヽヽト思ヒナガラ夜ニナルト何二事モ出來ナイ　アヽ情ケナイモノダ　如何ニシテ此タイダノ渕カラ、ノガレル事ガ得ルダローカ』＊青少年に共通する永遠の悩みである。
『同年10月1日 月々姉カラ貰フ金ハ実ニ五円ヲ下ラナイ‥‥。然シソレモ何ノ爲ニソレダケノ銭ヲ遣フノカ　之レ飛行家タラン爲トハ云ヒナガラ、実際飛行家トナル準備トシテハ、ソレダケノ　三分ノ一モ否十分ノ一位イダ』＊優しい姉にすっかり頼り切っている自分に対し、自己嫌悪に陥っている。
　こんな悩みを抱える中での11月3日、いきなり日記に夜学の記述が現れる。奈良原からの助言を反芻し徐々にその言葉の深い意味を解したのか、日記にも記さず密かに実行を計画していたようである。
『同年11月3日 午前七時ト云フニ余ハ大阪工業學校夜學部ニ入學スベク其ガ規束書ヲ貰フ爲メ梅田行電車ニ投ジタ‥‥北野牛丸町ト尋ネナガラ、ヤット行ッテ見ルト‥‥教師ラシイ人ガ出テ來テ色々ト云ッテ呉レタ。製圖ノ方ハドーゾコーゾ入レルガ英語ノ方ハモー空員ダソーダッタ。』

学校の名称 上記日記のように正しくは(市立)大阪工業學校［明40開校 北野牛丸町］であるが、音次郎自身は後年の著作物や書簡では次のように表記している。「回想記 佐渡島英禄氏と私」では都島工業(大正15年都島に改称)、「民間航空一番機はこうして飛んだ」では梅田工手学校(梅田附近のため)。「空気の階段を登れ」では後者を引用している。

　翌11月4日から初授業だった。授業はとても面白くためになったが、夜学なりの別の苦労もあった。
『六時頃雨ノ中ヲ電車に乗ルベク‥‥授業ハ 九時ニ終ッテ帰店シタノガ九時四十分。何ンボタヽイテモー寸モ起キテ呉レナイ。之レニハ少々閉ロシタ 此後毎度コンナ事デハ、トテモカナワヌガト思ッタ』
　助言通りに学校に入り機械学を学ぶこととなる。わずか3ヶ月半(翌43年2月17日以降は登校せず)だったが徹底的に機械学の基礎を鍛える。この努力が後に名機の数々を生み出す原動力となるのだ。その頃の音次郎の頑張る姿を平木國夫氏の「空気の階段を登れ」から引用して紹介する。
『昼は佐渡島銅鉄商店の帳場で算盤をはじき、夜は平面幾何学だの製図だのに取り組む事になった。(中略)この当時の音次郎の忙しさは大変なものなのに、毎朝五時に起きて新聞に目を通し、佐渡島商店へ「論語」を読みながら出勤し、夜学から帰ると発動機や機体の製図をしたり、「発明界の進歩」「科学世界」といった科学読物雑誌のほかにスマイルズの「西国立志編」のような翻訳書を熟読し、ついで日記をつけて十二時頃就寝しているのである。』　　　［＊読書の様子は、巻末 資6 読書と自学 参照］

奈良原から手紙『飛行器操縦者トシテ人間が入用』に勇み立つ　明治43年2月4日

『明治43年2月4日 奈良原先生カラ、飛行器操縦者トシテ人間が入用ダカラ履歴書ト、経験書キト、寫眞ト醫師の試験表トヲスグ送レトアル　余ハ一時一寸、マヨッタガ、タチマチ決心シタ。ヨシオレモ男ダ　最(ママ)非ヤッテ見セルト。‥‥飛行機ニ乗ッタ時ハドンナモノダロー　而シテ落チテ死ネバ、ドーダ 父ニ不孝、姉ニハ不義ニナリハシマイカ。ナニ死ナバ斯界ノ爲メダ‥‥ヨシサラバ日本最初ノ飛行機操縦者トナッテヤロー　決心ハ増々カタクナッタ』（＊途中 一部略）
　直ちに奈良原宛の返事を書き明治43年2月7日投函。高揚した気持ちが日記に記されている。
『奈良原先生へ昨日ノ手紙（但シ今ヤ正ニ「ポスト」ニ向ッテ手ヲ、ハナサントスル時、之レデ余ノ終生ノ運命ガ初メテ定マルノダナート思ッタ）』
　そして、あろうことか明治43年2月17日、突然夜学を退学することを決心するのだった。
『本日ヨリ學校ヲ廃シテ之レ（＊飛行機の研究や設計図製作）ニカヘル事ニ決心シタ』と、基礎的な機械学や製図練習よりも、自己流だが実践的な飛行機研究へとシフトチェンジをしたのだ。

しかし、奈良原から「採用通知」はおろか「返事」さえ来ることはなかった

　履歴書や写真を送り、熱烈な手紙や絵葉書を何度も送るも奈良原からの次の手紙は一向に来なかった。一方音次郎は、日記に記されただけでも3月24日までに何と6通も出している。その間の音次郎は、返事の来ない事に悩み、憧れの飛行機の夢を見、親兄弟を説得することに心を砕きつつ、飛行機研究により一層のめり込んでいくのだった。奈良原にとっては数えきれない程の飛行家志望の青少年の一人でしかなくとも、音次郎にとっては人生をかけて待ち望んでいる返事だったのだが…。

６ 音次郎 19歳で上京を決行

あこがれの奈良原三次のもとへ　明治43年(1910)

「飛行機を作って飛ぶ」ことを目指して夜学を辞め、佐渡島商店までも辞めて関鉄工所へ転職、飛行機研究に没頭する。そして、奈良原式１号機試験飛揚の報に矢も盾もたまらず19歳の秋、佐渡島英禄、姉の支援を受け上京を決行。それは大冒険と栄光、そして長い苦難の道のりの始まりだった。

関鉄工所へ転職　エンジン研究を目的に思い切った行動に出るも勇み足　明治43年６月

　明治43年２月４日突然届いた奈良原からの手紙「飛行器操縦者トシテ人間ガ入用」を受け、直ちに夜学を辞めてしまった。自己流だが飛行機研究に取り組むためだった。さらに、エンジン研究を目的として関鉄工所への転職を願い出る。明治39年以来４年間丁稚奉公してきた佐渡島商店に何も不満はなく、むしろ小旦那の佐渡島英禄には目をかけられていた程で、何と飛行家への夢のための転職と上京計画まで話している(5/24 p26参照)。その間、竹島の仲介であっけなく主人の了解を得る。父は激怒したがこちらも兄姉の取りなしで事もなし。６月１日、最後のご奉公を完璧にこなし去って行く。

　６月５日 月給７円 住み込み事務員として雇用され、勤勉に仕事に取り組む傍ら研究（日記には連日飛行機研究の文字が踊る）や読書に励むのだった。程ない頃「萬朝報」で奈良原の記事を発見する。

『明治43年６月15日 今日ノ萬朝報ヲ眺メタ。處ガソレニ先生ノ飛行機竣成ノ記事ガ出テ居タ 余ハ驚キ且ツ嬉シク讀ミ下シタガ、兼ネテ外注シテアッタ發動機ガ來月初旬デナイト到着シナイトノ事デアッタ。コレデヤット安心ガ出來タ。何条同機ヲ他人ニ先キ乗リセラレテナルモノカ』

　初めて飛行機に乗る栄光を夢見て、見知らぬライバルたちに対抗心を燃やしているのが愉快。ところが、関鉄工所で扱うのは“蒸気機関”のみで、飛行機とは無関係であることがわかったのだった。

『同年６月19日 最初「エンジン」ノ研究ヲ目的トシタノデアッタガ此處ハ蒸汽(ママ)々機ノ外「エンジン」ハヤラナイ。ダカラ飛行機トハ余リ無関係ノモノデアル』㊟飛行機は蒸気でなくガソリンエンジン使用

　追い打ちをかけるように、７月27日 ガソリンエンジンを扱うのは“関”鉄工所ではなく“岡”鉄工所の間違いであったことに気づき愕然とするのだった。飛行機に一歩でも近づきたくて、冷静な判断ができない程の高揚感に浸っていたのだろうか。しかし、事は後の祭り・・・、とんだ勇み足だった。

『同年７月27日 新聞ノ廣告中ニガソリン機関製造販賣九條町岡鉄工所トシテアッタ 之レデ余ハ思ヒアタッタ 共進會(㊟物産博覧会)デ関ト見タノハ完ク岡ノ間違イデアッタノダ・・・アヽ前途遠キカナ』

奈良原式一号機の滑走　明治43年（1910）10月30、31日 戸山ガ原練兵場（新宿）

㊟翌31日も飛揚実験を実施したことが東京日日、萬朝報に掲載

東京朝日新聞 10月31日付［部分（記事の一部と写真略）］国会図書館蔵　滑走のみだが各紙共大きな扱い

　奈良原設計の自信作だったが、練兵場の地面が凸凹の悪条件の上、フランスに発注のノーム50馬力発動機が手違いでアンザニー25馬力が届き、馬力不足で30cm程浮いて滑走するのみで飛揚には至らなかったのである（記事では電気系統の故障）。なお機体の製作は大口豊吉がほぼ一人で行っている。

　音次郎は、この様子を上記の新聞記事で読んで感動し、11月初め、即座に上京を決行するのだった。

『同年10月31日 今朝朝日新聞ヲ見ルニ昨日戸山原ニ於テスデニ飛揚試験ヲセラレタソウダ。然シ、エンジンノ電火装置に固(ママ)障ガアッテ上ガラナカッタ 否推進機ガ廻ワナカッタ(ママ)ノダ、茲ニ於テ余

ハ一刻モ早ク行キタクナッテ來タ　終日気ガイラヽヽシテナラナカッタ。ソシテ、コンナコトヲ思ッタ　閣下ガ自身デヤッテ居ラレルノヲ余ニ試乗ヲ乞フテ、ソシテウマクー変（ママ）ニ飛揚セシメテ見タラト』

奈良原式一号の翼　奈良原男爵玄関前にて
大工が作業をしているが大口豊吉か？

奈良原式第一號　試験滑走中（明治四十三年六月）
『この機体は、上翼後縁が下翼前部に少し重な
るほど強いくいちがいをつけた興味ある設計だ
った。上翼翼端に近い箇所の前部に1組の昇降
舵と縦安定板があるのも変わっていた。
　全長7.2m、全幅上翼11.3m、下翼9.3m、
弦長1.8mだった。』（「日本の航空50年」より）

左　奈良原式一号　　右　グラデー機
中野気球隊ニテ　　両機共全竹製

＊上の写真を手に入れた経緯が日記に
『大正3年12月23日　或写眞屋ニ奈良原式1號
トグラーデガ中野ノ気球庫前ニ置カレテアル写眞
ヲ見タノデ五枚バカリ注文シテ居イタ。トニカク
メヅラシイモノデアッタ』

明治四十三年秋完成　奈良原式一号
胴体、翼全部丸竹製　発動機アンザニー25馬力
丸竹により、軽量と強度を兼ね備えた工夫。

ついに上京を決行！　　明治43年11月初め　19歳

㊟10/31を最後に、日記は空欄。11/1以降速やかに決行したのだろう。

　上京時の日記は未記入で空欄、また後年の著作物にも詳細は書
かれていないが、前日の日記に『10月31日　本屋の拂ヲ済マシ下
駄ト手帳ヲ求メ』と、借りを返すなど新たな気持ちで旅立つ。
　なお、昭和35年に義兄大口豊吉の娘婿影山利政に宛てた年賀状
が残っており、上京時の音次郎の感激の一端が伺える。
㊟年賀状には淡く彩色された富士と人家の屋根越しにポッカリ浮かぶ飛行船
　が描かれているが、モノクロ印刷では不明瞭のため掲載せず。
『霜深き代々木の原で徳川さんの飛行を夢の様に拝見して正に五
十年　丁度其年空へのあこがれから　奈良原先生を慕って上京の
途　初めて仰いだ秀麗な冨士と　品川駅に着いた時　不図左の車
窓から　ポッカリと人家の上に浮んだ山田式飛行船第一号を発見
した感激は今も忘れられません
　　日本航空五十年　昭和三十五年　元旦　伊藤音次郎』

＊上京に際し、出郷の
　七言絶句を残したか？
　上京の半年前、漢文の練習
のついでに、出郷の時、家に
残す七言絶句を賦したが、さ
て11月初め、この詩を残して
上京したのだろうか？（縦書）

愁使情緒闕考弟
　　　（ママ）孝悌
生別又兼死別時
誰知今夜出郷志
決然去國向天涯

［明治43年3月16日の日記］

上京を支援してくれた姉と佐渡島英禄

物心両面から支えてくれた最愛の姉きんと、「恩人」佐渡島英禄がいたからこその上京だった。

姉 きん　大阪一の人気髪結い

まだ安い手当（佐渡島＝僅か？　関鉄工所＝月７円）でしかない音次郎の夜学の学費、膨大な書籍・雑誌代の大部分は、「姉きん」からの援助だった。大阪一の人気髪結い（新聞の人気投票）としてならした姉は音次郎の最大の理解者であり、転職や上京計画に反対する家族（父が特に強硬だった）を根気強く説得してくれた。
『明治43年5月3日　名古屋へ行クノデ…父ニハ、内所（ママ）デ姉ニ費用トシテ十八円貰ヒ』㉓名古屋共進会＝地方の物産博覧会。
『同年6月24日　本屋ノ拂ニ　三円五十銭入ル（いる）ノデ姉ニ云フト五円呉レタ』書籍代に何と毎月５円ほども出費。それも姉に無心。
『同年10月28日　（上京にあたり）第一ノ問題ハ旅費デアル　如何ニ切リツメタ處デ十五円ハ入ル　サテ其金ヲ如何ニシヨー。アヽ、今更姉ニ金ヲ頼ムコトハ出來ナイ　名古屋へ行ッタノト店ヲ出タ時ト洋服トデ少ナカラズ姉ニハ迷惑ヲカケテ居ルノダカラ』

上京直前まで思い悩む。姉にはもう無心できないし…どうするか。

姉 きん

恩人 佐渡島英禄　佐渡島伊兵衛商店の婿養子
　　（使用人は親しみを込め「小旦那」と呼んでいた）

音次郎自身が後年（昭和40年前後）編集したアルバム第１集冒頭１ページ目に、右の写真をまず掲げ『恩人』と記している。深い敬愛と二人の絆が感じられる。

＊佐渡島商店［浪速の伸銅品製造販売］
　明治９年(1876)佐渡島伊兵衛が船場に銅・鉄地金商店を創業。明治39年(1906)には、音次郎の恩人の一人中山弘一の努力で官営八幡製鉄所の指定問屋となる。小学校の教科書に載る程繁盛していたという。

＊佐渡島英禄［明治17年〜昭和36年］
　大阪商業学校卒業後、企業勤務、兵役に就く。除隊後の明治40年、見込まれて佐渡島家の婿養子に入る。大正３年分家、５年佐渡島西店（現 ㈱ 佐渡島）として独立。大陸との輸出入、商業だけでなく工業部門への進出を図るなど亜鉛鍍界の礎を築き、我国民間亜鉛鉄板製造草創期の嚆矢の人と称されている。
[「佐渡島英禄の生涯」北木小馬　他より]

アルバム第１集１ページ冒頭の写真と、「恩人」と記された添え書き

奈良原式一号機の試験飛揚が東京で行われる頃（明治43年10月30、31日）、万策尽きた音次郎は上京に必要な旅費15円を何と旧主である小旦那英禄に借金申込みをしたのだ。その結果、店を辞めた元使用人にもかかわらず温かい言葉をかけてもらうと共に、借金ではなく「餞別」として20円もいただいている。この時期は、英禄自身が亜鉛鍍（メッキ）株式会社設立に苦悩している最中だったが、夢に向かって歩みだす元丁稚にも心をかける優しい人柄が偲ばれる。

以下、音次郎と英禄の丁稚と主人という身分を越えた交流の模様を日記をもとに紹介しよう。

英禄が分家独立した佐渡島西店　安堂寺橋通三丁目

＊本ページは、昭和27年に英禄宛に送った手紙の一節で、明治43年上京した当時の日記を書き写し（日記原本とは多少異なる）、かつて相談に乗って貰い励まされた事、無理を言って旅費を頂いた事など感謝の気持ちを表している。　　　　　　　　　　　［資1］丁稚時代の恩義に感謝 参照］

『五月二十四日　火曜日　晴
（佐渡島商店から暇を貰い関鉄工所に転職する事になった後、小旦那は）何処へ行のかと色々尋ねられたが　其時は話さなかったが色々考えて小旦那には打明けて居くのがよいと考え　四時頃奈良原先生の手紙をお見せして希望と決心を話した処　思ったより産むが易く非常に賛成で「ウーン面白いそれは面白い　行ったらすぐ手紙を呉れ　及ばずながら又相談相手にもなろう」と云われなんとも云えぬ愉快な感を得た』　　㊟平木國夫氏「空気の階段を登れ」によれば、この時「英禄が50万円作るのが先か、音次郎が飛ぶのが先か、競争しよう」と約束したとしているが日記には記載されず。（次ページ参照）

『十月二十七日　木曜日　晴
（萬朝報に奈良原が佐世保転任になった事が載っていた）此際是非共同氏に会って確かな事を定めたいのと　又いつ迄鉄工所に居っても　秘密裡に研究せねばならぬ状態では見込みも立たないので此際是非上京したい　いや行かねばならないと考へ　旅費其他の調査を初め十二時近く就眠』

『十月二十八日　金曜日　晴
　今日は朝から昨夜の問題を考へる　兎に角第一の問題は旅費である　如何に切りつめても十五円は入用　其金を如何しよう　姉には此前名古屋に行った時　其後店を止めた時　服を作った時と大分迷惑をかけて居るので今度はどうにも話しにくい　父には勿論だめ　兄は同情はあるが金は持たない　つひに思いつひたのは寄生木の良平ならねどー小旦那にお願ひしてしばらく拝借する事にし　返済は月々四、五円づつ月賦にして、いただくことにしたらと　夜店へ立寄り　それから浜宅へ小旦那をお尋(ママ 訪)ねしたが表が開かない　案内を乞ふのも気がとがめたので裏の中山氏を訪ねた　丁度居られたので色々話す内八時を過ぎた　心の内では気が気でなかった　やっとの事で思ひ切って中山氏の店から小旦那をお尋ねした　談話は飛行機の事に及び今日迄の研究して得ただけをお話ししたが借金の事につひては練習して居いた口上も述べる事が出来ず　つひ云い出し兼ねて九時過ぎ浜宅を辞した』　㊟「寄生木の良平」＝徳富蘆花「寄生木」中の主人公　㊟「中山氏」＝中山弘一

『十月二十九日　土曜日　晴
　昨夜の失敗に目は未明から醒めて眠れぬまゝ色々工夫した結果　小旦那に手紙で申し上て見様と早速起きて　目的と希望と現状を述べて十五円拝借の件を書き　最後に今夕失禮ながら電話でお返事を戴きたい事を述べた　夜浜宅を電話した処　小旦那一流の「よろしい　承知した　明日か明後日封筒に入れて店の誰れかに渡して居く」との事　余の其時の嬉しさは　今も手が振へる様だ　そしてやっと第一の難関を切りぬけた　而して何んでも勇気と熱心にかぎると思った　尚目前に横たわる大きな困難に対しても勇気と熱心にしかずと心にちかふ』

── 10月31日、英禄からの手紙と餞別として20円を受け取り、早速11月初め上京決行 ──
　　　　　　　　　　　　　　　　㊟決行日は特定できず。翌11/1以降速やかに旅立ち。

上京するも奈良原には会えず　しかし日野・徳川大尉の初飛行を間近で目撃

　軍務多忙の奈良原三次に会うのは容易ではなく、その間、巣鴨にある元佐渡島商店工場長の伊丹康吉方に泊めてもらいつつ山田洋傘店に営業として勤めることになった。伊丹の計らいで、日野・徳川大尉の代々木練兵場での初飛行挑戦を毎日のように見学に出かけることができた。そして、ついにその目で日本初飛行の決定的瞬間を目撃することができたのだ。
　しかし、自分自身の飛行家への道はまだまだ先の事だった。

東京朝日新聞（4段記事 部分）明治43年12月20日付 国会図書館蔵　＊8 に詳細記述

—── その後も続いた音次郎と英禄の交流 ─── ──「「回想記 佐渡島英禄氏と私」昭和36年 より]

＊佐渡島英禄には、丁稚時代に世話になっただけでなく、上京してからも常に心の支えだった。

◆50万円が先か、飛ぶのが先か

　英禄の人柄を表すエピソードを感謝を込めて記している。この言葉が、苦難の時期の音次郎をどんなにか力づけたことだろう。

『大正2年、師の奈良原が飛行界から引退した頃）当時なお未完成の私は、白戸君と苦難の二年間を過しました。その間、東京で喰えなくなると、大阪に帰っておりました。そんな或る日の事、小旦那と一日中話し合った事がありました。時に小旦那は十万円貰って分家して、西店を開店したが、「おれが五十万円の資産を作るのと、君が飛べるようになるのとどちらが早いか、一つやって見ないか。君が早ければ一万円を君にあげよう」と、暗に、失意中の私を励まされたのでありました。』

㊟「空気」では明治43年5月24日、転職する理由を英禄に打ち明けた丁稚時代の話となっている。その日の日記原本には『ウーン 面白イ コレハ面白イ。行ッタラスグ手紙ヲ呉レ 及バズナガラ又相談相手ニモナロー』と言われ感激したことのみ記されており50万円の件は書かれていない。また大正2年の日記も現存せず時期は確定できず。

◆英禄、1万円の約束を履行しようする

　英禄は、音次郎との「50万円が先か、飛ぶのが先か」の約束を忘れてはなく、大正6年の郷土訪問飛行の成功を喜び、約束通り1万円を出すのだった。

『大正六年（1917年）夏、右の二機をたずさえて大阪に帰り、故郷の空を飛んで小旦那に喜んで頂きました。その時、前の口約により、金一万円也を小旦那が下さろうとしましたが、私はこれを御辞退しました。しかしその後、千葉県津田沼に飛行機研究所を設立し、拡張するに当たって、それ（一万円）に十数倍する金を、竹島（新三郎さん）と共に、出して頂いたのでありました。』

㊟「空気」では、大正6年9月16日の大阪謝恩飛行の祝宴における英禄の祝辞の中で「前年の全国巡回飛行の途中大正5年7月18日大阪に寄った際の出来事」としている。しかし日記には、その7/18に50円、大正6年の謝恩飛行の際の9/16に100円、9/17に300円頂いた記述のみで、1万円の話は出てこない。辞退したので書かなかったか？

㊟「ホンマノ記や別記にだけ記した事実」「日記の散逸」「音次郎の記憶違い」等により検証不能の出来事でもある。

> その後も続いた音次郎への物心両面の支援 　3人の大阪商人［英禄、竹島新三郎、中山弘一］

　音次郎を支えたのは、英禄縁故の大阪商人たちだった。決して大企業とは言えず、資金も潤沢ではなかったが、苦境の時、飛躍しようとした時など折々に支援を惜しまなかった。もちろん、景気に左右される商人であるため支援要請に対し苦言を呈され断られる事も度々ではあったが…。

余の恩人　余が小僧奉公の日より今日迄不変の思愛を與えてくれた佐渡島英禄氏(左)と竹嶋建一氏(右)

［「第二征空小史」より］㊟建一は息子の名で竹島新三郎の誤り

＊竹島新三郎は、伊藤家と同じ恵美須町三丁目在住で、奉公先の斡旋、度々の出資（恵美号製作時の千円等）や慎重な英禄との仲立ちまででもしてもらっている。佐渡島商店の元番頭で亜鉛精錬販売業の竹島商店主。

＊中山弘一は、英禄の妻イマの叔父で佐渡島商店の白物主任（亜鉛・鉛・錫取扱い）。後、日本亜鉛鍍㈱を英禄と立ち上げる。大正10年に音次郎が株式会社設立の際は、多額出資の上取締役会長を引き受けてくれた。

中山弘一氏　大正十一年　竹島新三郎氏

＊佐渡島英禄には、長い飛行家人生の折々に物心両面で支援を寄せてもらっている。昭和36年英禄逝去の際、佐渡島家への手紙の一節には『これらにより、政府または飛行協会より、しばしば表彰の光栄に浴しましたが、その功績は私のものではなく、実に小旦那を以て第一（の功労者）とし…』とあった。［「佐渡島英禄氏と私(伊藤音次郎)」佐渡島英禄の生涯 北木小馬 月刊経済要報 所収]

7 臨時軍用気球研究会 発足

陸海軍による組織的飛行機研究　　明治42年(1909)

気球・飛行機の軍事利用を目的に、陸海軍等合同の『臨時軍用気球研究会』
が発足した。すでに初期段階の飛行機時代を迎えつつあった欧米の最新飛行
機買付とその操縦法習得、先進技術の吸収、2年後には所沢に専用飛行場を
建設するなど、国家をあげた飛行機研究が始まったのである。

臨時軍用気球研究会　　明治42年(1909)7月30日発足

　ライト兄弟の飛行機発明から早くも数年後には、欧米各国は飛行機の軍事利用研究と実用化へと
進んでいた。遅ればせながら日本でも陸海軍により組織的な気球・飛行機研究をスタートさせる。
　勅令第207號　官制第1条【臨時軍用氣球研究會ハ陸軍大臣及海軍大臣ノ監督ニ属シ氣球及
　　　　　　　　飛行機ニ関スル諸般ノ研究ヲ行フ】
　会長　陸軍中将/軍務局長　長岡外史　　　　　　　　　　　　＊メンバーは発足当初
　委員　東京帝大；教授　田中舘愛橘、他2名　　　中央気象台；台長　中村精男
　　　　陸軍；工兵大佐　井上仁郎、他5名［歩兵大尉　日野熊蔵等］＊工兵大尉　徳川好敏(翌年から)
　　　　海軍；大佐/軍令部参謀　山屋他人、他3名［造兵中技士　奈良原三次　等］
　明治43年(1910)4月　日野熊蔵歩兵大尉(31歳)がフランス・ドイツ、徳川好敏工兵大尉(25歳)が
　　　フランスに派遣され、最新鋭の飛行機購入と共にその操縦技術・整備等の習得を命ぜられる。
　明治43年12月　飛行機を購入して帰国(両大尉はシベリア鉄道、飛行機は船便)後、両大尉は日本初飛
　　　行を成し遂げ、日本における飛行機の歴史が本格的にスタートした。　8 初飛行 参照
　明治44年(1911)4月　埼玉県所沢に23万余坪の敷地を7万6500円で買収し、幅50m、長さ400m
　　　の滑走路、格納庫、気象観測所などを備えた我が国最初の飛行場が誕生する。当初は下記の輸
　　　入飛行機4機のみだったが、会式一号機を始め改良を加えた国産機を次々と誕生させていく。

所沢飛行場発足当時の記念すべき4機　　　　　撮影；喜多川秀男　所沢航空発祥記念館 蔵

ハンス・グラーデ機（独）

ライト機（米）独でライセンス生産

アンリ・ファルマン機（仏）

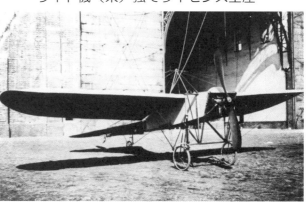

ブレリオ機（仏）

◆音次郎も注目し憧れた明治43年の日野・徳川両大尉訪欧　[日記より]
『明治43年7月23日　先頃研究ノ爲メ歐州ヘ派遣セラレタル日野大尉ハ、既ニ　ファルマン式飛行機
ニ乗シ若干ノ飛行ヲナシ本邦人ノ第一先駆ヲナシタコトヲ知タノデ増々同研究の急急ナルベキコトヲ
憾(ママ)ジタ』　[関鉄工所勤務時代]　＊欧州派遣の日野大尉への羨望と自身の飛行機研究への焦りが感じられる。

徳川大尉購入のブレリオ式単葉機　四十四年所沢ニテ

明治四十三年　代々木にて徳川大尉操縦
日本最初の飛行に成功せるアンリーファルマン式
四十四年　所沢格納庫にて

── 会式一号機　明治44年(1911)10月13日　徳川大尉操縦で初飛行　所沢飛行場 ──
　フランスのアンリ・ファルマン機をもとに徳川好敏大尉が設計した国産軍用機第一号。「会式」
とは、臨時軍用気球研究[会式]に由来する。国産機製作が急がれていたことに加え、会所有の輸入
4機だけでは、操縦訓練を始めとする各種研究に対応できないため国産機の製作に踏み切った。専
用の工作機械もない時代、国を挙げての事業とはいえ困難を極めたと思われる。しかし徳川大尉た
ちの設計・製作技術は優れており、ファルマン機を超える性能であったといわれている[最大速度
72km／時、航続3時間]。その後四号機まで製作され、全てを設計した徳川大尉に因み通称「徳川
式」とも呼ばれている（設計者が変更され七号機まで製作される）。

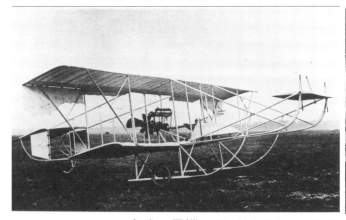

会式一号機　所沢航空発祥記念館　蔵

会式機上の坂本中尉

会式二号機　　[「日本の航空50年」より]

── その後の研究会 ──
　陸軍主導の運営に、海軍は独自に
追浜で研究を始め、文部省も東京帝
大に航空研究所を設置し事実上の退
会。陸軍は航空部及び航空学校設置
に伴い研究会を大正9年解散。航空
草創期を担った研究会は11年の活動
を終えた。

8 日野・徳川大尉の初飛行

日本にも飛行機時代の萌芽　　明治43年(1910)

ライト兄弟の世界初飛行に遅れること7年、日本にもようやく飛行機時代が芽吹く。既に実用段階に入っているヨーロッパでの「飛行機購入と飛行術習得」から帰国した日野・徳川大尉が、代々木練兵場（現代々木公園）でドイツ・フランスで購入した輸入飛行機による日本初飛行を成し遂げる。飛行家になるため上京中の音次郎は、この初飛行の模様を現地で目撃し感動する。

＊徳川大尉の操縦経験は1時間20分余　仏で飛行訓練・万国免状取得、最新鋭機を購入しての帰国は華々しいものだったが、肝心の飛行学校の実態は『一日一回正味5分間の飛行練習10回で卒業。卒業試験も高度50m、距離1,000mを3回繰り返したにすぎない。』［徳川氏談「日本航空史」より］

日野熊蔵　陸軍歩兵大尉（後に中佐）
グラーデ式単葉機24馬力［独］牽引式に乗る日野氏
　フランス、ドイツで操縦練習。自作飛行機や発動機の開発にも熱心であったが、九州に左遷されるなど軍では不遇で、後に軍を辞している。

（上）日本陸軍空軍の父　徳川好敏氏
　　　陸軍工兵大尉（後に中将）
仏のファルマン飛行学校にて、ファルマン式複葉機50馬力[仏]推進式に乗る徳川氏
　この後、陸軍の航空分野を主導する。
　徳川御三卿の清水家8代当主で後に男爵。
（左）日野大尉と徳川大尉
　　　　　　　［国民新聞　明治43年12月20日付］

───『公式記録』では徳川大尉が初飛行　㊟資料・文献・新聞記事により記録数値が異なる。───
明治43年(1910)12月19日（月）場所；代々木練兵場　　　（　）内数値は異説

徳川好敏工兵大尉	フランス製ファルマン機	日野熊蔵歩兵大尉	ドイツ製グラーデ機
高度70m・距離3,000m・4分(3分)		高度45m(20m)・距離1,000m・1分20秒(1分)	

　この日先に成功した徳川大尉の「日本初飛行」は、『目にもとまらぬプロペラーにおされて見事に地上を離れた。この鋭い爆音をはじめて耳にする人も多かったであろう。徐々に高度がとられ、こはく色の機体は予定のコースをとって場内を二周し、森のこずえと併行して最高七十㍍、時速五三㌔で三、〇〇〇㍍の距離を飛んだのである。この間、四分だったが見る人にとっては、神の奇蹟にも近く、最初の公式記録としてわが航空紀元を創造したのだった。』（「日本航空史」より）

公式飛行を大々的に報ずる記事（４段記事　部分）東京日日新聞　明治43年12月20日付　国会図書館蔵

| 日野大尉、幻の初飛行 | ㊟全て目測値のため、資料・文献・新聞記事により記録数値が大きく異なる。 |

12月14日の地上滑走試験の際の日野大尉を初飛行とする[14日は高度２ｍ距離100ｍ（萬朝報は高度10ｍ距離60ｍ）、予備飛行二日目の16日にも高度30ｍ距離300ｍ飛んだとも伝わる]のが現在では一般的だが、14日の飛行はジャンプの繰り返しで飛行ではなかったとの説もある。徳川大尉が飛んだ12月19日が「日本初飛行の日」記念日だそうだ。なお『（日野大尉が）高度10㍍、距離60㍍を飛んで、我が国最初の離陸に成功したが、もともとこの日は公式の飛行実施日ではなかったので「滑走中の余勢であやまって離陸した」ことに報告された。「日本航空史（昭31　北尾亀男）」』『今から考へると、公式飛揚とはをかしな言葉である。飛行機が飛ぶのに公式も私式もあるわけはない「航空五十年史（昭18　仁村俊）」』…

日野大尉の試験飛行（14日）を「初飛行」と報ずる記事(部分)　萬朝報　明治43年12月15日付　国会図書館蔵

『今度ハ四五百米突(㍍)を滑走せしに此時同機ハ極て緩に昇騰し、地上約十米突の空中に至て六十米突を飛行せり、正に是れ日本國の空中に於る最初の飛行とて試乗者日野氏ハ附近の松樹を一周せんと企しが、折惡く發動機の…』

| 「わずか30年で忘れられた日野氏」に憤る後年の音次郎 | ［「日記」より］ |

『昭和16年(1941)12月19日　代々木ニ航空記念碑ノ完成式ニ参列ス…日野氏來テ居タガ後列ニ居テ一向存在ヲ認メラレナイノハ気ノ毒デアッタ　夕刊ニモ参列者ノ中ニ　名前モ出テ居ナイノハ遺感(ママ)デアッタ』

㊟航空記念碑＝日本航空發始之地碑　［次頁参照］　㊟日野との親交の写真　29 参照

＊音次郎も目撃　上京したばかりの音次郎も毎日早朝から駆けつけていた。そして、大群衆の中に埋もれながら日本初の動力飛行を間近で目撃、決意を新たにするのだった。

＊公式飛行[予備/本飛行]の５日間（15～19日）　発動機の故障・調整に時間をとられたり、滑走練習中木の根に車輪をぶつけて転覆・修理したりと、なかなか飛行には移れなかった。その都度修理したのが奈良原のもとで奈良原式の製作にあたっていた大口豊吉だった。さらに17日、18日はあいにくの雨で、実質飛行に移ったのはこの19日が初めてと言えた。見たこともないトンボのお化けのような飛行機とやらの飛ぶ姿を一目見ようと５日間で延べ50万人も押し寄せ、屋台まで出たそうである。

（上）日野大尉搭乗のグラーデ機（独）
［「海軍雑誌 海と空」より］
（右）徳川大尉搭乗のファルマン機（仏）
［「日本の航空50年」醍醐社より］

代々木練兵場跡（現 東京都立代々木公園）

日本初飛行の地である代々木練兵場は、人々の憩いの場代々木公園になっている。その南西の一角に、日本航空発始之地碑と日野、徳川氏の胸像が日本航空時代の幕開けを記念して厳かに建っている。

晩年の音次郎、両大尉の胸像建立に尽力す

日本航空發始之地碑
（昭和15年朝日新聞社）㊟除幕式は16年。

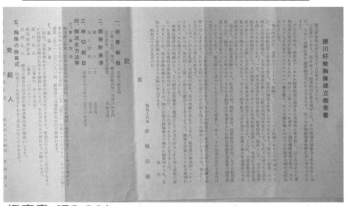

（右上）徳川好敏胸像建立趣意書 昭和38年 発起人の一人として音次郎も名を連ねる。

航空五〇会主催　日野熊蔵氏胸像除幕式
昭和四十一年四月二十三日 胸像は發始之地碑の左側
左：音次郎 右：田中氏（不二雄）

日野熊蔵之像　　　　徳川好敏之像
（昭和41年航空五〇会）　（昭和39年航空同人会）

＊日野氏胸像は田中不二雄が発起人。［音次郎の協賛者の辞］『日野さんは早くから発動機や飛行機の設計試作を実地に自費でやられた軍人ばなれのした御人でした。日野式拳銃や手りゅう弾、その試作中大怪我をされたこともある。真のメカニシャンでした。当時の軍にはいれられずに不遇に一生を終わられたのを今日、徳川さんと一緒に栄光を受けられるのは我々も欣快に堪えません。』［風○天ニュース66］

⑨ 奈良原の自作機空を飛ぶ

音次郎、奈良原三次の助手になる 明治44年(1911)

日本初飛行は日野・徳川大尉に先を越されてしまったが、翌年5月奈良原式2号機で再挑戦し見事飛行に成功。「国産機日本初？飛行」を成し遂げる。同じ頃、音次郎は念願かない助手（無給）に採用され飛行家デビュー。

奈良原三次 民間飛行家の道へ

　自ら設計・製作した機体で飛行するという意欲を持つ奈良原は、臨時軍用気球研究会委員を辞任するとともに海軍を退役、公的な立場から一切身を引く。そして、助手たちを引き連れ民間飛行家としての道を歩み出した。明治44年(1911) 4月、所沢に初めての陸軍飛行場が開場すると、場内の一角に奈良原飛行団の格納庫（丸太組みのテント程度）を設置する。その上で新たに設計・製作した奈良原式2号機の地上滑走試験を繰り返して国産機初飛行に備えるのだった。
＊所沢飛行場は、まだ陸軍機も少なく元臨時軍用気球研究会々員である奈良原のつてで利用できた。

明治四十四年自分下宿せる宿 所沢細村屋？
以降ずっと所沢出張の際の定宿となった。
『昭和5年4月15日 細村屋ニ行キー泊ス…
古イナジミハ、何ントナクヨイモノダ』

奈良原式2号機国産機初？飛行

＊下記の記事部分 『決然短距離飛行を断行せんとて…風に逆らって…スタートより僅かに十メートルにて尾翼先ず浮き又機体次第に上がり十メートル内外のジャンプを連続し…一瞬遂に機は全く地を離れ地上四米突の高度を保って飛ぶこと六十米突なりしが稍急角度を以て機上昇するや機上の奈良原氏危険と見てハンドルをグッと引たるが力（ちから）餘って再び急角度を以て下降したる…』

音次郎 奈良原の助手になる

　音次郎は所沢まで連日出かけ、奈良原機の地上滑走を見続けた。明治44年5月初旬、東京飛行機製作所（奈良原名義）の支配人と会い、無給の助手として採用される。音次郎はすぐ所沢の下宿細村屋（上の写真）に決めて5月の1ヶ月弱逗留した。＊明治44年の日記は欠落のため断定はできないが、後の回想記類には感動の記述がなく、歴史的瞬間に立ち会えなかったようだ。

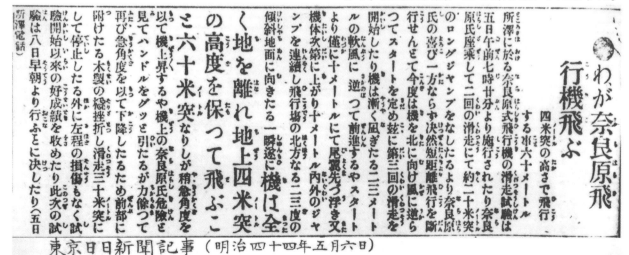

東京日日新聞記事 （明治四十四年五月六日）

＊上の新聞記事は、国産機初飛行25周年を記念して音次郎が作成・配付した絵葉書（部分）のうちの1枚
『奈良原氏来、五月五日ノ打合セヲナス…繪葉書ヲ依頼シ上京…新聞切リ抜キ記事ハ…東日ニ行キ羽太（文夫）氏ニ依頼シテ写シテ貰フコトニス』［昭和11年4月29日の日記］東日＝東京日日新聞

日本で初めて飛んだ⁽ママ⁾飛行機(国産)木造機
明治四十四年五月 ㊟前頁「新聞記事」と共に絵葉書にした。

写真内キャプション：奈良原式第二號（明治四十四年五月）

┌─ 奈良原初飛行 ─┐
明治44年(1911)5月5日
場所；所沢飛行場
操縦；奈良原三次
記録；高度4m・距離60m
＊奈良原操縦は初飛行まで
　奈良原自身が操縦したの
はこの日の初飛行までで、
翌日からは一番弟子の白戸
榮之助の練習機になった。

(左)民間最初ノ飛行士白戸栄
之助氏 本機ニテ練習ス
機上；白戸榮之助
中 ；後藤銀次郎
右 ；奈良原

奈良原式2号機の仕様

機体	木製骨組、合板羽布張り（1号機は丸竹製）
	［上翼幅10.00m／下翼幅9.20m／全長10.00m／自重430kg］
発動機	ノーム50馬力（1号機搭載予定だった）
プロペラ	牽引式［トラクター］（前に付く）
翼	上下翼食い違いの複葉式（上写真参照）
乗員	1名（単座）┌主として大口豊吉により製作
製作	東京飛行機製作所（奈良原名義）

奈良原の助手たち よき先輩に学ぶ

白戸榮之助 ＊音次郎に操縦術を教える

　徳川大尉の部下の陸軍工兵軍曹。飛行家志望の白
戸が除隊する時、徳川から奈良原に依託され奈良原
飛行団の操縦士となる。地上滑走練習機となった奈
良原式1号機を始め2〜5号機の操縦を任され腕を
上げる。川崎(有料)・青山の公開飛行で[鳳号]を操
縦しプロの民間飛行家第1号として名声を得た。初飛行後奈良原は
所沢に現れなくなったが、白戸は2号機で操縦練習を始めた。する
と、徳川大尉が来て旧部下の白戸に操縦術を口伝で教える。『発動
機がまだまだ弱馬力だから、天高く登ろうとする際、決して一気に
かけ上ってはいかんよ。つまり空気中に階段があると思って、離陸
したら水平姿勢にし、安定したらまた登るようにしなくてはいけな
い。要するに、空気の階段を登れ、ということだ［「日本飛行機物語
首都圏版」平木國夫 より］』近くにいた音次郎も徳川大尉の言葉を全神
経を集中して聞いていたのだろう。白戸も音次郎もこの時学んだ操
縦術で飛躍するのである。このエピソードを取材で音次郎から聞い
た平木は、執筆中の航空伝記小説の題名を即座に「空気の階段を登
れ」と決めたという。

　音次郎は優秀な先輩白戸から操縦術を学ぶ。音次郎が稲毛海岸で
独立後、白戸も大正5年9月「白戸協同飛行練習所」を開設(後千葉市
寒川海岸に移転)する。大正11年末には、朝日新聞社、音次郎と共に
「東西定期航空会開設」、翌年1月運航[35 参照]を始めたが、愛弟
子2人の航空事故死をきっかけに引退、千葉で木工所経営[現 白戸
工業(株)]に転身した。(右)奈良原三次と白戸榮之助［岡下富彦氏蔵］

┌─ 国産機初飛行は大阪の 森田新造！？ ─┐
＊こんな記録も伝わるが数値に諸説有り
明治44年4月24日(奈良原より11日早い)
大阪・城東練兵場 森田新造(皮革商)ベルギー
製発動機グレゴアジップ45HP購入し単葉機製作
高度1m・距離80m(ジャンプの繰返しとも)。
㊟森田新造関連は資11 エピソード集に詳細]。

＊国産機初飛行で初事故を記録してしまった
森田 飛行機の前を横切った自転車の少年を引
っ掛け怪我をさせ、国産機初人身事故を記録。
奈良原 着地失敗し脚部を破損。すぐ修理した
が初飛行と同時に国産機初自損事故を記録。

　奈良原は、日本初飛行、国産機初飛行共に
先を譲ったが、日本中が注目する中での製作
・飛行、白戸や音次郎など飛行機時代を牽引
する弟子の育成などその偉業は色あせない。

助手時代 大正元年(1912)熊本ニテ　伊藤　大口豊吉君
「鳳号」での巡回飛行の時だろうか。

大口豊吉
＊音次郎に飛行機製作技術を教える

　大工出身(20近くの職業を経験)の大口は、奈良原の部下として現場主任を務め、飛行機製作・整備の一切を担っていた。日野・徳川大尉の日本初飛行当日も機体の修理や整備を依頼されるなど飛行家たちから信頼されていた。耳学問ながら専門的知識を会得し、熱意と好奇心をもった有能な技術者で、音次郎も様々な知識や技術を学んだ。

　稲毛移転後も引き続き奈良原のもとで働き、音次郎が独立すると山縣らと共に飛行機製作や整備[18 p70写真]を手伝う。音次郎にとっては信頼できる片腕だった。後に音次郎の妻となるきちさんの姉妹と結婚、音次郎と義兄弟になり旅館「上総屋」を継ぐ。

『時々北海道、南洋に渡りたる事あるも概ね当所（伊藤飛行機）と共にあり。…航空界の一名物男たり』
　　　　　　　[「津田沼航空神社由来」より]

　妻子を残したまま突然南洋を放浪するなど天衣無縫かつ話し上手で愉快な人物だったという。プロペラ推進自動車など発明にも意欲的だった。

志賀　潔　＊音次郎に飛行機理論を教える

　東京帝国大学物理学科卒業の理学士。臨時軍用気球研究会発足時からの会員である田中舘愛橘教授の助手だった。音次郎が入営中に発足した「東洋飛行機商会」の技師長として奈良原式4号機「鳳号」製作に大きく関わるが、商会解散後は中国に渡り大学教師になったといい、音次郎日記にも時々登場する。

　気さくな人柄で、音次郎相手に飛行機理論を外国語の原書をもとに連日講義してくれたという。3ヶ月半夜学で学んだだけの音次郎だったが、おかげで欧米の最先端技術や専門的知識を吸収することができ、その後の飛行機設計・開発に大いに役立った。[写真なし]

（右）明治四十五年　伊藤音次郎　20歳
　　（5月11日の青山公開飛行を記念して）
＊青山練兵場での奈良原式4号機「鳳号」の公開飛行[10参照]を記念して、大口とお揃いでバンド付折り襟の上着に乗馬ズボンのお仕着せが支給され、借り物の皮製帽子とゴーグル、皮手袋を着用しての記念撮影。格好良く見せるために上着を脱いでベスト姿となったのだという。しかし、この時点ではまだ服装のみで実際の飛行訓練には至っていない。
㊟初練習は5月下旬（27日か？）稲毛にて[10参照]。

10 飛行家としての腕を磨く

稲毛で[鳳号]と共に　明治45年(1912)〜大正3年(1914)

奈良原による国産機初飛行後、音次郎は奈良原の助手として「奈良原式4号機(鳳号)」と共に巡回飛行に同行、整備や雑用を担い実践的な機械知識を体得する。また、わずか3日間の操縦練習だったが飛行の勘を得るなど着実に腕を磨いていく。しかし、奈良原が男爵家内の諸事情などで飛行界から手を引いてしまい、残された助手たちには苦難の道が始まるのだった。

(右上)奈良原式第四號「鳳號」明治四十五年四月　於　川崎競馬場(1912)
＊2枚共音次郎が作成した国産機初飛行25周年記念絵葉書。

(左下)奈良原式第三號　明治四十四年十月
　3号機は9月下旬完成、機体や部品類まで贅沢な仕様だった。所沢飛行場で白戸操縦で試験飛行に成功。しかし音次郎が留守番の日に突風に煽られ格納庫(帆布のテント程度)ごと大破してしまう。さらに発動機が借金のかたに差し押さえられてしまい、その後飛行することはなかった。

＊後年、奈良原と共にテントの格納庫を懐かしむ 『昭和16年1月22日 奈良原氏ト待合セ所沢行キ…飛行場見学　中央ノ一番最初ノ建築物ノ観測所ニ入リ屋上ヨリ飛行場ヲ見セテ貰フ　広クナッタ…莫格納庫ノ中デ寝ナガラ日ノ出ヲ見タコトヲ思ヒ出ス』

4号鳳号仕様［ノーム50HP］
全幅　上翼11.40m/下翼9.30m
全長　7.00m　主翼面積39.00m²
自重 470kg 最大速度 70km/h
乗員2名 木製骨組合板羽布張

音次郎、軍隊に入営　明治44年12月1日 大阪・陸軍輜重兵第四大隊入営
翌45年2月末頃　除隊 → 奈良原のもとに復帰

音次郎は、一度も飛行機に乗らないうちにしばらく飛行機から離れることになってしまう。
　その間、奈良原三次の起こした東京飛行機製作所は支配人の裏切りにより解散しており、借金のかたに3号機の発動機が差し押さえられるなど危機を迎えていた。しかし、新出資者により「東洋飛行機商会」が設立され4号機の製作がスタートしていた。また、東京帝国大学卒業の志賀潔理学士が技師長に、川辺佐見(後、音次郎から東亜飛行専門学校を譲り受ける)などが新しい助手として加わっていた。負けん気の強い音次郎としては、取り残された気持ちで一杯だったろうと思われる。

―― 奈良原式4号機「鳳号」の完成と「有料公開飛行」「皇太子殿下台臨のもとの飛行」の成功 ――
　明治45年(1912)　＊川崎競馬場＝4月13、16、17日　青山練兵場＝5月11、12日
　突風で大破し試験飛行のみで終わった3号機の改良型。資金不足や借金の都合で「有料公開飛行会」による資金調達を計画していたため、全国どこでも修理できるように3号機のような高級部材ではなく「普通の布地・針金・材木」を利用して製作(上記仕様)した。なお、いかにも飛行機の名前にふさわしい「鳳」は、意外にも出資者が贔屓にしていた大相撲の関取の四股名だったという。
　明治45年(1912) 4月(11日?)所沢で試験飛行(以下白戸操縦)に成功、直後の4月13日、川崎競馬場において本邦初の有料公開飛行を行い、大群衆から喝采を浴びた。さらに5月11日には、青山練兵場(現神宮外苑)において無料公開飛行を行い、数千の観客(噂を聞いて翌日には数万も集まった)を熱狂させた。この時『皇太子殿下(後の大正天皇)が三皇孫をお連れになって親しく台覧遊ばされ、金一封を賜ったことは、奈良原さんにとっては…苦労が一度に報いられたともいえる、生涯での最大の栄誉であった。』[「奈良原三次氏と鳳号」伊藤音次郎 日本民間航空史話所収]㊟ 9 の音次郎記念写真はこの日。

　所沢飛行場での陸軍の飛行機開発や飛行訓練が本格的になるにつれ、民間飛行団としての活動は制限されるようになった。そこで奈良原の発案で、遠浅のため干潮時には沖合数kmまで干潟（干潟一里と呼ばれる程の広さ、干潮時には固く締まる）となる千葉市の稲毛海岸に移転を決行した。ただ同然の干潟に目を付けた発想は見事だ。また、近くの旅館「海気館」主人の好意で丸太組み・ヨシズ張りの格納庫を建ててもらう。なお、音次郎たち助手の宿泊先である商人宿「上総屋旅館」は、音次郎の妻となる「布施きち」の実家だった。こうして後の津田沼など東京湾沿岸に点在した干潟滑走路の先駆けであり日本初の民間飛行場＝稲毛飛行場がスタートした。　㊟稲毛移転5月下旬＝「民間航空発祥之地記念碑誌」に『26日飛行場設定』の記述あり。

── 稲毛移転の経緯　[＊稲毛海岸の詳細は 12 参照]

『金のかからない、いつでも自由に使える民間の飛行場をつくろうというのがねらいで、考えられたのが、東京湾の最奥に当る浦安から、船橋、千葉方面の内湾沿岸であった。そこは奈良原氏が、よく鴨猟に行って知っておられた所で、遠浅で汐がひくと、二、三千㍍も沖まで一面の干潟となり、しかもそのあとは砂がしまって堅く、荷馬車が海の中を通っている状態で、汐の満干の不便さえ忍べば、金もかからず、ほとんど無制限に広いし、練習には申し分がないというところから、同海岸の調査が進められることになった。』　[「稲毛飛行場の生い立ち　伊藤音次郎」日本民間航空史話より]

── ＊それにしても、自重3〜500kgにガソリン、操縦士を加えた重量を支える砂地とは余程締まっていたようだ。

＊稲毛海岸が民間航空のメッカに！

　奈良原・白戸に続き、玉井清太郎、梅田勇蔵、土井貞一、都竹鐵三郎（都筑は通称）、星野米三、野島銀蔵、岸一太等も度々訪れ飛行練習をした。
　また独立後の音次郎のもとでは山縣に続き佐野清三郎、大正6年頃には藤原延、井上長一等が練習に励んだ。[27 参照] ㊟佐野は5年頃からか?

「千葉縣管内實測全図」大正3年
二十万分ノ一　千葉縣知事官房
　　　　千葉県立中央図書館 蔵

(二ノ其)　稲毛袖ケ浦海水浴塲上總屋旅館

㊧稲毛袖ケ浦海水浴塲上總屋旅館
　写真右側が海岸、中央が千葉街道
　　　東北芸術工科大学
　　　　東北文化研究センター 蔵
　＊上総屋旅館＝現千葉市稲毛区稲毛
　　　1丁目14番地辺りにあった
　音次郎・大口たち助手は商人宿の
　上総屋に、奈良原・白戸は崖の上
　の旅館海気館に宿泊した。

音次郎、稲毛で鳳号操縦練習開始するも3回で打ち切りに

明治45年5月下旬〜6月 [指導]白戸榮之助 [使用機]奈良原式4号鳳号 [練習]複座機を単独操縦 　　（教官白戸は同乗せず）	白戸に次ぐ2人目の操縦士としての初練習は、稲毛移転翌日（初日は白戸が試験飛行）の5月27日の可能性を示す研究がある。[「国内初の民間飛行場となった稲毛海岸」小暮達夫 より] ②回目6月9日　③回目その2〜3日後

『（直線飛行に続き、旋回飛行が出来た日には仲間内で）"旋回祝い"というのをやったものですヨ。浜近くの漁師の家の下宿で、一杯の酒に肉ナベをつついたりしてネ』
[音次郎、旋回成功時の感激を語る]
昭和30年代（日付不明）の新聞記事

『（白戸は）5月26日奈良原氏が設定した稲毛干潟飛行場の教官として伊藤音次郎氏を訓練した。』[「民間航空発祥之地記念碑誌」より]

『二番目の操縦士として、私が練習することになったのである。最初に白戸氏がテスト飛行をする時などは、近在から見物が集まって、海岸の街道には露天がたくさん出るなど、お祭のような騒ぎであった。ここに数日いる間に、直線飛行二回、旋回飛行一回行なったが、ちょうどその時、名古屋における飛行契約が出来て、早々に出発しなければならない事になった。』[日本民間航空史話より]

── ㊟大4年5/22、旋回飛行成功し白戸等に報告、夜祝杯！[12参照]⇒上記旋回飛行一回はまだ[旋回練習]の段階か?

鳳号で有料巡回飛行 　明治45年(1912)

＊有料巡回飛行会　経済状況逼迫の奈良原飛行団は各地で有料飛行会を催す。音次郎も助手として同行し鳳号の整備や雑用に励む。この頃何でもやったことが後日大いに役に立った。
・明治45年6月［名古屋］助手の川辺の初歩的なミスで発動機が故障し失敗。興行主より損害賠償を請求されてしまう。
・同年7月14日［芝浦埋立地］新たに興行支配人となった鳥飼繁三郎（山縣の叔父）により企画され4日間実施した。
・大正元年10月〜12月［広島、福岡、小倉、熊本、丸亀、岡山］各地で熱狂的な歓迎を受けた。興行主により記念スタンプや解説付きの記念写真も発行された。何とか長期興行を切り抜けたが、鳳号の機体、発動機は劣化し危険な状態であった。

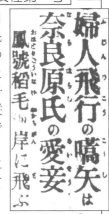

婦人飛行の嚆矢は奈良原氏の愛妾　鳳號稲毛沖岸に飛ぶ

＊少年山縣豊太郎　広島での飛行会の折、父（鳥飼繁三郎の兄）に連れられ見学、鳳号に同乗したのが、後に音次郎の片腕となり天才飛行士と称される山縣豊太郎だった。感動して「自分も飛行家になる！」と誓い上京するのは少年の頃の音次郎と似ている。
＊展示飛行会　前評判を高めるための宣伝を兼ね、鳳号本体とその解説掲示物の展示および奈良原の講演をセットにした有料の「展示飛行会」も開催、飛行会同様多くの入場者を集めた。
・大正2年4月［朝鮮；京城、平壌］平壌で着陸時に機体が壊れ、ほうほうの体で帰国した。

明治四十五年
広島東練兵場　鳳号
左端ヨリ
　川辺佐見君
　伊藤音次郎
　大口豊吉君
　鳳号での巡回飛行会で最初の興行地広島。操縦士はもちろん白戸榮之助。

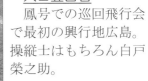
舞鶴城と鳳號（福岡日々新聞社主催飛行會ニ於ケル）白戸榮之助氏操縦
大正元年福岡練兵場にて飛行 記念スタンプが押された飛行会の絵葉書(作成は地元興行主？鳥飼？)。

朝鮮貴族ノ鳳号見物　大正二年四月
　　　　　　於 京城竜山練兵場

　グレゴアジップ45馬力（元は森田新造機に搭載）を手に入れた鳥飼繁三郎が大口豊吉に設計・製作依頼した自家用機。自信家の鳥飼は操縦未経験ながらも自動車の運転と同じと言い放ち5月3日稲毛でいきなり試験飛行に臨み墜落。懲りることなく何と9月7日に札幌で飛行会を実施、案の定失敗しまたも墜落。ほうほうの体で稲毛に逃げ帰っている（破損した隼号は改造され音次郎の練習機に、後に発動機は恵美1型、2型に搭載される）。

（右）大正三年(ママ)　鳥飼氏の隼号製作中　稲毛にて
　　　大口君(中央)　山縣政雄君(豊太郎君の兄)(右)
　　　玉井藤一郎君(左)　㊟「大正二年」の誤り。後ろの垂れ幕？に「隼號 大正貳年貳月二拾八日」とある。

　発動機だけは強馬力（ノーム50HP→70HP）にはなったものの、新たな発明や改修のないほぼ4号鳳号と同じ構造の機体だった。飛行機製作に情熱を失ってきている奈良原を象徴しているかのようだ。製作にあたった大口、音次郎とも大いにがっかりしたとのことである。

・大正2年6月［水戸、金沢］5号鳳二世号による飛行会。奈良原の無理な金策だったのか、稲毛に戻った直後ノーム70馬力が"差し押さえ"にあい、事実上の奈良原飛行団解散となり音次郎は大阪の親元へ帰っている（この帰阪で英禄を訪ね「英禄が資産50万円を生み出すか、音次郎が飛行成功するか」の話が出たのかもしれない [6] 参照）。㊟「佐渡島英禄氏と私」にはこの頃と記載、「空気」では丁稚時代の話とある。

奈良原式五号　鳳二世　重心測定
ノーム70HP　大正二年

鳳二世　大正二年　金沢練兵場　白戸氏搭乗

奈良原式五号(ママ)奈良原式最後の飛行機　大正二年　北海道月寒にて（大正2年10月19日 札幌月寒練兵場）
㊟「大正二年」「北海道月寒」で飛行したのは四号鳳号。五号鳳二世号なら月寒以外の地での飛行の写真となる。
　音次郎は大阪から呼び帰され、鳥飼の失敗直後の札幌で10月19～22日に飛行会を催すも、老朽化した鳳号はよたよたの飛行であった（操縦は白戸、音次郎は整備や雑用）。続いて27日に旭川、その後仙台、宇都宮と巡るが鳳号がダウン、飛行団の借金の形(かた)に一人残るはめに。姉からの仕送りでようやく解放。ここでもいつものことながら人の好さや強い責任感が裏目に出てしまうのだった。

㊟本章の「隼号・鳳二世号製作、発動機差押え、朝鮮・月寒飛行等」は、「アルバムのキャプション・日本民間航空史話・日本航空史・平木氏著書」間で年月や順序が異なる。その上「大正2年の日記欠落」もあり断定は出来ない。

この頃、男爵家内の事情（嫡子として生命の危険回避、多額の資金を必要とする事業への援助打ち切り）や愛人問題、国産機初飛行を成し遂げてしまったことなどで、飛行機に対する興味や情熱を急速に失い飛行団から離れていってしまうのだった。そんな逆境の中、先輩の白戸・大口を始め音次郎たちは、残された飛行機で新たな巡回飛行を続けるなど運営資金調達に大変な苦労をする。しかしこの苦労が結果的には真の実力をつけることとなり、後の独り立ちを後押ししたのだった。

《台湾巡回飛行》
野島銀蔵の飛行会の手伝いを頼まれ台湾まで出かけた大口、川辺、玉井の3人。音次郎は大阪、白戸は東京でひっそりとしており、加わらなかった。

大正三年(1914)野島銀蔵氏の台湾飛行　左から2人目より　大口君　川辺君　玉井君　台北にて

（日曜水）　昭和八年十月四日　（可）

人間が飛べるか」と
勘當された奈良原男
いばらの道を語る

あす飛行協會廿周年記念

空界の先覺者奈良原男

【奈良原三次の回顧談】　　　国会図書館 蔵
東京朝日新聞　昭和8年（1933）10月4日付
『私の仕事は父の勘気に會った。沖縄縣知事だった頑固一徹な父は「人間が飛べるか」とばかり問題にしてくれず一文の資本も貸してくれなかった。』とはいうものの、1号機から5号機までの開発費を始め事業全体で莫大な資金を使っており、これらは出資者だけでなく男爵家からも出ていたはずだが。
『私のところに使ってくれという全國青年の手紙が全く山をなす程で…45年大阪に行った時、宿屋を訪問して來たのは伊藤音次郎君で、お父さんが「命を差しあげますからよろしく頼みます」といふ程の熱心さだった。』

㊟父岩吉は反対だったはずで、佐渡島から20円貰っての上京だったが？　この話は別人との混同では？

「いばらの道」は奈良原だけか？
　日本航空界に燦然と輝く英雄が「いばらの道」を語っている。引退後男爵家を継ぐ（大正7年）ものの、ラジウム鉱泉の開削などいくつもの山師的な事業に手を染めて失敗、次第に零落していく。
　一方、置き去りにされた音次郎たちこそいばらの道だったが、義理堅い音次郎は奈良原の勝手気ままな態度に反発しつつも生涯にわたって旧師を立て、様々な援助をし続けていくのだった。　[30] 参照]

～～ 苦しい中にも夢と希望を捨てず ～～
　この頃の音次郎は、まだ独り立ちはおろか飛行機を操縦したのも3日だけ、奈良原飛行団の先輩たちと一緒に巡回飛行を繰り返していた。しかし、安全な飛行機作りという夢を持ちつつ、白戸に操縦、大口に製作・整備のノウハウを教わりながら地道に努力し、各地での経験を積む中で着実に力をつけていった。苦しい日々だが、音次郎の羽ばたく日が徐々に近づいてきている。[下記は日記]
『大正3年1月行事　獨立行動ニ対スル運動ヲナスコト…本年中ニ操縦、名ヲナシ基礎ヲ作ルコト』

11 外国人飛行家の妙技に学ぶ

続々来日する外国人飛行家に追いつけ　明治末〜大正初

ライト兄弟による初飛行から短期間のうちに欧米は飛行機ブームに沸き、更に第一次世界大戦もあり、数々の改良や発明、軍民あげての高性能機大量生産が一気に進んでいた。操縦技術も飛躍的に進歩し、曲技飛行家も多く現れた。まだ飛行機後進国である日本は外国人飛行家にとって格好の出稼ぎ場所だった。音次郎もこれらの妙技に触発され、新たな大冒険を決意する。

㊟数多く来日しているが、アルバム貼付及び日記記述の飛行家に限定した。

─ 外国人飛行家 ─

　明治末〜大正初には数多くの外国人飛行家が来日し、宙返りや錐揉み、波状、横転、垂直降下など様々な曲技飛行、さらには夜間飛行までも行った。欧米では当たり前の飛行技術も、日本では驚異の技だった。各地で興行が行われ、大正4年12月にナイルス(米)が青山練兵場(神宮外苑)で行った飛行会には、何と10万人もの観衆が押し寄せたという。音次郎も宙返りを目撃し『大正4年12月11日　ヤツタヽヽヽクルリヽヽヽヽトツヾケ様ニヤツタ。イツドーシテ、ドー云フ風ニ返ツタノカヨクワカラナカッタ』『夜　カジ(舵)ノツカヒ方ヲイロヽヽヤッテ見タ』と妙技に興奮、自分もやろうと工夫する様子が「日記」に記されている。翌日は白戸と共に出かけ、山縣もやって来る。音次郎の「夜間飛行」、山縣の「連続宙返り」挑戦も外国人飛行家たちの影響を大きく受けたのだろう。

　　　　㊟青山練兵場＝この頃代々木へ移転し神宮外苑へと整備されているが新聞記事の表記を用いた

アート・スミス（米）大正5年・6年に来日, 数ヶ月間滞在

　大正5年には全国15都市を巡回、飛行機熱が日本中に広がりどこも大盛況。初日の青山練兵場は観衆20万人を超えた。『大正5年4月8日　豊サンヲツレテ青山へ飛行機ヲ見ニ行ク…第一回ノ宙返リヲ見タ　話シ程ニ思ワナカッタ…第二回ノヲ見タ　垂直ラセン下降ハウマイト思ッタ　横轉デモスベテナイルスヨリ　キビンデアッタダケ素人受スル飛ビ方デアッタ』＊恵美号で帝都訪問の大冒険を成し遂げた音次郎の目は肥え冷静に評価している。この飛行を見た後、スミス同様全国巡回飛行(7ヶ月)へと旅立っていくのだった。[15] 参照

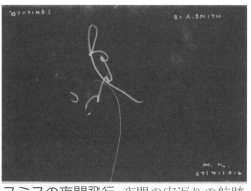

スミスの夜間飛行　夜間の宙返りの航跡

＊地方でスミスの飛行を見た少年本田宗一郎(ホンダ創始者)が感激、飛行機に憧れ8年後音次郎の飛行学校へ入学する。　[27] 参照

スミスの飛行

六月十六日午後三時二十分スミス負傷　於札幌
『大正5年6月16日　スミス墜落負傷セリト
　　アヽ、スミスデモ運命ニハ勝テナイ』[日記]

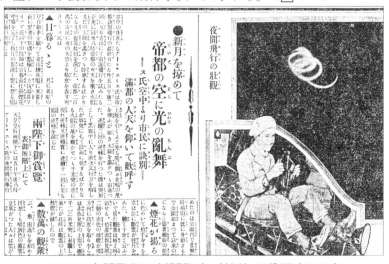

スミス夜間飛行の新聞記事（部分　5段写真入り）
東京朝日新聞大正5年(1916)6月6日付　国会図書館蔵
　　　「両陛下御賞覧　表御所階上にて」
6年前の日野、徳川大尉の初飛行より大きな扱い。

キャサリン・スチンソン（米）大正5年(1916)12月来日
　米国4人目の女性飛行士。ニューヨーク摩天楼上で女性初の宙返り飛行敢行。25歳だったが興行上「芳紀19歳の美少女」と宣伝され大人気に。青山練兵場で夜間飛行を始め宙返りなどの曲技を披露した。
『大正5年12月16日　四回宙返リシタ　風ハカナリアッタ　スミスカラ見テハトテモノニナッテ居ナイガ、兎ニ角女トシテハエライ』
　若い女性の妙技に刺激を受けた音次郎は、3週間後の大正6年1月6日、稲毛で民間初の夜間飛行に挑戦し見事成功する。　[17]参照

キャサリン　スチンソン嬢

米国より女流飛行家
スチンソン嬢来る
大正五年十二月
青山にて飛行
夜間飛行を行う

── 外国新鋭機 ──
　欧米では技術革新が急速に進み、競って新しい飛行機を開発する。格好の市場であった日本にもデモ飛行や売り込みに訪れる。そんな中、ローマから地球を半周近くも飛行してイタリア軍用機が親善訪問した。新機種を製作し続けている音次郎も興味津々で見学に出かけたのだろう。

外国飛来の先駆機　大正九年(1920)五月三十一日伊太利より東京代々木に着いたスバ機二機
　　　　　　　　　　航程一万六,〇〇〇キロメートル　＊105日（実飛行時間　94時間40分）18,280km

　105日かけてようやく到着したのは、出発時8機のうち僅かスバ220馬力の2機のみ。欧米の最新鋭機をもってしても苦難の航空路だったのだ。日本中が熱狂し、各地で大歓迎を受ける。㉘陸軍に寄贈。
『大正9年5月31日　代々木ニ行ク　スバヲ見タ　大ニ参考ニナル。三機ノ歓迎飛行ハ大ニヨカッタ…マシエル中尉ノ機影見ユ着陸後何ンダカ涙グマレタ　皆ソウラシカッタ…着陸モ皆ウマカッタ　エライモノダ…両氏ノ幸運ヲ祝ス』＊国は違えど同じ飛行家として彼らの偉業に感動する音次郎。

日本飛行士クラブより
贈られたるメタル
フェラリンとマシエロ
両氏江

外国機の事故　サンマン、キルビー氏墜落即死　低空急旋回飛行を繰返す

　日本での飛行機売り込みを図っていた商社員（英）2名が、第一回懸賞飛行競技大会中に大型飛行艇で進入し墜死した。墜落直前に大会出場の後藤勇吉機を修理してくれたばかりだった。
『大正9年8月2日　低空ニテ急旋回中強イ追風ニテツヒニブリルニ入リニ名共ソク死ス自分ハ初メテホントーノ飛行機ノ墜落ヲ見タ　気ノ毒デアッタガ、アマリ吾人ヲ馬鹿ニシタ飛行振リデアッタ』
＊飛行ぶりに対する日記での厳しい批判。新製品（飛行艇）の性能誇示とはいえ無謀極まりない飛行は「安全な飛行機作り」を目指す音次郎にとって許されない事だったのだろう。

12 独立「伊藤飛行機研究所」

稲毛で飛行機製作と飛行訓練開始　大正４年(1915)

奈良原三次が手を引いた後、資金不足に悩みながらも白戸の地方巡回飛行の手伝いなどで何とかしのぐ。その間に実力をつけ、大正４年１月30日奈良原飛行団で活動した千葉市稲毛浅間神社近くの海岸沿いの地に「設計、製作及び修理、操縦練習」を行う「伊藤飛行機研究所」としてついに独立する。

帝國飛行協会創設

大正２年４月23日、退役海軍少佐磯部鉄吉や伊賀氏広などの尽力で民間航空振興を目的として創設（奈良原は創設には招かれず）。懸賞飛行競技会や講演会、補助金交付等民間航空事業の普及・発展に貢献、現在の日本航空協会へと続く。

外国仕込みの飛行家

大正２～３年頃の民間航空界は、個人資産で外国の操縦訓練を受け、外国製の高価な飛行機を携えて帰国した恵まれた環境の人々が中心だった。彼らは各地で有料飛行会を催すが、目新しさがなくなると数年で影を潜めていった。

第１回民間飛行競技大会

参加　磯部鉄吉(特別参加)　高左右隆之(米)
坂本壽一(米)　海野幾之介(米)　荻田常三郎(仏)

大正３年(1914)６月13、14日　磯部鉄吉氏操縦のルンプラー・タウベ型機
帝国飛行協会主催　大阪朝日新聞社後援　第一回民間飛行競技会　鳴尾競馬場（兵庫県）

競技会は、飛行機普及を目的とする一方『万国飛行免状ヲ有スル民間飛行家ニシテ飛行機ヲ有スルモノニ限リ』と、限られた人のお披露目の場でもあった。外国機は当時の民間機としては大記録を出し、押し寄せた場内外の観衆27万人を熱狂させた。その後は各地の飛行会で稼ぎまくったという。

一方、使い込んでがたがたになった鳳号や鳳二世号に中古発動機を付け、危なっかしい巡回飛行をしているような状況の音次郎たちには、まだこんな晴れがましい出番は夢のまた夢…。

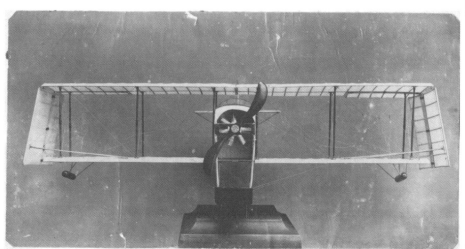

音次郎は模型飛行機

飛行機になかなか触れられない音次郎は、故郷に帰阪しても連日模型飛行機作りに明け暮れる。将来を見据え実物を意識した精巧な作りの上、飛行練習？までもしている。『大正3年1月6日 模型ニテ種々試験スルニ、サカサマ飛行、垂直下降等ノ以外(ママ)ニ安定ナルヲ実験シ得タリ』模型を手に持ちシミュレーション？

大正三年製作ノ模型　大正４年（1915）１月売却
本機を売って最初の練習費を作る ＊２機製作のうちの１機。
奈良原飛行団の休業状態で為す術がない頃、手先の器用な音次郎が作った精巧な飛行機模型。日本飛行研究会へ20円で売却、鳥飼から借りた隼号の改造など活動資金の一部となった。なお仲介の川辺佐見に５円も渡すなど音次郎らしい律儀さである。

参考（右）「山縣50年忌」のために、78歳になった音次郎が自ら製作し参列者に配った山縣の愛機「鶴羽二号」の模型。器用さは衰えず。［昭和44年習志野（旧津田沼）にて］

『稲毛には白戸氏のほかに伊藤音次郎氏を中心に（㊟）らが前後して集まっていた。しかし御大の伊藤氏に肝心の飛行機がなく、金もなく、ただちょうど鳥飼繁三郎氏が札幌でこわした翼と胴体ばらばらの機材をもっているので、さしあたりそんなものでも都合して恰好をつけて見ようかと思案しているところだった。』（㊟）の部分には、川辺（明44奈良原門下）、佐野（大５頃入門）、井上、藤原、青島、信田（大６入門）、大藪（不明）の名が記されているが入門時期は異なり、大正３年前後の雌伏の時期には山縣（右記参照）のみであった　㊟鳥飼の機材＝p.45、46写真の隼号
[「日本航空史 明治・大正篇」より]

大正３〜４年、音次郎にとってはまだ苦しい時代、初の門下生が誕生した。後に天才飛行士と称され大活躍する広島県出身の山縣豊太郎16歳だ。日記には『３年７月20日　ＴＭ（鳥飼の会社）ノ豊サン』として初出以降度々登場するが、自然と弟子入り状態になったのだろう。　[23参照]
㊟ＴＭ＝Torigai Motors

浪々中の前途多難な身を悩み、養子に行くことさえも真剣に考える ［大正３年（1914）の日記より］

「飛行家になる」と勇んで大阪を後にしたものの、打ち破れ帰阪せざるを得ない自分を顧み、口に出せない辛い思いを日記にだけは吐露している。

『１月９日　（友人から縁談を紹介されるが将来を考えると）余ノ為スベキコト　前途遼遠多多アリ』

『１月20日　余自身ヲ省ミテ過己五年間何等得ル所ナカッタコト二付思ワズ身ブルイシタ』

　＊明治43年11月初めに大阪を飛び出し上京してからの日々が走馬燈のように巡ったに違いない。

『１月22日　（帰阪前に金がなく）ツヒニ晝食ヲ喰ワズ　電車二モ乗レズ帰宅ス。アヽナサケナキカナ。親ニソムキ、兄姉ニ心配サセ、ナニ面目アッテ帰ル事ヲ得ン　余タルモノ実ニ涙ヲ禁ズル能ワザリキ』

『７月28日　（帰阪中）姉ヨリ養子二デモ行ッテ早ク身ヲカタメロトシキリニ云ワレタ　ウマイ口（くち）ガアレバダガ　サリトモ飛行機モ又止メラレズト困ッタモノダ』＊養子の口に心揺れるが・・・。

『８月９日　（帰阪中友人に）「マダ飛行機二乗セテ貰ヘナイダロー」ノ一言ハ実二断腸ノ思ヒデアッタ』

　＊的を射た友人の言葉にひどく落ち込み、途方に暮れている時、決断を促すような電報が届く。

『８月20日　白戸君ヨリ來電　キテクレルカヘン（返事）タノムトノコト　兎二角行クベク決心ス』

　＊再び飛行機に戻る事を決心するが父兄姉に叱られる。８月21日夜上京し直ちに白戸の巡回飛行へ。

おんぼろ鳳二世号で巡回飛行の白戸を手伝う音次郎 ［大正３年の日記要約］

㊟都竹鐵三郎が本名。都筑は通称。音次郎は都築と記す。

支配人鳥飼、操縦白戸。万能の助手音次郎は、相変わらず運搬を始め機体や発動機の点検・整備から展示会での解説だけでなく、海千山千の興行元との困難な交渉や失敗の事後処理と駆けずり回る。

６月８〜12日　鳳二世号復活（都筑より元のノーム70HP発動機を巡回飛行１箇所200円の契約で借用）

同月　巡回飛行　秋田　直線飛行でお茶を濁す→貨車運賃不払いで帰れず⇒音次郎がうまく後処理。

９月４日　都筑鐵三郎からの「発動機監督（月給25円）」の誘いを断る⇒民間航空界で音次郎の高い評価。

８月〜12月　巡回飛行　甲府　違約につき深夜まで談判　信州飯田　数万人の前、川ヘドブン、後成功。

上諏訪　展覧会説明７〜８回、プロペラに両手を弾かれ大ケガ、その上『機ハ飛べズ　余諏訪明神二酒ヲ一年間止ムベク　念ジタレドモ甲斐ナシ』と散々な目に。㊟後に高所の「低い気圧」が原因と分かる。

㊟鳳二世号については、「日記」に散見する記述、「アルバム」のキャプション、「航空史話」、「平木國夫氏著書」間で相違（中には記憶違いも）があり、詳しい経緯を断定できないでいる。今後も調査を続けていく所存である。

── **苦しい日々の中でも自らを高め、理想に燃えていた** 辛口の論文提出　大正４年１月 ──

まだ僅か３日間の飛行経験しかない音次郎だったが、長い間先輩たちの飛行や製作、整備の助手として腕を磨き、各地の飛行家と交わり、各種文献を読み漁り、理想に燃え来たるべき飛行機時代の将来像を描いていた。大正４年１月３日、フランス帰りの荻田常三郎が京都で墜死したことに関連し、帝国飛行協会宛に辛口の論文『協会のあるべき姿』を具申するのだった。┌㊟覚書or秘密日記
『１月９日　目下ノ民間飛行家ノ現状二ツキ帝国飛行協会二対シ一文ヲ義シ　ホンマノ記二記シ居ク』

民間飛行家は陸海軍に比し技術著しく劣る。生活費に追われ練習不足である。そこで、協会は
・随時練習用の飛行場を設けること　・協会は飛行機製作や飛行家養成をやめ民間救済へ
・協会所有の発動機を貸与する　　　・協会の練習生は、民間飛行家に委託する
・学術研究に専念し、研究所へ民間飛行家を自由に出入りさせる
飛行機操縦者は・・・女子供にてもなり得るものなり。一般希望者をして同乗せしめ、普通人にも空中趣味を味はしむる事。そはやがて飛行界隆盛の因をなすものなり。云々
─────────────────────── ［抜粋要約］

　奈良原が去った後、手伝い仕事や模型作りなどとその日暮らしをしていた大正4年1月に転機が訪れた。鳥飼繁三郎から隼号を貸与してもらったのだ。1月30日に稲毛に届いた隼号(墜落しバラバラ)を修理改造し、とうとう伊藤音次郎個人が主役となって本格的な活動が開始されたのである。

「大正4年の日記」から 記念すべき「研究所発足＝いよいよ独り立ち」の経緯を読む

1月14日　鳥飼自身電話ヲ懸ケ飛行機(鳥飼式隼号)ヲ使用シテモヨシト云ッテ來タ

1月15日　鳥飼氏ニ飛行機ハ何時拝借シテモヨロシイカト聞イテ見タラ、ハイ宜シイト答ヘテ呉レタ　＊前から借りたかったグレゴアジップ45HP隼号だったが、鳥飼の甥山縣豊太郎の口利きか、何と鳥飼から練習費まで出すとの申し出があったのだ(練習費支援は後々面倒なので断る)。

1月26日　部品借用(都筑にタイヤ、白戸に飛行帽やメガネ、加藤に橇)當間・田辺に後援依頼

1月27日　大口スグ帰ルトノコトニ津田沼ヘ途中下車　馬車屋ニ明日最(ママ)非來ル様ニコト傳ス
　＊馬車を手配した直後、下宿先の河村の店の小僧の使い込み事件が発覚。音次郎はここでも警察へ事情説明やら始末書の提出、弁護士や刑事との折衝、小僧の両親に対する弁償金請求など、店の主人に代わって取り仕切る。結局、29日までの3日間を費やしてしまう。

1月29日　今朝早ク馬車來　荷物ヲ積出シタトノコトデ午後豊サンニ兎ニ角先キニ稲毛ヘ行ッテ貰フ…支度ガ出來タトノコトニ下ニ行クト御酒ガツイテ居タ　余ノ旅立ニ酒ヲ出サレタコトハ　実ニ感謝ニ堪エナイ次第デアル
　＊お世話になった下宿(居候)先の河村家からいよいよ出発。独立への道を歩む。

1月30日　稲毛第一日　練習第一日　昨日馬車一台ヨリ來ラズ　今朝十時半頃漸ク來ル　昨日途中馬病気ヲ起シタタル爲ナリシト　直チニ組立ヲ初ム、夕刻ホヾ出來上リシモ不足品多少アリタ食後豊サンヲ東京ヘ帰ス　尚河村氏ニテ金五円借用スベク手紙ヲソヘ、ソレニテ買物ヲタノム。又田辺氏ヘ當間高井両家ヘノ頼ミ手紙ヲ出ス　昨夜ハ夢ヲ見通シ時二目ヲ醒シ眠レザリキ
　＊「研究所発足」というような華々しいスタートではなかったようだ。分解した機体と部品類が馬車で運びこまれ、山縣、大口と共に組み立てた。当座の必要資金の借用依頼も数カ所でしている。少年時代からの夢にまた一歩近づいたのだ。興奮して夜は何度も目が覚めてしまった。

1月31日　稲毛練習第二日　浅間神社ニ参拝　後チ一人デ方向舵ヲ取付操縦線ヲ張ル…豊サン帰ル。午後ハ車輪ヲ付ケスベテ完成シプロペラトマグネトノミヲ残シ居タ。夕方終ル　大口君ハオシメヲテヲ作ッテ居タ　＊頼りは山縣と大口のみ。大口は上総屋の姉娘と結婚し子育て中。

2月2日　稲毛第四日　オイルタンクヲ取付ケプロペラヲツケル。十一時海岸ニ引出ス　一昨々年ノ如キ恐フノ念ハナカリシモ、ヒタスラ直線ニ滑走シ得ルヤ、ソレノミヲ念ジタリキ…カジヲ引ケバスグ飛揚セリ　カクスルコト三回バカリニテモトノ位置ニ帰リシモ、少シ愉快ニナリシマヘモ一一度ト、センカイ滑走ヲナシ…時シモ水タマリニ入リテ(詳細な記述があるが抄出)
　＊小雨や風のため、この日やっと初練習。久し振りの操縦で気が気でなかったようだ。何度も滑走して舵の効き方や風の工合を確かめる。終了予定だったが、大口がやれとのことにまた始める。速力を上げ舵を引くとすぐ飛揚。愉快になりもう一度やるが、その後水たまりに入り中止する。

寄せ集め練習機　大正四年
3月10日の日記に『記念ノ写眞ヲ取ル』とある。[改造隼号]

発動機　グレゴアジップ45馬力
音次郎、大口、村田、山縣
「寄せ集め」と自嘲気味にアルバムには記されているが、安い部品を集め、鳥飼から借りた隼号の主翼を中心に修理改造した大事な練習機だ。借り物とはいえ、ようやく自由に乗れる飛行機を手にいれ、発足したばかりの研究所での飛行練習に励んだのだった。

独立直後の２月、借り
物の改造隼号で練習中。
㊟「アルバム」には２月と
記載されているが「空気」
では５月14日とある。

＊滑走路とは名ばかり
の干潟は水浸し状態。
ただ同然の干潟には苦
労も多く、①干潮の間
のわずかの時間しか使
えない②澪や貝掘りの
穴③船や桟橋④海中の
鳥居などの障害物⑤練
習後に塩気をとるため
の水洗いなど飛行練習
以上に大変だった。

大正四年二月練習中　稲毛海岸　左：玉井清太郎氏　機上：伊藤　前列中央：山縣豊太郎君

独立はしたものの音次郎の窮状は相変わらず　「人、物、金」の不足　大正４年(1915)

２月８日　今日モ自分デプロペラヲ廻シ　イツモノ方向二滑走シ初メタ
　　＊人手が少なく山縣豊太郎が外出時は一人でこなす（白戸の巡回飛行の手伝いで慣れたもの）。
２月９日　村山二金ヲ借リニ行ク…実ハ金ガナイノダカラ金ガホシイノダト、口二出セズ其ママ帰ル
２月11日　格納庫二行キ　一昨日ノ風デ落サレタスダレヲ直シテ居ル處へ（農商務大臣がやって来た）
　　＊格納庫は「スダレ囲い」のバラック（新築は半年先の９月16日）。
２月14日　（風、汐共飛行日和）実二タマラナイ。タマラナイガガソリンガナイノダカラ尚タマラナイ
　　（店へ行くと何故飛ばないのか聞かれる）シマイニハ泣キタクナルノデセッセ(ト)模型ヲツクッタ
　　＊研究所を運営するにも借金。日々の練習をするガソリンにさえ事欠き、切なくなることも度々。
２月17日　プレーンノ布ヲサイテ、ロップヲ三百尺バカリ作ル　ソレデ　ユルイタイヤーヲホトンド巻
　　イテシマッタ　＊パンクしない珍発明。ゴムタイヤに羽布を長く切り裂いて作ったロープを巻い
　　て弾力性を保持したが、飛行中にほどけて長く引っ張っている珍妙な光景も見られたという。

音次郎設計・製作第一号　〜信頼される後輩に先輩白戸から新機依頼が舞い込む　大正4年

　　出資者の支援で園田武彦から英国製
発動機を手に入れたばかりの白戸に依
頼され、３月に設計・製作開始し、５月
５、６日に白戸による試飛行（下記参照）。
後輩ながら白戸によほど信頼されてい
たのだろう。記念すべき音次郎の第1
号機であり本来は「伊藤式」となるはず
だったが、白戸のたっての希望により
「白戸式旭号」と命名。音次郎らしい気
の良さ欲のなさである（生涯を貫く欲の
なさは、経営者としては逆に苦労の種となる）。

音次郎設計・製作の白戸式旭号　グリーン50馬力　大正四年

白戸機設計・製作で肝心の自分の練習は後回しも、独立4ヶ月後ようやく「旋回飛行成功！」

『大正4年5月8日　機(旭号)分解…荷造リヲ終リ停車場ノ丸通倉庫二入レル』
＊旭号を分解して倉庫保管は、6月から始まる白戸の巡回飛行準備か（その間、白戸は各地で飛行会の交渉）。
『5月12日　ＴＭ二行キグレゴア(隼号45IP)ト日野式（2サイクル30IP）ノ設計ヲタノマレ』＊次々と頼まれ事。
『5月22日　飛行日和…イツモノ方向二直線二行キ直線二帰ル時、グート上ガッタ…（豊さんを乗せ）ジャ
ンプシナガラ帰リ…。玉井君ヲ同乗サセ直線往復ヲナス。…ソロリ／＼ト廻リ出シタ…無事着陸出
來タ。…舟道ノ向フヲ廻ッテ格納庫ノ前デ着陸…皆モヨロコンデ呉レタ…夜酒…白戸ト河村サン二旋
回飛行ヲ報ズ』＊練習時間少なくなかなか旋回飛行まで進まなかったが、この日直線⇒ジャンプ⇒旋回
『5月23日　昨夜ハアマリ嬉(ママ)シカッタセイカ、ヨクネムレ、ナカッタ』＊旋回成功で一人前の飛行家。
㊟３年前の明治45年６月、鳳号で旋回と「日本民間航空史話」にあるが、地上旋回練習をしただけだったのか？ [10] 参照

◇大正4年6月2日から8月19日まで2ヶ月半の巡回飛行　　［「大正4年(1915)日記・収支録」より］
　自分の飛行機をまだ持っていない音次郎は、白戸による旭号の北陸〜東北地方巡回飛行に同行し、飛行機の運搬を始め組立・分解、整備、展示会での解説から切符のスタンプ押しまであらゆる業務をこなす。＊なお下記の町は、展示会のみで飛行しない場所や立ち寄っただけの場所も含む。㊟資16地図参照
【新発田、柏崎、長岡、五泉、沼垂、三條、喜多方、福島、赤湯、盛岡、弘前、五所川原、八戸】
　音次郎の手当は合計290円(概算)と大分潤うが、諸経費を含む上、大いに遊んで散財し残りは僅か。

　航空余話　稲毛浅間神社に毎日参拝し、深閑とした境内で思索に眈る　［大正4年の日記より］
　研究所をスタートさせたものの、飛行練習は鳥飼が二度も墜落した隼号を借りて改造した「寄せ集め練習機」だった。信仰心の厚い音次郎は毎日近くの浅間神社に参拝し、危険極まりない飛行の無事を祈り続けた。また、深閑とした境内は心の安まる場所であり、瞑想にふけったり将来を思い描いたりしながら静かなひとときを過ごすのだった。＊浅間神社の位置は49ページの航空写真参照。
1月31日　朝食前浅間神社ニ参拝　＊参拝時刻はまちまちのようだ。
2月 7日　稲毛第九日　汐干ク頃ヨリ風ヤヽナギ
　タレバ御晝(昼)過ギ浅間神社ニ参拝
2月 8日　晝食後浅間神社ニ詣デ社前ノ船板ベン
　チニ腰ヲ下シ松林ヲ通シテ海上ヲ瞰下シナガラ
　今日ノ練習ニ心得ベク事柄ヲ繰リ返ス内、心気
　共ニスミ渡リテ静カナル林ノ中ニ小鳥ノサヽヤ
　キノミ声(ママ)エヌ　ヤヽシバラク所謂無我トデ
　モ云フノカノ風デ居タ

当時の絵葉書［袖ケ浦　稲毛海岸浅間神社］

2月13日　夕方入浴後浅間神社ニ参拝。例ノベン
　チニ依ッテ考ヘニシヅンダ。ソレハ今後ノ方針
　ニツイテデアッタ　ドー考ヘテモ、余ハ小策ヲ
　講ゼズ自然ニマカセタ方ガヨイト考ヘタ

　航空余話　命知らずの飛行家たちの「験(げん)担ぎ」　［大正4年他の日記］㊟上下とも波下線は著者
　飛び上がったら最後無事生還出来るかどうかは飛行機の性能と丁寧な整備、もちろん自分の腕、そして「運」次第。数多くの先輩、仲間たちが帰らぬ人となっている（31　鎮魂　大空に散った人々　参照）厳しい現実は、度胸満点の飛行家たちをも「験担ぎ」に走らせている。
2月12日　今日ハ三リンボー（三隣亡）デ金曜日ト來テ居ルノデ、タトエ汐ガヨクテモ、ガソリン
　ガ、アッテモヤレナイ日デアル。ソレハ大口君カラ硬ク云ワレテ居ルカラデアル
12月25日　今日ハ三リンボーデ御休ミ　＊三隣亡＝この日棟上げをすると三軒隣まで火事で亡ぼす（高い
　所に上ると怪我をするとも）という凶日のためか、この日以降も度々「飛行しない日」にしている。
12月24日　今朝歯ノヌケタノト御湯屋ノ夢ヲ見タ處大変ヨクナイカラ今日ハ飛行ヲヤメロトノコ
　トニ中止シタ　＊どんな忌事かは不明だが、地方の伝承から縁起が悪いとしたのだろうか。
12月30日　夜千葉へ格納庫ト飛行機ノ御飾リヲ買ヒニ行ク
　＊新年を迎えるため、我が家と同じく格納庫、飛行機にも御飾り（注連飾り、輪飾りなど）を飾る。
　　（参考）右下の写真のプロペラ中央に御飾りが。［昭和7年1月4日　写真解説は下段に］
大正5年1月1日　（大口が起きてこないので）自分デ木ヲ切リ飛行機ニおそなゑヲナス
　＊恵美号の前に榊と神饌(供物)、御神酒を供えたのだろうか。そして、
　　決行の日が近づく帝都訪問を祈願したかも。（5年1月8日に決行）
大正5年8月6日　（全国巡回飛行での汽車移動中）姫路デ顔ヲ洗ッ
　タ時ハミガキ入レヲワスレタ…汽車ニ乗ッテ不圖気ガツクトウデ
　時計ノ硝子ガ壊レテイタ…山田行キヲ気ヲツケヨトノ神意デアル
　コトヲサトッタ…気ガツクトオーギ(扇)ヲ車中ニワスレテ來タ
　之レデ…三ツ事故ガアッタカラヤット安心シタ　＊日常の些事にも
　　縁起を担ぐのは飛行家の宿命？二つは心配で三つなら大丈夫の根拠は？
昭和13年7月8日　成田サンへ参詣ニ行キグライダーニ付ケルオ守
　リ三十個求メテ　＊お守り付きでグライダーを販売したのだろうか？

(右)昭和七年一月四日　日本軽飛行機倶楽部初飛行記念（部分）
後列中央プロペラの御飾り前　奈良原三次会長　41に全景写真

　どんな名機でも、雨ざらしや風吹き荒ぶ中ではひとたまりもない。また、毎日のメンテナンスや修理・改造も必要だ。そんな拠点となるのが格納庫。奈良原時代の材木の骨組みに葦簀張りの簡易型から本建築へと、研究所の発展と合わせ格納庫も整備されていった。

　独立当初は鳥飼が野島銀蔵から借用していたものを又借りしていた。奈良原、野島の格納庫以外にも各飛行家用にあった（『梅田の格納庫が風で飛ばされた』と日記にある）が詳細は不明。ただ、いずれも骨組みに葦簀張りの簡易型だったと思われる。『大正３年10月29日　格納庫二簾(すだれ)ヲ張ル(奈良原の名残？)』『大正４年２月11日　一昨日ノ風デ落サレタスダレヲ直シテ(野島？)』５月上旬に白戸式旭号が完成し分解・梱包して送り出した翌日には、場所をとるので分解し上総屋の庭に置いてあった改造隼号を組立て飛行するなど、音次郎が使える格納庫は野島の一棟しかなかったようだ。

　老朽化により、『９月９日　今ノマヽデハ、キケンナノデ格納庫ヲ新築スルコトニ決ス』と新築に踏み切り『９月16日格納庫出來上ル』とある。その間、翼は海気館、機体は海岸へと運んでいる。

　翌大正５年には『８月28日　大工來ル　夕食ヲ共ニシナガラ格納庫ノ見ツモリヲサセル　四百円ト建替へ五十一円ナリ』と思い切って新築と建替えをし、下記の写真二葉に写る格納庫二棟が12月に完成、大正６年10月１日の高潮で壊滅するまでの９ヶ月間、伊藤飛行機研究所の活動を支えた。

大正六年（1917）の稲毛飛行場（と格納庫）　　＊次ページ航空写真と同時期

　右手前の機は恵美２型。近所の子どもが見物に来ている。連日、近郷近在から多くの人々が弁当持参で訪れたという。

　手前の干潟から格納庫まで車輪の轍の跡がくっきりと残っている。干潟の滑走路まで皆で押したり引いたりして運んだのだろう。

　＊研究所では、『上の格納庫、下の格納庫』と呼んでいたと大正６年１月８日の日記にある。

　独立当初の音次郎は、自分自身の飛行技術を高めるのに精一杯で、連日訓練に明け暮れていた。

　そんな時、白戸から飛行学校設立の提案を受ける。『大正４年９月20日　十二月カラ飛行學校ヲ初メルニツヒテ飛行機ヲ百五十円、僕ヲ三十円デ貸シテ呉レロトノコト』『11月７日　學校ヲヤルトノコト当分ハ余ノ機一ツノ由』音次郎は鳥飼のグレゴアジップ45IP（隼号発動機）を1,200円で購入し新機（恵美号と名付けられる）の製作中 [13参照] だった。白戸は飛行教官をこの新機で音次郎にやらせ、白戸自身は旭号による巡回飛行で儲けようとの腹づもりのようだ。翌日白戸は『11月８日　兎ニ角　組合デヤロート云ッタ　僕モ賛成シタ』 何が何でも音次郎の助力が欲しいようである。同じ頃、練習生募集の新聞または雑誌広告を出したとみえ、『11月15日　申込十八名アリタリ』『11月16日　本日十三名バカリ申込ミアリタリ』と大反響。それらに対し『11月18日　夜申込者ニ心得書を送ル』と結局、音次郎が申込み受付けをはじめ「事務方」をやっている。音次郎らしい人の好さ律儀さである。

　しかし、飛行学校はしばらく記録には表れない。飛行学校計画は練習生募集のみで頓挫してしまったのだろうか？　翌大正５年、音次郎は帝都訪問飛行（１月８日 [14参照]）全国巡回飛行（４月〜11月 [15参照]）と華々しい活躍をする。白戸も音次郎に水上機「巖号」を設計・製作してもらい [18参照] 巡回飛行に飛び回ったものの巖号を差押えられてしまう。こんな中、次に学校が登場するのは平木國夫氏の［日本飛行機物語］に『９月に白戸協同飛行練習所開設』と練習費等詳細に記されている。音次郎も『12月９日　白戸ニ行ク　學校ト飛行部トー期ノ練習生ノ所置ニツイテ相談シタ』と協力している。しかし『12月20日　白戸ハ寒川へ引越シタ』と４km程東南の千葉市寒川新宿へ移転、協同の名を外した「白戸飛行練習所」と改名し学校を続けていくが、何があったのだろうか。若い音次郎に後塵を拝し、焦っていたとも考えられる。結局、この時期音次郎の直弟子は山縣豊太郎一人だけであった。

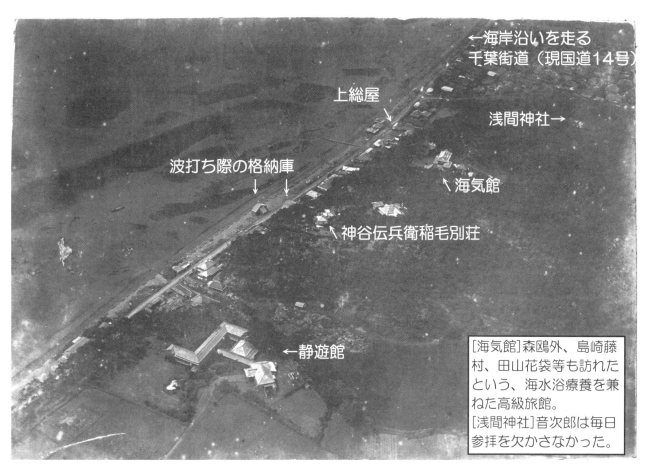

←海岸沿いを走る
千葉街道（現国道14号）

上総屋

浅間神社→

波打ち際の格納庫

↙海気館

↙神谷伝兵衛稲毛別荘

←静遊館

[海気館]森鴎外、島崎藤村、田山花袋等も訪れたという、海水浴療養を兼ねた高級旅館。
[浅間神社]音次郎は毎日参拝を欠かさなかった。

稲毛飛行場　高度千呎（1,000フィート ＝ 約300m）大正六（1917）年九月二日（ママ）撮影　柳原

　独立2年半後の伊藤飛行機研究所。遠浅の海は沖の方まで砂地が透けて見える。干潮時にこの砂地を滑走路として利用していた。海岸線の波打ち際と台地のすぐ下に格納庫が二棟ぽつんと建っており、その間を千葉街道（現国道14号）が通っている。平地部分は狭く干潟部分が主な活動場所であり、まさに「海の飛行場」とでも呼べる立地である。撮影者［柳原］が特定される数少ない写真。奈良原飛行団当時から音次郎・大口たち助手が滞在した妻きちの実家の商人宿上総屋、奈良原・白戸が滞在した旅館海気館も見える。㊟9/2は西宮飛行会で不在。撮影日は友人が訪れた8/2（p68写真と同じ）かもしれない。

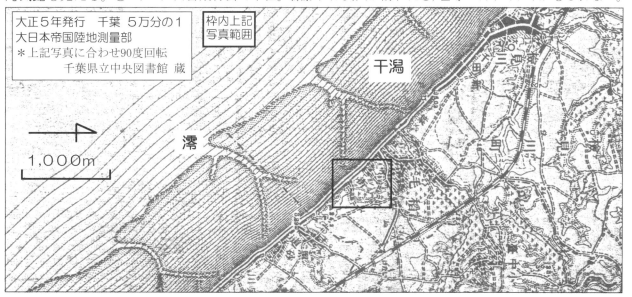

大正5年発行　千葉　5万分の1
大日本帝国陸地測量部
＊上記写真に合わせ90度回転
　千葉県立中央図書館　蔵

枠内上記
写真範囲

干潟

澪

1,000m

当時の稲毛海岸　中央が稲毛の市街地　干潟が1kmも続き澪（みお＝自然の舟道）が入り込んでいる。
現在、干潟は昭和30年代に埋立てられ、中高層住宅が林立するなど大きく変貌している。[47]の地図参照]
＊上記写真撮影直後の大正6年10月1日未明、大型台風による高潮で飛行場は壊滅し、流浪の末津田沼へと移転することとなる。奈良原飛行団から通算して「5年半」の稲毛生活だった。[20] 参照]

13 独立第1号機「恵美号」

名機を生み出した音次郎の技術力　大正4年(1915)

ついに自分の乗る飛行機を自分で設計し、製作することになった。中古の発動機と安い各種部品を買い集め、大口豊吉と山縣豊太郎の手を借り機体製作にかかった。稲毛上総屋の荷車小屋を借用しての作業だった。苦労の末「日本傑作機20」(「日本傑作機物語」酣燈社 昭和34年)に選ばれた名機が誕生したのだ。

| 9月4日の発動機購入までのドラマ | ＊9月4日の「日記」には支払いの模様が詳述されているが省略。

『練習費を作るため時々アルバイトに白戸氏の飛行機の製作に従事したり、地方巡業にも同行したりしたが、半年ほどの間に、どうやら飛ぶ自信が出来たので、久しく待望した自分の飛行機を作ってみたいと思っていると、ちょうど鳥飼氏から練習機を買ってくれないかという相談を受けた。そこで1,200円で譲り受けることに話がまとまり、同年9月、郷里に帰って兄に相談のうえ予定の金は出来たが、みな払ったのでは新しい機体を造ることが出来ないので、内800円を現金で、あとは機体完成後(巡回)飛行会収入で6ヶ月以内に支払う約束にし、残り400円を持って早速新機製作に着手した。』 [(上)「日本傑作機物語」伊藤式恵美号(音次郎執筆)] [(下)大正4年日記]

8月9日 グレゴア買取リ二付大口卜相談ス ＊したたかな鳥飼との交渉は人生経験豊富な大口に。

8月18日 (白戸の巡業手伝いの青森で) 鳥飼ヨリ話アリスグカエレトノ電報來リタリト

8月19日 (帰京後) 鳥飼二行ク　(隼号で) 練習シテ呉レヨリモ發動機ヲ買ッテ呉レトノコト
　＊鳥飼繁三郎は「自由に使っていい」と言っていた隼号を急いで売りに出したいようだった。

8月21日 (交渉を頼んだ大口豊吉が) 鳥飼へ行ク、夕方帰ル　トートー千二百円ト三ケ所ニテ決メタトノコト　＊1,200円と鳥飼が差配する3ヶ所の地方巡回飛行の実施が条件。

8月26日 白戸ハグレゴアヲ自分ガ買ッタ気ニナッテ居タ。ソー自由ニハサセナイカラト　警カイ
　＊白戸、村山などは音次郎が買う前から新飛行機と次の巡回飛行を虎視眈々と狙っており警戒。

9月2日 (帰阪し) 兄ト共二竹島二行ク　話モシナイ内二　千円ダケ出スカラ二百円ハ親父二出シテ貰エトノコトデアッタ　先ズ一寸安心。スグ鳥飼ト相談スベク行ク (交渉内容 上記参照)
　＊故郷大阪恵美須の古くからの知人であり、佐渡島英禄と共に支援を約束してくれていた太っ腹の竹島新三郎は、何も聞かずに1,000円という大金を貸してくれたのだった。

注)正式には旧漢字「惠美」だが常用漢字「恵美」と表示。 資13 参照)

| 発動機流転 | 高額の輸入発動機は次々と転売され使い回しが当たり前

　国産発動機製造まで、輸入発動機は中古でも高額で売買されていた。墜落死亡事故後に機体から外され再使用、海中に浸かった発動機が丁寧に修理され何事もなかったように出回っていた。
　恵美号搭載のベルギー製グレゴアジップ45馬力(水冷式倒立直列型四気筒)も例外ではなかった。

①森田新造機 (皮革商の森田がパリ(仏)で購入 自作機で高度1m距離80m 国産機初飛行とも伝わる？　人身事故で飛行家断念) ⇒ ②鳥飼式隼号 (鳥飼の操縦技術低く失速し2度墜落) ⇒ ③改造隼号 (鳥飼が音次郎に貸与、改造して初期の伊藤飛行機研究所での練習用に) と渡り歩いた発動機は、その後1,200円で音次郎が購入 ⇒ ④恵美1型に搭載し名機として復活 ⇒ ⑤恵美2型に搭載⇒ ⑥機体ごと福長朝雄に4,000円で売却、天竜3号として静岡県磐田市の飛行学校で活躍 ⇒ ⑦大阪の古物商に保管中戦災で焼失　＊どれだけの回数飛んだのだろうか。名機に名発動機あり。

（左）森田新造の単葉機　　（右）鳥飼式隼号
　明治44年(1911)4月　　　大正2年(1913)4月

中古のグレゴアジップ45馬力発動機が、借金1,200円の末とはいえ手に入った。長い間の思いの丈を込めて機体の設計、稲毛・上総屋の15坪程の荷車置き場で9月始めより製作2ヶ月余、音次郎の優れた技術とセンスの賜物の名機恵美号が完成、大正4年11月22日初飛行をした。「恵美」は「生地大阪の恵美須町」と「世話になった人々の美しき恵みに感謝」という意味を込めたという。

『大正4年10月4日　今　大口君ト足ヲケヅリナガラ、将来ヲ語ル　余ノ目的トスル處安全飛行機ト特殊發動機ノ製作　ツヒテハ大口君ニ一個ノ工場ヲ開カセルニアリ　其事ニツヒテ話ス　約二千円アレバ佳ナリトノコト　来年ノ今頃ニハヤレルカ知ラ　其ツモリニテ努カスベシ
豊サン見込ミアリ　操縦法ヲ教ヘルト同時ニ高尚ナル人格ヲ作リ目ツ學ヲ修メシムルコトニツトメルベク今夜自助論ヲ讀ムコトヲ教ユ』（「自助論」＝スマイルス著・訳書「西国立志編」音次郎の愛読書）
＊恵美号を製作しながら将来の夢を語り合う楽しいひととき。大口、山縣とは、助手や弟子という関係を超え、この後もずっと信頼で結ばれる同志となっていく。

『11月22日　エミ機初飛行［日記欄外］白戸乗ッテ二三回直線…』＊初飛行は先輩の白戸にお願いした。
『11月23日　僕モ引出シテ六七回直線ヲヤッタ…一番終リニ　豊サンヲ乗セテ上ガッタ』

㊟11月11日完成と略年譜にあるが、日記には『稲毛ノ風光ヲ畫（画）クベク山ニ入リ　松林ヲスケッチシ　終ッテ揮ゴー（毫）夕方出來上ル　恵美號モ飛セタ』とあり、出来上がったのは絵であり、飛行したのはスケッチ上の恵美号だろう。なお、これが恵美號名の日記初出である。この後、日記では11月22日の白戸による試飛行まで連日製作に励んでいる。

　　　　大正四年十一月恵美号完成　　『12/2　河村サンニ…写眞機ヲ借リ　12/3　写眞ヲ二枚取ッタ』

─────────◆僅か400円で製作した名機「恵美号」◆─────────

複葉トラクター式陸上機恵美号　仕様

全　幅	11.50m	自　重	350kg
全　長	6.65m	馬　力	45hp
高　さ	2.50m	回転数	1400回転
翼　弦	1.50m	速　度	75km/h
翼面積	33.00㎡	乗　員	2名

＊離陸40m着陸70m（12月22日の練習にて）

木部　主として檜材。安価な6～10尺のものを継ぎ足して使用。主桁、脚部には棒屋（馬車製造）から荷馬車用の堅い樫材を分けてもらう。
金属類　部品の大半は古い機体（隼号）のものを再利用。張線のみ高価だがピアノ線使用。その他、オートバイや自転車用のもの転用。
羽布・塗料　1反8円50銭のものを2反購入。ゼラチン塗布（化学の本で研究、実験する）翼・胴体の羽布は白色、木部はニス仕上げ。

設計のねらい
①どんな場所でも安全に離着陸出来ること
　→翼面積の荷重を軽くするため翼を大きく作る
　　長い橇と4車輪とし車輪位置を重心より前に
②全国巡回飛行用として輸送に便利であること
　→最低運賃の小さな貨車（幅6尺、長さ18尺）に
　　乗せられるよう分解梱包できる形と大きさに

製作　音次郎、大口豊吉、山縣豊太郎、町大工1名
初飛行　大正4年11月22日　先輩の白戸に依頼
◇専門的な教育を受けた訳ではなく、丁稚奉公の傍ら独学で専門書を読み、3ヶ月半夜学の工業学校で学んだだけだったが、天才的なセンスと最新理論を吸収する柔軟性があったのだろう。さらに音次郎の意を汲む大工出身の大口豊吉、若い情熱の山縣豊太郎という同志がいたことも成功の原動力の大きな要因だった。
　　　　［「日本傑作機物語（恵美号の章は音次郎執筆）」より］

恵美号の外観を音次郎自身の言葉で再現　「日本傑作機物語　伊藤式恵美号」より

『機全体の仕上げの塗装も、アメリカから来た民間機はみな真赤とか真黒とか、むやみに濃い色を使っていたが、私は翼も生地のままの白、胴体も羽布の部分は同様、木材のところもすべて生地のままにラックニス仕上げとしたので薄いあめ色、トタン板の上は栗色で渋味を持たせ、座席の両外側合板張りの上に直径10cmくらいに小さく自家の定紋を空色で現わした。知りあいの仕事師の頭がよく見に来ていたが、突然「これは女ぼれのする飛行機だ」とふざけていたことも思い出される。』＊「日本傑作期物語　伊藤式恵美号」の章は、音次郎自筆原稿では「恵美号の飛翔」とある。

㊟自家の定紋＝「丸に桔梗」33 p.140 写真参照

恵美号と音次郎への評価

『いまから見ると何でもない設計であるが、当時の日本の技術的背景を考えると、これは一つのイベントであった。ヨーロッパでは第一次世界大戦が始まって1年余りすぎていた。まだ、日本の陸海軍でも国産の設計らしいものがなかったころ、市井の飛行家が自分の設計を実現した。』

［「空気の階段を登れ」解説（三樹書房版）佐貫亦男　より］

『伊藤さんは自身で設計し、製作し、飛ばされたわけですが、非常に堅実な、派手なところのないかたで、飛行機にもよくそれがあらわれています。当時の飛行機関係のかたの中には、ずいぶん向う見ずの人が多かった中で、伊藤さんは着実さという点でずばぬけていました。』

［「日本傑作機物語（昭和34年）」所収の座談会での木村秀政の発言　より］

恵美号の形状　記念すべき恵美号の形状が記録された貴重な設計図面は、残念ながら敗戦直後に音次郎が庭で燃やしたとの家族の証言（資7参照）がある。大量生産された軍用機などとは異なり個人製作の民間機は公の記録には残らず、また恵美2型、3型水上のように音次郎自身による「設計構想メモ（大5〜7年）」「再現設計図（昭30年代）」にも描かれていない。そのため正確な形状は写真を参考にする以外になさそうだ。以下、幸いにも機体前後から写した写真が残っており、音次郎が工夫した大きな主翼や補助翼、楕円形の水平尾翼と高くのびた垂直尾翼、4車輪、長い橇など特徴的な形状が確認できる。この恵美号により「帝都訪問飛行」「全国巡回飛行」「夜間飛行」などの冒険飛行を大きな事故もなく敢行できたのだ。

(上)恵美号　全国巡回飛行　長崎
　　大正5年10月
　　　操縦席には音次郎

(左)大正四年作　恵美一号
　　　大群衆が周りを囲んでいる。
　　　巡回飛行中か？

(下)恵美1号　稲毛海岸か？

大正五年　信州巡回飛行を終え三重県に向かう
中央プロペラ右；音次郎（背広）　大正５年７月10日
記念写真の人数の多さから、大きな翼が実感できる。
観衆はこれが飛ぶことを信じられなかっただろう。

当時のマニア　大正三～四年頃
右；矢野周一君　後に伊藤飛行機研究所技師
左前；戸川不二雄君　後に国際航空KK取締役
　音次郎独立前後の頃、まじめで気のいい音
次郎のもとには飛行機マニアが何人も押しか
けてきていた。がらくたのようにも見えるが、
飛行機の部品や模型飛行機だろうか。各種の
飛行雑誌も多数飾り悦に入っている。

「はるかなる たゞ一機にも 眺めいる」
　千葉海岸にて（稲毛）大正４～５年頃
　近郷近在の住民が大空を飛ぶ恵美号を仰ぎみ
ている長閑な（と言いたいが、毎日たくさんの
見物人で賑わったという）光景。

はるかなる　たゞ一機にも　眺めいる

［中央は、左のアルバム写真に
添えられた音次郎直筆の句］

その後の１型
　長期の巡回飛行
で消耗した１型か
らグレゴア45馬力
を外し、大正６年
新機２型に搭載。
１型機体には日野
式２サイクルを搭
載し、地上滑走用
練習機として活用
した。［p.245参照］

巡回飛行中　信州にて　大正五年（1916）
恵美号の前でポーズを取るダンディな音次郎
皆の憧れの飛行家は、飛行機や操縦技術だけで
なくファッションやポーズにも気を遣っている。

巡回飛行最後の飛行地別府　左端；音次郎
大正五年（1916）十一月十三日　[15]参照

14 帝都訪問飛行に成功する

稲毛から海上往復55分間の大飛行 大正5年(1916)

大正5年1月8日、無名の民間機で大飛行が行われた。稲毛から帝都東京までの往復飛行に成功したのだ。航続距離の短いこの時代の国産民間機（音次郎手作り）としては前代未聞の大冒険であり、日本中を熱狂させたのだ。

~~~ 「ちょっと東京まで行ってくるよ」 ~~~

　研究所開設1年、音次郎は密かに帝都東京への飛行を考えていた。1月8日早朝、風はなく日も好いとのことで急に東京へ行く決心をし、ガソリンを千葉まで買いに行かせ、その間に恵美号の点検を行った。そして「ちょっと東京まで行ってくるよ」と明るく言って出かけたのだった。

　　　　㊟ 日も好い＝『今日ハ陸軍初メデアル…二重橋前デ観兵式…』のことか？ ~~~

帝都訪問飛行の様子　『1月8日音次郎日記』と『懐かしき「ブー・ガチャン時代」を語る（「週間読売」昭和44年11月28日号）』の音次郎談話を参考に飛行の概要を時系列に箇条書きとした。

（前日に3回計35分間飛び、ガソリンの消費量を調べた）
- 風はそよともなく『東京へ飛ンデ行クベク決心シタ』
- ガソリンを千葉に買いに行かせ、寒気用の酒五勺を持参
- 丁度12時出発　津田沼を5分ばかりで通過
- 船橋の無線電信(塔)がかすれて先だけがかすかに見えた
- 江戸川尻が見え出したので沖へ沖へと出た
- すぐに行徳の町まで見えてきた
- ブツブツブツと発動機が切れ出したので降りようと思った
- （いろいろ操作し）江戸川を越えると安定が良くなった
- 深川大煙突が見え出した　東京の町は際限もなく広々
　山ノ手は霞んで見えなかった　さすが東京は広いと思った
- 正面の霞の中に白い大きな三越が一際浮き出して見えた
- 四本煙突を左に隅田川を越えた　右下に赤い永代橋
- すぐ左に旋回し、築地の上空から浜離宮に出た
- さらに左旋回し、月島の端をかすめ江戸川を目標に帰途
- 酒を飲んで瓶を捨てる　行徳の上を越してやっと安心
- あと10分、津田沼も過ぎた　あと5分、検見川が見えた
- 機をぐんぐん下げた　格納庫が見えた　一回りして帰った

　詳細な日記等の記述から、冒険飛行の様子と音次郎の心の動きが目に浮かんでくる。前日に試飛行しガソリン消費量を調べるなど緻密な一方、好天で日も好いといきなり飛行を決心し、ガソリンを買いに行かせるなど大胆な面もあった。

　低温対策に清酒持参とは初期の時代らしいエピソードである。実は、風防がなく冬の500mという高空で直接風を受ける飛行は、体温を低下させ体力を消耗させるので理にかなっているとも言える。計器も航空図もない中での長距離の飛行は、無謀とも言える大冒険だった。実際発動機が止まりかけた時は心配したようだが冷静に対応し乗り切っている。

　皆さんも左の地名や下の大正期地図を頼りに現代の地図上で経路を辿り、音次郎の大冒険を追体験してみてください。

帝都訪問飛行ルート(推定)

無線電信塔　三越　永代橋　深川大煙突　行徳　津田沼　築地　浜離宮　江戸川河口　稲毛飛行場

往復約60〜65km　55分間
65〜70km/時　高度500m

［「千葉縣管内實測全圖」大正3年　二十万分之一　千葉縣知事官房］　千葉県立中央図書館 蔵
「計器なしの目視」「発動機の不調」からあまり海岸線を離れないルートを飛行したと思われる。

民間新飛行家 ▽初て帝都訪問

民間飛行家奈良原三次氏の助手として数年來飛行術研究中なりし伊藤音次郎（二十五）氏は過般來麹町區有樂町一日本民間飛行會の練習生と成り千葉縣稲毛海岸にて熱心研究中なりしが其技術漸く上達したるを以て七日稲毛に於て約一時間の試驗飛行を行ひ愈々長時間飛行の好時柄の好晴に乗じ帝都訪問の初飛行を行ひたり氏が操縦の機體はグレゴー四十五馬力の發動機を附せる複葉トラクター式にて午後零時四十五分稲毛を發し高度五百米突にて帝都の空に直進し同一時廿二分丸の内なる日本民間飛行會上を旋回し悠々として四十分の後稲毛に歸着し首尾能く帝都訪問の初飛行を終れり

帝都訪問初飛行の快挙を伝える東京朝日新聞　大正5年1月9日付　国会図書館蔵

「長時間飛行」と記事にあるように、1時間程度の飛行だったが驚異であったことがわかる。各新聞共に出発時刻、飛行時間、飛行ルートなど「音次郎日記」の記載内容とは若干の違いがある。

帝都訪問コースを後の写真でたどる　大正10〜11年伊藤飛行機研究所空中写真部撮影 [34] 参照

当時の千葉町 中央は県庁　帝都訪問当日早朝にこの辺りまで自転車でガソリンを買いに来た？
大正10年5月22日撮影か『千葉祝賀飛行安岡二矢野同乗　写真撮影ニ行ク』

津田沼町久々田(くぐた)中心付近　稲毛離陸後5分で右下に見えた光景。大正7年、この近くの鷺沼海岸に研究所を移転することになる。
(左)三越　『大キナ白イモノガ、カスミノ中ニ 一キハ浮キ出シタ様ニ見エタ』

日本橋区方面（左上が三越　中央に日本橋川）
東京の町は全体に屋根瓦で黒い中で三越が抜きん出て白く、それを目標にして飛んだそうである。

呉服橋方面より丸ノ内
隅田川から正面に見えた光景。直前で左旋回し銀座沿いに南下、浜離宮方面へ飛んでいった。

(左)浜離宮 ここを最後に帰途に向かうが、発動機が無事なうちにと気が気でなかった事だろう。

音次郎、帝都訪問飛行を振り返る （昭和44年 木村秀政博士、平木國夫氏との座談会）

『わたしが飛んだときには、ちょうど行徳のとっぱずれあたりまで来ましたときに、プツンプツンとエンジンが切れ始めたんですよ。よっぽど途中で降りようかと思ったんですけど、スローにしてすっと降ろすと、調子がよくなるんですね。グーッと出すと、しばらくはいいんですが、またプツンプツンとやるんですね。まァ、まるっきり停まることもあるまいと思ったものですから、そのまま行ってきたんですけどね、あの時分深川には四本煙突の発電所があったんですよ。大体それを左に見まして、隅田川を渡ったんですけど、その頃は今よりよほど見晴らしがよくて、その日は天気がよかったから、ずーっと靄がかかってましたね。その時分の東京の町は、全体に屋根が昔のカワラで黒く見えたですね。ところがその中にただひとつ、まっ白い塔のようなものが見えたですね。それがどう考えても三越だったですがね。（中略）三越がただひとつ抜きん出て見えてたですよ。それを目標にして、隅田川渡ってから、その前で左旋回しましてね。』
（木村秀政博士「今の霞が関ビルみたいなもんですな。」）
『その当時はそうでしたよ。ほかに白いああいったような建物はなかったですね。遠く見ると山の手辺はずっとかすんでましたから、銀座通りに沿うて南下しまして、そしてもうエンジンはプツプツいってますから、いつでも海に降りようと思ってね。中（陸地側）にはいられなかったですよ。それで御浜御殿まで来てから、すぐ左旋回して、まっすぐ帰っちゃたんですよ。』
［「懐かしき"ブー・ガチャン時代"を語る」週間読売 昭和44年11月28日号 より］

ビールとみかんの祝宴は、帝国ホテルの祝宴に勝る 民間の自負と官への対抗心

『大正5年1月8日（着陸直後）山縣ガ日ノ丸ノ旗ヲ持ッテ飛ンデ來タ…萬歳ヲトナエタ 大勢ノ小供モ皆萬歳ト和シタ。…道々海気館ノ女中ヤ何ニカゞ皆御目出度タタタタト云ッテクレタ。…（稲毛）駅長ガスグ這入ッテ來テビールヲ二本トミカンヲ呉レタ デ、祝宴ヲ開クコトニシタ 會スルモノハ大エノ■ト運送屋ノ主人ト駅長。尾崎氏ノ帝国ホテルニ於ケル祝宴ニ勝ルコトコレデモ数等ト自分ダケデハ思ッタ』 ［日記より（帝都訪問飛行詳細記述の後半部分）］
＊前年９月、帝国飛行協会第一期操縦練習生尾崎行輝が所沢～青山練兵場間の卒業飛行を敢行、その卒業祝いが帝国ホテルで行われたが、近所の人たちによる心のこもった今日の祝宴の方が勝ると感激している。この一文の背景には、軍の操縦練習将校や上記操縦練習生は、系統的かつ専門的な練習、汐やガソリンを気にせず十分な練習時間確保、そして高性能の輸入機を駆使し長距離飛行さえも日常的に行っており、民間だってという音次郎の自負と官への対抗心が垣間見える。

借金を返したら東京-大阪間飛行に挑戦だ 貧乏飛行家に新たな夢が膨らむ

『大正5年2月8日…セメテ所沢迄デモ飛ンデヤロート思ッテ居ルガタンクヲ作ラネバナラヌシガソリンモ買ワナケレバナラナイ 其金ガナイ（中略）ソレヨリモ余命スクナイ發動機ダカラ先ヅ借金ヲマス迄ハアセラナイ方ガヨサソーダ 借金サエスマセバ又新ラシイノデ東京大阪間ヲヤル方ガ、反ッテヨイダロー シカリ ソーシヨー ソレ迄ハ自分ハ自分ノナスベキ多クノ仕事ヲナサナケレバナラナイ。』 ［日記より（帝都訪問の僅か１ヶ月後）］＊ナイルスの東京大阪間飛行計画（未実施）に刺激され、せめて稲毛所沢間飛行をと検討するがタンク増設やガソリン購入の金もない。まずは借金を返してから新機製作、東京大阪間に挑戦だ。それまでは今成すべき仕事をやるまでだ！と、自分に言い聞かせる。この後音次郎の夢は、弟子第一号の山縣豊太郎により実現することになる。

15 歓迎の渦「全国巡回飛行」

栃木を振り出しに恵美号7ヶ月の旅　大正5年（1916）

「恵美号」の全国巡回飛行は各地で大人気。数万人の観客を集めたこともあった。これにより、日本全国に新時代の象徴「飛行機」の素晴らしさが伝わっていった。音次郎の飛行に憧れ、空を目指す飛行家の卵が各地に産まれ、育ち、羽ばたいていくのだった。＊巻末資料 寄稿文①『空飛ぶ旅路より』参照

㊟同時期、アート・スミスや白戸など各飛行家も各地で興行飛行を行っている。

＊巡回飛行会の外、飛行（大）会、航空宣伝飛行会、宣伝飛行、地方巡業、興行などとも呼んでいた。

恵美一号による巡回飛行最初の栃木　大正5年4月22日

機体整備中　栃木

栃木での最初の飛行会は、左写真のように多数の観客（場内の有料2万人、場外2万人とも）を集め大成功を収めた。

操縦は音次郎、整備に大口と山縣、支配人は鳥飼であった。

（左）松本での恵美号の飛行を称える新聞記事「信濃タイムズ」大正5年5月2日付 アルバム貼付

┌ 5月6日付の2回目は全段抜き記事 ─
『遠く高空に現はれた一箇の飛行機を見る、ソレ揚った、と思はず叫んだので一同又揚った！揚った！万歳々々と絶叫する。各屋根の人も二階の人も、又物干台の人々も同じく一斉に揚った！揚った！万歳々々と狂喜して叫ぶので、往来の人々も亦扨（さ）てはと北方の高空を眺め…』㊟下の写真が会場

《来賓》
・市長
・警察署長
・同警部
・小学校長
・在郷軍人会分会長
・県会議員
・新聞記者

来賓と記念撮影　松本市挙げての記念行事になった。

信州　五月五日　松本練兵場
『連隊兵士、師範・中学・女学校・小学校等50余校を始め数多の観衆が十重二十重』

信濃路

上諏訪での離陸　畑地（5月）

田圃に不時着　飯田7月3日　損害賠償を5円払うはめに。

歓迎式典　佐久　左から2人目の飛行服姿が音次郎

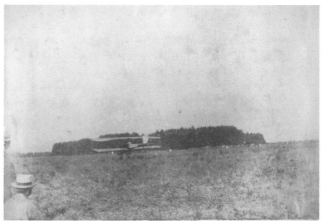
牧草地にて離陸　佐久（6月）

＊各地で熱烈な歓迎を受けたが失敗すれば大変。発動機の具合や悪天候、離着陸地の整備など考慮されず自己努力のみ。

飛行場？　滑走路？　そんな場所はありません！

飛行場などない時代、7ヶ月間22カ所62回飛行の内訳は
・河原（河川敷）［7カ所］　　　・埋め立て地［5カ所］
・海の中州、田、畑、牧場、城跡［各1カ所］
・練兵場［3カ所］　㊟10/17までの記録［国民飛行12月号］

　飛行場に適した平らな場所はどこにもなく、草ぼうぼう、石ころゴロゴロ、山が迫っている上に電線や鉄道線路まで、と危険この上ない飛行を名機恵美号と音次郎の操縦術、そして事前の離着陸箇所や飛行コースの入念な下見チェックの実施で乗り切ったのだ。そんな音次郎さえも二の足を踏むような場所もあり弱音を吐いている。『大正5年9月10日　伊田（福岡県）場ヲ見ニ行ク　トテモヤレソーナ處デハナカッタ…五十円ヤ百円ナラ（自分の方が）出シテモヤメタイ處デアッタ』

『信州の上田で飛んだ時、離着陸する場所は良かったが、それより二里ばかり上の村に降りてくれと頼まれた。見に行った所がたくわん石みたいな河原だったので「とにかく、降りる所の石だけでも拾っておいてくれ」と言って、飛んでいって降りたのだけれど、ガタン、ガタンといって、腰掛けの板も割れた。それでも、飛行機はひっくり返りもせずちゃんとしていた。』［昭和40年代　習志野市（旧津田沼町）での講演記録より］［資3］参照］

諏訪湖畔
［助手の
平賀君］
5月18日

飛行会の合間には、風景写真や人物写真も数多く撮っており、苦しい中にも楽しい思い出が一杯。

全国各地への移動は何と「鉄道」を利用！

　航続距離の短い当時の飛行機で全国を巡るのは到底無理。そこで「恵美号」の機体を分解して貨車に積み、貨物として長距離移動。最寄り駅からは馬車で運び、現地で組み立て、整備した。もちろん輸送に便利という設計上の狙いからで、運賃が一番安く小さな貨車（幅6尺、長18尺）に合わせて分解・梱包しやすいように大きさや金具などいろいろと工夫して作られていたのだ。［13参照］

─ 波瀾万丈の苦しい旅も鳥飼のピンハネで実入りは少なく… ─

悪天候による危険な飛行、凸凹だらけの河川敷や牧場での離着陸。さらには地元の主催者に無理難題をふっかけられる交渉など苦難の連続だった。そんな巡回飛行の企画は、鳥飼繁三郎などが各地を飛び回り地元の主催者（興行者）と勝手に契約してくることが多く、危険な場所での飛行や厳しい日程も数々あった。また会計が不明朗で、鳥飼にピンハネされていたようで怒っている。
『4月15日 栃木ノ契約金百五十円ヲ貰フ…一タイ何程デ契約シタノカ分ラナイ』出発前からこの調子が続く。『10月8日（飛ぶ予定がないのに）夕方飛揚スルト云ッテ入場者ヲ入レテ居ル…ドーヤラ二人（鳥飼等）デ島原以来ノペテンラシカッタ』それでも観衆のために飛び続けた7ヶ月間だった。

主催者（興行者）との交渉も重要な仕事
　左；威勢のいい九州の主催者たち
　上；松本と諏訪の主催者との酒の席
手当の額や場所の選定、悪天候時の飛行の
是非の交渉などでも大いに苦労した。

恵美号を預けた家の
おかみさん 九州・中津
分解して農家の納屋
などに預けた。

九州路

（右）唐津
虹の松原
10月20日

つかの間の休息

（下）二豊新聞［大正5年8月1日付］宇嶋飛行

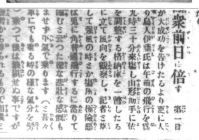

（上）佐賀日日新聞［大正5年7月27日付］佐賀飛行

〜 巡回飛行が新聞のトップを飾る！ 〜

　全国巡回飛行中、22カ所62回実施された飛行会の様子は各地方新聞で連日大々的に報道された。離着陸の様子はもとより、高く飛んでも大きく旋回しても記事になった。整備の状況や天候悪化の中、飛行すべきか悩む姿までも格好の記事。また、機上から模擬爆弾を投下して目標に命中させるなどのパフォーマンスも行いやんやの喝采を浴びた。
㊟新聞記事はアルバム貼付　友人家族に大量に郵送

歓迎の記念写真　長崎（10月）

白い部分は要塞地の為め消される　長崎（10月）
要塞地帯の為め高度二百米突以下にて飛行許可
＊記念スタンプを押した絵葉書

巡回飛行最後の飛行地　別府　十一月十三日
『陸上機による別府離着陸は今日迄（昭和42年1967）
　行われたる事なし。』とアルバムに記されている。
これは、山が迫り離着陸に危険な別府で見事成し遂げた
自身の飛行技術と勇気を誇らしげに記しているのだ。

㊟上記、長崎の写真の添付記述から「アルバム」は、戦後入植し
て開拓した成田の恵美農場が新東京国際空港用地(43年1月売
却)となり騒然とした時期に編集されたことを示している。

別府にて（11月）上下共

[歓迎の贈り物]　心よりの歓迎と花環、時計に現金
◆何よりも嬉しいのは以前の訪問を覚えていてくれた事。
6/23飯田『皆ヨクオボエテ居タ　僕ノ來タコトヲ嬉ンデ
　クレタ　自動車ノ運轉手モ知テ居タ』2年前は白戸の助
　手、今回は操縦士として。しかし田に不時着など散々。
◆行く先々で左の写真のような歓迎式典が開催された。
8/14直方『花環三個貰　内一個ハ小イサイガ小學生ガ手
ヅカラ作ッテ呉レタノダトノコト　深謝スル』子どもに
　　　　　　夢を与え、子どもに元気を貰う。
　　　　　　　　◆旧殿様より記念品
　　　　　　9/27徳山　毛利子爵家より置時計

音次郎の全国巡回飛行地
大正5年4月20日～11月17日
「日記」「アルバム」「空飛ぶ旅路」をもとに作成。

栃木からスタート
長野
松本　本庄
上諏訪　佐久　稲毛
飯田
大阪　山田
松阪
141°
宇部　徳山
直方
飯塚　行島
伊田
唐津　久留米　別府
佐賀　大牟田　でゴール
長崎　島原
34°
31°

稲毛や東京、大阪に度々戻り
支援者への挨拶や格納庫建設の
手配[12参照]までもしている。
　また、合間には次なる新型飛
行機の構想図[16参照]を多数描
くなど、忙しくも充実した日々
の続く旅路だった。

伊藤家蔵

◆炭鉱王より飛行後援として現金
10/18飯塚　貴族院議員麻生太吉
より金百円（麻生太郎元総理曾祖父）
『僕ガ飛行界ニ身ヲ投ジテヨリ
初メテ見ル眞ノ後援者デアッタ』

- 60 -

*4/20稲毛　浅間神社参拝：妻のきちにプロペラに金２円付けて奉納するよう命ず　山縣・草賀が先乗り

栃木	栃木	4/20大口と着　ポスターに鳥飼のみで音次郎の名なし　4/22・24共③回ずつ飛行（手離し飛行も）
長野	松本	4/27着[練兵場]風雨延期　5/1試験飛行　5/2・3展覧会　5/5午前中②回（市長、署長も大喜び）
	諏訪	5/7上諏訪着　5/8風強く延期　5/9②回（上諏訪・岡谷でカード撒く）（高度1000mの自己記録！）
	長野	5/21須坂着　5/22・23展覧会　5/24長野着　5/25・26・29展覧会　5/28須坂・長野・屋代を①回巡る

*5/30帰京　6/1帰稲、信州での関係者に礼状十数通発信　6/5（スミスの夜間飛行見学）

	佐久	6/6着　6/8・9岩村田展覧会　6/10小諸・臼田へ往復飛行各①回　6/11臼田展覧会　＊6/12帰稲
埼玉	本庄	6/15着　6/16（スミス負傷の報を聞く[11参照]）　6/20②回（２回目に旋回と手離し飛行も）
長野	飯田	6/23着　雨がち続きやっと飛行も　7/3田に不時着①回（農夫が損害請求）　7/5天竜川原で②回
三重	山田	7/10着　7/12両宮参拝　7/13参宮飛行①回　松阪大口港まで飛行①回そこで着陸
	松坂	7/14　②回　深い草地に着陸（強風中の飛行で飛んでみて、風があった方が楽な事が分かる）

*7/16帰阪実家へ　以降、竹島・藤井質店・関鉄工所・佐渡島（50円贈られる）に挨拶へ

福岡	久留米	7/20着　7/22・23模擬爆弾投下各②回　7/24佐賀まで連絡飛行①回（美しい景色に感動）着
佐賀	佐賀	7/24着　7/25②回（知事・市長・連隊長）7/26②回（市内で広告を撒く）（佐賀新聞60枚知人に発送）
福岡	宇島	7/27着　7/29・30模擬爆弾投下各②回（中津町へ連絡飛行）　7/31（中津で飛行機預けた家に御礼）

*8/6帰阪　以降四日市・山田（海野幾之介のホールスコット80HPを1,500円で購入契約）大阪

| | 直方 | 8/12着　8/14②回（歓迎の花環は小学生による手作りとのことに深謝） |
| 山口 | 宇部 | 8/15着　狭くて凸凹ひどい　8/17地均し出来ていた　8/18②回　観衆少ない　8/19②回 |

*8/19『14ヶ所45回』で一度も機体壊さなかった『スミス君ガ天才飛行家ナラ僕ハ天佑飛行家ダ』

*8/20帰阪　佐渡島・竹島へ挨拶　8/24四日市、玉井の代理で飛ぶ契約　8/25以降東京、稲毛、大阪

福岡	大牟田	9/1着　展覧会　9/3水に飛び込む①回⇒9/6（筑後新聞に叩かれる）　故障修理　9/20②回
山口	徳山	9/21三田尻（防府）着　9/24・25展覧会　9/27①回　（毛利子爵家より記念の置き時計頂く）
長崎	島原	9/28着　9/29飛行場仕様まるきりウソ　10/1②回　夕方①回海に墜落（唯一の汚点）助けて貰う
		カーチスの十成さんと思った時はハツで止めておけがよぎる　やめたいが鳥飼が次の交渉済み
	長崎	10/4着　10/8③?回（途中着陸）　10/9市街地訪問①回　軍の要塞地帯飛行は民間初（私の誇り）
福岡	伊田	10/11博多着　10/14伊田着（城跡）　10/15主催者とトラブル　10/16最も困難な飛行①（墜落覚悟）
	飯塚	10/16着　10/17②回　最も狭い場所で飛行　10/18（貴族院議員麻生太吉氏より100円の寄贈感謝）

*ここ迄20ヶ所58回飛行　不時着3回、海へ墜落1回　[「空飛ぶ旅路」より]

佐賀	唐津	10/18着　10/20「空飛ぶ旅路（國民飛行）」執筆開始　＊10/26以降東京、稲毛、大阪
		11/5着　風雨もあり三隣亡だからと吉から止められ１日延期　11/7②回
大分	別府	11/8着　11/12・13各①回　11/14『22ヶ所デハ千円足ラズ』　11/16別府発

*11/17大阪着　[巡回飛行終了]　　　㊟全ての飛行や展覧会が日記に記されている訳ではない。

┌─ 飛行箇所・回数の記録 ─┐
「日記11月14日」は22ヶ所、「日記５年補遺（12/31）」は22ヶ所57回、「空飛ぶ旅路10/20」は唐津・別府を残して20ヶ所58回、「日本傑作機物語」は23ヶ所としている。なお近隣市町村を上空から訪問する連絡飛行、離陸地と着陸地が異なる飛行、飛行機展覧会のみ実施した町をどうカウントするかにより数値は異なってくる。ここでは、巡回飛行中に記録した「日記」「空飛ぶ旅路」の数値に基づき22ヶ所62回飛行として論を進めた。

22カ所62回飛行でも無事生還

　すぐ故障・墜落する初期飛行機時代、全国を巡りこれだけの飛行回数をこなしつつも不時着３回、強風による海上墜落１回で済んだのは驚異的だ。恵美号の性能の良さだろう。しかし当初は快調だった恵美号も飛行回数が増え『19ヶ所目の飛行で機も老朽になって居りますので再三飛行を拒みました［空飛ぶ旅路より］』と、大分ガタがきていた。自らを『天佑飛行家』だと偶然の結果のように述べて[8/19の日記]いるが、慎重な事前準備と飛行計画、丁寧な整備、そして優れた操縦技術の結果といえよう。
　　　　　　　　　　　㊟天佑＝天の助け

巡回収入で次の飛行機製作資金

総収入　　7,923円
総支出　　7,399円66銭
　　　　　　　　助手の手当　機体の費用　借金返済等
差引利益　　523円34銭
『之レデ來年度ノ方針ヲ立テルコトガ出來ル。
二十二カ所デハ千円足ラズハ實ニ心細イ訳ダ』
［大正５年11月14日の日記　最終飛行地別府にて］
＊飛行回数の割には（ピンハネもあり）収益は少なかったが『この飛行で借金は全部返して、さらに80馬力の発動機を手に入れ、今度は恵美号を小型に改造した新機恵美第２号と、80馬力で水上機を作り』と、常に前向きな音次郎であった。［「日本傑作機物語」より］ 17 18 参照。

16 緻密な設計者 音次郎

設計構想メモには機体構造、部品図満載 大正5年(1916)

優れた性能の恵美号は緻密な計算と天性のセンスによるものだ。わずか3ヶ月半工業学校の夜学で学んだだけだったが、操縦者の視点と最新技術を吸収する努力を欠かすことはなかった。終戦時、音次郎は設計図を全て焼却したといわれていたが、奇跡的にこの設計構想メモが残っていたのだ。そこには次なる恵美号の機体・部品などの構想図や数値が詳細に記されていた。

㊟下線を引いた図のキャプションは音次郎の記述

設計構想メモ 大正5年2月〜大正7年7月19日作図 ㊟鉛筆描きがかすれて消え書籍で再現困難。

　縦20.3cm・横16.2cm・5mmマス目の黒表紙手帳で、記入済み箇所は118ページ。見開き2ページごとに1から59までナンバーがふってある。最初のページに「自　大正五年二月」、最終ページには「7／7／19」といずれも横書きで記されており、「帝都訪問飛行」を敢行した直後から「全国巡回飛行」「恵美2型、3型製作」「大阪謝恩飛行」「津田沼移転」を果たすまでの2年半にわたり描かれている（6年10月1日の高潮被害による研究所壊滅から半年は大阪周辺を渡り歩く）。

　内容は「構想中の恵美号各種の図面（正面図・側面図・平面図、金属部品図・部品接合図）」や「研究所建物図」「風向風速計支柱図」「宙返り飛行の航跡図」「外国機のスケッチとデータ」等が、詳細な数値や計算式・数表と共に英語表記の細かい文字でびっしりと書き込まれている。

　思いついたことを次々と記録するメモ帳だったとみえ、同じ発動機をつけた陸上機と水上機の図面がそれぞれ何種類もあったり、形や長さを少しずつ変えた計算式が書かれていたりと、恵美2、3型やその後の恵美号の原型と思われる図面も多数ある。音次郎の緻密で研究熱心な姿が凝縮されている。また、どこで勉強したのかそこかしこに書かれた英語の達者なことに驚かせられる。

＊転載にあたり

・機体の原図は三面図（平面図、正面図、側面図）だが、トリミングして部分掲載としてある。
・各図面の縮尺は統一していない。原図の1目盛りは5mmで、縮尺は未記載。・HP＝馬力＝IP
・図面解説の日付や地名は記載（設計）した日付、地名。全国巡回飛行中が多くを占めている。

グレゴアジップ45馬力発動機搭載機水陸2種　「恵美1型搭載発動機」を再利用する計画で水陸合わせて数種の設計がしてある。グレゴアジップ45馬力は後に恵美2型陸上機[17 参照]に搭載された。

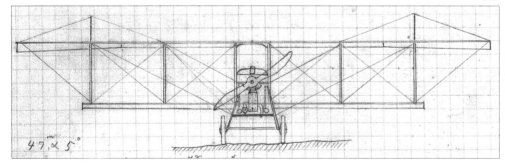

（上、中）
トラクター複葉
宙返り用飛行機
大正五年五月二十五日長野ニテ

＊トラクター＝牽引式(プロペラは前)

下翼長や位置、垂直尾翼など大きく異なるが恵美2型の原型か。宙返りを意識した軽快機か？

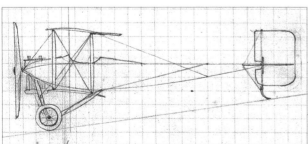

（下）フライングボート　大正五年三月十七日
音次郎には珍しい推進式(プロペラが後ろ)。

ホールスカット80馬力発動機搭載機各種　　米国帰りの海野幾之介が事故で失敗した飛行機の発動機を大正５年８月に1,500円で購入。入手がよほど嬉しかったのか、水上機を中心に多数設計している。翌年恵美３型（水上恵美号）を製作し、２型と共に各地を巡回する中心機となる。　[18] 参照]

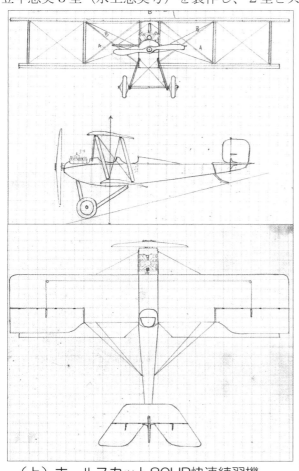

（上）ホールスカット80HP快速練習機
（右）ホールスカット80H.P.水上トラクター
　　　複葉機（大会用）5/7/27 宇ノ島ニテ

ホールスカット100馬力

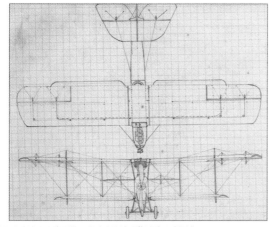

ノーム50馬力宙返り用機

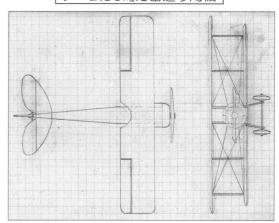

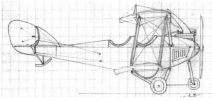

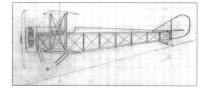

（左）ホールスカット100馬力機
　　　1917/11/5
（右）ノーム50HP　宙返り用機
　　　（快速練習用）2/16/1918

　　日付を見ると、大正６年10月１日の台風で稲毛の研究所が壊滅、大阪に一時移り住んで次の飛行場用地を必死に探している頃にあたる。どんな時でも飛行機作りを考えている技術者根性である。

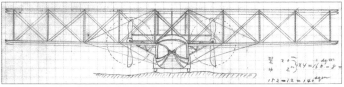

15人乗り双発大型旅客機 (右) 実現はしなかったが音次郎の夢だった。[詳細図は 35 参照]

機体各部品 強度を保ちつつ軽量化を図るなど小さな金属部品や継ぎ手に至るまで気を配っている。外国文献を参考にしたり自分で工夫したり実に細密に描かれている。

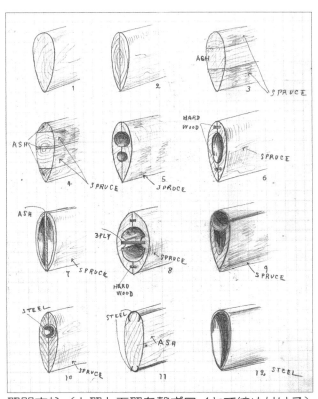

翼間支柱（上翼と下翼を繋ぎワイヤで締め付ける）

(下)(右)
支柱の継ぎ手部分

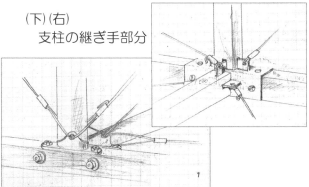

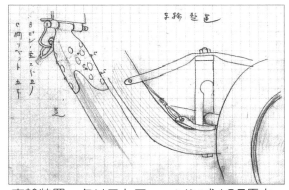

車輪装置　クリストファーソン式125馬力
直方ニテ　大正5年8月16日

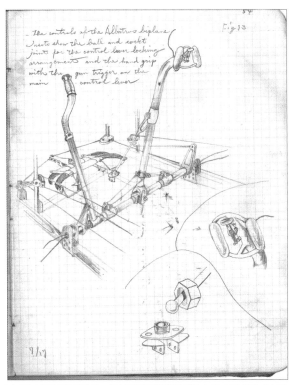

ALBATROS（ドイツ複葉戦闘機）1918/7/17
余程気に入ったのか11ページにわたり小さな部品から操縦席に至るまで詳細に模写している。

外国新鋭機模写 Curtiss model 8種の機体模写と詳細なデータを記述。外国の専門書を取り寄せ必要箇所を書き抜いていたのだろう。

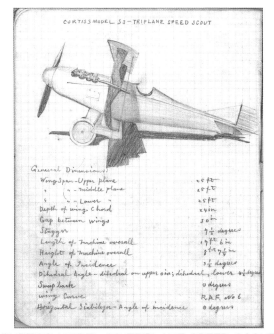

CURTISS MODEL S3-TRIPLANE SPEED SCOUT
Curtiss（米国）/Triplane（三葉機）/1917年11月写

暴風雨にも強い永久格納庫での新型機製作を思い描いていたのだろう。
＊製造者としての視点から『格納庫を作るに當っても常に工場ということを念頭においてゐた』［「征空小史」より］

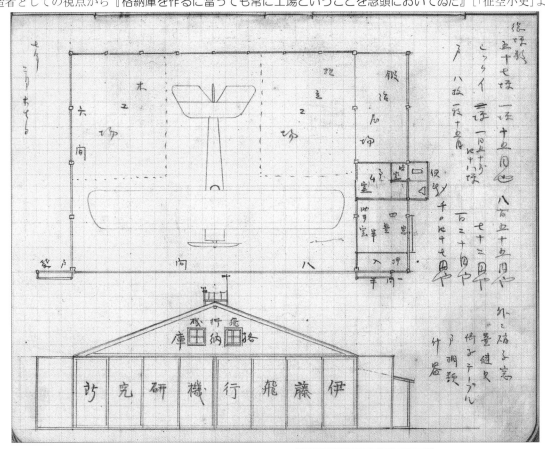

七年二月廿七日 木工・鍛冶・組立の小工場、事務室を備えた建坪57坪の格納庫の建築に855円、漆喰に72円など計1,047円の経費、椅子テーブルや什器と実に細かい見積りだが、この時点では稲毛は既に壊滅し、大阪進出計画もほぼ絶望的で先の見えない状況だった。しかし、諦めることなく常に次を考え前向きに進む音次郎らしさが表れた図面である。

夜間飛行ショー構想 ㊟原図四重同心円だが不鮮明

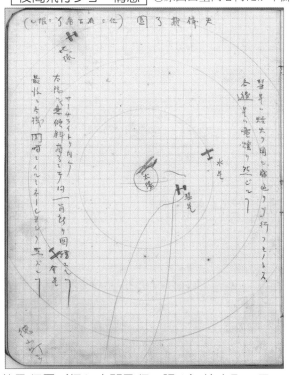

天体飛行圖（但し夜間飛行ニ限ル）徳山町ニテ
『大正5年9月25日 滅ビ行ク宇宙ト人類ヲ讀ム内不圖天体飛行ト云フコトヲ思ヒツヒテ』太陽系の惑星や彗星になぞらえた5機の飛行機が電灯やイルミネーションを点じつつ同心円上のコースを回ったり横切ったりする夜間飛行ショーの構想図。画期的だが実現しなかった。

㊟極細鉛筆描きの「格納庫内の飛行機」「四重同心円」等が長い年月の間にかすれて不鮮明となったため図を濃く処理している。

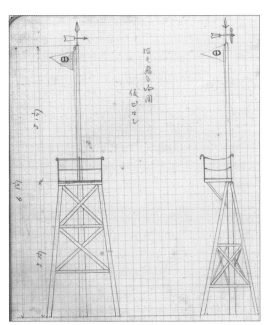

稲毛飛行場用仮ピロン
大牟田にて 大正5年9月8日設計

17 夜間飛行・恵美2型製作

新たな冒険、より優れた飛行機作り 大正6年(1917)

全国巡回飛行で借金を返済した上に資金が残ったことで、音次郎はさらに新しい挑戦を試みる。視界のきかない中での危険な夜間飛行実施、より性能アップさせた「恵美2型」と海洋国日本に適した「水上恵美号」の製作だ。

海岸の焚き火のもと恵美号で『民間初の夜間飛行』成功 大正6年(1917)1月6日夜

スミスに続き前年の暮れに日本を訪れた若き女流飛行家スチンソン(米国)による宙返りなどの曲技飛行や夜間飛行 [11] 参照]を目撃し刺激を受ける。悔しい思いを持ち前の向上心に変え、自分も挑戦する。1月6日の夜、稲毛の干潟滑走路に焚き火2カ所だけの暗闇の中を滑走、離陸、旋回し無事着陸した。「日本民間航空史上初めての夜間飛行成功」の瞬間であった。

『大正6年1月6日 今日ハ飛ビタイ日デアッタ 幸ヒ月夜ダシ初飛行ニ民間ノレコードヲ作ルベク夜間飛行ヲヤルコトニシタ…八時半頃汐モ引イタノデ(機体を)引出シタ 隔(ママ離)陸ハ何ントモナカッタガ上ガッテカラノ高サガヨクワカラナカッタ。火ハ二ヶ所ニ焔エ(もえ)初メタ 一廻リシテスグ着陸シテ見タガマダト思フ内ニ地ニツイタ ソレカラ一度ジャンプシテ見タ。三度目ニタキ火ノ上ヲ通テ上昇シタ 一週(ママ)シテ着陸 コンドハ火ヲ目標ニシテウマク行ッタ 滑走シテ帰リコレニテ先ヅ無事夜間飛行ヲ終ッタ 海気館ノ女中男衆、黒砂カラ大エガ來テお目度ト云ッテ呉レタ…今度モ一ー度月夜ニヤッテツギニ星明リニヤリ最後ニ眞ノヤミ夜ニヤルコトニシタ。電燈ガホシイ』[日記より]

大胆不敵と言おうか前日5日には『困難ナ事ハナカロー』と豪語し、この日も『今日ハ飛ビタイ日』だと言って飛び出す。胸には『民間ノレコードヲ作ル』と熱い思いをたぎらせて。広い海岸に焚き火2つだけの灯りは心許ないばかりだっただろう。そんな状況下で3度も試みたのみならず、焚き火なしの星明かりの中、真の闇の中での次の挑戦を考えているのだ。なお、帝都訪問の際と同様海気館の女中男衆、近所の人などの心からの声援が嬉しい限りである。
　（右)東京日日新聞房総版　千葉県立中央図書館 蔵

大正6年(1917)1月12日付『無事終了したり氏は曰く「寒月煌々として識別容易なりしも上空は寒氣凛烈にして朔風強く機體稍動揺せるも頗る愉快なる夜間飛行なりき」』と音次郎の談話を美文調で伝えている。

＊　＊　＊　＊　＊　＊　＊　＊

宙返りにも挑戦するのか？

(左)東京日日新聞房総版　大正5年12月27日付　千葉県立中央図書館 蔵
『稲毛の空に於て鳥人スミスを似ね宙返り飛行の練習をなし居れり…明春早々同所に民間飛行大會を開きて此の宙返りの妙技を現はし斯界に氣炎を揚ぐべく目下準備中』と、宙返りを期待している。

音次郎が外国人飛行家に刺激を受け宙返りに興味を持ち、宙返り法を工夫(『圖デ研究シ後チ模型ニテナシ確心(ママ)ヲ得テヤルコト』[大正6年1月2日の日記])するなど意欲を持っており、宙返り機の設計 [16] 「設計構想メモ」参照) までしている。しかし左の東京日日を始め萬朝報、報知などの記事に対し『僕ガ宙返リ準備中ダト…実ニ困ッタコトダ[1月8日の日記]』と困惑、抗議をする。恵美号での困難さを分かっていたのだろう。宙返りへの思いは稲垣知足の鶴羽2号開発と山縣豊太郎の連続2回宙返りへと引き継がれていく。

恵美２型完成　大正６年(1917)　この年、音次郎は同じ頃に陸水２機の設計・製作をしている。
恵美２型機と恵美３型水上機である。４月１日に試飛行をした２型は、１型のグレゴアジップ発動
機を再利用し、機体を１型よりやや小型にしたため軽快であり安定性・上昇力も増していた。使い
古しの、そしてわずか45馬力の発動機を有効活用した高性能の飛行機だった。
　⦿伊藤式「恵美(号)２型」「恵美２号」「第2恵美号」「グレゴア6年式」「6年式恵美号」などと表記

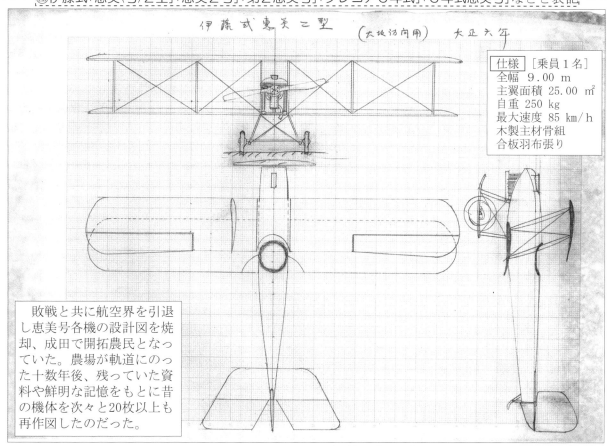

仕様　［乗員1名］
全幅　9.00 m
主翼面積　25.00 ㎡
自重　250 kg
最大速度　85 km/h
木製主材骨組
合板羽布張り

　敗戦と共に航空界を引退
し恵美号各機の設計図を焼
却、成田で開拓農民となっ
ていた。農場が軌道にのっ
た十数年後、残っていた資
料や鮮明な記憶をもとに昔
の機体を次々と20枚以上も
再作図したのだった。

伊藤式恵美二型（大阪訪問用）大正六年　　　昭和30年代再作図［Ａ４判　鉛筆］（70歳前後）

『大正6年4月1日［欄外］グレゴア試験飛行　第二恵美
号試飛行』『速カステキニ早ク』『先ヅ上リ過ギル
位ニテ安心シタ』と、弱馬力ながら性能の良い飛行
機となった。門下生の藤原正章と井上長一がビール
１ダースを持参し、夜皆で祝杯を上げるのだった。
　蛇足ながら、何と１月に入所したばかりの門下生
井上から『大正6年3月22日　三百円　九月三十日期
間年一割ノ利息ニテ借入レタ』とあり、恵美２型と
３型機には井上の金も注ぎ込まれていたのだ。

完成せる恵美二号機　大正6年4月　稲毛　　正面・側面・後面からの貴重な記録写真３枚組。

- 67 -

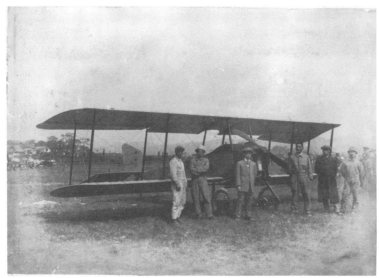

藤原正章君の後援の為め津山にて飛行
五月二十五日 恵美二号機にて 中央；音次郎
＊時代の最先端を行く飛行家は郷土の英
　雄だった。凱旋飛行としての郷土訪問
　飛行が流行していたが、興行として収
　益をあげるような抜け目のない者も。
　『(協力者へ)実費ダケヲ出シオシム様
　ナ又興行的ナ飛行ハ出來ル筈ガナイ』
　［５月18日の日記］と藤原を叱っている
　が、結局興行師が絡んでおり藤原のた
　め音次郎が飛ぶ事になるはめに。下の
　写真が飛行服なのはそのためである。

恵美二号機による最初の飛行　岡山県津山　大正六年五月
佐野清三郎君　　　　伊藤　　　　大口豊吉君
　　井上長一君　　　藤原正章君　　山縣豊太郎君
藤原の郷土飛行成功に向け研究所総出の旅の筈だったが…。

（右から）
数見周穂
山本愿太
音次郎
以下、当時の
所員・練習生
（順不同）
山縣/佐野
井上(長)
井上(貞)
青島/柳原
ほか

大正六年　稲毛の訪問者　モーター誌主幹山本氏　右から二番目
『８月２日　モーター山本君(愿太)ガ数見君(周穂)君ヲ連レテ來タ　写真数枚
ヲウツシテ帰ル』［モーター＝自動車雑誌(主幹 山本愿太)/数見＝梁瀬自動車商会］

津山にて　五月二十五日
＊藤原の代理飛行

〜┤事業化への道〜自作機の売却スタート├〜
　安値で中古発動機や部材を購入して製作し
た機を高値で売却、次の開発資金を調達。
1型⇒1,200円で購入の発動機は2型に搭載。
2型⇒7/4/3『飛行機ハ福永(ママ)ガ買フノダ
ソウダ』＊鳥飼の仲介で門下生の福長朝雄へ
4,000円で売却→福長の練習用機に→卒業独
立後、静岡で福長飛行機研究所を設立し使用。
水上機(3型のことか?)⇒7/2/13『白水來
飛行機渡ス　三千二百円受取リ三百円マグネト
渡サヌカワリ』＊海野幾之助から水没発動機
を1,500円で購入し水上機を製作、各地の飛行
会で使用したが3,200円で買い手がついた。
＊白水利雄＝海野幾之介助手、後小栗飛行学校へ移る
　〜〜［水上機売却の経緯は次章18 に詳細記述］〜〜

大阪城東練兵場にて福長機（元恵美２型）飛行準備
売却後の８年６月29日福長の飛行会で音次郎(機上)も整備を
手伝うが、福長は離陸直後大木に衝突、着木する。［31に写真］

18 美しくも儚い水上恵美号[3型]

流転のホールスカット80馬力搭載機 大正6年(1917)

まだ飛行場が少なく、海や川の多い日本に水上機は不可欠だ。音次郎は「民間初の水上機」となる白戸氏依頼の巌号を設計・製作後、自分用の「水上恵美号（3型）ホールスカット80馬力」を設計・製作、大正6年6月27日初飛行。優れた水上機だったが不運もあり、発動機はしばし流転の末、帰還。

大正五年作 白戸氏依頼設計 民間最初の水上機

注）「水上恵美号」「恵美（号）3型」「恵美3号（水上機）」と表記

「白戸式旭号」「伊藤式恵美号」に続き、音次郎の設計・製作3機目となるインディアン60馬力水上機「白戸式巌号」 大正5年3月3日試飛行

　先輩の白戸榮之助より依頼され、音次郎が伊藤飛行機研究所で設計製作したのだが、旭号に続き今回も「白戸式と命名」「白戸による初飛行」と頼まれ承諾する。相変わらずの音次郎の気の良さである。しかし、後年のアルバムには左のように「白戸氏依頼設計（自分こそが設計者だ）・民間最初」と自負を込めて記している。

自分用の水上機を設計・製造

＊米国帰りの海野幾之介の水没事故機搭載のホールスカット80馬力発動機を大正5年8月に1,500円で購入。資金の大半は大阪の竹島新三郎より借入。

＊しかし、機体製作費不足で何と門下生の井上長一より300円借入。

＊『フロートの構造なんか、水圧のデータもなしに、よく成功したものだと思いますけれど、技術者としてのカンがすぐれていたんでしょうね。』
［木村秀政「日本傑作機物語」より］

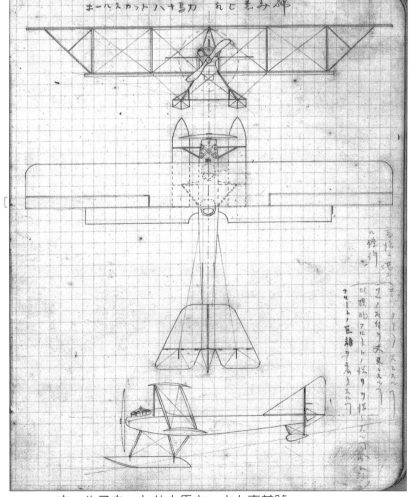

ホールスカット八十馬力 水上恵美號
「設計構想メモ」では既に大正5年10〜11月頃構想していた 16 参照。

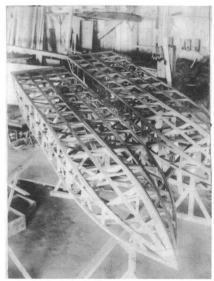

完成迫る水上機フロートの骨組
大正六年春

┌─ 恵美三型水上機仕様 ─┐ 乗員2名
ホールスカット水冷式V型8気筒80HP
全幅 15.41 m　　全長 7.27 m
主翼面積 46.5 ㎡　　自重 580 kg
最大速度 80 km/h
木製主材骨組み　合板羽布張り
──「日本航空機辞典 上」より─

格納庫内にて作業中
大正六年春(左)山縣豊太郎 (右)大口豊吉
この頃は同時進行で3機製作中、分業体制で臨んだ。『3月24日（音次郎）プレーンノ金具製圖フロート　大口 青島水上 大工一人水上 山縣佐野グレゴア、ニサイクル』と若者から熟練職人まで同時作業。

─┌ 中古の水没発動機が水上機搭載で蘇るまで 『枯れたと思った植木も生きる』[日記より]┐─

5年8月10日 海野幾之介の水没事故機搭載ホールスカット80HPを2,000円から1,500円に値切購入。
　11月頃　　この頃盛んにホールスカット80HPの「構想メモ」を描く。陸上用と水上用[16 参照]。
6年1月13日 『ホールスカット分解ノ掃除』発動機のメンテナンスも出来る専門的な技術力。
　1〜2月　『午後ホールスカット試運轉』この時期は試運転を繰り返し出力アップの調整期間。
　2月4日　『(80HP)成績頗ルヨシトノコト。今一度廻サス…今夜ハ皆ト共ニ大ニ祝フ　水上ニスル
　　　　ニハドーシテモ五百円入ルガコレガ問題ダテ』巡回収益も既になく。水上機は金がかかる。
　3月10日 『今日ハホールスカットノ製圖ヲナス』発動機は快調。いよいよ機体設計にかかる。
　3〜5月　2型(4月1日試飛行)と2サイクル製作同時進行の上、津山飛行 [17 参照]も入り大忙し。
　6月18日 『組立…水二浮カセタ フロートノシヅミ工合頗ルヨロシク…機体ノ前ニ祝杯ヲ上ゲル』
　6月27日 『快晴ノ好試験日和 五時半起床 浅間神社参拝…機ハ軽クフワハント浮キ初メタリ…
　　　　上昇スルコト六年式恵美号(二型)ト同様ナリキ…兎ニ角心配シタ飛行機ガ飛ンダノデ嬉シカ
　　　　ッタ スグ宅ト兄ト鳥飼氏ニ打電ス　又手紙モ出シタ』試飛行大成功！手放しの喜びようだ。
　6月補遺 『グレゴア、ホールスカット共ニヨク飛ブ ナスコトスベテヨシ。カレタト思ッタ植木
　　　　モ生キル』＊枯れ木の如き中古水没発動機を復活させて名機を再生産する音次郎の技術力！
⇒喜びもつかの間、12日後には山縣が試乗して大破させてしまう。[以下、章末の「3型売却」に詳述]

恵美3号水上機初飛行　大正6年6月27日　稲毛
＊見物人も海に入り、水飛沫を浴びつつ間近で歓声。

恵美三号水上機による最初の飛行地
富山県伏木港 高岡市 大正六年八月二十三日
『新聞社ノ山田記者ヲ同乗セシム』
＊操縦席下のレバー線に触れ走り出すなど大慌て。

─┌ 過酷な操縦席と絶景 ┐同乗記(抄)山田蘇江記者[高岡新報大正6年8月24〜27日付夕刊 高岡市立中央図書館蔵]
『機體の中は支柱、鉄線、ゴム管が蜘蛛の巣のやうになっている間に尻を据えるだけの板を縄でブラ下げてある(發動機のすぐ後ろ操縦席の前)。死んでも觸っちゃ可かねと言われた線や管の間に手足を窮屈に押し込む。轟々たる爆音が耳を聾する、發動機振動に依ってガソリン油の噴煙と飛沫が眞正面から面を叩きつけ息が詰まるやうだ。それが眼に這入って眼からはしっきりなしにまめのやうな涙がポロポロと流れる、又鼻から呼吸する毎に喉へ進入して來て喉は焦げつくやうな苦しみに責め立てられる。油に責め立てられては居るが、脚下に下界を見下して眺望をほしいままにする此の愉快さは千金に代へ難いものだ。僕はこの経験に依って飛行機は危険ではないという信念を堅くした。』㊟複座の同乗者は前に乗る
＊機械油が強い風圧と共に吹き付ける油責めだが、大空からの眺望は愉快かつ飛行機は危険ではないと記者魂。

当時の研究所の所員たち　大正六年（1917）夏
『8月8日　夕方相羽君來ル』相羽有（日本飛行学校長）
＊左の格納庫上に［恵美號格納庫］の看板が懸かる。

（右から）青島君　佐野君　幼児信太郎　藤原君　山縣君　来客相羽君　左3人記載なし

稲毛静遊館下海岸　大正六年　8月10日
左より京都稲垣式　恵美二号　恵美三号水上機
＊崖の上から見下ろす。3型水上の大きさが際立つ。

稲垣式；稲垣保次（知足とは別人）製作の機体を音次郎が飛べるように改造した上、ホールスコットを搭載して試験飛行までしましたが、代金を払わず、音次郎は怒り心頭。

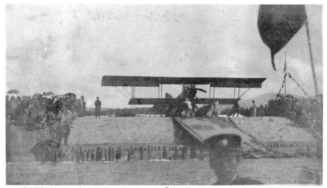

岸壁から水辺へスロープを作り入水する3型
大正六年十月　18〜20日　新和歌の浦（和歌山）
稲毛の研究所が10月1日の高潮で壊滅後、初の飛行会。

＊光る海に浮かぶ帆船と低空で飛ぶ恵美3型のシルエットは絵画の様だ。音次郎演出？

【"売却"された水上恵美号】＊水没発動機を見事復活させたがトラブル絶えず手放すことに・・・
『大正6年7月9日　山縣ニ練習セシム（滑走だけと言うのでやらせるも上昇、水中に落ちて逆立ち大破）翼ガ四枚フロートガー個エンジンシートモ曲リプロペラシャフトガ曲リ…』その後、伏木/西宮/和歌山の飛行会でも調子は戻らず。そんな時『7年1月11日　白津（ママ 水）君來、水上ヲ買ヒタイ』と、渡りに船の申し出。『12日　夜兄ヤ父ト相談　余リ思ワシクナイ飛行機ダカラ賣ルコトニ極メタ』『13日　3,500円ニ手ヲ打ツ…發動機ノ惡イコト　フロートノ永ク使用ニ夕エヌコトハ昨日スデニ話シテ置イタノデ契約面ニハタゞ中古ト入レテ居イタ』『2月13日　白水來　飛行機渡ス　3,200円受取リ　300円マグネト渡サヌカワリナリト』＊思わしくない飛行機にもかかわらず買い手がついた。＊白水利雄　海野幾之介の助手、後小栗飛行場へ。

【売却ホールスカットの行方を探る】売却し手放した筈の恵美3型水上のホールスカットは、後に9型⇒13型に搭載、昭11年には歴史的発動機として陸軍飛行学校航空記念館に寄贈［29参照］。その間の行方を日記、資料をもとに「推測」。
　白水が中古水上機を買い急いだ訳は、『印旛沼畔に根拠を構へ準備中なりし民間飛行家白水利雄氏（7/3/24　東京日日房総版）』と、水上飛行練習場開設を目論んでいたことによる。しかし、直後に『水上飛行練習所開業失敗（物故人名辞典）』してしまい、白水は発動機を鳥飼に売却or仲介依頼。『7/5/27　鳥飼ヘ行ク　丁度ホールスカットヲ持ッテ來タ』と日記に符合する。7年8月から音次郎が設計・製作にかかったのが、稲垣の助言を受けたとされる9型練習機で、発動機は鳥飼から借用、後に買戻した可能性がある。翌8年5/31には『同乗練習ヲオコナワザレバ熟達オソキニ付…ホールスカット同乗用製作ニカヽルコト』とあり、9型を改造して13型複座機を製作するが発動機はやはり調子が悪く、10年にはカーチス90IPに換装し改造13型に。ホールスカットは退役、陸軍飛行学校に寄贈されるまで長期保管。

航空余話　アニメ『紅の豚』　　　　［「紅の豚　第2巻」宮崎駿　徳間書店　より引用］
　第一次大戦後のアドリア海を舞台にした宮崎駿のアニメ「紅の豚」の主人公ポルコは飛行艇乗りである。壊れてしまった飛行艇の修理・再設計を依頼に来た工場で17歳の娘フィオと出会う。
フィオ「ねっ・・・おじいちゃんに聞いたんだけど　あなたの単独飛行はとても早かったんですってねえ」「その時からとても上手だったって」
ポルコ「1910年だ　17の時だったな」　フィオ「17歳！　今の私とおんなじ！」
＊1910年（明治43年）は、19歳の音次郎が「飛行家になる」と大阪から上京した年であり、ポルコと音次郎は同時代に空に魅せられ、飛行機と共に生きていくのだ。片やアニメの中の飛行艇と現実の水上恵美号を比較したり、戦争に嫌気がさして豚になったポルコと民間機にこだわりを持ち続けた音次郎に共通点を見出したりしてしまうのは、航空素人の妄想とお許し願いたい。

19 故郷大阪への訪問飛行

恵美2、3型機で故郷に錦を飾る　大正6年(1917)

恵美号に続き、恵美2型、恵美3型水上機と立て続けに製作した音次郎は、念願の生地大阪訪問飛行を行った。また、新聞記者たちの協力により「謝恩飛行」と銘打った飛行会も催され故郷の人々に絶大な人気を博し、訪問飛行は大成功。その間、生家に住む家族や恩人の佐渡島一族、知人たちとの再会を果たす。苦節7年、ついに故郷に錦を飾ったのである。

| 西宮飛行 | 大正6年9月上旬 計4日間6回 恵美3型水上機 で敢行 |

西宮海上より　恵美3型水上機

西宮より大阪築港上空へ向かう恵美三型　9月9日

大阪飛行記者クラブ員諸君と伊藤一行
後列プロペラの右側が音次郎、3人目が山縣

9/4 試飛行『例(ニ)ヨッテ、夜カラ眠レナカッタ』
＊全国を巡った音次郎も故郷での飛行は大いに緊張？
『ドーシテモ上ガラナイ(やっと上がり)ハ分間デ降リタ 坂神(ママ)朝日ニ礼ニ行キ 各新聞社ヲ廻ッタ』
9/5 2回飛行 ＊水上恵美号の発動機が時々切れ不安。
9/6 2回飛行『神戸新聞ノ引田君ヲ乗セル…(発動機が)急ニバラ丶丶トツイニハ止マッテシマッタ…無事着水出來タ』＊遂に発動機停止、同乗飛行は中止。
9/8 1回飛行『一旋回シテスグ着水』
9/9 『小主人(英禄)竹島ヲ初メ佐友會員來…離水大阪築港ハスグ目ノ前ニ見エタガ右折シテ引返…飛行十六分 小主人ハ非常に嬉(ママ)ンデ萬歳ヲ唱エラレタ 太ニ嬉シカッタ』 ＊連日の西宮飛行成功が記者の心をとらえ、次の謝恩飛行へと発展する。

9月16日の「大阪謝恩飛行」決定

元朝日新聞記者で今回の西宮大阪飛行会の支配人阿部蒼天(康蔵)の尽力で、それまでの訪問飛行をよりインパクトの強い「謝恩飛行」と銘うった飛行会が決定した。報道関係、軍、府・市を動かしたのか、関西飛行記者倶楽部の主催で大阪城東練兵場離着陸で陸上機恵美2型により大々的に実施することになった。

| 音次郎は語る | 「第二征空小史」大正10年より |

＊阿部蒼天は24ページの写真と飛行経歴を編集した「征空小史」を広く配布し宣伝に努めた。
『私は新にホールスコット八十馬力を購入して、水上飛行機を設計製作すると共に、例のグレゴアジープを改造し、再び此の二臺を以つて、稲毛の練習と共に地方巡業に出かけ、大正六年秋自分の故郷大阪市の上空に謝恩飛行を行ひ、水上飛行機による練習飛行も行って、初めて故郷に錦をかざる事が出來、他日征空の大事業を完成するために航空機株式會社設立を目的として事業報告の小冊子「征空小史」を編んで知遇を辱うした諸氏に捧げた。』

＊発動機の不調にもかかわらず西宮飛行を無事終えた安堵からか、次のように日記に記す。
『9月10日 アヽ天祐ナルカナ。余ハ余ノベストヲツクス 神ハ吾レヲ保護セラル 多謝々々』

『城東練兵場を離陸し、城東線に沿って天王寺に出て、恵美須町三丁目の自宅の上を悠々一周して堺筋を北に飛んで、いったん練兵場の上に帰った。それから再びおもむろに機首を西に向けて市内各新聞社を空から訪問し、（下記の）カードをまいて引返し、…練兵場に着陸した。…次いで再び練兵場上空で見事な旋回と波状飛行を繰返して着陸…』 ［「日本航空史」より］

（右）大阪飛行 恵美２型と共に ９月16日の謝恩飛行後

　服装もポーズもなかなか洒落ていて格好が好い。なお、ハンチング帽を逆にかぶっているのは新聞記者たちの要望だった（推進式機に乗るアート・スミスのスタイル）。

　でも実際には、牽引式の恵美２型はプロペラの風圧で普通の帽子はかぶれず、顎でとめる飛行帽と飛行眼鏡が必要だった。［18 の高岡新報参照］ ＊推進式；プロペラは後ろ　牽引式；プロペラは前

君に満腔の敬意を表す 伊藤音次郎
ここに謹んで機上より市民諸
たるを無上の欣栄とし、
に、初めての快翔を試み得
懐かしき我が大阪の蒼穹

機上から撒いたカードの文面

　阿部蒼天が考案・作成し、音次郎が機上から撒いた（新聞各紙は５万枚とも数千枚とも報じた）。

　市民は、空から降ってくるカードを熱狂的に拾い、憧れの目で音次郎の恵美２型を見上げたことだろう。

＊実際の書式は不明。
　　　　［文言は「日本航空史」より］

（上）神戸新聞 引田氏と　機体整備は山縣豊太郎

元大阪朝日新聞記者阿部蒼天君

　上；別府航空博覧会主催中のダンディぶり
　下；大阪訪問時の音次郎と磊落な蒼天

　阿部蒼天は、音次郎の飛行会支配人として、報道機関との調整、広告・宣伝、官庁や名士との交渉など経営上の数々のアイディアを示し、進んで実践してくれた。蒼天自身も飛行仲介会社の設立、雑誌「ゼ・スピード」の発刊など精力的に活動していた。

┌─ 密かな思いを胸に飛ぶ ─┐

『伊藤氏は、このはじめての郷土飛行を機会に大阪市附近に飛行場を見つけ、かつ宿年の志望である飛行機製作事業の後援者をつかまえる目的があったので、この飛行は将来の安危を卜（ぼく＝判断する/占う）するところから慎重に準備を進め、水上機を母校の南区恵美小学校で展覧に供し、東京から持って来た過去の飛行経歴その他を編集した「征空小史」という冊子を、関係筋や関西名士の間に配付した。』

＊水上機展覧会や征空小史配布も大阪を根拠地とするための策の一環だった。　［「日本航空史」より］

故郷の人々との嬉しい再会

『水上機を母校の南区恵美小学校で展覧に供し』
[「日本航空史」より]

『小學生ノ爲メ午前講演 午後在郷軍人ノ爲メ同
ジク。スグアト分解ス 齋藤前校長ニ會ッタ』
[8月31日の日記より]

＊母校の後輩、恵美須町の人々に迎えられ感激。

(右)恵美在郷軍人会の人々 8月31日講演会の際

『佐渡島ニ行ク…イツモナガラヨク相談ニ
乗ッテ呉レル人デ五十万円ノ資産ニナッタ
ラ一万円ハ出ス 今ハ二千円位ナラ名ハ出
センナイガ金ヲ出ソウトノコトデアッタ』
[9月2日の日記より]

(下)謝恩飛行 生家の上空 9月16日
塔は新世界通天閣（初代）

恩人佐渡島英禄氏の一家と記念写真 9月16日
　当主の佐渡島伊兵衛、その家族、竹島、奉公人ま
で一緒だ。かつて奉公していた若者への大応援団。
プロペラ前；音次郎、右端椅子；佐渡島伊兵衛
㊟忙しい佐渡島英禄は、謝恩飛行を仕事場である西店で見上
げていたようだ。夜の祝賀会には出席し挨拶を述べている。

家族と記念写真 中央プロペラ前；父岩吉と音次郎
　　　　　　　花輪から右へ2人め；姉きん
　　　　　　　音次郎の右一人置いて；兄久太郎
　飛行家になる夢を後押しし続けてくれた家族に郷
土大阪での晴れ姿を見せることができたのは、無上
の喜びだったことだろう。

歓迎の式典
　どこの会場でも熱烈に歓迎さ
れ、定番の花環・花籠は数知れず。

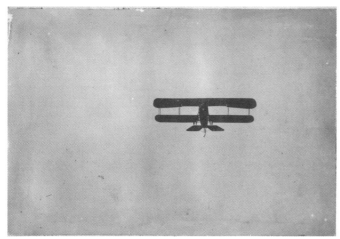

大正六年　大阪飛行　恵美２型陸上機

―― 大阪朝日新聞の記事概要 ――
「烈風・雨の危険な状況下、中止勧
　告にも関わらず決然断行」
「高度500mの飛行」
「恵美須町の自宅、佐渡島伊兵衛氏
　宅上空で数千枚のカードをまく」
「市長が記念メダルを授ける」
「急旋回、ジグザグを描いた」
「20分間と8分間の2回飛行」
～巧妙なる手際を見せたる伊藤氏
　は天晴と言はざるべからず

大阪朝日新聞　　国会図書館 蔵
大正6年9月17日付（部分）

伊藤氏　**見事に飛ぶ**
市の中空を舞ふこと二回
成功せる故郷訪問

当市南区恵比須町出身の民間飛行家伊藤音次郎氏の大阪市上瀬恩飛行は十六日午前城東練兵場に挙行された当日未明より北東の烈風驟雨を呼び練兵場に設へたる天幕を吹き倒し此の日の飛行は非常に危険なるが為め中止を勧告せしも伊藤氏は故郷に於ける初めての飛行なればとて

決然断行

の意を示したれば午前六時搭乗機の組立に着手し同十一時全く準備を了へ飛行を決行せり氏は先づ発動機の奉仕力を試みたる後十一時二十分機上の人となり軍楽隊の音に送られて爆音勇ましく練兵場の南端より北に向つて始め約一分間にして離陸せり低く塲を一周し南区新世界の高塔を目標として飛び恵美須町の自宅に来るや「懐かしき我が故郷大阪の翔空に初めての飜翔を試みる」と記せるカード数千枚を五百米突の高度より投下しこれより東博橋さ堺筋の間を通りて北に進み安堂寺橋なる庄主家佐渡島伊兵衛氏宅の上空にて一度練又もカードを投じ東に折れて一度練

原位置に

機に搭じ塲の上空を縦横或は山形を描き二周し又同二十分再び着陸す之にて同氏の故郷訪問飛行は一先づ終了したり此日朝来の烈天なるに拘らず同氏の着陸時間二十分飛行終るや池上市長は同氏其他より花輪花綱七個の寄贈あり志共に記念メダルを授け恵比須町行時間二十分飛行終るや此飛行は目出度く終了したり兵場の周囲を淀川に沿うて西に時々雨を渡したるに於て二回迄最も巧妙なる手際を見せたる伊藤氏は天晴と云ふ

塲に帰り其儘又も淀川に沿うて西に市内各新羅航の上空を旋回訪問し終つて再び塲に帰り無事着陸せり此飛

大阪市長池上四郎
氏より、メダルと
日本刀、花環など
の贈呈を受ける
＊この時写したの
　が冒頭のハンチ
　ング逆の写真と
　思われる。

（左）大阪市長　（中央）音次郎　（右）佐渡島伊兵衛

―[収支決算]　［9月18日の日記より］
『全入金千五百三十六円』佐渡島英禄寄贈三百円
『總支出　八百八十余円』
―＊何と今後の活動資金が650円も生まれた。

＊西宮飛行、大阪訪問飛行、謝恩飛行の大成功により、故郷大阪での飛行機製造、そして民間航空
　路開拓などの壮大な夢に弾みがついたかに思われた。9月20日には父を連れて稲毛に戻り、宣伝
　飛行や飛行施設の見学などで骨休めをしていた時、大きな災厄が押し寄せてきたのだ。

20 台風で壊滅、「津田沼」移転

稲毛壊滅 大正6年⇒津田沼町鷺沼海岸へ 大正7年(1918)

大阪謝恩飛行の2週間後の10月1日未明、大型台風による高潮で稲毛の研究所は壊滅してしまう。幸いにも大阪に残してあった恵美号2機による地方巡回飛行での資金稼ぎ、郷里大阪近郊への移転交渉など次の行動に移るのだった。しかしそれもならず、再び東京湾沿岸の干潟「津田沼町（現千葉県習志野市）鷺沼海岸」へ研究所を移転し、以来27年間を過ごすこととなる。

意気揚々と稲毛に帰る

大阪での飛行を終え、父を伴って意気揚々と稲毛に帰る。9月25日にはホーカー化粧品の宣伝飛行を行った。翼の下に木炭でホーカーと書き、宣伝ビラを東京で撒いたが、航空宣伝の先駆けだったのか大きな話題となり新聞記事にもなった。

各地の飛行施設の見学などをしている間に、阿部蒼天が10月の和歌山、翌年5月の飛行会まで計画をたててくれていた。

都新聞　国会図書館 蔵
大正6年(1917)9月26日付
『民間飛行家の訪問飛行』
ホーカー化粧水の宣伝ビラ撒きだったが、帝都訪問飛行だと珍しがられ各紙に掲載された。 [33] に詳細

ところが、台風による高潮で稲毛海岸の研究所は壊滅する・・・

大正6年(1917)10月1日未明の高潮

『東京湾を通過した台風による高潮の被害は、千葉県だけでも死者不明205人（全国1,301人）、全半壊7,518軒（全国66,492軒）という大災害となりました。この時の潮位は通常より「＋3m」と、現在までの東京湾最高潮位を記録しました。』

[「新ならしの散策91 抄」広報習志野 平成18年]

（右の上下）東京日日新聞 大正6年10月2日付 千葉県立中央図書館 蔵

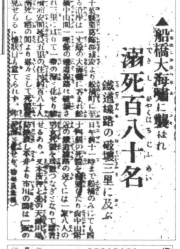

大正6年9月30日の夜から翌10月1日未明にかけて首都圏を襲った台風は、高潮に満潮時刻も重なり、稲毛の伊藤飛行機研究所にも壊滅的被害を与えた。音次郎は一部始終を後日9月30日の日記に記録。㊟高潮は台風の低気圧による海水面上昇と強風による吹き寄せ。満潮は潮汐力により1日2回発生。

『今夜八時頃ヨリ颱風來ルトノコトナリシモ十一時頃ヨリ吹キ初メタリ然シ今迄ノ風位ト思ヒ居リシテヤガテ電気ハ消サレ二時三時頃ハ雨サヘハゲシク各所ニ雨モリヲ生ジタレバ夜具ヲ片ヅケ畳ヲ上ゲタリスル内物スゴキ音響ヲ生ジ屋根瓦ガ飛ブモノト思ヒシニ格納庫ヨリ皆引上ゲ格納庫ノ絶望ナルヲツゲタレバモーコレ迄ト重要書類ヤ小カバンニ入レル内水ガ出テ來タトノ報アリ　イヨ〻ダメト思ッタノデ下ノモノヲ上ニ上ゲ自分ハ、サシヅメ寒サシノギダケニカバンヲツクリ、指揮スル内下坐敷ノ戸ハヅレルト同時ニ浪ハサット飛ビ入リタレバ、ソレ逃ゲロト先ヅ父ヲ出シ吉ヲ出シ大勢ハソレヲマモリテ海気館ニ引上ゲタリ　夜ノ明ケル迄柳原ノスガタ見エズ大ニ心配スル内明ルクナッテカラ帰リ來ル　聞ケバ家ノタオレル迄中ヲ整理シ神様ト信太郎ノオシメヲ持ッテ來タトノコト　大手柄デアッタ今夜ハ午後カラ團(団)子ヲツクッタリシタガ皆流レテシマッタ』

＊格納庫と住居が壊れてしまい、高台の海気館に避難した。こんな惨状の中でも、おしめと団子の微笑ましい話題が皆の気持ちを落ち着かせた。

＊高潮は、稲毛の各格納庫、千葉寒川の白戸飛行練習所、東京羽田の日本飛行学校にも大きな被害をもたらした。

大正六年九月三十日(ママ10/1)颱風による被害　前列中央；音次郎
格納庫残骸上の研究所看板が痛々しいが、既に次の策を練っていた。
山縣、佐野、藤原、井上、青島、柳原等所員たちが呆然と佇む

前列中央の見出し：

[迅速な決断]　10月1日
『明ケルト同時ニ海気館主人ヘ炊出シ料トシテ三十円包ミテヤル』
『上總屋ハ（海岸の家も母屋も流れたので）格納庫ノ材料ヲ全部ヤルコトニシタ　家ダケハスグ出來ルダロー』
＊海気館に家族と助手・練習生の居場所を確保し、倒壊した格納庫の材木で妻の実家の再建を図り、そして『自分ハ色々考ヘタガ此際大坂(ママ)ニ引上ゲルハ最モ好時機ト思ッタノデソウスルコトニ決シタ』
＊念願の故郷大阪での飛行場開設に向け動き出す。研究所壊滅後僅か半日での行動と決断だった。慎重な一方大胆な音次郎らしいといえよう。

[大阪に飛行場を！]　再建不可能な程の打撃だったが、前向きな音次郎は「干潟でなく陸上に！大阪へ帰る！」と10日後には一門を引き連れ大阪に移住、資金稼ぎの飛行会（和歌山、湯浅、広島）を続けながら、大阪周辺の適地を探し回ったり、堺市長と面会したりと精力的に行動するのだった。
［以下は，日記の要約と原文］
10月初旬　大阪へ家族、助手・練習生と出発
　４日　早速引越と出発の準備
　６日　父と出発（９日に一時帰稲）
　７日　堺で家を探すがいいのがない
　12日　家族と東京出発（助手は先乗りか？）
　＊何のつてもなく、見通しも暗い中での大阪行き。故郷でという思い、そして若さと民間飛行界の開拓者としての自負の表れか。

和歌山飛行３型水上機

広島飛行記念

10月中旬～11月上旬　飛行会実施（右写真）
　和歌山で飛行会（３型水上機）、[18]参照
　湯浅では展覧会と小中学生向けに説明会、
　広島でも飛行会（２型）を実施する。
11月中旬～　堺で飛行場用地を探し交渉
　＊飛行会と同時進行で井上長一は堺など大阪各地、神戸に飛行場適地を探し歩いた。後日、井上が堺大浜～徳島間定期航空路開設するにあたり大いに役立ったことだろう。
　12日『堺ニ行キ…市長ヲ尋(ママ)ネル…話ハ中々ヨク分カル…多分出來ルダロートノコトデアッタ　マヅ大成功ニテ嬉シカッタ』
　＊喜びもつかの間、状況が一変する。
　17日『助役ニ引合セラレ庶務課長ト同道シテ格納庫ノ位置ヲ見ニ行ク…市長ヘハ電話デ云ッテオクトノコト（帰って報告しないとは）何ンダカ　不得要領』＊役人特有の曖昧な返事にはぐらかせられるうち、飛行場問題は自然消滅してしまう。この後日記に堺は登場しない。

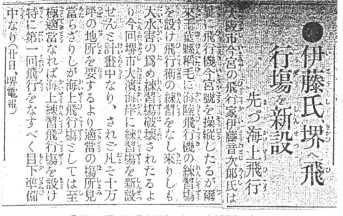
「堺に飛行場新設」との新聞記事
［掲載紙名不詳 11月頃？］習志野市教育委員会　蔵

　22日『小主人カラ手紙…一件ノ事(ママ 断)ハリデアッタ　アノ人ノ如キ人デモイザトナレバ　斯クノ如シトスレバイヨヽヽダメダ』
　＊支援者の佐渡島が銅鉄事業の不況でこの件から手を引く。資金の目途がたたず大阪近郊での飛行場用地買収は暗礁に乗り上げてしまった。

堺市の協力を得られず木津川辺や築港附近を探す。その間、京都(稲垣保次の手伝い)、東京で複数回、桑名～富田間などと飛行会を行っていたが、結局諦め大正7年(1918)4月10日、稲毛へ戻るのだった。

鷺沼はのどかな半農半漁の村だった

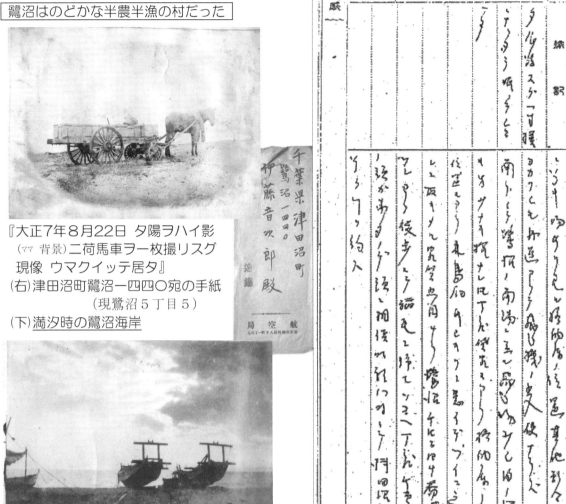

『大正7年8月22日 夕陽ヲハイ影
(ママ 背影)二荷馬車ヲ一枚撮リスグ
現像 ウマクイッテ居タ』
(右)津田沼町鷺沼一四四〇宛の手紙
(現鷺沼5丁目5)
(下)満汐時の鷺沼海岸

千葉県津田沼町
鷺沼一四四〇
御藤音次郎殿
航空局

(右)「音次郎日記」大正7年(1918)4月12日分 津田沼の鷺沼海岸決定の経緯が克明に記されている。

再び千葉の海岸に研究所を再建することにしたが、海岸からすぐ丘になるような狭い敷地の稲毛では規模を拡大し発展することができないため、別の場所への移転を考えていた、

四月十日(水曜)『九時半東京着 十二時稲毛着 : 大口ハヤハリ稲毛ニシロトノ意見デ津田沼ノ地所ナド坪一円位ノモノダナンテヒヤシテ居タ 坪一円ナラ畑ダガ 後手格納庫ノ場所ヲ見テ徒(ママ)イタ 家ヲ健(ママ)テルノハ畑ノ中ヘスレバ地所ヲ買ッテモ返ッテ安クツク様ニ思ッタ 夜一杯馳走ニナリ床ニツク 九時』

津田沼周辺の海岸を鳥飼繁三郎と共に歩き、鷺沼海岸に着目する。ここの干潟は舟道(澪)などの凹凸もなかった。四百坪程の土地に小障害物となる凹凸もなかった。小さな古い家があり、貸家となっていた。昔陣屋に栄えた家柄で吉野という家だった。善は急げと早速借りることとしたが、決断の早さよ。

四月十二日(金曜)津田沼敷地決定 「七時起床 八時鳥飼ニ行ク 十時ノ列車ニテ津田沼ニ行キ場所ヲ見ル 格納庫ノ位置其他都合ヨカリシモ舟道アリテ飛行機ノ出入リ便ナラズ 南下シテ鷺沼ノ南端ニ至ル 飛行場少シ汐ノ干キ方少ナキ様ナレドモ丁度貸家モアリ格納庫ノ位置モヨイ 鳥飼氏シキリニ急イデ、ツイニ之レニ取リキメル 家賃五円ナリ 鷺沼千四百四十番地 ソレヨリ徒歩ニテ稲毛ニ帰ル 千葉ノ頭ガ來タノデ頭ニ相談、明朝八時ニテ津田沼ニ行クコトヲ約ス 夕食後スグ一寸横ニナッタラ眠ッテシマッタ」

翌日、大工の棟梁に格納庫二棟の見積もりを頼むと三百円位とのこと。二十八日には引越しのし、二十九日は転居通知を百五十枚書く。その日でいち。山縣を翼上に乗せバランス調整飛行も行うなどで調子が久し振りのことで。

四月二十九日(月曜)「単獨ニテ津田沼ノ初飛行ヲ行フ 野外ノ影(ママ)色ノヨイコト今頃ガ絶頂ダ 南風大分上ニハアッタ 着陸ハドーモヘタニナッタ様ナ気ガシタ…」

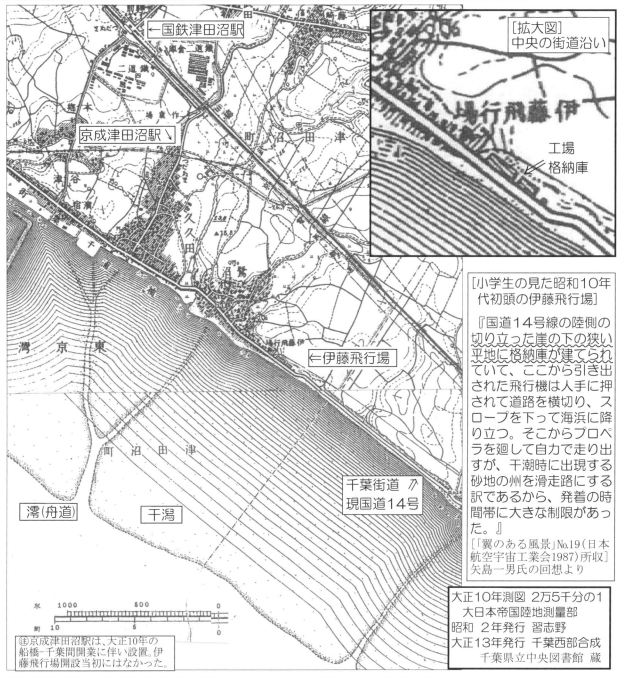

津田沼町（現習志野市）鷺沼海岸の伊藤飛行機研究所の立地を地図と証言で辿る

←国鉄津田沼駅

[拡大図]
中央の街道沿い

伊藤飛行場

工場
格納庫

京成津田沼駅↘

町 沼 田 津

東 京 湾

←伊藤飛行場

町 沼 田 津

千葉街道 ↗
現国道14号

澪(舟道)

干潟

[小学生の見た昭和10年
代初頭の伊藤飛行場]

『国道14号線の陸側の
切り立った崖の下の狭い
平地に格納庫が建てられ
ていて、ここから引き出
された飛行機は人手に押
されて道路を横切り、ス
ロープを下って海浜に降
り立つ。そこからプロペ
ラを廻して自力で走り出
すが、干潮時に出現する
砂地の州を滑走路にする
訳であるから、発着の時
間帯に大きな制限があっ
た。』
[「翼のある風景」№19（日本
航空宇宙工業会1987）所収]
矢島一男氏の回想より

米 1000   500   0
町 10   5   0

㊟京成津田沼駅は、大正10年の
船橋-千葉間開業に伴い設置。伊
藤飛行場開設当初にはなかった。

大正10年測図 2万5千分の1
大日本帝国陸地測量部
昭和 2年発行 習志野
大正13年発行 千葉西部合成
千葉県立中央図書館 蔵

津田沼町鷺沼の伊藤飛行場（中央） 稲毛よりも海岸沿いの平地部分や干潟が広く、澪も少ない。
＊4月12日は、国鉄津田沼駅から南へ谷津を経て千葉街道へ出、その後澪のない鷺沼へと足を伸ばした。

ひとり屈しない音次郎　　　　　　　　　　「日本航空史」より引用]

『外国帰りの人たちがほとんど影をひそめたあとに、昨年のつなみで相当痛手を被った人もあっ
てほとんど全滅状態の民間飛行界に、ひとり屈しなかったのは伊藤音次郎氏だった。
　同氏が大阪地方に飛行場と製作工場をもくろんで運動していたことは前に小記したが、製作工
場資金に融通のみちは多少開けたけれども飛行場はとうとう望みがないので見切りをつけ、今春
早々再び郎党をつれて稲毛へ帰って来ていた。
　そして飛行機製作と練習生養成に専念すべく将来の計を立て、稲毛には海岸のひがたに面して
適当な場所がないので隣の津田沼へ引移り、町はずれの一郭を借りてバラックの格納庫と工場を
建てて陣どってみたが、飽くまでも海岸を飛行場にせねばならぬ因縁がつきまとっていた。』
＊音次郎の不屈の闘志を後世の航空史家も褒め称えている。この後、見事に復活・発展し、操縦
　の山縣豊太郎、設計の稲垣知足を両輪に「津田沼の伊藤飛行機」として名を馳せるのだった。
　しかし、自己資金もなく、大資本や軍の上層部とも縁のない音次郎の前途は多難であった。

21 発展する伊藤飛行機研究所

津田沼町鷺沼1440番地で再起　　大正7年(1918)

津田沼町(現習志野市)鷺沼海岸に腰を落ち着けた音次郎は、資金難の中、まずは丈夫な格納庫や工場を建てていき研究所を再建する。より広くなった敷地、相変わらずの干潟を舞台に、新しい飛行機の設計・製作・売却、飛行学校発足、航空宣伝など、冒険家から航空事業家へと変貌していくのだった。

まずは本建築格納庫を作ることから

『大正七年　再び千葉県に土地を求めて、四月十二日津田沼町鷺沼海岸に練習場を設けることになり四十坪と二十八坪の本建築の格納庫工場と四十坪の仮格納庫二棟を建設す。且つ当時まだ珍しかった酸素溶接器を購入し、佐野清三郎に技術を修得させた。』　　　　　［「伊藤飛行機研究所略年譜」より］

大正七年春
津田沼飛行場
鷺沼海岸移設

工場内部　台上日野式2サイクル30HP

後方工場　前方格納庫　練習機収納ヨシヅ張格納庫
＊不鮮明だが葦簀張りに注目。＊見物人が多数。

◆大阪の支援者相手に工場建築費出資交渉は？

㊟手堅い商人の佐渡島と、本家筋をたてる竹島相手に苦戦の予感も、やや少ないがうまくいった。

『大正7年9月2日　兄気弱ク今日モ竹島ニ話シ得ナカッタノデ自分…小主人ニ予算書ヲ見セ大ニ話ニツトメタ甲斐アリ大分心動イタ様デアッタ。兎ニ角二日バカリ（予算書ヲ）貸シテクレトノコト』『9月5日　兄ガ竹島ニ行ッテクレテ佐渡島ガ三千円出シタナラ弐千円出ソウカトノ話デアッタトノコト…西店ニ行ク　弐千五百円ト云ッタノデ　ヨシ來タトバカリニ承知サレタ　モット（高く）云エバヨカッタ…』
⇒意気揚々と津田沼に戻り、早速見積りさせるが弐千九百円もかかり、重要なコンクリート床まで回らずやり直し。名機製作工場建築に至る産みの苦しみ。

(参考)研究所拡張の歴史　「略年譜」より

大8　工場三棟(246坪)、事務室・応接室・宿直室(36坪)、発動機工場倉庫一棟(27坪)増築す

大10　工場二棟(164坪)、鈑金機械工場(63坪)、木材乾燥室を増築し、木工機械、旋盤、電動機等を設備す

大11　建坪27坪の設計室及び材料試験室兼練習生教室を増築す

大12　面積180坪の格納庫を新築す

㊟日記、アルバム、略年譜間に若干相違あり

(下)大正八年　鷺沼の干潟滑走路での練習風景

『上図は、千葉縣津田沼なる伊藤飛行機研究所の練習場の光景にして中央の飛行機は山縣氏の鶴羽號なり』「帝國飛行」大正8年6月号より］　＊水浸しの練習場（干潟滑走路）での練習には苦労がつきもの。
『海が干潮になると洲ができます。それを利用して滑走路にしたのです。飛行場は、ただ同然ですが練習後の機体の洗浄が大変でした。』『塩水だから落とさなければならなかった。こんこんと湧いてくる掘り抜き井戸があったからそれで洗っていた。』　［二女伊藤惠美子氏談 資3 資7 参照］

津田沼飛行場全景「大正十一年平和博覧会に出品（した航空写真）」＊26型機体と共に展示された。

この頃には工場も格納庫も本格建築となり工具舎宅も完備。千葉街道（現国道14号）と海との間の僅かな平地に駐機している。潮が引くとみんなで沖に運び離陸する。

（上写真解説）　　　　　　［「飛行界」大正11年5月号のグラビアと本文 より］
『「飛行場巡禮　伊藤飛行場園遊會の前日」　下には一臺の飛行機が飛んでゐた。工場と格納庫の屋根はキラキラとまぶしく光ってゐる……1922，4.10 津田沼伊藤氏邸にて誌す　　中正夫』
＊杉本信三操縦機に同乗し伊藤飛行場を空と陸からのルポ。

伊藤飛行機製作所全景　　（格納庫）
（工　　場）　　＊建物の名称が記されている貴重な写真

伊藤飛行機製作所全景　大正十年（ママ）｜㊟大格納庫建築＝12年、製作所に名称変更＝13年。キャプションの誤り？
獨身者寄宿舎・千葉街道を挟み工員舎宅・工場5棟・格納庫（中央が中格納庫、右端が大格納庫）

最近まで残っていたかつての伊藤飛行機研究所の工場建物
（昭和17年7月からは日本航空機工業 津田沼工場）　　　　撮影 井上友雄

＊戦後、太陽化学工業の薬品工場として使用されていたが、残念ながら平成24年末に取り壊しになり、
　現在はガソリンスタンドになっている。手前は国道14号線（旧千葉街道）。

─ 干潟滑走路ならではの苦労 ［「大正14年の日記」と「加藤正世の手記 27 参照」より］ ─

　干潟の利用には毎回海水を洗い流す面倒さだけでなく、「干満」を常に意識しなくてはならない。
発動機が海水に浸かると、後のメンテナンスが大変だった。前のページの写真を見ると一目瞭然。
4月21日『アブロ帰ル 竹中機着陸ノ際破損。陸上ゲハカドラズ満潮ニナル 自分外三名ト水中作
　　業ス 何年振リカデヤッタ』＊干潟に着陸したが破損で動かせないうちに満潮、裸で海中作業。
10月11日『菊池出発ヲ急イダガ汐ノ間二間二合ズ満汐後十二時海岸ヨリ出発ノ節海中二突中　発
　　動機停止セシモサカ立チシテペラヲ折ル…発動機海水浸入ノ爲分解　午前一時迄二完成ス』
　　＊満潮後の狭い海岸より離陸しようとしたが、海中に突入し発動機水没。発動機は分解修理へ。

［以下は、加藤正世の手記「巣立ちするまで」日本民間航空史話 より］

『私たちの練習は、潮が引いている間だけ使うので
あるから、時には朝四時ごろから始めることがあっ
た。岸近くには潮が残っているので、ズボンをまく
りあげて、はだしで出て行った。冬はゴム長で氷を
踏み割りながら沖へ行くが、乗る時にははだしにな
らなければならない。その時はつらかった。』

【加藤正世】大正9年6月から練習生として在籍。11年5月
　三等飛行機操縦士免状取得、後に昆虫学博士となる。

＊朝4時から始め、裸足で練習とは何と過酷な。で
　も、近隣住民はさぞうるさかったことだろう。

　（右）眞夏ノ飛行練習 昭和14、5年頃 ［再掲］
　　ズボンの裾をまくり裸足て練習をする干潟
　　風景は大正時代も昭和時代も変わらない。

［「二男徳次アルバム」より日本輕飛行機倶樂部時代］

─ 風と波の音がうるさい 稲毛で慣れっこかと思いきや愚痴も飛び出す ［日記より］ ─

『大正7年7月2日 晴風強 毎日ノ風二風ノ音二モアキテ來タ 都會ノ人ナラ天然ノ音楽トカ波ノ
音二モ色ンナコジツケタ賛美ノ仕方ヲスルダローガ 自分二シイテ（強いて）文明的ノモノ二、タト
エサセルナラバ大キナ紡績工場ノソーゾーシサ（騒々しさ）位二シカ思エナイ 早クヤメバヨイ二』
＊「陸上飛行場なら…」「練習ができない…」など様々な思いが去来しているのか？6月29日か
ら4日間も続く吹き荒ぶ風と激しい波の音に、都会人への皮肉混じりに早クヤメバヨイニと誰にも
見せない日記ならではの正直な「愚痴」が記されている。干潟を選んだのは他ならぬ自分だから。

―― 「海岸使用権」を巡り地元の有力者と折衝 ――

『大正8年(1919)3月8日 当地漁業場次長ヨリ來テ呉レトノ事件―昨日アリタリトノコトニ……海岸ヲ使用スルノハ如何ナル考ヘデヤッテ居ルカトノコトデアッタ 馬鹿々々敷シカッタガ捨テヽモ於ケナイノデ 善後策ヲ考究スル』

＊海岸や海の使用権の概念が薄かったのか、今更何をという態度の音次郎。迷惑(危険や騒音、漁業被害が隣り合わせの上、作業の邪魔)を被る側の漁業組合は合点もいかず。

『大正8年3月9日 昨日ノ問題トリアエズ山県ニ自分不在ト云フコトニシテ村山ヘヤル　氏(漁場長？漁業組合長？)在任中ハ決シテ心配イラナイトテ スグ其方法ヲ講ジテ呉レルコトニナッタソウダ』

＊海岸使用等を強く主張されたらおしまいの状況だったが、話の分かる太っ腹な人物で一安心。

『昭和7年(1932)4月20日 四時和泉屋ニ行ク 海岸ト海ノ使用料ヲ今年カラ拂ッテ貰ヒタイトノコト 海ニ組合へ百円 海岸ハ区へ三十円トノコトニ承認ヲ與ヘ 後雑談 埋立ノ件ヤラ今日迄ノ苦心談 大坂ノ出資関係等ヲ話シ煙ニ巻ク』

㊟和泉屋＝千葉街道沿いの「村山家」の屋号。

＊ただだったところへの請求だが安い使用料でホッと一息。

＊右の漁協の決算報告書は、上記昭和7年4月20日の日記内容とほぼ一致する貴重な資料。100円を50円に値切ったか？
(右上)津田沼町鷺沼漁業組合 昭和十年度決算報告書 (部分)
『一金 五拾圓也　伊藤音次郎氏ヨリ稚介(ママ 貝)損害保証金ノ内入』

㊟稚介損害保証金＝貝漁と海苔養殖が主の鷺沼漁協にとって、飛行機で干潟を荒らされることは死活問題。

―― 伊藤飛行機研究所の「航空機事業」の始まり［大正7、8年］ ――

◆飛行機の設計、製作、整備と売却
　［大正7、8年の日記より］

㊟飛行機や発動機の名称、設計者、製作年月等に関しては、各種写真集・研究書等により諸説ある。飛行機の詳細は 資13 飛行機一覧参照。

　自家用の恵美2型3型の製作と巡回飛行に明け暮れていたが、大正7年頃からは優秀な自家用機の売却や新造機の注文が舞い込み小規模ながらも優良な航空機製造会社として成り立ってきた。

＊ただし日記には、飛行機・発動機売買、出力試験や設計、製作、試飛行などが断片的に記されているだけで、機種名、売買相手や価格特定は難しい。㊟6年11月「スミス機2台4万円で購入した人来場、恵美機購入打診(抄)」も、成約に至らず。

[大正7、8年に製作または売却された飛行機]	
7年 2月　恵美3型 3,200円で白水利雄に売却 　　4月　恵美2型 4,000円で福長朝雄に売却 　　5月　鳥飼繁三郎所有のノーム50HPで山縣用の[鶴羽1号]製作 　　6月　藤原正章より新機受注　900円で購入のエルブリッジ搭載機製作し3,500円で売却 　　8月～8年春　売却した3型のホールスコットを再入手、9型練習機設計、製作[僕ノ練習機]	8年 6月以降 同乗練習の必要から9型を13型複座練習機に改造[資13参照]＊10年カーチス換装 　　4月　山縣用曲技専用[鶴羽2号]製作　　[ノーム50HP換装]＊9年1月売却 　　8月　謝文達より1万円の新機受注 　　8,000円でゴルハム125HP機体共購入 　　　→恵美5型として謝に売却 　　ゴルハム150HP(自動車3台で)購入 　　　→山縣用の長距離機恵美14型製作

[大正7、8年に整備した主な発動機や飛行機]	
7年 7月　2サイクル 藤原に売却してあったものをエルブリッジ修理代として再び引き取る 8年 1月　インディアン、ホールスカット、2サイクルの発動機試験 　　5月　ローレンス35HP2台取り寄せ(入荷不明)	8年 6月　練習機2台組み立て(発動機種は不明) 　　7月　アンザニーのプレーン(翼)製作 　　7月　エロマリン小型機支柱を塗る 　　8月　フランクリン大いに廻る 　　8月　ジャイロ引き取る ＊これらの整備が完成機製作販売に至ったかは不明。

＊数多くの発動機を入手し、丁寧なメンテナンスを施し自家用練習機としたり飛行家に売却したりした。続く9～11年には有名飛行家たち(後藤勇吉、小栗常太郎、佐藤要蔵など)から1台ずつの注文製作ではあったが確実な収入源となった。しかし同じ頃、中島知久平は軍部からの大量受注で大発展していく。また大企業の参入も相次ぐと共に、国の中古軍用機払い下げ政策(大正10年)もあり[38 参照]飛行機製造販売事業は5年程で潰え、『修理工場ト化ス[略年譜より]』のである。

格納庫と鶴羽号（1号）大正7年5月8日完成
『山縣氏初陣のノーム50馬力』[「第二征空小史」より]
玉井清太郎墜死機の発動機を鳥飼が入手、甥の山縣
のため音次郎に設計・製作依頼。山縣も製作に協力。
『5月8日 山県ノノーム完成 写真ヲ取(ママ)ル』

[23 参照]

---練習生の飛行機 謝文達と恵美5型---

　大正7年米国人飛行家パターソンが残して
いった飛行機を翌8年8月に音次郎が8,000円
で購入したが、このことについて同じ頃練習
した中正夫が真相を明かしている。『山縣の
ために伊藤飛行場で買ったと云うことになっ
てゐたが、實は臺灣（台湾）から練習生にきて
ゐた謝文達が金を出したもので…』[「民間航空
裏面史12」中正夫 航空時代 昭和6年8月号より]

　日記にも、謝から1万円の飛行機の発注が
あり『大正8年8月3日 初メテ一万円ノ飛行
機ヲ作ルコトニナッタ』と歓喜。恵美5型と
して『謝君ゴーハムヲ譲ルコトニス［日記の8
月補遺］』と引き渡している。なお、この5型
で8年10月の第1回東京大阪間郵便飛行大会
で山縣が2等となる。謝自身もこの自家用機
で、9年8月の第1回懸賞飛行競技大会で速
度と高度で山縣、後藤に次ぐ3等入賞を果た
した。謝は、その後台北市の市民からの支援
で日本初のリムジン型旅客機（乗客2名）「台北
号」を発注、稲垣設計で製作したが所有できず
音次郎名義となっている。注「台湾に議会を！」
のビラ撒きで当局に睨まれ活動制限が起因か？

（左）恵美5型 ゴルハム125馬力
第一回東京大阪間郵便飛行競技 2等 山縣豊太郎
　　大正8年10月22、23日

＊飛行練習(初級/中級/上級)や競技用、売
却用などのため常に数台は保有していた。
また新造機受注だけでなく、大会で入賞し
た優秀機には中古であっても高値で買い手
がつくこともあった（鶴羽2号など）。

　大正九年春 伊藤飛行場練習状況　4月10日［左奥より］
①日野式30馬力練習機（中級用練習機＝テール上げ/ジャンプ）
②恵美14号ゴールハム150馬力長距離用（山縣の競技用機）
③ゴールハム125馬力 ④カーチス90馬力(注参照)練習機
（競技用機 恵美5 or 15型）（上級用練習機＝同乗/単独/旋回飛行）
注（　）内は伊藤飛行機研究所練習部での使用目的別分類。

注④のカーチス(10年作)は、尾翼に9(型)とある
上、14型（9年8月墜落）と一緒に写るなどキャプ
ションの誤り。音次郎は7年8月から、まだ学生
の稲垣の助言を受け9型練習機を製作。8年6月
『ホールスコット同乗（練習）用製作ニカヽルコ
ト』と9型を複座に改造した13型を製作したが、
機番号を塗り変えずにいたものと推測される。
⇒従って④は13型ホールスコット80HP練習機

◆飛行学校の開設 ［練習内容等の詳細は 27 音次郎門下の助手・練習生 参照］

　稲毛時代には、助手や練習生（山縣豊太郎、井上長一、藤原正章、佐野清三郎など）に個人指導をしていた。学校という形では、白戸榮之助主体で飛行学校を協同運営していた ［12 参照］が、鷺沼に移転した翌年の大正8年、正式に練習所（飛行学校）を開設、優秀な人材を輩出するなど活況を呈する。

大正8年1月の重要事項（目標）欄『飛行學校設立發表…』『1月10日 練習所ノ規束(ママ)書ヲ作ル』
『1月12日 規則書出來写眞ト共二阿部ヘ送ル　飛行界、スピード、輪業ヘ各写眞送ル』
　＊練習生募集要項を作り、元朝日新聞記者で支配人阿部蒼天を通じて飛行雑誌に掲載を求めている。
『1月21日 今日ハ練習生二名猪口ト磯西ト申込ミアリタリ』
『1月24日 磯西來　格納庫二止(ママ)メル』　　　　2月5日『照井今日ヨリ來ル　猪口今日來』
『2月13日 練習生ノ練習ヲ見講評ヲナシ…』　　　2月16・17日『練習各三回ヅヽ行フ』
『3月13日 クシ振リノ練習 今日ハ自分モ出テ行ッテ練習振リヲ見タ 山縣モヤッタ 各四回ヅヽ行フ
　　　　　杉本大二ヨシ 照井モ自重スル處大二有望ナリ』
　＊早速応募者がいたとみえ、2月から練習が始まっている。音次郎は直接指導はせず全面的に山縣に任せている。この後、飛行学校は隆盛を極め、優秀な操縦士を数多く輩出し、各種大会でも入賞している。山縣以降の卒業生は昭和16年までに151名（軽飛行機倶樂部92名含む）を数える。
　　　（一方、相当数の退校者もいたことだろう。技倆未熟で練習についていけない、1分2円の練習費を払えない等。）

　日本航空事業ノ先鞭ヲ付ケルコト　　　［大正8年日記「年頭の目標」より］

『製作所基楚(ママ)確定　陸海イヅレカ注文ヲ取ルコト　日本航空事業ノ先鞭ヲ付ケルコト』
　鷺沼海岸に着地し研究所も軌道に乗ってきた。音次郎は前年度売却した2機と注文製作1機 ［17参照］に続き軍用機の受注にも積極的に努力し、「事業」としての飛行機製作を目指していたようである。
　従来、金儲けを度外視した職人的な面ばかりが強調されていたが、安価な発動機を求め、安全で性能の良い飛行機を製作して売却するなど「航空機製作事業」として確立させようとし、受注のために軍への接触も積極的だった。ただし、一機種一台という製作方針は変わらない上、政治的駆け引きを得意としないため、事業経営が成功したかどうかは全く別物ではあるが・・・。
　鷺沼に移転してからの数年間は飛行機製造販売を中心とした事業は前頁のように一時期順調だったが、第一次世界大戦後の不景気や、国による中古軍用機の民間への安価な払い下げ政策（大正10年）等により徐々に風向きが変わっていく。［38 「苦難の時代①払い下げ機編」参照］

大正七年春 津田沼町鷺沼に開場す 7月21日撮影
藤原正章君注文により造る エルブリッジ40HP
恵美6型燕号　3500円＋佐野の練習用に使用が条件。
5月1日設計着手
　⇒『6月20日 夜試飛行ノ祝宴ヲ張ル』

　航空余話　津田沼の騎兵連隊と鉄道連隊

　明治期からの軍郷津田沼には、騎兵第13～16連隊、鉄道第2連隊などが駐屯していた。時には、伊藤飛行機の複葉機の脇を騎兵士官が疾駆し、鉄道敷設訓練中の蒸気機関車の上空で山縣が宙返りをしたかもしれない。

習志野騎兵学校（現 船橋市薬円台）

鉄道連隊の
双合機関車

海岸を疾駆する
騎兵連隊の士官

ニューポール24型 研究所上空

伊藤飛行機研究所練習所練習機
ホールスコット80HP　　稲垣知足設計

登録記号
大10年3月
航空取締
規則

←胴体に
J-TEPR
（自家用）

上翼に→
J-HUDE
（練習用）

J-TEPR 伊藤第29号 ルローン80HP 1922/5/29堪航証明
書第69号 6/2、3協會主催第3回懸賞飛行大会にて杉本信
三が速度科目で優勝 賞金800円　　　［J-BIRD より］
（㊟新造機ではない"改修機"にも伊藤番号を付けていた）

J-HUDE 伊藤式恵美13型 1920/8安岡駒好操縦で洲崎の
第1回民間飛行大会に参加 高度1,375m 速度109kmで4等
1921エンジンをカーチス90HPに変更　　［J-BIRD より］
（恵美3型、9型搭載のホールスコット80HPを引き継ぐ）

大正九年の津田沼飛行場

練習部練習機
大正8年

附近の海岸
大きく抉れてお
り、鷺沼の方が
立地が良い。

デマ？ 「伊藤音次郎氏 津田沼にて墜落」
［「帝國飛行」大正7年9月号より］
『七月三十日午後三時頃、約百米突の低空飛行中、
沖合一浬の所にて發動機に故障を生じ、空中滑走に
て着水せんとしたるも及ばず約五十米突の空より海
中に墜落し、機は大破し氏も頭部に負傷、附近漁船
に収容されて歸場せり… 逆境に在る氏の事とて附
近の人々気の毒がり居れりと』㊟浬＝かいり（1852m）
＊墜落は藤原正章（延）の間違いだった！［日記より］
『大正7年7月29日（東京からの帰り）車屋ニ聞クト
藤原ガ墜タトノコトニ立寄ルト両眼ノ目ジリト鼻柱
ト左ノ腕ト包帯シテ居タ…墜落模様ハ本人包ム様ニ
スルカラ山県ニ聞ク』＊藤原は隠すが傷は深く目立つ。
＊既に伝説の人「音次郎事故」の衝撃！

大正10年の保有機　伊藤製恵美型長距離用機1台
同 練習用機3台　　同 滑走用機1台
陸軍製ニューポール24型練習機1台
横須賀海軍工廠製ファルマン水上練習機1台　計 7台
保有発動機 リバティ400HP 日野式30HP 他 計13台
［「民間航空練習所一覧」飛行 大正10年12月号］［27参照］

一高生 木村秀政 を引きつけた千葉の干潟飛行場　大正8～10年頃の様子

『千葉海岸もうで
　さて、私が一高に在学していた頃のわが国航空界の様子を見ると、大正八年から十年ごろにかけ
て、三菱・川崎・中島・川西・愛知時計等の大企業が、本格的な工場を建て、専門の技術者を集めて
飛行機の開発・生産に乗り出し、わが国にもようやく航空工業が誕生した。これらの工場で生産さ
れる飛行機は、大部分陸海軍のための軍用機で、フランスやイギリスの飛行機のライセンス生産か、
ヨーロッパ諸国から技術者を招き、その指導の下に設計・製作されたものかであって、国産機とは
いえ、外国の影響のきわめて強いものであった。
　これに対し、一方では、揺籃時代の形をそのまま継承して、手工業的に自分で設計し製作した飛
行機を乗りまわしている民間飛行家の一群があった。飛行機が飯より好きな人たちで、政府の助成
を得るでもなく、大資本の援助があるわけでもないのに、どこからか金を工面してきては飛行機を
作り、懸賞飛行で東京・大阪間を無着陸往復するような陸海軍機も及ばぬ好記録を出したりして大
活躍した。こういうわが国の民間航空界の中心地は千葉県の東京湾沿いの海岸にあって、伊藤音次
郎氏は稲毛（ママ 津田沼）に、白戸栄之助氏は千葉県寒川に格納庫と工場を持っていた。海岸だから水
上飛行機かと思うとそうでなく、干潮時にできる広い砂浜を利用して陸上機で飛ぶのである。土地
代が無料の飛行場というわけで、世界でもあまり例のない発想だったと思う。』
［「わが飛行機人生」木村秀政 昭和47年 日本経済新聞社　より］

22 地図で見る津田沼飛行場

鷺沼の海岸に伊藤飛行機研究所を探す　大正〜昭和

大正時代や昭和初期の古地図には、鷺沼の海岸沿いに「伊藤飛行機研究所」がその時々の名称で記されている。中でも絵地図には、工場の建物や小さな飛行機が描かれており、鷺沼の村と共に音次郎たちが奮闘していた時代の息吹を感じることができる。現代に至るまでの変遷を様々な地図で見てみる。

第二次世界大戦以前⇒大日本帝国陸地測量部［１万分の１津田沼・２万５千分の１習志野］
同　　　　　後⇒地理調査所・（昭35）国土地理院［２万５千分の１習志野］　千葉県立中央図書館 蔵

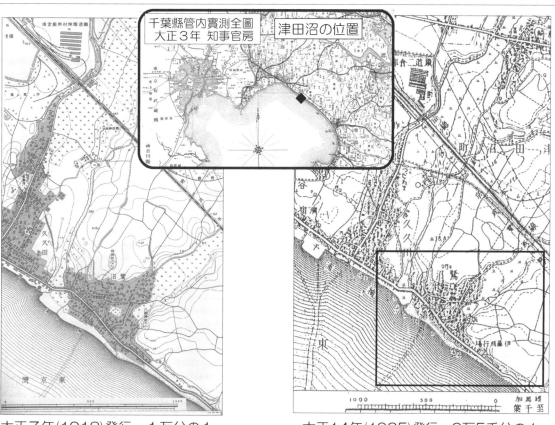

大正７年(1918)発行　１万分の１
大正６年、台風の高潮で稲毛の研究所が壊滅。翌７年に津田沼の鷺沼海岸に研究所を移転。この地図にはまだ表記されていない。

大正14年(1925)発行　２万５千分の１
「伊藤飛行場」と表記。前年、株式会社から個人経営に戻した。また、飛行（練習）部門を分離し飛行機（製作）修理に専念する。

＊部分拡大

［参考］上空より見た伊藤飛行機研究所
大正11年(1922)　研究所空中写真部撮影

『千葉県津田沼町 鳥瞰図』
（複製）松井天山 昭和3年
（1928）成田山仏教図書館 蔵

＊左地図四角枠
部分の拡大図

㊟千葉街道が強調さ
れ広く描かれている

伊藤飛行機製作所

渡辺佳助

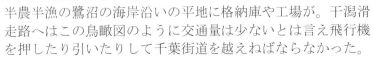

半農半漁の鷺沼の海岸沿いの平地に格納庫や工場が。干潟滑
走路へはこの鳥瞰図のように交通量は少ないとは言え飛行機
を押したり引いたりして千葉街道を越えねばならなかった。

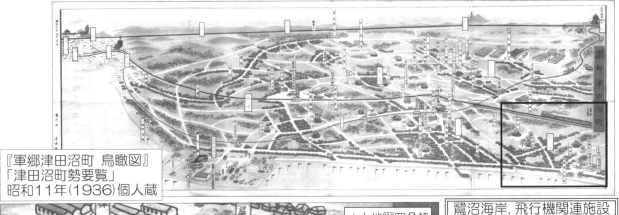

『軍郷津田沼町 鳥瞰図』
「津田沼町勢要覧」
昭和11年(1936)個人蔵

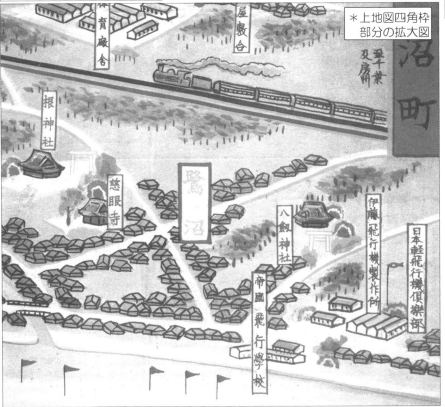

＊上地図四角枠
部分の拡大図

鷺沼海岸、飛行機関連施設

伊藤飛行機製作所（大7〜
昭20）伊藤音次郎が設立。
前身は稲毛(大4〜6)。
名称及び経営形態は何度も
替わっている。[39]参照]

日本輕飛行機倶樂部（昭4
〜16）欧米に倣い伊藤音次
郎が設立。師の奈良原三次
を会長に据え、自由に飛行
を楽しむというクラブを目
指したが時期尚早で、操縦
士の養成にあたる。[41]参照]

東亜飛行専門學校（大14〜
昭11）伊藤飛行機から川辺
佐見に分離独立させたが格
納庫などの施設や滑走路は
伊藤飛行機と共用。[39]参照]

帝國飛行學校（昭3〜14)
音次郎門下の鈴木菊雄(一等
操縦士)が鈴木飛行研究所(後
改称)を設立。[資10] 参照]

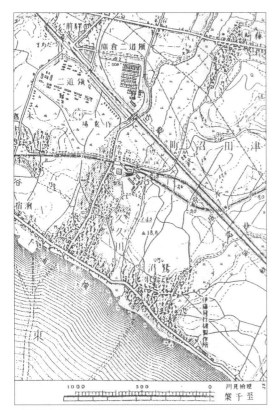

昭和7年(1932)発行　2万5千分の1
「伊藤飛行機製作所」と表記。この頃は合資会
社に改組すると共に、昭和4年末に日本軽飛行
機倶楽部を立ち上げた。

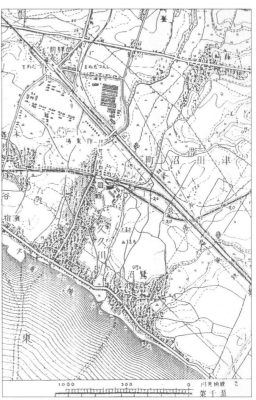

昭和24年(1949)発行　2万5千分の1
敗戦後、飛行禁止令で津田沼飛行場は閉鎖さ
れ、音次郎は成田に入植し恵美農場を開く。
工場建物は後に薬品工場として転用される。

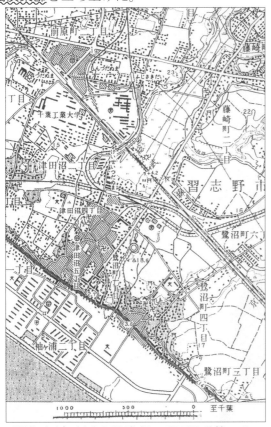

昭和44年(1969)発行　2万5千分の1
干潟は埋め立てられ、住宅団地が建設される。
空港用地売却に伴い成田を去った音次郎は、懐
かしい滑走路跡に末子和子一家と共に移り住む。

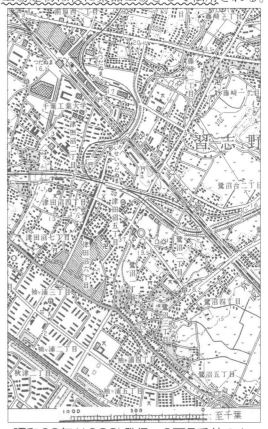

昭和63年(1988)発行　2万5千分の1
沖合の干潟も第二次埋め立てで住宅団地や工
場・流通基地となり、飛行機工場や滑走路が
あったことなど全く想像もつかない。

23 天才飛行家 山縣豊太郎

音次郎の弟子第1号は16歳の若者　大正3年(1914)

音次郎23歳、豊太郎16歳、信頼と大空への夢で結ばれた師弟コンビが誕生した。この後山縣は師音次郎の指導のもと飛行機の整備や製作を通じ、操縦に才能を開花させる。そして飛行教官として伊藤飛行機研究所を盛り立てていく。もちろん飛行技術は天才的で、全国にその名が広まっていくのだった。

音次郎と山縣の出会い

大正元年奈良原一門が鳳号で広島に巡回飛行中に初の出会い。2年後、山縣が飛行家になるため叔父の鳥飼繁三郎を頼り上京し再会、23歳の音次郎と16歳の山縣は語り合った。この宿命的な出会いが2人の心を結びつけ、信頼でつながれた最強の師弟コンビが生まれたのだった。

早くから山縣を認めていた音次郎

日記に山縣初登場は大正3年7月20日。既に仲良く、その後も鳥飼のTM商会関係の用事を頼んだり一緒に遊びに出かけたりしている。正式に弟子となった月日は不明だが自然と師弟関係が生まれていったのだろう。恵美号製作中に『4年10月4日　豊サン見込ミアリ 操縦法ヲ教ヘルト同時ニ高尚ナル人格ヲ作リ且ツ學ヲ修メシムルコトニツトメルベク今夜自助論ヲ讀ムコトヲ教ユ』と大いに期待している。「飛行練習」に関しては『5年1月14日　豊サン練習シタ由』とあり留守中に独習したようだ。3月30日には『豊滑走四五回 ジャンプ二回』と、先の練習から2ヵ月たってもまだジャンプ程度と干潟飛行場の弱点である練習量の少なさが目立つ。全国巡回飛行時には整備助手を務め、本格的な練習は翌6年1月からで『10日　山縣練習セシム 滑走四回 ジャンプ二三回 直線飛行二回』とある。徐々に練習も多くはなるが、多額の予算と指導者を揃えた軍の系統的かつ集中的な練習とは圧倒的な差があり、その中で曲技飛行まで極めた山縣の天分には驚く。
*略年譜大正6年に『五月山県豊太郎練習生第一号として誕生す』とあり卒業認定された。ただし日記には記載なし。

連続2回宙返りを披露し喝采を浴びる　大正8年(1919)5月10日　於洲崎→上野　鶴羽2号

5日前、津田沼で成功？させたばかりの連続2回宙返りを「東京奠都50年記念祝賀飛行会」の大観衆の前で成功させ、「天才」「日本のスミス」と称賛された。稲垣設計の優秀な鶴羽2号に、逆さ吊りなど猛特訓をしてこの日に臨んだ。なお、図らずも2回宙返りが天皇陛下のお目にとまったという。
㊟5/5津田沼では連続か単独2回か?「山県ループ二回[日記]」「完全な宙返りを二回[中正夫]」「連続二回の宙返り[空気]」

[飛行会参加者　左から]
佐藤要蔵(中島式)/井上武三郎中尉(モ式)/山縣豊太郎(第二鶴羽)/飯沼金太郎(モ式)/音次郎

(右の新聞記事)『大正8年5月10日　今日ノ競技会中スベテノ點ニ於テ本所ガ最モ優秀デアッタ　コトニ烈風中ノ宙返リハ先手ノスミス以上デアルコトハ識者ノミトメル處デアッタ　然シ世人ガソレホドサワガナカッタノハ少シモノ足リナカッタ』
*弟子たちの活躍や宙返りの注目度に一喜一憂する音次郎。

[国会図書館蔵]

民間飛行の若猛者が
空中の腕くらべ
山縣氏の宙返り妙技
一機墜落せしも無事
翌5月11日
東京朝日新聞

美事に

山縣も行った「曲技飛行の技」の数々

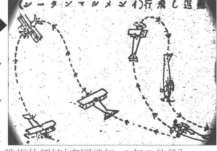

・錐揉み
・燕返し➡
・横転
・樽転がし
・宙返り
・逆落とし
命を懸けて習得した技

[曲乗飛行の戦術的価値「帝國飛行」8年3月号]

「宙返り」への道は「逆立ち」や「逆さ吊り」

『宙返りのコツが判らない。(世界初ループ成功のペグーは)身體を天井の梁に倒様に吊して稽古したと云ふが山縣君は、丸善でAeroplane speaksと云ふ本を買ってきて稲垣君が讀んできかせて、大體こうすれば宙返りするんだらうと云った具合で稽古したものだ』
[自分のからだを縛って横や逆さまの状態時における感応、感覚に慣れる練習など、まあ血の出るような練習だった。]
[中 正夫「航空時代」昭和6年7月号 民間航空裏面史]

（上）鶴羽一号による
山縣君の郷土飛行
大正七年(1918)
10月25日　広島練兵場

*鳥飼が甥の山縣のために発動機を提供、音次郎に設計・製作依頼。広島の鶴羽根神社から命名。

（右）懸賞郵便飛行競技
第2日目の様子を伝える[10月24日付
東京朝日新聞]

山縣豊太郎

明治31年(1898)
9月23日生
広島市出身
・大正6年卒業
　生第一号免状
・練習所教官
・個人飛行会も
　実施（朝鮮　他）

第一回東京大阪間懸賞郵便飛行競技

帝國飛行協會主催　大正8年(1919)10月
恵美5型ゴルハム　　往22日/復23日

　郵便や新聞は汽車輸送のため地方では遅れるのが当たり前。そこで郵便物を遠方へ早く確実に輸送するための飛行機運搬が求められ、逓信省も支援していた。
　大会は東京〜大阪間を8貫目の郵便袋を積んで運び、往復の合計タイムを競うものだった。1等に佐藤要蔵、山縣は惜しくも2等だったが、5月の宙返りに加えて初めての長距離飛行でも力を発揮、またも称賛を浴びた。なお恵美5型とは名ばかりで、大正7年に日本巡業後の米人飛行家が残していった中古機を音次郎が8000円で購入一部改造した機を、1万円の飛行機を発注していた練習生の謝文達に8年8月転売したものだった。
『8月補遺　謝君ゴーハムヲ譲ルコトニス』

第二着は山縣氏
飛行時間四時四十六分
観衆に多大の感動
鈴鹿の嶮も
案外平氣
山縣氏語る

東京朝日新聞　国立国会図書館 蔵

『貧弱なる機によりて成功を収めたるはいたく観衆を感動せしめ…』[第1日目の翌日10月23日付の記事(部分)]
中古のゴールハム125馬力は出場機中最も低馬力だった。
*一着の佐藤要蔵(中島式5型150HP)等外の水田嘉藤太(同6型200HP)

（上）山縣豊太郎操縦　10月22日/23日
機体、発動機共米国製ゴールハム会社製

（下）大阪　城東練兵場を離陸する山縣機

（左）飛行競技大会への支援に感謝する
　　山縣自筆の葉書（原本青インク文字）

東海道を往復して　══ 第一回郵便飛行當時苦心談 ══　　　山縣豊太郎（遺稿）

［『第二征空小史』大正10年（1921）より　32 参照］⇒［「飛行」大正10年9月号に転載］

　私が今回の飛行に参加して、最弱馬力の老朽機を以つてよく往復を遂行し得たのは平素の練習と沈着との御蔭であらう。當日洲崎をスタートした時は何分の過重とてヤット浮上ったものゝ上舵を引いて上げようとしても思ふ様に力が出ない。ヨタヨタしらら市街の上を品川を出たときも一生懸命に上舵を引いてゐたがその内に六號機（佐藤君）が充分高度を作ってスーと上方をかすめて抜いて終（しま）った。

　こちらは氣が氣でなく上昇させようとして沈ませておいてはグイと引いたり少しづゝ上舵をとったり、ほんとうにすかしたりだましたりして上げたり引いてゐるうちに箱根にさしかゝった。所が豫定の高度で箱根を越すどころでない。何しろプロペラーの回轉も見えさうな程弱く、箱根は白い雲がかゝって飛こし得さうにもなく山の腹へ衝突しさうでたまらない、そこで山に突あたらぬ様にと渓谷に沿って低地を縫ふようにして伊豆の方へ迂回した。

　そしてやっと半分斗（ばか）りやってきてふと下を眺めると峨々とした断岸に白波が噛んでは碎け岩石が塊々としてゐるのが見えとても萬一の故障の際は着陸などは思ひもよらない、否それよりもこゝは何處だが地圖にも見れどもない。

　さうした場所がづゞく、そのうちに機體は搖れるそれよりもガソリンが消費され盡されはしまいかと心配でならず、その方に頭をとられてゐるため手足のコントロールがお留守になり機體はグラグラする命とたのむ羅針器はクルクルと廻り出す下にはどこともしれない所斗りがつゞいてゐる。

　そこで私は考へた。このまゝグズグズしてゐては失敗（しくじ）る斗だ。とにかく氣を落ちつけよう、よく考へようと、思ってポケットをさぐってキャラメルをしゃぶり出した。こう餘裕が出來てくると手足の操縦も落ついてくるのでとにかくも海を左に陸を右にして進めばどこかへ出られる、そしてガソリンがなくなるのなら、津から奈良の間で、アソコでなくなると、着陸ができぬから、靜岡なり高師原へ着陸さすことゝ定めて、今度はいよいよ白浪吼ゆる海を左に海岸線に沿ってどんどん飛んだ。ふとみると大きな川がある。時間からみると天龍川でなければならぬのにそれらしい影もない。

　ふとガソリンのゲーヂに氣がつくとあはてゝ指を折って大阪までの距離を打算してみて足りることが分ると安心して舵機をとる。又十分もたゝぬのに心配になってかぞへてみる。

　こうして二三度もかぞへてみた。その内に靜岡の上にきたヤレ安心と思ったがもうスタートしてから時間が多くかゝってゐる、この分で大阪まで行けようかどうか。心配してゐると今迄息をつく様に廻ってゐたプロペラーが急に冴え冴えと囘轉を初める、馬力もしっかり出てくる。この分なら大丈夫とグイグイ上舵をとって靜岡豊橋間を一氣一直線に眞西に向って突破した。所がこの距離が豫定より早く翔破できたのとガソリンの消耗もまだ十分殘ってゐたのと、それで豊橋から眞西に向へば雲があっても羅針器一つで飛べると云ふ確信がついたので眞西に向ひ初めた。

　心配した伊賀の山には雲もなく生駒山には白雲で分らなかったが羅針器を頼りに時間を計って下げてみるとあの懐かしい大阪城東練兵塲ではないか。嬉しやそこへ着陸するとすぐ十餘臺の自動車が飛行機目がけて押よせて、翼が折れる折れると制してもいつかな聞き入れもせず喜び踊り出す有様であったのでヤット騎馬巡査に頼んで飛行機を助けてもらった程の大歡迎振りであった。

　私が機上で引返さうか途中下降しようかと云ふ分れ目に雲と風と弱馬力に弱らされてゐる内に伊藤先生や大阪の人々も又同じように心配して、スタートして以降二機の各地通過の報がくるのに私のみは行方不明であったので、或は箱根あたりで落ちたのではないかと危ぶまれてゐた。加之（しかのみならず）、やっと靜岡通過の報がきても非常に遅れてゐたものだから、これではガソリンのつゞき様もない途中で下りるに違ないとすっかり落膽してゐられたのであるが豊橋を突破した報によって佐藤君の夫（そ）れよりも二分早くあったので、これなら大丈夫と安心してやっと愁眉を開いたさうである。

　さて、翌日大歡迎を受けてスタートするときも洲崎では協會がゴテゴテ云ったのに反して協會當事者も、伊藤先生へ對して當方で命令するよりも貴方の方でよければいつでも出して下さいと云った様なやり方で佐藤君も出發し、次で私も水田中尉の末着をまってスタートしようと思ったが何の報知もなかったので十一時二十分スタートした。

　今度はエンジンの調子もよくグングン鰻よりに上って上舵を引かずとも上ってゆくので、誠に平穏無事の飛行であった。浜名湖は美しく光ってをる、機は動揺もなく往路の荒れてゐた海も鏡の如く平で、ほんとうに居眠りの出ささうな程暢氣な飛行をつゞけた、私の飛行機は丁度蘆の湖の上を通ったか湖水の色は美しく輝いてゐた。それから一直線に洲崎の上空に歸翔して着陸した。

　丁度此時は二時十四分であった、この飛行に於て最少馬力の機を以つて東京大阪をとにかくも往復し得たことはこの馬力この機體としては最良の努力であると思ふ、今日の飛行に於て、豊橋大阪間でたとへ雲があっても羅針器にさへ頼ってゆけば地物は見なくとも地圖と比較せずとも充分翔破できることが分った。夜間飛行だの生地飛行ではことさらこのコンパスを以って飛行することが必要だと思ふ。

　今回の飛行の如きは現在の發動機力を以ってすれば容易でたゞ目標をさへ過（あやま）ることなくばコンパス一つで充分飛べる。

　私は今迄野外飛行や長距離飛行の經驗もなく多少人々はこの點で危まれたが幸ひ今回の飛行によって両者共大いに有益な經驗を得た。

　今後も微力乍ら本邦飛行界のために盡したいと思ふ。

注　「第二征空小史」冊子の誤植を音次郎がペン書きで訂正した7カ所の文字や語句は修正して掲載。その他、句読点漏れ等多数あるがそのまま掲載した。なお、明らかな誤植は著者が修正した。

伊藤式恵美十四型長距離機の試飛行
大正九年春　稲垣設計　3月19日試飛行
(左)恵美十四号試飛行に引出す
(右)山縣豊太郎君　後藤勇吉君

東京～大阪間周回
無着陸懸賞飛行競技

山縣氏成功

大阪を眼の下に
直ぐ又東京へ往復
僅か六時間四十分
日本に於ける新レコード
送り迎ふる洲崎の大歓呼

晩秋の快晴、東京大阪間無着陸懸賞大飛行の快挙、二十一日の朝から、はほのぐと切つて出發點たる洲崎飛行場には早くも集る賞大飛行の快挙、東京大阪間無着陸懸

飛來章を投げて

山縣氏勇まし
く大阪を去る

観衆萬餘

主催者たる帝國飛行協会の會長阪谷男を初め理事、井上航空本部長などそろへた所へ前回賞飛行の勇士、佐藤、水田の兩氏に中島飛行場長等が、來朝中の米國飛行家チバニー中尉を案内せる八時、抽籤の結果先頭は山縣氏(自)飯沼氏は第二蓉々乗と決定したが

小栗氏は

来ない、遂に兩氏だけで決行となる、八時半氏は長さ三百尺幅一尺の白幟に附けた薩摩藩を大阪飛來の印として投げ込に縲紹塲の上に來り東京朝日新聞社より本社宛に託したる

報告筒

を投げ遂に一回十分山縣氏約二百米餘の低い高度を保ちて飯盛山の方面から現し風に烟られ

雄姿を

非常に揺れて居たが、やがて山縣氏は長さ三百尺幅一尺の白幟に附け

飯沼氏、スターテ・バンド二百二十馬力在来同胞號の製作を行つたゴルハム百五十馬力に搭乗す午前八時二分離陸して直に進路を西へ滿塲の拍手鳴り止ざるさ

白から予約二時間中に亙つて修理がマグネット及び發機の具合面十馬力在米同胞號の製作を行つた

(大阪電話)

して二時少し過ぎ其他生駒山方へ向つて歸還の途に就き漸次上へ五分の後姿を残した

(上・右)快挙を伝える東京朝日新聞（部分）
大正9年（1920）4月22日付　国立国会図書館 蔵
翌日の新聞は、新記録を3段の写真入りで大々的に称え
『大成功せる山縣氏』『萬歳天地に轟く中を悠々として
着陸』『凱旋将軍』などと最大級の賛辞が続く。

┌─ 東京～大阪周回無着陸懸賞飛行競技 ─┐
大正9年（1920）4月21日　往復距離840km
恵美14型長距離機　　6時間43分（民間機新記録）
＊仕様 全幅11.00m、全長7.17m、速度145km/h
自重760kg(全備重量1150kg)、ゴルハム150馬力

長距離輸送時代の先駆けとなる競技会だった。し
かし、この頃の民間機はまだ航続距離が短い上に、
箱根や鈴鹿の山々を越えることさえ容易ではなかっ
た。その上、雨や濃霧の中、羅針器(盤)があるとは
言え、肉眼で位置を確認しつつ東京～大阪間を無着
陸で往復するなど、競技に参加すること自体が無謀
な冒険とも言える状況だった。現にこの大会に出場
できた3機のうち「直前の故障で出場断念」「丹沢
に激突して重傷」など、無事成功したのは山縣だけ
であった。＊無着陸＝東京洲崎出発、大阪城東練兵場上空
で飛来章を投下、無着陸のまま洲崎へ帰還するルール。

◇大成功せる山縣氏◇
一機上に立つて評衆の萬歳に答ふ

無事帰着にカンパイ

- 93 -

周回飛行成功記念
叔父鳥飼繁三郎氏　　父百太郎氏
伊藤　山縣豊太郎氏
賞金壹万円　年金月額五拾圓　他

「音次郎アルバム」より

嗚呼 山県豊太郎君

アルバムに記された音次郎の嘆きの文字

山県君に輝ける記録を作らせたる名誉ある恵美号は名飛行士
を殉職に導き木部は飛散してマッチの軸の如く細片となる

大正九年八月二十九日朝八時・

津田沼飛行場上空にて左翼折れて殉職

故 山縣豊太郎君

山縣豊太郎　津田沼で墜死　享年23（満21歳11ヶ月）

大正9年（1920）8月29日 朝8時（半）恵美14型で連続3回宙返り練習中に左翼が折れ、研究所裏高台の鷺沼の甘藷畑に墜落。東京～大阪間周回新記録樹立の名機とはいえ大型で重い長距離機の宙返りが機体金具に多大な負荷をかけ金具破損、事故につながったと航空局は結論づけた。

　普段詳細な記述の音次郎日記も、この日だけは僅か一行『山県墜死ノ日』としか書けなかった。音次郎の嘆きは強く、その後も長い年月にわたり癒えることはなかった。

＊1月に名機第2鶴羽は売却（24 参照）、8月3日の競技会では曲技用第3鶴羽ジャイロ80HPが不調、自重760kgと大型の長距離用機14型で大会に出場したものの高等飛行（曲技）部門は2位に終わっている。そこで14型による曲技練習に力を入れたのだろう。これも事故の遠因の一つと思われる。

民間航空界の花形
山縣氏墜落惨死す
昨朝津田沼にて
宙返り飛行中に
千米突の高空より眞逆様

悲惨なる最期の光景

神は尚ほ
兜ひを止めぬか
嗚呼宙返り最初の天才
高等の技術も皆獨習

自重し
て死に

危険機
絶對不可抗
力の墜落
後藤勇吉氏談

東京朝日新聞
大正9年（部分）
8月30日付
国立国会図書館 蔵

◆山縣の墜死を目撃した　叔父の鳥飼繁三郎

『用があって、津田沼へまゐりました朝、丁度豊太郎はいつもと同じ調子で、恵美号で高く千葉まで飛び、あの重い機體で宙返りを初めました。丁度三度目、クルッと正面に向ったと思ふ刹那、翼が折疊まれたまゝ礫のやうに落ちてきました。でも意識はあったとみえ、盛んに舵面が動いてゐました。しかし助り様もなく、飛行場裏の畑に落ちて豊太郎は見るも無惨な死をとげてゐました。全く夢のやうな、嘘でないかと思はれる程信じられない急な出來事でした』
[「第二征空小史」氏神の名に因んで より（部分）大正10年]

各新聞は紙面の大半を割き事故を報じた。

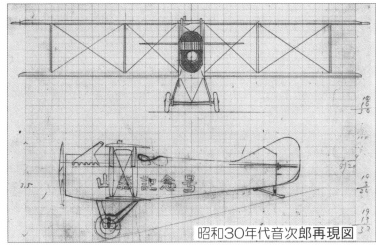

山縣記念號(恵美22型)リバティ400HP 大正11年 稲垣は協会主催福岡～上海間飛行競技用に長距離機を設計していたが競技中止、後に旅客機、再び長距離機へと二度設計変更。山縣を追慕し記念号とするも活躍できず。

郷里広島市に建立せる山縣君銅像の原型
大正10年(1921)5月叔父鳥飼(左) 銅像は太平洋戦争中に供出され、現在は鶴羽根神社に新たな石像を建立。戒名は「顯世院豊空飛雲居士」。

地域の人々の証言

・山縣という人は(大会の)賞金を鷺沼の部落に寄附したものだ。 [「うつりかわる鷺沼」より]
・「危ないぞ!逃げろ!逃げろ」と大声で叫びながら地上に激突した。 [「広報習志野」より]

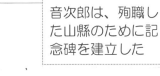

音次郎は、殉職した山縣のために記念碑を建立した

(上)津田沼在郷軍人会奉仕による現場整地作業 「故山縣豊太郎君墜落之地」と記した木製の碑を建立
『大正9年10月10日 當地青年團ノ好意ニテ山県墜落地ノ地盛リヲナス』 ㊟現習志野市鷺沼5丁目4
(下)昭和15年7月2日に墜落地の農地60坪余購入、同年8月29日建立の「山縣飛行士殉空之地」石碑
習志野市鷺沼の高台にある畑の中に、現在も元研究所と干潟滑走路方面を向いて立っている。

『昭和15年8月29日 山縣ノ碑モ出來上リ、一ツ借金ヲ返シタ気持チ』
[墜死から20年目の命日の日記(1940)より]
　一緒に研究所を隆盛に導いてきた愛弟子の突然の死を悼み、一日として脳裏から離れることはなかったが、この日ようやく一区切りついたのだった。
＊碑正面の揮毫は奈良原三次による。翼の形をした台座の金属板に彫られた355文字の碑文を記したのも奈良原と思われる。
～㊟台座の碑文は、30奈良原p130に転載～
(右)津田沼航空神社 昭和15年11月
山縣始め航空事故犠牲者を祀るため津田沼工場内に建立。[31鎮魂 に詳細]

山縣殉職50年を記念して「法要と航空懇話会」を盛大に執り行う

私の一番最初の愛弟子で、わが民間航空初期の大正七年彗星の如く現れ、民間最初の曲技飛行を行ったり、飛行協会主催の東京=大阪間無着陸往復飛行一〇〇〇キロを六時間四十二分で飛び当時の時間と距離の新記録を打ち立てし、天才飛行士と称えられた故山縣豊太郎君が、大正九年八月二十九日津田沼上空にて曲技中、翼が折れて殉職致しましたので、来る四月二十九日墓地にある阿君殉空記念碑前で左記により、田縣五十年間の航空懇話会を営みます。其のあと御参会の方々で田縣五十年間の航空懇話会を催したいと存じます。万障お繰合せ御出席を御待ち申上ます。

伊藤音次郎

時　昭和四十四年四月二十九日
　　午後一時三十分　法要
同　二時より　航空懇話会

場所　習志野市鷺沼三丁目
　　「山縣豊太郎殉空之地」碑前
　　元伊藤飛行機製作所裏門末来

航空五〇会
厚生大臣　田中不二雄
発起人　佐藤孝吉
津田沼空ノ会

「山縣五十年回顧法要と航空懇話会」の案内状
昭和44年4月29日　殉空之地碑前にて法要挙行
（左上）音次郎製作の鶴羽２号模型（木製）　伊藤家　蔵

昭和四十四年（1969）四月十九日　10日後の法要のため模型製作に没頭　多数製作し参列者に配布した。

昭和四十四年四月二十九日　参列者全員記念写真
（前列中央）慈眼寺住職/音次郎/田中不二雄　他百余名
航空関係者が一堂に会した盛大な法要と航空懇話会となった。

100年目の鷺沼　令和2年（2020）8月29日「没後100年法要」

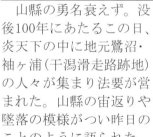

山縣の勇名衰えず。没後100年にあたるこの日、炎天下の中に地元鷺沼・袖ヶ浦（干潟滑走路跡地）の人々が集まり法要が営まれた。山縣の宙返りや墜落の模様がつい昨日のことのように語られた。

（右）
「ならしの朝日」
令和2年10月5日号
（部分）

令和3年、鷺沼区画整理事業で大規模住宅地が計画され、山縣碑の移設問題が注目されている。

山縣飛行士没後100年　終焉の地で地元有志が法要

天才飛行士と言われた山縣豊太郎氏の没後100年の命日となる8月29日、市内鷺沼5丁目に建つ「山縣飛行士殉空之地」碑前で、地元有志による法要が営まれた。

山縣飛行士は、黎明期の民間航空界で大きな存在感を示し、操縦士、設計者、製造者として多才ぶりを発揮した伊藤音次郎氏の愛弟子となり、飛行大会で活躍した。（中略）

しかし、大正9（1920）年8月29日早朝、「伊藤式恵美14型」と呼ばれる飛行機での3回宙返りの練習中、研究所裏手の畑に墜落し、満21歳11か月の生涯を閉じる。飛行機の左翼が折れ、機体はきりもみ状態となり、畑仕事の人たちに向かって「危ない、逃げろ、逃げろ」と叫びながら、落下し、そのまま失命したと伝えられる。安全な飛行機の製作とパイロットの養成に努めていた伊藤氏にとっては痛恨事であり、普段であれば詳細に書き記されていた日記であった鷺沼での日記にはただ「山縣墜死ノ日」とのみ書かれた。伊藤氏は、いまは埋立地と鷺沼海岸の千潟滑走路から大勢の若者たちが大空へ飛び立ち、自由に翼を広げた歴史を覚えていたいという思いで催した。

「山縣五十年回顧法要と航空懇話会」が開かれ、天才飛行士の功績を称えた昭和15（1940）年、山縣飛行士殉空之地碑を終焉の地に建立。44（1969）年4月には「山縣五十年回顧法要と航空懇話会」が開かれ、習志野市の西貫裕美さんら地元有志が発起人となった。

今回の法要は袖ケ浦連合町会の太田元幸会長、習志野民話の会の西貫裕美さんら地元有志が発起人となり、数十名が回向を手向けた。青雲の志を持った若者が全国から集まった。

地域の歴史を大切に思う人たち、地元で碑を見守ってきた人など十数名が回向を手向けた。

法要は鷺沼にある慈眼寺の川嶋滋幸住職によって真言宗豊山派の作法に則り営まれた。（後略）

- 96 -

24 曲技(宙返り)専用第2鶴羽号

「稲垣知足 技師」設計の傑作機　　大正8年(1919)

東京高等工業(現東京工大)在学中から、音次郎のもとに通い詰めていた稲垣
知足は請われて研究所技師となり、山縣の飛行技術を生かすための曲技飛行
専用機を設計、製作する。山縣はこの機で数々の妙技を披露し喝采を浴びる。
稲垣は次々と名機を設計し研究所の柱となっていく。㊟「鶴羽2号」とも呼ばれる

学生時代から溢れる才能　稲垣の熱意と才能を高く評価していた音次郎だが、稲垣の方も師として
尊敬していた。そして在学中の大正7年(1918)9月に客員の製作部技師として入所を決める。学生生
活の傍ら休日ごとに出勤し、曲技(宙返り)専用機第2鶴羽号の設計を開始するのだった。

稲垣知足君 紀三井寺 大正7年(1918)3月22日　浜寺公園 左稲垣 右音次郎
　　　　㊟アルバムには6年とあったが日記(下記)との照合で7年と修正した。
学生服姿の稲垣がアルバムに数葉。学生時代からの交流を物語っている。
日記には、稲毛壊滅後大阪で活動している音次郎の所へ『3月21日 ヒョッ
コリ稲垣君ガ來タ』『3月22日 和歌山見物ニ行ク』と一緒に出かけている。

竿を持てるは稲垣君
大正七年鷺沼海岸
鷺沼移転直後研究所訪問。

学生稲垣知足を丁重に遇する音次郎と中小企業を選択した稲垣　[大正6年〜7年の日記]

　稲垣が音次郎のもとへいつ頃から通い始めたかは不明だが、『6年1月9日 矢野(周一)君来 海軍
ノ利川君稲垣君同道　イヅレモ發動機ニ熱心ナ青年バカリデアル』との記述がある。稲垣知足かどう
かは断定できないが、本人とすれば稲毛での夜間飛行敢行の頃から出入りしていたことになる。
　また、『6年11月25日 稲垣君ニカーブノ教授ヲ乞フ』『7年10月6日 稲垣氏來 今日ハ設計上ノ
コトニツキ太ニ得ル處ガアッタ』と、音次郎は学生の稲垣に積極的
に教えを乞いその専門的知識を貪欲に吸収しようとしている。
　お互いの熱意が通じ、稲垣は研究所の技師となることを快諾する
のだった。稲垣ほどの秀才なら官庁や大企業への道が開かれていた
に違いないが、先の見えない新興の中小企業を選択したのだった。
『7年9月10日 稲垣氏ハ來ルコトヲ承諾セラレタガ 僕ノ方モ ス
グト云フ訳ニモ行カズ氏モ又學校へ出ラレルノデ今年一パイ位ハ休
暇々々ニ來ラレルコトニナッタ』当分は休みの日に来所するだけだ
が、百万の味方を得たような気持ちだったことだろう。

曲技(宙返り)専用機「第2鶴羽号」の設計へ

『大正7年11月23日 夕方稲垣氏來 泊ル ノーム製圖ヲ見ル』と
宙返り機設計のためノーム搭載の鶴羽号設計図を見せたのだろう。
『12月15日 稲垣氏來近々コチラへ來タイカラ坐敷ヲサガシテ居
イテ呉レトノコト』と、田舎である津田沼に住むことを決断する。
翌8年1月8日は『稲垣氏宙返設計』(右写真)とあるように、中古発
動機で宙返りをするという難題に向け、音次郎のもとに設計中の図
面を持参した仕事始め日である。以降本格的に設計に取り組み、山
縣の朝鮮飛行会(7年11月実施)の収入を充て製作に移るのだった。

稲垣知足君 大正8年1月8日
工場内の伊藤宅縁側にて

鶴羽二号機製作中　大正八年三月
前；幼児長男信太郎、青島、山縣、照井
後；佐野、福長朝雄、杦本、稲垣
軽く、強くという厳しい条件の曲技
飛行専用機だったが、全員で力を合
わせ製作、名機の完成にこぎ着ける。
㊟音次郎自身も鶴羽2号、第2鶴羽と混用。

伊藤式第2鶴羽号の仕様		
「空気の階段を登れ 左数値」「日本の航空50年（ ）内」「日本航空機辞典［ ］内」		
上 翼 幅	7.20m	[7.21m]
下 翼 幅	6.65m	(6.65m)
翼 　 弦	1.23m	(1.14m)
翼 　 間	1.31m	(1.21m)
翼 面 積	14.60㎡	[14.85㎡]
全 　 長	5.80m	[5.77m]
全 　 高	2.38m	(2.36m)
自 　 重		[204kg]
最高速度130km/時 [136km/時]		
上昇時間　1000mまで4〜5分		
発 動 機　ノーム空冷式回転星形7気筒		
50馬力(中古＊玉井清太郎墜死機搭載)		
→鶴羽→第2鶴羽(鳥飼所有)→後売却		
木製主材骨組、合板羽布張 乗員1名		

◇当時の最新鋭機と較べても格段
　の性能だが、音次郎と山縣で製
　作した第1鶴羽の中古発動機を
　さらに再利用というから驚き。
◇胴体の鶴は音次郎自ら描く。
◇鶴羽(つるはね)号の名は山縣の
　故郷広島市の鶴羽根神社由来。

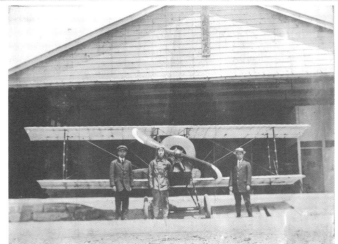

日本最初の曲技専用機出来上り　大正8年(1919)4月21日
左から、設計者稲垣君、山縣君、伊藤　津田沼飛行場格納庫前
＊上記アルバムキャプションに音次郎の意気込みを感じる。
『山県ノ機組立出來上リ發動機試運轉』［当日の日記］

第2鶴羽試験飛行で離陸中　4月25日

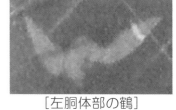

[左胴体部の鶴]

『4月24日 余ハ帰宅後鶴羽二鶴ヲ
書(画)ク』音次郎が描いた胴体部の
鶴マークは独創的な左右非対称形。[右胴体部の鶴]

試験飛行と"連続2回宙返り"
　4月25日〜5月4日、山縣の操縦で入念に
試験飛行が行われた。[強風のため実質4〜
5日間]曲技飛行専用機としての性能と丈夫
さが必要だったからだ。試験飛行で自信を得
た山縣は、5月5日に津田沼海岸で曲技の一
つである連続？2回宙返りを成功させる。
　さらに5日後の10日には東京奠都50年記念
祝賀会の大観衆の中でも成功し、一躍その名
が全国に知れわたった。[23 山縣 参照]
㊟5/5記『ループ二回』とあり連続か否かは不明

第2鶴羽と稲垣　4月28日　試験飛行の上々の成果に
設計者としてほっと胸をなで下ろしたことだろう。

格納庫内の第2鶴羽号　大正八年春

第2鶴羽売却か？　大正9年1月3日の日記に、『鶴羽鮮人金氏ニ引渡シ荷造ヲナシ預ル　晝食後写眞ヲ取リ帰ル』と売却を伺わせる記述が見られる。しかし『1月14日　全員手分ケシテホールスカットノームノ組立ヲナス』と、預っていたノーム（鶴羽）の荷造りを解き組立て、下記の作振会飛行会に山縣搭乗で出場している。

＊売却契約はしたが入金前のため使用したか？

大正9年1月16日
飛行作振会新年飛行会
山縣機鶴羽号　於洲崎

㊟以降、第2鶴羽が日記に現れることはない。

初めてづくしの第2鶴羽　[「日本航空史」より]

○初めての曲技専用機『陸軍にも海軍にも、どこへいっても　まだ曲技専用の飛行機というものはなく、ただわずかにスミス氏やナイルス氏のものを見たに過ぎず』

○初めての小型機『ほとんどわが国最初の小型機ともいう単座の牽引式であった』

○とびきりの性能『全速百二、三十㌔、千㍍の上昇時間四分半という設計で、そのころとしては飛び切りのものだった』

＊初設計？とは思えない画期的な第2鶴羽号だったが、稲垣は奢ることなく黙々と作り続ける。

稲垣設計機の数々　[右写真]　[資13] 参照

　その多くが飛行家たちからの受注機であり、命を賭して飛んでいる彼等から高い評価を受けていたことがわかる。もちろん、困窮している研究所の経営に大いに貢献したことは言うまでもない。＊氏名は発注飛行家

後藤勇吉　　　　　　　佐藤要蔵

最初の練習機　ホールスコット80HP
大正7年　本機より稲垣技師設計

山縣豊太郎君　　　　後藤勇吉君

小栗常太郎

16型富士号ル・ローン120HP

佐藤要蔵

19型章号チューリン120HP

㊟写真キャプションには7年とあるが、後藤来場は8年12月の日本飛行機製作所分裂以降である。
㊟『本機より稲垣技師設計』は、「略年譜」や次頁稲垣の文の「処女設計はノーム（鶴羽2）」と矛盾する。7年8月以降の日記には連日『練習機設計・製作』『僕ノ練習機』などと、音次郎自身が練習機（9型）に夢中で、稲垣設計という記述はない。ただ『7年10月6日　稲垣氏來今日ハ設計上ノコトニツキ大ニ得ル處ガアッタ』と重要な助言を受けており、稲垣設計と記したのかもしれない。

20型小栗号ル・ローン80HP

24型秋田号マイバッハ320HP
㊟「概要一覧」では260HPとある

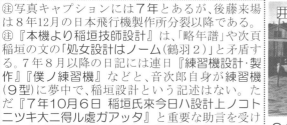

井上長一

謝　文達

29型台北号イスパノスイザ220HP

31型飛行艇イスパノスイザ220HP

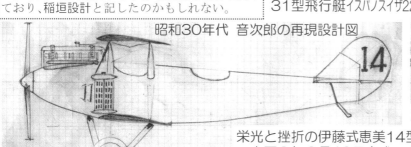

昭和30年代　音次郎の再現設計図

栄光と挫折の伊藤式恵美14型長距離機　ゴルハム150馬力
大正9年3月19日完成　東京〜大阪間周回無着陸懸賞飛行競技優勝機。鷺沼で3回転宙返り練習中翼が折れ山縣墜死。

22型山縣記念号リバティ400HP

飛行機設計の苦心　　稲垣知足

「第二征空小史」大正10年(1921)より ［32］ 参照

　私が飛行機に趣味を持ち出したのは、科學世界あたりで、海外の不完全な飛行機の寫眞が出てゐた頃のことである。中學から高等工業へ進む頃に、私は好きな道であり研究のためであるので科學世界あたりへ盛んに筆を執ったものである。今一所に仕事をしてゐる矢野君から激勵されたりしてとにかく飛行機に就ては非常な研究をした。

　大正七年高工を卒業して、大阪地方に悠遊した時、伊藤氏から氏の工場に入ることに就て相談を受け、自分も趣味の道を研究してゆく方が適してゐると思はれたので、客員として伊藤氏の津田沼飛行場に入ることゝなったのである。

　そして、正式に自分が研究と、苦心の賜として處女設計をすることゝなったのが大正八年の春、使用すべきエンジンがノーム五十馬力の中古であり、しかもそれを以って宙返りをすると云ふのでその苦心は一通りでない、もし不成功に終らば師伊藤氏を初め操縦者山縣君の名譽は地に墜ちねばならぬ。設計者としての自分の一生は終るのである。しかも日本で最初の小型機、私は一本の線にも生命をこめて、設計圖（プラン）が生命あって動くかと思はるゝ程眞心をこめて寝る間も宙返りの夢を見る程心を勞してとにかく作り上げた。

　忘れもしないその四(ママ)月、山縣君の操る第二鶴羽號は紺碧の空に鮮やかな宙返りを行って成功した。あゝ何と云う感激であらう。私は全く狂せん計りに山縣の手を握り抱き合って泣いた。

　五月十三(ママ)日帝都上空烈風裡に宙返りに成功するに至るまで私の初設計は遂に成功し、苦心の大きかった丈けに喜びも大きかった。山縣君はそのうちにトントン拍子に成功した。ゴーラ(ママ)ムの老朽機を飛して見事に大阪を往復した。

　その成功を更に重ねるべく、ゴーラム百五十馬力を搭載する第十四エミ號の設計に着手した。

　今度は大分なれてゐるのとエンジンがたしかだから割に安心して、山縣君と共に必勝を誓った。果せる哉、四月二十一日山縣君は距離時間共に日本のレコードを作って成功した。私は目のあたり自分の設計になる成功した機體をみて涙ぐんで喜んだ。次回こそ以上の成績をと思ったのも束の間、八月二十九日何たる惡日ぞや、千葉の上空から宙返り三回の後、私の設計になる機翼は折れて、あゝ盟友よ同心異體の同胞よと誓った天才兒を失ふに至ったのである。

　設計者として、私の胸の苦しみは筆紙に盡し難い。しかし徒（いたずら）に悲嘆すべきでないと益々激勵されて今後伊藤飛行塲と日本飛行界のために全力を盡し、過日航空局並びに協會よりの表頌の恩義に酬ひ遅れたる本邦の製作設計術のために最善の努力を期する次第である。

＊いきなりの宙返り機設計という難題に苦しみつつも見事成し遂げ、山縣を世に送り出した喜びと、その山縣を自分の設計機で亡くした悲しみとのギャップに後の世の我々も胸が痛む。寡黙な秀才故の思い詰めた心の内が辛い。

〜〜 ［稲垣知足のその後］　英仏留学は成功したのか？ 〜〜〜〜〜〜 ［41］軽飛行機 参照 〜〜

　大正10年頃から民間への格安の払い下げ軍用機の氾濫による民間機の受注減、軍部とのパイプが細く、軍用機受注も望めない中小企業である研究所経営は次第に厳しくなってくる。思い切った打開策として「軽飛行機研究」のため、『大正12年1月18日　稲垣午前十時香取丸ニテ出帆』と研究所の期待を担い英仏へ留学に出発した。しかし苦しい台所の研究所からの送金は澀り、気候風土の異なる地での生活は楽ではなかった。一方不景気下の金策に悩んだ音次郎は『14年5月31日　昨日新入生アリ　三百円納ル　内弐百五十円借リル…内稲垣へ百円送金』と、新規練習生の入学金まで流用して稲垣への送金に充てている。8月23日には送金が遅れたことで『稲垣ヨリ來信・・・非常ニ憤慨シテ來テ居タ。手紙毎ニ自分カラハナレ行ク彼レノ心持チガハッキリ分ルノデ心細イ…』と、事情を知らぬ稲垣の気持ちが離れていくことに心を痛めている。

　15年5月10日、3年半振りに帰国の際『一番初メニ感ジタノハ・・・顔色ノ黄ク黒イ事ダッタ』と稲垣の体調はすぐれない上、研究所は修理工場と化し火の車。帰国当初は軽飛行機の設計にあたったが発動機の目途も立たず、新機製作といった稲垣の活躍できる環境にはなかった。さらに、昭和2年2月には工場改革で工場長として管理畑を任される（音次郎は東京事務所に移り軍官庁対策）など慣れない業務にストレスが潤まった上、留学時の無理もたたり心身共に疲れ果てていった。そんな中昭和2年6月27日喀血、その後『11月26日　稲垣二設計ノ意思ナキ爲メ彼レ自身二何等期待スル事ガ出來ナイ』と設計に対して意欲を失った上に音次郎との関係もこじれ、遂に『昭和3年1月27日　昨日稲垣父ヨリ辞表來ル』と音次郎の元を去っていくのだった。しかし「軽飛行機による娯楽」という、時代を数十年も先取りした音次郎の構想は、稲垣のもたらした資料をもとに強化され昭和4年12月に日本軽飛行機倶樂部設立としてようやく実を結ぶ。昭和10年12月24日没。

　後に日本の航空界を牽引することになる木村秀政の第一高等学校時代、飛行機に熱中し足繁く通ったのが鷺沼海岸の伊藤飛行機研究所。お目当ては新しい飛行機を見ること『その時々の新作を見るのが実に楽しかった。』と、稲垣知足との設計談義だった。人の好い稲垣は高校生の木村にも丁寧に接し、最新の研究成果を指導してくれるのだった。『航空の専門家として立とうという決心はこの時点で確立したように思われる。』と下記文中で述懐している。

『千葉海岸もうで
　㊟本文章の前半部分は、21「発展する伊藤飛行機研究所」中に『一高生木村秀政を引きつけた千葉の干潟飛行場』として掲載した。以下はその続き部分である。
　伊藤氏や白戸氏のところでは、いろいろな悪条件を克服しながら、毎年二、三機は新しい型の飛行機を試作した。特に斬新な設計というわけではないが、機体のはしばしに製作者の苦心の跡がにじみ出ているような、ホームビルトの味があった。ここをたずねては、その時々の新作を見るのが実に楽しかった。今のようにバスやタクシーが利用できなかったので、国鉄の津田沼駅から海岸までのほこりっぽい畑の中の道を、一高生自慢の朴歯の下駄をはいて歩いて行ったのを思い出す。
　これらの工場では最初のうちは器用な大工[大口豊吉のこと 9参照]がいて、ろくに図面もなしに作り上げてしまうという調子だったが、そのうちに高工出の優秀な技術者が入所して、本格的な設計が行われるようになり、飛行機の性能も急速に向上した。伊藤には稲垣知足氏、白戸には倉橋周蔵氏が入所し、ほかに、顧問格で原愛次郎氏も参画した。高校生の私にとっては、新しい飛行機を見る楽しみ(だけ)でなく、これらの先輩をたずねて指導を受けるという楽しみが加わったわけである。
　これらの先輩は、当時としてはなかなか性能のすぐれた飛行機を次々に設計し、わが国の民間航空界に新風を送りこんでいた、いわば時代の花形であり、われわれマニアのあこがれのまとであったから、高校生の私などが簡単に近よれない存在と思っていたが、あるとき稲垣氏に手紙を出していくつかの質問をしたら、実に綿密でていねいな返事を下さった。それがきっかけで、稲垣氏ばかりでなく倉橋氏の所にも出入りすることができるようになったのである。
　若いすぐれたこれらの飛行機設計者から直接いろいろの指導を受けてみると、飛行機というものの面白さが、ますます奥の深い、一生をささげても惜しくないものであることがわかってきた。航空の専門家として立とうという決心はこの時点で確立したように思われる。稲垣氏も倉橋氏も今は故人になられたが、私にとっては忘れることのできぬ恩人である。』
[「わがヒコーキ人生」木村秀政　昭和47年日本経済新聞社 より]
　音次郎は木村の技術力と知名度を大いに買ったとみえ、昭和6年には日本輕飛行機倶樂部の役員（顧問）として、また昭和13年の第二次株式会社設立の際にも顧問として参画してもらっている。
【木村秀政】航空機研究者・設計者、東京帝国大学教授、日本航空学会会長、戦後日本大学名誉教授、初の国産旅客機YS-11の基本構想に参画（設計には直接参加せず）。日大時代に人力飛行機開発を学生たちと計画、日本初飛行を実現させた。

航空余話 "鶴羽" 号（第1、2、3）は何と呼ぶ？[つるはね か つるばね か]〜証言と研究書から抜粋
　山縣の故郷広島の鶴羽根（つるはね）神社にあやかったとも、最愛の亡妹の名から命名したともいうが定かではない。では、鶴羽はどう呼ぶのだろうか。一般的にはつるはねと呼ばれており、32「征空小史」の音次郎の抱負にも『ツルハネ型の機體』と記している。また民間航空界の生き字引中正夫も『つるはね号、第二つるはね号』とわざわざ平仮名で記している[神話時代の日本機(一) Mach AHub機関誌 AOZORA 1954.10]。
　しかし、音次郎アルバムに「大正八年　曲技専用飛行機現わる　鶴羽号」として貼付された下の写真では、カウル（発動機カバー）前面に筆記体で[TsuruBane（つるばね）]と記されているように見えるのだが？　果たして・・・

（左）音次郎アルバムに、「大正八年　曲技専用飛行機現わる」とキャプションのついた鶴羽2号。
（右）カウル部分の拡大
㊟「辞典」では、1号の機首前面にTSURUBANE、胴体にNo.1と書き入れたとあり、3号の解説にもTSURUBANEとある。

25 音次郎一門 懸賞飛行大会で活躍

民間航空支援と技術向上のため飛行大会が各地で開催

将来の航空輸送網の確立、有能な飛行士育成などを目的に、帝國飛行協會主催の高額賞金付き飛行大会が各地で開催された。山縣始め客員教官の後藤等が参加して優秀な成績を収め、伊藤飛行機研究所の名は全国に轟く。その後の山縣散華の痛手を乗り越え、後に続く若者たちも育っていくのだった。

主な飛行大会と伊藤飛行機一門(含出身者/一時在籍者)の活躍 [大正8〜12年] [「日本航空史」他]

8年5月10日「東京奠都五十年祭民間飛行大会」(洲崎)山縣が連続2回宙返り披露
　10月22、23日「東京〜大阪間第一回懸賞郵便飛行競技」山縣2等　　　　　[23] 山縣
9年1月16日「民間飛行作振会新年飛行会」山縣第2鶴羽で5回連続錐揉みの新技　の章参照]
　4月21日「東京〜大阪周回無着陸懸賞飛行競技」山縣新記録で1等(6時間43分)
　8月2、3日「第一回懸賞飛行競技大会」後藤、山縣と伊藤飛行機の独壇場　[本章次ページ参照]
　11月21〜23日「大阪〜久留米間第二回懸賞郵便飛行競技」参加;後藤等5名
　＊山縣墜死の影響か、14型全壊で長距離機の払底か、伊藤飛行機からは客員教官の後藤のみ。
10年5月21、25日「第二回懸賞飛行競技大会」(洲崎)参加;後藤等9名。
　＊伊藤飛行機からは安岡駒好(16型富士号で速度・距離共3等)、謝文達が参加。
　『まず当代一等、二等、三等操縦士の候補者が、従来のままの野人ぶりを自由に力限り戦う最後の
　競技会であり、また後になって回顧すれば、この前後が最も元気があり、士気横溢の峠でもあっ
　た。[日本航空史より]』＊伊藤飛行機はまだ次の世代の操縦士を育てている状況だったが、飛行
　機製造の方では大いに気を吐き飛行家からの注文機を数多く手がけていた。[24] 参照]
　8月21日「東京〜盛岡間第三回懸賞郵便飛行競技」11月3日「金沢〜広島間第四回懸賞郵便飛行競技」
11年6月2、3日「三等操縦士懸賞飛行競技」(千葉県四街道下志津飛行場)　[本章次ページ参照]
　＊参加15名中伊藤飛行機から10名(張徳昌、大蔵清三、加藤正世、片岡文三郎、吉川隆基、藤原延、長
　尾一郎、湯谷新、兵頭精、杉本信三)　速度;1等杉本、2等吉川、離着陸;2等大蔵、3等吉川。
　11月3〜11日「東京〜大阪間定期式郵便飛行競技」＊参加者に航空局より飛行機等貸与特例。
　＊参加15名中伊藤飛行機から5名(片岡文三郎、安岡駒好、藤原延、謝文達、大蔵清三は18歳)。
12年6月2、3日「第四回懸賞飛行競技大会」(下志津)＊一、二、三等操縦士別の競技会
　＊二等7名中伊藤飛行機から2名(片岡文三郎、杉本信三)　距離1等片岡(連続飛行新記録)
　　三等19名中伊藤飛行機から10名(李商泰、亀井五郎、横山豊馬、玉木幸次郎、南部信鑑、平松牛郎、
　　鵜飼文治郎、吉村豆意、高橋今朝治、吉田志郎)三等離着陸競技2等吉村、3等南部、4等鵜飼。
☆大正13年11月、不況下の(株)伊藤飛行機は3年半で解散し音次郎の個人経営に戻る。さらに飛行(練
　習)部門を分離、東亜飛行専門学校として14年3月川辺佐見に開校させる(協同経営)。これ以後の
　競技大会に伊藤飛行機として参加することはなくなったが、元門下生の活躍はまだまだ続く。

高額賞金　帝国飛行協会による国民啓蒙と民間航空振興策として、高額賞金付競技会が毎年開かれた。零細な飛行学校や飛行士には格好の名を売る場、受注を得る場、賞金稼ぎの場でもあった。
　山縣が優勝した東京〜大阪周回無着陸飛行競技は、賞金(飛行機に5,000円、操縦者に5,000円)と高額の上、12年9月までの年金(月額50円)がついた。面白いのは飛行機に対する賞金で、所有者の研究所(音次郎)も潤うようなシステムだった。実際には、山縣の賞金1万円の多くは研究所の費用や借金の返済に使われたという。

　三等操縦士懸賞飛行競技はやはり低めだが、それでも速度1等の杉本信三は800円、速度2等・離着陸3等の吉川隆基も計800円だった。
　賞金大会が刺激となり、技量は確実に向上していったことだろう。

第1回 懸賞飛行競技大会(詳細)
帝国飛行協會主催　大正9年(1920)
洲崎埋立地　　　　　8月2日、3日
(右・次ページ)
翌4日付「東京朝日新聞」国会図書館蔵

速度飛行記録

◇備考	5	4	3	2	1	位順
競争距離は船橋離着行場東方埠頭往復三十二粁米二十粁飛	三八・一六秒	一七・三七秒	一六・〇〇秒	一五・一秒	一三・四三秒	所要時間
	一八・四米	二九・五米	三一・〇米	三四・二米	三七・九米	一秒間の速度
	島田 武夫	安岡 駒好	謝 文達	後藤 勇吉	山縣豊太郎	飛行士
	ノーム五十馬力	ホールスカット八十五馬力	ゴルハム百二十五馬力	ローン百十馬力	ゴルハム百五十馬力	飛行機

┌ 客員教官後藤勇吉の活躍 ┐

　宮崎県延岡出身。白戸榮之助の助手となり、巖号を貸与され延岡にて初飛行。再度上京し帝国飛行協会の第三期依託操縦練習生に合格、所沢で訓練に励む。シベリアでの軍役後、日本飛行機製作所テスト飛行士として入社するも坂東舜一と共に退社。大正8年末伊藤飛行機研究所の客員教官として招かれ、練習生の指導に大会にと大活躍する。10年の航空取締規則発布後、一等操縦士免許取得日本人第1号。新設の川西系日本航空㈱で定期航空路の開拓、毎日新聞と提携して日本一周飛行を行うなど先進的な役割を果たすが、協会による国産機太平洋横断飛行の練習中に佐賀県七浦で墜死、満31歳。

第1回懸賞飛行競技
大会　9年8月2、3日

┌ 後藤勇吉、高度5,000m超の大記録 ┐

　誰も飛んだことのない高々度は、人体や機体への影響の資料もなく未知の世界だった。後藤の華々しいデビューと併せ、飛行機性能及び飛行技術は伊藤飛行機研究所の独壇場であることを5万人の観衆の前で示した。

　[高度] 1位；後藤（5,000m超）恵美16型
　　　　 2位；山縣（3,375m）　恵美14型
　㊟高度計が5,000mまでの表示しかないため
　[曲技] 1位；後藤　2位；山縣
　[速度] 1位；山縣　2位；後藤

後藤勇吉氏5,000mの高度記録飛行を行う
(左)使用機伊藤式ローン120馬力(16型富士号)
(右)自記高度計を手にする後藤勇吉

大会参加の飛行士(左)と飛行機(右)
後藤勇吉君　　　謝文達君　　　島田武男君
　山縣豊太郎君　　安岡駒好君　　（白戸）

①安岡機ジャイロ80HP　　④山縣機ゴルハム150HP
　（第3鶴羽）㊟60HPは間違い　　　（恵美14型）
　　②後藤機ローン120HP　　⑤島田機ノーム50HP
　　（恵美16型富士号）　　　　（白戸式薫号）
　　　③謝機ゴルハム125HP
　　　（恵美5型 ㊟15型とも 資13参照）

(左)高度飛行を終え山縣と喜びの握手　右；後藤

飛行作振会主催新年飛行会　大正9年(1920) 1月16日 洲崎

(左)カーチス式小栗機
(右)空中;小栗機
　　地上;山縣の鶴羽号

第2回 懸賞郵便飛行競技　帝国飛行協会主催　大正9年(1920)11月21〜23日
①大阪〜(岡山)〜善通寺②善通寺〜(松山)〜大分③大分〜(宇の島)〜久留米［5貫目以内の郵便物搭載］
総合成績　1等;石橋(賞金等16,000円)、2等;後藤(11,700円)　※3日間の合計タイムによる
参加　後藤勇吉(伊藤飛行場 客員/恵美16型富士号120馬力 ※稲垣設計＝目的による主翼交換式)
　　　高橋信夫(白戸飛行場/白戸式180馬力)、島田武男(白戸飛行場/白戸式120馬力)
　　　水田嘉藤太(中島飛行機製作所/中島式5型220馬力)、石橋勝浪(フリー/スパッド220馬力)
＊山縣亡き後の大会には後藤のみ参加だったが、稲垣設計の主翼交換式(速度競技のため翼幅狭い交
　　換翼)の恵美16型は、200馬力前後の強馬力機や世界的名機スパッドにひけを取らなかった。

石橋勝浪君のスパッド13型

大阪〜福岡 飛行競技参加 後藤勇吉君

水田氏・後藤・島田氏各機

高橋氏の白戸式 ㊟島田所有
25型球磨号(稲垣設計)

(右写真)山縣亡き後、民間最
　強の操縦士連（左より）
　水田嘉藤太（中島）
　島田武男（白戸）
　石橋勝浪（フリー）
　後藤勇吉（伊藤 客員）
　高橋信夫（白戸）
＊島田・後藤・高橋が後年事
　故死、水田が重傷を負い
　引退する過酷な世界。

三等操縦士競技大会　新進飛行家のお目見え
　　大正11年6月　千葉県下志津飛行場(陸軍)
　大正10年操縦士資格試験が定められ、各等級の
大会も開催。競技は高度、速度、離着陸の三部門。
参加者15名中10名が伊藤飛行機研究所からだった。

三等評『参加者も全部、新進のお目見えばかり
で…優勝者の予想などは全く雲をつかむようで、
誰がどのくらい飛べるのかさえも見当がつかな
い興味津々たるものがあった』［日本航空史］

(左)伊藤式恵美25型
カーチス90HP忠臣蔵
　大蔵始め張、兵頭等
　が交互に使用。
　練習部上級練習機
　［登録記号J-TELN］
(右)審判員の説明を
　聞く参加者たち
　（左端 兵頭精）

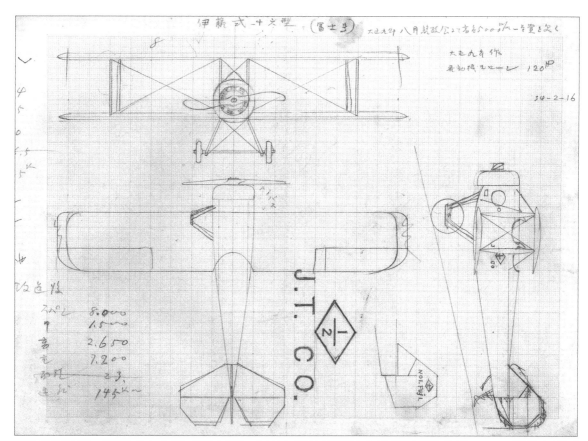

後藤勇吉の愛機　伊藤式十六型（冨士号）大正九年八月競技会にて高度5,000m　一等賞を受く
大正九年作（7月27日試飛行）　発動機ルローン120HP　34-2-16

＊稲垣知足設計＝目的（長距離、速度、宙返り等）により主翼を交換できる万能機。後藤の専用機。
＊2分の1マークと富士号＝注文主の坂東舞一（大正12年川西系の日本航空㈱創立）の考案で、労使が
　協調しダイヤモンド（利益）を分け合うという意と日本一になるという意がこめられているとのこと。
＊34－2－16＝音次郎67歳の頃の昭和34年2月16日に成田市東峰で再現図作成。A4方眼紙。設計図
　は敗戦時に全て焼却してしまったが、日記と記憶を頼りに稲垣の名機を再現したのだろう。

~~ 山縣と後藤 二人の天才、どちらの技量が優れているか？ ~~
＊平木國夫氏は「空気の階段を登れ」で音次郎日記を引用し、下記のような見解を述べている。
音次郎日記
　『大正9年2月16日 後藤君ゴーハムニテ初飛行　技術妙　大二感心ス　山県以上ナリ』
　『　同　　2月18日 後藤君単獨ニテゴーハムニテ大二技量ヲ見セル』
平木國夫氏の見解
『生得のことというよりも、むしろ、訓練の違いだと音次郎は思った。音次郎自身も独学であった。
山縣には、自分が修得したもののすべてを与え、山縣はそれにプラスする技術を体得した。後藤の
方も、音次郎が設計製作した白戸式巖号を延岡に持っていったときは独習であった。しかし大正6
年12月に帝国飛行協会の陸軍依託練習生となってからは、かなり系統的な練習法で教育されてい
る。それはそのまま、貧乏飛行家、伊藤音次郎と、大日本帝国陸軍航空との差であって、どうしよ
うもない落差である。金に糸目をつけない軍航空と太刀打ち出来るはずもないが、現実に、その組
織の中で教育を受けて、天稟の才を見事に開花させた男を見ると、自分の方もなんとかしなければ
ならないと音次郎は思った。名案はない。しかしたった今、言えることは、後藤勇吉を出来るだけ
長く引きとめて、彼が持っている技術をことごとく山縣および他の練習生に伝授してもらうしかな
いと思った。しかし、後藤勇吉の技術の妙が山縣以上だという感想は、音次郎は日記の中に書きこ
みこそしたけれど、その後50年間、ただのひとことも口外しなかった。ともあれ、山縣には鋭さが
見られたが、後藤にはその鋭さを完璧の域にまでたかめた円熟さがあった。もっとも見方によって
は、ほとんど差はなく、音次郎の思い過ごしと見られないこともない。』

　　後藤と山縣はよきライバルとして切磋琢磨し技量をさらに高めていった。山縣墜死後は、短い期間
だったが練習生たちを指導、各種大会に大量参加・入賞するほどにレベルアップしていった。

26 日本初 女性飛行家誕生

兵頭 精（ただし）飛行免状38号　　大正11年（1922）

大正8年、危険この上ない飛行家になろうという若い女性が入門してきた。数十年後のNHK朝の連続テレビ小説『雲のじゅうたん』のヒロインのモデルの一人ともいわれた、20歳の兵頭 精（ただし）だった。苦心の末に三等飛行機操縦士免状を取得、日本最初の国家公認の女性飛行家が誕生したのだ。

兵頭 精の伊藤飛行機研究所入所を伝える地元紙　[愛媛 海南新聞]大正8年12月7日付[国会図書館蔵]

　松山の済美高女卒業の若い女性が「飛行家になろう！」と志すこと自体が大きな話題に。全国紙が先行し地方紙も追随する騒ぎとなり、各新聞は出自から入所までの経緯を詳しく書いている。

『茲に女の身で殊に未だ裏若い處女が、雄々しく健氣にも女飛行家とならうとて遙々と千葉縣津田沼伊藤飛行學校に十一月二十日入學した。之實に日本最初の女飛行家である。』[「海南新聞」より]

女性飛行家兵頭 精が生まれるまで

・飛行機械の発明を志していたという亡父の遺品を見て感激。飛行家になる夢を心密かに温め育んでいく。

・「飛行機講義録」を取寄せ一人学ぶ。

・姉の献身的な支援で研究所入所、練習に励む。保証金をはじめ練習費や日常生活費など数年間で2,000円の費用、後には自家用機の発動機費用として5,000円の支援を受ける。

・男性に混じり油まみれの作業も。

・1分間2円の飛行練習を2年半かけて（実質計8〜9時間、単独3時間20分 東京日日10/11/30付 兵頭談話）技量を磨く。

・大正10年11月29日卒業証書15号。

・引き続き、試験に備え練習を継続。

・三等飛行機操縦士試験を二度挑戦で合格。（11年3月24日試験、31日付け免状38号取得 ㊟一〜三等混合番号）

世間では「女飛行家」として大評判だったが、音次郎は入所にあたり女だからと特別扱いせず、日記にも特に記していない。2ヶ月後の9年1月27日『兵頭マタ少シ悪シクナル』と容態を心配する記述が日記の初出。＊スペイン風邪大流行⇒世界で4千万〜1億人死亡。長女智惠子も大8年2/13死去。48 参照]

練習事故を講評する山縣教官（白シャツ後ろ姿）大正九年

練習中の事故　『大正9年5月20日 ニサイクル昨日兵頭ガコワシタトノコトデアッタ』

　上記写真の事故のこと。中級課程に進み、5月19日「日野式2サイクル30馬力地上滑走用練習機」でテイル上げ（尾部上げ滑走）などを練習していた兵頭だったが、体重が軽すぎた（11貫弱）上に操縦桿を引いてしまった（上げ舵をとった）ために7〜8mもの高さまで飛び上がってしまった。必死に着陸を試みるもまだ着陸練習などしておらず、降着装置を壊し胴体着陸。怪我はなかったものの初事故を仲間に笑われる。そして何と修理費400円が前納の保証金等から天引きされてしまったのだ。

『大正9年6月17日 練習アリ 後藤、兵頭同乗 百五(ママ)米突(㍍)位沾昇シ時エンジンストップ 四尺位ノ海中二着陸テンプク スグ分解 プレーン壊レザレ共翼布ダメ』㊟百五十米突の誤記か?

　前の事故から一ヵ月足らずで再び事故を起こしてしまう。ただし、今度は客員教官の後藤勇吉と同乗飛行中だった。上空でエンジンが停止(この段階で後席の後藤に操縦を代わったものと思われる)、滑空して着陸したがそこは海中で転覆し水浸し。直ちに引き上げ水洗いなど分解修理するも、翼布は塩水でベチャベチャ、張替えが必要だった。以下は、あっという間に修理をした様子である。
『6月18日 翼布ヲ購入シテ帰ル 後チ布ヲ断チ縫ヒニヤル』⇒『6月19日 ホールスカットプレン修理翼布張リ』⇒『同20日 ホールスカット下翼出來上ル』＊「ホールスカットでの練習」とあり上級コースに進んだとみえる。今度は教官同乗のため兵頭への修理費用負担はなかったようだが、必要部材であるたった一機分の翼布のストックもない零細な伊藤飛行機研究所の実態が垣間見えてくる。

(左)伊藤飛行場 練習状況 大正九年春
日本最初の女流飛行士
兵頭精子 左端
恵美13型練習機
ホールスコット80HP

(右)雑誌『飛行』口絵
大正10年4月号
『萬緑叢中紅一點
　兵頭精子嬢』の表題
がついている。

帝国飛行協会発行の専門誌も、まだ練習生の兵頭をモデルのような扱い。飛行機をより身近な乗り物とする編集方針か?

当時の練習生　大正10年頃
安岡駒好教官を囲み
後　　兵頭君　柳原君　不明
中　宮崎君　二男徳次　小田桐君　野崎君
前　　安岡教官

　命をかけ、苦楽を共にして練習に明け暮れる若者たちの明るい笑顔が清々しい。練習生たちは鷲沼の民家などに下宿していた。［27 加藤正世の手記 参照］幼児は音次郎の二男徳次と思われる。

新品発動機の行方　飛行機の商業利用が進んでいないこの頃の民間飛行家は、自家用機で郷土訪問や飛行会をするのが夢だった。　練習生のうちから自家用機を持つ者も多く、兵頭もその一人を目指した。『大正10年3月21日　富田氏二會フ　兵頭ノ月謝支拂ヒノ一方法トシテ發動機ヲ買ヒタイトノコト カーチスカローン明日フレザー聞合セタル上返事スルコトニス』音次郎の仲介でフレザー商会から発動機購入を決断する。月謝云々は、自家用機での練習で月謝を浮かそうということだろうか?
『4月5日 兵頭兄へ電話スル 明日金持参スルトノコト』『4月6日 兵頭千五百円持参仮受取ヲ出ス』『4月7日 フレザー二行キ兵頭分金支拂ヒ』　「兵頭兄」とは、入門時に保証人となってくれた同郷の弁護士富田数男のことで、手付金1,500円を立て替えてくれた。新品ル・ローン120HP発動機を手に入れたが、その代金5,000円はまたも姉の援助だった。その上、新しい機体を作るには音次郎の研究所とはいえさらに3,4,000円はかかる。もう姉を頼るわけにはいかず無鉄砲な行動に出る。同じ愛媛県出身というだけで日本郵船社長を、さらには帝国飛行協会副会長の長岡外史陸軍中将を訪ねたが当然失敗。女性飛行家第一号兵頭らしいともいえる大胆さである。結局、発動機は研究所に一時預けるが、1年後に『11年3月19日 兵頭、ローン譲リ渡シ書持参ス』と折角の発動機を譲り渡してしまう。実は前年の11月30日に受験した三等飛行機操縦士試験中に、研究所のカーチス90HP機を転覆破損、その損害賠償として未使用のローン120HP発動機を差し出したのだった(後に音次郎が転売する)。兵頭にとって、発動機は失うわ試験には落ちるわと、踏んだり蹴ったりの初めての操縦士試験であった。

免状番号38号 兵頭の２度目の三等飛行機操縦士試験は、大正11年３月24日に津田沼で行われた。音次郎門下からは兵頭と共に大蔵清三、張徳昌、片岡文三郎、坂本寿一等６名が合格した。３月31日付で兵頭に授与された一〜三等混合の免状番号は38号だった。大正10年３月の航空取締規則公布以降の数字とはいえ日本で38人目の飛行士免状取得は、黎明期飛行家の勲章ともいえるものだった。

三等操縦士懸賞飛行競技大会出場 大正11年６月２、３日（千葉県下志津飛行場）（左右）齋藤俊雄氏 撮影

操縦訓練を受けた後藤勇吉（隣）と 大正11年下志津　J-TELN　恵美25型カーチス90HP [25] 参照

J-TEKM 伊藤特27号（アブロ504K 払下げ機改修）　[速度競技11人中10位]薄化粧し新調のスーツ着用

『兵頭精子氏は流石に女性である。奇もなく衒（てらい）もない至極穏やかな飛行振を示して、而も巧みな離着陸を見せてくれたのはうれしかった。』[懸賞飛行競技参加者短評「飛行」大正11年７月号]

〜 その後の兵頭 精 〜

　充実した日々は長続きしなかった。有名人であるが故に私生活の男女問題をゴシップ紙に激しく叩かれ（何と一般紙までもが追随する）、音次郎のもとから、そして飛行界からも逃げるようにして去って行った。また、物心両面の支援をしてくれていた姉を裏切る結果ともなり関係が悪化してしまう。しかし、長く苦しい時期を乗り越えた後には、内縁の夫富田数男（同郷の支援者）の出奔で残された弁護士事務所を切り盛りし、自らも弁理士資格を取得するなど挑戦する心を失うことはなかった。晩年の昭和51年（1976）、ＮＨＫの朝の連続テレビ小説「雲のじゅうたん」ヒロインのモデルの一人として再び脚光を浴びることになるまで飛行機とは全く無縁の生活を送っていた。

── 空翔る女性たち ──

　大正時代において日本最初の女性飛行家とは、現代で言えば女性宇宙飛行士の向井千秋氏のような驚異的な存在だったが、逆境に晒されることも多くあった。そんな中、空を目指した女性には、兵頭より早く大正２年米国の飛行学校に入学した南地よね、兵頭に次ぐ三等免許取得者の今井小まつ、木部シゲノ、朴敬元等がおり、後に二等免許まで取得した。しかし女性飛行士の活躍の機会は多くはなかった。それでも昭和14年時点で勇気ある免許取得女性は、二等15人、三等３人を数えたというが、その陰には社会的、経済的理由で断念した女性も数多く存在したことだろう。
㊟女性は一等飛行機操縦士にはなれず、職業飛行士への道は限定されていた。　[27] 参照 ＊等級による制限

日本軽飛行機倶楽部の飛行士から"芸道師匠"への華麗なる転身 上仲鈴子

『上仲鈴子という人がいて、男装の麗人というんですか普段は男の格好をしている人がいました。その方が高山で三味線をやっていて、こちらに来て船橋で西川流を教えるお宅に、私を連れてお稽古に通っていたので、私も日本舞踊を習っていました。上仲さんは通っているお宅の先生に気に入られ西川流の養女になりました。養女になって三味線と踊りを教えるようになってからも飛行機に乗っていました。』[資8]「父伊藤音次郎を語り継ぐ」参照　　（右）飛行帽に飛行眼鏡とネクタイ、スーツ姿の男装の麗人

　昭和５年、18歳で日本軽飛行機倶楽部入会、翌年には早くも二等飛行機操縦士免許取得、その間三味線や長唄、舞踊も稽古し続けた。練習生から所員となるも自由闊達で音次郎には悩みの種だったが、技量を見抜き根気強く指導し飛行士として大成させる。日記には、『練習なければ休む・練習まだまだ・飛行の心得を話す・箱根越え練習のため旅客機定期便に乗せる・事故機を夜通し修理し試験に間に合わせる（要旨）』と心配し世話を焼いている。８年７月女性初の大阪⇒東京間無着陸飛行成功（片道３時間42分）。10年９月には高山の郷土訪問飛行で大歓迎されたが直後に引退し、飛行家時代から続けていた芸道に専念、その後高山と船橋で数多くの弟子を育てた。

27 音次郎門下の所員・練習生

命がけの訓練の日々に青春を謳歌した若者たち

音次郎のもとには、優れた飛行教官となった山縣や客員の後藤、技師の稲垣を始めとした所員たち、そして数多くの練習生たちが集い、日々命をかけて大空に挑んでいた。卒業生は一番弟子の山縣以来151名にものぼる。

＊ここではアルバム貼付の集合写真のうち名前の記載されているものに限った。

一番弟子山縣豊太郎　大正４年（1915年）稲毛
左:玉井清太郎　機上:音次郎　中央:山縣16歳　（再掲）

下志津（陸軍飛行場）を訪問せる
　　伊藤飛行機研究所員　大正六年（1917）
後列左から；青島君／加藤大尉／不明
前列左から；井上君／信田君／軍人／柳原君
【井上長一（上）】　操縦技倆は今ひとつで操縦士免許取得は叶わなかった。しかし音次郎門下としての人脈を有効活用し、大正11年日本初の定期航空路である堺〜徳島間の開設を皮切りに航空運輸に力を注ぐ。

大正七年春津田沼町鷺沼に開場す　胸に［ＩＦＷ］
当時の練習生；不明／杉本君／山縣教官／照井君

【ＩＦＷのロゴ入り練習着(上・右)】「伊藤飛行機(株)概要一覧　昭13年」中に［1922年ノJane氏ノ世界航空年鑑ノ抜粋］としてITOH AEROPLANE WORKS(伊藤飛行機製作所／工場)と引用されていることから、ロゴの Ｆ は飛行練習部門を表すFLYING or FLIGHTであり［ ITOH FLYING (or FLIGHT) WORKS（伊藤飛行練習所）］としたのかもしれない？

気分は既に一流飛行家の練習生たち

秀夫君／松本君／宮内君／青島君／照井君／久保田君／新開君

【安岡駒好(左)】　山縣亡き後、助教官として練習生を指導。中国空軍に招かれ指導のため二度大陸に渡る。帰国後は日本軽飛行機倶楽部幹事長に就任し運営と操縦指導をする。

〜大正七年入学練習生〜
学生服・帽子写真は入学願書に貼付のものだろう。

【謝文達(左)】台湾最初の飛行家。後に東京上空で植民地政策反対ビラをまくなど政治的活動もした。中華航空上海支社副社長などを歴任。

不敵な面構えの"空の野武士"の卵たち

張徳昌君 張徳昌君　吉川隆基君 吉川隆基君　加藤正世君 大蔵清三君 加藤正世君　信田五平君 信田立平居 信田五平君　横山君 横山君　洪雲中君 揚雲中居 洪雲中君　五十嵐君 五十嵐君　亀井五郎君 亀井山卯郎君 亀井五郎君

大正十年の練習機（上）と練習生（右）
伊藤式恵美13型2号改造型 カーチス90馬力
＊ホールスコットが消耗したため10年にカーチスに換装。

恵美2号による福長朝雄氏の郷土飛行
㊟恵美2型は4月に福長に売却済。大正7年10月
＊音次郎は、何人もの門下生のために郷土訪問飛行を実施し故郷に錦を飾らせた。福長は後に天竜川河口に飛行場開設。飛行機製作所を経営し旅客機開発にあたる。

【大蔵清三】一等操縦士
音次郎の片腕として尽力。
東西定期航空会操縦士。
後に毎日新聞入社しマニラ親善飛行成功。[35参照]

藤原君の為 後援飛行の時
（後）　　　佐野
（前）藤原/大口/井上/山縣
大正六年五月 23〜26日
岡山・津山公園24日散歩
研究所の幹部が総出で応援に赴いている。トラブル発生し実際の飛行は急遽、音次郎が行った。

山縣亡き後、第一回の卒業生（後教官、前卒業生）　大正10年（1921）11月29日
後；久保田亀ノ助/安岡駒好/後藤勇吉/稲垣知足
前；兵頭精子/加藤正世/伊藤/張徳昌/洪雲中/山崎八州男

［左のアルバム写真に記載された卒業生
たちのその後の経歴］

兵頭；日本最初の女流飛行士
　　　三等飛行免状を取る
加藤；後ち昆虫学博士となる
　　　三等飛行士免状を取る
張　；日本飛行輸送研究所操縦士として活躍 戦時中（ママ戦後）は韓国空軍司令官となり、退官後は韓国航空協会を設立す
　　　（韓国空軍参謀総長）
洪　；中国空軍中佐となり　本所より安岡操縦士　矢野技師を招き中国にて最初の戦闘機ニューポール24型を製作す
山崎；三等飛行免状を取る
＊下線部分はアルバムのキャプション。

　研究所には、全国各地そして東アジア各国からの留学生も多く、その後の航空界を背負って立つ優秀な人材を輩出した。彼らは、近隣の民家に下宿して、日々命懸けの操縦訓練に励むのだった。

小栗飛行學校
福長飛行機研究所
水田飛行學校
日本自動車學校航空科及高等航空科

株式会社伊藤飛行機製作所附屬飛行學校（練習部）
日本飛行機製作所附屬飛行學校
白戸飛行場（練習部）
（連載二回分の掲載練習所）

◆株式會社 伊藤飛行機研究所（練習部）

本社　大阪市西區幸町通り一丁目十七番地（電話櫻川七七六番）

出張所　東京市麴區有樂町一丁目四番地（電話丸ノ内一二五九番）

飛行場　千葉縣千葉郡津田沼町字鷲沼

設立年月　大正四年二月

代表社員　伊藤音次郎

飛行機　伊藤飛行機研究所製作部製伊藤式惠美型長距離用複葉飛行機一臺、同練習用複葉飛行機三臺、同滑走用複葉飛行機一臺、陸軍航空部製ニューポール二十四型練習用複葉飛行機一臺、横須賀海軍工廠製モーリスファルマン水上用イ號甲型練習用複葉飛行機一臺。

發動機　米國製リバーティー四百馬力一臺、佛國製イスパノスイザ一二百二十馬力一臺、米國製カーチス九十馬力二臺、砲兵工廠製ルノー百馬力一臺、海軍工廠製ルノー百馬力一臺、米國製ダイムラー百馬力二臺、砲兵工廠製ルノー七十馬力二臺、島津製作所製ローン八十馬力分解組立實習用一臺、米國製ホールスカット八十馬力同用一臺、アンザニー型三十馬力一臺、日野式三十馬力一臺。

操縦術教師　後藤勇吉、安岡駒好、謝文達、久保田龜之助

〔修業期限〕
〔普通科〕三等飛行士免狀に相當する技術を修得せしむ（二月初入學五月末卒業八月初入學十一月末卒業授時間六時間）

規定拔萃

〔學費〕

〔普通科〕
入學金五圓
過失破損保證金一百圓供託
練習費七百二十圓前納（三回以内に分納することを得）教授時間を超過時分に應し増徴す

〔研究科〕
破損保證金参百圓供託
百馬力以上飛行機は一分金貳圓
百馬力以下飛行機は一分金貳圓五十錢（但し一時間飛行機一分以上づつ前納）

〔研究科〕
本部普通科卒業後高等の技術を修得せんとする者の為に一、二等飛行士免狀に相當する技術及高等飛行術を修得せしむ

〔入學資格〕中學三年修業以上の學力あるもの又は入學試驗及體格檢查に合格したる者

現在練習生

普通科
吉川　隆基（廣島）
淺岡　主税（岐阜）
小崎　夘平（廣島）

大藏　清三（兵庫）
林　廣之助（鳥取）
片岡文三郎（愛知）

研究科
兵頭　精子（愛媛）
山崎八州男（高知）
供雲　中（中華民國）

加藤　正世（東京）
張德　昌（朝鮮）
大辻　春雄（京都）

株式會社 伊藤飛行機研究所（練習部）　［民間航空練習所一覧「飛行」大正10年12月号］［国会図書館蔵］
前ページの卒業生が研究科在籍中。保有機及び機材、練習体制、高額の学費などがよく分かる。
＊機体破損の保証金100円供託、練習費が普通科720円（6時間分）前納、研究科1分2円～2円50銭と高額で、練習には気を抜けなかった。兵頭精は機体破損で2回処分（練習中⇒前納金400円天引き・試験中⇒5,000円の私用発動機没収）を受けている。これらに加え下宿代・食費等日常生活費がかかり練習生は費用捻出に苦心した。高額学費の理由は、設備投資（格納庫・工場・飛行機）やガソリン・消耗品、所員の給料等に金がかかり、帳尻を合わせるのがやっとという民間飛行学校業界の実情があった。

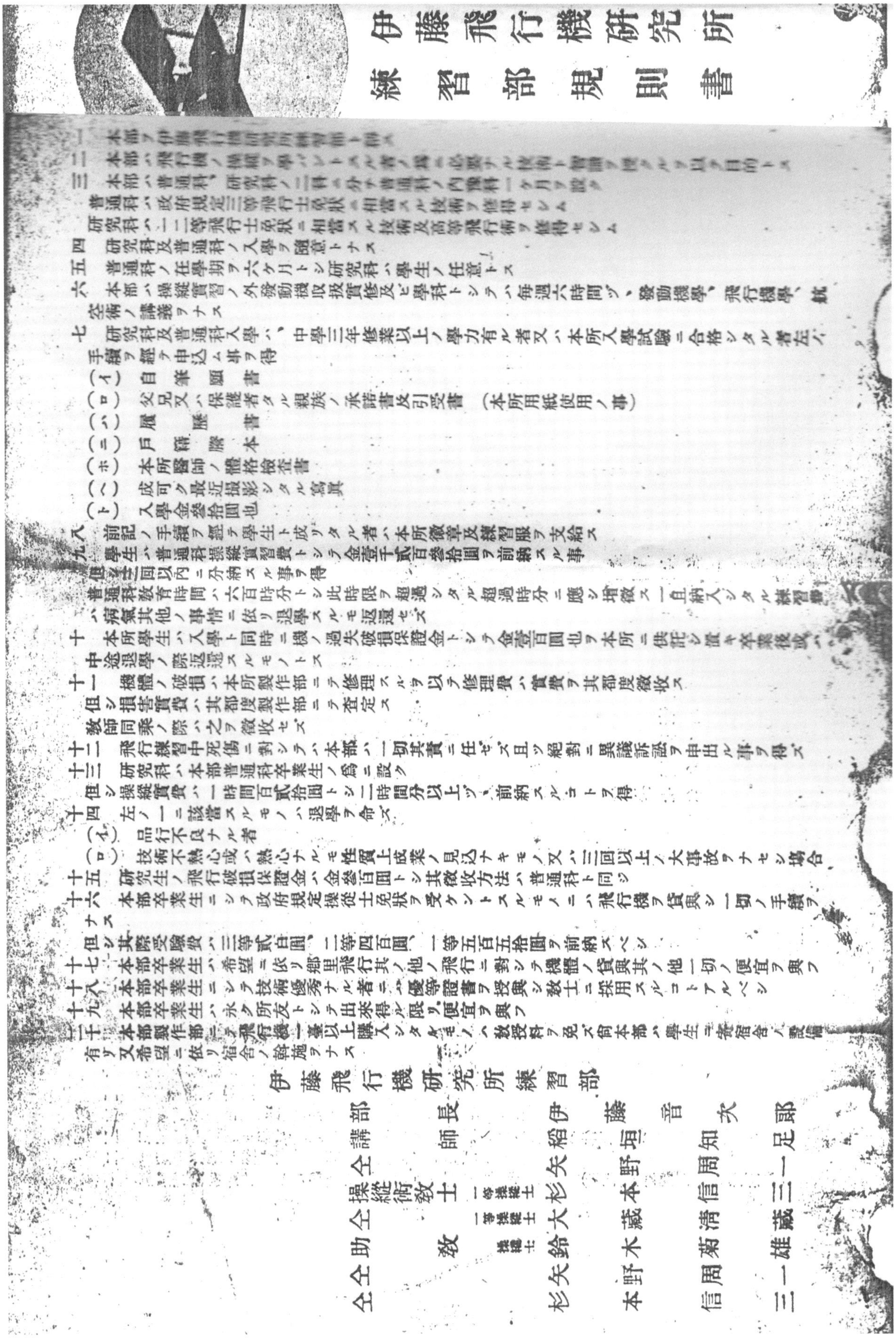

伊藤飛行機研究所
練習部規則書

一 本部ヲ伊藤飛行機研究所練習部ト称ス
二 本部ハ飛行機ノ操縦ヲ学バントスル者ノ為ニ必要ナル技術ト智識ヲ授クルヲ以テ目的トス
三 本部ハ普通科、研究科ノ二科ニ分チ普通科ノ内準科一ケ月ヲ設ク
普通科ハ政府規定三等飛行士免状ニ相当スル技術ヲ修得セシム
研究科ハ一二等飛行士免状ニ相当スル技術及高等飛行術ヲ修得セシム
四 研究科及普通科ノ入學ヲ随意トナス
五 普通科ノ在學期ヲ六ケ月トシ研究科ハ學生ノ任意トス
六 本部ハ操縦實習ノ外發動機取扱實修及ビ學科トシテハ毎週六時間ヅヽ發動機學、飛行機學、航空術ノ講義ヲナス
七 研究科及普通科入學ハ、中學三年修業以上ノ學力有ル者又ハ本所入學試驗ニ合格シタル者左ノ手續ヲ經テ申込ム事ヲ得
（イ）自筆願書
（ロ）父兄又ハ保護者タル親族ノ承諾書及引受書　（本所用紙使用ノ事）
（ハ）履歴書
（ニ）戸籍謄本
（ホ）本所醫師ノ體格檢査書
（ヘ）成可ク最近撮影シタル寫眞
（ト）入學金參拾圓也
八 前記ノ手續ヲ經テ學生ト成リタル者ハ本所徽章及練習服ヲ支給ス
九 學生ハ普通科操縦實習費トシテ金壹千貳百參拾圓ヲ前納スル事
但シ三回以内ニ分納スル事ヲ得
普通科教育時間ハ六百時分トシ此時限ヲ超過シタル超過時分ニ應シ増徴ス一旦納入シタル練習費ハ病氣其他ノ事情ニ依リ退學スルモ返還セズ
十 本所學生ハ入學ト同時ニ機ノ過失破損保證金トシテ金壹百圓也ヲ本所ニ供託シ置キ卒業後或ハ中途退學ノ際返還スルモノトス
十一 機體ノ破損ハ本所製作部ニテ修理スルヲ以テ修理費ハ實費ヲ其都度徴收ス
但シ損害實費ハ其都度製作部ニテ査定ス
教師同乘ノ際ハ之ヲ徴收セズ
十二 飛行練習中死傷ニ對シテハ本部ハ一切其責ニ任ゼズ且ツ絶對ニ異議訴訟ヲ申出ル事ヲ得ズ
十三 研究科ハ本部普通科卒業生ノ為ニ設ク
但シ操縦實費ハ一時間百貳拾圓トシ二時間分以上ヅヽ前納スルコトヲ得
十四 左ノ一ニ該當スルモノハ退學ヲ命ズ
（イ）品行不良ナル者
（ロ）技術不熟心或ハ熱心ナルモ性質上成業ノ見込ナキモノ又ハ三回以上ノ大事故ヲナセシ場合
十五 研究生ノ飛行破損保證金ハ金參百圓トシ其徴收方法ハ普通科ト同ジ
十六 本部卒業生ニシテ政府規定操從士免状ヲ受ケントスルモノニハ飛行機ヲ貸與シ一切ノ手續ヲナス
但シ其際受驗費ハ三等貳百圓、二等四百圓、一等五百五拾圓ヲ前納スベシ
十七 本部卒業生ハ希望ニ依リ郷里飛行其ノ他ノ飛行ニ對シテ機體ノ貸與其ノ他一切ノ便宜ヲ與フ
十八 本部卒業生ニシテ技術優秀ナル者ニハ優等證書ヲ授與シ教士ニ採用スルコトアルベシ
十九 本部卒業生ハ永ク所友トシテ出來得ル限リ便宜ヲ與フ
二十 本部製作部ニテ飛行機一臺以上購入シタルモノハ教授料ヲ免ズ尚本部ハ學生ニ寄宿舎ノ設備有リ又希望ニ依リ宿舎ノ斡旋ヲナス

伊藤飛行機研究所練習部

部長 伊藤音次郎
講師 稲垣知足
仝 矢野周一
操縦術教士 一等操縦士 杉本信三
仝 一等操縦士 大蔵清三
助教 操縦士 鈴木菊雄
仝 矢野周一
仝 杉本信三

『伊藤飛行機研究所練習部規則書(部分 裏面細則略)』大正13年(1924)版か？　[習志野市教育委員会 蔵]

㊟年月記載はないが裏面に『卒業生四拾貳名』とあり、卒業証書番号42号の小西(資15参照)は大13年４月卒業。ただし13年には、講師の稲垣は英仏、矢野は安岡と共に中国滞在中。操縦術教士の杉本は墜落事故がもとで６月に死去。

洲崎帰着記念写真　大正8年10月　東京〜大阪間懸賞郵便飛行競技会（山縣豊太郎が2等）[23] 参照
　命をかけて日々の飛行練習をこなし、一流の操縦士を目指す仲間たちの応援あってこその入賞。

（中列）　安岡君　　宮内君　　佐野君　　阿部(蒼天)君　中君　…　謝君
（前列）　久保田君　杉本君　　信田君　　　　山縣君　　稲垣君　　　照井君

小田桐君　柳原君

當時の練習生　大正10年頃
若者らしい屈託のない笑顔。

(右)昭和初年頃の青島次郎君
独立して静岡で青島飛行機研究
所設立⇒後、模型飛行機製造に
転身し成功。（現青島文化教材社）
[昭和41年家族より贈られた写真]

(左)昭和七年一月四日
新年初飛行記念
日本軽飛行機倶楽部
の練習生（昭和4〜
16年までに92名が免
状取得）、後列プロペ
ラ前が奈良原三次。
[41] 軽飛行機　参照

＊後に理学博士（昆虫学・セミ博士として有名）となった加藤正世が、津田沼での大正９年（1920）６月３日から約２年間にわたる練習生生活の各種エピソードを詳細に記している貴重な資料。

きっかけ 『小さい頃から好きだった昆虫の専門家になろうか、飛行家になろうかと迷った。…若い時でないとやれない飛行家になる事を決心した。…私は伊藤音次郎氏を深く尊敬していたので、津田沼行きを決した』＊帝国飛行協会の記者時代、飛行家になるため正規から嘱託の身分になった。

下宿生活 『伊藤夫人の案内で、通称「すし屋」という船大工の家に下宿することになった。その家には湯谷新君がいた。また私より少し遅れて大蔵清三君も同宿した。しかし私は次の年に、座敷でヘビをはわせていたのをお神（ママ）さんに見つかって逆鱗にふれ、家を変らなければならなくなってしまった。』＊「すし屋」は屋号。国道14号沿いの近隣（現鷺沼３丁目）に今も存在する。

楽しみ 『私たちはよくお互いの下宿に集っては、お汁粉会だの、豚汁会をやって楽しんだ。またトランプ、花札、連珠なども、おかげで相当な腕前になった。時には音楽会も開いた。張徳昌（韓国航空協会長）君が バイオリン、私がマンドリン、それに月琴を持って仲間入りする青年もあった。何の娯楽設備もないこの町のことなので、青年たちにも大変喜ばれた。』

練習方法 『三段階になっていた。初級はフランクリン１６馬力の滑走機で、テールをつけたままの直進練習。…直進が大変難しく、蛇行はおろか、くるりと一回りしたり、Uターンして勝手に出発点に戻ってしまうこともある。或る時など、途中でエンストしたので、降りてプロペラーを回して飛び乗ろうとしたところが、軽くなったのでどんどん走り出してしまい‥‥。（後に）大毎の名飛行家大蔵君も「どうして俺はこんなに下手なんだろう」と、練習を終えてぽろぽろ涙をこぼしたことがあった。…中級機は日野大尉が自式飛行機につけた２サイクル35馬力（ママ）。テール上げとジャンプがやれる。…上級組では、伊藤式カーチス90馬力の方へ入ることになった。…同乗飛行、座席交換、単独飛行と順調に進み、13日の金曜日で仏滅という日に卒業飛行を終った。』

干潟飛行場 『私たちの練習は、潮が引いている間だけ使うのであるから、時には朝四時ごろから始めることがあった。岸近くには潮が残っているので、ズボンをまくり上げて裸足で出て行った。冬はゴム長で氷を踏み割りながら沖へ行くが、乗る時には裸足にならなければならない。その時はつらかった。練習が終ると機体の掃除や手入れ、時にはエンジンのオーバーホール、新機製作の手伝いなどが日課だった。そして時々稲垣、矢野両技師の講義があった。』

操縦士試験 『卒業生は引き続いて航空局の操縦士試験を受けなければならない。課目は航空力学、航空機関、航空法規、技術は1000mからの滑空着陸、500mからエンストにして制限地着陸、8字形飛行の３科目だった。』＊加藤は３等飛行機操縦士試験を受験し合格

空の豪傑達 『その頃津田沼には期せずして空の豪傑が集まっていた。後藤勇吉、佐藤要蔵（章）、藤原延（正章）、飯沼金太郎、川辺佐見、高左右隆之、坂本寿一氏等の面々。アメリカ仕込みの高左右、坂本の両大先輩は、日本の免状がないと飛べないので、受験練習に来ていたのだった。』

楽しい思い出 『私は津田沼で約三（ママ）年間、伊藤音次郎先生の温情に育まれて巣立つことができた。その間の修行はすべてが楽しい思い出である。』＊失敗続きで上達しなかったが楽しい思い出。

注 加藤正世は、「飛行」大正10年４月号以降「練習日記」を連載。

多額の費用がかかる操縦練習

機体製作や発動機購入、ガソリンに整備費等莫大な費用を投じても墜落・破損すれば霧散する飛行機の世界故、飛行学校は１分間２円という高額の練習費を徴収。付近の民家への下宿代や生活費など資金が続かず断念した練習生も。

◆加藤正世「津田沼生活（練習日記）」詳細な練習記録

［初級］21日/60回 ＊直進 注１回当り練習時間・費用不明

［中級］21日/70回 ＊テール上げ、ジャンプ

［上級での「飛行」時間］＊上級で漸く空を飛べる。

・教官と同乗練習24回 ［123分半］
・座席交換から単独飛行まで32回 ［154分半］
・単独飛行後卒業まで ［48分］注数値の誤植修正。
・補習飛行 ［101分半］＊卒業直前の２ヶ月に８回。

上級 計 ７時間７分半（×１分２円＝855円）

＊この他11/29の卒業式後操縦士試験までの間実戦練習。

［「飛行」大正10年４月号 / 11年１月号・２月号より］

故郷に錦を飾る「郷土訪問飛行」の収支

故郷から期待と金銭的支援を受けて送り出されて飛行学校に入門、晴れて飛行家となったからには飛んでみたい故郷の空。昭和３年二等免状を取得した富山県東砺波郡（現城瑞町）出身の荒木清吉の場合、地元が後援会を組織し飛行機借用など訪問飛行にかかる多額の費用を賄ってくれている。「おらが町の英雄」なのだ。

［昭和３年９月14、15日 観衆5万人とも］

◆収入 2,611円43銭5厘也

（内訳）寄付金 富山市始め近隣各市郡から

◆支出 1,908円52銭也 収支＋702円余

（内訳）飛行機借上料、津田沼から鉄道運賃、ガソリン代、技師等謝礼、地均し費、設備費、宣伝費、接待費、雑費等々

［「富山民間航空史 越の国のイカロスたち」平木國夫、昭和64年/平成元年 富山新聞連載記事より］

仕事にロマンを求めるきみへ

『大正五年だったと思う。私のオヤジは村の鍛冶屋だった。その家から五里（約二十キロメートル）くらい離れた浜松練兵場で、当時"空の王者"といわれていたアメリカ人アート・スミスが曲技飛行を見せるというのを聞いた。うれしくてたまらず、オヤジの二銭銅貨を盗んで自転車に飛び乗った。

山を越え野を走り夢中で練兵場にたどりついてみると、入場料金十銭と、書いてあった。周りは板塀をめぐらして入れないので、太い松の木をみつけて得意の木登りでテッペンにあがり、下に枝を集めて主催者側からは見えないようにして、スミスが飛び立つのを胸をドキドキさせて待ったものだ。

スミス機は複葉機で推進式というのだろう、プロペラが後ろで回っていた。細いズボンをはいてハンチングを後ろ向けにかぶり、メガネをかけたスミスがいちばん先に乗って、宙返りや木の葉落としなどをつぎつぎにやってのけたのに、私はすっかりまいってしまった。彼にあやかり、学帽を後ろ向けにかぶって夢中でペダルをふみこんで家に帰ったものである。

それからが大変であった。寝てもさめてもスミスの幻が頭にチラついて仕方がない。竹で作ったプロペラを自転車の前に装置し、オヤジの鳥打帽に紙製のメガネといういでたちで村中飛び回った記憶がある。

十五歳のとき東京の自動車修理工場にデッチ小僧として入った。そこの主人が自動車のレーサーが好きで、私につくってみろという。そのころ、砲兵工廠にダイムラー・ベンツの６気筒を真似してつくったエンジンがあると聞き、それを仕入れて（GMの）ビュイックのフレームに載せたのはいいが、重過ぎて走らなかった。

いちばん進歩しているのは飛行機であると思い、十八歳のときだから大正十三年、すなわち大地震のあくる年に、伊藤音次郎さんの津田沼飛行学校に入った。海岸が飛行場だから、ひがたを利用して離着陸するのである。

カーチス、ノーム、リバテー、キャメロン、エーロマリン式といった飛行機のオイル、排気ガス、機体特有の匂いがたまらなく魅力的で、深々と吸い込んだものだ。そしてこんどは木の上に登らなくとも、飛行機の肌に直接ふれることができ、飽かずにいつまでも眺めることができた。

ところが田舎のオヤジから大目玉を喰らって、残念ながら一ヶ月半で退校しなければならぬ破目になった。ダルマではないが、

ころんでも起きなければ男がすたる。

津田沼飛行学校からカーチスのエンジンを払い下げてもらい、オークランドというアメリカ製フレームにとりつけ、苦心惨憺してやっと自動車のレーサーをモノにした。

洲崎の飛行場でのテストでは時速一〇〇キロをマークした。当時としては相当な性能だったといえるだろう。それ以来レーサーつくりが病みつきになってしまった。

いまヨーロッパでもっとも人気を博しているものの一つである四輪車のF－２レースでホンダが圧勝を続けているのは、その成果でもある。オートバイの世界グランプリ・レースでは今年も圧勝し続けていることはご存じのことと思う。』（「ホンダ社報 №.117号」昭和40年）

[「新装版 本田宗一郎からの手紙」片山修（編）平成19年刊 ＰＨＰ研究所 より]

門下生総数 151名＋α

世界のホンダの創業者本田宗一郎も、音次郎と似た道を辿った。スミスの飛行に憧れ、親に内緒で音次郎の飛行学校に入門してしまうなど、まさしく音次郎と同じ道ではないか。技術者としてのこだわりとロマンを生涯持ち続けたのも共通する姿勢だ。ただ、自動車の世界で大成功していく道のりは、音次郎にはない実業家としての優れた能力と、若干の運の違いだったかもしれない。近年、小型ジェット機「ホンダジェット」が優れた性能を発揮し、世界中の話題をさらっている。本田宗一郎が少年の日から持ち続けた夢を後輩たちが見事に実現したのだ。

音次郎の門下生たちも、きっと同じような感動を得、冒険の世界へと入り込み、命をかけて飛行家への道を突き進んでいったのだろう。そして、それぞれの道で活躍し、今日の航空界の礎を築いていったのだ。もちろん、それに倍する挫折者がいたであろうことは想像がつく。

◎練習生アラカルト

── 山縣亡き後も絶頂期は続く（大正10年　津田沼）[「第二征空小史　沿革略史」伊藤音次郎　より]──

『かくて大正十年に至るや、新進の練習生は、下は滑走組より上は卒業に近きものまで三十名に増加し、練習機もルローン日本製八十馬力を初め三臺を有し、新たに到着した自由型四百馬力及び山縣記念號に装置すべき獨逸製マイバッハ三百馬力の両機の新設計に着手したのである。』

── ㊟山縣記念號は当初マイバッハ300HP搭載で計画か？

猛練習で卒業した後、操縦士になるには当然ながら「実地試験」が必要 [大正10年(1921)以降]

音次郎や山縣等の活躍した航空黎明時代は法整備も完全ではなく、「勝手に飛行機を作り」「勝手に練習」「勝手に町の上空を飛行」という野放し？状態で、音次郎・山縣・後藤のような名人が生まれる反面、事故も多く危険極まりない状況だった。しかし飛行機の数も増え、事故もさらに増えていく中、安全な飛行機、優秀な操縦士を認定する画期的な制度が整えられた。大正10年3月18日附の内務省、陸軍省令の「航空取締規則」公布による航空機の堪航検査と航空機操縦士免許制度である。前者の堪航検査は、航空機の安全性を精査し使用許可を与えるもので有効期限は6ヶ月以内（十分な改造や整備をしてその都度検査を受けた）だった。後者の操縦士の免許制度は、安全に操縦するための技量を実地に試験するもので「航空機操縦士免許規則」も制定された。以下は、操縦士試験（三等）の概要である。

- 練習生たちが最初に受験した操縦士試験（三等）の概要（一・二等は略）「官報」第2613号（大10/4/20）より --
「体格検査（陸軍航空勤務者身体検査規則に準ずる）」「学科試験(略)」
「操縦術試験」①高度300m以下で長径1,000mの8字形旋回飛行連続2回の後、着陸又は着水
②高度1,000mより発動機を停止せず着陸又は着水し、試験官指定の長さ150m、
幅100mの圏内に停止　＊民間飛行学校ごとの認定と比べ標準化、数値化された。
③高度500mで発動機停止し、旋回降下の後、着陸又は着水
免状取得後、等級による航空機操縦の条件
三等飛行機操縦士免状ヲ有スル者ハ 地方長官ノ指定スル場所ヨリ五十粁(km)以内ノ場内ノ上空ニ於
テ自家用飛行機ノ操縦ヲ為スコトヲ得
二等飛行機操縦士免状ヲ有スル者ハ 自家用飛行機ノ操縦ヲ為スコトヲ得（地域・距離の制限なし）
一等飛行機操縦士免状ヲ有スル者ハ 運送営業用及自家用飛行機ノ操縦ヲ為スコトヲ得

三等の飛行には「自家用機での 50km圏内の制限」、二等の飛行には「自家用機のみの制限」、一等飛行機操縦士だけが「営業用の各種飛行機を利用しての飛行」が可能であり、旅客や運送、宣伝広告など職業飛行士への道が開かれていた。多くの二等、三等の若者たちには高額の練習費を支払った上、維持費のかかる自家用機を抱え（購入できなければ借用）細々と仕事をするしかなかったはずだ。何が何でも一等を目指したことだろう。また、二等までしか受験資格のない女性の自立には遠い飛行界でもあった。

伊藤飛行場（鷺沼）における練習状況と操縦士試験の例 [免許制度後の「大正10年5〜9月の日記」より]

『大正10年5月10日 安岡外二名藤原後藤体カク検査ノ爲メ上京ス』＊まずは「体格検査」から。
『5月11日 本日ヨリ航空局ヨリ新造機及飛行士發動機験(ママ)査初マル 十時頃山本外五名來…本日ハ
藤原機小栗機川西機ノ機体験(ママ)査ヲナス 後藤滑走二回直線二回 成績良シ 関口氏嬉(ママ)ブ』
＊3月18日公布だが実質2ヶ月遅れで施行された模様。航空局からは山本、関口航空官など5名で来
所し、飛行機の堪航検査(伊藤飛行機製と川西製の機体)と後藤勇吉の操縦士試験を実施。
『5月20日 謝試験飛行後追風の爲メテンプク破損 夜九時半迄夜業 修理ニツトム…謝三等ナレバスグ
クレル。二等ナレバ高度二千米突ニテ一時間ト野外飛行ヲヤリ直ストノコト』＊転覆が痛いミス。
『5月29日 坂本君ノ練習費一分一円五十銭ニテ極(ママ)める』＊万国飛行免状を持つ初期の飛行家の坂
本寿一や高左右隆之が学び直して日本の試験を受けるため音次郎のもとに入所。練習費は顔で格安に。
『5月30日 五時高左右君ヲ起シ坂本君ト練習ニ行ク』＊早朝のこと近隣はさぞうるさかっただろう。
『7月16日 練習ヲ見ル 湯谷小田桐8字飛行トスイッチ切ルコトヲヤラセル』＊音次郎所長自ら指導。
『7月29日 今朝小田桐、湯谷、大辻君千米突ニ上昇 スロットルシテ目標地ニ着陸 之レニテ卒業トス』
＊伊藤飛行機の卒業試験は、国の三等試験の内容をクリアすることのようだ（国の試験対策か？）。
『9月21日 十時頃山本大尉來場 後チ二課長來（汐引かず）湯谷飛ベズ』＊その都度局から試験官來場。
『9月22日 風ナギ雲多クナッタガ湯谷受検(ママ)ニハ丁度ヨカッタ』＊航空局から試験官、課長も来て
操縦士試験実施、湯谷は三等に合格。大辻は翌年4月合格、小田桐は右目弱視のため試験受けられず。
悲喜交々の操縦士試験模様が毎回、毎年繰り返され、門下生が次々と巣立っていくのだった。

操縦士試験不合格、が何と2割も！ [鷺沼で隣にあった鈴木飛行研究所（帝國飛行学校）の場合]

『一年に20人ぐらい勉強に来ていたが、学科と実地の両方合格しないと操縦士の資格はもらえない。
約2割の人が受からなかった。そういう人は、家からお金をもってきて遊んでいて熱心にやらない
人です。一人前になるまでにはずいぶん苦労したものです。』　[鈴木菊雄夫人談　資10 参照]

- 116 -

28 音次郎の多彩な交友録①

飛行機仲間・ライバル・門下生、誰をも引きつける魅力

稲毛、津田沼(鷺沼)を通じて、実に多くの飛行家たちが音次郎と交流を図っている。それは音次郎の穏やかな人柄、頼まれたことには損得抜きでやり通す心意気、そして確かな操縦・設計・製造技術の持ち主だったからだろう。アルバムにも広い交友関係を示す、多数の飛行家と飛行機が登場している。

＊アルバム掲載の人物のみ紹介。

玉井清太郎

苦難を共にせるキャメロン25馬力　大正五年秋

＊(上の左右、下の左)は日本飛行学校関係写真。

日本飛行学校生まれる
大正五年　玉井清太郎君
多年の苦心漸く実る

【玉井清太郎】相羽有と共同で羽田に日本飛行学校を創設。大正6年5月自作の3人乗り玉井式3号機で東京訪問途上芝浦海岸で墜死24歳。特撮の円谷英二は飛行学校生徒だったが教官玉井の死で退校し映画の道へ進む。[49 幻の映画化構想 参照]

飛行機
仲間・
ライバル
たち

新鋭をほこるグラハムホワイト型　ノーム50HP
大正5年頃の飛行家たち　後列(左)相羽有(右)玉井

【相羽有】玉井の死後、日本初の自動車学校設立。後に飛行学校復活、東京〜下田定期航空輸送営業。

梅田式(一葉半機)　大正5年稲毛　アンザニー25HP
㊟アルバムには「稲毛に来た土井式飛行機」とあるが誤り。

【梅田勇蔵】東京の縮緬商で飛行機製作に凝る。矢野周一らに力を借り3号機でジャンプ程度飛行。

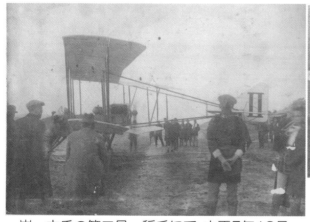

岸一太氏の第二号　稲毛にて　大正5年12月
原愛次郎設計、宗里悦太郎工作主任で製作。

岸一太氏剣号(3号機)井上武三郎氏操縦　大正六年
【岸一太】医学博士で耳鼻咽喉科医。5年に自作の岸式ルノー70HP発動機搭載のつるぎ号を製作、1時間12分飛行。航空機製作所を起こすも失敗し、倒産。

『12日 ツルギ號ヲ見ニ行ク(稲毛での試飛行失敗の模様をつぶさに見て原因を分析し、日記に詳述している)』

*中島式5型

藤原氏の中島式　津田沼にて　大正九年
【藤原正章(延)】大正4年極東五輪自転車競技優勝。
門下生。恵美6型燕号始め、軍払い下げの中島式
などを購入するが度々事故を起こした。

門下生
と
協力者

*小栗式カーチス・ジェニー

右；中正夫氏　八日市飛行場
【中正夫】慶應在学中に音次郎の依頼で「第二
征空小史」編輯。心からの航空ファンで航空
評論家。日本航空界の生き字引と言われた。

㊟秋田県民贈　佐藤墜死で乗ることは叶わなかった。

*恵美24型㊟「概要一覧」では260HP

佐藤章氏の秋田号　マイバッハ320HP　大正10年
【佐藤要藏(章)】大正6年初飛行の年に民間高度
記録。8年懸賞郵便飛行優勝。
10年津田沼でアキラ号飛行中練習生と共に墜死。

山縣の
ライバル
たち

*中島式6型

水田氏の乗機　中島式リバティ・ホールスコット200HP
【水田嘉藤太】陸軍操縦生出身で民間初の宙返
り成功。中島飛行機の試験操縦士。後に水田
飛行学校創設。練習飛行中に墜落、重傷、引退。

マニア
と親友・
空の猛者
たち

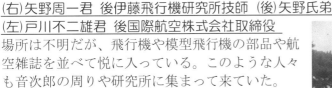

当時のマニア　大正三、四年頃　㉞参照
(右)矢野周一君　後伊藤飛行機研究所技師　(後)矢野氏弟
(左)戸川不二雄君　後国際航空株式会社取締役
場所は不明だが、飛行機や模型飛行機の部品や航
空雑誌を並べて悦に入っている。このような人々
も音次郎の周りや研究所に集まって来ていた。
（右）昭和十六年九月　三保松原ニテ航空野武士會
群雄割拠する民間航空黎明期、我こそはと任ずる
空の猛者たちが「航空野武士會」を結成、後々ま
で友情を育んでいった。日記に記された参加者は
大いに飲み喰い、笑い、話す。『奈良原先生/渡辺/
原/相羽/亀サン(北尾)/小栗/豊間/川辺/根岸/武二
郎/長一/青島/飯沼』『9月23日　記念写真ヲ取ル
…愉快ナ一日デアッタ』　　　(右)奈良原氏揮毫

亜細亜航空学校航空神社　飯沼金太郎君
親友として切磋琢磨した。　㉛参照

昭和十六年九月　三保松原ニテ航空野武士會

日本民間飛行家

姓名	本籍地	現住地	生年月日	飛行技術修得ノ場所	飛行免狀種類及番號
伊藤音次郎	大阪市南區恵比須町三ノ一五	千葉縣津田沼町鷺沼區一四四〇	明治二四、六、三	千葉縣稲毛海岸白戸飛行練習所	白戸榮之助認定
井上武三郎	岡山縣	東京府下赤羽	同右	陸軍	臨時軍用氣球研究會長修業證書
飯沼金太郎	千葉縣佐倉町内中尾余町二四	埼玉縣所澤町日吉町杉田屋旅館	明治二〇、七、二三	飛行免狀五九三號佛國陸軍	臨時軍用氣球研究會長修業證書
磯部鉄吉	石川縣金澤市材木町四ノ五二	麴町區平河町四ノ一三	明治一〇、八、一四	獨逸ハ二スタール飛行場佛國シ	飛行免狀五九三號佛國陸軍
星野米三	東京市赤坂區田町七ノ三	支那山東省青島大阪町二	明治二四、一二、九	米國紐育メイし島又スロン飛行學校	飛行免狀二三一號（米國飛行倶樂部發行）
小栗常太郎	愛知縣知多郡牛田町	埼玉縣蕨町	明治二九、九、八	米國カーチス會社	臨時軍事氣球研究會長修業證書
尾崎行輝	三重縣渡會郡	東京市	明治二三	米國カーチス飛行學校	同右九〇八號
川上親孝	東京府下代々幡大字初臺六三五	埼玉縣所澤町有樂町七〇三	明治三一、八	行場外二	同右九〇八號
田中六郎	長野縣小縣郡中鹽田村二八八	臺灣			伊藤音次郎認定
高左右隆之	大阪市東區博勞町一ノ二	日本橋區松島町二六	明治三一、二、七	米國カリフォルニア、サンセット飛行場外二	同上 三一五號
中澤幾之介	茨城縣那珂郡	東京市	明治二、六、二	米國カルブオルニアドミングス飛行場外二	萬國飛行倶樂部發行番號不詳（米國航空倶樂部發行）
海野銀藏	東京市	大阪市南區鹽町一ノ一九	明治三六、九、二二	同右	同右
野島豊太郎	廣島市京橋町八九	千葉縣津田沼町鷺沼區一四四〇	明治二九、九、一二	米國	伊藤音次郎認定
山縣豊太郎	徳島市大字前川町四八ノ二	市外澁谷町中澁谷六七九	明治二七、二、一四	千葉縣津田沼町伊藤飛行機研究所	伊藤音次郎認定
馬詰駿太郎	市外澁谷町中澁谷六七九	神戸市三ノ宮三ノ一一五	明治一八、八、二五	佛國陸軍飛行學校	佛國飛行免狀三七〇〇號
藤原正章	神戸市三ノ宮三ノ一一五	千葉縣津田沼伊藤東飛行機研究所	明治三一	千葉縣津田沼伊藤東飛行機研究所	同
後藤正雄	本籍地ニ同ジ	群馬縣尾島町日本飛行機製作所	明治二五、九、二〇	同	臨時軍用氣球研究會長修業證書
後藤勇吉	宮崎縣東臼杵郡延岡町大字南町五六二	群馬縣尾島町日本飛行機製作所	明治元、二二	同	同
阪本壽一	大阪府	大阪市	明治三一	米國	
佐藤要藏	山口縣那珂郡	群馬縣新田郡太田町	明治二三	所澤	所
水田嘉藤太	秋田縣仙北郡金澤西根村家萩澤	群馬縣新田郡尾島町	明治三三、二	陸軍	臨時軍用氣球研究會長修業證書
白戸榮之助	岡山縣御津郡牧石村大字玉相一	千葉縣千葉町寒川村新宿	明治三三、一	陸軍	同
滋野清武（男爵）	大阪府	目下佛國巴里ニアリ	明治三、四	佛國陸軍飛行學校	佛國陸軍飛行免狀（佛國）萬國飛行免狀三四一號（米國）
茂呂五六	福井縣鯖江町下深江一四五	箕川崎造船所兵庫工場飛行科	明治三三、四	米國紐育ロングアイランド、ミネオラ飛行場及佛國飛行學校	萬國飛行免狀（佛國）萬國陸軍飛行免狀（米國）

【備考】

右は必らずしも確實なる調査に基くものに非らず、又詳かならざる點も尠からず、顧はくば直接御當人若くは御知合より誤りた正し不祥の箇所を確實なる御知らせ下さることを希望す。然らば時機を見て再び訂正せるものを發表せむ。

日本民間飛行家　「帝國飛行」第5巻第1号（大正9年1月）　航空図書館 蔵

民間航空黎明期の民間飛行家一覧。既に命を落としてしまった武石、荻野、玉井等を除いても錚々たる野武士たち。このうちの多くが稲毛や津田沼で練習し、音次郎と親交があり日記にも度々登場する。

書簡と写真、日記から見る交友　二宮忠八、徳川好敏···

常に誠意を持って人に接する音次郎は、大先輩たちや師、ライバルたちにも頼られていた。一方、経営者として政治家や軍上層部へ接近を図るなどの努力も欠かさなかった。そんな様子を音次郎宛の書簡とアルバム写真や日記から垣間見る。［書簡、アルバム写真　伊藤家 蔵］

(皇族) <u>大正十四年一月十一日(ママ)山階宮殿下臺臨</u>

海軍航空隊に属し、「空の宮様」とも言われた山階宮武彦殿下(中央)は合計4度、秩父宮殿下も1度伊藤飛行場を訪れている。　『大正14年1月11日(ママ)山階ノ宮殿下台臨　晝食ヲ召サレ…三時頃還啓サル』『1月23日　12(ママ)二山階宮殿下三度目ノ台臨アリタリト 光栄至極 大二気持ヨクナル ［あまたゝび 台臨を得し 晴やかさ］』

＊1月10日夜〜2月7日には、東北・北海道での飛行場開設や新聞輸送計画等交渉のため留守にしていた。1/11分1/23分は後で書いている。㊟台臨は11日か？12日か？

『同年（大正六年）八月山階宮殿下親シク御臨場御下問ノ榮ヲ賜ハル』　㊟日記では8月21日
『大正九年七月秩父宮殿下御臺臨金一封ヲ賜ハル』　㊟「第二征空小史」には『6月 御微行にて成らせらるゝ』
『大正十二年四月山階宮殿下再度御臺臨ノ光榮ヲ辱フス』　㊟日記では3月30日　└㊟御微行＝おしのび
『大正十四年一月及五月二回二亘リ御臺臨ヲ賜ハル』㊟写真の1月11日　㊟日記では5月8日

［「伊藤飛行機株式會社概要」昭和13年 より］

(大先輩)

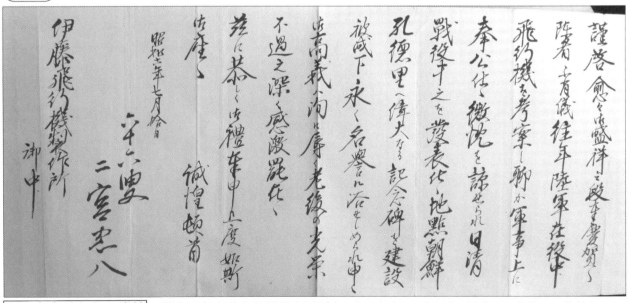

◆二宮忠八からの書簡　昭和6年(1931)7月10日付　㊟二宮忠八の御子息顕次郎氏の代筆の可能性あり。
［朝鮮孔徳里の二宮忠八記念碑(顕彰碑)「合理飛行機發祥之地」建立の報告］

『謹啓　愈々御盛祥之段奉慶賀候 陳者不肖儀往年陸軍在役中飛行機を考案し聊か軍事上に奉公仕候 微忱を諒せられ 日清戦役中之を發表仕候地點朝鮮孔徳里へ偉大なる記念碑を建設被成下 永く名譽に浴せしめられ申候 御高義ハ洵に辱く 老後の光栄不過之 深く感激罷在候 茲に恭しく御禮奉申上度 如斯御座候　誠惶頓首　昭和六年七月拾日　六十六叟　二宮忠八　伊藤飛行機製作所御中』

二宮忠八が陸軍在役中に飛行器(機)を考案、明治27年に上申書と図面を大島混成旅団長宛提出した(長岡外史少佐により却下される)朝鮮京城竜山孔徳里の地に、後日「合理飛行機發祥之地」記念碑が

航空界有志の手により建設された(昭和6年6月30日除幕式)
ことの報告。除幕式典10日後の丁重な文面から、音次郎がこの
記念碑建設に関わった可能性もあるが詳細不明。記念碑は韓国
ソウル市内の孝昌公園にあったとの研究報告もあるが現在は所
在不明。[Web「京城元町の顕彰碑」参照][3]参照]

(右)「合理飛行機發祥之地 記念碑」前にて
左から二人目；二宮忠八 昭和7年4月
感慨ひとしおであったろう。[宗教法人 飛行神社 蔵]

◆徳川好敏からの書簡 昭和11年(1936)4月24日付
[音次郎からの歴史的な発動機寄贈に対する礼状]
『謹啓 春陽の候益々御隆昌の段奉大賀候 陳者當校内に設置
中の航空記念館備付用として 貴所御秘蔵のホールスカット八
十馬力及日野式三十馬力發動機各一臺御寄贈被下 昨日難有拝
受致し候 手入の上飾付致し候はゞ 記念館に一段の光彩を添
ふる事と職員一同大いに喜び居り申し候 右取不敢芳志御礼迄
申述度如斯御座候 敬具
昭和十一年四月二十四日 所澤陸軍飛行學校長 男爵 徳川好敏
　　伊藤音次郎殿』

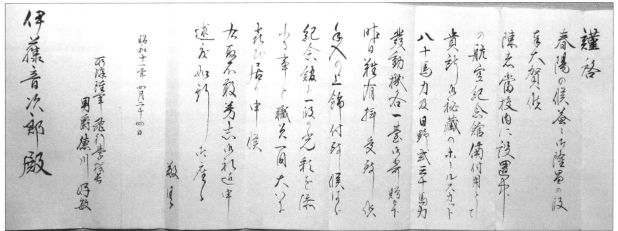

　徳川好敏が校長を務める所沢の陸軍飛行学校に設置中の航空記念館備え付けとして、伊藤飛行機研
究所所蔵の歴史的発動機二台(ホールスカット80馬力、日野式30馬力)を寄贈した事への礼状。
　明治43年12月の日本初飛行を間近で見た上、飛行術の極意を伝授(立ち聞きだったが)された憧れの
大先輩のために、伊藤飛行機研究所初期の飛行機に搭載した歴史的発動機を喜んで寄贈したのだろう。
『2月17日 近藤少佐ニホールスコットニサイクル寄贈ノ手紙…出ス』
＊ホールスコット80HP＝恵美3型水上/9型/13型他に搭載 [18]に詳細]
＊日野式30HP＝地上滑走用練習機に搭載され多くの練習生を育てた。

◆徳川好敏からの葉書 昭和15年(1940)10月10日付 [詫び状]
『拝啓仕候益々御健勝御活躍の段皇国航空の為慶賀の至りに不堪候扨
御客来楽しみに御待申上居候処相憎病気臥床仕り居り誠に失礼申上候
御依頼之件認め御送り可申上候両三日にて全快仕事と存じ居候先之御
請旁失礼御詫申上度如斯御座候時節柄御自愛御活躍之程切に祈上候
　　　　　　　　　　　　　　　　　　敬具 十月拾日』

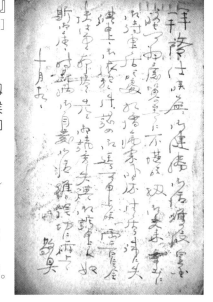

「お出でいただくのを楽しみにしていたが、病気のため会えず失礼し
ます。御依頼の揮毫は送付します(概要)」とのお詫びの葉書。
　日記には、揮毫依頼の経緯と揮毫文面が記されている。
『10月18日 徳川サンニ電話スル 風デ寝テ居ルガ奥様デ宜シケレバ
御目ニカヘルトノコトニ更ニ奥様ニ会見ヲ申込ミ…ニ時徳川家訪問
奥様ニ揮毫帳ヲ預ケテ帰ル』＊伊勢在住の徳川氏宅訪問し揮毫を依頼。
『10月28日 徳川閣下ハ 航空報國 ト書イテアッタ』＊揮毫が到着。

◆日野熊蔵と語らう音次郎

音次郎と日野熊蔵とは、直接、間接に様々なつながりがあった。

① ［明43年］19歳で上京した直後、代々木練兵場で日野の日本初飛行を目撃　┌ ㊟TMは鳥飼の会社

② ［大4年］『5月12日　TMニ行キグレゴアト日野式ノ設計ヲタノマレ日野式ノ寸法ヲ取ル』
白戸用の旭号設計・製作の直後、鳥飼所有の日野式30IPとグレゴア45IP搭載機の設計を頼まれる。

③ ［大6年］『2月24日　車ニテ日野大尉千葉ヨリ來ル　今白戸ノ處ヘモ寄テ來タトノコト。ヤハリ元気ダ　相変ラズ發動機ヲ研究シテ居ル由　砲兵工廠ニテ目下百二十、百六十ノ設計ガ出來居ル由。例ニヨッテ、ニサイクル奨勵デアッタ　即チ小時間小馬力　今少シ具体的ニスレバ四五時間百馬力迄ナレバニサイクルノ方ヨシトノ意見デアッタ。』稲毛に来所、持論の2サイクル発動機を熱く語る。

④ ［昭11〜16年］萱場資郎が構想、日野がペーパーモデル作成、木村秀政(戦後YS11構想)が設計、(萱場式無尾翼機HK1型←日野の頭文字)伊藤飛行機㈱で製造・試飛行。　［無尾翼機の詳細は ④ グライダー参照］

⑤ ［没後の昭41年］日野氏の胸像建立に音次郎が尽力。　［8 参照］

＊もっと多くの出会いもあっただろう。情熱の塊で世渡りが上手とは言えない日野熊蔵とどこか共通点のある音次郎とは話も弾んだのではないだろうか。　[8][42]参照］

『昭和10年(1935)12月18日　出席者井上幾太郎大将　徳川好敏中将　日野熊蔵中佐　金子養蔵少将　熊永純雄大佐　横田成年博士　奈良原男　田中舘愛橘博士ト自分　外ニ東日ヨリ　重役二名　福知羽太大蔵　以上ニテ　徳川日野両氏飛行廿五周年記念ノ会開カル・・・談笑スル様ナ思出話モアリ　時間の過ギルノモ忘レラレタ様子デ十時散会　アッセン役ノ近藤兼利少佐モ出ラレ・・・』［日記より］

＊徳川中将と日野中佐の昇進に大きな差が。

(上)伊藤音次郎　日野熊蔵氏　　㊟航空二十五周年＝明43日本初飛行

(右上・下)航空二十五周年記念　東日主催　昭和十年十二月十八日　星ヶ丘茶寮

徳永氏　奈良原氏
金子少将　横田博士　近藤兼利氏　福知新治氏　不明　大蔵清三氏

井上大将　田中舘博士　伊藤音次郎
徳川好敏氏　日野熊蔵氏　不明　不明　羽太文夫氏

錚錚たる出席者たち（伝説として語り継がれる飛行家や学者、軍人）
『田中舘先生外ニ約束ガアルノデ先キニ當時ノ思出ト将来ノ飛行ニツイテ御話アリ』［日記より］

◆中島知久平、中島式飛行機の写真が音次郎アルバムに＊ライバルといっても会社は雲泥の差。

(上)中島式飛行機の誕生（大正９年頃）
(右)中央；中島知久平 海軍時代（年代不詳）

　音次郎は、中島式飛行機の写真を何枚もアルバムに貼っている。性能の良い伊藤式恵美号を差し置いて中島式に軍から大量受注があったことには不快感をもっていたようだが、ライバル機として記録していたのだろうか。手作りの民間機一筋の音次郎は、軍用機には興味がないものの会社存続には受注が必要であり軍への接近を試みたが、中島ほどの政治力とコネを持たない音次郎にはほとんどなすすべがなかった。大正10年からは軍の安価な中古機払い下げ政策で『修理工場と化す（略年譜 大正13年分）』とこぼしているように新たな発注は途絶え、修理や改造が主となり大正末からの苦難の十数年間を迎える。一方、中島飛行機は大企業となり軍用機を大量生産していく。[中島飛行機の台頭は 37 参照]

◆航空黎明期のレジェンドたちと「航空野武士會」を結成　[28 参照]

　大正時代に活躍した飛行家たちは、束縛を嫌い、自分の思う飛行機を作り、飛びたいように飛び、時には墜落、と危険極まりない日々を過ごしつつも新しい技術を開発し、新しい事業を起こしていく。そして、「我こそは」「ライバルに負けるものか」という強い対抗心と、そこから生まれる友情でつながっていたのだ。「航空野武士會」という名称にも彼等の強烈な自負がこもっている。

昭和十六年九月二十三日 三保神社々前

（左から）
川辺佐見
相羽 有
豊間 靖
飯沼金太郎
渡部一英
奈良原三次
小栗常太郎
原 愛次郎
北尾亀男
井上長一
井上武三郎
伊藤音次郎
根岸錦蔵
青島次郎

昭和十六年（1941）九月二十三日 航空野武士會 三保神社々前
日記には懇親の楽しい様子が長文で詳細に記されている。

（政財界）　◆佐渡島英禄からの年賀状　昭和31年（1956）　[6] 19歳で上京・ [資1] [資2] 参照

『御はかき難有う、誠＿御無沙汰してゐます　航空界愈都市輸送になり感慨無量です　今日航空情報十一月号、何処からか送り来り貴殿の近影写真を拝見　なつかしく拝見しました』

　少年期からの庇護者である佐渡島英禄とは長い付き合いだ。大阪の有力商人であったが決して大企業とはいえない英禄にとって援助は大きな負担であったに違いない。時には援助を断るなど厳しい態度も見せた。しかし常に音次郎を気にかけ励まし続けるのだった。引退後成田で農場経営にあたっている頃、航空雑誌に掲載された音次郎の写真を見て喜んでいる。

◆大隈信常からの書簡　[34] 参照

大正11年（1922）10月8日付

[写真寄贈の礼状]『謹啓時下益々御清適奉賀候偖而　過日は早稲田大學を通して誠に見事なる且つ珍らしき写真一葉御寄贈に預り難有頂戴仕り候　就而は永く家宝として保存可仕候　右甚だ延引仕り候へ共書状を以て乍署儀御礼申上候』＊写真一葉＝右の航空写真か？
㊟早稲田大学歴史館等関係機関にも同一写真所蔵

【大隈信常】
大隈重信の養子　侯爵
政治家　早大名誉総長
大日本東京野球倶楽部
代表取締役会長

（右）大正10年頃東京市街航空写真　早稲田大學（伊藤飛行機研究所空中写真部撮影）

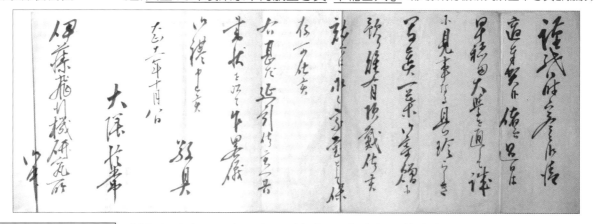

◆安藤正純よりの書簡　昭和11年（1936）7月5日付 [長男信太郎の航空事故死へのお悔やみ状]

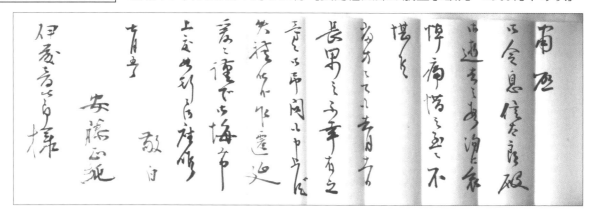

『粛啓　御令息信太郎殿御逝去之段洵に哀悼痛惜之至＿不堪候　当方＿ても去月十一日長男之不幸有之旁々御弔問も申上ず失禮仕候乍遷延爰＿謹で御悔み申上度如斯＿御座候』
＊大正11、12年の東西定期航空会発足の際には、朝日側で積極的に推進してくれた。互いに長男を亡くすという不幸を抱え、出す方も受け取る方も辛い書簡である。[信太郎昭和11年6月7日死去]

【安藤正純】元東京朝日新聞編集局長　政治家（この頃は政友会幹事長　戦後文部大臣等歴任）

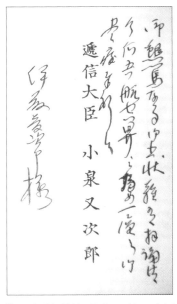

◆小泉又次郎からの書簡　昭和6年（1931）4月7日付
［音次郎からの礼状に対する返信］『御懇篤なる御書状難有拝誦仕候
今后吾航空界之為め一層之御尽瘁 奉祈候 遞信大臣 小泉又次郎』
　門下生の上仲鈴子が航空行政を所管する遞信大臣から招待され、音次
郎は丁重な礼状を出したようだ。『4月3日 クラブ上仲鈴子、東亜ノ川
辺愛子、小泉遞信大臣ニ招待サレ帝国ホテルニテ午餐ヲ受ク』
【小泉又次郎】濱口内閣と第二次若槻内閣で遞信大臣（昭和4〜6年）。
　義侠心があり刺青大臣の異名をとる。小泉純一郎元総理の祖父。

陸海軍　◆井上幾太郎との交流［津田沼航空神社御神体の揮毫依頼］
【井上幾太郎】初代航空部本部長　陸軍大将　帝國在郷軍人会長
　井上が航空部本部長時代、中島式の大量発注、軍用機の民間への安価
な払い下げにより、音次郎たち中小製造企業は苦境に陥ったのだった。
そんな過去のしがらみにもかかわらず、予備役となった井上に近づき、
団長を務める大日本青年航空團に数台のグライダーを納入することに成
功 [42参照 写真あり]したり、各種の揮毫を願ったりしている。下記は伊
藤飛行機（株）講堂に飾る額文字の依頼である。また、別に個人用の画帳にも揮毫してもらっている。
『昭和12年9月8日（青年航空団修了式で）井上大将ト会談後講堂用ノ額ヲ書イテ貰フコトヲ約束ス』
肝胆相照らせたとみえ、翌日帰途の列車で仕事や世間話にとどまらず禅の話なども語り合った模様。
『昭和12年9月9日（上諏訪からの帰途）井上大将ト同列車トナリ 二等車ニノリカエ甲府迠二時間語
リツヅケ 色々航空界ノコト局ノコト禅ノコト、航空界ノ古イ人ノ話シナド出ル』
『昭和15年10月29日飛行館二行キ…井上大将居ラレタノデ行ッテ懇談ス 尚揮毫帳ヲ預ケテ帰ル』
　そんな中でも特筆すべきは、津田沼航空神社の御神体とする御神木の揮毫を依頼したことである。
『昭和15年10月8日十時自動車ニテ御神木ヲ積ミ出カケル 途中墨汁ト菓物ヲ買フノニ二時間カヘリ
中野ヘ丁度十二時着 食事ヲスマセ十二時五十分井上大将宅ニツク 御不在ニツキ預ケテ帰ル』とあり、
新たに建立し11月1日に祭祀予定の津田沼航空神社の御神木に揮毫（山縣等初期の殉職者8名の氏名
を記載）を依頼しており、井上大将は快く承諾し揮毫していただいた。 [31 鎮魂 参照]

◆上原平太郎よりの書簡①　昭和6年（1931）8月8日付［軍衣袴着用写真懇望に対する返信］
『口上　御約束の件軍衣袴着用の写真尋ね候へ共今に見付か
らず　正装の分本日見付出し候間之にて御間に合せ被下度
御用済後返却を願います　拙筆二枚御送り致候間御取捨被下度
候　延引の段御許容を請ふ　上原生　伊藤様　至誠通神』
＊資料無く推測だが、6年4月21日付（発足は4年12月）での
日本軽飛行機倶樂部顧問就任にあたり、額装あるいは冊子用
の写真を音次郎が懇望したのだろうか。㊟軍衣袴＝ぐんいこ

◆上原平太郎よりの書簡②　昭和6年10月3日付
　［陸軍の発動機払い下げ仲介依頼への返信］　＊38 p165に詳細
『拝啓益々御勇健慶賀の至に存候扨アンザニー35HPの件内
偵致候処三四台なれば払下可能ならんとの事に付き航空局の
方へ払下出願するものなり就而者六日（火曜）午前十時頃飛行館
に御待可致候間御来会被下度児玉大佐に大兄を引合せ従来の
感情を捨て気持能く援助を頼む
事に致度候　以上』
＊安価な払い下げ機により苦境
に陥った音次郎だったが、今は
喉から手が出る程払い下げ発動
機が必要なのだ。予備役とはい
え影響力のある上原中将に航空
局への仲介を依頼。お陰で局と
の関係も改善、アンザニー払い
下げを得、倶楽部機の製作へ。

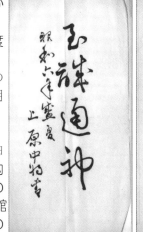

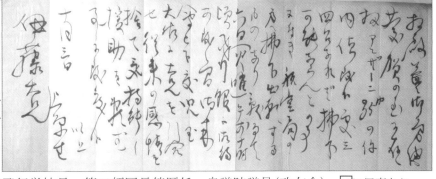

【上原平太郎】陸軍中将　陸軍飛行学校長　第20師団長等歴任　衆議院議員（政友会） 41 に写真あり

航空界の長老として帝国飛行協会副会長を務める長岡中将とは各種の会議や競技会で顔を合わせ親交を深めていたようだが、倶楽部創設の節には大いに助けてもらっている。

『昭和4年11月16日 長岡氏会見 クラブ名誉顧問ノ諒解ヲ得』長岡中将の名誉顧問就任で、12月日本輕飛行機倶樂部創設。

『昭和6年2月16日 長岡氏二面會。会長ノ件ヲ頼ム 例ニヨリコトワル 予定通リ他ニ物色スルコトトナル。』＊予想通りの反応、奈良原会長は既定路線。

『昭和6年4月21日 クラブノ役員初会合…長岡氏ヨリ会長ヲ推撰シ奈良原氏会長トナリ外役員ヲ指名決定』実質的には4年12月スタートだが、この日会長以下役員が揃い倶楽部の態勢整う。[役員名は 41 軽飛行機に活路 参照]

【長岡外史】陸軍中将 臨時軍用気球研究会初代会長 国民飛行協会創設 帝国飛行協会副会長[日清戦争中、二宮忠八の「飛行器研究上申書」却下、その後飛行機の有用性、二宮の先見性に気づき直接謝罪し飛行機の普及に努める。

◆長岡外史を通して著名な作家・俳人の巖谷小波に日本輕飛行機倶樂部歌の歌詞添削を依頼

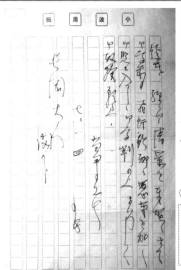

紙 用 波 小

＊倶楽部歌の歌詞および巖谷の添削は、[41 軽飛行機に活路を見出す]に掲載。

(左)昭和6年7月14日付 長岡中将宛の巖谷小波からの書簡(音次郎へ転送)

『復啓 弥々ご清栄を奉賀候 さて御高示の飛行歌 聊か愚草を加へ御覧入申候 御高判の上よろしく御取捨願上候　　　当用のみ謹言
七、一四 小波　長岡大人閣下』＊達筆な書簡である。

倶楽部体制を少しでもよりよくしたい音次郎は、倶楽部員の士気を高める倶楽部歌の歌詞(原詞奈良原)の添削を何と著名な作家、俳人の巖谷小波(明治3年〜昭和8年)に名誉顧問の長岡を通じて依頼する。

＊41の二女惠美子の述懐にもあるように、倶楽部内では所員、工員、練習生たちに日常的に歌われ口ずさまれるなど大いに親しまれていたようだ。

㊟依頼の経緯は日記にもなく不明。長岡のつてであったのかもしれない。

㊟本章および他の書簡類は利用許諾済み。

◆軍関係者、ジャーナリストとも親交

大正八年春 阿部蒼天氏 井上仁郎中将

【阿部蒼天(康蔵)】元朝日新聞記者[研究所支配人として大阪謝恩飛行や巡回飛行など経営に助言][19 謝恩飛行参照]

【井上仁郎】陸軍中将 臨時軍用気球研究会発足時からの委員（大正5年に会長）

音次郎の広い交友を物語る書簡類 [大正〜昭和戦後]

【団体(航空・行政)】	玉井藤一郎	高石晴夫(毎日)
日本航空協会	坂本壽一	航空ファン
日本グライダー協会	宗里その(悦太郎夫人)	
山岸重孝(航空局)	白戸はつ(榮之助夫人)	【門下生・所員】
全日空	佐渡島イマ(英禄夫人)	井上長一
友納武人(県知事)	豊間　靖	肥田木文雄
川上紀一(県知事)	小川　格	張　德昌
習志野市役所	水野哲夫	田中不二雄
	伊藤治郎	広中正利
【航空関係】	中　正夫	佐藤幸吉
松尾静麿(日航社長)	都竹鐵三郎	伊藤参吉
美土路昌一	飯沼睦彌(金太郎子息)	
（全日空・朝日社長）	坂東舞一	【軍関係】
木村秀政	平木國夫	井上幾太郎
及位ヤエ	航空50会	安満欽一
小川良作		有川鷹一
志鶴忠夫	【ジャーナリスト】	柳下重治
渡辺三郎	村山長擧(朝日社長)	（順不同）
相羽　有	郡　捷(毎日)	＊本文中に掲載分は
太田喜八郎	小泉恵一(河北新報)	除く。[伊藤家 蔵]

＊紙幅の関係で多数の書簡や写真の中から一部のみを掲載したが、航空界のみならず各界の数多くの人物と交流があり、音次郎の交友関係の広さを物語っている。また、書簡等を通じて推定に過ぎなかったことの裏付けがとれると共に新たな事実も明らかになった。歴史的資料の強みである。

＊未公開の書簡類は上記のように多数残存している。今後、日記・アルバム写真等と照合しつつ書簡の調査を進めることで音次郎の広い人脈や新たな側面、航空界の新事実が明らかになるかもしれない。今後の調査課題である。

㊟書簡類については、音次郎の孫の西村美和氏(本書監修者)が音次郎の遺品の中から発掘、丁寧に分類・整理された。

師を生涯敬い続けた音次郎が編集した奈良原アルバム

19歳で上京して以来、所沢・稲毛の地で民間航空黎明期のスター奈良原三次に師事した音次郎は、突然の引退から十数年後に現れた師を元のように遇する。零落した奈良原に生活の支援をし、日本軽飛行機倶楽部会長のポストを用意した。奈良原は再び航空界で活躍し始め、音次郎を信頼し肉親に宛てるような内容の書簡を送っている。

[奈良原については ⑤ ⑥ ⑨ ㊶ 等 参照]

<u>厳父繁氏　奈良原三次氏</u> 薩摩藩士として維新の動乱を切り抜け、後に静岡県令、沖縄県知事、貴族院議員等を歴任した父には頭が上がらなかった。琵琶の腕前は、『昭和5年12月7日 晝(昼)休ミニ「ビワ」ヲ聞カサレタ 自分モ初メテデアッタ 鈴木ハ感心シテ聞イテ居タ』

<u>敬子夫人　三次氏</u>
<u>大正七年 目黒時代</u>
<u>九月三十日襲爵記念</u>

＊音次郎アルバムには敬子夫人と記載されているが、平木國夫「すばらしき飛行機時代」では愛人の福島ヨネ(27歳)とある。敬子は通称か？（ヨネを奈良原夫人けい子クンと報じた九州日日新聞大正元年12月5日付もある）

<u>奈良原式第二号にて飛行（所沢にて）</u>
<u>民間最初の飛行</u> ＊国産機初飛行を記念して。
<u>明治四十四年五月五日記念撮影</u>　（1911）

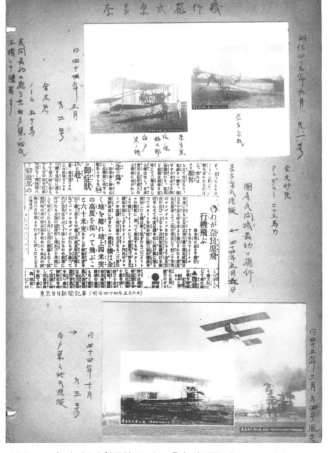

後年、音次郎が編集した「奈良原氏アルバム」

(左)奈良原式第二号仮組立 明治44年 奈良原邸にて

＊奈良原式飛行機(器)の新聞記事を見て感激した明治42年から
大正2年奈良原の引退までの経緯は[5][6][9][10]を参照。

大正3年 師奈良原への「失望」と「敬愛」とに揺れ動く心

　大正2年(1913)末頃、奈良原の突然の引退で飛行家に
至る道への梯子を外された形の音次郎たちには苦難の道
が待っていた。[10]参照]音次郎は奈良原に対する失望感、
不信感が沸々と湧いてきたが、一方では師を慕い気遣う
気持ちも起こってくるのだった。

＊大正2年の日記欠落 奈良原引退の経緯は不明。突然と記したが声明を出した訳でなく、自然に離れていったようだ。

『大正3年1月行事 奈良原氏白戸氏ノ行動ニ注意シ身ヲアヤマラザルコト』師、先輩への不信感溢れる。
『1月1日 奈良原氏へ年始 得ル處ナシ』この頃『終日模型作リ』と度々書いているように飛行会も
　機体整備もなく無為な日々を過ごしていた。帰阪のため1月3日にも旅費借用に行ったのだが・・・。
『1月17日 約束ニ付本日朝食後奈良原氏宅ニ旅費ヲ取リニ行ク 然ルニナンゾー昨日鹿児島ニ出發シ
　何事モ云ヒ残シ居ラズト アヽヌ一杯喰ワサレタコトカ。センナシ 今ハ只ダ無言ノ外ナク・・・』
『1月22日 奈良原氏ヲ訪フ…金ナシト云フ…朝鮮ノ勘定ニ付テハ 富山金沢へ行ッタ時ニ相済ミ居ル
　筈ニテ、白戸ガゴマカシタルナラントノコト 余ハアキレテ言ノ出ズル處ヲ知ラズ』 飛行会の手当を
払わず白戸のせいにする態度に腹が立つより呆れ…にも
拘わらず師の境遇を気にし盛んに手紙を出すのだった。
『2月18日 岩川氏へ奈良原氏ノ近況ヲ聞ク爲手紙ヲ出ス』
『2月20日 寫眞ヲ送ル』 『2月21日 端書ヲ出ス』
『大正5年6月4日 奈良原氏ノ近況ヲ聞クコトヲ得タリ
　相変ラズ困難ナル由 一度尋ネ見ンコトヲ決ス』
『大正6年1月27日 奈良原氏ニハ千葉ヨリ送金スルコト
　ニ決シ』師の窮状を見かね経済的支援に踏み切る。
『大正10年3月30日 (航空局より表彰された)後チ白戸
　稲垣三名ニテ奈良原氏ヲ訪ヒ賞状ヲ見セテ挨拶ニ行ク
　夫妻共ニ大嬉(ママ)ビデ歓迎サレタ』心から喜んでくれた
　奈良原三次、かつての師弟の絆が再び蘇るのだった。
『4月15日 奈良原氏ニ贈ルベキ時計白戸ト村松へ注文ス』
　白戸と共に、記念の時計を特別に誂え師に贈呈する。

零落時代の昭和3年、帝国飛行協会
より民間航空界貢献に対し表彰さる

昭和4年(1929) 直昇飛行機(オートジャイロ?ヘリコプター?)模型写真と共に8年振りに意気揚々と現る

昭和二年(ママ 四年)奈良原氏考案ヘリコプター模型　昭和4年8月10日に奈良原が持参した写真か。
＊飛行機風の胴体に小型の補助翼と十字に交叉する回転翼に牽引式のプロペラ・水平＆垂直尾翼装備。

大正7年に男爵家を引き継いだものの、山師的な各種事業に失敗、財産の大半も愛人も失い貧困状態？に陥っていた奈良原が、1枚の直昇飛行機の模型写真と共に音次郎の前に突然現れたのである。

㊟「日記」には、大正10年4月26日に音次郎等3人の受賞記念の時計を留守宅に届けて以来8年間記述のなかった奈良原が、昭和4年8月10日に来場した記述が久々に出てくる。「アルバム」「日本民間航空史話」「略年譜」等には全て昭和2年としているが「日記の昭和2年/3年」に奈良原の記述は出てこない。久し振りの師との再会を日記に記述しなかったとは几帳面な音次郎からは考えられない。記憶違いではなかろうか？ それとも忙しくて書き漏らしたのか？

『昭和4年8月10日 奈良原氏來場 直昇飛行機ノ件ニツイテ イスパノ三〇〇トローンハ〇ヲ拂下テ貰ッタトノコトデアッタ』㊟この日以降、昭和4年に4日、翌5年54日、6年114日も『奈良原氏来場』の記述。
＊8年振りの再会は意外な現れ方。旧知の航空局に手を回し軍の発動機を取得しているとのこと。

『8月27日 奈良原氏來場 イヨヽヽヘリコプターヲ作ルコトニナッタカラ、アブロノ胴体ヲ譲ッテ貰ヒタイトノコトデアッタ 明後日カラチョイヽヽ來ルカラトノコト』㊟現れたばかりを意味するのでは？
＊その言葉通り連日来場する。時には昔と同様に後援者や取り巻きらしい人物を率いているが、その後援者の資金が続かず、また構造上の問題もあり、計算や設計も結局音次郎に丸投げ状態で、さらには奈良原が太平洋横断飛行計画(頓挫)に夢中になり、直昇飛行機開発は自然消滅してしまう。
なお情報管理も甘く、奈良原自ら記者に話し昭和6年5月23日には新聞報道されてしまう。[下記]

『昭和6年1月31日 奈良原先生ノ重心安定装置出來テ、試験ス ドウ考ヘテモ、感心出來ナイモノダ 昨夜ノ新聞記者來 ペラペラ何ニモカモ皆シャベッテ仕舞シタノニハアキレタ』
『3月29日 奈良原氏來場 直昇翼ニツキ相談 トウヽヽ計算ヲコッチデヤラネバナラヌ事トナル』

毎日新聞千葉版
昭和6年5月23日
千葉県立中央図書館 蔵

滑走場を要さない直昇飛行機製作 [右新聞記事]
奈良原男發明のオートヂャイロン器を・・・
『津田沼町伊藤飛行機製作所にては目下奈良原男爵の發明に依る直昇飛行機組立を急いで居る右はオートヂャイロンと言って從來の如く大面積の滑走場に(て)滑走する必要なく機上翼上に十字形の相互に内(面)へ回轉する装置のプロペラが据へ付けられエンヂンを掛けクランクをふみローに入れるとエーヤ壓搾にて回轉し直ちに機は直昇離陸するのであって目下イスパノ三百馬力機に取付中であるが又た同機には是れも同男爵の發案なる重心安定器を機体中心へ取付け(て)ゐるので機体の動揺等を防ぎ昇降等にも非常に便良く是れに依り墜落も防止されるとのこと(で)おそくも七月始めには試運転の初飛行を行ふ由である。』
―― ㊟まだ空想の世界の発明をここまで詳細に語るとは…

㊟直昇飛行機について各種資料で音次郎はヘリコプターと書いているが、奈良原談話を元にした新聞記事にはオートヂャイロンとある。両者は似て非なる構造の機体だが？
ヘリコプターとは 動力により回転翼を直接回転させ揚力を生み出し直昇する。[1901年 独・本格飛行1936年 独]
オートジャイロとは 動力で前部のプロペラを回転させて直進し、その気流を駆動装置のない回転翼で受け揚力を生み、短い距離でも上昇、飛行できる。[1923年初飛行 スペイン]
奈良原式直昇飛行機 『発動機から回転翼への駆動装置[略年譜]』とありヘリコプターと同じだが、前のプロペラと回転翼とを発動機で同時(或いは切り換えて)に回す構造か？
また、『エーヤ(空気)壓搾にて回轉し[新聞記事]』とは前のプロペラで発生する気流(エーヤ)で回転翼を回すことを意味するのだろうか？それならばオートジャイロと同じだが。いずれにせよ、複雑な構造の直昇飛行機のようだ。

音次郎、奈良原のヘリコプターを語る
[「伊藤飛行機研究所略年譜」より]
昭和2年(ママ) 『大正二年に航空界を引退された奈良原三次氏が後援者と共に東京事務所に現われ 氏の考案になるヘリコプターの試作を頼まれた。』㊟昭和4年の日記には来場(津田沼工場のこと)とある
昭和4年(ママ) 『奈良原のヘリコプターは後援が続かず 回転翼と胴体は出来たが、最も重要な発動機から回転翼への連動装置が進まず遂に其ままとなり完成を見るに至らなかった。』
＊日記の記述から、突然の出現は昭和4年、ヘリコプター断念は6年頃と思われる。

零落(『三河島の貧民窟に住んでいる[市井の生活のこと]』奈良原談)したとは言え、創作意欲は衰えていなかった。ただ、発想は優れているものの設計図も無しの思いつきに近いものだった。さぞかし頼まれた音次郎も設計や製造に苦労したことだろう。案の定、肝心の動力問題が解決せず未完のままに終わる。

再会した頃から、音次郎の奈良原への支援が本格的に始まる。千葉県市川市に借家を見つけたり、生活物資を世話したりしている。最大の支援は、長年温めてきた計画の「日本軽飛行機倶樂部」会長に奈良原を据えることだった。これ以降の奈良原は、国産機初飛行を成し遂げた伝説の飛行家の矜持を胸に、音次郎を心配させるほど軽飛行機やグライダー普及など会社（伊藤飛行機製作所）のため航空界のためにと全国を飛び回り八面六臂の大活躍をしている。　[41] 軽飛行機・[42] グライダー　参照]

奈良原の活動を支えた交際費や小遣いの捻出に苦労する貧乏経営者音次郎　昭和7年1〜2月を例に

　昭和6年（1931）4月21日付で日本軽飛行機倶樂部会長に就任してもらった奈良原への手当の有無は不明だが、自由気儘に行動する師に度々5円、10円…と用立てている。男爵家の御曹司として育った奈良原にとって、金はどこからか湧いてくるものであり周りの者がお膳立てするものであったのだろう。そんな奈良原の期待に応えるべく、借金に追われ自転車操業の音次郎は日記に愚痴をこぼしつつも、涙ぐましい努力をして金をかき集め、手渡すのだった（結果的に奈良原の知名度は大いに役立つ）。

『昭和6年8月28日　帰途奈良原氏ニ立寄リ途中デ買ッタ心臓ノ薬ト云フノヲ展ケ…』
　＊このところ体調の良くない師の体を気遣う記述が度々現れる。
『昭和7年1月11日　昨日奈良原氏來場　三円豊田ニ借リテ渡シタ由』＊軽飛行機倶樂部第1号練習生
『1月19日　市川ニ行キ奈良原氏ニ　五円置イテ一時半帰宅』
『1月23日　奈良原氏カラ米代ノ話シ聞ク　十円トノコトデアッタガ　今日ノ拂ヒヲシタラ　七円程シカ残ラナイノデ五円ダケ御渡シス。養命酒モ買エナカッタ』　『1月26日　奈良原氏來…十円渡ス』
『2月3日　奈良原氏來　明日上京費トノコトデアッタガ、アイニク横須賀カラー五式ガ今朝ツイタノデ運賃ニ支拂ヒナカッタノデ、クラブヲ調ベタガナク、宗里ヘヤッタガ取レズ。鈴木モナク　川辺不在ヤット門松カラ五円借リテ　二円奈良原氏　二円ヲ霞ヶ浦ノ関根ニ渡ス』
　＊日本軽飛行機倶楽部の手持ち金は底をつき、宗里悦太郎（船橋の第一航空学校　経営）に貸した金は何度請求しても返して貰えず、鈴木菊雄（門下生　津田沼の帝國飛行学校経営）もなく、結局倶楽部員である門松栄（後日墜死）に借金してまで工面するのだった。㊟1〜2月で9回計50円也、多いのか少ないのか？
『2月5日　奈良原氏來　米ガナイトノコトニ工場ニモ少シモナク猪又ヨリ十円借リ内五円渡ス』
　＊猪又は廃品回収業者。苦しくなると飛行機部品を売却しており、今回は自分の生活費にも5円。

銀紙飛行機献納運動とグライダー普及に
猛活動時代の奈良原氏　昭和十年（1935）
東日記者／奈良原氏／グライダー設計家山崎好雄氏
＊銀紙飛行機献納運動　軍用機製作のため鉛
　含有の煙草の銀紙等を収集し献納する運動。
＊山崎好雄　音次郎がグライダー設計を依頼。

日独伊親善協会会長小笠原閣下喜寿祝賀会 18年7月7日
昭和十八年　戦時交通、食糧困難の中を同協会講演旅行に東奔西走せられた為め健康を害する事甚しく遂に十九年七月十四日逝去せらる（後列左端奈良原氏）

〜補　足〜[23] の補足「山縣飛行士殉空之地」碑　台座碑文　＊奈良原は石碑碑文と共に台座碑文も記した。〜
『山縣豊太郎君は明治三十二年九月百太郎氏の次男として廣島に生る資性温健謙讓然も豪毅果断十六歳志を立て、東京に出て叔父鳥飼繁三郎氏に寄り身を航空界に投ず大正四年二月稲毛に伊藤飛行機研究所創設さる、や所長伊藤音次郎氏に師事して飛行機の操縦及製作を習得し大正六年第一回卒業生首席として飛行免状を授與せらる爾来技愈々熟し出藍の譽高く東京大阪間最初の郵便飛行同區間周航六百三十哩飛行等の競技に優勝し又民間最初の曲技飛行家として其天才的技倆を發揮し後輩を指導して夥数の優秀なる飛行士を養成す大正九年八月二十九日曲技飛行中空中分解の為め愛機恵美號と共に此の地に玉砕す我航空界の第一人者として國民的稱讚を受けたる君は航空界に幾多の大功績を残して遂に逝けり時に享年僅に二十三官民同人今猶は惜しまさるはなし建碑に當って其昔を偲ふ嗚呼』　　㊟31年生、三男
〜『昭和15年7月9日　奈良原氏來　山縣記念碑碑文下書キ出來拝見ス　ヨク出來テ居タ（日記より）』㊟大正四年一月〜

奈良原男爵胸像 昭和15年（1940）
記念にこの絵はがきも作成し配布した。

二千六百年記念に奈良原氏へ胸像を贈る　昭和十五年十一月
奈良原之門下生　白戸栄之助　伊藤音次郎　川辺佐見　1940

　奈良原へのわだかまりは既に消え、師を深く敬愛する音次郎は師の胸像を作るため発起人に同門の白戸や川辺を引き入れ、着々と計画をたてる。＊人の好い音次郎は、一時は怒ってもすぐ許すのだ。
　『昭和11年5月22日 奈良原氏來　午後三時ヨリ同氏銅像寄附金ノ発起人タル承認ヲ得ル爲メ白戸ヘ行ク』
　『昭和15年8月20日 奈良原氏六十一ノ時贈呈スベク計畫シテ居タ胸像　航空三十年記念トシテ本年贈呈スベク立体写眞ヘ行キ五割青銅製ニテ注文ス　別ニ一個自家ヘ残ス爲メタノム』
　『昭和15年11月1日 航空神社祭…二時半頃ヨリ挙行　先ヅ奈良原氏ニ胸像贈呈　終ッテ祭典…』
　津田沼航空神社の遷座祭（10月31日夜）翌日挙行の祭典の前に「航空三十年（明治43年　奈良原式1号機飛揚実験／日野・徳川大尉日本初飛行）」を記念し、多数の航空関係者の参列する中、胸像を贈呈するのだった。［津田沼航空神社建設・遷座は 31 鎮魂 参照］

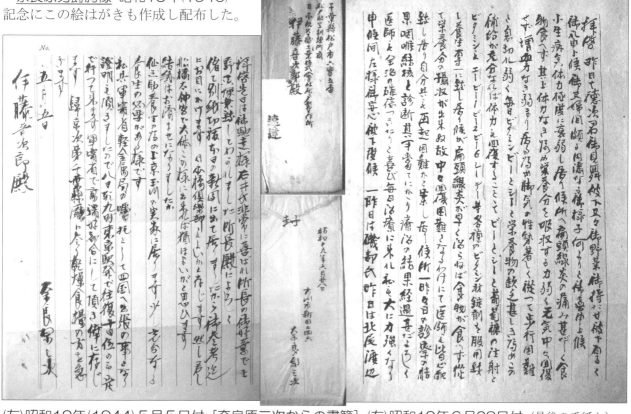

（左）昭和19年（1944）5月5日付［奈良原三次からの書簡］（右）昭和19年6月28日付（最後の手紙か）

（左）御馳走になった御礼と共に、音次郎の二男徳次の結婚式場の心配をしている。祖父になったような心持ちなのだろうか。また、自身が「軍需省軽金属局の嘱託」として10日間程四国へ出張する事など近況を伝えている。この頃は既に体調もかなり悪くなっているはずなのだが・・・。
（右）絶筆となった書簡3枚中の1枚目。師に対し誠心誠意尽くす音次郎には奈良原も心を許し、速達の手紙で自身の体調の悪さを詳細に書き綴っている。『小生病気体力極度に衰弱し居り候所へ扁桃腺炎の痛み甚だしく食物食えず　其上体力なき為め栄養分を吸収する力弱く　元気中々回復せず増血力なき弱まり居る為め脚気の性勢著しく従って歩行困難・・・』と弱音を吐き、手紙の2枚目では『病気もまだ長引き候事　故安居静養の爲め飛行機かグライダーの座席御取はづし・・・一個御貸与被下る様御願申上候　あの座席によりかゝり居れば如何にからだが樂に相成る事かと存じ候』と、座椅子代わりの飛行機座席を所望している。まるで息子や弟など肉親相手のように無防備で、音次郎に対して思い切り甘えてさえいるのだった。＊奈良原はこの手紙の二週間後の昭和19年7月14日逝去。享年68（満67）。

31 鎮魂 大空に散った人々

飛行機事故 それでも飛び立つ挑戦者　明治末～大正

日本の航空黎明期は、輸入飛行機の操縦や自作の飛行機製作・操縦など、まだ確かな技術に裏付けられたものとは言えず、見よう見まねの面もあった。そのため、数多くの有能な飛行家たちが命を失うこととなる。しかし、その悲しみを乗り超え教訓に学び必死で操縦技術を向上させ、安全で高性能の飛行機を作り、本格的な飛行機時代へと入っていくのだった。信心深い音次郎は「津田沼航空神社」を創建し航空犠牲者の御霊を祀り静かに祈り続けた。

黎明時代の航空事故発生件数

発生年 大正	航空機事故件数			死亡者数		
	民間	海軍	陸軍	民間	海軍	陸軍
2(1913)	1	0	1	1	0	2
3(1914)	1	0	1	1	0	1
4(1915)	1	2	0	2	4	0
5(1916)	1	1	1	1	2	1
6(1917)	4	1	2	5	1	2
7(1918)	2	2	3	2	3	4
8(1919)	2	3	4	2	4	5
9(1920)	3	1	3	4	2	4
10(1921)	4	1	4	5	2	4
11(1922)	3	4	7	3	5	11
12(1923)	5	4	5	7	6	5
13(1924)	4	6	6	6	17	9
14(1925)	2	8	5	2	11	6
15(1926)	6	9	6	9	14	9
合計	39	42	48	50	71	63
	90			134		
	129件			184名		

[「交通ブックス304 日本の航空機事故90年 大内建二著 交通研究協会発行」平成15年 成山堂書店 より]

悲しみと悔しさを胸に抱えた音次郎

音次郎アルバムには、山縣の事故を始め数々の悲惨な飛行機事故の現場写真が30枚近く貼付されている。愛弟子や友人、ライバルたちの事故を忘れないためなのだろうか。音次郎は山縣や長男信太郎、教え子たちの事故死を後年まで悔やみその悲しみをいつまでも引きずっていた。

昭和42年76歳で記した『私の人生』[50 参照]と題した原稿用紙2枚の文章では『長年の航空生活で卒業生中航空事業や悪夢の大戦で沢山の犠牲者を、又私の長男初め人様からお預りした御子様を練習中に亡くした事で、今も毎日仏壇に向って御冥福をお祈りしております』と結んでいる。

㊟アルバムには凄惨な写真もあったが掲載は避けた。

*左記129件の主な事故原因(推定を含む)内訳
・操縦未熟42件(過度な操作による失速含む)
・エンジントラブル25件(エンジン停止による失速含む)
・飛行中の失速16件(突風による失速含む)
・空中分解14件(材料の品質管理や製造技術の未熟)
・空中衝突10件(軍用機の空中戦訓練による)　他

黎明期の事故原因の多くは、まだ操縦や練習方法、材料の品質管理や製造技術、強度試験などが確立されておらず未開発であったことに起因する。安全な飛行機開発を心懸けていた伊藤飛行機研究所も例外ではなく、翼金具破損による山縣の墜死(大正9年)を始め多くの死亡者、負傷者を出している。

黎明期の主な飛行機事故（掲載写真以外）

明44年 森田新造 自作機滑走中初の観客人身事故
明44年 徳川大尉 (所沢～川越間)　ブレリオ機
　　　*新語「不時着」誕生　初の飛行機事故
大元年 近藤元久 海外(米)での邦人初の死亡事故
大2年 木村・徳田陸軍中尉　初の死亡事故
　　　(青山練兵場～所沢への帰路)ブレリオ機
大2年 武石浩玻 民間初の死亡事故　カーチス機
　　　(米国から帰国直後、京都での公開飛行中)
大4年 荻田常三郎ら民間人2名死亡 ソルニエ機

▼明治四十二年仏人ル・プリアール氏グライダー相原海軍大尉搭乗 自動車曳航引綱切れて忍池にドブン大尉無事 仏大使館附武官が田中舘愛橘博士の教えで製作の竹製複葉滑空機で公式滑空。[我国初の滑空](引綱付のため反対論も多く、若き音次郎も明治42年12月11日の日記に『全ク紙タコ(凧)式デ自動車デ引キツヽ其勢ヒデ昇ル』と冷ややか)次いで搭乗の相原大尉が初の滑空機事故を起こした。

　日本初飛行半年後の明治44年(1911)6月9日、徳川大尉は所沢〜川越間無着陸往復飛行中に発動機停止、麦畑に着陸しようと試みたが車輪が畦に衝突し逆立ちとなり破損。この時、新聞記者が知恵を絞って生み出したのが「不時着陸(不時着)」という新語で、現在も使用されている。なお、羽布張りの翼が大きく、木製で軽い機体は、上空で発動機が停止してもうまく滑空できれば樹木の上にふわり？と「着木」することもあった。樹上から回収、破損した箇所を交換し再び飛行できたという。

　しかし、長閑な不時着や着木ばかりではないのが現実。構造計算や強度試験などの知識や技術も進んでいない上、僅かの滑走練習を経た後に手探りで飛行することも多かった。木材と布が大半の機体は上空で発火や分解することもあった。専門家の稲垣知足設計の恵美14型に搭乗の山縣でさえも、連続3回転という曲技飛行での急激な負荷により主翼の金具折損⇒主翼大破、墜死している。

　大正10年(1921)3月航空取締規則が公布され「飛行機検査による堪航証明書交付」と「資格試験による操縦士免状交付」が始まり、飛行機製作や操縦技術での初歩的な原因の事故は減少したものの、飛行回数の激増や高速・長距離・大量輸送時代を迎え、犠牲者数が減ることはなかった。

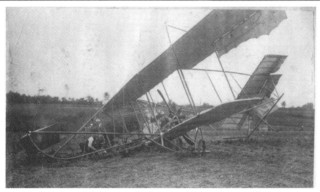

▼練馬に不時着せる会式三号機　大正2年6月
　飛行士数、飛行回数の多い軍の事故は増加する。

▼上諏訪町田甫に不時着　ラジエター漏水の為
　大正5年巡回飛行　音次郎の操縦。　[15] 参照]

▼五十米突(メートル)の高度にて発火　大正初期
　無事着陸せるモ式　於 所沢飛行場にて

▼八年六月　大阪城東練兵場にて福永(ママ)機飛行
　城東側の寺の木に「着木」飛行機は恵美二号

▼(右)大正9年4月21日「東京大阪無着陸周回競技」に遅れながらも発せる飯沼機は神奈川県大山山腹に衝突　飯沼金太郎氏は両大腿骨々折重傷なりしも約一ヶ年で全快された　使用機ハ中島式在米同胞号　二百二十馬力

　山縣が新記録で優勝した大会での事故。音次郎と後藤は大会終了後現地へ捜索に駆けつけている。

『4月21日 山県ノ機西空二見エシ時飯沼氏相州大山二墜落セリト…悲嬉(ママ)場二満ツ…飯沼氏重傷トノ報アリ 後藤君ト九時四十分發ニテ出發…飯沼君二同情スルト同時二自分ノ好運ヲ何者ニカ感謝セズニハ居ラレナイ気ガシタ』逆もまたあり得た事だろう。

　重傷を負った飯沼金太郎は一時音次郎のもとに身を寄せた後、画家を志すも航空界に復帰。中島知久平の支援を受け事業家として成功、「亞細亞航空学校・機関学校」を設立するなど再び活躍する。

▼(左)大正五年三月二十日 上野海軍博覧会祝賀飛行に参加せる海軍モ式水上機帰途厛の門上空にて空中分解 西久保明舟町 町田陸軍少将邸屋上に墜落 阿部中尉・頓宮大尉即死 ＊都市上空で初の航空機事故だったが、巻き添え事故や火災が発生しなかったことが不幸中の幸い。

▼(下)佐藤要蔵(章と改名)、助手武石信三(ママ)と共に墜死
伊藤式恵美19型章号 チューリン120HP 大正10年

⑭津田沼航空神社合祀英霊名では新蔵

「第一回東京〜大阪郵便飛行競技」優勝の佐藤は、地元秋田県民から期待を込めて寄贈された恵美24型秋田号での郷土訪問は叶わなかった。

┌─ 上空から墜落を目撃 「初期のパイロットの思い出」加藤正世 ─┐
『たしか1921年ごろの11月3日だったと思うが、久々田(津田沼)小学校の運動会の日、私と佐藤要蔵氏とその上空を飛んでいた。そのとき佐藤氏はしきりにらせん降下をやっていたが、あまりにも角度が小さい。もっと下げないとあぶないと思いながら、外側をまわっていると、果せるかな、きりもみになって地上に激突、一瞬炎と化して、武石助手と共に昇天してしまった』[日本民間航空史話]

▼巻き添えで民間人死亡
津田沼航空神社合祀英霊名に『廣瀬チカ 昭7、8、14 呉成玉氏墜落の際地上にて下敷となる』と悲惨な事故記録が残る。日記では川辺佐見の東亜飛行専門学校所属の呉が甲式三型空輸中に鷺沼の民家へ墜落『区民中ヤヘゲキコウシテイルモノモアッタ』と最悪の事態となる。他人事のような川辺に代わり音次郎が一時遺族や住民と折衝をした。

東京日々新聞
大正10年11月4日付

佐藤章、武石信三の
両飛行家墜死す
津田沼伊藤飛行場にて練習中
旋回の刹那突風に襲はれて―
惨状目も当られぬ現場

六間も跳ね飛んで
機體諸共燃え上る

千葉県立中央図書館蔵

佐藤章氏墜落現場 大正十年十一月三日

▼藤縄英一氏 試験飛行に濃霧の為め全速のまゝ海中につっ込む 鷺沼海岸沖合 大正十年十二月十五日 二等試験練習中

▼長男信太郎の死 昭和11年
跡取りとして期待していた!!
『4月2日 信太郎モスノスケッチヲ初メテカラ物事ニ熱心ニナッテ來タ…コノ調子デ進デ呉レタラ學校ヲ出ル頃ハ相當役ニ立ツ者ニナルダロウ』そこに信太郎がいない寂しさ。
『6月21日 庭ノ芝ノ植替手入レ…以前カラ信太郎ニ手傳ワセテヤルツモリガツヒニ一人デヤラネバナラナクナッタ』

惜まるゝ 青年鳥人

伊藤君は賀瞳

津田沼機墜落し
齋藤飛行士惨死す
所長令息も重傷

千葉県立中央図書館蔵

▼門下生門松の墜死に愚痴をこぼす音次郎 昭和7年10月13日
『豊田ガ調子ガヨイト云ワネバ、鈴木ガ呼ビニ行カネバ、酒ヲノマネバ、更ニ安岡ガ一等ニナラナケラバ。之レスベテグチ。之レガ運命ト云ノデアロー』＊安岡が日満飛行で一等賞⇒祝杯⇒翌日門松頭痛⇒鈴木が呼びに行く⇒豊田が「甲三調子良い」と言う⇒門松乗ってみる⇒墜死 ＊自分でも愚痴と分かりつつ…。

長男信太郎君 練習生機に同乗墜落
谷津沖 昭和11年6月2日付 東京日々新聞
東京高等工学校2年 6月7日没

　恵美1型設計時の基本思想である「安全な飛行機づくり」を続けてきた音次郎にとって、山縣を始め教え子である練習生、音次郎を慕ってやって来る友人やライバル、そして我が子までをも失っていく胸中を察するに余りある。音次郎は津田沼工場内に航空神社を創建して御霊を祀ると共に航空神社由来書を編纂し合祀英霊名54柱を記して英霊として祀るのだった。

津田沼航空神社創建 昭和15年(1940)と成田遷座 昭和28年(1953)

昭和7〜8年頃津田沼の伊藤飛行機敷地内に小さな土壇を作り（社祠の形状は不明）航空神社とした。その後下総香取の神崎神社から分霊され、昭和15年11月1日正式に津田沼航空神社を創建。稲毛や津田沼に関係する航空犠牲者の御霊を祀り、朝夕欠かすことなく手を合わせた。

戦後航空界を引退して入植した成田市東峰に遷座する（昭和28年11月）と、地域の入植者たちは地元の産土神東峰(峯)神社として崇めた。[46竹林開墾 参照] 津田沼航空神社 小森郁雄氏より(写真を)贈らる 昭和16年「航空朝日」撮影

─ 津田沼航空神社創建の経緯 ［日記より要約］ ─

『7年1/12 大工見積り』『5/19 建設準備安岡に命ず』
『7/13 本日より地均し』『8年5/28 土堤の形を作る』
『13年7/1 国旗掲揚式、皇居遙拝、訓示、航空神社奉拝』
『15年6/18 村山を呼び航空神社建築の準備を命ず』
『7/30 航空神社上棟式』本格建築の航空神社建立へ
『10/8 井上幾太郎大将に御神木揮毫依頼』初期の殉職者8名を御神木に記し(29参照)、以降音次郎が追記し合祀
『10/21 神崎神社で御神符受け、航空神社祭壇に安置』
　千葉県香取郡神崎(下請工場もある)主祭神は天鳥船命
『10/31 夜七時より遷座祭』村人御神楽奉納の申し出有
『11/1 航空神社祭挙行』航空関係者、神崎町長等参列

成田東峯神社

(上)地鎮祭 東峯部落入植者全員の希望により津田沼航空神社を移転東峯氏神とす 昭和二十八年五月十八日 祭壇前音次郎
(下)社殿造営中 昭和二十八年九月二十七日

成田市東峰への遷座式の模様 昭和28年11月22(23)日

「我等の神様」遷座に地元民の熱狂ぶりが伝わってくる。
『当日は幸天候にも恵まれ　珍らしい航空人の集りと相成り　更に朝日毎日両新聞社の飛行機より式場に菊の花束を投下され錦上花を添ゑ地元にては初めての事とて非常な喜びに御坐いました　翌廿三日は地元民の祭典が行はれ青年團奉仕の演藝会が夜の二時頃迄ありました　別紙由来書及写真御送り申し上げました　先ずは御報告方々御礼迄』

＊遷座直後の11月25日付 佐渡島英禄宛 航空神社の東峰遷座式典 [11月22日]の寄進礼状[資1 参照]　㊟「成田空港地域共生委員会記録集」には[11月23日]遷座とあり、翌日の地元祭典を遷座日としたか?

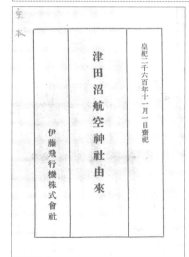

(左)『津田沼航空神社由來』

皇紀二千六百年十一月一日齋祀

津田沼航空神社由來

伊藤飛行機株式會社

　　昭和28年(1953) ㊟移転の記/合祀名簿以外、表紙含め大半を15年版利用
　航空神社創建時昭和15年版の内容は「創建趣意/御祭神記/合祀英靈名簿(大正9年山縣から昭和15年まで54柱)」が記されていた。
　昭和28年版には上記に加え「移転の記/合祀名簿(16年〜28年分)」を増補。津田沼から入植地成田市東峰へ遷座のため寄付を募る趣意書を兼ね井上長一、大蔵清三など世話人名が記されている。B6版22ページ。

航空神社創建趣意 (「津田沼航空神社由来」より部分引用)

『秋將に、皇紀二千六百年、民間航空開發三十周年を迎うるに當り之を記念して、皇祖天照皇大神、空軍の祖天鳥船命の神霊を齋き祀り、併せて津田沼に縁故ある航空犠牲者、並に、航空界に功績を残して逝ける幾多の英霊を合祀し、我等航空界の守護神として奉讃し、以て日本精神涵養の霊場たらしめんことを期し、茲に、津田沼航空神社を建設するものなり。　皇紀二千六百年八月』　＊皇紀二千六百年＝昭和15年(1940)

氏名	死亡年月日	事故発生の場所及事由
山縣豊太郎	大正九、八、二九	曲技飛行中機体空中分解
佐藤要藏	大正一〇、二、一三	同
武石新藏	右同乗	曲技飛行中鉄道線路上墜落
藤縄英一	大正一〇、二、一五	濃霧の為海中突入
吉川隆基	大正一〇、八、六	曲技飛行中飛行場内に墜落
崔炳文	大正一一、六、一〇	練習飛行中
門松榮	昭和三、六、一三	曲技練習中
齋藤國松	昭和七、一〇、一	練習飛行中
伊藤信太郎	昭和一一、六、七	同

合祀英靈
當飛行場、並に、附近殉難者

▼「津田沼航空神社合祀英靈」　総104柱
註:太字は航空事故・戦役死(戦闘/輸送任務等)、斜字は病没

當飛行場、並に、附近殉難者　17柱
山縣豊太郎、佐藤要藏、武石新藏、藤縄英一、吉川隆基、崔炳文、門松榮、齋藤國松、伊藤信太郎、埴山芳瑞、石井吉猶、佐藤一男、江川實、大島巻之助、矢野淸三、積田武雄、廣瀬チカ(巻き添え)

當飛行場出發後事故發生殉難者　5柱
杉本信三、菊地良治、大里保藏、宮脇文作、中川伊澤

當飛行場出身殉難者　16柱
濱崎末五郎、李基演、姜世基、西田要三、鈴木克衛、内田次郎、鈴木正憲、仲山四郎、野呂忠三郎、伊藤光義、加藤次郎、中前政二、關口龜吉、田中春男、三溝桃介、隅田悠紀雄

當飛行場關係殉難者　9柱
玉井淸太郎、小出菊政、島田武男、高橋信夫、大谷京藏、福永(ママ 長)四郎、後藤勇吉、酒井憲次郎、猪原誠雄

當飛行場關係物故者　7柱
長岡外史、馬詰駿太郎、宗里悦太郎、稲垣知足、白戸榮之助、大口豊吉、安岡駒好

昭和16～38年合祀者50柱(追加分)
16年　大内義視、吉野眞、大久保孝三、佐藤孝太郎、梅本幸次郎
17年　前田博、松崎二郎、熊谷義則、諏訪宇一
18年　鈴木菊雄、林茂　註:太斜字は不明
19年　吉岡重雄、山田益三、奈良原三次
28年　鳥飼繁三郎、江崎増男、小林晴雄、筑井久雄、權田泰夫、山口淸、靑島次郎、兒玉常雄、中島知久平、伊藤キン、福知新治、竹島新三郎、中山弘一、吉田禎治、久松定夫、知覽(ママ 覽)健彦、河内一彦、新野百三郎、伊藤久太郎
32年　長尾一郎、磯部鉄吉、井上武三郎、今井仁、川辺佐見、渡部一英
33年　北尾龜男、藤原延
38年　佐渡島英禄、郷古潔、伊藤西夫、清水六之助、小栗常太郎、四王天延孝、日野熊藏、徳川好敏、中正夫

---

*御祭神は天照大神、天鳥船命。創建当初の御神体は、合祀英靈中の8柱[山縣豊太郎、佐藤要藏、武石新藏、藤縄英一、吉川隆基、崔炳文、門松榮、齋藤國松]の名を記した木札(井上幾太郎大将揮毫29参照)で、その後、上記のように新たな殉職者等が合祀された。

航空神社はどこへ行く

神奈川県の報徳二宮神社より勧請した二宮尊徳を御祭神に加え、東峰神社として地元成田の入植者たちの産土神となった航空神社に再び転機が訪れる。昭和41年新東京国際空港が成田に決定、恵美農場や東峰神社がB滑走路用地となった。音次郎は用地売却第一号グループとして成田の地を離れたが、後に空港反対運動が激化するに従い東峰神社は反対派の闘争の象徴となり、空港の一角に未収容地のままフェンスに囲まれ今も残されている。なお、航空殉難者関係の御霊(御神体)は、混乱を避け三男仁三郎宅を経て、昭和43年の転居の際に音次郎が引き取り習志野の新居(井上宅)に遷した。音次郎没後に再び仁三郎宅に安置され、平成13年成田空港近接の航空科学博物館敷地内に建造された航空神社に遷された。

現在の東峰(峯)神社　周りを成田空港のフェンスに囲まれつつも、遷座時そのままの社殿が残っている。ただし、地元の東峰神社となった後、航空神社名の石柱(社号標)の文字はセメントで潰され、同じ石柱の反対側に東峯神社と刻まれている(時期不明)。『今でも地元の氏神様として祀られています。私が子どもの頃の遊び場でした。参道は石畳またはコンクリート舗装がされていたような記憶があります』
[音次郎三男の仁三郎氏長女 安田美緒子氏 談]　[現地地図は46 47参照]

*石柱の表裏に刻まれている
航空神社　東峯神社
《神社前の社号標》

*行政地名は「東峰」だが、社号標には「東峯」と刻まれている。

現在の航空神社
航空科学博物館内(山武郡芝山町)
『父仁三郎が空港公団に積極的に働きかけて平成13年に建造が実現しました』[安田美緒子氏 談]

32 「征空」に込めた強い自負

栄光と鎮魂の研究所史『第二征空小史』大正10年(1921)

山縣亡き後、悲嘆にくれる音次郎だったが、空への情熱が失せることはなかった。悲しみを払うかのように、山縣と一緒に栄光の時代を築いた研究所の歴史を小冊子にまとめる。そこには、研究所の功労者である山縣の数々の飛行記録を中心に稲垣の名機設計譚を始め、民間飛行界を牽引してきたという強い自負と研究所の発展にかける意気込みが記されている。

千葉縣津田沼
伊藤飛行機研究所

第二
征空小史
-(1921)-

『第二 征空小史』の仕様

Ｂ５版　縦書き２段組（一部１段または３段）
モノクロ グラビア10ページ　　本文32ページ
他に表紙、中表紙、裏表紙　　《編集人；中 正夫》
大正10年６月印刷（非売品）㊟中表紙には７月とある

＊大正６年の「征空小史」(阿部蒼天編輯)に続き、山縣追悼と研究所宣伝を兼ねて記念誌を発行。編集の中正夫はこの時慶応学生の21歳。後に毎日新聞社航空部、帝國飛行協会指導教官歴任。航空文壇の大御所と言われた。

『編集を終って　　…丁度三年前、豊さんが初めて鶴羽でループしたとき、あのころ感激に充ちた、しかもファミリアーな心持ちになってみたい。山縣と自分の共著が半分計りまとまったら、忽然として彼は現世を去って了った。空の盟友を失った悲しみの心は、半年を経ても消えなかったけれども、伊藤さんの活動振りに心は新らしく勵まされた…夏は再び巡ってきた。山縣の死が新らしく呼び起される。と共に力の満ちた伊藤氏の事業の盛大や、所員の献身的な奮闘が大きい活動力となって甦る。逝ける雲よ、冥福あれ、生きて働くものに祝福と榮光あれ。…』

＊感傷的な編集後記だ。山縣の死が、音次郎のみならず航空界に大きな喪失感をもたらしたことが伺われる。

主な内容 ※紙数の関係で一部のみ転載

◆グラビア（各１頁ずつ）

「機上から」＊海岸に建つ研究所の建物

「光榮の日の思出」＊山縣表彰(東京大阪間往復優勝)

「光榮ある両度の飛行」＊山縣の活躍

「本所製作の代表的数機」[次頁に写真掲載]

「本所の飛行士」[25]参照

「余の恩人」[次頁に写真掲載]

「周航六百三十哩を終って」＊山縣の活躍

「永劫に地下に眠る空の天才」＊山縣の殉空

「伊藤飛行場概観」[21]参照

「光榮彌高き日」[37]参照

◆本文（※執筆者名のないものは、編集者 中正夫の執筆）

「序」　航空局次長　畑 英太郎

「伊藤飛行機研究所沿革略史」　飛行場主 伊藤音次郎

「本邦最初の宙返飛行『鶴羽號』の宙返　山縣豊太郎氏の思出」

「東海道を往復して　第一回郵便飛行當時苦心談」山縣豊太郎（遺稿）

「日本最初郵便飛行記（抜粋）」　　└ [23]に全文掲載]

「民間飛行の誇　周航六百三十哩　山縣選手の大飛行」

「噫 惠美號の操縦者」中正夫

「惠美號の設計者 稲垣知足」

「飛行機設計の苦心」稲垣知足[24]に全文掲載]

「將來に於ける本所の抱負」所長　伊藤音次郎[本章に全文掲載]

「氏神の名に因んで」　鳥飼繁三郎[23]一部掲載]

「出藍の誉　伊藤飛行場を中心にして　盟友の誼」

慶應ボーイの頃の中正夫君
「第二征空小史」編輯人

余の恩人

機數的表代の作製所本

余の恩人　㊟（　）内は要約

『余をして民間飛行界の一角に今日の成就
　の日あらしめたのは實に美くしき惠みの
　みちた四恩人の賜である…』
上；佐渡島英禄氏　右；竹嶋建一氏（ママ）
（小僧奉公の日より今日迄不變の思愛を與へて）
左；鳥飼繁三郎氏　下；奈良原三次氏
（協同して事業に助力）（志を遂げる途を開く）
＊義理堅い音次郎は、生涯にわたり恩人と
　称え、その後も敬愛し続けた。
㊟株式会社発足時、竹島新三郎より取締役として
健一（息子＝若主人）の名を借りたことが大正10年
2月24日の日記にある。写真は新三郎と思われる。

本所製作の代表的数機

『本所は常に航空機の建造に努力し來り本邦記録の大半
は本所の製作機によりて収められた』
上右；山縣氏が初陣のノーム五十馬力
上左；藤原氏の注文になる大正七年式エルブリジ
中右；伊藤氏の乗用せし六年式エミ号水式八十馬力
中左；故山縣氏宙返用鶴羽号の英姿
下右；ホールスコット練習機と大坂周航に成功し山縣
　　　氏と運命を共にしたる「惠美號」十四型の英姿
下左；高度記録を作りし後藤氏の富士號なり
＊各種競技大会での上位入賞など伊藤飛行機研究所の活
躍振りは枚挙にいとまがない。［23〜27参照］自信を持
って上記のように宣言している。

◆本文

將來に於ける本所の抱負　　所長　伊藤音次郎

　人間二千年來、見果てぬ夢であった空中飛行術
の、近世に至って完成されたことは、驚異すべき
大事實と謂はねばならぬ、しかも、飛行機の發明
が近々廿年を經ざるに驚倒すべき發展をとげその
安全を立證さるゝに至ったこともまた科學上の一
偉觀とせねばならぬ。

　自分が飛行家たらんと決心したのは、忘れもし
ない明治四十（ママ）年、たしか秋季皇靈祭（ママ）の夜
［5］参照］、當時大阪佐渡島鐵工商店の一小僧で
あった私が休みの暇に、道頓堀なる朝日座の活動寫
眞を見たことに初まる。しかもそのスクリーン上
に寫し出されたものは、當時に於てこそ科學の勝
利よ、空中の征服者と謳はれたが、かの不完全な
るライトのグライデングマシーンであった。

　けれども人間が自ら搭乗して、天際に飛行する
驚くべき光景はいかに私の心に深く刻まれたであ
らう。

　その時、私は飛行家たることを深く決心した、
と共に私の幼稚であった考察にして猶よく、ライ
ト式が特別なる装置を有するレール上に於てのみ
飛行することの不便を改造することの急なるを知
ったのである。

　飛行家となると共に一刻も自分の脳裏を離れな
かったものは飛行機の改良であり、よき機體の製
作と云うことであった。かの、歐米より歸朝せる
先輩諸子が飛行機の操縦に重きをおきて、製作の
方を輕ぜらるゝ傾向を詳察し、又、今後工業上か
らみてますます飛行機製作の必要を知った。

　私が一個のアビエター（飛行士）として立ったこ
とは、他日のコンストラクタア（製造者）として立
つための土臺（台）であった。

　自分が苦心惨憺たりし稲毛の練習時代から惠美

號を得て地方巡業と出かける時に於ても、その操縦する機體は盡(ことごと)く、自分自ら製作したので、當時の太古のエンジンを以つて辛じて飛行し得る飛行機の製作に從つたことは、地方における難飛行以上の苦心であり且つ得難き良經驗であった。

其後、自分は格納庫を作るに當っても常に工場と云うことを念頭においてゐたから、多くの人々が丁型の格納庫を建てるに反し、必ず方形のものを建て、工場として働く餘地を作っておいた。稻毛時代に於ても津田沼に移ってからも、飛行機が出來、格納庫が出來ると共に直ちに工場を建てることを忘れなかった。

稻毛から津田沼時代の水陸用六臺の飛行機を設計製作したがその發動機が何れも老朽癈馬の如きもの、或は先代の所有者が盡く失敗した惡歴史のついたもので、非常なる苦心を重ねたが、幸ひ、一臺として飛行し得なかったものはなかった。かくて製作について自信を得ると共に益々將來飛行機製作を以つて世に益さる所を期したのである。

時已に自分は機上を退き山縣に讓って、航空機製作に專念すると共に良材稻垣君を得て、かの鶴羽號を製作し、つゞいて、各民間飛行士より機體の注文をうけ、山縣が操縦して美事大阪周航の大記録をのこした惠美號を作って會心の製作を果すことも出來た。

今日に於て、民間飛行士中、本所製作にかゝるツルハネ型の機體を所有する諸氏が美事な成績を收めつゝあるのも又本所の秘かに滿足とする所である。

今や海外の先進國を見るに、大西洋は已に四度横斷され、英濠(ママ)、日伊は遠く連ねられ、南阿(ママ)北米は縦斷され、歐米の諸主都は空中網によって縦横に連絡され、壯麗なる定期空中路に從ふ旅客用大型飛行機の飛翔、遊劇(スポーツ)用小型飛行機の飛行、驚嘆すべき大飛行會の壯觀は全く吾人をして想像だに及ばない盛觀で、過般の、大戰にあっても聯合軍は云ふに及ばず四面盡敵(ママ)を受けた中央同盟側にあっても先日我國にも到來した分捕機の如き、優秀なる機體を製作して、常に戰線の補充につとめてゐた、かくの如く各國の空界の盛況は一にその、製作業者の努力と製造術の完全とに負ふ所が多いのである。

英國にはヴィッカースとアームストロングの兩社は常に、優秀なる空界安全の立證たる飛行機を製造し佛國にはブレリオ、フワルマンの兩元老の會社が常に新鮮にして驚くべき良機を世界に貢獻

し、伊國のカプロニー會社の三百人乘飛行艇、米國のカーチス飛行會社の如き何れも空界の製造業者として航空輸送のために全力をあげて機體製作に勉めてゐるげに、飛行機製作術は、今後一國興癈の運命に寄與すること多き工業界の新生命である。

不肖乍ら自分の目的はこゝにあり本所の抱負亦此に存する。從って自分は本所將來における事業の擴大は、主として飛行機の製作に努力する考へで、一面に於て、カプロニー會社が偉大なる乘合飛行機を製作し、或はブレリオ會社がマンモス號を製作した如く、本邦に於ける新らしき研究所新造機を造り上げて成功したい。これは已に現今に於てもリバチー及び山縣記念號たる㊟マイバッハの兩機は、全然、今までと異った型式を有する完全な新機を作りたいと思って計畫中である。その一面に於て、民間飛行家にして、機體を自ら製作する丈けの設備を有せない純粹の飛行士の、機體を注文により製作し、航空局の認定檢査を經た完全なものを、製造販賣するのであって、この方も昨年來富士號、章號、小栗氏等の諸機を作ったのである。

㊟山縣記念號は当初リバティではなくマイバッハで計画していたようだ。

微力乍ら自分の目的は、恩愛深き諸先輩初め、所員一同の奮鬪努力によって漸くその緒についたから、今後は上、恩賜の御恩に對し奉り下、所員一同の努力に酬ゆる丈けの覺悟で全力をつくして皇國航空界のため、世界の大勢に伍し得らるゝ様に奮鬪するつもりである。

幸ひにして本所は、練習生を養ふこと約五十名に及び優秀なる技倆を有する卒業生を數名出し、それらの中にも福永朝雄君の如く自ら飛行場を開いて飛行機製造に從ふものあり、藤原正年(ママ)君の如く自ら機體を製作するものあって、皆其途に從っていゐるのは益々意を强うするわけである。

將來、日本のカーチスたりブレリオたる大會社となり、以つて本邦初め(ての)東亞航空輸送と、機體製作とに盡し得べくんば卽ち、昔日自分の夢想が初めて實現したと云ってよからう。今は、其根本を作るべき第一歩である。

全力を盡し、一刻も怠ることなく目的を貫徹したいと思ふ。

『航空局の依託生が立派な機體で練習しておるのを見るにつけても伊藤氏や山縣君の稻毛時代の苦心した練習振を思い出す　海氣館の女中の襟の汚れをふく揮發油を貰ひ集めてガソリン代りに練習したり　古い飛行機の翼を裂いて通(ママ徹)夜して綱をなってタイヤの代りをしたことがあった　それから思ふと涙ぐましい氣分になる』
[編輯者　中正夫]

少年の日の夢[機体製作と航空輸送]の実現宣言

研究所の絶頂期における愛弟子山縣の死で打ちひしがれていた音次郎だったが、気力を振り絞り文末で『（日本のカーチス、ブレリオたる）大會社となり、以つて本邦初め(ての)東亞航空輸送と、機體製作とに盡し得べくんば卽ち、昔日自分の夢想が初めて實現したと云ってよからう』と、少年時代の夢に向かうことを宣言する。ここに音次郎の胸の鼓動が感じられる。しかし、この前後から「軍用機の民間払い下げ勅令」や「航空取締規則公布」など研究所の行く末に直接、間接に影響を与える様々な法令が制定され、順風満帆だった経営に暗雲が立ちこめてくるのだった。

33 飛行機時代の新しい事業①

空からの広告宣伝への新事業 大正6年（1917）～昭和

飛行機時代黎明期、新しい分野の事業がスタートした。空からの広告宣伝、鳥の目から全景を見ることのできる航空写真、郵便事業への活用、そして旅客輸送。民間航空を夢見る音次郎は積極的に新事業に挑戦していくのだった。

広告宣伝分野① ビラ撒き

注「図説広告変遷史」では宣伝ビラ撒布は大正5年が初、「国民飛行」では大正6年9月25日の音次郎による飛行を帝都東京初としている。

飛行機の実用化として大正5、6年頃から行われていたようだ。飛行機そのものが珍しく、巡回飛行という飛行機が飛ぶだけで有料興行が盛況となった時代のこと、空から降ってくるビラには宣伝ビラであっても熱狂したことだろう。伊藤飛行機研究所に東京初？の「ビラ撒き」依頼が舞い込んだ。

大正6年(1917)9月25日 広告飛行敢行

『飛行家伊藤音次郎氏は、ホーカー液本舗の依頼を受け九月二十五日午前十一時雨の小歇みを待って東京芝浦三號地を出發、雲低きため約二百五十米突の高度を以て先づ月島より日比谷、九段、上野浅草並に和泉橋のホーカー液本舗の上空を飛翔空中よりカード約一萬枚を撒き同廿分無事芝浦に歸着せり。之れ帝都に於ける廣告飛行の嚆矢なりとす。

［「國民飛行」大正6年11月号］
＊東京でのビラ撒きは音次郎が初めて!?
──注「広告変遷史」とは異なる事実？

空中撒布したビラと同時期の新聞広告　東京朝日新聞

◆新しい広告　［「図説 広告変遷史」昭40 より抜粋要約］

『大正2年(1913)中山太陽堂、民間飛行家武石浩玻機により航空広告を行う』翼の裏に企業名を書いたのか？
『5年(1916)には飛行機からの宣伝ビラの撒布がお目見えするようになった・・・参考にこの年4/1から始まった全国産業博覧会を例にとれば、会期32日間に撒布されたビラは延200万枚、飛行時間32時間、飛行回数64回であった』
『大正9年(1920)キリンビールの飛行機ビラ撒布』
『ネオンガス利用の広告が東京で始められたのは大正15年(1926)の夏、日比谷の納涼会であった』注諸説あり。
『昭和3年(1928)銀座・新宿等ネオン…に彩られる』
＊「広告変遷史」の記述と「国民飛行」の記事から類推すると、伊藤飛行機によるビラ撒布は極めて早い時期に実施されている。また、飛行機によるネット曳航や飛行機へのネオン搭載など革新的な広告実施の記述は同書には見当たらず、「伊藤飛行機が考案し飛行した」という主張は「音次郎日記」から見ても確かなようである。

芝浦埋立地より化粧品の広告飛行を行う
大正六年(1917) 芝浦埋立地にて（3枚とも）
中央プロペラ前；音次郎　左隣；阿部蒼天
右隣；数見周穂　イス；信田、山縣

伊藤家家紋
「丸に桔梗」

機上よりビラを撒く　注伊藤家家紋を描いた恵美号　13 参照

注空には大量のビラが舞っている。

空から降ってくるビラに熱狂する人々

『機ノ組立ハ出來テ居タ。處ガホーカート翼ノ下二書ク書カナイノ問題デ阿部(蒼天)ガ閉ロシヨッタノデ反二(ママ)僕ガ中ヲ取ッテ　木炭デカクコトニシテスグ買ヒニヤリ十一時飛行シタ　一直線二月島ノ上二出デ左二日比谷二出ズ　電車通リヨリ九段、上野二行ク　モヤデ日比谷カラ九段、九段カラ上野トドコモ見エナカッタ　上野二達シタ頃前方ヨリモーモータルネヅミ色ノ雲ガオッテ來タ　上野停車場ヲスギタ頃白イキリノ様ナノガシキリニ飛ンデ來テツヒニ下界ハマルデ見エナクナッタ　初メテノ出來コトデアッタ　スグ右回シテ帰路二ツイタ　スグ晴シ初メタ。ホーカーノ上デ旋回スルイトマナク逃ゲル様ニ帰場　一二回低空ニテ飛ビ下降シタ　鳥飼芝田他一同トイケスデ晝食後芝ノ宿ノ拂ヲナシ帰宅。ソレ〲手當ヲナシテタ食後帰ヘス』㊟当初予定の24日が雨のため延期で芝の宿に一泊。

＊ただビラを撒くだけでなく翼の下に企業名を書くかどうかで揉め、すぐ消せる木炭で書くことに決着。さて飛行したのはよいが天候急変で厚い雲に覆われ視界がきかない。慌てて『逃げるように帰場』と散々。広告料がいくらだったかは定かではないが、宿賃を払い、助手の山縣・信田、仲介の阿部や梁瀬商会の数見等に手当を渡した後、手元にどれだけ残ったのだろうか。

大正6年9月25日の飛行の記事　東京日日新聞　大正6年9月26日付　国会図書館 蔵

　商業目的によるホーカー化粧液のビラ撒き飛行は、民間飛行機の珍しさもあり「帝都訪問飛行」「帝都一周飛行」「謝恩飛行」（大正5年1月の帝都訪問飛行とは別）などと新聞各紙で報じられた。

◆多種多彩なビラ撒き注文が舞い込む［大正9年(1920)上期の日記より］

『2月7日　米山米吉氏同道労動(ママ)会ノ芳川氏來　東西労動会ノ合同二付ビラヲマイテ呉レトノコトデアッタ　機組立ノ上返事スルコトニシタ』

『2月8日　夜井上内藤君來　十一日普巽(ママ)ノビラマキヲ頼ミニ來タ　引受ケル　五百円呉レルト…』

『2月10日　普撰(ママ)飛行二ツキ船橋署カラ聞合セニ來タ　有ノマ〳〵ヲ話シ午後二時出發ス　労動会明日飛行スベク今夜洲崎一泊ノコト二決ス　然ルニ警察ノケイカイスコブル厳ニツキタ方帰塲ス　労動会ハ機ノ故障トシテコトワルコトニ打電ス』

＊大正デモクラシーの中、労働運動や普選運動が盛り上がり、音次郎のもとに労働組合からビラ撒きの依頼が舞い込んだ。しかし警察の取締まりも厳しく、飛行機故障と称してビラ撒きを断る。

㊟1/31全国普選連合会結成　2/11普選大示威行進　5/2第一回メーデー　5/16労働組合同盟会結成　等々。

『5月6日　衆議員(ママ)候補者石川安次郎氏ノビラ撒キ申込ミアリ　明日返事アル筈』

＊この時代、選挙運動に飛行機からのビラ撒きもあったようだが、契約成立や撒布の形跡はない。

『5月27日　ヤマト新聞主催シベリヤ出征兵慰問相撲(ママ)ノビラマキ飛行後藤君八時半頃行フ　謝君同乗　帰途謝君飛行機ニヨウ　初メテノ出來コトナリキ』

＊客員教官の後藤勇吉も仕事に駆り出された（手当は有り）。謝文達の飛行機酔いに微笑む。

『6月14日　東京砂糖商組合ノビラ撒キ申込ミアリ　引受ケル　決定ト同時ニ半金送ル様依頼ス』

　宣伝ビラ撒布は事業としてわずかながらも現金がすぐ入り、研究所にとっても所員（操縦士）にとっても実入りの良いものだったようで、音次郎自ら売り込みも図っている。その後は広告代理店を仲介にした方式へと変わっていったようで、昭和10年代まで度々ビラ撒きの記述が日記に登場する。

┌─ 子どもたちがビラをもらいに工場に来た［二女 伊藤惠美子談 昭和47年］ ─

『宣伝飛行などもやっていたため、宣伝ビラがたくさんあり、今鷺沼で50才位の男の人の中には、ビラをもらいに飛行場へ来た覚えのある人が居られると思います。』［「うつりかわる鷺沼」昭48所収］

＊単なるビラも男の子たちにとってはメンコやビー玉と同じ宝物。いろんなビラを何十枚も集めて悦に入っていたのだろう。時には珍しい広告などの掘り出し物を手に入れたかも。

広告宣伝分野② 昼間の「字幕引き飛行」と 夜間の「ネオンサイン点灯飛行」

（下の写真のキャプション）昭和初期 広告飛行時代 字幕を引いて（"一金かとり香"とある）

「伊藤飛行場独特のものとしてネオンサインによる夜間広告を行えり」

　ビラ撤布やアドバルーンも珍しかっただろうが、飛行機そのものを使った宣伝はよりインパクトを
与え、多くの人々が空を見上げたことだろう。最初は飛行機の翼や胴体に企業名や商品名を大書し低
空で飛行（轟音と共にやってきたのだ）した。その後、「伊藤飛行機で考案した（略年譜より）」と
自負する、下記写真のように飛行機で曳いた長い「網」に大きく目立つ宣伝文字を取り付けて（字幕と
称す）飛び回り始めた。極めつきは、アルバムのキャプションにもあるように「ネオンサインによる
夜間広告」を考案、飛行し注目を集める。ネオン管の文字を翼?や胴体?網?に取り付けて点灯させ、
夜間にも広告飛行を行った。ただネオンが点灯しないといった故障も多く、日記の中で嘆いてる。
㊟ネオン管の飛行機(から曳いた網)への取り付け方法、点灯システムについては資料がなく不明。

◆昼間の網?引きorアミ?引き(ネット曳航)は注文殺到するもトラブルも続出 ［昭和6～8年の日記より］

　㊟日記原文の表記は50箇所の大半が漢字で綱(ツナ)引き」だが、唯一カタカナ書きで昭和7年5月27日「アミ(網)引き」
　とあり、略年譜でも「ネットを曳く」「字幕」とアミの形状をうかがわせる。音次郎が網と綱の文字を混同していたのか?

『昭和6年10月15日 出発ニ綱ヲ引キヤリソコネテ重リノ鉄棒ヲ、振リ廻シナガラ東京ヘ飛行 帰ル迄
　大ニ心配ス。ノミナラズ皇后陛下上野行啓時間ニ近ク上野上空ヲ飛行シ問題ヲ起ス』㊟綱引き初出。
　＊綱が絡んだのか重りの鉄棒を振り回しながらビラだけ撤布の飛行に変更。さらに、皇后陛下行啓予
　　定の上野上空を飛行し、翌日警視庁に呼び出され操縦士共々大いに絞られた。
『10月19日 早朝局ノ検査 本日ノ装置検査…警視廳モ其予定ニテ…夕方海岸ヨリ飛行実演ニ当リ サ
　イドチエインハヅレ其爲メ主チエインニ綱ガ引カヘリ「ミ」ノ處ニテアトノビス其マヽ着陸ス。』
　＊航空局と警視庁の検査予定も、試験飛行で綱が引っ掛かり文字が途中で出ず検査も綱引きも中止。
『昭和7年1月25日 名古屋デ綱引キヲヤリタイトノコトニ西田ト同條件ヲ話シ函ヲ作ルコトヲ注文ヲ
　受ケル』＊名古屋から注文。機体に取り付けた「函」に綱を収納し現地上空で開いて出す装置らしい。
『5月27日 三ヶ月間特別値段ニテ広告飛行ヲナスコトトス。ビラ一回四十円 アミ引キ六十円』
◎以下大盛況ぶり(抄)『7月19日 防空演習ニ空ヲ守レト綱ヲ引イテ千葉、四街道、佐倉ニ飛バス』
『9月9日 十五日五台タノマレル 一台百円 外ハ得(ママ)許料十円箱代五円交信社ヘニ十円 合計一機
ニツキ三十五円ヲ請求』『9月11日 弘益社ヨリ十四日三台飛行依頼アリ 中一台綱引』＊代理店2社。
『10月1日 東京森永ノ飛行ノ爲メ三台出張 小岩ノ明治生乳ハ字幕ガヒッカツタ爲メ明日ニ延期』
◎＊ネット曳航は伊藤飛行機の特許? 事業として模倣飛行家に厳重抗議。『9月28日 遠藤近來綱ヲ
引イテ飛ンデ居ル由 明日警視廳ヲ調ベテ交信社ヨリ遠藤ヘ抗議(ママ)ヲ申込ムコト』
『8年3月6日 遠藤君ニ會フ…綱引キ宣傳飛行ノ件百円ニテ協定スルコトトシテ組合規約ヲ作ル』
＊特許事業として独占はならなかったのか、遠藤氏と価格協定を結んでいる。

◆夜間広告飛行用「ネオンサイン」の開発秘話［昭和4 (1929)～5年(1930)の日記より］
『昭和4年2月 夜間広告飛行』『5月 ネオン』が日記に初出 ㊟「略年譜」では昭和3年考案とある。
『6月7日 川崎ノ東京電気ノ技師河野氏訪問 ネオン電気ニツキ打合セシテ、設計上必要ノ機体圖面
　ヲ送ルコトトシテ帰ル』＊構想を具体的な事業としてスタート。まずは飛行機取り付けの研究から。
『昭和5年1月9日 小曽根氏來場 電気ハ小曽根氏持チ 飛行機二関シテハ飛行場負擔 利益1/2トノ
　コトデアッタガ飛行機二ハ飛行場操縦士、機体等責任ガ非常二多イノデ実費差引イタ上ノ1/2ノ上
　二対シテモハンディキャップヲ付ケルコトヲ主張ス 氏モスグ認メテ 率ハ研究問題トシテ成率ダケ
　天引ノ上1/2トスルコトトナル 尚他ニマネヲサレナイ爲メノ実用新案ヲ取ッテ居クコトノ申合セ
　ヲナス』＊開発者と音次郎で利益の配分で揉めたが解決。この頃までには飛行機用ネオンライトは
　完成したとみえ、特許出願の手続きに入っているが共同出願等の問題も生じ、その後の経緯は不明。

◆「ヘチマコロン」の"ネオン点灯夜間広告飛行敢行"の経緯の一部始終［昭和5年(1930)の日記より］
　開発に成功した新型ネオンサインを使った夜間広告飛行は、化粧水のヘチマコロン社が興味を示し、
昭和5年7月26日の初飛行にこぎ着ける。その顛末が日記に書かれているので詳しく引用する。
『4月18日 夜間飛行ノ広告取リノ手紙ヲ出ス』
＊どれだけの企業に手紙を出したのかは不明だが、筆まめな
　音次郎のこと、相当数の案内状を出したのだろう。
『7月3日 ヘチマコロン確定内金百円受取ル…森永ハマダ
　決定シナイカ確実トノコト』＊広告契約には様子見の企業
　が大半。日記初出のヘチマコロン社が契約第一号。

『7月17日 ネオンタ方到着 ヤット安心』＊ヘ チ マ コ ロ ン の文字をネオン管で作らせ受納。
『7月19日 ネオン取付ケ作業二終日カヘッテ尚不足 荒天ノ爲メ延期デヨカッタ…ネオンタ方點火
　試験 五十分以上持チソウガコイル不良ノ爲メヨク分ラナカッタ』
　＊夜間飛行当日なのにまだ完成しないが荒天延期で一息つく。海のものとも山のものともつかぬネ
　　オンサインにさらに焦燥感がつのる。点灯時間は50分程度のため現地上空でスイッチを入れたか。
7月20～21日 ＊霧雨繁く中止、26日に決定。（この頃、三女照子の容態悪く入院中の病院往復）
『7月25日 午前中ネオンノ準備完成……午後カラツカレタ精(ママ)力左ノ頭ガ神経痛ノ様ナ痛ミ方ガ
　ハゲシク困ル』 ＊通常業務＋夜間飛行準備＋照子の病気 で、心身共に疲労困憊の音次郎。
『7月26日 九時出発 上空二テ點火セルニ ヌノ字ツカズ一時間二十分後帰場迄心配ス 着陸ノ際火
　ヨリ手前二降テ脚ヲコワス。』＊マ の字が点かない、大変だ。この時の音次郎の心境たるや‥‥。
　最初で躓いては今後の契約が。さらに、着陸の際に海岸の篝火の手前の暗闇に着地、脚を壊し最悪。
『7月27日 工藤君二昨夜飛行ノ模様ヲ聞ク ヨク出テ一字モ消エテ居ナカッタトノコト二安心 森、
　道永君ニコヘデモヨク見エタトノ好評デ嬉シカッタ…夕方オソクヤット百七十円受取ッテ帰ル。』
　＊当初不調も、東京の空では復旧していたようで大成功。＊この日、照子（1歳4ヶ月）死去、合掌。
『11月24日 銀坐ニテ久松氏二會ヒコーヒーヲノミ十二月卅一日二ヘチマクリームノ夜間飛行ヲ頼マ
　レル。』 ＊他企業からは照会もないようだが、7月の成功で再度の依頼。余程気に入ったらしい。
『12月27日 ネオンヲ高橋氏晝頃持参 スグ取付ケタ處へ訳ノ分ラヌ電報來 兎二角夜間飛行出來ヌト
　ノコト。アトヨリ又堪航証ガ出ヌ由…今日ノ處ハ飛行機ヲコワシタコトニスルコトニ其旨打電…』
　＊ネオンを取り付けたことによる機能的な問題か飛行機自体の問題かは不明だが、航空局に安全性
　を疑われ堪航証が発行されなければ飛行はできない。飛行家音次郎のプライドが許さなかったが、
　飛行機の故障としてヘチマコロン社に電報を打つ。さぞかし辛かったことだろう。年末の支払いに
　も事欠く現状では万事休す。歳末ぎりぎりの金策に駆けずり回ることになる。それでも、翌年ヘチ
　マコロン社から夜間飛行の依頼があったが、操縦士の初歩的なミスで（スイッチ入れ忘れ）ネオン
　が点灯しないといったトラブルも重なり、その後の「日記」には『夜間飛行』の文字は見られなく
　なっていく。下記の「研究所略年譜」にもあるように『余り振るわなかった』ようである。

～ 飛行機による広告宣伝飛行の考案［「伊藤飛行機研究所略年譜 昭和3(ママ)年分」より］ ㊟昭和4,5年 ～
　『広告宣伝飛行にネットを曳くこと及びネオンサインをつける事を考案し試験飛行を行う 其後
　ネオンの方は余り振わなかったが晝間の字幕を引く広告飛行は一般に普及して永く利用された』
　＊技術者気質の音次郎は発想こそ多彩かつ斬新で世間の評判も呼んだが、事業として成功させて
　利潤を上げ、さらに事業を拡大していくという企業経営に関しては不得手だったようで、その試
　みの多くがいつの間にか立ち消えていった。それは、次章で取り上げている画期的な『空中（航
　空）写真事業』でも同様であった。

34 飛行機時代の新しい事業②

空中写真部創設による航空写真撮影 大正10年(1921)

飛行機時代がやってきたとはいえ、空から地上を見るという夢を実現できたのはまだ一部の飛行家たちだけだった。人々のそんな夢を代わりにかなえてくれるのが航空写真。音次郎は、研究所に「空中写真部」を創設。積極的に航空写真を撮影、航空雑誌と提携し展示用あるいは絵はがきとして全国販売を展開する。

> ＊大正11年、12年10月〜12月、13年の日記が欠落しているため、この間の詳細は判明せず。

90年ぶりに脚光 〜関東大震災直前の東京

平成24年(2012)10月1日の東京駅赤煉瓦駅舎復元オープンの2日前、右記の産経新聞を始め全国紙、地方紙計二十数紙が「90年前の大正11年撮影の航空写真発見！」と大きく報じた(共同通信配信)。古写真収集家所蔵の6枚の写真が、翌大正12年の関東大震災で壊滅状態となった首都東京の震災直前の姿を知る上で貴重な資料だったことが判明したのだ。

この時、古写真に記された「伊藤飛行機研究所」が独自に「空中写真部」を創設して航空写真分野に進出し、雑誌掲載や全国販売をしていたことも同時に明らかになった。過去の人物となっていた「伊藤音次郎」が身近な現代に再び登場したのだった。

航空余話 　古写真が歴史的資料となった経緯

ここで、少し内輪話をさせていただこう。

東京駅古写真調査中の共同通信記者が、習志野市菊田公民館で平成24年7月実施の「伊藤音次郎展」のネット記事を検索し、展覧会資料提供の井上和子氏や著者の元へ取材に訪れ、古写真とアルバム原本の一致を確認した。さらに展覧会写真中の「当時のマニア」(28 参照)に小さく写った雑誌をみて早速大正期の航空雑誌を調査、今回の古写真と同一の掲載写真を発見、古写真が関東大震災直前の大正10〜11年のものであるとの裏付けがとれた。この後全国の報道機関に配信され右のような記事となったのだ。

公民館の展覧会では単に初期の航空写真と説明していたものが、音次郎の果たした航空史上の重要な位置を占めるものであることが明らかになった。そして本冊子にもその旨を掲載することができたことに心より感謝申し上げたい。地方の公民館が実施した小さな展覧会にまで目を向け、詳細な取材や調査を積み重ねて事実を明らかにする記者の皆様方の広い視野と行動力に敬意を表したいと存じます。

空から見た90年の歴史

90年前の大正11(1922)年に、東京上空から丸の内などの名所を撮影した航空写真6枚が見つかった。関東大震災前の鮮明な航空写真は極めて珍しい。

6枚のうち「東京と丸の内」は、英国のエドワード皇太子が訪日した同年4月12日に、歓迎式典を機に上空から撮影した歴史的に価値の高い写真だ＝写真上。東京駅の赤れんが駅舎が復元され＝同下＝10月1日にオープンするが、この写真は開業8年後の東京駅舎が写っている。同駅北側には皇太子を歓迎する奉祝門があり、出迎えの群衆も捉えられている。

日本の飛行家のパイオニア、伊藤音次郎が設立した伊藤飛行機研究所が、所有する複葉機で撮影。都内の古写真コレクターが保管していた。

大正11年の東京駅付近
馬場先濠／奉祝門／郵船ビル／海上ビル／丸ビル／東京駅／郵便局／中央局

現在の東京駅付近
皇居外苑／馬場先濠／郵船ビル／丸ビル／JPタワー(東京中央郵便局)／東京海上日動ビル／新丸ビル／東京駅／100m

大正11年の月島上空から望んだ日本橋方面。下は隅田川、右上は永代橋。左上には日本橋三越本店がある。

産経新聞　平成24年(2012)9月29日付

［写真、書簡
伊藤家蔵］

英国皇太子殿下歓迎　東京駅前　大正十一年(1922)
「四月十二日　軍艦レナウン号にて横濱御入港」
「吾　皇太子殿下御出迎え」
「黒いのは群衆　中央白線上の点々は御馬車」
「本写真ハ皇室ニ献上せり」
＊２枚の写真が残っており、上がこの度(平24)話題と
　なった写真。左写真に上記の詳しい解説が記載。
＊英国皇太子（後のエドワード８世＝「王冠をかけた恋」
　で退位）を空から出迎え、航空記録写真を研究所で
　撮影した音次郎の高揚した気持ちが伝わってくる。

(右上)皇太子裕仁殿下に航空写真を献
上ご披露した旨、東宮大夫（皇太子側近機
関の長）より航空局長官へ伝えた文書
『額　壹面　伊藤飛行機研究所撮影
　飛行機上ヨリ見タル英國皇太子殿下
　東京御到著御参内鹵簿寫眞
右　皇太子殿下へ献上相成候ニ付御披
露致候此段申進候也　大正十一年四月
二十七日』（鹵簿＝儀仗を備えた行幸行列）
(右下)写真献上の手続きをし殿下に献
上した旨、東宮大夫より連絡のあった
ことを航空局長官星野庄三郎より音次
郎へ伝えた文書（上の東宮大夫の書簡に同
封され『大正十一年五月　日』とある。)
＊研究所の空中写真部で撮影した写真
を額装し、航空局長官を通して東宮大
夫へ届け、その上で皇太子殿下へと献
上されたことが書簡からわかる。

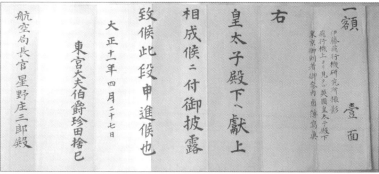

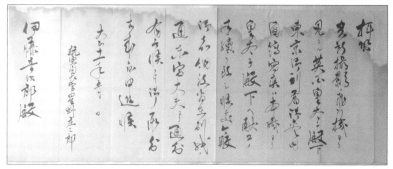

- 145 -

大正10年（1921）『空中写真部』創設　～航空写真部門への進出

雑誌「飛行」広告　大正10年4月号
広告掲載が開始、この年の始めに空中写真
部が開設され2月に初撮影した。（右⇒）

雑誌「飛行界（部分）」空中寫眞頒布　大正11年9月号
雑誌社と提携し航空写真を撮影、広く販売した。
場所；東京名所（次ページに新発見の空中写真掲載）

（次ページに新発見の空中写真掲載）

空中写真部開設の頃（大正10年の日記より［11年は欠落]）

『2月26日　後藤矢野東京写眞写シニ畫（昼）飛ンデ行ク』
＊「空中写真」初出。この写真を「飛行」4月号以降順次掲載。
『3月4日　矢野來　共ニ航空局ニ行ク…發動機拂下願書ヲ出シ写眞器ヲ見ニ行ク　フオーカルプレンシヤターノ暗函トテッサー十七番ヲ購入　手金廿円渡シ』『5日　写眞機四百五十五円ニテ購入』＊払い下げ軍用写真機材を格安で入手。F.P.シャッター；高速シャッター、テッサー17；カールツァイス250mmF4.5レンズ
『5月22日　千葉祝賀飛行安岡ニ矢野同乗　写眞撮影ニ行ク　成績良シ』＊後藤の後は安岡と矢野のコンビで撮影。
『12年3月31日　写眞部長尾雇入レノ件ニツキ矢野長尾三人ニテ協議　写眞部拡張収入ヲ計ルコトトシテ　雇入レルコトトス』＊写真部てこ入れで収入増加を目指すが…。

（左）雑誌「飛行」グラビア　大正10年5月号　［航空図書館蔵]
＊空中写真部開設後の4月号以降グラビアで伊藤飛行機研究所の「帝都航空俯瞰」「東京の空から」等が掲載されている。他社はまだ取り組んでいない画期的な試みだった。
＊『この寫眞は後藤勇吉氏操縦の飛行機で、伊藤飛行機研究所の矢野周一氏が撮影したものです。』と左下に記されており、操縦者・撮影者が特定できる貴重な資料。
＊伊藤飛行機に続いて水田飛行学校でも会員制の空中写真頒布会をおこしているが、下記記事のように宣伝不足でどちらも一般にはあまり広まらなかったらしい。

── 宣伝が足りず普及しなかった？　空中写真撮影・販売 ──（「日本航空史」より）
『その頃（大正10年）同研究所では軍用写真器の払下げを機会に、空中写真部というものを設けて矢野周一氏主任で空中撮影のもとめに応じ、原版1枚を100円で頒布し、注文によっては新聞大の掲額用に引伸ばして鮮明なものをこしらえていた。つまり工場とか学校とか、商店や会社の全景を上からとって応接間用の額にする…という商売である。続いて水田飛行学校でも空中写真頒布会…。事業としてはどちらもあまり成功したようすはなかった。宣伝が足りなかったのである。』

東京驛前、東京驛前英国皇太子歓迎、京橋及南傳馬町附近、日本橋区方面、呉服橋方面より丸の内、
靖国神社、国会議事堂敷地、日比谷公園、国技館、早稲田大学、荒川(千住)、浅草十二階、不忍池、
濱離宮、明治神宮、増上寺、お茶の水ニコライ堂、三越、千葉県庁、津田沼町久々田、不詳6枚】。
［下実線の写真は本章掲載］ ［波下線の写真は 14 帝都訪問飛行 掲載］ ［早稲田大学は 29 掲載］
＊関東大震災直前の首都東京の町並みの航空写真という、日本の歴史上でも貴重な写真を26枚も音次郎は残した。

上野不忍池　大正11年　不忍池を囲んで
平和記念東京博覧会の第二会場が立ち並ぶ。

荒川（千住）？　千住製絨所などの被服工場か？
工場の建物が無数に立ち並ぶ。

国技館　本所回向院境内にあった旧両国国技館。
大正11年　高度500m位からの撮影

浅草十二階（凌雲閣）大正11年 中央やや左上
撮影直後の大正12年に関東大震災で倒壊した↑
（下）十二階のアップ（上の写真）

御茶之水バシの上空 ニューポール式の飛行 ⇑ニコライ堂（下の方）
名所を背景に飛行の様子をさらに上空から撮影したユニークな構図。

明治神宮　矢野周一君写す　　（右上）靖国神社

日比谷公園　大正10年　現在と変わらぬ佇まい。

国会議事堂敷地　　造成、建設中の様子。
大正9年地鎮祭、昭和11年（1936）11月竣工。

『週刊新潮』でも大々的に
平成24年12月6日号
伊藤飛行機撮影の写真と現
代の航空写真とを対比した
「巻頭カラーグラビア4ペー
ジの特集記事」になる。

[現代の航空写真撮影　南慎二氏]

～～ 埋もれゆく航空写真 ～～～～～～～～～～～～～～～～～～～～～～～～～～～～

　時代の最先端を行く航空写真撮影、雑誌と提携した販売事業を考案したが、金儲けの下手な音次
郎には優良事業として育て拡大するまでには到らなかった。また、軍用機払い下げ勅令等に伴う未
曾有の民間航空界不況打開の妙薬とすることもできず、経営縮小の波の中空中写真部も例外ではな
かったようだ。競合する会社（水田飛行学校）も現れ、航空雑誌掲載のグラビアや広告もいつしか
絶え、平成24年に再発見および本書に掲載されるまで歴史的かつ貴重な写真は埋もれていたのだ。

35 飛行機時代の新しい事業③

大型機構想[大正5年]と旅客輸送の夢　大正11年〜

優秀な飛行機を手作りした職人気質、困難な飛行を敢行した冒険者、次代を担う後輩を育てた指導者音次郎だが、大量旅客輸送の夢も併せ持ち定期航空路開拓へと膨らませていくのだった。

『飛行機の平和的使命と云ふものは、決して武器としての価値の比に非ず、必ずや陸上の汽車海上の汽船に対して、新たなる第三の交通世界を実現する事と信じます』[阿部蒼天の雑誌寄稿文(p.246)"音次郎の夢"もここにあり]

安全な飛行機製作と航空輸送にかける夢

◆「安全飛行機」と「特殊発動機」の製作[日記]

『大正4年10月4日 今大口君ト足ヲケヅリナガラ、将來ヲ語ル　余ノ目的トスル處安全飛行機ト特種發動機ノ製作…』＊稲毛海岸上総屋の荷車置場で恵美号（一型）製作中、大口に夢を語る。

『大正6年年頭所感 自動安定飛行機ノ研究 發動機ノ根本改良』＊7年年頭所感もほぼ同じ文言。

◆本邦初の"航空輸送"の実現　[「第二征空小史」大正10年 より　32参照]（再掲）

『將來···大會社となり、以つて本邦初め（ての）東亞航空輸送と、機體製作とに盡し得べくんば卽ち、曩日自分の夢想が初めて實現したと云ってよからう。今は、其根本を作るべき第一歩である。』

双発大型旅客機構想 大正5年「設計構想メモ」より　『大正5年2月8日 一ツ大飛行機ヲ設計シテ見様』

　まだ機械が空を飛ぶこと自体が珍しく、全国巡回飛行で数万人の観客が集まった飛行機初期時代。音次郎は、巡回飛行中の旅先の宿で何と大型旅客輸送用の飛行機を設計(構想)していたのだった。

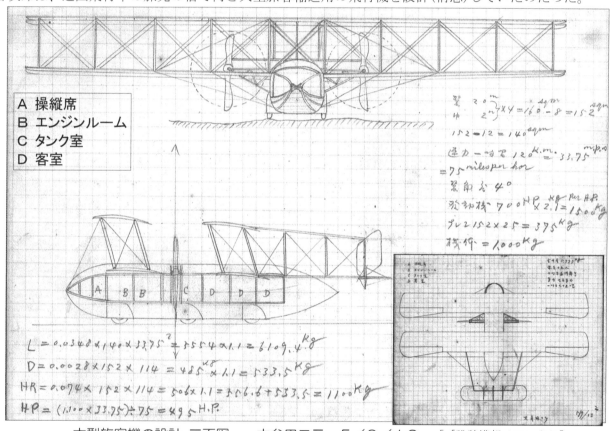

A 操縦席
B エンジンルーム
C タンク室
D 客室

大型旅客機の設計 三面図　大牟田ニテ　5/9/13　[「設計構想メモ」より]

『大正5年9月13日 今日ハ七百馬力十五人乗十時間飛行ニタエル復式飛行機ノ設計ヲナシ製図ヲ終ッタノハ夜デアッタ』　[「日記より」全国巡回飛行中の大牟田（9/1〜20まで滞在）にて記す]

＊メモとはいえ、機体各部の長さ、機体及び燃料、人員の重さなどが細かく計算されている。ただ、製作にかかる技術や資金などの裏付けのない構想だけで実現には到らなかったが、近い将来に大量の旅客を乗せて大空を飛翔させる壮大な夢を抱いていたのだろう。

仕様 [巨大な双発複葉機で前後に主翼2枚(上翼/下翼)ずつ＋尾翼というユニークな形

　　主翼長20m　主翼巾2m　翼角度4°　700馬力　乗員15人　全重量5,775kg
　　10時間連続飛行　1時間75哩(マイル)＝120km/時　㊟数字は上記「設計構想メモ」「日記」より。

『各府縣に飛行機を備へよ』＊大正11年(1922)理論家でもある音次郎、思いの丈を飛行雑誌に寄稿。

技術屋とだけ思われがちだが、少年時代に工業学校の夜学で機械学を、独学で英語を習得、奈良原飛行団で東京帝大出の志賀潔に外国文献をもとにした専門知識を学んだ音次郎は、鋭い視点で熱弁をふるう「理論家」でもあった。飛行雑誌に民間飛行界活性化のための方策を度々寄稿している。

> 『茲に於て航空機を民衆化し、航空界と一般社會との疎隔を除去して、廣く國民の中に航空界を形成し、航空界の中に一般民衆の聲を生むと云うことは最も緊要な現下の急務なのである』
> 『各府縣にその經費を以て若干の飛行機を備へ付け…絶えずこれを飛翔せしめるのである。操縦士も無論飛行機に附随したものとして、縣で傭聘又は養成するのである。』
> 『萬一、國難の起った場合には、之等の飛行團が一齊に蹶起するから、自然陸海軍以外に最も有力な國防軍が編成される譯で國防政策の上から云っても決して無意味ではない。』
> 『我々民間從事者が塗炭の苦しみをしてゐる飛行場の問題も期せずして解決される…操縦士の養成や飛行機の補充修理等に就て甚大の恩澤を蒙ることができる。』
> 『各地に飛行場が設置されるのであるから國内の航空路は期せずして開拓されたも同じ事で…空中輸送事業の勃興と發達は從がって人文の發達、商工業の繁榮も意味するのである。』
> 『斯くの如く種々な多方面に亘る利便が得られるのであるから、單に飛行機の民衆化と云ふ問題ばかりでなく、是非共政府當局の覚醒を願ひ、各府縣の奮起に俟ってこの提案の實現を熱望してやまないのである。』 ［「飛行」大正11年4月号より（部分引用）］

航空界の特殊階級視、飛行機を国防上の軍事品視する現状から脱し、官民協力しての「民衆化」を訴えている。その方策が、政府等行政により「各府縣に飛行機を備へ」「絶えず飛翔させる」ことなのだ。その結果「民間事業者の救済」「航空路開拓による商工業等の発達」が期待されると論じるなど、民間航空の発展を強く望んでいる提言である。㊟「国防上の効果」は時代の流れの中で敢えて入れた文言だろう。

民間飛行機作りに専念してきた音次郎が「航空路開拓」など「飛行機の実用化」に踏み込んでいることは注目に値する。半年後には、門下生の井上長一が我が国初の定期航空路を開設し、音次郎自身も朝日新聞社や白戸と協同で東京〜大阪間の定期航空路開拓へと乗り出していくことになるのだ。

門下生 井上長一による[日本最初の定期航空路開設 堺〜徳島・高松間] 大正11年(1922)11月15日

(上)日本航空輸送研究所開場式 堺大浜
モ式水上機(海軍払い下げ)大正11年6月4日
(右下)伊藤式恵美31型3号飛行艇

┌ 音次郎全面的に協力「伊藤飛行機研究所略年譜 大正11年」┐
『此の年井上長一氏の大阪ー四国間定期航空輸送の計画進み、弊所より機材、操縦士二名、機関士、整備士各一名を提供して、日本航空輸送研究所として発足す。同時に旅客用としてフライングボートを受注す。』

井上は、堺〜徳島間という汽車と船で半日もかかるが飛行機なら1時間半という恰好のコースを選んだ。堺は大正6年音次郎に命じられ飛行場用地の調査・交渉をした場所でもあった。また、名義を借りた顧問音次郎の知名度は支援者を増やし、音次郎門下の久保田亀之助、張徳昌操縦士他整備士たち優秀な人材派遣で順調なスタートを切り、堺〜白浜間や大阪〜別府間などへと着々と路線を広げていくのだった。

イスパノスイザ220馬力
全幅14.66m 全長7.65m
速度120km/h 乗員1名＆
乗客3名 設計 稲垣知足
大正11年10月28日完成
＊我ガ國最初ノ旅客飛行艇
『大正十一年イスパノスイザー百五十馬力ヲ附シタル伊藤式飛行艇ヲ製作シ大阪灣内旅客輸送ニ充ツ翌年同型及改造型ヲ製作シ二百二十馬力ヲ附シ完成ス』「伊藤飛行機株式会社概要一覧」㊟大正11年10月28日150馬力就航、翌年220馬力に改造し完成か(資料間に諸説有り)

┌─ 東西定期航空会の発足① ──────────────「日本航空史 明治・大正編」より ─

『東京、大阪両都に本社をおいて新聞王国を目ざす朝日新聞社では、明治以来伝統の航空普及事業に尽して来たが今度巨費を投じて直接、定期航空輸送を行う計画をたて、航空局、陸海軍当局、飛行協会など関係方面に協力を求め、新春早々開始の予定で準備を進めていた。』

┌─ 東西定期航空会の発足② ──────────────「伊藤飛行機研究所略年譜」より ─

大正11年　『白戸栄之助氏の友人。盛岡の岩手日報社々長禿氏岳山(トクシガクザン)氏より東京大坂間定期航空輸送実現の相談あり　本事業を決行するには朝日新聞社のほかなしと。禿氏氏から当時の東京朝日編集局長（後の文部大臣）安藤正純氏にはかり、安藤氏が村山本社長を説いて明くる大正12年正月を期して実現することとなる。即ち機材、人員は白戸練習所と弊所の全力を集注し、運営一切を朝日新聞社に於て行うと言うことで航空局の許可と援助を得、名称を東西定期航空会と定める』＊10月26日に禿氏、安藤、白戸、音次郎で協議し基本線が合意された。

大正12年　『1月12(ママ)日　3月末日迄を第一期として東西定期航空会開始さる　第二期以後は朝日新聞社の直営となり。操縦士は朝日の社員に迎えられ、弊所は整備作業を担当することとなる』　㊟11日の誤り　㊟操縦士とは大蔵清三。後、伊藤飛行機に戻ってから毎日に転じ、大活躍する。

　時代の流れに後押しされるように、二大都市間を結ぶプロジェクトがスタートした。これには新聞社間の激しい取材合戦があったのだ。ライバル社より少しでも早く写真や原稿を送り、最新記事を掲載した新聞を印刷しかつ遠方に届けるには飛行機が最適だった。その効果は同時期に定期航空路を開設した井上長一の堺～徳島間でも大いに証明されており、東京～大阪間など長距離に至っては尚更だった。朝日新聞社は、大正12年1月～3月を第一期として試験的に運営することとし、その結果をみて第二期以降の本実施を定めることになっているなど将来の運航が確約されていた訳ではなかった。

　結果論ではあるが、前年9月初めに禿氏発案の航空輸送の話を白戸から持ちかけられ、10月26日に禿氏、安藤と協議してから約二ヵ月半、正式調印した12月7日から僅か一ヵ月での運航開始はいかにも準備不足で、「定期航空イベント」ありきで一気に動き出してしまった感が否めない。操縦と整備（大半が払い下げ機の中島式）に当たる音次郎たち伊藤飛行機や白戸にとっても大きな賭けであった。

第一期 概要　大正12年1月～3月(試験期間)

(上)朝日一号機［中島式五型］於 城東練兵場
(右)東京朝日新聞 大正12年1月11日付
　　朝刊の社告と夕刊の記事(部分) 国会図書館蔵

快翼朝日に輝いて
東西定期航空の初飛行
空の宮様 妃殿下の台臨を迎へて
今朝洲崎發着場の盛観

後藤市長歡喜
無限の幸福と
國民
島田 安岡両操縦士に

いよく 本日初飛行 東西定期航空

◇大阪發城東練兵場午前八時―濱松着九時半―東京着正午

◇東京發洲崎飛行場出發午前八時―濱松着(三方ヶ原同九時半)―大阪着正午

◇托送荷物無賃輸送 本日午前六時までに本社へ
一週一回毎水曜日

配達範圍は大阪、神戸、濱松、東京、横濱及其隣接町村（重量一個一貫目以内）

［運航計画］
・1月11日より3月末まで毎週水曜日に運航
・東京洲崎埋立地⇔（中継地静岡県浜松の三方ヶ原で折り返し運航、荷物交換）⇔大阪城東練兵場
・一般の荷物（1貫目以内）を託送［東京、大阪、横浜、神戸、浜松市内に限り無料］
・伊藤式200馬力と白戸式180馬力各1機、陸軍払下げの中島式5型150馬力6機の計8機で運航
・操縦士は伊藤から3名（安岡駒好/杉本信三/大蔵清三）、白戸から4名（島田武男/乗池判治/大場藤治郎/小出菊政）、他に片岡文三郎、伊東左内ら。＊伊藤飛行機の操縦士が少数なのは、久保田亀之助、張徳昌が井上長一の日本航空輸送研究所の定期航空路開設に伴い移籍し人材不足のため。

『大正12年1月5日 イスパノト朝日一号發動機悪シク困難ス 一号分夕方ヨリ分解ヲ初ム』
『1月9日 小出墜落負傷ノ來電アリ（後輩の本田を同乗させ大阪へ機材輸送中に三島で強風のため）』
　＊運航開始前から墜落事故。小出菊政は7ヶ月後死亡、本田(多?)も重傷。前途多難を予感させる。

『1月11日 キリ深ケレドモ風ナキ様子 島田來場オソク安岡ノ飛來又八時ヲ過ギ大ニ気ヲモム 整備オクレ殿下ノ台臨ヤ演説ニテ又手間取リ十時頃島田出發 安岡十一時過ギニ出ル 書前安岡芝浦二着水セリトノ報アリ 早速陸上ヨリ五六名ヲ派遣シ自分八舟ニテ行ク 引上ゲヲ長尾ニ一任シテ帰ル 大蔵無事三方ヶ原往復 島田無事大坂着 大場大蔵ニカワッテ三時三方出發ノ報アリ 四時四十五分日オチタレ共尚着陸ニサシツカエナキ時ニ低空ニテ格納庫上ニ來ル 皆歡呼セシモ及バズキリノカナタニ幾旋回ノ後洲崎遊廓向フニテ着陸 電柱ニ打ツケ機体大破 幸ニ貨物八無事 自分八白戸妻君ト共ニ大場ノ負傷手當ヲ以ヒ入院ヲナシ…』 *記念すべき第一日 [下り] 島田;東京→大阪着、安岡;芝浦不時着水、[上り] 大蔵;大阪→三方ヶ原着、大場;三方ヶ原→洲崎墜落負傷] 二機も事故があったものの、その日のうちに荷物や手紙が東京〜大阪（大阪〜徳島）間を運ばれた画期的な出来事だった。

『1月31日 杉本出發 片岡來今日八定期飛行開始以來ノ上成績デアッタ』 *無事故の日が特別のよう。

『2月14日 大場…出発 安岡…出發 二機三方ヶ原着 安岡後出發…上野越セズ明野ヶ原（伊勢市北西部）着陸 大蔵ヤハリ上野ヨリ大坂へ引返ス』 *鈴鹿山脈を東西両方向から越せず。安岡はプロペラ破損。

『2月19日 明野へペラ持タセルベク謝九號機ニテ出發サス爲メ早朝ヨリ準備ス 四時二十分出發ス…謝浜松附近平田村ニ不時着陸シタ由 電話ニテ謝ペラヲ持チ明野へ行ク様ニ命ジ…』

『2月20日 謝十一時ノ列車ニテ明野へ出發セシ由』 *事故機（安岡）のためのプロペラ積載救援機（謝）も浜松不時着。何と謝は機を浜松に残し列車でプロペラを伊勢まで運ぶというみっともない羽目に。

『3月要記 二月廿二日島田行違不明ヨリ三月十日迄島田ノコトト金策トニ寸暇ナク身体又心配ノ余リ力軽キ神経衰弱ノ気味アリ 日記又記入スルニシノビズ中止ス』
*事故と金策の心労で音次郎ダウン寸前。毎日記していた日記も2月22日〜3月10日は記入まばら。

試行錯誤で実施した第一期の実績は『運航回数11回、就航飛行機16機、飛行回数54回、不時着陸14回』という結果だった。後に『飛行機を拾って歩いた』と音次郎が平木國夫氏に語ったそうだが、『荒天で引き返す⇒不時着⇒救援機も不時着』という有様で、死者2名（島田、小出）に重軽傷者も出した上、洲崎格納庫から出火し中島式2機焼失という事故まで起こし3月末でひとまず終了。㊟「日本航空史」では中島式と伊藤式（台北號？）焼失とあるが「日記」では『格納庫焼ケタ』とだけあり翌日中島式2機他を追加要請。

第二期以降 このような第一期の運航結果に対し、朝日側は音次郎たちに「事故や遅延、未到着」を強く非難、第二期は朝日単独で実施し伊藤飛行機は整備のみとするという屈辱的な変更案が示された。

『4月7日 書ノ約束ニテ社ニ行ク 白戸モ來 トウハヽ持（ママ）ッテ夜ノ八時半 漸ク社長室ニテ下村専務、長擧、安藤、久松、野田氏ト會見 過已ノ悪イ處ノミ猛列（ママ）ナコウゲキヲ受ケル』

『4月10日 白戸ト共ニ上京 其前床ノ中ニテ東西航空会朝日ト分立案ヲ作ル 其案ヲ児玉氏ノ意見ヲ聞クベク局ニ行ク 同氏ハ朝日直営ヲ嬉（ママ）ブ如キロ振リデアッタ‥‥白戸ハ中止説ヲ個（ママ）持シタガ余ハ将來ノコトヲ説キ 吾人ガ止メレバ必ズ他ニヤルモノノアルコトヲ説キ朝日説ニ修整ヲ加エヤルコトニ決定シ社ニ行ク 安藤、長擧、野田、久松氏ト相談 大体修整案通リニ確定ス』
*航空局は朝日直営を喜び、白戸は中止を固持するが、音次郎は将来を考え民間航空輸送を続けることの意義を主張し心ならずも朝日案を受け入れる。一方、愛弟子を失った白戸は意欲を失い航空界から撤退する。㊟島田武男の墜死に続き4月にはビラ撒布中の事故で高橋信夫を失い、この年の10月航空界を引退し木工業［現白戸工業（株）］に転じる。白戸の練習生たちは音次郎のもとに移籍することになる。

┌─ 失敗の本質 "初めてづくし"の飛行計画に無理はなかったか？ ─────
│ 厳冬期の荒天続きの上に競技会並みのハードな長距離飛行、ルートに対する錬成度の低さ、悪条件の山越え（鈴鹿山脈や箱根）、天候に対する備え不十分、払い下げ機使用など、ノウハウの全くない最初の試みにしてはハードルが高すぎたのかもしれない。時間と資金をかけてじっくりと計画が練られ最新鋭機が用意されていたなら、結果は大きく違ったものになったのではと思われ残念だ。

その後の東西定期航空会と新鋭操縦士大蔵清三 〜甲三1機と引き換えに大蔵屈辱の津田沼出戻り
朝日直営となり第一期の教訓を生かして4ヶ月後の8月14日第二期運航開始、さらに週3往復増便、東京〜仙台間開設、旅客輸送開始等順調に運航を続けた（第七期 昭和4年3月まで）。その中心となったのが朝日の正社員として迎えられた大蔵清三と航空局陸軍依託操縦練習生第一期の河内一彦だった。そんな中、大正14年の朝日単独での訪欧親善飛行の操縦士として選ばれたのは長身で語学堪能な河内で、音次郎同様短躯の大蔵は甲式三型機1機を退職金代わりに津田沼へ出戻らざるを得なくなる。
『大正14年5月16日 朝日カラ大蔵ノ件 甲式三型貰ッテ退職スル事ニ決定』さらに、訪欧飛行用の訓練機朝日34号（ブレゲー式19A2型）の整備一切を東西定期航空会機と同様伊藤飛行機で引き受けることになる。訪欧訓練機の整備受注で多少は潤うものの、大蔵の無念を思うと屈辱の整備とも言えよう。

『5月21日 朝日ニテ、卅四号（㊟整備費の）残金受取ル』しかし、天真爛漫な大蔵は師の前では決して顔には出さず、音次郎の片腕として伊藤飛行機を支え行動を共にする。後には毎日新聞航空部の操縦士へと請われ移籍、優れた操縦技能を生かして活躍、昭和10年にはフィリピン新政府樹立祝賀の日比親善飛行として東京〜台北〜マニラ間4,032km/14時間54分の大飛行を成し遂げ名声を博するのだった。
『11月10日（式典後大蔵羽田出発）出発前後涙ガ出テ困ッタ』苦楽を共にした愛弟子の挑戦に感無量。

「北海道飛行場計画」は時期尚早だった 大正13年（1924）〜14年（1925）

　『（大正14年伊藤音次郎は）札幌飛行場設置計画の中心人物としてそれを推進中であった。半年以上も前からのその計画は、北海タイムス社、小樽新聞社（両者は後に合併して北海道新聞社となる）、札幌毎日新聞社をはじめ 商工会議所、道庁がからんでの大がかりなもので、そのためかえって足並みがそろわず、一向に進捗していない。［「日本ヒコーキ物語 北海道篇」平木國夫 より引用］』
　『大正14年3月23日 午前札毎ノ社長吉田氏來 晝近ク迄話シテ帰ッタ 午後地圖ニ航空網ヲ畫ク』
　『3月24日 北海道飛行場問題ト計画書ト予算書ヲ作ル』音次郎はやる気満々だが新聞社側の思惑は？
　『3月26日 （札幌毎日は）社トシテ今日直チニ金ヲ出シ兼ネルノデ 道長官ヲ総裁トスル後援会ヲ組織シ社ハ此後援会ヲ極力後援シテ計畫ノ実行ヲ期スル』案の定、札幌毎日は多額の予算に腰砕け。
　『3月28日 市長ニ飛行場ノ必要ナルヲカ説ス』『3月29日 タイムム（ママ）ニ山口氏ト會見 最初ノ飛行ニ対スル費用出資ニツキ協議シタ。結局…飛行場ノ借入ケイカイ位ノコトデ…頗ル不熱心ナ話シデ途中カラ、イヤニナッテ來タ』飛行場を作り定期輸送をするという遠大な計画に怯んでしまった。
そんな後ろ向きの情勢に音次郎も嫌気がさし『同年5月21日 北海飛行ノ話シ出タノデ自分ハ借金シテ迄ヤル意志ハナイト云フコトヲ重ネテ云テ居イタ』と、飛行場設置計画から距離を置くことにする。
＊現地の新聞社と提携して飛行場開設、新聞輸送など定期航空を計画するも全道一丸となることができず頓挫してしまい、まさに時期尚早だった。しかし音次郎の撒いた種は芽を出しゆっくり成長していく。飛行場設置問題で多忙な音次郎が紹介した東亜飛行専門学校の川辺佐見や永田重治が、14年8月道内宣伝飛行を敢行。その際川辺が音次郎の計画を真似て「定期航空計画」（何と定期飛行予算書作成を川辺から頼まれた気の好い音次郎はすぐに作成、送付した）を持ちかけると、ライバル新聞社間で一気に機運が燃え上がり、大正15年8月23日北海タイムス社の札幌〜旭川間の定期郵便飛行が実現（後に自然消滅）。更に昭和8年6月札幌飛行場竣工、翌9年8月定期郵便飛行の本格運航へと発展していく。音次郎はというと、またしても北海道の飛行機の整備に甘んじるのだった。

満州航空路開拓に渡満するも収穫なし 大正15年（1926）

大連にて写 （左）大蔵君 （中央）伊藤 金州城外海岸を高見安次氏ノ案内ニテ中島式トニューポール廿四型を配置 飛行場をつくる開場式ニ出張

『大正15年10月23日 佐野、稲垣、大蔵ト協議 大連奉天間ヲヤルコトニ決ス 長春ハ止メルコトニ仕様ト自分ノ説ニ一同同意』
＊不況打開策の一つとして新たな事業が必要だった音次郎は、大正14年頃高見なる人物の計画に敢えて乗り、翌年満州航空路（大連〜奉天）開拓の調査に大蔵清三を伴い満州へと旅立つ。
大正15年11月17日神戸発〜12月21日帰着 ㊟奉天＝現在の瀋陽
音次郎は広大な満州で飛行場可能地を精力的に視察し使用許可の交渉にあたる。《主な視察地；金州、旅順、鞍山、奉天、鉄嶺、開原、公主嶺、四平街、撫順、湯崗子、営口、遼陽 等広範囲にわたる》
『12月3日 多少ツカレノ気味カト思ワル』連日の強行軍に…
　12月11日大蔵が大連〜奉天間の飛行を強行するも不時着陸。結局高見たちも肝心の出資者を集めることに失敗、資本金不足を理由に関東庁の許可も下りず（高見たちが関東庁に信用がなかったのが真の理由）、一ヵ月に及んだ満州行は案の定無駄足となってしまったのである。
㊟「川西」も計画中だったが手を引く。

○長春
●奉天
●大連

定期航空の先鞭をつけた音次郎と門下生たち

　門下生井上長一による我が国最初の定期航空路の堺〜徳島間、白戸と始めた東京〜大阪間の東西定期航空会、音次郎企画から始まった北海道定期航空などが大正末、昭和初に勇躍飛翔した。音次郎自身は成功せずとも、その影響下にある人々が音次郎の夢を大きく花開かせていったのである。

◆「自動車製作68台」から「ヨット」「模型修理」まで　大正12〜13年
『大正12年４月11日 渡辺氏ヲ訪問…自動車ボディーノコト滑走艇ノコト朝日モーターボートノコト等打合セテ』飛行機は作れず自動車、滑走艇等製作計画。
『５月13日 瀬尾ノ見積リヲ書カセ渡辺氏ト自動車ノ打合セヲナス』
　工場での自動車製造に踏み切り、具体的な打合せを実施する。［右の資料参照］
『６月22日 トラック完成至急ノ爲メ大車輪 自分モ大ニ気ヲモム』
『６月26日 山尾、渡辺氏ト共ニアトノ自動車注文主ニ會ッテ呉レトノコトニ一所ニ行ク』『７月予定 自動車急グコト』『９月予定 自動車完成ノコト』
　自動車の注文も集まり、製作も急ピッチで行われている様子がうかがえる。
＊民間航空界の大不況で、大正12年上半期だけでも新規製作５機を数えていた飛行機受注は、12年下半期には井上長一からのフライングボート１機のみ。当座しのぎに『之レカ復興ヲ畫（画）シ差當リ自働車（ママ）及家具の製作ヲ爲シ之レヲ官署ニ納入シ相當成績ヲ擧ケツヽアリ元ヨリ本來ノ目的ニ附テハ怠ナク畫策シ居リ［営業報告書第五期］』と自動車と家具(詳細不明)の製作に転換し、貨物及び乗用自動車を何と計68台も新規製作する。飛行機製作技術が自動車に応用されたようだ。
さらに『大正12年4/25 模型修理ノ注文ヲ引受ケ』『6/10館山湾遊覧滑走艇ノ願書ヲ作ル』『7/22 三満津カラヨットヲ取リニ來タ』とやれることは何でもやると八方手を尽くすが不況下の翌13年11月株式会社は解散し個人経営に戻る。

今期中事業成績左ノ如シ		
陸軍飛行機	修理	貳臺
東西定期航空機	修理	貳臺
全 フライングボート	改造	参臺
自働車貨物用	新造	壹臺
全 自働車	新調	六臺
全 乗用車	新調	五十五臺
	新調	参臺

伊藤飛行機(株)
営業報告書 第五期
大正12年下半期〜
13年上半期(部分)
国会図書館 蔵

◆「航空タクシー」構想　昭和3〜12年 客のニーズに合わせた随時運航の不定期航空路
『昭和3年8月15日 （航空局の）課長ニ大佐昇進ノ祝詞ヲ述べ航空タクシーノ件諒解ヲ得』
『4年1月15日 安岡ヲ呼ビ航空タクシーノ方ヲヤラセルコトニ話シス』安岡中国より帰国
『7年要記 航空タクシーの実現』『8年6月22日 終日航空タクシーノ予算書ヲ作ル』
『8年8月3日 児玉氏ニ會ヒ、タクシー出資者ノ物色ヲタノム』『9年2月16日 タクシー実現方針トシテ安田財バツニ話シ』『9年3月16日 朝航空タクシーノ計畫書ヲ作ル』
『10年1月19日 今日ノ新聞ノ相羽ノ處デタクシーヲ出願シタ由 先ンヲ越サレテ残念ツクヅヽ金ノナイノガ残念ダ』『11年要記 五月三式改造旅客機完成 タクシー開始』
＊昭和初期、各地で定期飛行や遊覧飛行が運航し始めていた。苦境のどん底にある音次郎はタクシーのように客が必要なときに乗れる手軽で便利な随時運行の「航空タクシー」構想を立ち上げる。しかし飛行機をはじめ予算の不足もあり実現にはほど遠かった。そんな時、相羽有の東京航空輸送社が帝國飛行協会から飛行機を貸与され「遊覧飛行」と「エア・タクシー」の認可申請をしたことが発表(右の新聞見出し)。先を越された音次郎だったがすぐに立ち直り、翌11年に旅客機完成とタクシー開始を目標にあげるも実現することはなかった。

家族連れ空の散歩
エア・タク時代
お値段など決まる
東京朝日新聞 昭和10年1月19日付

◆飛行機部品で「ペンナイフ」などの製作、販売　昭和5年
『昭和5年2月2日 所員全部ト会食…上野ヨリ皆ンナノ爲メニ積立金ノ方針ヲ立テテホシイトノ希望アリ。部品デペンナイフヲ作ルコトヲ話ス。尚作業費上高ノ何分カヲ積立ルコトヲ考慮スル』
『同年2月6日 工場アブロノ手入ヤペンナイフヲ作ラセル』
『同年2月8日 リボン線ニテペンナイフ見本ヲ作ル 作業中飛行機部品ニテ種々モノヲ作リ其賣店ヲ長屋エ出スコトノ案ヲ立テル』
㊟リボン線；導体形状が帯状（リボン紐状）の電線。
＊所員の要望で福利厚生（積立金実施）を図ることになり、飛行機の部品でペンナイフなど様々な小物を作り工場の一角で販売した。
(右)長屋（所員宿舎）前での小物の売店の様子と思われる一枚
　　　昭和15年頃　［「二男徳次アルバム」より］
楽しげに品物を選ぶお客と左手前の所員。右後ろは長屋。

　軍用機払い下げなどの国による政策で、飛行機が売れず修理・改造の道を選ぶしかなかった中小企業の伊藤飛行機は、不況打開のために様々な分野に進出を試みるがあまり成功した様子はない。「広告飛行」や「空中写真」と同様、金儲けに結びつけることが苦手な経営者音次郎の限界だろうか。
―― 資11 エピソード集 に関連内容［「あまり成功しなかった」各種事業(構想)の数々］を掲載 ～

36 陸海軍による飛行機研究

国策による軍用機開発と操縦士育成　　明治末〜大正

臨時軍用気球研究会からスタートした軍の飛行機開発、操縦士の育成は国策のもと積極的に行われ、軍事強国への道を目指していく。民間航空一筋の音次郎だったが、不況の中軍用機受注のため陸海軍に近づき、軍用機の写真も多数所蔵していた。

＊軍関係の資料は膨大だが、本書では音次郎アルバム貼付写真（下線は音次郎が書いたキャプション）と音次郎や民間航空関連の事象を簡略に記すにとどめた。

陸軍一期生の卒業飛行　大正２年(1913)

「所沢ー市川鴻之台(国府台)間往復九十キロ（岡・阪本・武田少尉に加え長沢・沢田中尉が特別参加）

飛行機はモ式　最初の輸入機にして長沢（ママ沢田）中尉の購入持ち帰りしもの」

岡氏　　徳川氏　　沢田氏

＊卒業飛行には他に会式３号、ニューポール使用。

＊陸軍は「操縦術練習将校」を毎年選抜、密度の濃い訓練や教育の結果、飛行技術は飛躍的に向上していった。長距離記録や高度記録（沢田中尉2,000ｍの高度記録達成）が大正初頭に達成されていた。一方民間は低予算の手作り機、自己流の飛行術で挑戦していくしかなかった。

野外格納のモ式　大正初頭

＊後方テントに仮格納するため上翼を折り畳んでいる。

雄飛号の大坂練兵場着陸　大正４年就役、

＊大正５年１月21〜22日、所沢〜大阪試験飛行。

[仕様]　軟式飛行船　乗員12名　容積１万㎥

重量8.1トン　全長85m　全幅15.5m

巡航速度57.6km/時　航続20時間

昇騰高2.5km　＊１月22日は飛行船の日

モ式四型　㊟アルバムには改造モ式現るとあるが、ナセルが上下翼の中間に位置（改造モ式は下翼上にある）するなど、モ式四型と思われる。なお、モ式1914年型→モ式四年型→モ式四型と正式名称が変わっていることから、音次郎は改造モ式と記したのかもしれない。

『大正７年８月11日　所沢…練習ヲ見ニ行ク モーリスデ盛ンニヤッテ居タ』この時撮影したか？

陸軍機の練習振り　甲式三型　ニューポール式　　ニ式24型(仏)＝大6以降輸入・ライセンス生産計308機。
軍用機の受注『大正十一、十二年二於テ航空局ヨリ甲式三型四臺製作の御下命ヲ受ケ…』 [37] 参照]
＊民間飛行機製作に徹していた音次郎だったが、この頃甲三(ニューポール)を航空局から受注、4機製作している。

飛行機より無線通信　当時の下志津飛行学校 [大10発足] 注 大4、所沢と飛行中の雄飛号間で無線電信実験成功済。

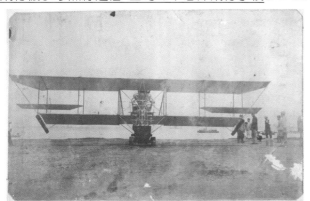
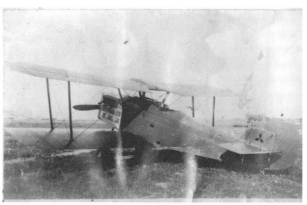

海軍最初の飛行機カーチス式水上機　梅北大尉操縦　　三菱式十年式戦闘機　海軍用　一〇式艦上戦闘機
＊米国派遣の河野大尉が明45携えて帰国、観艦式で初飛行。　＊海軍最初の国産制式戦闘機。　大10〜昭3に128機製作。
後国産化され、写真の梅北機は輸入機、国産機のいずれか？

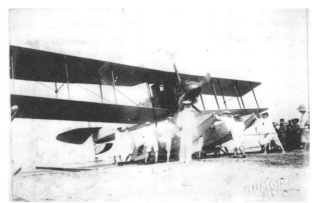

海軍横廠式飛行機　横廠式(ロ号甲型)水上偵察機　　＊大正6〜13年に218機製作。

観艦式が終わって霞ヶ浦に帰投する海軍機　中央は羽田空港
一三式艦攻の分別式(海軍特別大演習参加　昭和8年)。

「日本航空史年表」
「日本航空史」他　参照

組織と個人の差

　38時間20分と8時間、これは軍に委託し訓練を行った航空局陸軍依託操縦練習生と民間飛行学校の総飛行時間である。その上、軍では組織的かつ系統的な指導が確立し、民間の職人芸的で口伝に近い指導とは大きく異なる。音次郎ら民間航空を貶めるつもりは毛頭ないが、この差が官と民を隔てる現実の姿だった。さらに航空隊所属軍人ともなればより厳しく長い練習が課せられていた。

　しかし、貧弱な予算と手作り機、自己流の操縦術を駆使し、命がけの冒険や数々の飛行記録を樹立してきた音次郎や山縣など黎明期の民間飛行家たちは見事と言うほかはない。

明治末〜大正期における陸海軍航空と民間航空略史（操縦士育成と飛行記録を中心に）　［年/月］

《組織的系統的に進められた陸海軍の操縦士育成》	《民間航空界の奮闘と音次郎》
明42/7　臨時軍用気球研究会設立(仏独への人材派遣＝新鋭機購入・操縦術習得)	
43/12　日野/徳川大尉日本初飛行(独グラーデ機/仏ファルマン機)	
44/4　所沢陸軍飛行場開設(23万余坪)［広い平地でいつでも練習可能］	
44/6　徳川大尉所沢〜川越往復飛行［25km　ファルマン機］	明44/4〜5森田、奈良原国産機初飛行
44/10　国産軍用機会式1号機完成(〜7号機)　┌㊟気球研究会は実質陸軍	45/5　稲毛干潟飛行場開設
45/6　「気球研究会第1期操縦術(5名)並偵察術(6名)練習将校」所沢で訓練	45/5　音次郎稲毛で初練習(鳳号)
大元/10　「海軍第1期操縦術練習委員(4名)」　元/11　陸軍特別大演習に飛行機	45〜大2奈良原飛行団各地で飛行会
2/3　最初の犠牲木村、徳田中尉　　　　　　　　　　└飛行船参加	（活動資金の調達に苦労）
2/6　沢田中尉2,000mの高度記録	2/4　帝國飛行協會設立(合併)
2/　気球研究会1期生の所沢〜鴻之台(国府台)間往復90kmの卒業飛行	2/5　民間最初の犠牲武石浩玻
3/9　第一次世界大戦勃発にともない海陸の航空機青島作戦に出動	3/6　民間飛行競技大会(協会)
4/2　馬越海軍中尉水上機で3,500mの高度記録	（荻田常三郎2,003mの高度記録）
4/3　陸軍最初の夜間飛行敢行　　　4/4　馬越海軍中尉滞空10時間5分	4/1　伊藤飛行機研究所稲毛開設
＊4/6　「帝国飛行協会第1期委託練習生」2名所沢の気球研究会で練習開始［〜3期生］	
4/12　陸軍航空大隊新設(所沢)	4/11　恵美号(1型)製作
5/4　横須賀海軍航空隊編成　海軍初の国産水上機横廠式完成	5/1　帝都訪問飛行［65km　55分］
6/6　各務原飛行場開設(翌年航空第二大隊所沢より移転、陸軍航空の拠点に)	5/4〜11　全国巡回飛行
8/1　陸軍、仏よりフォール大佐ら60数人の教官団招聘、最新の技術指導	6/1　夜間飛行・離着陸敢行
8/4　陸軍航空部設立　所沢に陸軍航空学校創設　中島式5型陸軍制式機に	6　　恵美2型3型水上機製作
9/4　赤柴/赤石海軍中尉の二機佐世保〜追浜間無着陸飛行	7/4　協会後藤正雄所沢大阪飛行
［1,200km　11時間35分と11時間42分　横廠式水上偵察機］	8/4　水田中尉民間初の宙返り
9/4　滝川陸軍中尉6,000mの高度記録	8/5　山縣2回宙返り
9/5　臨時軍用気球研究会解散	8/10　郵便飛行競技(協会)
9/8　陸軍省管下で「航空局」設置	9/4　山縣東京大阪往復競技優勝
9/10　小関陸軍大尉連続113回宙返り	9/8　後藤の高度記録5,000m超

＊9/12　「航空局陸軍第一期依託操縦練習生」10名選抜⇒10/9卒業［〜18期生］
　　　所沢陸軍航空学校入学［卒業まで8ヶ月で二等免状取得］
　　　理論、構造、発動機分解組立、気象学、航法等座学及び実習にも2ヶ月
　　　操縦練習は10人平均38時間20分(民間は7〜8時間で卒業)
　　　卒業飛行時［宙返り/インメルマンターン/横滑り］披露の猛者も

> ㊟委託練習生とは＝民間航空の操縦士育成のため、帝國飛行協会、航空局が臨時軍用気球研究会、陸海軍に派遣委託し、軍のカリキュラムと軍の飛行教官により組織的系統的な教育を行った。優秀な(民間)操縦士を多数輩出した。

＊10/3　「航空取締規則」公布「飛行機堪航検査」と「操縦士資格試験」制定
＊10/4　勅令「航空事業保護奨励ノ為」輸入機、中島機など中古軍用機の安価な払い下げ開始

11/11　霞ヶ浦海軍航空隊開設［海軍操縦士養成のための飛行教育］	11/6　日本航空輸送研究所開設
11/12　航空母艦鳳翔竣工	(11/11堺徳島間定期航空路)
12/3　吉良海軍大尉7,100mの高度記録	12/1　東西定期航空会/東京-大阪
12/3　航空局通信省管下に移管公布	12/10　魚群探査飛行実験(井上)
	13/7　春風号日本一周4,395km
㊟表中、(臨時軍用)気球研究会委託としたが実質陸軍が所沢で訓練。	14/7〜10　初風/東風訪欧17,403km

37 株式会社伊藤飛行機研究所

悪戦苦闘する経営者音次郎　　　大正10年〜13年

国の施策や大企業に翻弄される中、念願の株式会社化に踏み切るが、音次郎の努力にもかかわらず資金不足が重くのしかかり僅か3年半で解散。その間の悪戦苦闘ぶりを【営業報告書壹〜五期】と『日記』をもとに明らかにする。

㊟文中の 壹 貳 參 四 五 は【(株)伊藤飛行機研究所 営業報告書 壹〜五】の引用であることを表す。

```
┌─ 伊藤飛行機研究所の経営形態の変遷（大正13年まで）────────
│ 大正4年（1915）　稲毛に「伊藤飛行機研究所」設立
│　　7年（1918）　津田沼（鷺沼）に移転　　　　　　　┌㊟大阪の佐渡島英禄らによる支援。
│　10年（1921）　「株式会社 伊藤飛行機研究所」に改組（資本金12万5,000円）
│　13年（1924）　「伊藤飛行機製作所(個人)」＊飛行部門分離（川辺佐見；東亜飛行専門学校）
```

```
┌─ 大正10年頃の職員体制　　　　[「飛行」大正10年新年号の伊藤飛行機研究所の雑誌広告より]
│ 所長 伊藤音次郎、工場長 佐野清三郎、設計主任技師 稲垣知足、發動機主任技師 矢野周一
│　　高等飛行術教官 後藤勇吉、飛行術教官 安岡駒好、飛行術教官 藤原正章
```

大正七年 製作中の藤原機 前(左)藤原(右)山縣

大正七年　津田沼町鷺沼に開場す　（再掲）
藤原正章氏注文により造る エルブリ C 四十馬力

初期の頃の伊藤飛行機研究所　大正4年〜10年　優秀な手作り飛行機と共に

　自家用の恵美1〜3型や白戸用機を製造していた稲毛から津田沼に移転した大正7〜10年頃には、鶴羽2号や恵美14型など自家用機のほかに、民間飛行家や門下生からの発注（上記藤原機、後藤勇吉の16型富士号、佐藤章の19型章号、20型小栗号など）や陸軍から甲式三型4機の製造、偵察機の修理などの発注もあった。製作機数は少ないものの丁寧で優れた製作技術は評判を呼んでいた。また、国内はもとよりアジア各国からの数多くの練習生への操縦訓練で優秀な操縦士を多数輩出していた。もちろん、その間各種競技会で優勝や上位入賞を飾り日本中を熱狂させていたことは言うまでもない。

　このような中、大資本の中島式が陸軍から大量受注し、中小企業の出番は少なくなってくる。その上『官署事業ノ縮少ハ豫期ノ注文ヲ得ザル』と受注が減った上、「航空局による官製操縦士育成」「安価な軍用機払い下げ」なども実施され、音次郎始め民間航空界には重ね重ねの大打撃となった。

```
～┌民間に激震┐中島式の軍への大量納入と、中小民間企業の経営を圧迫する「国の施策」の概要 ～
大正8年 中島式五型機が陸軍に制式採用⇒10年にかけ101機高額で納入し、民間へも17機販売
大正9年 「航空局陸軍依托操縦練習生募集（練習は翌年1月より8ヶ月間）」（〜18期生）
　　　　⇒ 系統的かつ集中的訓練による民間飛行士との顕著な差別化（卒業後の就職の差）
大正10年「航空取締規則」発令（飛行機の堪航検査、操縦士免許制）
　　　　「不用軍用機の安価な貸付と払下の勅令」（民間航空の振興策をうたっていたが…）
　　　　⇒ 輸入機や中島式の中古機がただ同然の価格で大量放出され民間製造所は受注激減
```

(左)陸軍練習機に採用せらる中島式五型機
［単価1万1千円の機体にホールスコット150HP搭載］

『大正8年5月10日 中島式イカニ立派カト思タ ガ案外粗末ナ飛行機デアッタ』とあり、安全で優秀な飛行機作りを目指していた音次郎の強い自負と悔しさが感じられる。実際、中島式は3型機まで全て墜落。尾島(現群馬県太田)の地元では「札はだぶつくお米は上がる。何でもあがる、あがらないぞい中島飛行機」と囃されたそうだが、やっと試験飛行に成功した4型機の改良型の5型は陸軍等から何と100機を超える受注を獲得する。

中島知久平と軍とのつながり ［中島飛行機製作所と伊藤飛行機研究所の落差］

　海軍機関大尉の中島は退役後、川西財閥と提携し資本金75万円の合資会社日本飛行機製作所設立(後に三井と提携、中島飛行機製作所に)。また、陸軍航空部初代本部長の井上幾太郎少将の知遇を得て5型機など大量受注、現在まで続く大企業(富士重工→スバル)へと発展させていく。
　一方の音次郎は、少年期から支援してくれている佐渡島英禄たち大阪の有力商人がバックであるがその額は比較にはならない。その上、駆け引きの苦手な技術屋であり、軍との太いパイプもなく、交渉相手となるのは航空部の課長や大尉クラスがやっとであった。中島の優れた政治的手腕と経営能力の前には、飛行機作りしかできない民間飛行家には太刀打ち出来ようもなかった。
　日記には、中島飛行機の工場を見学して圧倒された様子も記されている。『大正8年5月29日 戸川君ノ案内ニテ場ヲ見ル 丁度150ホールスコットー時間試験中デアッタ。發動機ガ十数台露天ニ天幕ヲカケテアッタノハ、ウラヤマシカッタ。飛行機モ過日見タモノヨリハ大変ヨカッタ』

◆音次郎、稲垣 陸軍省航空局および帝國飛行協会より表彰される　大正10年3月30日

　伊藤飛行機研究所が株式会社として発足し飛躍する頃と時を同じくして、陸軍省航空局より伊藤音次郎、白戸榮之助、中島知久平、稲垣知足ら民間航空の功労者4名に表彰状並に金一封が授与された。

＊音次郎；「国民航空思想の鼓舞、優秀な操縦士輩出」への功績。(白戸もほぼ同文)

『賞状　大正四年二月民間航空練習所ヲ創設シ爾来不撓不屈以テ國民航空思想ノ鼓吹ニ努メ練習生ヲ養成シテ遂ニ長距離飛行ヲ敢行セル優秀ノ操縦士ヲ出スニ至レリ其本邦航空界ニ貢献セル功績ノ大ナルモノアルヲ認メ茲ニ賞状竝賞金ヲ授與ス』

＊稲垣；「各種飛行機の設計製作」への功績。
＊中島；「優秀飛行機の製作に貢献」への功績。

表彰式後の音次郎と稲垣

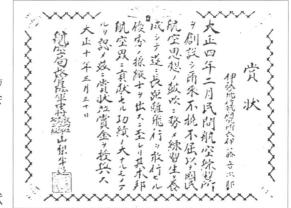

金一封の授与
　音次郎、白戸、中島[航空局と飛行協会より計7,000円]、稲垣には[局より2,000円]

(右)音次郎への航空局からの賞状

＊音次郎たちへの懐柔策か？　表彰から3週間後の大正10年4月23日、航空事業保護奨励の為と称し軍用機及び機材の民間への貸し出しや払い下げを容易にする「勅令」が公布され、音次郎たち民間航空事業者の長い苦難の時代が始まる。中小企業ながら純民間資本の代表的人物かつ伝説の飛行家でもある音次郎への懐柔策とも見えてしまう絶妙なタイミングでもあった。

＊素直に喜ぶ音次郎『大正10年3月30日 光栄ナル日 午後二時ヨリ式初マリ、後チ立食ノ宴アリ 來會者坂谷男、長岡、田中舘、其他数十名 後チ白戸稲垣三名ニテ奈良原氏ヲ訪ヒ賞状ヲ見セテ挨拶ニ行ク 夫妻共ニ大嬉(ママ)ビデ歓迎サレタ』音次郎は表彰を素直に喜び、白戸、稲垣と共に旧師奈良原に報告に伺うのだった。

資金のない音次郎にとって、株式会社設立は飛行機製作を続けるために必須であった。しかし『余が小僧奉公の日より今日迄不變の思愛を與へてくれた佐渡島英禄氏と竹嶋建一(ママ)氏［「第二征空小史」より］』と深い絆があるとは言え、生粋の大阪商人である支援者たちの思惑や人間関係、銅鉄業界の好不況に左右され株式会社設立までは平坦な道ではなかった。㊟竹嶋建一⇒竹島新三郎の誤り

音次郎が丁稚時代から世話になった大阪商人たち。[6]参照]

佐渡島英禄

中山弘一

竹島新三郎

『大正8年12月1日 余ハ佐渡島ニ行ク 本店財政アヤフク目下スベテノ事業中止中ニ付意感(ママ)ナガラ一万円迠ハ出スガソレニテ賞分時期ノ來ル迠関係ヲ斷チタイトノ希望デアッタ ガッカリシテ…』

『12月補遺 会社組織失敗ニ終ッタニハ残念ナリキ』銅鉄業界の不況で、それまで支援を受けていた佐渡島からは「しばらく関係を断ちたい」と出資は受けられず、会社組織計画は失敗に終わる。

その後9年3月、5月、11月と何度も大阪へ足を運んだ結果『大正9年11月25日 ツヒニ此際小規模ノ株式組織ニセヨトノ意見ニテ 竹島ノ内意ヲ得ヨ』と佐渡島から「小規模」との条件付ながらも株式会社設立の内諾は得たが、慎重な旧主を説得し現実のものとするまでにはまだまだ紆余曲折があった。

『大正10年2月21日 八時梅田着(中山弘一と話すもまだ進展ないとのことに)西店(佐渡島英禄の店)ニ行ク 色々話シノ末 五十万円ノ件 竹島モ自分ト同額負擔シテ呉レルナラヤロウトノコトニ(竹島を呼ぶ)三時半ヨリ竹島、西店、自分、兄、會見 中山氏所要(ママ)ニテ帰宅 竹島氏ノ意見縮少(ママ)説ニテツヒニ 十万円モアヤシクナル 自分モ必死ノ勇ヲオコシテ戦ヒツヒニ規定ノ金額ダケハ支拂サレルコトニ確定シタ上 外ノ金アツマラナイ場合ハ合資会社ニスルコトトノ話シニテー先ヅ打切ッテ…』

慎重な佐渡島が乗り気なのに気前の良いはずの竹島が縮小意見。佐渡島、竹島、中山の意思統一が図れず音次郎も必死に説得にかかるものの、株式会社どころか合資会社の線も現れ万事休すか…。

『2月22日 朝中山氏ヲ訪問ス 株式会社ハアト僅カニ一万円募集スルノミナレバスグ出來ルトノコトニテ自分モヤヽ愁眉ヲ開キ 共ニ午後西店ニ行ク 主人モ賛成シ成立スルコトニナリシニ前々ハシナクモ取締役ニ主人ガ成ラヌ時ハ中山氏モ辭退スルトノコトニ主人ハ勿論ナラズ ツヒニ不得要領ニ終ル』

何とか規定の資本金確保の目途は立ったが、本家筋の佐渡島が取締役にならず中山も辞退する。

『2月23日 (兄久太郎とともに佐渡島が駄目な場合は中山一人だけでもと取締役就任を頼むが不得要領に終わり、音次郎は嘆息するのだった) 実ニ金ノ前ニ價値ナキコト自分ナガラ非(ママ)觀シタ』

『2月24日 朝中山氏ト竹島ニ行ク 会社ノ件スグ承諾 取締役健一氏ノ名借リルコト之又承諾セラレ大ニ安堵ス 金五千円依頼ス アトヨリ送ルノコト 午後佐渡島ニ行ク 同ジク金タノム ヤハリアトヨリ送ルトノコトニ大ニ困ッタガ今日帰ルコトニシタ。』竹島新三郎の息子？健一の名義を貸して貰えることになり会社発足へ一歩前進。また、後日送付ではあるが当座の資金の目途も立った。

『3月17日 朝竹島へ行キ万ター゙ノ場合來テ貰フ様依頼シテ兄ヲ待ツ オソクナルノデ自分西店へ行ク 主人ニ一寸會ヒ中山氏へ行ク 中山氏西店へ行ク 主人多忙ニテツヒニタ方ニナリ自分ト兄先ヅ會フタル上會社ニシ決定セルモノトシテ今夜帰シ 万一出來ナイ時ハ 一昨日ノ話シノ通リニ引受ルトノコトデアッタ處へ前中 中山両氏來 再ビ話シ初マリツヒニ會社ト決定 主人ヨリ申込書ヲ受取リ尚中山氏ト相談ヲトゲ金ノコトモ依頼シ竹島氏へ報告シ夜食後十一時ニテ出發ス』中山弘一の奔走でようやく佐渡島英禄が動き、株式会社でいくことに決定。長い道のりだった。

『4月20日 中山氏宅ニテ午後会合 午前中兄ト竹島へ行ク 佐藤喜太郎(㊟セールフレザー商会代表)上京セリトノ電話アリタリ 十二万円ニテ発表ノコトニキメ自分ハ父トツレテ行ク 途中電車ニテ佐藤ニ会ヒ共ニ行キ種々話ノ末 十二万五千円ニテ發表シタイコトヲ語リ ツヒニ佐藤ニ五千円出サセルコトニシタ 來会者三十名バカリ 中山氏議長トナリスベテ予定通リ進行シ會後自分ノ希望ヲノベ礼ヲ云ッテ八時過ギ散会…』肝心の株式発行額が未定であったが発起人会で12万5千円とすることなど会社の方針が了承され、ここに株式会社伊藤飛行機研究所が発足したのである。

㊟会社設立日については［略年譜；3月17日、概要一覧；4月］と音次郎自身も一定していない。［日記］では、3月17日は「会社組織とすることを大阪の支援者(佐渡島、竹島、中山)に同意を得た日」であり、4月20日は「大阪で出資者30名を集めた発起人会(中山氏議長)で資本金12万5千円など具体策が了承された日」である。その内容から、本書では会社設立日を大正10年(1921)4月20日とする。ただし登記上は営業報告書のように6月27日である。

株式会社伊藤飛行機研究所設立　大正10年(1921)～13年(1924)

　音次郎はかねてからの念願だった株式会社伊藤飛行機研究所を設立した。僅か３年余で解散したが波瀾万丈の会社経営の様子は【営業報告書壹～五期】から読み取れる。

＊「日記」11年～13年の大半は散逸、営業報告書が頼りである。

第壹期営業報告書　大正10年下半期（10年6月27日～9月30日）

名称　株式會社伊藤飛行機研究所［大正10年6月27日當會社設立登記］
本社　大阪市西區幸町通一丁目十七番地　　┌（内40名が大阪）
資本金　12万5千円（一株25円　株主総員62名　総株数５千株）

主な株主
佐渡島英禄（大阪の支援者）1,200株（24.0%）
竹島健一　（大阪の支援者）　600株（12.0%）
　＊竹島新三郎の息子？（若主人）の名義借り
伊藤音次郎　　　　　　　　　550株（11.0%）
中山弘一　（大阪の支援者）　300株（ 6.0%）
鳥飼繁三郎（旧知/山縣叔父）220株（ 4.4%）
伊藤久太郎（実兄）　　　　　160株（ 3.2%）

役員
取締役會長　中山弘一
取締役　　　伊藤音次郎
仝　　　　　佐藤喜三郎
仝　　　　　竹島健一
監査役　　　伊藤久太郎
仝　　　　　吉田音松
仝　　　　　鳥飼繁三郎

営業概況
　當期間ヲ通シテ創業時代ナレバ其準備ニ追ハレ製作塲格納庫ノ建設諸機械ノ取附ケ等略ボ完成シタリト雖モ未ダ其機能ヲ活用スルニ至ラザリシヲ以テ豫期ノ成績ヲ擧ゲ得ザリシハ實ニ遺憾トスル處ナリ然レドモ本期間中ニ完成飛翔シツヽアル飛行機三臺ト完成ニ近キ半製機三臺練習生ノ卒業セシ者六名現在練習生十五名ヲ養生（ママ）スルニ至レリ陸海軍及航空局ノ厚意ニ依リ種々調査監督奨勵ヲ受ケ漸ク技能ノ發達ヲ認メラルヽニ至レリ左レバ爾今一層ノ奮勵努カヲ以テ豫期ノ成績ヲ擧ケ依ッテ以テ邦家ノ爲メ其微カヲ盡サン事ヲ期ス
　現在ノ資金並ニ設備ニテハ到底満足ナル發達ハ期シ難キニ附キ今後最善ノ方策ヲ講ゼントス

「第壹期営業報告書」
大正十年下半期
国会図書館 蔵
＊13年11月の株式会社
　解散までの５期発行
　第壹期　10年下半期
　第貳期　11年上半期
　第參期　11年下半期
　第四期　12年上半期
　第五期〔12年下半期
　　　　〔13年上半期

【第貳期～第五期営業報告書　営業概況及び株主総会議案】（抄）

※事業成績等の具体的な数値は次頁に一覧表としてまとめてある。

【第貳期】　大正11年上半期（10年10月1日～11年3月31日）
　前期ニ於ケル設備ニテハ到底十分ノ成果ヲ擧ゲ得サルヲ以テ前總會ノ決議ニ基キ借入金ヲナシ茲ニ工場二棟職工合宿所等ノ建築ヲナシ諸機械ノ設備モ稍完成シ得タレバ爾今職工ノ熟煉ト共ニ豫期ノ目的ヲ達成セントス、今ヤ航空局ヨリ飛行機製作方ヲ命シラレタルハ豫期の一歩ニ入リシモノナレハ吾カ獨特ノ技術ヲ以テ精巧ナル優秀機ヲ完成セントス之レカ納入ノ曙ハ引續キ官邊ヨリ御注文相受クル次第ナレハナリ
　　［中略　事業成績（飛行機等受注、飛行士養成実績）⇒次頁の表］
　如斯多方面ニ渉リ飛行士ヲ排出（ママ）スルハ實ニ我國ニ於テハ嚆矢ノ事トス
　空中寫眞ハ兼テ研究中ノ所昨今一般ノ認ムル所トナリ弗々需要セラルヽニ至レリ尚進ンテ之レカ技術ヲ研磨シ以テ世ノ需メニ應セントス　要之ニ今期モ未タ創業時代ニシテ豫期ノ成績ヲ挙ケ得サリシハ實ニ遺憾ノ至リナレドモ吾社前途ノ使命ハ實ニ多事多望ト云フヘシ

【第參期】　大正11年下半期（11年4月1日～11年9月30日）
　今期ハ一般財界ノ不況ニ際シタルモ我カ飛行界ハ幸ニ之レカ打撃ヲ受クル事僅少ナリシガ唯ダ前總會議案ニ上リシ増資ヲナス事ヲ得ザリシ爲メ其機能ヲ活用スル事能ワサリシハ実ニ遺憾トスル所ナリ
　前期航空局ヨリ製作ヲ下命セラレシ飛行機ハ豫期ノ成績ヲ以テ完納シ得製品ノ精巧優秀ナルヲ認メラレ茲ニ引續キ製作ノ下命ヲ見ルニ至レルハ誠ニ欣幸トスル所ナリ益々其技ヲ研鑽錬磨シ大ニ斯界ノ期待ニ報ヒン事ヲ期ス
　　［中略　事業成績（飛行機等受注、飛行士養成実績）⇒次頁の表］
　工場設備ハ略ボ完成シ職工モ亦漸ク熟練シ來タリタレハ初期ノ事業順序ハ殆ド其目的ヲ到達シタリ今ヤ本業ハ研究時代ヲ經過シ營利事業トシテ十分採算スル事ヲ信スルニ到レリ茲ニ百尺千頭一歩ヲ進メ新規資金ノ補充ヲ計リ以テ國家ノ爲メ將タ斯界ノ爲メ本社ノ發展隆盛ヲ期セントス　幸ニ株主各位ノ理解ヲ得テ是レカ充實ニ御援助アラン事ヲ切ニ希フ次第ナリ

【第四期　大正12年上半期（11年10月1日〜12年3月31日）】
　前期ヨリ引續クー般財界ノ不況ハ増資新株式ノ募集ヲ締切ルニ至ラズ爲
メニ資金運轉圓滑ヲ缺キ豫定事業ヲ遂行シ能ハザリシハ遺憾ノ至リナリ
陸軍注文モ種々ノ都合ニ依リ遷延シ今期中ニ着手シ得サリシハ　亦不得
止シナリ目下之レカ手續キ中ニアレバ來期ハ必ズ相當御用命ヲ果タシ得
ル事ヲ信シ居レリ［中略　事業成績（受注/飛行士養成實績）⇒下の表］
本年一月飛行機製作研究ノ爲メ稲垣技師ヲ歐羅巴諸國ヘ派遣セリ
東西定期航空事業　東京、大阪、兩朝日新聞社ト提携シ東京大阪間ノ定期
飛行ヲ敢行シツヽアリ漸次之レヲ頻繁ニスルハ勿論貨客ノ輸送ヲモナサ
ントス　本航空路ハ實ニ我國空路ノ須軸ニシテ之レガ特許ヲ得タルハ我
社ノ光榮トスル所ナレバ益々奮勵以テ邦家ノ爲空界ノ開發ニ資セントス
［株主總会議案］定款變更ノ件
　「當會社ハ資本金參拾萬圓トシ之レヲ壹万貳千株ニ分チ」ニ變更スル事
　　右増資金拾七萬五千圓ノ募集方法ハ取締役會ニ一任ス

「飛行」大正11年新年号
"株式会社"とある

【第五期　大正12年下半期、大正13年上半期（12年4月1日〜13年3月31日）】
本期ハ陸軍方面ノ注文相當アル事ヲ期待シタリシニ官署事業ノ縮少ハ豫期ノ注文ヲ得ザルノミ
ナラズ民間飛行界ノ萎微ハ當所ノ大打撃ニシテ到底豫定ノ事業ヲ逐（ママ）行能ハザル情体トナリ
タレバ茲ニ工場ノ一大整理ヲ爲シ經費ノ節減ヲ計リツヽアリシニ俄然九月壹日ノ關東大震火災
ハ我社ニ於テモ飛行機ノ焼失其他甚大ノ被害ヲ受ケ之レカ復舊ニハ相當ノ時日ト努力ト經費ヲ
要シタリ加フルニ製作材料ノ減失ハ一時之レヲ得ルニ困難ヲ來タシ爲メニ非常ノ苦境理（ママ）ニ
本期ヲ終ヘリ斯ル次第ニシテ意外ノ欠損ヲ告クルノ不得止ハ一ニ天災ノ然ラシムル所ト雖モ亦
株主ニ對シ誠ニ無申譯次第ナリ茲ニ之レカ復興ヲ晝シ差當リ自働（ママ）車及家具ノ製作ヲ爲シ之
レヲ官署ニ納入シ相當成績ヲ擧ケツヽアリ元ヨリ本來ノ目的ニ附テハ怠ナク晝策シ居レリ
　　［中略　事業成績（受注實績）⇒下の表］
　［株主總会議案］定款變更ノ件
　　「當會社ハ資本金貳拾五萬圓トシ之レヲ壹万株ニ分チ」ニ變更スル事

◆【営業報告書　事業成績】にみる経営実績一覧　　㊟下表は「営業報告書壹〜五期」をまとめたもの
　　株式会社設立の大正10年以来、新調飛行機と製作中飛行機を合わせて半期に３台〜８台、そのほか
に修理や改造飛行機も多数受注し好調だった業績が、12年下半期〜13年上半期には新調飛行機の製作、
飛行士の養成（操縦士免状取得者）共に記載がなくなっている。それに合わせ、収支決算も大幅赤字
へと転落し経営危機に陥るのだった。

飛行機等受注	【貳　獨特ノ技術ヲ以テ精巧ナル優秀機ヲ完成セントス】
10年（下半期）	完成飛翔シツヽアル飛行機（３臺）、完成ニ近キ半製機（３臺）
11年（上半期）	飛行機（４臺）、特殊翼（１臺）、修理完成品（２臺）、その他半製品
（下半期）	飛行機（新調３臺、修理完成品６臺、改造中４臺）、発動機修理（４臺） プロペラ（40余本）
12年（上半期）	飛行機（新調５臺、修理完成品３臺、製作中３臺）
（下半期） 13年（上半期）	陸軍飛行機修理（２臺）、東西定期航空機（修理２臺、改造３臺） フライングボート［飛行艇］（新造１臺）＊井上長一の日本航空輸送研究所発注。 自働（ママ）車貨物用（新調65臺、修理５臺）、全 乗用車（新調３臺）

飛行士養成	【貳　多方面ニ渉リ飛行士ヲ輩出スル ハ實ニ我國ニ於テハ嚆矢ノ事】	當期純利益金及び欠損金	㊟前期繰越金は含めず
10年（下半期）	卒業セシ者６名、練習生15名	10年（下半期）	６２９円８９銭
11年（上半期）	卒業飛行免状ヲ授與シタル者８名 （内支那人１、朝鮮人１、婦人１）	11年（上半期）	９２０円１４銭
（下半期）	二等飛行士４名、三等飛行士７名	（下半期）	４,３４８円００銭
12年（上半期）	二等飛行士１名、三等飛行士３名	12年（上半期）	２７２円０５銭
（下半期） 13年（上半期）	＊記載なし	（下半期） 13年（上半期）	二期合計の欠損 ▲６１,９１５円０２銭

資金不足　株式会社化にあたり、大阪の支援者たち（佐渡島、竹島、中山）を中心に資本金50万円を目論んでいたが遅々として進まず、結局12万5千円の小規模資本でスタートすることになった。

　株式会社となり、新たに【壹製作場格納庫ノ建設諸機械ノ取附ケ等略ボ完成】と施設設備を拡充したものの【壹現在の資金竝二設備二テハ到底満足ナル發達ハ期シ難キ二附キ今後最善ノ方策ヲ講ゼントス】と資金不足による施設設備の不足解消を検討している。そこで【（この設備では）貳到底十分ノ成果ヲ擧ゲ得サルヲ以テ前總會ノ決議二基キ借入金ヲナシ茲二工場二棟職工合宿所等ノ建築ヲナシ諸機械ノ設備モ稍完成】と"借入金"で工場の規模を拡大する。

　その後も状況は変わらず【参増資ヲナス事ヲ得ザリシ爲メ其機能ヲ活用スル事能ワザリシハ実二遺憾】と怒りを抑えつつ増資を呼びかけ、次期株主総会で【四資本金参拾萬圓トシ之レヲ壹万貳千株二分チ】と定款を変更して増資が決議されても【四一般財界ノ不況ハ増資新株式ノ募集ヲ締切ル二至ラズ爲メ二資金運轉圓滑ヲ缺キ豫定事業ヲ遂行シ能ハザリシ】と株式募集するも集まらず、資金不足は一向に解消されなかった。

　そこで【五茲二工場ノ一大整理ヲ爲シ經費ノ節減ヲ計リツヽアリ】と経営縮小して乗り切ろうとする中、【五俄然九月壹日ノ關東大震火災ハ我社二於テモ飛行機ノ焼失其他甚大ノ被害ヲ受ケ之レカ復舊二ハ相當ノ時日ト努カト經費ヲ要シタリ加フル二製作材料ノ減失ハ一時之レヲ得ル二困難ヲ來タシ爲メ二非常ノ苦境理（ママ）二本期ヲ終ヘリ】と関東大震災による被害の影響もあり大幅な欠損を報告。
＊［略年譜］『幸い弊所に被害はなかった』［日記］『9月2日 工場モ無事』『3日 洲崎格納庫（東西定期航空会）焼ケル』

衰えぬ意欲　【壹當期間ヲ通シテ創業時代ナレバ其準備二追ハレ】と創業時の基礎固めを充実させると共に、【壹本期間中二完成飛翔シツヽアル飛行機三臺ト完成二近キ半製機三臺　練習生ノ卒業セシ者六名現在練習生十五名ヲ養生（ママ）スル二至レリ】と不満足ながらも順調な業績を誇っている。

　内実は資金不足であったが【貳吾カ獨特ノ技術ヲ以テ精巧ナル優秀機ヲ完成セントス】【貳多方面二渉リ飛行士ヲ排（ママ 輩）出スルハ實二我国二於テハ嚆矢ノ事】と最先端を走り続けてきた飛行家としての矜恃を持ち、前頁の表のように着実に飛行機を製作、多数の優秀な飛行士たちを世に送り出していた。ただ、手作りの上に個人飛行家からの数少ない注文のみで大量納入先のない伊藤飛行機研究所の生産数は、100機を超える中島飛行機など大企業には及ぶべくもなかったのは当然である。

航空局御用　純民間機製作にこだわっていた音次郎だったが、陸軍航空局御用は大量受注が望めるだけに重要だった。局からの受注を機に【貳之レカ納入ノ曙ハ引續キ官邊ヨリ御注文相受クル次第ナレハナリ】と次回を期待し、【参前期航空局ヨリ製作ヲ下命セラレシ飛行機ハ豫期ノ成績ヲ以テ完納シ得製品ノ精巧優秀ナルヲ認メラレ茲二引續キ製作ノ下命ヲ見ル二至レルハ誠二欣幸トスル所ナリ】と引き続きの受注を欣幸と喜んでいる。このことを［伊藤飛行機株式会社　会社概要一覧　昭和13年］では【陸軍航空局御用被仰付大正十一年、十二年二於テ航空局ヨリ甲式三型四臺製作ノ御下命ヲ受ク。同偵察機ノ修理被仰付】と数は多くないが新造、修理共受注していたことが記されている。ただ、局からの注文はこの一時期のみで、引き続き食い込みを図っていくも叶わず、せいぜい修理程度しか受注できなかった。【四陸軍注文モ種々ノ都合二依リ遷延シ今期中二着手シ得サリシハ…來期ハ必ス相當御用命ヲ果タシ得ル事ヲ信シ居レリ】と航空局からの注文は途絶え、来期を期待するも叶わなかった。
㊟航空局＝大9陸軍省外局⇒大12逓信省へ移管（民間航空行政を管掌）㊟甲式三型＝ニューポール24型（36参照）

新規事業の開拓　現状打破のため新規事業にも積極的に取り組む。【貳空中寫真ハ兼ネテ研究中ノ所昨今一般ノ認ムル所トナリ弗々需要セラルヽ二至レリ　尚進ンテ之レカ技術ヲ研磨シ 以テ世ノ需メ二応セントス（34 参照）】と新規開拓した業界初の有望事業だったが、事業として発展させることができずに終わっている。また、数々の名機を設計して伊藤飛行機研究所の名を高めた稲垣知足を【四研究ノ爲メ稲垣技師ヲ歐羅巴諸國へ派遣セリ（24 参照）】と、来たるべき時代を先取りしたライトプレーンクラブ事業導入のための欧州留学を決断する。しかし、3年余という長い期間は不況下の研究所財政を圧迫し、稲垣の健康をも損ねてしまう。留学の成果が生かされるのはさらに先のことである。

　【四東西定期航空事業（35 参照）東京、大阪両朝日新聞社ト提携シ東京大阪間ノ定期飛行ヲ敢行シツヽアリ漸次之レヲ頻繁二スルハ勿論貨客ノ輸送ヲモナサントス】も画期的だったが、初めての大きな試みの上に準備期間が短く惨憺たる結果に終わってしまった。皮肉にも、第二期より単独で運営した朝日は第一期の失敗の教訓を生かし東西定期航空会を発展させていく。

　音次郎は、これら将来を見据えた新たな手を次々と打つのだが、時代が早過ぎたのか、思った程の成果は挙げ得なかった。　［33 34 35 飛行機時代の新しい事業①～③ 参照］

安価な中古軍用機払い下げ政策の影響 と「株式会社伊藤飛行機研究所」の終焉 大正13年11月

　小規模ながらも株式会社として着実に発展し、12年上半期までの当期利益は毎回黒字続きだった。しかし、12年下半期・13年上半期には一転して大赤字となってしまう。【五陸軍方面ノ注文相當アル事ヲ期待シタリシニ官署事業ノ縮少ハ豫期ノ注文ヲ得ザル】と軍からの新造機発注はなく、修理のみとなる。また、ただ同然の中古軍用機払い下げの影響で民間からの発注も途絶え、経営はいよいよ苦しくなり【五自働(ママ)車及家具ノ製作ヲ爲シ [35 参照]】と自動車工場と化してしまう。

　優れた技術で名機を世に送り出してきた音次郎たち中小民間製造業者は、払い下げと大企業参入により衰退の一途を辿る。一方大企業は英仏機のライセンス生産権を高額で得て軍用機を大量受注、大量生産し、より巨大化した軍需企業として発展していく。最早、手作り生産の中小企業である音次郎には太刀打ちできず、株式会社を解散、会社名を変更した上で音次郎個人経営の伊藤飛行機製作所とする。さらに自前の飛行機利用で経費がかさむよりは安価な払い下げ機利用へと飛行部門を分離して古くからの友人である川辺佐見に東亜飛行専門学校として経営させ、音次郎は飛行機製作を夢見つつも修理・改造工場に専念するしか道はなかったのである。[39 苦難の時代②工場経営編 参照]

◆軍用機全盛の時代、民間機製作の衰退を憂える同時代の論調 昭和11年発行「航空殉職録 民間編」
　小規模な民間飛行場の努力を讃えると共に、その後の軍用機の払い下げや関東大震災による民間の衰退を憂い、関係者は資本の少ない民間を支援し民間航空の発達に貢献すべきであると説く。

― 日本民間航空發達に就いて　[「航空殉職録 民間編 総説」昭和11年 より引用] ―
『大正七、八年頃から十一年頃までに亘る時代に華々しい活躍をしたのは、伊藤、白戸、福長、玉井等の干潮飛行場で製作した手製の機體で、これ等は何れも小規模の工場でコツコツ作り出されたものであったが、斯る貧弱な設備から多数の優秀なる機體及び操縦士を生み出した前記の飛行場主及び設計者達の名は我が國民間飛行家達と共に發達史上に特記して其の努力には敬意を表すべきものであると思ふ。しかしこの工業時代は大正十一年頃から陸海軍が飛行機の拂下げを開始すると共に、次第にこれらの拂下げ機に壓倒されて衰頽し始め、翌十二年の關東大震災によって全くその影を潜めるに至った。他方大正十年に設立された川西航空機製作所を始め、中島、東京瓦斯電氣、三菱愛知時計電機、川崎等の大資本の工場が飛行機及び發動機の製作を始めるに及んで、我が國の飛行機製作も漸く本格的となり手工業より重工業の時代へと確實な歩みを踏み出したのである。』
『しかしこれらの大工場の中、民間機を製作したのは初期の川西のみで、其の他は何れも陸海軍の軍用機製作に主力を注いでゐるので、こゝでは餘りに語るべきものが少ない。我が國の航空工業も近年非常な躍進を遂げ、軍用機は陸海軍共純國産機となり、其の中には素晴らしいものもあるが、これに反して民間機は先にも述べた通り窮屈な拂下げ軍用機を改造したもので我慢してゐる程度でこれを歐米諸外國のものに比較すると非常に劣ってゐる。最も多くの優秀機を整備してゐる各新聞社や一流の空輸會社でさへも、其の主力は外國製機か軍用機の焼き直しが大部分で純國産民間機と稱し得るものは誠に少數である。民間航空機の進歩しないのは一つは資本の少ない點もあらうが、關係者は今少しこの方面にも意を用ひ、軍用機に比較して劣らぬ民間機が續々製作せられて、民間航空發達に貢献すべきことは多言を用しないことである。今のまゝでは實際仕方ない。』

◆株式会社設立から解散の40数年後、自負と悔しさを込めた音次郎の述懐
　大正4年以来、各年度ごとに短く淡々とまとめた「伊藤飛行機研究所略年譜」は、大正末期以降は余程辛く悔しかった思い出からか、心の内に秘めていた思いの丈が詳細かつ感情的に記されている。

『国産機を誇りとし』　[「伊藤飛行機研究所略年譜 大正十三年度分」昭和42年頃執筆 より]
『ここで一応過去を、ふりかえって見よう　大正七八年ごろから　川西から分れた中島知久平氏は三井の後援のもとに、また三菱川崎などの大手筋が、陸海軍の方針に基づき、英仏の製作権に大金をかけて　軍用機の製作をはじめた。その中にあって弊所は当初から国産機を誇りとし、優秀なものの製作を志し小は三十馬力より大は四百馬力まで　前述したように各種多数製作し各方面に活躍又育成せる操縦士により新記録など作って来たが　押収機材をはじめ　陸海軍の払い下げが出まわるようになって、民間に於いても新機の注文が全くなくなり　殆ど修理工場と化してきた。茲に於いて打開策のひとつとして民間では、安くて効率のよい軽飛行機を開発する方針をとり　先には純国産機を作り、尚先進の英仏に於て研究して貰う為め技師稲垣君の派遣を決めた
　次ぎに開所以来の練習部は特別なものだけ残し、友人川辺佐見君に東亜飛行専門学校を創立経営させることにした　一方会社創立二年以内に増資をすることになっていたが、その後の経済界の不況で遂に不可能となり、整理のため会社を解散するの止むなきに至り　再び伊藤個人経営とした。そして今迄の無理が次第に現れて苦難の時代に入る』　[38 39 40 苦難の時代①②③参照]

- 164 -

38 苦難の時代① 払い下げ機編

飛行機を作れない悔しさと無力感　大正末～昭和初期

払い下げ勅令［大正10年（1921）］を契機に安価な中古軍用機が大量に民間に出回ったが、中小の飛行機製造会社には苦難の時代がやってきた。飛行機を作れない悔しさと、自分たちを追い込んだ払い下げ機に頼らざるを得ない空しさの中、それを打開しようともがき続けるのだった。㊟ 囲み と日記波下線は著者。

1　中古軍用機・部品の民間への「払い下げ」勅令の衝撃　大正10年4月23日勅令公布

　奈良原による国産機初飛行から10年、民間航空界は優秀な人材に恵まれ互いに切磋琢磨する中で活況を呈していた。しかし、一部企業への軍用機大量発注、航空局陸軍依託操縦練習生制度などの国策で打撃を受ける。そんな中で音次郎は「株式会社」化に踏み切るが、ほぼ同じ頃の大正10年4月23日公布の勅令が、中小民間飛行機製造会社を壊滅に近い状況にまで追い込むことになるのだった。

―「勅令」の内容 ―　――――――――――――――［「官報」第2617号（大10/4/25）、「日本航空史」より］――

『航空局では機材の融通性をはかって、民間に一台でも多く流し込むために原総理、加藤海相、高橋蔵相及び田中陸相連署の勅令をもって、四月二十三日附、これを公布した。
　　　勅　令
　朕航空事業保護奨励ノ爲陸海軍軍用ノ航空機又ハ其ノ部品屬品ヲ貸付ケ又ハ賣渡ス場合ニ於テハ随意契約ニ依ルコトヲ得ルノ件ヲ裁可シ玆ニ之ヲ公布セシム　御名御璽
　勅令第百四十四號　航空事業保護奨励ノ爲民間ニ於テ航空機操縦者ノ養成ニ従事スル者ニ陸海軍軍用ノ航空機又ハ其ノ部品屬品ニシテ一時使用ノ見込ナキモノヲ貸付ケ又ハ不用ト爲リタルモノヲ賣渡ス場合ニ於テハ随意契約ニ依ルコトヲ得
　附則　本令ハ公布ノ日ヨリ之ヲ施行ス　㊟民間の「航空機操縦者ノ養成ニ従事スルモノ」が対象。

　このお蔭で漸次、廃品軍用機の横溢時代が到来し、長い間、どこへいってもアブロ、アンリオ、一三式サルムソン、ニューポールなどで民間が形勢され、そのため反対に台頭しかけていた大資本系をのぞく民間地力の製作工業は、はたといきづまりを生じるに至った。（中略）あてがわれた機の性能のうえには伸びようがなかったのである。かくして日華事変の半ばごろまでほとんど二〇年に近い間、アブロとサルムソンで持ち越し、丹精のいいものはアンリオや一三式を後生大事に、しかも命の糧にしていたのである。そして製作工業技術は全く大資本会社の独占するところとなって、これがことごとく軍需に走り、民営にして民需に縁なき超然たる王国を築く第一歩となったのであった。』

― 勅令を受けて制定された「航空局」の払い下げ規定 ―――――――　「航空年鑑」昭和7年版より ――

「民間航空事業保護・奨励」五　其の他　（1）陸海軍に於て不用に帰したる航空機の保管轉換を受け之を民間航空事業者に拂下げて航空機の所有を容易ならしむ。

　安価な中古軍用機払い下げによる民間への飛行機流入と民間航空の活性化を意図したものであったが、現実には安価な飛行機が容易に手に入るため中小の飛行機製造会社の高額な手作り飛行機は受注が激減し、経営不振に陥ってしまった。その影響を受けた最たるものが、数々の名機を世に送り出していた伊藤飛行機研究所だったかもしれない。その結果、軍での激しい訓練により廃品同様となった払い下げ機や部品を修理改造して民間仕様の機体に甦らせて売却したり、それらの機の整備を請け負ったりするしか道はなくなり、晩年の音次郎をして『修理工場と化した［略年譜］』と嘆かせている。
　払い下げは、勅令に「随意契約ニ依ルコトヲ得」とあるが、日記に関連する記述が多少出てくる。『大正10年10月14日　海軍拂下通知書アリ　請書、見積書、領収書、ヲ提出セヨトノコトニ書類ヲ作ル』とあるように、希望の機種と使用目的などを記した申請書類を提出し、厳しい審査により払い下げが決定したようだ。また『昭和6年10月6日　飛行館ニ行ク　児玉氏スデニ來テ居ラレタ。上原閣下來　3人ニテ児玉技術課長ニ會フ爲メ局ニ行ク。アンザニー拂下ニツキ諒解ヲ求ム　製作スベキ設計書ヲ今少シ完備シタモノヲ出セバ必ズ出ストノコトデアッタ』日本軽飛行機倶楽部顧問に就いてもらっている上原平太郎中将（予備役）の口利きで随意契約の払い下げにこぎ着けている。［29p125参照］
　しかし「音次郎日記」には随意契約よりも「入札による払い下げ」の方が詳細かつ数多く記述されているのでここに紹介し、「音次郎たち中小企業の生き残りをかけた闘いの模様」を詳述する。

注以下の本章では、日記原文の日付や時刻、金額、人数、台数などの数値は「漢数字をアラビア数字に変換」してある。

「入札」による払い下げとは？　航空史にはあまり記述されていない入札による払い下げの実態

　払い下げは各地の陸海軍施設で行われ、音次郎が主に足を運んだのは、所沢（陸軍飛行場・飛行学校）、霞ヶ浦（海軍航空隊）、横須賀（海軍工廠）、各務原（陸軍飛行場）などであった。朝早くから（前日から泊まり込みも）鉄道を乗り継ぎ現地に到着、払い下げ品の下見をして入札。払い下げ後は現地の倉庫に保管したり鉄道の貨車やトラックの手配をして運ばせたりしている。

◆「掘り出し物」　払い下げでは企業や商人、飛行学校、個人飛行家たちが掘り出し物を狙っていた
『大正10年9月2日　7時東京駅發ニノル　白戸、佐藤喜同乗　新橋ヨリ多田少佐　品川ヨリ馬詰(水田代)大森ヨリ相羽　田浦(横須賀)ヨリ小栗、玉井代福永代太田、安井皆揃フ　機体發動機其他公平ニ分ケテ12時晝食　親子丼ヲ取リ1時20分ニ乗ル』　払い下げ初期の頃はまだのんびりムードが漂っている。
『大正15年3月16日　6時40分金町発二間合フ　8時半土浦着　民間カラカナリ來テ居タ　日本航空会社、日本飛行學校、遠藤、遠クハ鹿児島カラ來テ居タ　下見シタガ何ニモナカッタ　六十八号十年式1台モノニナリソウデアッタガ川西へユヅッタ』　ライバル各社が参加して払い下げの入札実施。

◆「多種多様」　飛行機や発動機、プロペラから各種部品まで揃う雑貨市？
『昭和6年1月8日　荒川沖ニテ‥‥一五式5台　一四式3台　アブロ3台　十年式数台等中々沢山アッタ程度モヨカッタ　本部ニ引上ゲ評價シテ3時半荒川沖発ニテ帰ル』　下見の上で入札金額を決め、翌日入札する場合も多く、今回は翌9日に所員の鈴木を入札に派遣している。[一五式写真は 資12 参照]

◆「超安価」　新品の何十分の一の値段で買える払い下げ品だが当たり外れは世の常
『昭和2年8月6日　根岸君來　昨日霞ヶ浦ニテローン拂下ヲ受ケタ時1台クジデ賞ッタカラ引取ッテ呉レトノコトニ、18円トノコトニ、20円デ買ッテヤル』　ル・ローンは新品1台数千円、中古でも千円以上はした発動機だったが、海軍で十分使い込んだ払い下げは超安価で音次郎は20円で手に入れることができた（18円の云い値に2円上乗せして買うなど音次郎らしい気前のよさ、人のよさ）。
『昭和7年6月3日　アンザニー拂下ノ爲メ所沢行キ　今日ハ他ニ來ルモノナク一人デアッタ。‥‥アンザニー3台75円ニテ拂下手續キ後運送店ニテ発送手續キヲナシ』　アンザニー発動機3台で何と75円也。ただし、使用に堪えるものかどうか、簡単に修理・改造ができるものかどうかはわからないが。

◆したたかに「共同入札風？」　仲間同士で事前に決めた代表者が落札し、後で飛行家仲間で分配
　当局は多数の機体や発動機、部品類を一点ずつ分けずにまとめて入札にかけている模様。そのため入札価格は高額となり零細な飛行家(工場)個人では対応できず、仲間同士で共同することで、対抗する潤沢な資金を持つ商人や企業にも勝ち落札したのだろうか？（1人当りは僅かの金額で済む）また、仲間内での競合を避ける意味もあったのだろう。ただ、落札品の分配では飛行家同士随分揉めたようだ。
注現行の法では「公売財産が"不動産"の場合、共同入札できる」とあるが‥‥この場合は？　局は承知しているのか？
『大正15年7月8日　所沢ニ行ク　商人ト共ニ入札ヲシタガ協議ノ結果一号品ノ方15台ニ対シテ30円20銭ニテ入札　浅見君名儀(ママ)ニテ落札　小西、吉田、學校、及工場2台トシテ5台引受ケル』数多くの飛行家仲間たちで事前に協議して代表者が落札。落札品15台を分配し5台を手に入れる。
『昭和7年6月15日　所沢ニ行ク途中奥山君ト共ニナル　9時15分學校ニ着　参加者多数　貞分代表者トナリ入札　501円50銭ニテ落札　アンリオ1台イスパノバラノ分1台貰フ　アンリオ程度ステキニヨキモ主翼4枚羽布ヲハガシテアッタノハオシカッタ』　今回の入札代表は音次郎。後の分配で気に入ったアンリオも手に入れたが、わざわざ？翼の羽布を4枚とも剥がしてありがっかりしている。
『12月16日　マツ入札ノ方ヨリ初メルコトニナリ指名ノ8名行キテ220円ニテ飯沼名儀(ママ)ニテ取リ、‥‥8名組若葉ニ引上ゲ入札ノ處分ヲキメ工場へハローン80其他ヲ受ケ運送店ニテ発送方ヲキメテ』　指名8名の飛行家仲間の共同代表として飯沼金太郎が落札、後に皆で分配を決定。

払い下げ品の行方　苦労して手に入れた払い下げ品の行方は…民間機に「再生」か「屑鉄」か

◆「売却」　民間仕様に修理・改造して流通 資12 (株)略歴 中の「本社ニテ修理、整備並ニ改造ヲ施シ‥‥」参照
　民間飛行家や飛行学校から改修飛行機の注文が舞い込む。しかし、軍用機として使い込まれボロボロになった機体や発動機等を改修するには新機を作る以上に手間がかかった。その上、出来栄えも今ひとつで航空局の堪航検査に合格しないこともあり、慌てて修理し直す姿が日記にも残っている。
　なお、伊藤飛行機では修理・改造して売却した機体も恵美号としているが自作機とは区別して「特」と記し「恵美特第〇〇号」のように名付ける慣習があったようである。[「J-BIRD」より]
注恵美32型〜50型の機種や名称、仕様がはっきりしないのはその多くが改修機であることによるものと思われる。
『昭和3年4月18日　大場藤次郎君來　甲三ホシイトノコトデ600円デ賣ルコトニス』甲三＝ニューポール24
『昭和7年6月20日　朝鈴木正憲君交渉1300円ニテ十年式決定　其代リトシテ安岡ノ教官料ヲ1時間3円トス　注文品書ヲ書イテ渡ス　一両日中ニ手金300円ヲ入レ今月中ニ残リ1000円ヲ入レル事』

日本軽飛行機倶楽部員の鈴木が自家用機を発注。価格を負けない代わりに倶楽部の指導料金を格安に。
◆「転売」　払い下げ品をそのままの状態で仲間の飛行家に転売し差額を得る
『大正15年3月18日　5時宅ヲ出テ霞ヶ浦ニ行ク　大倉橋本善上京セシメ朝日ノ小切手ヲ現金ニナオ
シ橋本霞ヶ浦へ持参セシム　自分先発　所沢ノ峰岸等モ來テ居タ。465円デ峯岸落札⋯⋯山水閣ニテ右
決定　内ペラ68本全部ヲ300円ニテ買取リアトハ引取リ日取リ通知シテ貰フ事トシテ100内金ヲ入
レテ3時半ニテ佐藤、木暮氏ト同道帰宅ス⋯菱伊來⋯ペラノ件話シ50本350円ニ買ッテ貰フコトニ
ス』　共同落札後分配しプロペラ68本を300円で引き取ったが（他に引き取り手がいなかったのだろ
う）帰宅後丁度来訪した菱伊にいらない50本を350円で売却。差益50円とペラ18本が手元に。
◆「屑鉄商」　払い下げ品を更に払い下げ（日記では古物屋、金物屋と記載）に売却し米代や給料に充てる
　最も苦しかった昭和4年前後の時期には、収入がない上に借金はし尽くしもう貸してくれるところ
もなくなった。そこで、折角苦労して手に入れた払い下げ品の発動機や部品、工場の備品や材料まで
も売り払って僅かの現金を得、米代（舎宅の賄い用と我が家）、所員たちの給料、子どもの月謝など
に充てるのだった。こんな切ない記述がこの頃の日記には溢れている。　[39][40] 苦難の時代②③参照]
『昭和3年9月19日　不用ノ品ハ皆賣立テル事　幾分ツヽデモ皆ニヤッテ事情ヲ話シ大毎機ヲ完成セシ
ムルコトトス』　給料が払えず不要品を売却した僅かの金を皆に分けた上「大毎（大阪毎日）機完成さ
せよう」と呼びかけている。きっと「整備完了の暁には給料が払えるぞ！」とでも言ったのだろう。
『昭和4年7月10日　サンビーム拂下ノ爲メ分解　半日余リ全員デカヽル　85円程ニナッタ。50円受
取リ内5円　以前ノ分1円入。金太郎ニ、15円返シ米ヲ拂ヒ、キク、樋口ニ5円ツヽヤッタラナクナッ
テ仕末(ママ)ッタ』　払い下げ品の自動車(英国製)を半日もかけて分解、金属部品に変えて売却(払下)し
85円を得るがあっという間になくなってしまった。これはこの頃のいつものパターンである。

| 本業は「修理と整備」、飛行機製作は昔の思い出になってしまった |
　　　　　　　　　　　　　　　　　　　　　　　　　　　└㊟屑鉄商へも "払い下げ" という。
「飛行機製作」に命を懸けてきた音次郎だったが、売れず・作れずで「修理・整備」だけで糊口を凌い
でいた。「航空年鑑（帝國飛行協會発行）昭和5年版」掲載の「民間航空機・発動機・部分品製作所録」
では、『航空機・發動機製作所［三菱、川崎造船所、中島、愛知時計、川西、石川島、東京瓦斯の7社］』と
は別枠の『航空機修理・販賣・部分品製作所［88社］』の方に合資會社伊藤飛行機製作所は位置づけら
れている。既に航空機製作所とは見なされていないことが分かる。なお「世界航空年鑑（航空知識普
及會発行）大正15年版」では、中小企業ながらも先の7社と共に航空機製作所として位置づけられて
いたのだが凋落ぶりは激しい。再び航空機製作所として認知されるのは、第二次の株式会社としてスタ
ート[43]参照]する昭和12年になってからのことである。
◆「朝日の東西定期航空会機の整備に甘んじる」[35]参照]　㊟整備＝堪航検査のため定期的に整備が必要。
『昭和2年8月5日　朝日ニ行キ四十六、四十七、二式ノ残金80余円受取ル』　㊟四十六＝朝日46型機
　第二期（大12）の運航から弾き出され、整備のみに甘んじることになったが背に腹は替えられぬ。
◆「整備受注競争」㊟福長飛行機製作所(静岡)＝福長朝雄は音次郎門下で、かつて恵美2型を4,000円で購入した。
『昭和3年2月6日　大毎機五号猿田イヅレモ福永(ママ)ニ行ク形勢アリトノコトニスグ分工場へ電報シ
テ五号機ノ在否ヲ聞キ合ス　尚明日大蔵上京ト同時ニ大毎吉田君ニ會ワス』　門下生がライバルに。
『2月16日　日日ニ行キ吉田君ニ会フ　五号機見積書提出　津田沼ニテ修理　3月中ニ完成　金額同時
拂3月中末完成ノ場合3月末半金拂ノコトニテ決定　七號機ハ福永ハ一度ヤルトノコト　ソレモヨカロ
ウ　一度クラ井サセテ見ルノモ反ッテヨイ結果ニナルカモ知レナイ』　大毎機受注が危ない。やっと
5号機は確保するも7号機は福長にとられる。音次郎は強がりを言っているが、さて本音は。

| 2　補助金・奨励金に頼らざるを得ない変則的経営 |

┌─主な補助金・奨励金［航空局・帝國飛行協會］㊟年度により補助金種類や支給金額は大きく異なる。─┐
◎逓信省航空局の事業［民間航空事業保護、奨勵］　　　　　　　　[「航空年鑑 昭和15年版」より抜粋引用]
「航空機維持奨励金」昭3；123機/昭4；131機/昭5；133機/昭6；140機/昭7；162機/昭8〜16年も平均160機支給
　　成るべく多数の完成機を國内に於て保有するため、民間航空機にして破損等の場合、修理を實
　　施し、完全なる状態に復舊したる際には、其の修理費の一部を補助支給す。
◎帝國飛行協會の事業　　　　　　　　　　　　　　　　　　　　[「航空年鑑 昭和14年版」より抜粋引用]
「操縦士奨勵金」昭和13年度分は、一等11名（各金300円）/二等68名（各金200円）
　[規定] 一等操縦士に金500円以内　二等操縦士に金200円以内
「グライダー製作費補助」（昭和9年度以来）昭和13年度は110機（平均235円）に達す。
　[規定] 1台につき200円乃至800円を交付

- 167 -

払い下げ機の整備や修理・改造で何とか倒産せずに持ちこたえているが風前の灯。そんな民間飛行家たちが頼ったのが航空局と帝國飛行協会からの補助金や奨励金の給付。払い下げ機などを改修・整備することで支給されるのだった。そのうちに飛行機代金から補助金分を値引きするようなこと（後で補助金支給）も行われた。そうやって値引きすることで、さらに安価で売買できたのであった。

補助金や奨励金が頼り ㊟「航空機維持奨励金」と「操縦士奨励金」が混在しているので注意。

借金や給料の遅配を抱え、補助金や奨励金支給を心待ちにしている様子が実に切ない。

『大正15年5月19日 スパット補助金到着 之レニテ所員ノ支拂ヒ、自動車屋ノ拂ヲナス』

『昭和2年4月8日 午後川辺來 丁度協会カラ松田ノ奨励金ガ出ルトノコトニ 早速取リニ行ッテ貰フ250円ト電通分受取ル。之レデ利息ノタシガ出來タ』 操縦士奨励金250円と電通用飛行機修理か。

『昭和5年2月5日 局ヨリアブロノ補助金下附ノ通知アリ 金691円 之レデ10日頃間ニ合フダロウ』 航空機維持奨励金の額が分かる（ただし修理の程度や総申請件数により金額は異なってくる）。

『昭和6年12月28日 木部ノ補助金ヤット間ニ合ス 竹崎ヨリ100円受取ル 早ク帰リ米屋ト中台ノ支拂ヒヲナス。コレデ少シ気ガ軽クナッタ』 女流飛行家木部シゲノ（第一航空学校）の注文機だろうか。年末ギリギリの支給で借金返済して一安心。必ず返すという律儀な音次郎らしさが滲み出ている。

◆奨励金分を差し引いた価格で売却（後で奨励金の支給を待つが不可の場合もあり冷や冷や）

『昭和7年11月27日 鶴間氏同道者5名 同道内1名オソク乗レナカッタ アンリオ1,000円ノ内奨励金150円引クコトニシテ價格返事ス』 局の製造奨励金を予め差し引いて850円で売却することに。

◆補助金、奨励金も右から左へ

『昭和2年9月1日 局ヨリ金2,200円下ル スグ分配 所沢600円。竹中500円 手形2枚456円53銭 1枚ハ延期 60円稲垣 100円事ム所 490円津田沼持参 大蔵へ渡ス7月分ト女工8月分若干渡シ米屋其他モ7月分ノミ支拂ヒ…』 分配（借金の支払い）先の何と多いことよ。

◆補助金の制限や減額の危機

『昭和6年11月26日 本年度補助金馬詰、工場十年式（アンリオトアリタレドモ間違ヒ）宗里アブロノ外ハ全部出ナイトノコトデアッタ 之レガ対策ヲ要ス 夜3時頃迄眠レナカッタ』

注文のあった飛行機は既に売却または修理・改造中だが3機分しか補助金（奨励金）が出ないことに。補助金をあてにして値引きしたり、作業経費を奮発したりしたのに回収できず、眠れない夜を過ごす。

「どん底時代」の 昭和4年（1929） 航空局の技術課長に補助金を盾に罵倒される

「各種許認可の権限」と「補助金の支給算定」で締めつけられ、中小の飛行機関連会社は航空局の担当者（課長、係長クラス）には頭が上がらず常に顔色を窺うような有様であった。それは、民間航空黎明期に命を張ってきたレジェンド音次郎とて例外ではなかった。金のない辛さで、かつてのように優れた技術や人材は不足し、士気を有さなくなった工場では尚更だった。航空局の担当者は、民間の苦境を知ってか知らずか強い態度に出、時には罵倒することさえあり、音次郎は「昭和5年11月24日 実ニシャクニサワッタガ、商買（ママ）大事デ我マンシ」と堪え忍ぶのだった。穏やかだが直情径行で処世術にたけていない音次郎は、特に局の課長とはそりが合わなかったようだ。

『昭和4年2月9日 課長ニタクシート安岡使用ノコトノ諒解ヲ得サルノ事ニ及ブヤ、君ノ方ハ作業ガ悪イカラ推セン出來ナイガ注文サレルモノハ、ジヤマニハシナイトノコト。シャクニサワッタガ止ムヲ得ナイ。』 所員の士気低下、ベテラン所員退職、人員不足、材料等不足と最悪状態の頃だった。

『8月7日 局ニ行ク 田中ノ事故報告ヲナス 先ヅ森サンニ話シ課長、田中サン 次ギニ鈴木ノ仙台着陸ノ件ニツキ練兵場使用許可ヲ打電シテ貰フコトノ諒解ヲ新井氏ニ。イヅレモ違ハン事件ナノデ課長カラトテモヒドクヤラレタ 例ノ調子デ人殺飛行場ダノ、モウ補助金ハヤラナイ、ソシタラ止メルダロウダノ、トノ事デアッタ 之レハ半分ジヨウダンラシク半分ハ本當ノ事ナノデ、ユダンガナラナイ』

㊟田中の事故＝8/3田中不二雄が船橋で墜落し同乗者共々負傷。㊟鈴木の仙台着陸の件＝7/29「鈴木が仙台飛行で昇降舵壊れた」との記述あり。仙台練兵場に無許可で不時着した。事後に着陸許可願を提出。

『昭和5年11月27日 9時局ニツク 西川氏ノ出ルノヲ待ッテ話シニイカヘルトトテツモナイ、ケンマクデ三型ハ前カラ制限付デアッタノニ高等飛行ヲヤッタトテ大変ナケン幕デアッタガ遂ヒニソレハ氏ノ思ヒ違ヒデアッタコトガ分ッタガ極リ悪クナッタガ調べテ居クカラ君ノ方モ調べテ居ケトノコト 馬鹿々々シイ 調べル余地ナドアリハシナイ』 自らの間違いを認めようともしない航空局の小役人。

「払い下げ」に端を発した民間航空界の不況はとどまることを知らず、その間音次郎たちは借金苦に喘ぐのだった。しかし、そんな苦難の時代でも決して諦めずに、「払い下げ」や「補助金・奨励金」制度を利用してしたたかに生き残りを図り、次の飛躍の機会を窺っているのだった。

39 苦難の時代② 工場経営編

修理工場と化し寂れた会社は火の車 大正末〜昭和初期

大正13年の株式会社解散(1924)以降『日記』に現れるのは、飛行機を作れない職人としての無力感と、経営者としての焦燥感だった。大幅な収入減による給料遅配、工員たちの怠業や離反が広がる中、各種改革を試みるが効果は一向に上がらずどん底状態の昭和初期であった。㊟ 日記中の囲みと波下線 は著者。

序「原点回帰宣言」 反省と決意をするも苦難の道は長く続く 　大正14年(1925)

『大正14年3月27日 昨日感ジタ事デアルガ 自分ハ多年金ニノミ苦心シテ本來ノ事業ヲ忘レテ居タ 否忘レタノデハナイガ、ヤッテ居ラレナカッタ 今日ニナッテ見ルト 生活ノ安定ノ爲メ金ナルモノニ非常ナシユウ着ヲ覺エテ來タガ自分ニハ金ヲ、モウケルト云フ資格ハ全クゼロデアル。資格ヲ有セザルモノガ、アセルカラ人カラ非難サレル様ナコトニナル。之レハムシロ金ヲ去ッテ自分ハ自分ニ生キナケレバナラナイ 真面目ニ事業ヲヤッテ居サエスレハ、又イツカ信用ヲ回復シ得ルデアロウ。ソウダ五年間、今一度金ノ事ヲ忘レナケレバイケナイ』 　　　[「日記」より]

　折角創設した株式会社を解散し個人経営の「伊藤飛行機製作所」となって数ヶ月後、『金へ執着してきたが自分には金を儲けるという資格はゼロである』『そうだ、5年間、今一度金のことを忘れなければならない』と金に振り回されてきた自分を反省する。そして、地道に事業を行い『自分は自分に生きなければならない』と、かつて金もない中でようやく性能の良い飛行機を作り、大冒険飛行を敢行してきたという原点への回帰を「日記」の中で自分自身に宣言する。しかし、反省と強い決意も空しく音次郎の苦難の道は長く険しくどこまでも続くのだった。

1 収入の道を求めて

　払い下げによる飛行機製作会社の凋落はどうすることもできず、会社を存続させるためには他の収入の道を見出すしかない。音次郎はなりふり構わずどんな小さな仕事でも受注し、現金収入を得るのだった。それこそが、飛行機作りに集まった工員や女工たちに報いることであった。

「小さな仕事」で現金収入 修理・整備費集金や補助金交付は半年も先、小さな仕事で凌ぐしかない。
◆自分では儲けることは下手だが "他人のための予算書や計画書作成" は緻密で正確と評判
『昭和2年9月26日 午前中小栗依頼ノ会社予算書デツヒヤス 定期飛行予算ニツイテ大キニ得ル處アリ 時々コンナ事モヤッテ見ル必要ハアル』 他人の成功のために喜んで予算書を作成する無私の人。数字に強いのは、丁稚時代に簿記を学んだ上に特殊な才能があるらしい。他にも同様の依頼あり。
◆朝日機のマーク・標式記入 　大正10年以降、堪航検査合格機は標式記号を胴体と翼に記入する規則。
『大正14年5月22日 朝日ニテマーク記入費受取リ』『10月7日 今日ハ朝日ノマーク記入 終日ヤル』『昭和2年1月28日 大蔵今村立川へ初風ノ標式書ク爲メ出張』大正14年訪欧飛行の「初風」号。
◆ビラ撒きや広告飛行 　手っ取り早い収入源で伊藤飛行機の得意分野。 33「新しい事業①」参照
『昭和2年11月27日 国技館ビラ 八十円増田ヨリ受取ル』
『昭和5年9月20日 十一時半千葉ノ飛行ヲ行ヒ十二時半ヨリパラマウントノ飛行ヲ行フ 五台行キ皆無事帰ル』 映画館の宣伝飛行で一度に5台も契約。5方面に飛行した空中宣伝は壮観だったろう。
◆地域のイベントでのデモ飛行
『昭和5年4月5日 流山守竜山東福寺ヨリ 例年ノ風船祭リニ飛行機ヲ飛バシテ賞ヒタイトノコトデ承認ス』『4月8日 正午過ギ安岡流山ノ風船祭ニ飛行ス』 毎年依頼される有難いお得意様。
◆ "宅急便" 的な仕事も舞い込む 　初期の飛行機の商業利用は、新聞社と映画会社(館)の搬送業務。
『昭和2年10月29日 松竹キネマノ活動ヲ中島式デ取リニ行ク』 活動写真(映画)フィルムの搬送。
◆定期検査依頼 　堪航検査に備えるとともに日常の安全策として定期検査を受ける必要があった。
『昭和6年3月9日 夕方藤原ハンサーニテ飛來 定期検査ヲ受ケタシトノコト』『3月19日 藤原君ガ金ヲ持ッテ來タ 思ヒガケナカッタノデ、ウレシカッタ 四百円受取ル』 ㊟藤原正章(延)門下生。
◆航空局の堪航検査のための難しい整備依頼 　音次郎なら何とかしてくれるとすがってきたようだ。
『昭和6年6月4日 夜中ノ十二時過ギ佐原ノ宮田氏來 明日検査ガアルノデ來テ呉レトノコトデアッタ 漸ク一回限リト云フコトデ承知シテ上野ヲヤルコトニス』深夜、遠方(大利根飛行場)よりはるばると。

[格納庫料」は小額ながらも定期的かつ確実な収入源 海岸使用権と大格納庫を持つ者の強み。
『昭和2年12月5日　八月決算終ルニ外収入僅カニ　二百円デアッタガ決(ママ)損ハ四百円余デアッタ。
格納庫収入ガ非常ニ助ケニナル』練習場のメッカ津田沼には常に多くの飛行家が集まり格納庫を利用。
漁協との契約による海岸使用権と大格納庫を持っている地の利を生かした確実な収入源。[21] 参照]

捕らぬ狸の・・・20人乗り飛行機受注の幻 本格的に飛行機の設計・製作ができると思ったが残念。
『大正15年3月12日　朝日カラ來テ呉レ　吉田カラモ同様ノ電報アリ上京ス　先ヅ朝日ニ行ク　上野ノ
博覧会ニ　二十人程乗ル飛行機ヲ作ッテ呉レトノコトデアッタ 』[35] 参照 15人乗り大型双発飛行機構想図]
『3月15日　朝日ニ行ク　條件折合ワズ中止ト決定』　費用か設計か納期か、条件合わず。

うまい話には・・・裏があった 補助金を餌に航空局から月給60円の期間限定所員を押しつけられ閉口。
『昭和2年1月19日　航空局ニ行ク　課長ヨリ補助金ノ件ニツキ整備ナルベク多ク急グコト及出張作業
ヲ認メテ呉レルトノ事デアッタ。安辺氏、課長ヨリ富沢飛行士十月入営ニツキ　ソレ迄預ル事　月給
六十円　右オシツケラレル』8ヶ月間、月60円ずつの高給所員誕生。㊟補助金＝航空機維持奨励金のこと。

２ 金がないのが次の苦難を生むという"悪循環"に陥る

部品、材料、燃料なく、次の仕事に移れない
『昭和3年11月13日　女工ニ今日ハ硝子フキト工場整理ヲヤラセル』　仕事がなく女工の意欲も減退。
『昭和4年11月13日　仕事金欠ノ爲メ作業進メラレズ　工場整理ヲナサシム』　工場整理とは文字通り
整理して工場の狭い一角で効率的に作業する、あるいは屑鉄商への売却品の選別のどちらのことか。
『11月24日　金ガナクナルト仕事ガハカドラナイ　今月ハ　ツヒニ何等仕事ラシイ事ヲ出來ナカッ
タ』　仕事ができないことは収入もなくなるということ。そして、部品や材料調達もできず・・・。
『昭和6年5月1日　本日ヨリ夜業ヲ中止ス　材料不足ノ爲メ』　仕事はあるが夜業中止で収入減の連鎖。

部門統合や廃止による工場の縮小
『昭和3年8月31日　都筑氏來宅　午前中自宅　名古屋附近ニ温泉場ヲ作ルノニ必要ナル木管ノ製作ヲ
頼マレタガ今木工場ヲ閉査(ママ)シテ居ルノデコトワル』折角の現金収入の道も木工場閉鎖中でやれず。
『昭和4年5月6日　今日カラ乾燥室ヲコワシ初メル　一人デアッタノデ、ハカドラズ』
『10月30日　工場整理ヲ行フ　木工場ヲ廃シ組立ヘ合同ス』広い工場の一角で複数部が稼働。

工員、女工の士気低下・怠業
　不況による仕事の減少と給料遅配の悪循環は、徐々に工員たちの士気低下を招いていった。遅刻、
やる気のない態度やサボリ、横流し、退職などが頻発し頭を悩ませる音次郎の姿が度々登場する。
◆所員への給料遅配 さすがに給料遅配では工員も暮らしていけず団体交渉にくるがない袖は振れず。
『昭和2年4月17日　雑談中高橋來会合　工場ノ職工連ガ七名給料遅延問題ニツキ來ルトノ事デアッタ。
田中、橋本交渉　最後自分ガ一場ノ挨拶ヲシテ引取ラシム』　幹部所員対応と所長挨拶でお茶を濁す。
『昭和4年12月25日　女工金貰ヒニ來タガ事情ヲハナシ小遣ヒ位都合スルコトニス』
◆怠業 働いても給料が貰えないから働かないという選択へ至った工員たち。
『昭和3年11月30日　西田休　菊池八時半　今村休　仕事ニ不熱心ニハジリヽヽサセラレル』
『昭和4年7月16日　午後一時ニナルモ樋口君一人シカ來ナイデ見ニ行クト佐藤門松ハ寝テ居タ　今村
ハキングヲ寝ソベテ讀ンデ居タ　ムシヤクシヤシテ居ル處ヘ中川ガ午後休マセテ呉レト云ッテ來タ』

３ 苦難の日々、音次郎の心境や如何に？ 何事にも耐えてきたが日記にぽつりと本音が滲む。

◆音次郎泣き通す ガソリンたった2缶のために工場の大蔵清三と学校の川辺佐見がいさかいに。
『大正14年6月4日　今朝ガソリン2鑵學校ヘ渡スニ付大蔵ノガソリンオシミヨリ川辺君ノ言行ニ対シ
大蔵ノ言葉ガオダヤカデナカッタノヲ鈴木ガ川辺ニ話シタ爲メ　午後事ム所デ大問題ヲ起ス　僅カニガ
ソリン2鑵ヲ買ッテヤレナカッタ爲メニ起ッタコトデ　大蔵ニ小言ヲ云ヒツヽ、ムネガセマッテツヒニ
涙ガトマラズ色々ノ事モ考ヘラレ　夕方迄泣キ通シテシマッタ』東亜飛行学校分離直後の切ない事件。
◆大正15年要記　『強クナレヽヽヽ』苦境の中で自分自身への叱咤激励。
◆弱気の虫も現れる 門下生の井上長一の会社（航空輸送研究所）に合同して引退も・・・と弱気に。
『昭和4年3月5日　井上長一ヨリ株式会社ヲ作ルトノ手紙アリ　コレニ合同サセテ自分引退ヲ考慮ス』
翌日、早速合同を促す手紙を出したもののまとまらず引退は回避されたが、苦難の道はまだまだ続く。
◆職人・音次郎のストレス解消法『自ら働く方が気持ちいい』油まみれの作業着の方が似合う音次郎。
『昭和3年8月3日　今日ハ工場デ自カラ仕事ヲシテ見タ　働イテ居ル方ガ気持チヨカッタ』
『昭和4年3月12日　朝久シ振リデ工場ニ出ル　ヤハリ工場デ作業ヲ見テ居ルノガ気持ガヨカッタ』

㊟下記の各種工場改革や事件は同時進行であるが、内容別にまとめた構成のため起こった時期が前後している箇所がある。

工場改革の具体策 工員の勤務態勢なども厳格にし、緩んだ士気を立て直そうと図るのだったが…。

『昭和２年10月13日 今日ハ荒木、伊東ヲ補助トシテ第三第四工場ノ整理ヲ行ヒ工場内ノカントク場ヲ作ル 明日ヨリ材料ノ出シ入ヲ職エニサセナイ事掲示ヲナス』 材料類の"横流し"対策が悲しい。

『昭和３年４月２日 本日ヨリ七時初メ 五時十分終業（昼休み40分、勤務時間9時間30分）』

『昭和５年８月29日 今月ヨリ全部日給二改メ明後日ヨリ各自自炊スルコトニナル 勤務振リニツキ今後厳格ニスルコトヲ申シ渡ス』無断欠勤対策と経費削減。寮の賄い⇒自炊に変更は工員の希望による。

『昭和６年４月20日 クシ振リデ終日在所 一同ヲ集メ作業進マザルコト 出勤時間ヲ励行スルコト、物品ノ出入レヲ厳重ニスルコトヲ申渡ス 本日ヨリ倉庫係一名専任ス』 余程乱れていたのだろうか。

＊音次郎は、工場全体を覆う士気低下に対し、指をくわえて眺めていた訳ではなかった。『昭和２年２月予定 工場改革』とあるように管理規則を厳格化するなど工場改革方針を次々と打ち出すのだった。しかし、その道は険しく「東京事務所開設」の失敗や「古参所員の裏切りと航空局の暗躍」「ベテラン工員の大量引き抜き事件」も絡み、経営はどん底へと落ちていくのだった。

練習部を廃止し、川辺佐見に「東亜飛行専門学校」として経営させる ── ［「略年譜」より］──
『大正13年…次ぎに開所以来の練習部は特別なものだけ残し、友人川辺佐見君に東亜飛行専門学校を創立経営させることにした』㊟東亜の分離は株式会社解散の後だが、音次郎からの完全独立は昭和２年。

「略年譜」等では株式会社解散の年である大正13年（11月）に東亜飛行専門学校創立としているが、航空年鑑昭和８、９、10年版の「民間飛行学校一覧」には『東亜飛行専門学校 創立大正14年』とある。一方、航空年鑑昭和５年版の「航空機…製作所一覧」中の「伊藤飛行機製作所沿革」には『昭和２年１月本所練習部たりし東亞飛行専門学校を分離し操縦士養生(ママ)は同校に本所は機體の製作修理を専らとす』と、異なった創立年月が記されている。株式会社解散時の大正13年末ではなく、川辺は翌大正14年を、音次郎は協同事業を解消した昭和２年を東亜飛行専門学校の創立と認識している。以下、日記をもとに検証する。

　大正13年11月、経営難から株式会社を解散し個人経営に移ってから、最初に大きな改革に取り組んだのが練習部（飛行部）の分離独立であった。不況下、練習用に高額な手作り飛行機を製作し提供していくのでは大幅な赤字を生み、製作部門と練習部門の共倒れの懸念があった。そこで、会社を苦境に追い込んだ憎むべき払い下げ機ではあったが、これを「分離した飛行学校」に払い下げてもらうことを狙ったものである。もちろん、音次郎が飛行機製作に専念できる環境を作ることが最大の目的であった。新設の東亜飛行専門学校長を任せたのは奈良原時代からの古い友人である川辺佐見であった。
【川辺佐見】奈良原門下の後輩。ロシアに渡りセミョーノフ軍（反革命軍）に所属していたという自称大陸浪人。

『大正14年１月３日 學校獨立ノ予算書作製夜二及ブ』『同年１月８日 川辺君ト道々學校ノ事協議ス』
『同年１月９日 局二行キ新年ノ挨拶…児玉課長二…飛行部獨立ノコトニツキ領(ママ)解ヲ求ム』
『同年２月24日 川辺君ト上京 十時半局着 ３月ヨリ川辺君ト協同 ノ事ノ挨拶ヲシテ廻ル』
『同年３月16日 終日規則書ヲ畫ク。カタガ張ッタ』㊟日記、略年譜では「飛行部・練習部・学校」の名称が混在。
　大正13年11月には分離が決まり新たに活動を始めていた練習部（飛行部）を翌14年３月をもって、東亜飛行専門学校として航空局の了解も得て正式に分離独立させたが、それは音次郎と川辺との協同経営であった。練習用機も格納庫も練習場所も全て伊藤飛行機製作所のものを借用し、学校の予算書や規則書なども音次郎が作成するなど強い影響下にあり、音次郎の手を完全に離れた訳ではなかった。
『大正15年11月７日 學校練習中大蔵同乗川原木星型又々コワス 出來ルトコワシテイヤニナッタ』
　伊藤飛行機の練習機を修理しては東亜が壊し…の連続に音次郎も閉口するが協同だからと諦める。
『昭和２年６月22日 夕方早川氏訪問 会社組織変更ノ件ヲ話シ學校問題ニツキ学校ヲ廃止 希望者ニハ教エル程度ニスル事トスル旨諒解ヲ得。』学校廃止には校長の川辺が頑強に反対していたが強引に。
『同年７月17日 川辺ニヨリ寝テ居タノヲ起シ學校問題ニツキ協同事業ハ先月切リトシ今月ヨリ川辺個人経營トスルコト 差シ當リアブロー機工場デ引キ取ル事…』 この７月をもって分離独立がなる。
『同年８月23日 午後川辺旦代(教頭)ト會フ…。格納庫料ヲ前通リ五十円トシテ…(飛行機数機および部品類の詳細な財産分配計画の記述 略)…學校負責(ママ)ハ合計七百五十余円アリ 之レハ等分二負擔スル…』
『同年９月１日 川辺ト金ノ貸借ノ決済ヲナシ財産分配ニツキアトアブロトイスパノ300トノ交渉ダケヲ残シテ決定』㊟財産分配＝「東亜」として払い下げを受けた飛行機は、協同事業解消で工場と学校で分配した。
　昭和２年７月、協同事業として関わってきた東亜飛行専門学校から音次郎は完全に手を引き、払い下げ機である各種練習機等の財産分配や負債の等分負担などの取り決めを経て、９月川辺の個人経営となり分離独立が完了した。なお伊藤飛行機では『希望者ニハ教エル程度ニスル』と、積極的には募集しないが来るものは拒まずということか。㊟田中不二雄は所員として練習し昭和４年に三等免許を取得した。

　所沢の陸軍飛行場に隣接する「航空社」という小工場を買収し「分工場」とすることができた。これにより陸軍機の修理を手がけることが可能となり、不況の真只中、良い兆しであったのだが・・・。
『大正14年12月27日 航空社問題ニツキ十時ヨリ吉田君へ行ク』『12月31日 尚明年度ノヤヽヨサソウナ配気(ママ)ガ見ユルノトデ去年ノ様ナ非(ママ)観ハシナイ。コトニ航空社問題ガ馬鹿ニウレシイ』と大喜び、翌15年2月2日に航空社社員と打合せ、2月9日には分工場名が日記に初出するなど順調に事業拡大がなった。 この所沢分工場が地の利を受けてどれほど陸軍機の修理を受注できたかは不明だが、1年後『昭和2年4月29日 分工場本工場金銭勘定ハ混合セザル事』『昭和2年11月予定 分工場改革』とあり不況下の分工場も厳しい状況にあったことが窺われる。同じ頃、東京事務所開設、合資会社化を進めるが好転することはなかった。そして昭和4年になると、債務超過の厳しい状況下に経営縮小を図るため、折角の分工場を何と入社3年足らずの田中不二雄に譲渡してしまうのだった。
『昭和4年7月24日　田中所沢ノ条件ヲ定メル。骨子トナル處ノモノ営業権ヲ五千円　之レハ責(ママ)権責(ママ)務ヲ以テ田中引受ケルコト　但シ本工場千四百円ノ責(ママ)権ヲ認メルコト　建物器ヲ千五百円トシ之レハ田中ノ預リト未給千百円デ差引　残高ハ新規貸金トシテ認メルコトトス　自分顧問タルコト田中ヨリモ望ミ承認。』田中相手に給料未払いなど多額の借金があり、譲らざるを得なかったようだ。
『8月30日 公証役場ニ行ク　田中トノ契約ノ爲メ調印』『昭和4年補遺　所沢ヲ田中ニ譲ル』

　大正15年、自称「経営指導者」田中不二雄が事務長格で入社する。弁が立ち行動力もある田中に対し音次郎は全幅の信頼を寄せその言を用いる。田中の進言により昭和元年12月には東京出張所を開設すること(実際の移転は翌2年2月)、さらに6月には合資会社とすることなどの積極策に打って出る。
◆稲垣から『昭和元年12月26日 佐野氏ニ工場ヲマカセテ自分(音次郎)ニ東京ハ(ママ)出テヤッテ賞ヒタイトノコトデアッタ』との進言［㊟田中の発案であるが音次郎の意向もあり、稲垣は音次郎の東京常駐を仕方なしに受け入れたのだろう］があったが、翌年2月『稲垣ニ工場マカセル』と佐野ではなく稲垣を工場長に抜擢した。稲垣にとり、設計や製造ではなく工場や工員の「管理」には戸惑ったことだろう。
◆『昭和2年2月18日 東京移籍　午前中引越シノ準備ヲナシ正午ヨリ上京　銀坐ニ行ク・・・』
　㊟翌19日に家族共々、親子7人が暮らすにはきわめて狭い店舗住宅(三十間堀河岸に面する京橋区銀座2丁目13番
　　地の階下3坪、二階6畳ひと間)に転居。敷金600円、家賃110円は厳しい経営状況をさらに圧迫することとなった。
　田中の構想では、音次郎が東京で航空局や協会、新聞社など主だったところと交渉しやすくすることを狙ったものだったが業績は思ったほど好転せず、その上音次郎が東京事務所に拠点を移し津田沼を留守にすることで、古参の大蔵と新参の田中の間が険悪になりいさかいが多発、工員たちの士気低下、工場長の稲垣が体調を崩すなど本工場自体の経営が危うくなってきた。
◆僅か半年余で東京事務所廃止、事業の縮小へ
『9月26日　昨日來ノ考慮ノ決(ママ)果成行キニヨッテハ断然東京事ム所ヲ廃シ自分ノ住居ヲ東京ニ居キ稲垣モ大蔵モ止メルナラ止メサセテ最小限ノ縮小ヲ行フ事ヲ決心ス』＊リストラまでも考えるのだが…
　大不況下の窮余の縮小(消極)策として、一向に効果があがらず経費ばかり食う東京事務所を廃し、さらには幹部所員の稲垣と大蔵の解雇まで考える。修理工場と化し収益が激減、負債を抱える伊藤飛行機では、会社のために長年貢献してきたとはいえ高給の幹部所員を雇用し続ける余裕はなく、会社存続のためには田中の進言を入れた積極策から厳しい消極策に転ずるほかはなかったのである。
『9月28日　中山氏ニ行キ西店ニテ会見。工場積極政策ヲ止メ消極政策ヲ取ルコトニツキ目下ノイハユル幹部ナルモノノ處置ニツキ諒解ヲ求メ自分ニ一任サル』＊結果的に二人は去って行き…寂寥感が残る。
　大阪の支援者たちも消極策に賛同の模様。結局、東京事務所は一年足らずで廃止、住居も東京と津田沼の間にある市川に移し再建に力を注ぐこととする。稲垣は体調が思わしくなく翌3年には一線を退く。［24 第2鶴羽 参照］一方大蔵は操縦技量を見込まれ、毎日新聞航空部に嘱託として移籍(伊藤飛行機製作所兼務)、「日比親善 東京～マニラ間飛行」などで大活躍する。㊟後に航空部副部長。
『10月28日 市川ニ家ヲ見ニ行ク 一寸セマイガ安イノト新ラシイノデ 十円手金ヲ渡シテキメル』
『11月28日 事ム所移轉届ケ提出』㊟千葉県東葛飾郡八幡町菅野164番地(現市川市)

『昭和2年　○しかし金融面で益々苦しくなっていた折も折、航空局の或る一人が自分は蔭にいて立川の朝日新聞格納庫に隣接して東京飛行機製作所を作り、弊所では㊟古参の[所員A]を引き抜き同所長とし、朝日の仕事を作業中のものまで持って行かれたことは　心理的にも大きなショックを受けた』㊟奈良原の東京飛行機製作所(明44)とは無関係　㊟内容上、特定の人物名を[所員A][局員B][〇〇]とした

　厳しい経営状態を象徴するような出来事であった。[所員A]の仕事ぶりについては日記で度々こぼしている。昭和2年の東京事務所開設時の人事刷新に伴い円満退職(退職手当1500円)の筈だったが、なんと朝日機整備(東西定期航空会使用機)の仕事を手土産に立川の東京飛行機製作所所長として移籍したため、会社を支える収入源を失い伊藤飛行機は大打撃を受ける。この件を皮切りに朝日機の件、工員大量退職の件の裏には航空局幹部による画策が潜んでいたのである。真相を知った音次郎だが、局相手では為すすべもなく立ち尽くすだけであった。＊結果論だが、[温厚で控えめな稲垣が敢えて「[所員A]ノ立場ヲ考慮シナイト変ニ出ラレルト困ル」と人事案を危惧していた]のを取り上げなかったことが大きく響いている。

◆局が画策した背信行為　航空局を退職する職員への論功行賞として立川に整備工場新設
『昭和2年12月2日　田中來　報知新聞ニテ伊藤飛行所長訴ヘラルノ見出シデ岡崎ヨリ一万三千余円ノ請求訴訟ノ記事アリ　右ニツキ朝日ヨリ預リアル品全部引取リ方申出アリタリトノ事　岡崎ノ方ハ驚カナイガ朝日ノ方ガ工場ニ対スル影響ガ多イノデ明朝上京スル事ニス』時にありがちな債権取立の民事訴訟を理由に、天下の朝日新聞社が5年来の自社機整備の仕事をあっという間に引き上げる不自然さ。
『12月3日　航空局二行　課長二声ヲカケラレー通リ岡崎ノ模様ヲ話シ決シテ心配ナキ旨諒解ヲ得　尚[局員B]氏ニモ其旨述ベテ朝日ノ品引取方中止ヲ懇請ス…（朝日側は）目下作業中ノ四十八号[サルムソン2A2]モ引取ルトノコト　職工ノ思惑モアリ色々頼ンダガ聞カレズ　岡崎ノ事ハ心配ガナクナッタノデ今度ハ四十七号[サルムソン2A2]ノ整備ガ悪イト難ヲ付ケ　ツヒニ引取リヲ主張セラレタ　要スルニ返本主義デ此機会二於テ[局員B]ノ朝日修理工場ガ実現スルモノト見ナサレル。』　懇願にもかかわらず局の圧力からか朝日は取り合わない。作業中の48号機引き取り、47号機の整備が悪いと難癖。この段階で音次郎は局の[局員B]技手が立川の朝日格納庫隣に修理工場を作り、朝日の修理を請け負うことを見抜いていたがどうにも出来ず。　『12月4日　晝食二大蔵ニ佐々木ヲ連レテランチヲ喰ヒニヤリ四十七号ノ事ヲ聞カセル　悪イ處力好スギテ乗リ手ガ引張リ凧ダトノ事デアッタ』　整備が悪いどころか47号は名機に生まれ変わっていた。東西定期航空会操縦士であった大蔵が言うのだから確実だ。各種許認可、補助金など生殺与奪を握る局相手には何も出来ず、他の汚い手もあり『[所員A]と[局員B]必ズ思ヒ知ラセテヤル』腸の煮えくり返る気持ちだったろう。

　案の定と言うべきか、半年後には『[所員A]、[局員B]氏トケンカ分レ』し『アトハ[局員B]ノ手ノモノガ代表者デアル由　ウマクシテヤラレタノダ。カワイソウダガ自業自得』用がなくなれば切り捨て。ところが『昭和3年10月15日　[所員A]スガッテ來テ居タ…侘(ママ)状ヲ書カセル…初メカラ悪イト思ヒナガラヤッタ事デアッタノデ今日トナッテハ良心ニセメラレルノデアロウ』「思ヒ知ラセテヤル」とまで恨んだのに詫び状一通で許すのが音次郎の底抜けの気の良さと甘さであった。

整備途中で伊藤から東京飛行機製作所に持っていかれた『朝日47号』サルムソン2A2
所沢陸軍工廠製　昭2/10/31堪航証明　昭7/10登録抹消
230HP　J-BAIA　東西定期航空会で長く活躍した。

◆「退職連鎖」の真相はベテラン工員の「引き抜き」！
『昭和4年1月7日　昨夜〇〇宅へ〇〇アテノ電報預リ立川ヨリ來ル　日曜日二コイトノコトデアッタトテ〇〇退所ノ報アリ』『1月17日　夕方〇〇〇來　共二帰ル　車中〇〇〇〇止メタイコト…兎二角大毎機仕上ル迄現状ノコト』　大胆にも立川から電報で呼び寄せ複数の工員が辞めたいとの意向。ここで辞められたら大毎機完成せず今後の受注は見込めず会社倒産の危機！『7月25日　十一時立川着　飛行場二行ク…〇〇二〇〇二会ヒ、朝日ノ義勇號ノ操縦線ヲ取替中ノ〇〇〇〇二会フ』伊藤を退職した工員たちに立川飛行場でばったり出会い、引き抜きだったことが発覚。それも朝日機の整備中とは皮肉な成り行き。怒りか屈辱の涙か諦めか…。

『昭和7年1月11日[局員B]君死亡通知二接ス　氏ハ味方トモナリ敵トモナッタ人　然シ死シテ見レバ恩讐一切空』　あれ程威張られ、辛い目に会い、恨んだつもりなのに。死して見れば恩讐一切空と…。

～ どん底に差し込む一筋の光明 ～
　昭和初期は苦難の時代の中でもどん底だった。つらい出来事に何度も諦めかかったが歯を食いしばり耐え抜く。そんな中、長年温めてきたライトプレーンクラブの発足（昭和4年末）とグライダー製造（昭和5年）の新規事業に一筋の光明が見えてきた。41 軽飛行機、42 グライダー 参照]

４０ 苦難の時代③ 私生活編

「借金苦」に耐えた十数年と家族　大正末〜昭和初期

修理工場と化し寂れた会社の建て直しは到底見込みがなく、いつ倒産しても
おかしくない状況だった。『日記』には、連日のように貸金をどう回収する
か、自らの借金の返済をどう工面するかなど、金を巡る悩みが溢れている。
この章では私生活を中心とした「貧乏物語」を見てみる。

「苦難の時代」の貧乏物語　昭和４年頃をどん底に十数年続いた苦難の時代の辛いエピソード

　人に頼られ簡単に貸すが取立ては苦手、借りたときは無理をしても返そうとする音次郎。そんな状
況の数々に「頑張れよ」「負けるな」と声をかけたくなる一方、音次郎と共に怒りたくなるし、逆境
過ぎてかえって苦笑いをしてしまう箇所がこれでもかと言うほどに溢れている。冒険物語や成功譚に
溢れる日本航空史上のレジェンド伊藤音次郎の姿とは思えない「貧乏物語」のほんの一例である。

大正14年 伝説の花？が咲いた　さて、株式会社解散頃に始まった苦難の時代の今後は如何に…。

『大正14年6月20日　今朝神棚ノ下ニウドゲノ花ガサイタ　家内ハ悪イト云フ　自分ハステキニヨイト
云フタ　ハタシテドチラカ』㊟うどげの花＝優曇華（うどんげ）＝三千年に一回咲くといわれるインドの伝説の花。
日本では家の中の柱などに産み付けられたクサカゲロウの卵を「うどげの花」と呼び、地域により異なるが吉兆、凶兆
いずれの言い伝えもある。経営不振状況の伊藤家にとり、吉凶を占う出来事だったのだろう。ハタシテドチラカ？

借金まみれ

◆ありとあらゆるところから借りたが返せない…さて
『大正15年7月24日　今朝來金ノ心配デ頭ガヘンデアッタ　千見商会、運送店、職人、タイヤー、自
動車屋、鳥飼、高塚、アンドリユース等々々　局ガ早ク呉レレバヨイノニ』㊟局＝奨励金交付のこと。
借金の返済日や職人への手当が迫るが金が一銭もなく、局の飛行機製造奨励金を待つしか手がない。

借金取りが来たが返済できず延期を乞う

『大正15年10月7日　今日ハ借金取リガ随分來　シマイニハイヤニナッタ』
『昭和3年8月18日　定刻出勤　今日ハイヤナ日デアッタ　金取リニ　栄助、八百屋、ソレニ僅カナ工場
懇話会ノ三円　淡島神社ノ三十銭ナドガアッタガ　支拂出來ズ　淡島神社ノハ西田ニ借リテ支拂　夕方ノ
米ガナイノデ　鈴木ヨリ十円取リ漸ク三十キロ買フ　村山、キク等ヨリ給料ノ催促アリ　ツクツクイヤ
ニナッタ』　神社の祭礼寄附のたった30銭さえも所員に借りる。女工より給料支払い請求もあった。
『昭和5年1月16日　市川ノ八百清ノ主人ガ金ヲ取リニ來タ　気ノ毒デアッタガ　アイニクナカッタノデ
來月ニシテ貰フ』　前年５月に津田沼へ引越し。市川から八百屋がつけの取立てにやって来たが。
『昭和6年12月26日　憒金取デー　栄助、〇イ、二人、楽天府、高山、イヅレモ三十日拂ヒニ延期』

代金払えず買ったばかりの自転車を返す

『大正14年10月21日　泉屋ヨリ又請求ガ來タノデ　使ノモノニヨク通信帳簿ヲ見セテ領(ママ)解ヲ求ム
自轉車屋ガ來タノデ之レハ品物ヲ返スコトニシタ』　使用済み自転車の損金はどうだったのだろうか。

借金を巡り「裁判」や「差押え」も経験

◆二度目の差押えは慣れたもの　[48]「家族」参照　＊一度目の差押えと子どもたちとのほろ苦いやりとり。]
『昭和3年6月28日　午後一時頃千葉裁判所ヨリ二名神子岡崎ノ件ニテ差押ニ來ル　書類ニヨリ合資会
社ナルコトヲ説明シ旧会社預リ機体リバテー30 フライングボート10 スポート5 カーチス5合計四台
金額五十円ヲ押ヘテ共二自宅ニ帰ル　宅ノ方ハ先搬(ママ)差押ノ節來タ人デアッタノデヨク事情ヲ知テ居
テ金太郎トノ貸借証ニヨリ、書類ダケ作ルツモリノ處ビワト蓄音機ガ出テ居タノデ 前回ニナカッタカ
ラ止ムヲ得ヌトノコトニ、ソレナラ今度買ッタ風呂モアルコトヲ申出結局三點デ二十一日　イヅレモ來
月九日競売日取ト定メ帰ル。』　この後競売にかけられるが、義弟布施金太郎が落札して元に戻る。

「つけ」代金支払えず商店は米や食材を納入してくれない

『大正12年6月24日　トラックタ方漸ク完成ス　ソレ迄工場取カタヅ(ケ)ヤトラックノ仕上ニ努カ　大
ニツカレタ　夜賄來　金支拂ガ大分トベコウテ居ルノデ品物ヲヨコサナクナッタトノコト　明日幾分ヲ
支拂ッテヤルコトニス』宿舎の賄い婦から、ツケがたまり米屋が品物（米や食材）を渡してくれなくな
ったとのこと。少しだけでも工面して支払わねば。㊟この頃は飛行機受注なくトラック製造。[35][37]参照]
『昭和3年3月10日　泉屋米ヲ廻サズ　自分手紙ヲ書イテヤッタガ來ラズ　今月分ノ金デ渡辺ヨリ一俵
取ル』　つけ払ってなく米届けてくれない。手紙など「つけ」がたまり放題の米屋には意味をなさない。

『昭和3年9月2日　夕方米屋ヨリ來　ツヒニ今後現金ニシテ呉レトノコトデアッタ。三ヶ月タメタノダカラ無理モナイ』　今後米の「つけ」は駄目、「現金」でと釘を刺されるのも仕方がない。

電気代や保険の掛け金を払えず停止されたことは数知れず

『昭和4年1月17日　鈴木ノ金ツヒニ來ラズ　朝家内ヲ京成ヘヤッタ處ケンモホロロナ、挨拶デシヤクニサワッテナラナカッタト……四時半帰宅スルト　電気ガツイテ居ナカッタ　シヤクニサワッタガ仕方ナシ　早ク床ニツク』翌日新たな借金に飛び回り、分割で支払う交渉をして点灯してもらうのだった。
　　㊟京成電気軌道（現京成電鉄）が電灯電力供給事業も行っていた。

工場作業用の材料がなく仕事ができない

『大正14年5月4日　工場仕事　塗料ナキ爲メ行キナヤム。明日ハ最(ママ)非朝日ノ方金ニシナケレバナラナイ…昨今東京行ノ旅費モナイノデドウスル事モ出來ナイガ又何ントカ方法モツクダロウ』
　　朝日機の整備用塗料がなく仕事にならず金も入らない。また、東京行きの旅費もなく金策に出かけることもできない。でも、「何とかなるだろう」とめげずに楽天的に日記に記すのだった。

金がなくどこにも行けず　友人宅への借金にも、航空局への届け出にも行かれない八方ふさがり。

『昭和4年11月7日　終日在所　米ハマダアルガ金ガナク千葉ヘ行クコトモ出來ズ無爲ニ日ヲ送ル』
『昭和6年11月18日　朝奈良原氏來　五円取ラレル　上京費モナカッタ處ナノデ実ニコタエル』

「空腹の金」で僅かに上京　食事を我慢して電車賃に充てようやく上京、金策に走る。

『昭和3年5月28日　今日ハ「空腹ノ金」デ僅カニ上京　自宅ノ八百屋其他一切先月分ガマダナノデ気ノ引ケル事　水田ニモカワイソウデアッタ　明日宗里弐百五十円呉レタラ少シ支拂ヒガ出來ル予定』
　　⇒結局翌29日、宗里悦太郎への貸金250円のところ165円しか返されず、自分の借金の完済できず。
『昭和4年1月24日　宅ニ五十銭ヲ置キ自分ハ六十五銭持ッテ上京』　情けないがこれが現実。
『6月18日　西田出テ來テ昨日ノ旅費残リ七十五銭戻ル　内五十銭家内ニ渡シパスヲ取リ漸ク七十五銭ノ現金デ上京ス』　今日も僅かの金を妻と分け合い、電車賃だけ持って金策に上京する。

何と女中や所員にまで金を借りて　給料を支払い、息子を医者に診せる

「背に腹は替えられない」という言葉がぴったり合うできごと。女中や所員は音次郎に対しどのような感情を持ったのだろうか。また、借りる音次郎の屈辱感は如何ほどか・・・。
『大正14年10月16日　今日ハ禿氏ヘ午後打電スルノニ女中ノ金迄使カッテシマッタ。菊池カラハ夜金ニ三日オクレルトノ入電ガアッタ　眞田ハ五百円月末ニシテ呉レトノ電報ガアッタガ ゼヒ都合シテ呉レル様打電ス　信太郎女中ノ金デ醫者ヘヤル』女中から借りた金で督促の電報を打ち、息子を医者に。
『大正15年7月6日　局ニ明日ノ金ヲタノミ　妻ム所ニテ田中ニ會ヒ三百円借ル…五時帰宅　スグ女工全部其他少シヅヽ支拂ヒヲナス 』　田中に借りた300円で女工たちに遅配分の給料の一部を支払えた。
『昭和3年10月2日　工場出　晝(昼)ノ米ナク苦心ノ末ヤット荒木ガ持ッテ居タノデ二十円借リル』
『昭和4年2月19日　日日ニ行キ大蔵ニ前借リヲ頼ミ…』　弟子から借金、前借りさせるとは。

金は入ったがすぐに右から左へ消えてなくなり一文無しに

『昭和4年4月15日　（前々日490円集金できたが）今日皆ンナニ支拂ヒシタラツヒニ　十円程不足ニナッテ帰宅シタラ僅カニ　八銭シカ残ラズ春ドコロデハナカッタ』取り立てた金もその場でなくなる。
『6月21日　佐藤氏ヘ行キ五十円借リル予定ノ處三十円ニナル　ソレデヤッテ帰ッテスグ米屋ヲ拂ヒ近所ノ借リヲ返シ小供連ニ少シヅヽ分ケタラアト四五円シカ残ラズ心細カッタ』

長男信太郎の学費や交通費が重くのしかかる　跡取りの信太郎にはよりよい教育を受けさせたいが。

◆佐倉中学の入学金が苦しい
『昭和4年3月21日　清平ニ佐倉ヘヤル　十一時過ギ帰ル　幸ヒ合格シテ居タ　ヤハリ嬉(ママ)バシカッタガ入学費ガムネニツカエル』めでたいはずの入学だが「入学金」や「学費」「定期代」が。㊟清平は甥。
◆金なく学費間に合わず、信太郎に学校を休ませ音次郎は"自己嫌悪"に陥る
『昭和4年4月29日　夕方、家内津田沼ヘ行ッタガ、タレモ留都(ママ)デ一文ニモナラズ　信太郎明日學校ヲ休マセルコトニシタトノコト。不甲斐ナイ父ト思テ居ルダロウガ、貧棒(ママ)程人間ヲヒクツニスルモノハナイ　昨今何等積極的ノ考ヘノ出ナイ事　活動力ノナクナッタコトニ我レナガラ、アイソガツキル位デアル。何ントカ精神的ニモヨミガエラネバ』　自分に愛想が尽き、精神的に落ち込む。
『翌4月30日　工場ニ出テ色々金目ノ物ヲ物色　ナサケナイガ止ムヲ得ヌ　庫ノ白戸機ヲ處分スルコトトシテハヅサセル。コレデ外ノモノト合セテ五十円ヲ得タ。ガ発動機ヲ引取ルコトハ出來ナカッタ　信太郎モ三ヶ月ノパスガ買エズ又定期券ニス』㊟パス＝定期券　定期券＝回数乗車券（回数券）の混同か？

「内助の功」妻や家族のありがたさに感謝　　[48 家族　参照]

　　金がなくどうしようもない時、妻きちは恥を忍んで近所から金を借りてくるのだった。着物を質に入れたのか金を持っている地主や商店に頭を下げて借りて回ったのか？稲毛の実家まで歩いたのか？

『昭和4年9月30日 信太郎ノ定期券ヲ買ワネバナラヌ事ヲ思ヒ出シテ大困リ 夜家内ガトコカデ借リテ來タ』 「ドコカデ」とだけ記述。余計な詮索はせず妻きちの内助の功に心の中で感謝。

『10月7日 米ニ困ツテ 家内ガニ十円都合シテ來ル ソレデヤット間ニ合セ 明日立川ヘ行クコトニス』 ２例とも、音次郎にはどこから借りてきたのかはわからない。黙ってそっと渡されたのか。

『5月27日 夜母ガ左官屋デ五円 金太郎ガドコカラ(か)十円借リテ來タ 之レデ明日ノ信太郎ノ月賦金ガヤレル事ニナッタ』 妻の母や妻の弟も孫や甥のために近所から借りてくれるのだった。

貸金は踏み倒されるが、逆に借金は律儀に返すのが音次郎流

『昭和2年5月7日 吉田君ニ 二百五十円返金 之レデヤット、ムネノツカエガ取レタ感ガシタ アトハ梅本ノ分ダ』 借金返済の滞りはいつものことだが、それを気にしつつ払えたときは大喜び。

督促してもなかなか返さない有名飛行家たち

㊟記述内容上、飛行家名を仮称[A]～[E]とした。

　経営悪化の原因として軍用中古機の安価な払い下げであることは前章で記した通りであるが、それに追い打ちをかけたのが、数少ない修理や改造の仕事に対し注文主の飛行家たちが代金を支払わないことである。貸金が戻らず借金を返せない、新たな借金をするという悪循環に陥ってしまっていたのである。「返す返す」と曖昧な返事で濁されたり逃げ回られたりすると、不満はあっても引いてしまう音次郎。何度も催促し続ける空しさと苛立ちが、自らの金の工面と支払いに苦労する姿と表裏一体で日記のあちこちに溢れている(催促しても返して貰えず日記でぼやいている場面は、確認できただけでも何と50カ所を超える)。これでは修理をしても改造機を売却しても赤字経営になるのは必然である。

　ただ、これら飛行家たちにも不況は押し寄せており、一概に非難はできないが音次郎が苦しんだように借金を返すための努力や工夫をするなど誠意を見せても良いのではと思ってしまうのだが・・・

『昭和4年3月7日 マチカネタ日ナノデ時間ヲハカリ[A]ヘ行ク 金ナク明後日來テ見テ呉レトノコトガッカリシテ』 返済予定日を楽しみに集金に行くが返してくれず、空しく引き上げる。

『7月31日 [B]今日モヤッタガ金呉レズ[C]モアス送ル予定トノ電報アリ 止ムナクタ方イスパノノシリンダー拂下ヲ行ヒ五十余円ヲ得 夜八時床二入ル』 仕方なしに部品を屑鉄商に払下げる(売却)。

『昭和7年7月29日 [A]ニ會フ サルノ金這入ッテ居ルトノコトヲ承知シテ居ルノデ セメテ百円ダケ呉レル様交渉シタガ中々應ゼズ。西川氏ト話シ中ニゲテ居ナクナル』 補助金又は奨励金が入っているのが分かっていたので集金に行くが、なんだかんだ言って払わず逃げてしまうとは・・・

『8月26日 [D]君ニローン120鈴木ニ讓ラセテ弐百円バカリ金ヲツクラセルベク話シタガ 惜リルノモイヤ発動機モ賣リタクナイ。兎ニ角カセイデ返ス』 返す気もないくせに稼いで返すと。

◆逃げ回る[E]との２週間の攻防　約束なんてないも同然、音次郎は無為に津田沼に帰る。

『昭和6年9月29日 今日モ上京[E]昨日モ今日モ來ラズ 多分契約ガ出來タノデアロウ ソレナラ早ク金ヲヨコサネバナラナイノダガ、ヨコサヌツモリデ逃ゲテ居ルラシイ』来る筈の飛行館にも現れず。

『10月2日 帰途[E]ノ宅ニヨル スデニ引越シテ居ラズ』 引越して逃走とは？！　└現航空会館

『10月10日 [E]ニ 金弐百円貰フ約束ガアッタノデ上京シタガ[E]來ラズ』 悪質極まる。

◆[B]もなかなか返さない常連？だった

　返済がなく、12月分の給料を大晦日までに渡せない危機に。督促に明け暮れた３箇月を追う。

『昭和6年12月30日 [B]弐百円受取ッテ工場員ノ十二月分ダケ皆支拂ヒ出來ル様ニシテ上…[B]金呉レナカッタトノコト 大予算ガクルッタ』 [B]の返済をあてにしたのが間違いだった。

『12月31日 給料ガ[B]ノ爲メニ、百五十円不足シテシマッタノニハ一番困ッタ』

『昭和7年2月4日 [B]氏ヲ呼ビ具体的返還方針ヲ定メラレタシトセマリシモ、ラチアカズ 十日頃確定的返事スルコトトナリ物分レトナル』 借りている方が偉そうに振る舞う理不尽さに呆れる。

『2月18日 [B]ヨリタ方木下氏手形ヲ持ッテ來タガ五百円ダケ シカモ五十円ヅヽ三月末ヨリ四回アト百円ヅヽ三回九月迠ニナッテ居タ 外ニ、百余円ガドウシテ呉レルノカ・・・』
　３ヶ月越しの督促でようやく返済に応じた結論が、手形による長期の分割返済とは呆れかえる。

◆「田中の様なアイス(冷徹な取立て)の真似はできない」
　「田中と比べ貸金の取立て方が甘い」と所員から痛烈に批判され、悔し紛れにつぶやくのだった。
【田中不二雄】経営難から所沢分工場を譲渡した門下生。後に資金力を生かし田中飛行機研究所を開設。(39)参照)

『昭和7年1月30日 佐藤ヨリ田中ガウマクヤッテ居ルノニ貸倒シガ出來ルノハ 吾人ノ意見ヲモチイナイカラダトテヒドク、ヤラレ、シャクニサワル 田中ノアイスノマネハ出來ナイ』音次郎の矜恃！

自分が苦境の中でも友人に奢ろうとしたり、簡単に金を貸してしまったりする人の好さ

　底抜けに人が好い音次郎。結果的にはこの人の好さ、気前の良さが、多くの飛行家仲間に好かれはすれども、経営者としては残念ながら大成しなかった理由の一つかもしれない。

◆方々から借金をして集めた金で友人に大盤振る舞い

『大正15年4月7日 雨宮氏來 四時頃ヨリ千葉ヘタ食ヲ喰ヒニ行ク 金一文モナクヤットカキ集メテ四十円フトコロニシテ行ク。クラブニテ三十円ツカウ』

- 176 -

◆奢ろうとしたが帰ったので実は助かってホッとした⇒おかげで税金が払えた

『大正15年5月30日 高橋島田ノ除幕式アリ千葉寺ニ行ク ステキナ大雨 気ノ毒ナ様デアッタ 朝日ノ田中氏オゴロウト思ッタガ辞シテ帰ッタノデ幸ヒ明日税金ガ拂エル 法人家屋税二三年越シニナルノデツヒニ拂フコトニシタ』　㊟除幕式＝殉職した白戸飛行場の高橋信夫、島田武男の胸像除幕式。

◆自分自身が苦しい中、借金申込みに慌てるが気持ち良く貸す

『大正15年1月17日 久松氏（朝日）ヨリ八百円借リ度シトノ申入レアリ 今月ノ予算全部クルイヲ生ジ、ギヨットシタガ心ヨリ承認ス』　支払い予定はあったが頼まれれば嫌とは言わない。その後、逆の立場で『昭和4年4月9日（信太郎の学費など支払いが迫っている中）久松氏ヲ訪ヒ、友人ニ会ッタノデ一寸入ルカラトテ三十円借リル 心ヨク社カラ借リテ貸シテ呉レタ』「情けは人の為ならず」

◆ **『貸した金は返ってくると思うな』が口癖だった**　　　　[資7]「娘たち、父音次郎を語る」より

惠『人にもの頼まれると、いやっていうことが言えないんだよね。』　　　　　　惠＝惠美子（二女）

和『お金ないのに貸しちゃったりね。』　　　　　　　　　　　　　　　　　　　和＝和子　（四女）

惠『だから、うちにお金借りに来る人は、返すつもりなくて来るわけ。あそこに行って借りたら返さなくてもいいっていう頭でくるわけ。』

和『遺言ではないけれどいつも言っていたのが、"貸した金は返ってくると思うな"なんだから。でも貸してたんだよね。』

惠『貸しても取り立てないんだから。』

和『ちょっといいとそう（借りに来る）なのよ。悪い時は見向きもされないんだけど。』

惠『飛行機作ったり乗ったりするのは好きだけど金儲けは下手だったからね。』

金の事ばかり考えストレス状態に

　借金の返済に汲々とし、貸金の取立てに苛立ち、遂には金に責められる夢を見る。

『大正14年9月2日 稲垣、米屋、醫師、職工、製材屋、佐藤、島村、運送店、ドレモコレモ永クノバセナイモノデ頭ガ変ニナル様ナ気ガシタ 夜モ夢ニソンナコトノミ見ツベケルノデヨク休マラナイ』

『昭和2年4月2日 毎日金ノ事ノミ心配ニナル外何ニモノモナシ』　㊟稲垣＝稲垣知足欧州留学費仕送り。

『4月4日 眠レバ金ニセメラレル夢バカリ』　唯一金のことを忘れられるひとときなのに…。

『昭和3年10月5日 何ンダカ 故意ニヨッテタカッテ金ノ這入ルコトヲサマタゲテ居ル様ニ感ジラレル。ヒガミト云フモノダロウ』寝ても醒めても金の事ばかりだが、それも「ひがみ」と自分の責任に。

金に対する考え方や述懐

◆小説「黄金」（佐藤紅緑）を読み、"義理人情"に流される自分を反省。

『大正14年5月28日 今日ハ終日佐藤氏ノ黄金ト云フ小説ヲ讀ム 旧道徳ヲノロッタ小説デ義理ヤ人情ハ人間ノツクッタモノデアルカラ、コレニトラワレル事ナク自己ノ信念ニ生キルモノガ最モ忠実ナル道徳者デソレガ反ッテ将來ニ生キル道デアル事ヲ説イタモノデ自分等ノ様ナ気ノ弱イモノニ取ッテヨイ教訓デアッタ』「義理人情にとらわれない生き方」とは言うが、それができないのが音次郎だった。

◆『返サナイ場合ニコチラカラ取リニ行ク意志モナイ』という音次郎の哲学

　自分も苦しいが何とかかき集めて貸す、相手の言い訳を素直に信じて借用書はとらない。「借りた金は何としても返すが、貸した金は無理に請求しない」という音次郎の哲学である。それに乗じて金を借りに来るが返さない輩が多かったようである。[資7]娘たち、父音次郎を語る 参照]それでは金が貯まる訳がなく、当然事業も成功することもなく･･･音次郎の生涯がそれを物語っている。

『昭和15年9月28日 夜〇〇〇〇來 予想通リ金ヲ貸シテ呉レトノコトデアッタガ通帳ヲ見ル アト五百円シカ残リガナイ上ニ石屋ヘ三百五十円拂フノデ百円位ナラ貸ス旨述ベル ソレデモトノコトニ貸ス 借用証トノコトデアッタガ名刺ニデモヨイト云フト万年筆ガナイトノコトニ証書ハ取ラナイコトトス。イズレ返サ(ナ)イ場合ニコチラカラ取リニ行ク意志モナイノダカラ同ジコトダ』

　3章（テーマ）にもわたる「苦難の時代①②③」は如何だっただろうか。借金漬けの貧乏物語が、日本民間航空史に燦然と輝くレジェンド伊藤音次郎のイメージを貶めることにならなかったか心配である。これでもかと繰り広げられる貧乏と失敗に読者は辟易したかもしれない。しかし、民間航空界に多大の影響を与えた数々の挑戦と栄光、それに倍する大いなる挫折、それでも「大好きな飛行機」にしがみつき頑張り続け、そして復活したのが音次郎の本当の飛行家人生なのである。

　最後に、音次郎らしさに溢れる昭和10年1月1日の日記を紹介する。『十数年振リニ不満足ナガラ予定ノ支拂ヲ終ッタノデ 残リナカッタガ非常ニヨイ気持チノ元旦ヲ迎エルコトガ出來タ 安岡、鈴木菊、鈴木伊、等ト二三時間祝杯ヲ上ゲル』久々に年末の支払いを完済、手元には残らなかったが明るい正月を迎えることができた。さて苦難脱出となるのだろうか！？

４１ 軽飛行機に活路を見出す

転身「日本輕飛行機倶樂部」創立　　昭和４年(1929)

手作り飛行機を作り続ける音次郎のような中小企業は、軍とつながりを持ち軍用機を大量受注する大企業に対抗することはできなかった。音次郎は、英国風スポーツ「軽飛行機」に目を付け新たな道へと進んでいく。技師長の稲垣を英仏に留学させその成果をもとに『日本輕飛行機倶樂部』を立ち上げる。

[序 軽飛行機倶樂部「前史」　先進的な "純国産軽飛行機" の開発と資金難による挫折 大正11年]

株式会社となったものの増資の見通しはたたず資金難が続く上、払い下げ機が出回り始めた状況下、大衆？向けの安価な小型軽飛行機の大量生産に目をつけ、当時日本最小となる純国産軽飛行機を開発、平和博覧会（３月10日～７月31日）で銀牌を受賞したのだったが・・・。㊟安価と言っても予定価格5,000円。

大正十一年七月平和博出品國産輕飛行機
（銀牌ヲ受ク）

㊟右写真左下の解説板に廿六型とある[拡大]

純国産機　伊藤式スポーツプレーン
[設計者] 原 愛次郎 大正十一年　銀牌
[発動機] い号伊藤式空冷五気筒40馬力シリンダー、ピストン ルノー70馬力のものを利用す ㊟稲垣、矢野設計とする文献も

平和博会場内のスポーツ機　東京上野
㊟下線数値は音次郎の再現図より（数値異説あり）
巾5,800㎜　長5,110㎜　高2,100㎜
下翼が上翼より長い珍しい形状　40HP
主翼面積13㎡　自重305kg（全備605kg）
Speed120km ㊟日本航空機辞典45HP・295kg

銀牌賞状　大正十一年(1922)七月十日

○伊藤式イ号星型五気筒四十馬力発動機を製作す
○右発動機を搭載し、スポーツ用小型軽飛行機を作る
○折から開催中の平和博覧会に出品して銀賞を受ける
　閉会後、大蔵清三が操縦快翔す　しかし、発動機に
　尚改造すべき欠点があったが、資金続かず後続機を
　作り得なかったことは遺憾であった ㊟銀賞＝銀牌
　　　　「伊藤飛行機研究所略年譜 大正11年分」より
＊『伊藤氏は１台5,000円の定価をつけて大量生産を計画していた』[「日本航空史」より]が、結局資金が続かず時代の先端をいく軽飛行機開発を断念せざるを得なかった。

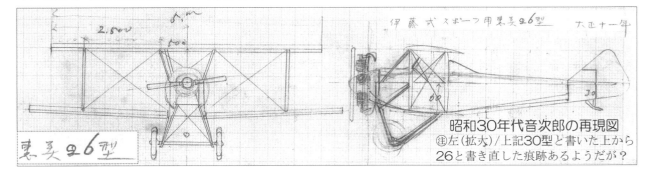

昭和30年代音次郎の再現図
㊟左(拡大)/上記30型と書いた上から26と書き直した痕跡あるようだが？

1 軽飛行機倶楽部への遠い道のり

　日本初の純国産軽飛行機「伊藤式スポーツプレーン」の製作にこぎ着けたものの資金難から開発継続および大量生産計画を断念した音次郎だったが、軽飛行機を諦めてはいなかった。英国の娯楽＆飛行機スポーツのライトプレーンクラブに目をつけていた。軽飛行機作りと同時に飛行機運用のシステムづくりへの転換だった。苦しい経営状況ではあったが、早速大正12年(1923)１月に技師長の稲垣知足を英仏に留学させ [24] 参照]、先進のライトプレーンクラブの実際を学ばせることとした。

㊟日記にライトプレーンクラブの名称が初めて登場するのは『大正14年5月17日 午後ライトエロー(エアロ)プレンクラブノ会則ヲ作ル』『大正14年6月予定 ライトプレーンクラブ新設』である。大正11年、12年10～12月、13年の日記は欠落しており稲垣留学前後の状況は確認できないが、大正12年の稲垣留学以前から音次郎なりに軽飛行機研究を進めており、クラブ新設に向けて文献研究や対外活動、具体的な会則や組織作りを行っていたものと思われる。

　そして、稲垣の帰国を待たずにライトプレーンクラブの草案である「趣意書」を書き上げる。
『大正15年2月15日 午後ライトプレーンクラブ趣意書ヲ書ク』音次郎の理想と意気込みの産物だ。

─ ◆日本軽飛行機倶樂部趣意書（部分） ─

[前文]（英国における航空思想の普及と軽飛行機倶楽部の設立、我国航空界の遅れた現状 云々）
　『茲に於て吾人は、微力を顧みず我航空界の発展を期し、日本軽飛行機倶樂部を設立したのであります。』
[軽飛行機の説明](Light planeの訳で小型の飛行機 数年前独逸で無発動機研究が進歩し生まれた 云々)
　『軽飛行機は、飛行機が初めて生まれた当時の赤坊飛行機と異なり、仮令へ(たとえ)弱馬力でも現在の飛行機に比し決して劣らぬ効率を有する最も進歩したものであります。』
[軽飛行機の特徴](少しの空地で飛行、運搬・格納に軽便、自動車価格で製作、ガソリン消耗が少量 云々)
　『軽飛行機の特徴は価格の廉価、燃料消費の少量、運輸費の少額と、それから狭隘な所で飛行し得る事であります。』
[軽飛行機の効率] ※略
《以上の趣旨を御諒解下されて、我航空界の発展の為め、奮って御賛助御加名の程、懇望に堪へざる次第であります。》

　趣意書を書き上げ方針が定まったからか、音次郎は一気に動き始める。申込書を友人知己に配布し半ば強制的に申し込ませたり練習機用の発動機の貸し下げを航空局に願い出たり生き生きと準備に動いている。そんな最中稲垣知足がライトプレーン関係の資料を携え３年余の英仏留学より帰ってきた。

『大正15年5月10日 稲垣君英仏より帰国す　早速アンザニー30馬力(ママ)で、一葉半式の軽飛行機の設計に着手す　尚、同君のもたらした資料により、英国ライトプレーンクラブに範を取り日本軽飛行機クラブの組織に着手、帝国飛行協会と連携して規約を作り実行に入ったが時期未だ熟さなかった上に、工場に経済的な悩みもあり実現出来なかった』 ㊟「アンザニー35馬力か
[「略年譜」より]

『大正15年4月27日 （井上長一に）ライトプレーンクラブノ申込書ヲ書カセル…坂東後藤ニモ申込書』
『5月10日 稲垣君…上陸シテ來タ』[上記と[24]参照]『5月26日 ライトプレーンクラブ印刷物ヲ依頼』
『9月30日 ライトプレーンクラブ代表者自分名議(ママ)デアンザニー貸下願ヲ荒井氏迄提出ス』
『10月予定 会員募集ト設計』『10月2日 中島直光氏ヲ初筆ニ…申込書ヲ九枚貰ッタ』

　大正15年末、満州航路開設[35]参照]のため大蔵清三と共に大連に向かう船中において本命はライトプレーンクラブであり、修理工場と化した工場は誰かに譲りたいと人知れず本音を明かしている。
『11月19日 上甲板ニテ着連後ノ事ナド考フ 尚自分ノ性格ト使命ニツイテ 金モウケノ出來(ル)タチデナイ 工場ノ方ハ早ク極リヲツケテ自分ノ生活ノ安定ヲハカリ、タレカニヤラセテ自分ハライトプレーンクラブヲ専心 大キナモノニ仕上ゲル事ガ自己ノ道デアリ国家ニ幾分デモ役立ツモノト思ワレタ』

　しかし、昭和２年頃からは『ライトプレーン速(ママ)進』『ライトプレーンクラブ進行』という威勢のいい言葉が日記に踊るが一向に前に進まない。 稲垣のもたらした情報で英国の恵まれた環境と日本との大きな違いに気づいていたにもかかわらず、ライトプレーンクラブから手を引けない音次郎だった。
『昭和2年9月7日 欧州ノライトプレー(ン)ハ英国ダケデ 現在デハ政府ノ補助モナイソウダ。英国ニ於ケル発達ノ圖ハイタル處ニ飛行ニ適スル牧場ノ多イコト、富ノ程度ガ高イコト、航空取締ガ適當ナコト等デアッタ。』＊狭い日本、富裕層の少なさ、航空後進国…どこをとっても成功する条件はない。
　飛行機の確保、設備の拡充等も進まず、昭和２年、３年、４年とどん底の不況の時は過ぎていく。

┌─ 計画は一時停滞も、昭和4年ついに創設に至る［「航空年鑑 昭和7年版 日本輕飛行機倶樂部沿革」より］─┐

『大正十五年、伊藤飛行機製作所長伊藤音次郎發起となり長岡外史中将、德永熊雄大佐の後援により、故知覽健彦代主として創立に當りしも、時いまだ至らず、一時停滞せしも昭和四年十二月、伊藤音次郎の代表者として設立、六年四月、奈良原男を會長に頂き、其他顧問役員の就任を見て今日に至る。』

日本輕飛行機倶樂部へ再始動 昭和4年（1929）

　停滞した状況が好転したのは昭和4年半ばのことだった。かつて株式会社解散に伴い練習部門を分離(大正14年協同経営　昭和2年完全分離 [39] 参照)していたが学校復活の機運が盛り上がってきた。そこでライトプレーンクラブに、英国の趣味的「クラブ」だけでなく「学校」機能を加えることとした。

『昭和4年7月31日 學校復活ニツキ學校ヲ廃シライトプレーンクラブトシテ練習生ヲ募集スル…』

　これにより、富裕層や飛行家だけでなく飛行機操縦の免許取得を目的とした練習生が多数確保でき、クラブが経済的に自立できる見通しがたった。その上で具体的に動き出す。㊟下記の「営利」論争参照。

『9月1日 ライトプレーン圖ヤ表ヲ写ス』『9月11日 ライトプレーンクラブノ規則書ヲ書ク』
『9月28日 荒井少佐ニライトプレーンクラブノ件ヲ話シアンザニートアンリオノ事ヲタノム　アンザニー早速陸軍省ヘ聞イテ呉レタ處マダアルカラ安心セヨトノ事デアッタ』

　そして、長岡外史陸軍中将(予備役)をクラブの名誉顧問として担ぎ出すことに成功し、帝國飛行協會と航空局の許可を取り付け、昭和4年12月ライトプレーンクラブを創設したのだった。

『11月16日 長岡氏会見　クラブ名誉顧問ノ諒解ヲ得』
　㊟長岡外史陸軍中将(予備役　臨時軍用気球研究会 初代会長) [3][29] 参照

[2「日本輕飛行機倶樂部」創設！ 昭和4年（1929）12月] 「日本最初」と胸を張る

『昭和4年補遺 ライトプレーンクラブヲ組織セリ 日本最初』　㊟「補遺」はその年際立った内容を年末に記す。

『昭和5年要記 ライトプレーンクラブ発展　㊟「要記」はその年の主な計画(希望)を年の始めに記す。
　(イ)春季ノライトプレーン長飛行。目的　経済的飛行ノ眞價(真価)ヲ見ル
　(ロ)秋季日本一週(ママ)飛行　目的　前記ノ外各都市二離着陸場ノ設置運動
　(ハ)ライトプレーンノ製作』

　日本最初のライトプレーンクラブの創設に胸を張り、遠大な計画をたてるが肝心の資金の目途はたたず、計画の実現も見通せない状況だった。しかし、音次郎はめげずに理想に向かい突き進んでいく。

　創設直後の喜びに満ちた思いが、翌大正5年1月号の「飛行(帝國飛行協會)」に創設の辞および広告の文言として表れている。『昭和4年12月7日 会報飛行ノ原稿と新年状ノ原稿ヲ書ク』

日本にも輕飛行機倶樂部生る
伊藤飛行場を中心に、顧問は長岡将軍

私は航空界に志した当初から航空機の實用化について考慮して來ました。今日非常な進歩を見ますして既に實用的に大いに利用されて居りますが、私の見る實用化は即ち今日の汽車・汽船の如く経済的朝と同時に新輕飛行機の設計とライトレーンクラブの設立に着手しましたが、不幸技師の大患と一般財界の不況とにより一時中止の止むなきに立至りました。

最近歐米に於て輕飛行機の流行と發達は目覺しく航空の實用化經済化は本機の獨逸に於ける無發動機飛行の漸く隆盛ならんとするのを見て益々其必要を感じました。

大正十一年に四十五馬力で翼市十八尺と云ふ小型飛行機を發動機から製作しまして七十五哩の速力を得・同年上野に開

故に同志を善び諸先輩の賛助を得て即ち微力を省みず日本輕飛行機倶樂部を設立するに至った次第であります。(伊藤音次郎)

此意味に於て早くより小型飛行機について研究いたして居りました・大戰後は目覺しく航空の實用化經済化は本機の普及を計るものなく即ち研究

翌春早々本技師の歐洲出張に際しライト化は即ち今日の汽車・汽船の如く経済的に獨立し、叉自動車の如く輕便に利用し得るといふことを指して居るのであります。

かれも平和記念博覧會に出品して賞を得たことがあります。

日本にも輕飛行機倶樂部生る

㊟上記昭4/12/7の日記中の「会報」とは、雑誌「飛行」のことをいう。前身は帝國飛行協會會報だった。

(左)
倶樂部創設の辞
(伊藤音次郎)
㊟スポーツプレンここでは45HPとある。[資13]概覧と再現図40HP、辞典45HP

(右)
倶樂部誕生広告
[左右とも
「飛行」昭和5年
1月号より転載]
航空図書館 蔵

謹賀新年

舊冬生レタ
バカリノ赤
ン坊デス
ドウゾ今後
ヨロシク

日本輕飛行機倶樂部
千葉縣津田沼

『舊(旧)冬生れたばかりの赤ん坊ですどうぞ今後よろしく』

長岡中将を顧問に戴きスタートしたが、長岡は早速雑誌「飛行」を通じて軽飛行機クラブの必要性について長文の意見を寄せるなど、側面から大いに貢献してくれている。㊟ただし、立場上、自分が顧問の「日本軽飛行機倶樂部」とは明言せず、日本における軽飛行機クラブの必要性として欧米各国を例に論を展開している。
『國家と軽飛行機倶樂部 造れ！ 空の日本を　欧米諸國の現状に鑑みて（「飛行」昭和5年5月号）』

| 「倶楽部」は英国風紳士のクラブか？職業飛行士育成の営利団体か？ |

理想と現実の狭間で…。
　学校機能を併せることで、当初描いていた英国風「クラブ」本来の趣旨（同好の士が集う）とは大きく異なってきたのも確かであり、この頃「営利」を巡り馬詰駿太郎との論争があった模様である。
『昭和5年1月28日 馬詰ヨリライトプレーンヲ営利ト認メルトノ手紙來 夜返事 腹案ヲ作ル』
『1月29日 馬詰ニライトプレーンクラブガ営利ニアラザル回答ヲ出ス』
　営利ではなく航空思想の普及であると力説するが工場も存続させねばならず、日記には本音が滲む。
『昭和4年補遺 ライトプレーンニテ更生ヲ計ル』『昭和5年1月19日 クラブハ工場ノ生キル道』
『昭和6年6月20日 本日一名又入会者アリ 入会金弐百円ヲ入金ス。クラブヨリ工場へ弐百円入リ 皆二 五円平均二渡ス』入会者が納入した練習費は、本来別組織である伊藤飛行機製作所の工場従業員への手当に流用する自転車操業ではあったが、練習生も着実に増え クラブと工場は一体化しつつ徐々に発展、次へのステップを歩み始めた。　　　　【馬詰駿太郎】仏で万国飛行免状取得、大正6年中央飛行学校設立。

コードロン軽飛行機（C-109）昭和五年（1930）40HP
㊟航空局より貸し下げ機。　黒沢 関口 (不明) 渡辺 青木 安岡

| 倶楽部発足にあたり練習機アンリオを調達 |

　比較的軽量で低馬力、安全性良好で評判のアンリオHD.14E2（28型）［仏］の購入・借用を図る。
『昭和4年12月12日 アンリオアト作ルコトノ打合セ出來ル込ニ 五百円ヤルコト』購入契約するも完成（払い下げ機の改修）までは同型別機を借用。
『12月14日 アンリオ書（昼）前到着ス』
前記借用機を安岡が所沢より津田沼まで空輸し、12/18の豊田安太郎（第1号練習生）初練習に使用か？
『昭和5年4月17日 アンリオ強風ヲツイテ無事帰ル』前年購入契約したアンリオが出来上がり、安岡が豊田を同乗させ、強風の中所沢より空輸した。
［J-BCOD アンリオHD.14（アンリオ28）80HP］
昭和5年4月8日堪航証明 伊藤音次郎［J-BIRDより］

昭和五年 日本軽飛行機クラブ開設当時 大格納庫内の十年式艦上雷撃機（三葉機）はじめ払い下げの練習機（アブロ、アンリオ等）が勢揃い。中央に坐っている一団は練習の合間に休憩している倶樂部練習生と思われる。㊟この頃、伊藤飛行機製作所、日本軽飛行機倶樂部、東亜飛行専門学校が鷺沼海岸に同居、格納庫も共同使用。また、すぐ隣の波打ち際には帝國飛行学校（音次郎門下の鈴木菊雄が校長）もあり、民間航空の一大中心地であった。
『昭和5年2月18日 正午工藤氏來場 アブロノ寫眞機取付改造ニツキ打合セヲナシ、昼（昼）食後工場外観全影（ママ景）ヲ一枚取（ママ撮）ッテ貰フ』㊟工藤＝長い付き合いの工藤寫眞館（東京）、この写真を撮ってくれたか。

　昭和６年４月21日、東京新橋の飛行館(跡地に現航空会館)において倶楽部の初役員会が開催された。一年半前に日本初の軽飛行機普及のクラブとして開設したライトプレーンクラブの陣容が固まり、大々的にお披露目する会でもあった。長岡外史中将はじめ高位の退役軍人を多数揃えるなど、レジェンド音次郎ならではの顔ぶれであり広い交友関係を物語っている。権威付けをして他の飛行学校との差別化を図ると共に、航空局や帝國飛行協會への影響力や交渉を有利に運ぼうとしたものだろう。かつての師奈良原三次が会長に推され、大正２年航空界引退以来18年ぶりに復活した。ただ『予期シタ様二盛会デハナカッタガ悪クモナカッタ』と欠席役員がいるなど名義貸し役員も多かった。新聞記者の関心も低く、音次郎が力説するほどには「軽飛行機＆クラブ」の意義は浸透していなかったようだ。
　『昭和6年4月21日　午後１時半ヨリ上京　クラブノ役員初会合ト披露会ノ爲メ　出席者予想外二少ナク、型式ヲ廃シテ懇談的二役員会ヲ開キ自分ヨリ今日迄ノ経過ヲ報告シ長岡氏ヨリ会長ヲ推撰シ奈良原氏会長トナリ外役員ヲ指名決定　披露ニモ新聞記者１名モ出ナカッタガ記事ハ皆眞面目二書イテ居テ呉レタノデ明朝ヲ楽シム　予期シタ様二盛会デハナカッタガ悪クモナカッタ。』[「日記」より]

昭和＝六＝五(ママ)年　日本軽飛行機倶樂部発足役員會（於飛行館）　㊟六年が正しい。

─ 日本輕飛行機倶樂部創立(昭和4年12月)と初役員会(6年4月)
　『昭和4年12月　航空機ノ經濟的獨立ヲ目標トシ輕飛行機ノ普及ヲ計ルベク本所練習部ヲ廢シ日本輕飛行機倶樂部ヲ創立ス』　　　　　　　　[「伊藤飛行機株式會社概要一覧 昭和13年」より]
　『昭和5(ママ)年　数年がゝりの軽飛行機クラブもようやくまとまりを見るに至り奈良原三次氏を会長に戴き、長岡外史、小松直幹、安満欽一の三中将を顧問に、佐渡島英禄、竹島新三郎、星野錫、西野惠之助諸氏を相談役に、衣笠公寛、志賀潔，道永悌三、児玉静治、中山弘一、山本林平、木村秀政，高崎親輝の諸氏および伊藤音次郎が理事に、運営と練習は安岡駒好を幹事長とし、会員中より幹事数名会計一名を選抜して　四月二十一日飛行館に於て発会式を上げる事が出来た。練習機には払下機が経費が安く出来るのでアブロ、アンリオを使用、外に航空局から仏国製コードロン三十(ママ)馬力単葉飛行機の貸し下げを受けた。』　　　　　　　[「伊藤飛行機研究所略年譜」より]
─ ㊟下線は写真に写る人物。顧問には上原平太郎中将(29に書簡掲載)も。　㊟コードロン40HP[前頁写真参照]。

注 初役員会は「略年譜」に『昭和五年』とあるが、前頁「アルバム」写真のキャプションには六年から五年へと字句を修正した（理由は不明）跡が読み取れる。また「写真」右下には写真現像の際に入れた白色の字句『輕飛行機倶樂部初役員会 昭和六年四月二十一日』が読み取れる。一方「日記」では『昭和6年4月21日』欄に初役員会の模様が詳細に記されており、5年同日には全く記されていない（几帳面な音次郎が初役員会を記さない筈がない）。以上、倶樂部初役員会開催日は昭和6年4月21日であり、音次郎が後年（昭和42年前後）略年譜を編集する際に見落としたのだろう。

「日本輕飛行機倶樂部の歌」昭和6年 倶樂部の一体感と士気の鼓舞

[詞 奈良原三次][曲 朝吹英一]
[原詞の添削は巖谷小波（下記）]

　開設後まだ日の浅い倶樂部の一体感を醸成し、会員（練習生）の士気を鼓舞するため倶樂部歌を作ることとした[原詞；奈良原三次]。早速音次郎は倶樂部顧問の長岡外史を通じ、著名な作家・俳人の巖谷小波に「日本軽飛行機倶樂部の歌」の歌詞の添削を依頼した。少しでも良いものを作ろうと求め続けてきた音次郎らしいともいえよう。

【巖谷小波（いわやさざなみ）作家、俳人、児童文学者「ふじの山」「一寸法師」などの作詞もある】

＊音次郎の二女惠美子さんが93歳の時、姪の西村美和さん（本書監修者）の前でこの歌を楽しそうに歌ってくれたとのこと。「何でそんなによく覚えているの」と聞くと『工場でみんなよく歌っていたよ。鼻歌みたいに歌っていたの。毎年お正月の二日には20人位で新年会をして、とても賑やかだったよ』と懐かしそうに歌ってくれたそうだ。練習生達と一緒に歌った楽しい記憶が蘇ったのだろう。

注「工場で」とあるように、練習生は操縦だけでなく倶樂部機や工場機の修理等にも携わり整備技術も習得。

注惠美子さんは滑空機工業組合の事務員として勤務。

(右)巖谷小波添削の「日本軽飛行機倶樂部の歌」巖谷より長岡外史宛書簡 昭和6年7月14日付[29参照]、直ちに音次郎に転送され作曲者に曲をつけてもらった。

『8月1日 日本軽飛行機クラブノ歌ノ作曲出來タノデ見タガ更ニ分ラナイ』[作曲；朝吹英一]

　右のできあがった歌詞につけた曲の楽譜（行進曲風という）を見てもさっぱり分からないと嘆いているが、着々と整うクラブに満足していたことだろう。

日本軽飛行機倶樂部の歌

一　帝都の東津田沼に
　御國を守る健児團
　ライトプレーン倶樂部あり

二　袖ケ浦邊にひらくと
　群れ飛ぶ千鳥友として
　舞ふや飛行機面白く

三　海の彼方に聳え立つ
　冨士の高嶺を打ちながめ
　爆音高く我は飛ぶ
　飛べくく

四　速きが上にいや速く
　進む文化の尖端に
　立つは我等の務めなり
　飛べくく

五　風霧雨雪何のその
　いざ事あらは先がけて
　命捧げん國の爲め

六　狭き下界を見おろして
　廣く清けき大空に
　猶も鍛へん我が腕を
　飛べくく

4 「會則」から見える倶樂部の姿と自負

注『太字』は會則原文。引用文中下線は原文で太字強調してある。

　倶樂部の日常的な様子は日記から断片的に伺えるが、下記の「飛行家になるには　職業指導研究會編 昭和8年」所収の「倶樂部紹介文」および「倶樂部會則」を読むと、倶樂部の実態が明らかになってくる。

　本文冒頭では、以下のように紹介されている。『日本軽飛行機倶樂部は、昭和四年十二月、軽飛行機に關する研究をはじめ、操縦術の練習、航空趣味の普及と飛行機の實用化、経濟化を目的として生れ出た。その教育法の合理的な事を以て有名で、最も信用するに足る飛行學校のひとつである。』と、絶賛されている。また、全国14校の民間練習所・学校名があげられているが、練習内容や費用まで詳細に紹介されているのは日本輕飛行機倶樂部のみであり、紹介頁数も14校全25頁中20頁と大半を占めている。

注創立したばかりの倶樂部が飛行学校中の代表格とされたのは如何にも不自然で、音次郎が出版社に出資して発行させた（または出版社側からの申し出）のかもしれない。ただ、倶樂部の運営方式は確かに優れており安価で合理的だ。

　また會則の後に記された『必ズ讀ンデ頂キ度イ事柄』には、『本倶樂部創立ノ目的ハ會則第二條ニアリマスガ 右ノ目的達成ノ爲メニハ何レトシテモ多数技術優秀ナル操縦士ヲ養生（ママ）スルニアリマス、ソレニハ出來ルダケ練習費ノ輕減ヲ計ル必要ヨリ立案サレ創立ヲ見タノガ本倶樂部デアリ』と、『航空趣

味ノ普及並飛行機ノ實用化、經濟化(會則第二條 目的)』を高らかに打ち出している。具体的には、『普通飛行学校二於ケル二分ノ一乃至三分ノ一ノ練習費…同一ノ費用ヲ以テ二倍乃至三倍ノ練習ガ出來ル』と練習費の圧倒的安さである。安さ故の練習内容の危惧に対しては、伊藤飛行機との密接な関係による地の利、英国風クラブ(倶樂部)の特性による自由参加の原則を述べ、さらに『本倶樂部ハ創立者デアリ常務理事デアル伊藤音次郎氏ガ多年ノ經驗ト現在ノ位置ヨリ氏ガ經營二ナル飛行場工場を倶樂部ノ爲メ二提供サレテ居ルノデ格納庫其他ノ設備費ヲ要セザル事』『ソシテ組織ガ最モ合理的二シテ例ヘバ機材ノ整備費ハ會員ノ入會金ト寄附金デ出來ル故二練習費ハ眞ノ実費ニテ足リル事』『クラブ制度ナルガ故二利益ヲ見ザル事』『各役員ハ國家的立場カラスベテ無報酬デアル事』『剰余金アレバ會員ノ會議二ヨリ機材ノ改繕其他倶樂部ノ向上ノ爲メ二投ゼラルル等』と費用の透明性も謳っている。

『日本輕飛行機倶樂部會則(抄)』 [「飛行家になるには」職業指導研究會編 昭和8年 三友社 所収]

|二|目的|輕飛行機二關スル諸般ノ研究、操縱術ノ練習、特二航空趣味ノ普及並飛行機ノ實用化、經濟化ヲ計リ空中任務二奉仕セン事ヲ期ス|

|四|會員ノ資格|正會員ハ満十六歳以上二シテ中學二年修業程度以上ノ學カアル日本青年男女|

其他ノ會員ハ制限ナシ(準會員、賛助會員、特別會員、名誉會員)

㊟飛行機の經濟化＝狭隘な場所で離着陸可能、小型で格納や取扱に軽便、製作費・消耗費は自動車より低廉な軽飛行機の開発。

|五|役員|㊟役員人数のみ記載されている。下記役員名は同書別掲のもの。|

[会長]男爵・工學士 奈良原三次
[常務理事]伊藤音次郎、實業家 兒玉静治
[理事]海軍少將 高崎親輝、陸軍中將 衣笠公寛、實業家 山本林平、理學士 志賀潔、航空時代社社長 道永悌三 工學士 木村秀政、實業家 中山弘一、一等飛行士 安岡駒好
[顧問]陸軍中將 長岡外史、同 安満欽一、同 上原平太郎、同 古谷清、陸軍大佐 德永熊雄
[相談役]實業家 星野錫、同 西野惠之助、同 佐渡島英禄、同 竹島新三郎、同 村田直彌、男爵 島津隼彦
[幹事長]一等飛行士 安岡駒好 [幹事兼会計]二等飛行士 豊田安太郎 [幹事]二等飛行士 吉田重雄、田中春雄、黒澤健

― 細 則 ―

|一|本倶樂部事務所飛行場ヲ伊藤飛行場内二置ク|

|二|正會員|A會員|三等以上ノ飛行士免状ヲ所有スル者又ハ本會B會員トシテ單獨十時間以上ノ飛行ヲナシタル者⇒三等以上の免状を有する者が(一、二等取得のため)練習。|

B會員　自ラ飛行機操縱術ノ練習ヲナス初等練習生⇒三等免状取得のため練習。

C會員　會員自家用ノ飛行機ヲ所有スル者 ⇒自家用機を有し倶樂部格納庫飛行場使用し練習。

D會員　日曜祭日等ノ休日ヲ利用シテ操縱術ノ練習ヲナス者又ハ特殊ノ事情二ヨリ毎日練習シ得サル者 ⇒(趣味的あるいは三等免状取得のため)休日に倶樂部で練習。

|四|入會金ト練習費|練習費中二ハ機體使用料、燃料費、教官報酬等一切含ム|

入會金　[練習費(一時間二付)] ⇒3分間1円(飛行学校は1分間2円が一般的)

A會員	拾　圓	[貳拾圓]	免状所有者二シテ新タ二入會セル者
	無　シ	[拾七圓]	本會B會員ヨリ進ミタル者
B會員	貳百圓	[貳拾圓]	
C會員	拾　圓	[貳拾圓]	
D會員	五拾圓	[參拾圓]	

㊟會員数　21名
賛助會員、特別會員　120名
＊音次郎の努力で賛同者多数
[「航空年鑑 昭和7年版」より]

|五|飛行機使用料|會員ガ練習以外ノ目的ヲ以テ倶樂部ノ機體ヲ借リ受ケ使用スル場合ノ料金|

A會員　一時間拾七圓　　　本會・會員ヨリ進ミタル者
　　　　同　貳拾圓　　　　免状所有者二シテ新タ二入會セル者
B會員　同　貳拾圓　　C會員　同　參拾圓　　D會員　同　參拾圓

|七|自家用飛行機ノ保管|C會員二等免状ヲ得タル者ハ所有機體ノ保管飛行場費トシテ毎月三十圓也ヲ會二前納スルモノトス　本倶樂部ハC會員ノ機體二ツキ手入及定期検査等ノ責任ヲ負フモノトス但シ器材ノ補修費ハ實費計算トス ⇒大格納庫ヲ有し多数の機体を保管でき保管料が収入源でもあった。|

|八|機體ノ破損|會員ガ練習及受驗飛行中二器材ヲ損傷シタル場合ハ一切倶樂部二於テ責任ヲ負フモノトス 但シ故意又ハ重大ナル過失二ヨリ破損…其ノ責ヲ負ワズ ⇒自己責任＝弁償ではなくなった。|

|十一|自家用飛行家二就テ|C會員所有機ト雖モ本倶樂部公ノ飛行二供スル場合ハ倶樂部二於テ使用スルコトヲ得、場合二ヨリ報酬ヲ呈スル事アルベシ、萬一損傷ノ場合ハ本倶樂部二於テ責任ヲ負フ但シ所有主ハ操縦者ヲ指名スル事ヲ得 ⇒倶樂部の練習機不足をC會員の所有機で補う秘策だった。|

|十三|器材ノ手入|器材ノ保管手入ハ教官指導ノ下二正會員之ヲ行フモノトス⇒技術力向上にも繋がる。|

|十四|正會員特典|本倶樂部員ハ伊藤飛行機製作所ヲ自由二見學シ又實習場トシテ使用スル事ヲ得|

⇒伊藤飛行機製作所と連携、相互に大きなメリット。実習を兼ねて伊藤飛行機の工場作業を手伝っていた。

※以下『賛助會員、特別會員、名誉會員、準會員ノ部(略)』『必ズ讀ンデ頂キ度イ事柄』

以上、様々なニーズに合わせＡ〜Ｄ會員と分けたところがユニークだ。飛行士免状保有者（Ａ）や飛行機保有者（Ｃ）といったベテラン飛行士のための腕ならしの場や格納庫の提供と一等二等挑戦、（Ｂ）（Ｄ）は練習生として三等や二等免状を取得し飛行士という職業に就きたい若者への指導・練習及び受験対策の場と共に機体保管・破損・器材手入れは倶樂部の責任に帰すという事項も入会を魅力的にした。

◆ B会員 が倶楽部の中心メンバーで所謂練習生。 D会員 は次の様にサラリーマンや學生のために設けた。
『土曜日祭日又ハ會員ノ都合ノヨイ日ダケ練習』『平均一ケ月五日間練習出來ルモノトシ一日ノ練習回數ヲ三回トシ一回ノ練習時間ヲ平均四分間トシマスト一ケ月丁度一時間乘ル事ガ出來マス 一ケ年ニハ 十二時間トナリマスカラ大抵不器用ナ人デモ單獨飛行ガ出來マス 二年目ニハ 三等免状ガ受ケラレ』［細則より］

─── 金はなくとも働きながら練習出来る「特待生」 ～見込みのある者は「条件付きの職工」に ───
条件1 職工として二年間精勤した後に練習許可(但し仕事や正会員の練習の合間) 条件2 二等免許取得後２年間の勤務 条件3 住居(寄宿舎)・食事提供と月給五円支給 ㊟最低数年を要したが実力はついた。
【該当の門下生】埴山芳瑞(発動機工４年余で２等①)/髙川一郎(組立工５年で２等①)/角參吉(工員②⇒製作へ)
㊟判明分のみ ①②は最終取得免許等級 資料15「門下生一覧」参照

倶楽部の飛行記録(昭和5年〜9年)							倶楽部の収支決算(昭和5年〜9年 合計)		
練習飛行		その他の飛行					収入の部	差引不足額 780円40銭	支出の部
	時 分	回数	時 分	回数	距離km	事故	54,296円44銭		55,076円84銭
5年	184・10	1,990	8・09	74	17,309	3	8,310円 入会金		17,563円01銭 燃料費
6年	342・44	3,551	22・01	124	32,253	2	1,047円 会費		18,276円19銭 整備費
7年	375・20	3,779	80・36	151	45,590	4	34,381円38銭 練習費		4,297円80銭 器財購入費
8年	588・57	5,135	77・15	205	55,610	1	5,203円11銭 その他の飛行収入		6,403円 教官報酬
9年	431・59	3,313	31・52	82	38,440	1	3,664円 維持奨励金		5,814円30銭 その他諸経費
合計	1,223・10	17,768	219・53	636	189,202	11	1,690円95銭 寄附及び雑収入		2,722円54銭 懸賞金の支出

─── ［出典］「満五カ年を顧みて」日本輕飛行機倶樂部會報第七號 昭和10年7月［日本民間航空史話 所収］

飛行時間、回数増加は会員の増加と活発な練習を物語っている。収支決算が赤字なのは、練習費の格安なことなど会則の通り『利益ハ見ザル事』を裏切らない結果でもあるが、赤字経営は後々株式会社となった際に会社役員達の「倶樂部廃止論」につながり、窮地の音次郎は必死で抵抗するのだった。

◆日本輕飛行機倶樂部の「目的(事業)」の変遷
昭和６年版　　　［「航空年鑑」帝國飛行協會 より］
　飛行機の経済化スポーツ化の爲と機體の研究並操縦士の養成をなす
昭和７年版（以降13年版まで同一表現）
　飛行機操縦士養成、輕飛行機の宣傳利用
6年版 のクラブを創立させたという自負が表れている事業目的に対し、 7年版以降 は飛行機の経済化や機体の研究などの表現が消え失せ、操縦士養成及び宣伝利用と一般の飛行学校同様極めて現実的かつ商業的な事業目的へと変更されている。

音次郎の挑戦の結末
◆飛行「クラブ」は日本では時期尚早だった
　欧米での飛行クラブは、自動車やスポーツに飽きた有閑階級の娯楽として同好の士が集まり自由に飛行するというものだった。これにくらべ、日本輕飛行機倶樂部の実態は『結局職業操縦士の養成所化し、伊藤氏の理想は微塵も実現する気配が見えなかった。［「日本航空史」より］』と後に論評されている。今までとは形態の異なるプロの操縦士養成所としてはかなりの成果をあげ、優秀な飛行士を数多く輩出した（92名にものぼる）ものの、クラブという自由な発想を謳歌するには市民社会が成長しておらず、富裕層であっても飛行機を楽しむまでにはない日本社会では時期尚早だったといえよう。

(上)伊藤飛行機製作所の大格納庫と練習機の数々
昭和六年七月拾六日(写真裏面に日付スタンプ押印)
［小林義明氏 蔵/鷺沼在住］

(右)千葉県習志野 鷺沼海岸飛行場 (写真右下ロゴ)昭和10年前後、日本輕飛行機倶樂部時代の絵はがき。

| 練習用の飛行機確保に苦労する | 払い下げ・貸し下げを受けたり他の飛行家から購入・交換したり

会員（大半は練習生）は着実に増えていったが、必要不可欠なのが練習用の飛行機。航空局や陸海軍からの貸し下げや払い下げ[38 参照]、他の飛行家との交換等によりアンリオ、アブロ、コードロン、一三式、一五式を保有していくのだが、軍による安価な払い下げ機の大量放出で苦境に陥った音次郎が同じ払い下げ機で軽飛行機倶樂部を運営し、新規まき直しを図るとは何とも皮肉な巡り合わせであった。

『昭和5年6月13日 朝宗里二行キアンリオ交渉 ツヒニ工場アブロト交換』念願のアンリオ80HP入手。
　　㊟BAUF アンリオHD.14（アンリオ28）ル・ローン80HP　㊟アンリオ機を求めて四苦八苦する姿が日記に度々登場する。

『昭和6年6月11日 アンリオハマダ羽布モ張ッテ居ナイトノコトニ伊藤氏ガ賣ルトノ話ヲ聞キ早速交渉 二回会見シテ夜十時頃漸ク話マトマリ 八百円ニテ決定ス』
『6月15日 伊藤酉夫氏（御國飛行學校長）名議（ママ）変更書類ヲ受取ル』㊟800円と安価であり、新造機ではなく軍または局払い下げ機の改修機。
『6月20日 晝前ZBアンリオ立川ヨリ帰場』㊟ZBアンリオ＝J-BAZB

（右）三式練習機
前ニテ
昭和拾五年七月
廿三日撮ス
日本軽飛行機倶樂部のロゴ。
［二男徳次アルバムより］

（左）アンリオHD.14（アンリオ28）ル ローン80HP
『伊藤酉夫→昭和6年8/5日本軽飛行機倶楽部代表奈良原三次で登録 J-BAZB→7年10/6破壊により登録抹消』
［「J-BIRD」より 抄］　［小林義明氏 蔵/鷺沼在住］

| 倶樂部創立記念日を1月4日と定める |

創立直後の昭和5年正月4日は工場も新生の倶樂部と共に所員全部…といっても5名だけだが豚肉の新年会で元気を取り戻す。翌6年以降この日を倶樂部創立記念日として、仕事始め・初飛行・初同乗飛行・新年会が慣例となり倶樂部員共々毎年大いに盛り上がる。

『昭和6年1月3日 明日ノ仕事初メノ仕度ニ　駅辨ヲ廿五注文シテ帰ル』『1月4日 仕事初メ式ノ準備ヲサセクラブノ初飛行ノ一番ニ安岡二同乗ス　昨年ハ一度モ空ニ上ラナカッタノ本年ハ大ニヤリ、都合デハハンドルモ取ルツモリ。千葉市訪問シテ帰ルト奈良原先生ガ來テ居ラレタノデ代ッテ乗ラレハ廿年近ク乗ラナイトノ事デアッタ　練習終ッテ十二時半ヨリ折詰ト冷酒デ工場員クラブ員全員ヲ集メ先生ノ出席ヲ得テ…』

＊所員、倶樂部員も増え、総勢25名参加（駅弁注文数）と盛況。音次郎は
　1年ぶり、奈良原に至っては20年ぶりの同乗飛行も行う。

『昭和7年1月4日 作業初メトクラブ創立記念日ヲ兼ネテ昨年來行（ママ）中行事ト定メ晝三十銭ノ折詰デ工場内ニ新年会ヲ開ク 朝クラブノ初練習アリ 新入山本氏アリ平松氏來 汐ガ早ク上ゲテ來ルノデ心配シタガ十年式間ニ合テ初飛行ス。何ニカ知ラ本年ハヨサソウナ気ガスル』㊟この時右の写真を撮影か？（昭和8年撮影との文献も）

（右）昭和七年一月四日 初飛行記念
　　後列中央に会長の奈良原三次
プロペラの軸に正月飾り。[12 参照]

㊟正式名は日本軽飛行機倶樂部だが音次郎はクラブまたはライトプレーンクラブにこだわっていた。

《倶樂部の練習機》
昭和12年の保有機
・サルムソン式二A二型
・アブロ式五〇四K型
・アンリオ式二八型
・ニューポール式二型
・一三式陸上機
・三菱式R二二型
　［「航空年鑑 昭和12年版」より］
＊他に個人所有機や伊藤飛行機製作所機も練習に利用。

入会者続々 卒業生総数92名 昭和4年～16年

若者たちの
凛々しい姿
（中学を卒業
したばかりの
少年から成年
まで様々）

入会申込書に添付されていた顔写真の一部　[「音次郎アルバム」より]

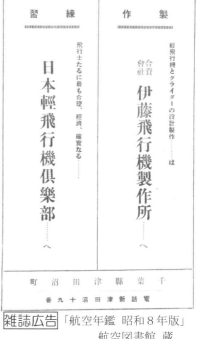

製作

軽飛行機とグライダーの設計製作……は

合資
會社
伊藤飛行機製作所
……へ

練習

飛行士たるに最も合理、経済、確實なる……

日本輕飛行機俱樂部
……へ

千葉縣津田沼町

電話津田沼十九番

雑誌広告「航空年鑑 昭和8年版」
航空図書館 蔵
「俱樂部」と「製作所」の一体化。

　昭和4年12月3日に第1号練習生豊田安太郎が入会。以降、毎月入会者が訪れ俱楽部は活況を呈する。だが、どん底状態から脱する気配が見えたとはいえ、相変わらず工場は不況で俱楽部の入会金や練習費を当てにする日々だった。そんな中、日記には金策と共に練習生たちの練習や受験の様子が溢れている。[以下「日記」より豊田中心に抜粋]
『昭和5年2月4日 今日豊田六十円三時間分納入ス。スグ賄ノ買物ト古金屋ノ借ヲ返シ所員ニモ湯銭トシテ少シヅヽ分ケル』
記念すべき第一号練習生の練習費も生活費と借金返済、所員小遣いへ…。
『2月8日 豊田練習ヲ行フ』『3月4日 今日ハ皆練習アリ』
金策に駆けずり回る音次郎が久し振りに練習をみてやることができた。
『4月6日 ライトプレーン最初ノ練習生豊田單獨飛行ス』
第一号練習生豊田が、嬉しい独り立ちの単独飛行成功。
『6月4日 クラブ関口君入会手續キヲ終ル 父ナル人ヨリクレヽヽ本人ニツキ頼マレル』㊟関口亀吉 1等、重爆空輸中殉職。
『7月11日 高橋、豊田、免状受取ル』三等免状取得。
『12月18日 関口無事三等ヲ実地デパスス。野呂君二等野外飛行無事終了 帰リハ満チ汐デ僅カノ州ニ降タノハ上出來デアッタ』3～6ヶ月で免状取得。

◆夢見る俱樂部員たち ＊右下昭和6年の新聞記事要旨
『練習生第1号豊田安太郎の、ドイツで軽飛行機を購入し現地から飛行するという計画？に対し「純国産機を作成して独逸訪問飛行をすべし」との俱楽部員大多数の意見で、稲垣技師に嘱し極秘裏に軽快なる機体製作を急ぎ、9月には決行予定とのこと。』
＊計画とは名ばかりの空想でしかなかったが、俱楽部の若い練習生たちの夢と熱気の産物だった。

眞夏ノ飛行練習 昭和14、5年頃
ズボンの裾をまくり、裸足で練習を見る干潟風景。さすがに冬場は長靴を履いたということだが。[「二男徳次アルバム」より]

5「日本輕飛行機俱樂部」自然解消 昭和16年(1941)

『昭和16年 政府の方針により 民間の各飛行練習所が全部閉査(ママ)されるに及び日本軽飛行機倶楽部も自然解消に終る』[「略年譜」より]　　[以下は「日記」より]
《帝國飛行協會が政府方針により各民間航空団体を統合し、昭和15年10月1日に大日本飛行協會として設立されたことの一環として俱樂部も停止の対象となった。》
◆練習生募集を詰問され停止する『15年5月8日 航空本部ニ行ク…クラブ練習生募集ハドウ云フ訳カトノコトニ…早速ヤメルト答ヘ尚国策ノ為メナラ如何様ニモスルカラト答エテ居ク』心ならずも「募集停止」という屈辱。
◆自発的という名目の強制停止『8月23日 クラブノ問題決局ヤメロトハ云ワナイガ自発的ニ止メルコトトシ現在居ル分ダケハヤラセル為メガソリンヲ配給スル様話シテ居クトノコデアッタ』「残りの練習生の分だけはガソリンを配給する」と恩着せがましく倶楽部停止に追い込む。

　音次郎の夢と理想、稲垣知足の命をかけた英仏留学と研鑽の産物であった「日本輕飛行機俱樂部」は、92名の優秀な卒業生を輩出したものの戦時体制下の昭和16年3月、最後の練習生が卒業[資15参照]し自然解消となる。

千葉中央図書館蔵

純國産機を製作し
獨乙へ飛行
津田沼伊藤飛行場豊田二等飛行士
民間飛行家の壮圖

豊田安太郎と俱樂部員たちの夢のまた夢
（左上に解説）昭和6年2月13日 千葉毎日

42 グライダー大量生産・販売へ

「グライダー（滑翔機）事業」創設　昭和5年（1930）

「日本軽飛行機倶樂部」発足と同じ頃、磯部式グライダー試作機の修理を依頼されたことから他社に先駆けグライダー製造を始める。グライダーブームや中等学校の部活動、そして軍事教練でのグライダー導入にも押され生産は飛躍的に増えるが経営は厳しいまま。昭和12年末には新たな出資者の協力を得て提携増資、再び株式会社化を図る。

㊟膨大なグライダー史には触れず、音次郎との関わりにのみ焦点をあてた。

（左）『昭和初期　グライダー時代来る』［「音次郎アルバム」より］

─ 音次郎滑空機の製作へ　昭和5年 ─

『磯部鉄吉（おのきち）氏ツェーグリング型初級滑空機を製作、所沢陸軍飛行場に於て、片岡文三郎君により試飛行が行われ……間もなく破損したので、弊所に修理を依頼された。これが機会となって滑空機の製作を初めることとなった。』

［「伊藤飛行機研究所略年譜」より］

＊音次郎は当初滑翔機とよんでいたが、滑空機が一般化した。

─ グライダーが学校教育に　需要高まる ─

磯部式練習用1型以降グライダー熱が一般に広まり各地にクラブが設立され競技会も開かれる。「略年譜昭和12年」に『支那事変発生軍拡と共に航空予備軍としての滑空士養成が、全国の中等学校にまで及び、訓練用として初級機特に文部省型が普及した』とあるように、各中等学校では専用機を持つようになる。グライダーの需要は大幅に増加し、音次郎たち製造業者も久々の活況を呈した。

─ ㊟文部省型は昭和15年 ─

＊昭和5年、飛行機製作で名の知られた音次郎のもとへ、国産滑翔機「磯部式」の修理依頼があった。向こうから飛び込んで来た仕事とは言え苦境を脱出する絶好の機会だった。この後、軽飛行機倶楽部と併行してグライダー製作を積極的に進め、全国のクラブや航空関係機関、中等学校などへ数百機（昭和12年末までで200余機）も納入することになる。（ 資14 本社ニテ製作セル滑翔機概覽 参照）

『昭和5年5月13日　片岡君ヨリ二三日前ニヤッタグライダーノ実見談ヲ聞ク』㊟5月11日 片岡文三郎、磯部式1号グライダーで高度10m、距離80m、滞空8秒を達成しわが国初の滑空に成功。［「日本航空史年表」より］

『6月30日　九時頃珍ラシク磯部氏來場　グライダークラブト工場ト提携シテ貰ヒタイトノコト　賛成シテ居ク』磯部の日本グライダークラブと伊藤飛行機工場との提携とは、修理・開発を請け負うということか。

『8月18日　今日ハ方向舵ノ設計ヲナス　コンナ仕事ヲ自分デヤルノハ誠ニ面白イ　少シ勉強シテ全部ノ設計ヲ自分デヤル様ニシタイモノダ』社長音次郎も往年の血が騒いだのかグライダー設計にのめり込む。

『11月15日　磯部氏ヨリ百円到着』磯部式練習用1型の修理代金（破損月日不明）グライダー初仕事で少し潤う。

航空余話 グライダー事始め外伝 大正10年（1921）「伊藤式滑翔機試作」⇒果たして飛んだのか？

グライダーの初飛行は昭和5年の磯部式といわれているが（㊟明治42年のプリアール氏などいくつかの説有り）、何と大正年間に伊藤飛行機研究所で試作、試飛行をする？という記録があるのだが…。

① 『グライダーノ試作　大正十年我ガ國情ニ照シ無発動機飛行機磯部式グライダーヲ試作ス』

［「伊藤飛行機株式會社 概要一覧（伊藤飛行機株式會社略歴）」昭和13年］［資12 参照］

② 『伊藤式第一BO型　滑翔機　大正十一年　本社設計製作セルモノニシテ我ガ國最初ノモノ』

［「同上　本社ニテ製作セル滑翔機ノ概覽」］

③ 『矢野技師の手で　無發動機飛行機』　［「國民新聞 千葉版」大正12年5月4日付 ］千葉中央図書館蔵

『是は津田沼町伊藤飛行場矢野技師が製作中の無發動機飛行機だ　このグライダーの構造は普通の飛行機と大差なく翼は一枚で衝突をさけるため前にソットボール後にソリがついてゐる　別に操縦にも變（変）りがなく適当な山岳地帯へ同機を曳いて行き恰度凧を揚げる様な具合にするので上昇すると操縦してる人が綱をはづす事になってゐる　重量は約二十貫位だから非常に軽い（中略）因みに伊藤飛行場では本月中に之が試験を行ふことになってゐる』

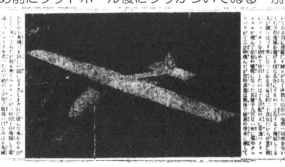

④『こん度はモーターグライダー　矢野技師が設計のやり直し』［東京日日房総版　大正12年12月15日］
『例のグライダーは地震騒ぎから（経費節減で）製作を止められ…矢野氏は当初の設計を放棄し今回新たに五馬力の軽發動機を据ゑ付けたモーターグライダーに模様替し設計に着手した（僅に二十貫、三十尺の翼は四つたたみ、プロペラーは二尺位で二升のガソリンで一時間飛べる軽快なもの）』
⑤『無発動機飛行機の進歩　本邦に於ける研究「我國に於て初期の研究はさておき、近代式の滑空機は津田沼伊藤飛行場で設計され、川西飛行場でも試験したが失敗に終った…」』津田沼と川西で設計し失敗したが、果たして完成、試飛行まで至ったのだろうか。［「航空年鑑 昭和6年版」航空図書館 蔵］
⑥『昭和5年4月6日 上野ガ矢野君ノ作リカケノグライダーヲマトメ初メ今日ハ日曜ニモヤッテ居タノデ練習用ノグライダーヲ別ニ作ルコトニシ圖面ヲ出シテヤル　毎日二時間ツヾ（ママ）全員ニテヤルコトニス』矢野のグライダーは未完成の作リカケのため9年の間放置されていた。［「日記」より］
＊略年譜昭和5年では、磯部式の修理を頼まれグライダー製作を始めたとあるが、その2ヶ月前から矢野周一設計機を完成させることに工場を上げて取り組んでいた。修理を受け入れる土壌があったのだ。
◆残念ながら矢野周一のグライダーは、"設計したが製作は未完成で飛行はせず"に終わった‼

― 日本のグライダー略史 ―
昭和5年　磯部鉄吉予備海軍少佐公式飛行
　　　　以降グライダークラブ全国で続々発足
　　　　講習会、競技会、大会各地で開催、普及す
　9年　グライダー製作費補助規定（帝國飛行協會）
　10年　日本帆走飛行連盟結成
　　　　日本學生航空連盟にグライダー部門
　　　　ウォルフ・ヒルト（独）来日
　13年　文部次官通牒「中等學校ニ於ケル
　　　　グライダー滑空練習ニ關スル件」
　＊15年の東京オリンピックでグライダーが
　　　正式種目となる⇒戦時下中止で幻に
　15年　文部省編「滑空訓練教程草案」
　　　　「文部省一型」開発・量産
　17年　中等学校で滑空訓練が正課に

初期の伊藤飛行機製作所製グライダー納品　昭和6年
日本初の"セコンダリー"製作完成［プライマリーにナセル（座席カバー）を取り付けただけのものではあるが］
『昭和5年12月25日　徹夜　グライダーノ爲メ』連日、夜業、徹夜、十二時という語が並び、力を入れている様子。
『昭和6年1月7日　十時頃磯部氏來場　今日ハグライダーノ試飛行ノ日…グライダー数回　安岡、豊田、其他試飛行一番永イノガ十三秒間。カナリエ合ヨサソウデアッタ。引上ゲテ記念撮影ヲナシ』磯部の日本グライダークラブ用。
『1月17日　磯部氏ニ会フ　グライダーノ元（ママ 原）價工賃ト材料代ダケ四百六十余円ヲ貰フコトヲ話シ　尚五十円ヲ來週ノ土曜日ニ貰フコトヲ依頼ス』実費のみの格安料金。苦境の中でも欲得なしの音次郎が故に何でも頼まれる。
『1月22日　夕方グライダー引取リニ來ル　清水君ニ渡ス』伊藤飛行機製セコンダリーグライダーの納品。

音次郎から懇望され伊藤式グライダーの大半の設計を担当したのが東京帝国大学航空研究所の山崎好雄だった。山崎の渾身の設計により次々と名機が生み出され、全国各地のクラブや中等学校へと大量に納品された。山崎との連携により伊藤飛行機はグライダー部門で確固たる地位を築いたのだった。

昭和6年以降の滑空機開発　⑱伊藤飛行機製グライダーの詳細は［次頁および 資14 「滑翔機概覧」参照］
『滑空機の研究で知られた、航空研究所勤務中の山崎好雄氏を煩わし、需要にさきがけ昭和十二年までに、初級機伊藤式A型二種、中級機B型六種、高級機C型六種及びスパン19㍍のD型複座機を製作し ほかにたゞ一機佐藤博先生設計のTC型を作った。この間数々の記録を作り、競技会にも参加し毎回入賞した。又毎日新聞社の帆走飛行連盟御用をつとめ、多数の滑空士養成にも使用された』
　　　　　　　　　　　　　　　　　　　　　　　　　　　　―［「伊藤飛行機研究所略年譜」より］

（左）（下）伊藤式最初のユニバーサル型の飛行
『伊藤式A1型初歩練習用滑空機　我ガ國滑空訓練ノ初期各種講習會ニテ専ラ使用セラル』［「伊藤飛行機株式會社 概要一覧」より］

『J-BIFD　伊藤式ユニバーサル型　東京日日新聞社・日本帆走飛行連盟　1935/7/19登録』
［「J-BIRD」より］
＊7/21からの講習会直前に登録完了。

上ノ原講習会にて

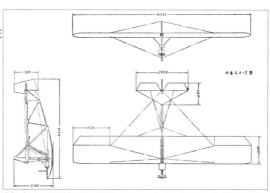

『昭和十一年製作 昭和十三年三月迄百数十臺』［「本社ニテ製作セル滑翔機概覧」より］資14 参照 ＊全国の中学やクラブの初級機として大人気。

A２型 伊藤飛行機事務棟前［昭和16年「航空朝日」撮影］　　　伊藤式A２型三面図［昭和17年版世界滑空機年報］

C２型ソアラー 昭和十二年『高性能滑翔機各種競技會ニ優賞シ遞信大臣牌ヲ賜ル』［「伊藤飛行機株式會社 概要一覧」昭和13年 より］

佐藤式TC型 ソアラー 昭和十三年 設計;佐藤 博（九州帝大）（伊藤式と表記されることもある）　　　　［「滑空機 昭和16年版」より］

＊航空局が試作奨励金を出し福田前田の３社に世界的レベルの高性能ソアラー製作を命じ、音次郎が佐藤氏に設計依頼。７月試飛行成功。 ［伊藤飛行機/日本小型/］

────「グライダー設計と製作の思いで(部分)」山崎好雄 ［「日本民間航空史話」所収 昭和41年 より］────

『山崎式第一型の飛行（㊟昭和７年）が終って一年か二年目くらいの時だったと思うが、日本民間航空界の長老の伊藤音次郎さんのところのグライダーの設計をやることになった。私がどんな縁から伊藤さんと知り合いになったのか、はっきりした記憶はない。おそらく磯部少佐のプライマリー機を伊藤さんのところで作っていたころ、その指導というか、交渉というか、何かの用件で伊藤さんのところに行くことがあるうちに頼まれることになったのではなかったかと思う。はじめは伊藤式A一型というプライマリー機と、これにナセルをつけたセコンダリー機（後に「プラセコ」と呼ばれた）を作ることになってこれの設計図と強度計算書を作ってあげた。しかし結局は、別に私の発明というものではないが、プライマリー機にナセルをつけることによって、一機でプライマリーとセコンダリーとを兼ねさせることができるということをキャッチフレーズにして、伊藤式ユニバーサル・グライダーというものを製造して売り出すことにしてもらった。』

『さて前に記した伊藤式のユニバーサル型のグライダーは何機か売れて、伊藤さんのご商売もどうやら地につきはじめたようであった。そこでさらにセコンダリー機を作りたいというご希望があって、私は伊藤式B二型とB三型を設計した。この両機のうちでB二型が比較的性能もよく、かなりの数が売れたようであった。』

『伊藤さんのところでは、つづいてソアラーを作ろうという意見が出て、これも私が設計することになった。主翼は全く私自身の考えた独特の構造にすることにした。（中略）このソアラーは伊藤式C一型と名付けられ、当時津田沼にできたグライダー・クラブによって活用されたが、私はこの経験を基にして、さらに重量の軽減と各部分の改良を行って、C二型というのを作り出した。これも伊藤さんのところで何台か生産されて販売された。』

『（高級機製作に対し航空局からの補助金があり）伊藤さんから単座一機、複座一機の設計を依頼された。（中略）私はこの依頼を受けた時に、こんなよい機会は私の一生の間でもまずないものと考えて、私の全知能、全努力を傾けてこれの設計に当る決心をした。（中略）二機のソアラーの設計は、約束の一ヵ月を十日ほど超過した約四十日間でおわり、その間に引いた図面の数は三百枚くらいに達した。製作に必要な図面の青写真と仕様書を伊藤さんに引渡して、やっと一応重荷を下ろしたが、このおかげで私の体重は二、三貫目も減って、全くやせ細ってしまった。（中略）こんな苦心をして設計したC六型とD一型のソアラーの設計図は、伊藤さんのところの優秀な技術者の手に渡って、幸いにも着々と製作が進行し、（中略）津田沼の海岸で試験飛行まで終了した。』

　昭和10年に来日し、各種講習会、模範飛行会などを開催した。最先端のグライダー製作技術や操縦技術が導入され、日本におけるグライダーの本格的な活動の基礎が築かれた。

『昭和10年10月13日　奈良原氏早朝ヨリ来場　ヒルト來場ノ準備大サワギヲシタガ　結局二時半汐ガ一杯ニナッテカラ来場　御世辞ヨク自分ガ飛行機ヲ初メル頃ステニ僕ノ名ヲ聞イテ知ッテ居タトノコトデアッタ。自動車ノ巻キ取リモ汐ノ爲メ出來ズ　オマケニ東日ト宅ノ自動車ガ埋ッテ水ツケニナルサワギ』

＊ヒルトの津田沼(鷺沼)来場に奈良原はじめ一同の興奮、大騒ぎ状態がおかしい。

毎日新聞の招きに来日せる独逸ヒルト氏　津田沼に来場
中央左；ヒルト(座っている)　その右；音次郎(ベスト着用)

「上ノ原　グライダー講習會」　昭和10年7月21日～8月9日

　指導者に安岡駒好一等飛行士ら7名　参加費1円、講習料2円。
『8月8日　本日黄班ハ七回ツヽ練習シタ由　赤班ハワイヤヲ切テ居タノデ二三回シカ出來ナカッタ』班別練習(経験者と初心者)
人数が少ない分練習回数は多かったが、ゴム索を引くのは苦労したろう。
『上越線上ノ原高原に於て大規模のグライダー講習會開催さる。主催者は日本帆走飛行連盟関東支部　後援東京日日新聞社。(此の時滑空體験者を大量に出して注目された。その数は約百名位)』
[「滑空日本歴史寫眞輯」昭和18年 航空時代社]とあるが、日記には『7月21日　グライダーノ方ハ　十八人　ハイキングノ方ハ僅カニ二三人ノ参加者ダトノコト』[「日記」より]と少なくがっかりしている。写真でも14人しか写っていないのだが？

(上・下)上ノ原講習会にて

注講習会は10日間ずつ二期に分かれた上赤・黄など経験別の班編成であり、写真はそのうちの一班か？

上ノ原ニテ　毎日新聞主催(ママ)　グライダー講習會
(左から)伊藤、奈良原さん、航空官南波辰雄さん
榊原航空官、協會小野少将、山崎(好雄)、羽太文夫(毎日)

航空局の指示により5社で「日本滑空機工業組合」結成　昭和13年(1938)5月　音次郎初代理事長

航空時代社長の渡部一英らの斡旋で組合が結成され音次郎が初代理事長となる。価格協定などを結び共存を図った。17年7月に伊藤飛行機が吸収合併され、6月17日理事長辞任。

昭和十三年六月　日本滑空機工業組合設立記念撮影(右から2人目音次郎)『6月8日　滑空機工業組合発会式　明治神宮へ参拝　規約文ヲ南波氏(航空官)ノ手カラ分ケテ貰ヒ銀坐裏ノ水茶屋ニ会食　飛行協会、局ニ対スル希望事項ヲ協議』

・伊藤飛行機(千葉)
・美津濃グライダー製作所(兵庫)
・アカシア木工航空機部(兵庫)
・福田前田軽飛行機製作所(大阪)
・日本小型飛行機(東京)　[13年5社
⇒16年6社⇒17年9社⇒18年20社]

[価格協定]
プライマリー　550円
(初級機)　　　　　16年1,200円
セコンダリー　800円以上
(中級機)　　　　　16年2,200円
ソアラー　　1,000円以上
(計器付高級機)　16年3,000円

『16年1月17日(組合員意見)適正價格ニツイテハ協力ヲチカイ文部省関係ニハ秘密トスルコト』

「航空朝日」16年7月号

─ 現在工場内ノ設備 昭和13年(1938) [津田沼町1440番地] ─

飛 行 場　工場前面海岸約五十萬坪　＊干潟を逆手にとった雄大な表現は実に痛快！

工　　　場　組立工場、塗装工場、機械工場並仕上工場、板金鍛冶工場、木工機械工場並木工場、
　　　　　　発動機工場、試験研究室、設計室、格納庫、事務室、　附属建物（便所、製品倉庫、
　　　　　　材料倉庫、食堂、講堂、會議室、宿舍、守衛室、参考室、圖書室、工務室）

機械設備　一般工作機械、木工機械、試験機、電機動力、板金並鍛冶（＊機械の詳細は略す）

［「伊藤飛行機株式會社 概要一覧 昭和13年」］

わが国初の「無尾翼機」の製作 昭和12～16年　『昭和12年8月8日　晝日野氏、萱場氏外一名來　萱場氏ヨリ日野氏ノ無尾グライダー注文スルカラトノコトデアッタ　何分ナニモナイノデ至急設計圖ヲヨコシテ貰フコトトス［日記］』『萱場製作所より秘密兵器研究用と称して、無尾翼グライダーの製作を依頼された。原型は日野熊蔵氏の考案とのことであったが、木村秀政氏にお願いして設計図を作ってもらった。なにしろ日本で初めての試みなので製作も慎重を期し［略年譜13年]』［一号機完成13年2月25日但し日記には未記載］萱場より無尾翼ジェット機計画のための機体開発として伊藤飛行機に製作依頼された全翼機で、昭和16年のHK-4まで。萱場が別に開発していたジェットエンジンを搭載することなく陸軍の試飛行失敗で計画中止に。

製作費は大赤字 ［日記］
見積16,005円
　⇒契約7,500円

(右図)無尾翼グライダー
　HK-1の平面/側面図

(上)特殊滑翔機 無尾翼グライダー
(右) 試験飛行(ゴム索発進)
於 鹿島(茨城)砂丘 好成績ヲ納メル
[HK1型仕様 「日本グライダー史」]
スパン10.00m　最大翼弦2m
自重85kg　沈下速度0.85m/s
　㊟HK型＝日野熊蔵型の略

[試験飛行の経緯 念入りに数百回も試験飛行を繰り返す] [「略年譜」より抄]

安岡無事成功も(ベテラン故飛行機との違いに戸惑い)以降辞退 ⇒ 輕飛行機倶樂部出身の島安博が試飛行志願 ⇒ 鷺沼でゴム索による直線滑空⇒茨城の鹿島砂丘に運び、砂丘の高度差を利用しゴム索発進で旋回飛行 ⇒ 柏の陸軍飛行場で自動車曳航で高度をとる ⇒ 鷺沼で安岡操縦の飛行機曳航実施で全試験飛行完了 ⇒ 立川の陸軍航空技術研究所へ納入

大日本靑年航空團第1回航空訓練大會用グライダー　昭和12年5月結団（団長井上幾太郎大将　在郷軍人會長）
（左）津田沼工場棟　（右）大格納庫『昭和12年8月7日　青年團ノ五台ト其他二台組立完成ス　写眞ヲ取ル』

奈良原三次「講習会」に「命名式」にと全国各地を飛び回る

（左）（茨城縣立工業學校）
茨工號命名式
昭和十二年
九月四日
㊟日記では9/3
伊藤飛行機納入機「ユニバーサル型」を前に挨拶する奈良原三次

栃木県石橋中学校ニテグライダー講習會
昭和十一年十一月　㊟26日奈良原着、29日機体着。
前列左；校長　中；奈良原　右；朝日新聞記者
＊中等学校でのグライダー（部）の始まり
　実業学校では京都第一工業学校　昭和10年4月創部、中学校では神奈川県厚木中学校　10年5月、上記石橋中学校　11年11月。［航空年鑑　昭15、16・17年版より］
　以後、p.195のように全国各地で滑空部が創設される。

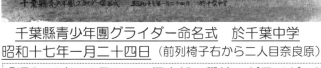

千葉縣青少年團グライダー命名式　於千葉中学
昭和十七年一月二十四日　（前列椅子右から二人目奈良原）

（右）千葉県における練習発会式
13年3月21日
各中学校の職員が集められ模範滑空等実施。以後広まった。

『昭和10年10月31日　信太郎ノ學校ヘグライダー外数品ヲ貸ス』
㊟信太郎は東京高等工業学校在学中（後に芝浦高等工学校と改称）。グライダー部設立準備か教練用の試行で学校が音次郎に貸与を依頼したか？

　ブームに後押しされるように受注は増え、全国の中等学校やクラブ、青少年団用に伊藤式ブランドで多数納品した。伊藤飛行機はグライダー製造の老舗であると共に、社長伊藤音次郎、顧問奈良原三次は民間飛行機黎明期の伝説の存在でもあった。奈良原はグライダー講習会や納品機の命名式など精力的に各地を飛び回っていた。
＊ただ、奈良原の話は難しすぎてよく分からなかったとの生徒の証言。

中等學生・大空へ
——グライダー練習發會式——
きのふ盛大に擧ぐ
"案外むづかしい"
弘津學務課長語る

春風を截る！

千葉讀賣
13年3月22日付
中央図書館蔵

「東京帆走飛行研究會」発足 昭和10年5月1日・「日本輕飛行機倶樂部グライダー部」発足 昭和11年6月1日
グライダー普及のため音次郎が創設。役員(奈良原他)や指導者(安岡他)は輕飛行機倶樂部とほぼ同一。
グライダー講習会(上ノ原)や日常の練習、飛行機操縦士希望者の予備訓練などを企画・運営・指導した。
[保有機]ユニバーサル型・B2型・B6型・C1型・曳航用一三式陸上機・曳航用自動車&ウィンチ(年度により異なる)
[滑空場]江戸川区篠崎(注下記)および津田沼町鷺沼海岸　　　　　　　　　　[航空年鑑 昭和11年～14年版]

江戸川河原に練習飛行場を確保 昭和10年 │ 江戸川区篠崎
『2月6日 一月十五日付ニテ内務省ヨリ江戸川飛行場許可』
『2月15日 江戸川ノ新飛行場ヲ見ニ行ク スグデモ飛行出來ル程ヨイ場所モアッタ』『2月26日(地主と協議)地代ヲ四銭月末支拂ヒノコト仮リ契約ヲシテ』＊9年6/19開設申請

〜待望の[陸上]飛行場で飛べる！〜
◆干満による練習制限や塩水飛沫洗浄の必要ない飛行場を手に入れた。奈良原と音次郎による関係各方面との粘り強い交渉の賜だ。最長1000m幅300m、面積75600坪の平坦な河原(買収は57000坪か?)で、倶楽部の軽飛行機やグライダーが思う存分飛び回ったのだ。

『11月9日江戸川ニ行ク無事起工式ヲ終ル』

江戸川飛行場

伊藤飛行場
江戸川河原へ移轉
津田沼では不便だと
千葉毎日新聞
昭和10年2月27日
県立中央図書館蔵

記事 伊藤音次郎氏経営の日本輕飛行機倶樂部は所在地が干潮時に干潟を利用の飛行練習で不便が多いので今回同の伊藤氏は移轉を決意しその候補地を選定中であったが東京市江戸川區篠崎村に同所五萬七千坪の土地を移轉する地先の土地を買収することになり廿六日縣保安課へ移轉の認可を申請した。

グライダーの出来るまで　　［「航空朝日」昭和16年7月号(グラビア4ページ/写真23葉)より］
『グライダーの製作状況を見るために伊藤飛行機會社と日本小型飛行機を訪ね・・・全貌を紹介する』
注 社名記載のない上の2枚は二社いずれか不明だが、同様の施設設備や工程であったろう。

グライダーの出来るまで

設計技師の下で製図をする女性たち

翼を組み立てる

(上)伊藤式B8型セコンダリーの操縦席
(右)伊藤飛行機工場で出来上がった文部省式
　　プライマリー(初級機)＊文部省式も製作・販売

数値で見るグライダー製作老舗企業のプライドと新興企業の台頭

　伊藤飛行機ではグライダーを何機製作したのだろうか？　「二百余機」と「伊藤飛行機研究所概要一覧(昭13)」に記されているが、発行された13年始めまたは12年末までの数値でしかない。この頃から中等学校の部活動におけるグライダー部新設や東京オリンピックにグライダー競技が正式種目となったこと、戦時下にグライダーが正課の軍事教練として認められたことなどの各種要因による空前の需要増(㊟下記の各資料参照)となっている。正確な数値は一部しか調査できなかったが、下記の断片的な資料から推測してみる。

主ナル納入先
[「本社ニテ製作セル滑翔機概覧」昭和13年1月]

陸軍省	亞細亞飛行學校	栃木縣立石橋中學校
帝國飛行協會	田中飛行學校	東奥義塾
帝都防空協會	帝國飛行學校	青森縣立弘前中學校
三島帆走飛行協會	東京瓦斯電氣工業(株)	青森縣立商業學校
北海道グライダー協會	日本帆走飛行聯盟	青森縣立木造中學校
臺北警察署	霧ヶ峯グライダー研究會	明治中學校
王子區役所	大阿蘇グライダー倶樂部	茨城縣立工業學校
東京日日新聞社	木更津グライダー倶樂部	帝國商業學校
東京朝日新聞社	市川在郷軍人會	巣鴨學園
大阪朝日新聞社	極東帆走飛行クラブ	立命館中學校商業學校
大阪毎日新聞社	酒田航空研究會	三島南青年學校
電報通信社	大日本青年航空團	伊藤飛行機青年學校
北海タイムス社	大日本飛行少年團	東京帆走飛行研究會
小樽新聞社	帝國航空少年團	山口縣水産課
河北新報社	能代航空研究會	朝鮮總督府
日本航空輸送研究所	河原子町航空團	臺灣國防義會航空部
日本輕飛行機倶樂部	満州飛行協會	大日本空中測量會社
日本空中作業會社	臺南州國防義會	槙航空事業社
東亞飛行專門學校	東北帝国大學工學部	北海道グライダー協會
大利根飛行場	早稲田大學航空研究會	森岡グライダー研究會
第一航空學校	東京高工グライダー部	千葉縣中等學校體育協會
馬詰飛行研究所	神奈川縣立厚木中學校	遞信省航空局 計66団体

主な中等学校のグライダー納入元
[「航空年鑑 16.17年版」より]　昭和17年9月現在
學校報國團航空班一覧　中等學校(含實業學校)

機種名記載校	伊藤飛行機製	他製作所製	文部省式
308校	35校59機	246機	197機
	A2型49機	光式1.3型	1型
シェア	B2型 3機	河合式2k1型	
19.2%	B6型 4機	朝日式5型改1	
	ユニバーサル型 3機	美津濃式1001型 前田式105型B　など	

㊟航空年鑑記載中等學校数401校中、機種名判明校数308校のみを集計した(全中等學校は約2,000校)。
㊟文部省型は組合5社が製作、販売。各社毎の販売数不明(組合を通し受注だが、割当か自由競争か？)

学校滑空訓練の現況
訓練実施校数　[「航空年鑑 昭和16.17年版」より]

10年	6校	11年	16校	12年	45校
13年	115校	14年	310校	15年	505校
16年	602校	17年	997校	(1,365校)	(39,623人)

㊟大学、高等学校等を含むようだが明記されず。

最近二年間のグライダー製作
[「航空時代」昭和14年8月号より作成]
驚異的なシェア　総数　/伊藤[シェア]

12年(6〜12月)	89(9社)	/35[39%]
13年	223(18社)	/89[40%]
14年(1〜5月)	76(18社)	/25[33%]

(右資料)16年 600/(日記)30予定
㊟原本の表数値に誤植あり訂正した。

議題「正課にはなったがグライダー供給に悩みはないか」
[航時座談会 昭和17年1月13日　滑空機工業組合理事長の音次郎が参加]
畠山航空官発言要旨『17年度の需要調査では、プライマリー3,000機、セカンダリー185機、ソアラー100機、モーターグライダー10機程度必要だ』
音次郎の発言要旨『16年に組合を通して注文があったグライダーの合計は862機、組合以外も含め1,000機程になる。組合で製作納入は565機、全体では600機を少し超える。』
[航空時代17年2月号]

主な伊藤飛行機製グライダー
㊟ユニバーサル型製作年8年を原本修正の跡

A一型	ユニバーサル型	5年?	滑空訓練の初期各種講習會で専ら使用
B一型	ユニバーサル型	6年?	A1型にナセル付 本邦初セコンダリー
B二型	滑翔練習機	10年	我が國セコンダリーにて最高のもの
A二型	初歩練習機	11年	昭和十三年三月迄百数十臺製作
B三型	滑翔練習機	同	B二型改造
B六型	中間練習機	同	セコンダリー普及型
C一型	高性能機	同	昭和十一年末筑波山にて優賞。
C二型	同	12年	各種競技會に優賞し遞信大臣牌
C五型	滑翔機	同	中級ソアラーとして製作
C六型	高性能機	13年	遞信省試作滑空機
TC型	同	同	
D一型	高性能複座機	同	同文部省指定機
文部省式一型	初級機	15年	

[「伊藤飛行機株式會社概要一覧」の要約]「要約」資14 参照

滑空機の総数を推理する
「J-BIRD解説」藤田俊夫・河守鎮夫
『官報、協会補助金交付、学校使用状況等の発表があるが、途中で掲載されなくなるなど全貌は見えず、断片的な資料から推理するしかない。滑空機関係企業は昭13年[組合5社]⇒18年[組23総62]⇒20年[総200超]と企業数も生産も増加(資材・人員不足で受注の半数程度供給)。8000番台の標識番号・登録記号が存在していることから考えると、内地では軍用含め9000機以上生産されたと推測している』[抜粋要約]
㊟「J-BIRD」に収録の滑空機総数1013機(内 伊藤式150機(15%)・文部省式265機(伊藤製作機も含むが詳細不明)

[「滑空機 昭和16年版」朝日新聞社より]

【文部省式一型】昭和15年、学校滑空訓練用初級滑空機(基本設計 山崎好雄)として発表。滑空機工業組合加盟製作所で1,500機以上生産され、全国の中等学校で使用された。[仕様：全幅10.3m、全長5.54m、翼面積15.4㎡、自重90kg、沈下速1.11m/S]

　各資料のように滑空機大流行で、生産数が注文数に追いつかないほど。12〜14年には伊藤だけでも年間50機以上(13年89機㊟日記には『月産平均十台』)の勢い。『12年9/21清平上京サセル…巣鴨中學受注。王子モ有望トノコト行キサエスレバ注文取レテ面白イ程ダ…材料間ニ合ワズ閉口』と嬉しい悲鳴！9,000機の15%伊藤かと思いきや、多数の新規参入企業が次々と優秀機を製作し各地で販売を始める。また組合各社も音次郎が理事長として苦労している間に販売網を作り上げ大成功を収めており、伊藤式のシェアは急落、13年以降の新機開発は無尾、遞信省試作機、マイゼといった試作機のみである。利益の少ないグライダーに見切りを付け『14年9/23グライダーは目下出来タモノヲ賣ルコトニツトメ兵器廠ノ合間ニアトハ造ルコトトス』と局や軍の飛行機整備・修理を優先する会社の方針もあった。時には『満州ヨリC二 六台、B二 十台注文アリ』など時々注文が舞い込み細々と継続された模様。上記資料から、13・14年度までの数値を合わせ、終戦までに文部省式を含め[累計400機以上]製作したものと推計されるが誤差は大きい。

43 第二次株式会社は波乱の幕開け

グライダーブームの陰の資金繰り悪化　昭和12～15年

払い下げ機の改修で息をつないでいた昭和初期、「日本輕飛行機倶樂部」発足、「グライダー」製作・販売と業績をあげているかに見えていたが、利益率は高くなく、その上生産拡大・工場整備のための資金繰りは厳しく、新たな出資を得て昭和12年末に二度目の株式会社化を図る。さらにその後、潤沢な資金を持つ出資者の助力を得るも経営権は握られついには吸収合併、軍需工場化への道をまっしぐらに進んでいく。昭和10年代における、出資者たちの思惑に翻弄される音次郎と伊藤飛行機を[3章]にわたり記す。

> ㊟昭和40年代に執筆された「伊藤飛行機研究所略年譜」の昭和10年代後半部分は、「日記」と照合すると誤りもいくつか見られるが、原文のまま掲載し訂正文を挿入した。

　昭和10年代、空前のグライダーブーム、そして中学校では文部省により軍事教練の半分をグライダーに充てることができるようになり、さらには補助金制度も整えられ、受注は大幅に増えていく。その間の「合資会社伊藤飛行機製作所」の状況について、昭和40年代にまとめられた［「略年譜」 資4参照］によると「時局」「工場整備、工場拡張」の言葉のもと、出資を受け入れ株式会社化に踏みきり、後には吸収合併にまで応じたこと、社長の座を追われ常務として松戸工場担当となったこと、軍から大量の受注があったことなどが簡潔に記されている。一方「日記」には、その間の経緯がこれでもかという程に事細かく長文で、喜怒哀楽剥き出しの感情のままに記されている。金融や出資、合併を巡る人々の思惑、出資者の人物像、それらに対する音次郎の本音、伊藤飛行機の行く末を「日記（18年まで）」を中心に航空雑誌や航空年鑑、営業報告書をもとに紐解く。

> ㊟「日記」は音次郎個人の感想であり、出資者冨尾、吉田、舟崎たちの側にも利潤追求のための出資戦略などの言い分はある筈だが、ここでは日記に沿って攻防の経緯を示す。

昭和12年（1937）12月

二度目の株式会社化　　『時局に應じ工場整備のため、福西泰三（ママ）氏、富尾兄弟と提携増資して株式会社伊藤飛行機となる。』［「略年譜 昭和12年分」より］　㊟福西泰一郎の誤り。

─── 「航空年鑑」昭和13年版（13年12月29日発行）より引用 ───

●伊藤飛行機株式會社　　　┌株式会社登記は昭和13年1月15日

創立	昭和十二年十二月二十五日	資本金	五拾萬円
本社	東京市日本橋區本町四の一	工場	千葉縣千葉郡津田沼町鷺沼一四四〇
出張所	京都市下京區西洞院七條南　㊟京都は富尾兄弟の出身地。		

役員　取締役社長　伊藤音次郎　　同副社長　富尾留雄
　　　常務取締役　岡田德二　　同　福西泰一郎　　取締役　佐渡島英禄
　　　監査役　　　富尾　章　　同　伊藤清平　　　同　田山卓爾
　　　支配人　　　岩間壯輔　　└甥・兄久太郎の長男　└弁護士
営業種目　各種飛行機々體設計製作、航空機部分品並木製各種プロペラー
　　　　　各種グライダー設計製作、飛行機用グライダー用計器製作販賣
　　　　　グライダー用附属品製作

(右)会社の商標か?「雲(波)と鳥と飛行機」。大空への飛翔を表す。
［「伊藤式各型グライダー」昭和13年5月より］　小暮達夫氏 蔵

　グライダー製作が好調になり始めた昭和10年頃から、工場拡張、生産拡大を考え始めるが肝心の資金は皆無で出資を募る外なく『昭和10年8月12日 将來ノ方針ニツキ 出資者アリタル場合如何ニ拡張シ如何ナル方面ニ仕事ヲ進メルカニツキ 研究ス』と支援者探しに動き出す。若い頃からの大阪の支援者中山弘一や佐渡島英禄からは、『11年8月31日 増資ノ方法ハ株式公募ガヨイダロウトノコト 大坂方面ハ二三中山氏引受ルトノコトデ 其方針デ研究ヲ進メルコトトス(本年は研究と下準備にあたり)來年度実施スル方針ニ心デキメル』と助言および支援の約束を貰い計画に入る。

　その後、昭和12年末の株式会社発足までの間様々な出資話が浮かんでは消え、同時進行で展開していく。民間航空の老舗ブランドである伊藤飛行機を巡り、具体性・信憑性のない出資話を持ち込む怪しげな仲介者たちも数多く登場する。中には、12年4月に発起人会を開催したものの仲介者・出資者が資金を工面できず僅か2ヶ月後に解散発起人会を開くに至ったものもあり、『昭和12年7月(目標) 六月会

社不成立二終ル　金融（銀行等からの借入金）又然リ　優秀ナル会社成立ヲ期シ金融ヲナスコト　イカガワシキ人物遠ザケルコト』と自らを戒めている。音次郎は、威勢のよい言葉や金額を吹聴する仲介者たちに振り回されつつも、それらの出資話の中から相手を選択する。その中で最終的に福西泰一郎らの斡旋で京都の富尾 章・留雄兄弟がやっとのことで10万円を出資、資本金50万円で「株式会社伊藤飛行機」がようやく発足するが、工場増築、寄宿舎や事務所建築費用などを捻出するのが精一杯であった。

【富尾兄弟】京都の実業家と言われるが詳細不明。京都に出張所を設けたのは兄弟の出身地だからか？
　東都写真工業（株）社長［習志野市史］／『東邦ノ富尾氏』『東部写眞』『国産興業』［日記］とあるが特定できず。

　新会社も厳しい資金状況ではあったが借金を整理した上、役員に給料を出すこととなった。社長音次郎自身も手当込みで“初めての給料450円”をもらい、素直に喜んでいるところが微笑ましい。『昭和12年12月7日　事ム所ニヨル　大森ビル六階ノ正面ニ決定　冬引越シタトノコト　給料自分三百円　奈良原氏百五十円　富尾留雄弐百円　其他重役百五十円　清平百円　岩間八十円トキメテアッタ　讃(ママ)成シテ居ク』『12月27日　本日役員全部ノ給料及年末手當五割ヲソエテ出ス　初メテ月給ヲ受取ッタ　計四百五十円也（月給300円、年末手当150円也）悪クナイモノダ』　給料初体験に感動。

　そして大晦日には『12月31日　今日ハ何十年振リカノノンキナ大晦日　有難イ事デアルト同時ニ明年度ノ重責ヲ思フ』と借金取りの来ない大晦日を喜び、明日からの会社経営に身を引き締めるのだった。

昭和13年（1938）　新株式会社は火の車　増資は見込めず高金利の借金に手を出す役員たち

―――――――――――「日本全国銀行會社録」（第47回）昭和14年版（14年8月20日発行）より引用―――

●伊藤飛行機（株）會社
　　日本橋區本町四丁目　　　　設立昭和十二年十二月
　　資本金五十萬圓（拂込濟）　一株五拾圓
　　取締役（代表）伊藤音次郎、　（同）富尾留雄、岡田德二、佐渡島英禄、福西泰一郎
　　監査役　　　　富尾　章、伊藤清平、田山卓爾　［＊川口為之助　㊟15年版では田山に代わり川口］

◇昭和13年要記　㊟要記（日記冒頭）＝音次郎はその年の重要な出来事を年末に記した［「昭和13年の日記」より］
『株式会社登記一月十五日』＊前年12月25日創立　　　　　　　　　　┌他に日本小型（株）、福田前田（株）
『遞信省試作機三機共完成　三社ノ内弊所ノミ　他ハ越年』＊ＴＣ型、Ｃ6型、Ｄ1型
『十一月十八日安岡死亡』＊1月1日大口豊吉、3月24日白戸榮之助と同志、弟子を次々と失う　合掌
『本年度年頭予想ノ月産二十台ハ平均十台トナリ事業的ニハ機械部品ニ着手シ得ズ　増資（埼玉縣松山）不能　三式問題ニテ半年以上浪費シタ事　高利ノ金融シカ出来ナカッタ為メトデ　八万円ノ借金ガ出來ル　之レガ低利ヘノ借替ハ明年度ヘ繰越ノ止ムナキニ至ル他重役特ニ富尾側ニ於高金利ノ平気ニ驚ク　年末ニ到リ元東京ミシン工場ヲ借用シツヽアル　昭和鋼業ト将來共ニヤルコトニ契約ヲナシタレドモ同社長中川氏ノ実力ニツキ不明ノ點アリ三十日（十二月）帝国興信所へ更ニ調査ヲ依頼ス』
＊グライダー月産10台（年間120台）と見込みより少なく、機械部品の下請け仕事も得ることができない。
＊東京ミシン、昭和鋼業などとの合同話も進む。　＊高利の金に手を出す富尾等（以下に詳述）。

　株式会社となった最初の正月は賑やかに始まった。『昭和13年1月1日　次ギカラヽヽヽヽ人ガ來ルノデ終日應接』＊「現金なもので景気が良さそうだと人は集まる」と考えるのはうがちすぎか。

　グライダー製作は好調で職工の手が足りず、『昭和13年3月11日　今日ハ工数調査ヲナシ職工ノ予定ヲナス、マダ三四十人入レナケレバナラナイ』『3月26日　見習工入社…六十一名中一名不登者ガアッタダケデアッタ』＊職工の総人数は不明　職工を大量補充する程グライダー製作数が多かったことは、前章42の統計資料『13年89機』と、日記の『13年要記　月産　平均十台』以外に次の記述からも推測できる。『7月8日　午後（富尾）章氏ト成田サンヘ参詣ニ行キ　グライダーニ付ケル御守リ三十個求メテ五時帰宅』『9月10日　朝…成田山参拝　製作機ノ無事ヲ祈願シ御札五十枚ヲ受ケテ帰ル』＊計80個（枚）納品する機体につけるのだろう。京成線で30分の成田山には以前より月に1～2度は参詣に訪れている。

　増産の成果はグライダーブームに負うところが多いが、社長の音次郎と営業の清平（甥）、顧問の奈良原の地道な努力の賜物でもあった。しかし「軍需工場の資格を得て陸海軍機の修理および部品製造の下請けとなる」ことにだけに目が向いている役員たちは『4月9日　役員会（安岡、クラブ、奈良原のことで）サンヽ攻撃サル…クラブノ件ハ決極(ママ)増資ガ出來タラ　会社トシテハ不必要ダカラ五万円モ貸シテヤッテ別ニスル方ガヨイト云フ』『6月8日　グライダーニツイテハ全役員非(ママ)歎論アリ　猫ノ眼ノ様ニ方針ヲ変エル人々マダ　コレハ、コッチガヨホド強クナラナケレバダメダ』と、音次郎が生み出し大切に育ててきた「日本軽飛行機倶樂部」や「グライダー製作」に対し否定的な態度を示すのだった。隆盛の割にはたいして会社に利益をもたらさないとは言え、役員たちの否定的な意見に音次郎の心中は

怒りか悲しみか、それとも諦めか・・・。組織の論理や利潤追求を第一とする企業人の前には、飛行機に一生をかけてきた技術者音次郎のロマンチックな思いや理想は為す術がない。

　　ただ、役員たちには不評だったが、この頃はグライダー製作の絶頂期であり、倶楽部も多くの練習生を抱え活況を呈していた。

　　早々に増資が必要である事は、株式会社発足時からの懸案事項だったが新たな出資者はなかなか確定せず、資金調達のため高利の金に手を出す有様だった。『2月4日 明日ノ分福西ノ手デ作ル由 又利子ガ高イゾ』『2月8日 ドウモ岡田ヤ富尾氏ガソンナ不利ナ條件ノモノヲ借ルノガ不思議デタマラン』『2月25日 五万円借入金国産興業(富尾)ノ手ニヨリ借入レ決定 日歩五銭 手数料三千円 大分高イモノデアッタガ結局ソレニキメル』と役員たちが高利の金に手を出し、追認せざるを得ないことを嘆く記述が日記に度々登場する。結局、工場稼働や給料用として昭和13年の借金は8万円に達してしまう。

　　役員たちがあてにした出資者候補の中に三井弁蔵氏（三井財閥の一族）がいたが、半年にわたる交渉の挙げ句まとまらず傷口が広がる（出資を当てにして高利に手を出す）だけだった。増資、金融、軍からの受注とも八方ふさがりの中『7月12日 金融問題行ツマリ誰レニモ案ナク止ムナク自分ヨリ必要ナ金約五万円ヲ各重役一人五千円乃至一万円ヅヽ分担シテ作ル案ヲ出シタガ、タヾ佐渡島ダケヲアテニシテ何等マトマラズ』と、音次郎旧知の大阪の支援者である佐渡島英禄を音次郎に説得するよう度々求める役員たちだったが、手堅い商人である佐渡島が納得するはずもなく、新規の出資者を探しつつ年を越す。

┌───
│ 昭和14年(1939) 　柏の投資家・豪農 吉田甚左衛門が出資するのだが・・・出資を巡る大騒動の顛末
└───
　㊟この年から翌15年6月にかけての出資を巡る大騒動については、「略年譜」にはどういう訳か一切記されていない。

┌───
│ ◇昭和14年1月重要記事 　㊟各月冒頭にその月の重要な目標を記した。 　　　　　　[「昭和14年の日記」より]
│ 『新資本家ヲ得ル事 　軍部仕事ヲ得ルコトニ進ムコト 　ＮＩ研究着手ノ事(伊藤式多翼式直昇機)』
└───

かねてより交渉中の海軍機製造の東京瓦斯電気工業(株)の部品製造「下請け」がようやくまとまる。＊受注部品名や数量等不明『14年1月24日 羽田ノ瓦斯電ニツク…取(ママ 取敢)エズ図(図)面ニヨリ金具(翼取付部)ヲ作ルコト 一台分見本トシテ、外二尾翼、昇降舵方向舵ノ図面ニテ見積ルコトトシテ帰ル 廿六日金具材料呉レル由』これで一応軍と間接的に繋がれたが、今後の受注を保証された訳ではなく「下請け」になるにも厳しい条件があり、施設設備拡充資金が大幅に不足していた。

海軍一三式 昭和15年頃
払い下げ機の民間仕様改修機

そんな中、新出資者として現れたのが豪腕実業家で手広く投資を展開している吉田甚左衛門であった。【吉田甚左衛門】千葉県柏の実業家。江戸初期からの豪農、醤油醸造でも知られ、積極的な事業経営、投資を行った。また柏競馬場やゴルフ場の造成、鉄道や道路のインフラ整備など柏発展の礎を築いた。『昭和14年1月22日 吉田氏ト初会見…伊藤君ノコトハ大ニヤル 其為メ鉱山ノ方ヲーツ中止スル』"他への出資を伊藤飛行機の為に振り向ける"と音次郎を感激させた。ただし『2月7日 取締役二人 内一人ハ常務又ハ専務(他に)監査役一名(の吉田側近を入れる)』『2月8日 十五万円(出資)ニ対シ四千株 ツマリニ十万円ノ株ヲホシイ』など厳しい条件付き(音次郎たちには想定内)だったが、喉から手が出るほど当座の資金が必要な音次郎たちは承諾する。株取引時の3月1日には『中島(飛行機)以上二最(ママ 是)非スルカラトノコト 熱心ナ話シアリ』との"壮大な話"に再び感動、発展する会社を夢見た音次郎だったが、同時に『尚経営ニ関シテハ 吉田氏一任ノコトヲ現役員カラ「念書」ヲ一通貰ヒタイ』と、吉田による経営支配が強まる。度重なる勇ましい言辞から期待していた積極経営だったが『6月1日 機械買入レノ五万円承知シタ覚エナイトノコト』『7月9日 吉田…出資セズ』などの消極策に運転資金が滞り始める。(吉田は手広く投資しており、伊藤へ資金を融通するのに苦労していたようだ)そのため整備・修理等にも支障が生じ債務が膨らむ。その上、富尾や大阪などから株集めをする姿に戦略がはっきりと見えてきた。投資対象として伊藤飛行機を見ている吉田と『自分ハムシロ仕事ダケヤリタイコト 練習機ヲ作リタイ』と熱い思いを抱く音次郎とでは会社経営の目的が根本から異なり、折り合う筈はなかった。この状況下に音次郎は『此際航空界ヲ引退スル外ナシ』とまで追い詰められていく。[「おいおい早まるな音次郎！」と著者も日記相手に呟いてしまった]

翌15年、事態を憂いた友人の木下耶麻次の尽力で航空局の協力を得、新興の航空機材工業(株)舟崎由之の出資計画が本格化する。【吉田は『現物ノマヽ(伊藤を再建せずそのまま)ヲ他ニ引渡スコトハ吉田ノ面目トシテ千葉県デ顔ヲ上ゲテ歩ケナイカラ自分ノ手デヨクシテ(発展させて引き渡す)』と、前向きの姿勢を見せるのだが…】結局具体的な方策は示されず撤退条件を出してくる。それに対する伊藤側の『5月29日 三十万ヤルコトニ決定(吉田の出資総額は25万7千円)』の回答を受け入れ撤退、1年半に渡る攻防はようやく終息した。

しかし、吉田の30万円に加え佐渡島らへの未払い20万円を合わせ折角の舟崎の出資金50万円全てを充て、不足分1万円余は音次郎が引き受ける。『6月1日 ヘタスレバ借金ヲ残スコトトナルノデ イサギヨク自分ノ株券モ債権モ一切提供スルコトヲ決意シ…イヨヽヽハダカニナルコトト覺后ス…之レデ少シ気ガ晴レタ』
＊経済的にハダカになり"気ガ晴レタ"とはいかにも音次郎らしい。

┌─ 無一物ノ新生振出シ ─［「日記」15年6月の目標］
│ 『新規更生 五十年ノ生涯ヲ茲(ここ)ニ清算』
│ 無一物ノ新生振出シ 但シ五十年前トコトナリ 今ハ
│ 無形ノ信用ト 四人ノ子宝ト 清平ト云フ協力者アリ』
└─

事務室ニテ 14年9月 左:大藪サン(滑空機組合職員) 右:父上

(右)会社の裏山
にて
昭和15年5月
裏の崖上から撮影
(P81工場航空写真
参照)三角屋根の
工場や寄宿舎など
が写る。

44 存亡の危機は脱したが…

音次郎社長更迭、民間機危うし　　昭和15年〜16年

伊藤飛行機存亡の危機を救った舟崎由之と航空機材工業(株)。しかしこの出資は「部品製造から次は飛行機本体へ」と拡大路線を走る辣腕実業家たちにとっては始まりでしかなかった。老舗飛行機メーカーは息を吹き返したものの経営の実権は握られ社長を更迭され、倶樂部とグライダーから軍需部品製造へと舵を切っていく。そんな中でも空への夢を持ち続ける音次郎だった。

昭和15年(1940)　航空機材(株)舟崎由之が50万円全額出資、音次郎は実権を失うも重役として奮闘

『時局は、いよいよ緊迫を加えてきたので、一層工場の拡張に迫られて来た 丁度木下耶麻次氏の照会(ママ 紹介)で、舟崎由之氏から交渉を受け、同氏経営の航空器材(ママ 機材)工業株式会社と合併(ママ)が成立した。そして松戸飛行場前に新工場を建設することとなった。』　[「略年譜 昭和14年分(ママ)」より]

注①略年譜では14年とあったが15年に訂正　注②15年はまだ「合併」ではなく「舟崎の全額出資」(合併は17年7月)

　　　　　　　　　　　　　　　　　　　　　「航空時代」昭和15年7月号　より引用

●伊藤飛行機會社の社長が代った

　千葉縣津田沼に在る伊藤飛行機株式會社では、六月中旬航空機材工業株式會社長舟崎由之氏を社長に迎へ、今までの社長伊藤音次郎氏は常務取締役となり、其他重役並に首脳部員の入替を行ったが、之れは今後の一大飛躍に備へる為の準備工作と観られている。注 9月号では専務。

『15年4月5日 木下耶麻次ヨリ電話アリ…会見 適當ナ出資者(舟崎)ガアルカラ出サセテハドウカトテ会社内容ヲ聞カレル。コレニハ局松浦氏(技術部器材課長)ノ諒解モアリ自分ノ老後ヲ安タイニスル為メトノ老婆心モアッタ。』＊レジェンド音次郎救済に飛行家仲間が奔走したのか？舟崎側からの働きかけがあったのか？は不明。航空局での会議の模様から局も好意的であることがわかる。『4月12日 局デ伊藤ノ為会議ヲ開イテ呉レル由…木下ノアツセンニヨリ有カナル出資者アリ 之レヲ援助スルコト如何』との部長の問いに対し出席者(佐藤少将、三課長)から『伊藤更生ニツイテハ讃(ママ)成』『将來製造迄ヤラセル』『修理(の発注)ニヨル援助ハ讃(ママ)成』と局の援助が決定したと、会議に同席した木下からの嬉しい報告であった。早速『五十万円ノ金ハ用意シテアル(舟崎の出資)カラ成ベク來週中ニ株ノ方決定サレタシトノコト』と木下に促され、前章 43 のようにようやく吉田甚左衛門に手を引かせることができたのだ。

　この時新たな出資者として登場したのが、海軍の航空機部品製造を手がける新興の航空機材工業(株)の舟崎由之。これを仲介したのが航空局にも顔が利く東京飛行機(株)の木下耶麻次だった。

【木下耶麻次】一等飛行機操縦士　東京飛行機(株)常務取締役 [「航空年鑑 昭16・17年版」より] 4 に写真有り]
【舟崎由之】東京伸鐵所…日本特殊鋼業・航空機材工業・日本航空機工業社長など歴任　戦後衆議院議員
【今里廣記】舟崎と共に航空機材工業を設立　戦後日本精工社長　広範な人脈から後に財界幹事長の呼び名もある
【航空機材工業(株)】日中戦争下の昭和14年　部品製造工場として創設、舟崎・今里らの手腕で海軍機部品の受注、さらに複数の関連企業を合併するなど短期間で拡大し続ける。創設期の様子を今里の評伝「今里広記から学ぶ男の魅力学(ワニの本 昭60)」から引用する。『やるなら軍需産業…航空機関連事業が最適…会社を発足させるについては、最初から航空機の本体に手を出すということは、資本的にも無理だということで部品製造からスタートした。資本金300万円。…日本航空機材工業(株)は、ねらいどおり時代にフィットしたせいであろう、発行された株価はプレミアがつくほど、応募者が殺到した。』と、嗅覚の鋭い舟崎・今里コンビは新興の航空機材工業の業績を急速に拡大していく。

──　舟崎の「航空機材工業(株)」概要　　[「第參回 営業報告書」・「航空年鑑 昭和15年版」より抜粋]　──

創立　昭和拾四年四月六日　　　資本金　參百萬圓

定款　(一)航空發動機の附属品、部分品並機體附属品、部分品製作加工販賣

　　　(二)航空發動機並機體試作　(三)以上に關する附帯業務一切及關係會社に対する投資並貸付

損得計算書(第參回営業報告書　自昭和拾五年六月壹日　至昭和拾五年拾壹月參拾日)＊半年間

　當期純益金　金貳拾壹萬貳千四百參拾七圓八拾五銭也

「部品製造から次は飛行機本体へ」と拡大路線・新分野への進出へとひた走る舟崎たちにとって、小企業とは言えグライダー・飛行機の製作・改修(飛行機製作は受注なく休業状態)の老舗であり、陸軍の航空機材の部品製造下請けも始めた伊藤飛行機はどうしても手に入れたい名門ブランドだった。そんな野望を秘めた"辣腕実業家たち"に企業買収(定款にも投資並貸付とある)の狙い撃ちにされては金儲けの下手な技術者音次郎と傾きかけた中小企業伊藤飛行機などは風前の灯火であったと言えるだろう。

昭和15年6月、株式全部を引き受けた舟崎に社長の座を譲り音次郎は常務取締役に降格する。その他の取締役はほぼ全て舟崎子飼いの陣容（「航空年鑑昭和15年版」より）であり最早発言権はないに等しい。『6月15日　船崎（ママ）氏トクラブニテ会フ。今後ハ仕事ヲ急グコト　役員ハ（社長に）船崎氏ノ外ニ木下（役員は固持、相談役に）中塚氏今里氏自分取締役ニ　監査ヲ船崎氏ヨリ一名　兄（久太郎）ト二名トスルコト』

──────────────── 「航空時代」昭和15年9月号　より引用 ────

●伊藤飛行機會社の社長は矢張り伊藤氏
　　伊藤飛行機會社の社長には今度同社の株式全部を一手に引受けた舟崎由之氏が、専務取締役（ママ）には伊藤音次郎氏が就任する事になり、一旦其の旨の挨拶状が發せられたのであるが、登記未然に於て社長は矢張り伊藤音次郎氏にして置く方が社の爲めに良いとあって、多忙な舟崎氏は単に取締役として社務を見ることに變更された。因に同社は今後中央乗員養成所の器械修理をも引受けることになったので、工場の擴張其の他にかなりの資金を要する所から近く三百萬圓位に増資をするものと観られてゐる。　　　　　㊟「航空時代」7月号では常務取締役とある。
㊟中央航空機乗員養成所＝昭和15年に逓信省航空局が設置した民間航空機の乗員を養成する機関であり松戸飛行場（現自衛隊松戸駐屯地）を専用飛行場とし、太平洋戦争末期には首都防衛任務にあたる軍事施設となった。

──────────── 「航空年鑑」昭和15年版（16年7月1日発行）より引用 ───

●伊藤飛行機株式會社
　　資本金　五拾萬圓　　　　　本社及工場・営業種目　＊（略）前記昭和14年版に同じ
　　役員　取締役社長　伊藤音次郎　　　取締役　舟崎由之　㊟今里、八塚、舟崎悌、小寺は舟崎の腹心
　　　　　同　　　　　今里廣記　　　　同　　　八塚秀二郎　　同　　舟崎悌次郎
　　　　　監査役　　　小寺半三郎　　　同　　　伊藤久太郎　㊟音次郎の実兄　顧問　木村秀政

　ところが『伊藤飛行機會社の社長は矢張り伊藤氏』と再び雑誌（「航空時代昭和15年9月号」上記参照）に掲載されたように1ヶ月足らずで社長に復帰する。日記では『昭和15年7月8日　急轉直下　自分ニ社長トナリ森川氏ヲ常務トシ舟崎今里ハ平取締トナリタイ　理由ハ舟崎ハ余リ多クノ会社ニ関係ヲ有スルノデ官廳方面ニ対シ其方ガヨイコト　金融関係モ其方ガウマク行クト思フ　何分自分トシテモ洗ワレレハボロガ出ルカモ知レヌカラトノコト』と、数多くの企業の買収や経営参加をしてきたことで役人に睨まれ、銀行の融資を受けづらくなる危険があるため目立ちたくないというのが表向きの理由のようであった。しかしうがった見方をすれば、新体制になったばかりの伊藤飛行機にとって「伝説の飛行家伊藤音次郎が社長を務める航空機製作会社」のイメージと、音次郎の長い航空界経験で培われた「局を含めた広範な人脈」が必要だったのではないだろうか？　ただ『無一物ノ新生振出シ［昭和15年6月の日記冒頭］』と覚悟を決めていた音次郎にとっては寝耳に水、まさに『急轉直下』の社長復帰でありさぞかし驚きかつ勇み立ったことだろう。『7月13日　社長問題尚一應ハコトワッタガ登記モスデニ進メテ居ルカラトノコトニ引受ケルコトトス』『7月14日　四時一同ヲ食堂ニ集メ全員ニ自分社長就任ノコト　今後ノ　二大目標ヲ示シ国家意識ヲ強調ス』と、もう資金の心配もなくやる気満々であった。

◆経営に悩む傍ら「オリンピア・マイゼ」製作に燃える
㊟オリンピア・マイゼ＝昭和15年開催予定の東京オリンピック正式種目となったグライダー競技の国際規格機（ソアラー）。大日本飛行協會がドイツより製作権を得、伊藤・福田・美津濃・東洋（アカシア）・日本小型の組合各社に試作機製作を命じた。
『昭和15年8月4日　七時半工場へ行キオリンピック型試作ノモノ全員約三十名出テ居タノデ一同ヲ集合セシメ会社ノ面目ニカケテ九時（ママ　日）中ニ完成セシムル必要アルコトヲ述べ激励ス』
『8月5日　養生工マイゼへ全部手傳ワセル』『8月10日（欄外）オリンピック型完成…航空官來ル　ツヒニ朝汐ハ間ニ合ワズ。夕方モ漸ク五時頃試験飛行ス…終ッテ堪航証ヲ貰ヒ…』＊社長自らマイゼ機製作指揮、短期完成。音次郎には金勘定よりも現場で過ごしている姿の方が生き生きとしていてよく似合う。

D.F.S.オリムピア型マイゼ　［二男徳次アルバム］
15-8-10（左の日記の日）　完成検査　處女飛行

◆「飛行機製作の夢」を今でも持ち続ける根っからの技術者　　　　　　　　　　　㊟森川氏＝新任の重役
　舟崎たちの航空機材工業はグライダー廃止、軍用機部品製造受注へと突き進んでいたが、音次郎は（軽）飛行機の試作へのこだわりを捨てきれず、度々重役会議で提案するのだった。　　　　　　　⇒次ページへ

『昭和15年8月22日 今日ノ会議デ森川氏ニ先ヅ練習機試作ノ件ヲ同意ヲ得船(ママ)崎氏ノ承認ヲ得』
『9月5日 今朝今里氏ト會ヒ双発旅客機試作ノ件話シタ 器材(ママ 機材)ニハ内密ニ進メルコト 予算ハ差支ナシトノコトデアッタ由』㊟器材＝航空機社長舟崎及び役員たち。
　＊練習機試作、双発旅客機試作と飛行機を作る夢を見ることで気を紛らわしていたのか？
『昭和16年11月11日 津田沼工場ニツキ諸報告ヲナシ軽飛行機ノ事ヲ話ス 赤坂氏讃(ママ)成ス 試作ノ件社長ニ話ス 赤坂氏ト相談シテ呉レトノコトデアッタ。』
　＊重役たちの一部からは軽飛行機試作の賛同を得ていたようだが主流とはならず。

◆「日本滑空機工業組合理事長」としても骨身を惜しまず働くも報われず 13～17年　42 参照

　昭和13年5月に発足以来理事長を務めてきたが、その間「協定価格の設定」「原材料の一括購入と配分」「グライダーの一括受注と割り当て」など多岐にわたる事務処理や調整、軍や航空局、木材・金属加工業者との交渉も一手に引き受け精力的にこなしていた。しかし局からはうるさがられ、組合各社からは自社の都合ばかり押しつけられるだけで、感謝されることも伊藤飛行機に有利に働くこともなかった(敢えてしなかった)。ひとえに音次郎の責任感と民間航空発展への強い思いからであった。

『昭和15年7月5日 航空局…工政課長、監督課長、…氏ニ會ヒ組合ニテ物資配給ノ件申出ル 皆賛意ハ表シテ呉レタ 前川氏ヨリ陸軍トノ関係モ聞ク イヅレニシテモグライダー資材ハ 組合デマトメテ願出ルコトハ賛成デアッタ』
『8月8日 滑空機工業組合総会ニ行ク…(議案審議 局課長等招待者来)…自分組合認可、オリンピア型材料遅延並ニ文部省型低價格決定ニ対シ責任ヲ感ジ 辞表ヲ水野梅津へ提出ス 全部ヲヨク留任懇請アリ 数回辞待(ママ)後船田ノ生田氏ヨリ文部省型決定ノ時ノコトニツキ陳謝アリ ヨッテ留任ス…十時頃帰場 ツヒニ徹夜 マイセ促進ニツトム 』理事長に何かと文句は付けるが、雑用を自分はやりたくないので押しつける各社。仕方なしに留任した音次郎は本来の業務であるマイゼを徹夜で製作する。
『9月21日 局ヨリ組合員ノ明年度物資ノ請求書ヲ出セトノコトニ 各組合員へ発送スル様ニ命ジテ居ク』『10月5日 待望ノ布百二十一反到着 清平処理 スグ各社へ発送ス』グライダー用の羽布の一括注文と各社へ発送も理事長の仕事。
『10月17日 福田美津濃見学シテ福田ノヤリ方ニモ又参考ニナル點アッタ 海軍カラモ二十機 養生(ママ 成)所カラモ百機発注シタ由。ボンヤリシテハ居レナイ』理事長として 組合一括受注で苦労している間に、単独行動の他社はボロ儲け。にもかかわらず音次郎は理事長としての職務を果たそうと全力を尽くす。日記16年1月の冒頭重要記事(目標)には『組合適性(ママ 正)價格制定ノ事　組合資材配給確立ノ事』と組合員(各会社)のための施策が記されているのである。
『昭和16年6月14日 組合ノ用件終ッテ初メテ工場ヲ省ミル事ガ出來タ 作業能率ヲ高メル必要』
『6月26日 終日組合ノ用件 注文ニ対スル返信、広帯鋼ノ発送案内書発送 午後文部省型部品價格調ベ』組合の仕事に追われている間に『6月18日(今期決算)欠損11万円余 受注ガ非常ニ少ナイコト』

⇒こんな激務・雑務から解放されるのは、まだ先の17年6月、合併による伊藤飛行機消滅に伴い理事長を退任してからのことである(と言いたいところだが、相談役になっても担ぎ出されること多し)。

昭和16年(1941)　伊藤飛行機の社名のまま、音次郎が社長を更迭されると共に伊藤閥の排除断行

「航空時代」昭和16年4月号 より引用

●伊藤飛行機の社長更迭
　伊藤飛行機株式會社では今般、社長を更迭し舟崎由之氏が取締役社長に就任した。なほ前社長伊藤音次郎氏は總務部長として社務を見ることになった。
㊟社長から部長へと2段階降格のようだが、前年に組織体制改革が実施され、重役(常務)兼任の部長職である。役職者減員、機動力重視。『昭和15年6月27日 組織々制 部長ハ重役ガヤルコトトナリ従テ皆一階級下ル』

『昭和16年1月13日 舟崎社長トナリ自分ニハ社長待遇ノ平取役(ママ 平取締役)トナルコト 兄ハ監査ヲ辞シテ顧門(ママ)トシテ従來通リ給支(ママ)スルコト 清平ハ会社トシテ他社へ入レシバラク他人ノメシヲ喰ワセルコト』　㊟甥の清平は東京飛行機(木下耶麻次)へ出向の形。ここでも"伊藤閥"排除？か。
『社長更迭』それも『總務部長(常務兼任)』降格という衝撃的な雑誌記事であるが、これは舟崎にとっては既定路線であり、次に目指すのは単なる部品製造に留まらず航空機の修理・改造から完成機の製造であった。それには航空施設に隣接した地に工場を作り、必要な部品・機材・完成機を供給することであった。その準備段階でうってつけなのが経験豊かな知識と中小企業主とはいえ広い航空人脈を有するレジェンド音次郎であった。さらには津田沼工場をグライダー製作中心から軍需工場として軍用機の部品製造へと転換していくための布石でもあった。また、それには音次郎のために骨身を惜しまずに働く

伊藤閥とも言える実兄の久太郎やその子(甥)清平の排除も同時に断行した。役職などにこだわらず抵抗などしないレジェンド音次郎に、前年来取り組んでいる中央航空機乗員養成所に隣接する新工場の用地買収および工場建設に当たらせるための人事だったのかも知れない。

　舟崎の目論み通り、音次郎は全身全霊を注いで松戸新工場敷地の確保、工場建設等々に陸軍や航空局、地権者たちと粘り強く交渉すると共に、陸海軍機の改修の受注も次々と成功させる。経営の才のある舟崎の手のひらの上とは言え、経営トップの重責から放たれた音次郎は水を得た魚の如く、大空を翔る恵美号の如く縦横に駆け回るのだった（この頃の「本心」は日記にも表れてこず、ひたすら滅私奉公）。

（上左右）
伊藤飛行機株式会社正門と
伊藤飛行機株式会社工場
（左）
「伊藤飛行機株式會社
　津田沼工場」正門表札
［縦50cm×横15cm 銅版製］
　　　　伊藤家蔵
＊左上写真門柱の表札

＊この３枚の写真は「航空朝日」グラビアの「グライダーのできるまで」（昭和16年７月号掲載 42 参照）取材時に撮影、小森郁夫氏より寄贈された。

【小森郁夫】朝日新聞社退社後は航空ジャーナリストとして活躍。著書に「航空史余話」

（右上）そろばんを傍らに書類を繰る
　　　経営者音次郎の珍しい写真

　大正４年伊藤飛行機研究所設立以来、飛行家として経営者として奮闘してきた音次郎だったが、遂に時代の流れと資本には勝てなかった。一時は社長に返り咲いたものの結局は更迭、総務部長に降格される。同じ頃「航空朝日」の取材を受けグラビア４ページのグライダー特集記事「グライダーの出来るまで 42 参照」として大々的に掲載されるが、社の方針はグライダー生産廃止に傾いていた。音次郎の胸の内はどうだったのだろうか。

　同じ月に刊行の雑誌「航空時代」昭和16年７月号の広告には、社長舟崎由之名で「素人工・熟練工各数十名募集」とあり、積極的に軍需製品を扱うようになり、多数の工具を新規雇用する程に発展・拡大していったものと思われる。

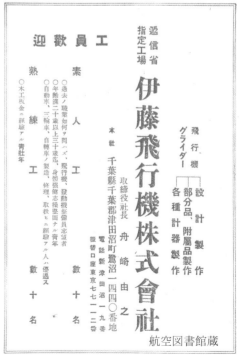

遞信省
指定工場
伊藤飛行機株式會社
取締役社長　舟崎由之
本社　千葉縣千葉郡津田沼町鷺沼一四四〇番地
電話　新津田沼一九番
振替口座東京七七一二二番

飛行機……設計製作
グライダー……製作
部分品、附属品製作
各種計器製作

工員歡迎
素人工　　　　熟練工
〇過去ノ職業如何ヲ問ハズ、飛行機、發動機愛好志望者
〇年齢滿二十歳以上三十歳迄、身體強健志操堅固ナル青年
自動車、三輪車、自轉車ノ製造、修理、取扱ヒニ經驗アル人ハ優遇ス
〇木工板金ニ經驗アル青壯年

數十名　　　　數十名

航空図書館蔵

（右）大量の工員募集広告「航空時代」昭和16年７月号　取締役社長舟崎由之とあり、音次郎更迭後の広告。

45 吸収合併、軍需工場化へ

「民間航空一筋」音次郎の方針転換 昭和17年～20年

舟崎に従い会社を建て直した音次郎は、社長更迭などその座にこだわりはなかったが、吸収合併による伊藤飛行機の消滅と軍需工場として発展していく姿を目の当たりにし、その胸に去来するものは何だったのか？ 30年の長きにわたり民間航空の発展を夢見続けつつも、時代の流れの中で、また企業組織の一員として軍用機製造に邁進する音次郎の決意を探る。

昭和17年(1942) 舟崎氏の航空機材工業に吸収合併され、本格的な軍需工場として発展する

『日本航空機工業株式会社と社名を改め、舟崎氏を社長に 今里広記氏を専務に伊藤は常務として松戸工場建設を担当 千坪と五百坪の組立工場各一棟、更に二千余坪の工作工場、工員宿舎、動員学徒の宿舎二階建二棟の建設を行う』　　　　　　　　　　　　[「略年譜 昭和15(ママ)年分」より]

㊟上記略年譜では15年とあったが、合併し社名を改め伊藤飛行機が消滅したのは17年の誤りであり訂正した。

───── 「航空時代」昭和17年8月号 より引用

●伊藤飛行機株式會社の發展的解消
　　滑空機メーカーの元祖として有名な伊藤飛行機株式會社は、此の程（七月）航空機材工業會社と合併し、日本航空機工業株式會社（社長舟崎由之氏）と稱することになったので、其の名稱は自然發展的解消を告げたことになった。
●滑空機工業組合の理事改選（6月18日の総会にて）　㊟日記では理事会とある。
　　理事長を辭任した伊藤音次郎氏は新に相談役に就任

───── 「航空年鑑」昭和16・17年版（18年7月20日発行）より引用

●日本航空機工業株式會社（舊 伊藤飛行機株式會社）
　　資本金　　　　七百五拾萬圓(ママ)　㊟下記の「営業報告書」では資本金700萬圓とありそちらが正しい。
　　本社及工場　千葉縣千葉郡津田沼町鷺沼一四四〇　㊟新会社の本社は津田沼、旧航空機材本社は足立。
　　取締役社長 舟崎由之　　常務取締役 伊藤音次郎　　取締役 今里廣記（他の取締役　略）
　　　　顧問　男爵 奈良原三次、同 木村秀政、同 伊藤久太郎　㊟音次郎の実兄
　　営業種目　各種飛行機々體設計製作、航空機部分品並木製各種プロペラー、
　　　　　　　各種滑空機設計製作

───── 「日本航空機工業株式會社　第七回営業報告書(抄)　㊟第六回までは「航空機材工業株式會社」。
　　　　　　　　　　　　　（自昭和拾七年六月壹日　至同年九月參拾日）」より引用
●日本航空機工業株式會社　　昭和拾七年七月貳拾日‥‥‥臨時株主總會ヲ開催ス
　　第貳號議案　伊藤飛行機株式會社ノ営業並ニ資産負債一切譲受ノ件 右原案通承認可決
　　第參號議案　當會社商號ヲ日本航空機工業株式會社ト變更スルコトニ承認可決
　　第五號議案　伊藤音次郎、森川三郎、板垣禮作各取締役ニ選任
　　営業概況　新社名ノ下増資ヲ完了シ諸工場ノ増設擴充技術陣ノ充備ニ邁進シタリ・・・
　　庶務事項　松戸製作所工場敷地ニツキ臨時農地等管理令ニ基ク許可申請書農林大臣宛提出
　　雑事項　昭和拾七年七月貳拾日伊藤飛行機株式會社解散シ畑威、伊藤音次郎、矢野範二
　　　　　　各清算人ニ就任
　（＊株式及び役員の持ち株数）14万株　700萬圓　1株50円　株主数709名
　　　　取締役社長 舟崎由之 23,140株　専務取締役 今里廣記 4,650株
　　　　常務取締役 伊藤音次郎 200株　　（他の取締役　略）

『伊藤飛行機株式會社ノ営業並ニ資産負債一切譲渡 [日本航空機工業 第七回営業報告書より]』と吸収合併され、大正4年以来続いた伊藤飛行機（研究所）は 昭和17年7月20日、音次郎の手を離れた。日記には『[前年7月2日]合併名儀(ママ)変更ニ関スル自分ノ気持チ何等ワダカマリナキ』、また25年後に記された略年譜には何事もなかったかのように『社名を改め、舟崎氏を社長に…伊藤は常務』と合併を素直に受け入れ悲壮感の欠けらもない。強引かつ伊藤関係者(身内や古参工員ら)を切り捨てる手法の重役連に

は反発しつつも、社長の舟崎には窮地を救ってくれた恩人として従う風であり、また新事業の松戸製作所建設に新たな情熱を注いでいた様子もうかがえる。音次郎らしい義理堅さ、恩義に報いる誠実な気持ち、そして飛行機を作れればいいという欲求の表れだろうか。ただ、新会社は既に資本金700万円に増資されていて、社長で最大株主でもある舟崎(16.5%保有)、専務今里らによる経営体制は着々と整っており音次郎の発言力は弱く、名(伊藤飛行機)よりも実(飛行機製作)を取ったと言えないこともない。なお、合併前の昭和17年6月には日本滑空機工業組合理事長を辞任し相談役に退いている。

◆吸収合併に至る経緯と音次郎の心の内 ─────────── [「日記」より]

『昭和16年7月2日 木下氏宮本氏二会ヒ今回ノ会社合併名儀(ママ)変更二関スル自分ノ気持チ何等ワダカマリナキコトヲ告ゲル』＊「何等わだかまりなし」と合併構想を素直に受け入れる。達観か？諦観か？

『8月4日 (重役談)兄ヤ清平、参吉ト伊藤一族ノ多イコト…奈良原氏二止(辞)メテ貰ヒタイ』＊重役たちは伊藤色払拭に動くが音次郎はこれに反発。舟崎の『奈良原氏ハ社会的二必要ナ人』で事なきを得るが…。

『8月8日 器材(ママ 機)デ局へ事業法ノ的要(ママ 適用)ヲタノミ…器材単独デハダメデアル員工政課デ返答シタ由二ツキ伊藤サンニシッカリヤッテ貰ヒタイトノコト』＊航空局の意向は音次郎への厚い信頼。

『8月14日 自分ハ只仕事ニノミ進ミタイ』『(局の課長は)伊藤ハ要(ママ 擁)護スルガ器材ハ知ラヌ トノコトニ…ソレハムシロ器材ノ人二聞カセテ貰ヒタイ事デアル』＊舟崎以外の重役達への音次郎の不満。

『昭和17年5月27日 社名問題二ツキ変更方ヲ希望シテ居ク』＊社名「伊藤飛行機」へのこだわりはなし？

『[6月重要記事] 六月一日ヲ以テ航空器材ト合併ス 法的二ハ 七月トナル見込ミ』＊合併を淡々と記す。

『6月27日 先日來清平ノ話シニツキ自分ノ意見ヲ聞カレル。自分トシテハ現在二不平不満アルワケニアラズ。然シ思フ仕事ガ出來ナイカラ 自分ノ理想ヲ諸君等ノ若イ人達ニヨッテ実現サレルコトデ為メニハイクラデモ犠牲トナルコトヲ繰返シ述ベテ居ク』＊夢破れた自分の理想を清平ら若者に託す。

『7月1日 社名変更ノ件日本航空機工業株式会社ト決定 伊藤飛行機ト器材トノ賣買契約書七月二十日ヲ以テ行フコト 金額五十万円トスルコト…』＊合併完了(法的には7/20)。だが、音次郎に悲壮感はなし。

『7月5日 野口氏高橋氏…千葉県ノ資本デ五十万位ニシテ伊藤飛行機ヲ再建シテハトノコトデアッタ 考慮ヲ約シテ居ク』＊音次郎を慕う者達が新会社立ち上げを図り音次郎は即答せず距離を置く(後、解散)。

『7月19日 自分ノ性格ノ弱サカラ…・止(ママ 辞)メタイガ代リノ人及局トノ連絡ヲツケタ上デ止メタイト述ベル』＊航空局相手の交渉など経験のある自分にしかできない仕事を全うした上で辞めたいと返答する。

『7月25日 グライダーモヤラズ伊藤氏モ居ラヌトノコトデハ、局ガ器材カラ増資ニツキ一杯喰ワサレタコトニナルカラ厳談セネバナラヌトノコトデアッタ』＊音次郎のいない会社など認めないと局は激怒。

『7月31日 自分トシテハ会社二何等不満不平アルノデナク、全ク苦楽ヲ共ニシタ古イモノガ皆バラバラニナルノニ対シ自分一人安カン(閑)トシテ居レナイ。然シ航空局ノ條件ヲ得ナイ内ハ止メナイ。会社ガ局ノ仕事ヲ出來ル様條件ヲ得ル迄努カスル旨繰返シ述ベテ居ク』＊身内や古参工員が辞める事態に心を痛めつつも、新会社が軌道に乗るよう航空局との折衝(修理や部品、飛行機の受注)に努力すると誓うのだった。

今や、民間航空行政を担う逓信省航空局は上記のようにレジェンド音次郎を当てにしており、小企業だからと全く相手にされなかった頃とは隔世の感がある。

◆やはり最大の関心事は「伊藤飛行機の名称の消滅」

"ワダカマリナキ"と言いつつもやはり伊藤飛行機の名称消滅は最大の関心事。ただ口には出さず心の内にしまい込む。そして新会社の方針のもと国家二御奉公申上グベキナリと協力を誓う。

『昭和17年12月31日 最大ノ事項ハ伊藤飛行機ノ名稱ノ消滅 チブスヲ病ンダコト
物質的ノ心配ガナクナッタコトハ名稱ノナクナッタ代償ト見ルベキカ 幸二世人ノ同情ト引立アリ
明年ヨリ新ラシキ考ヘノモノト国家二御奉公申上グベキナリ 』

| 松戸製作所（松戸工場） | 松戸飛行場隣接の新工場建設・運営に力を注ぐ 昭和15年〜19年 |

文献に記された松戸工場建設の経緯

『同社は今後中央乗員養成所の器(ママ 機)械修理をも引受けることになったので、工場の擴張其の他にかなりの資金を要する所から近く三百萬圓位に増資をするものと…』 [「航空時代」昭和15年9月号]

『常務として松戸工場建設を担当 千坪と五百坪の組立工場各一棟、更に二千余坪の工作工場、工員宿舎、動員学徒の宿舎二階建二棟の建設を行う』 [「略年譜」昭和15年(ママ)分 ＊17年の誤り]

『當社の工場は足立、松戸、津田沼の三工場に分たれる…松戸は今回新設したもので規模は足立の二倍に上り、將來の主力工場だ。ともに擴張、建設工事續行中』 [「会社四季報」昭和18年第1輯]

『足立、津田沼各工場の擴充も進捗して居り、松戸工場の新設も第一期工事は九月頃には完成する』
[「会社四季報」昭和18年第4輯]

社長を更迭されたものの、飛行機製造工場の経営に一日の長のある**ノウハウ**と、日本民間航空黎明期の飛行家としての**勇名**、そして苦しい中にも誠実さで築き上げてきた人望と航空局など行政との**パイプ**役と、音次郎に期待されるものは大きかった。社運をかけた松戸工場の稼働に向けて、用地買収と建設、関係機関（軍、逓信省航空局、自治体）や地主たちとの折衝などに従業員の一人として音次郎は誠意を持って取り組むのだった。もちろん、片時も軽飛行機とグライダーのことを忘れることはなかった。

軍の演習線→

左写真の
□部拡大　　日本航空機工業松戸製作所

松戸飛行場

表門←

格納庫→

八柱
霊園

昭和19年9月24日
陸軍撮影　国土地理院 蔵
（東葛飾郡高木村五香六實）

【通称 松戸飛行場 昭和15年】
[逓信省中央航空機乗員養成所 6月開所式]
＊民間操縦士や整備士養成を目標として高レベルの教育を施していた。東京に近いことから帝都防衛用の軍事基地としての役割も持ち、後に戦局悪化により昭和19年になると陸軍航空隊が移駐する。

[松戸飛行場と日本航空機工業松戸製作所 航空写真]
　畑と原野の中、広大な飛行場東側に格納庫や兵営等諸施設。道路を挟み北東側には松戸製作所の各種工場と従業員宿舎群が建ち並ぶ（米軍の航空写真1945にはRepair Area修理区域とある）。㊟戦後、軍の演習線を利用し新京成元山駅（上図中央）開設。工場跡地は駅前住宅街となる。松戸飛行場は格納庫と施設域が陸上自衛隊松戸駐屯地に、飛行場の大半は住宅地松飛台に変貌した。

◆中央航空機乗員養成所の隣接地に広大な工場を建設する計画に邁進　　［「日記」15年〜18年より］

用地選定『昭和15年8月24日 兄今日モ高木村ト大柏村ノ方へ出張 地圖ヲ写シテ來ル』
　㊟兄＝実兄久太郎が現地調査・交渉の下準備、候補地を絞る。㊟高木村＝現松戸市東部　大柏村＝現市川市北東部

工場設置計画『8月27日 津田沼松戸工場設置拡張計畫案ヲ作リ清平井倉ニ示シ 今月中ニ原案作製明後日台湾へ行ク船崎、森川帰ル迄ニ具体案作製方ヲ命ズ』＊工場拡張担当重役として計画立案にあたる。

用地買収方針『16年7月25日 松戸ノ地所購入方針ヲ決定…』

工場配置図作成『17年6月10日 松戸工場設置ノ圖面出來持ッテ本社ニ行キ』『6月26日 朝八時工場出 俳句ヲ手習ス 午後松戸工場。工場配置圖ヲ作ル 六時迄工場ニ居リ工場内ヲ見テ帰宅』＊音次郎自ら図面を起こす。

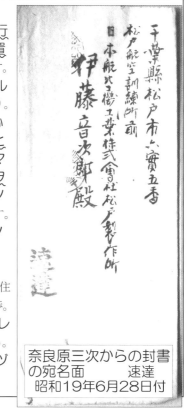

千葉縣松戸市六實五香
松戸航空訓練所前
日本航空工業株式會社松戸製作所
伊藤音次郎殿

速達

奈良原三次からの封書
の宛名面　　速達
昭和19年6月28日付

　『7月1日（午前中の重役会で伊藤飛行機の吸収合併を決定後）松戸建設ニ対スル松戸関係者ノ会議ヲ開キ工場ノ大キサ配置ホゞキマル』＊音次郎構想通り。

用地買収の諸問題『9月2日 松戸ノ土地問題ト建設問題…自分ハ社長ノ心配スル買収ガソレ程困難デナク、要ハ努力ガ足リナイノト…金ノ支拂ヒニ先方ニ不安ガアルカラ役場へ供託スルコト、努力ニツイテハ…時タマ自動車デ乗リ付ケルナド反ッテ土地ノモノノ反感ヲ買フ恐レアルコトヲ主張ス　社長共鳴シ今里モ金ヲ積ムコト交渉員ニ土地ノ議員ナドヲタノムコトトナリ自分行クコトト決ス』＊現場の意見を主張、買収交渉に乗り出す。

一期工事『11月11日 本社ニ行キ建設委員会ニ列ス…松戸ハ土地問題ノ為メ遅延セルモ三月迄ノ一期工場ハ予定通リ進行セシメル予定』『12月3日 地鎮祭ヲ行フ』＊ようやくここまでこぎ着けた。

工員住宅建設『18年6月16日 住宅営團問題』＊工員用住宅確保のため営団住宅借入れ交渉。県庁、航空局、厚生省住宅局に音次郎自ら何度も足を運び陳情や交渉。

　『7月27日 営團…木材トセメンダケ出シテ貰へバ建テル 尚瓦モ出來レバ手配シテ貰ヒタイトノコトデアッタ』＊建築資材用意すれば営団で建てる。

工場敷地内軍用鉄道撤去『7月28日 第八十七部隊…工場内鉄道線路取ハヅシサレタノデ使用方ヲ相談ス』㊟上記航空写真に軍の演習線が微かに写る。

―――㊟実際にはもっと複雑で大いに難航、度々交渉に出向いている。―――

本社所属の松戸製作所担当常務として「逓信省中央航空機乗員養成所（松戸飛行場）」正門前の工場建設に力を振るい、その広い航空人脈と粘り強い交渉により大工場の建設・稼働を成功に導いた。伊藤飛行機の吸収合併と音次郎の起用策など舟崎の目に狂いはなかったようである。その間『17年7月19日 舟崎氏ヨリハ（合併で）気ヲクラサラ（ママ 腐ラセ）ナイデ松戸所長トシテ大ニヤッテ貰ヒタイトノコト』と松戸工場所長を約束？され、翌年には『18年4月30日 松戸出勤…定期券ヲ求ム。午後足立君ヨリ全部ニ事務引ツギヲナス』と松戸工場の一期工事完成前後に松戸勤務となった（所長？役員？）。以降「千葉郡津田沼町鷺沼字権現台688」から片道2時間をかけ毎日通勤したことが日記に記されている。『18年6月3日 五時起床 観音経 食事 六時二十五分出 七時九分船橋発 今日ハ裏道ヲ通ッテ八時二十分工場着 以上ガ毎日ノ日課』計画段階から用地買収、工場建設までを主導した松戸工場への長い通勤だったが苦ではなかっただろう（徒歩コースを変えたりバスに乗ったりと通勤を楽しんでいた）。

　┌─ 松戸工場の操業の様子 ┐　「鎌ケ谷市史 資料集17 近・現代聞き書き」より引用 ［鎌ケ谷市教育委員会］ ─

『日本航空機工業松戸製作所は…軍需工場の中心といえる航空機を製作する工場であった。この工場の実態についてはこれまでほとんど不明であったが、今回いくらか聞き取りができた。』

『昭和18年に入社しました。青年学校にも入学しました。（略）所長は今里廣記さんでした。給料は 17円96銭で、当時はこれで母親と二人で生活できました。（略）従業員は200人はいました。正規職員が150〜180人くらいで、あとは学徒動員・女子挺身隊の方などです。（略）最初は発動機を作っていたのですが、後にはキ76通称ハトという飛行機（三式連絡機）を作っていました。ハトは哨戒機でしたが、方向

キ76 陸軍三式指揮連絡機「日本の航空50年」より

＊陸戦協力の偵察、空中指揮を任務とし、河原・道路など短距離でも離着陸できるSTOL機。しかし戦況悪化で需要がなくなり、後に日本近海での対潜哨戒攻撃機として爆雷装置を艤装。18年末〜終戦まで津田沼工場で製作されたとの文献もあるが、［略年譜］や左記［聞き取り資料］では松戸工場で19年まで製作と記述。㊟いずれの工場かは不明『約30機作って銚子飛行場に納入［略年譜］』

舵の元だけがジュラルミンで、あとは布張り。あまりスピードがでませんでした。翼もふるえていました。勤務している間に二機くらいしかできませんでした。（後略）［S氏］』
『日本航空機工業松戸製作所に勤務したのは19年です。女子挺身隊員として召集（徴用）されました。（略）工場は今の新京成線元山駅の近くにありました。工場の裏には社宅などがありました。従業員は1,000人以上いましたが、挺身隊員よりも通勤者の方が多かったです。朝八時半か九時ごろに始まり、終業時刻は五時でしたが、忙しい時には残業をしました。京成バスを朝晩借り切っていましたが、空襲があった時は歩きました。私は経理担当で給料の計算をしていました。（略）工場は流れ作業で飛行機を作っていましたが、できあがらないうちに終戦になったようです。［Ｉ氏］』㊟『（キ76を）終戦までに15機つくりました［T氏］』と別の工具の証言や、「略年譜」の約30機と様々。㊟二人の証言で従業員数が200人と1,000人以上と開きがあるが、19年には工場増築により大量増員された模様。

　松戸製作所（松戸工場）は、中央航空機乗員養成所設立に伴い、使用機材の修理等を受注することで発展・拡張し、日本航空機工業の三工場（足立、津田沼、松戸）中の主力工場となっていく。さらに、前記聞き取りにもあるように陸軍の完成機製作（三式指揮連絡機）も手がけるようになる。伊藤飛行機のノウハウが生かされたことだろう。音次郎は松戸製作所の建設担当として19年末まで現地で尽力していたことが日記や奈良原三次の書簡からもわかる。前記の聞き取りでは昭和18年の所長は今里廣記とあるが、常務音次郎の松戸工場での位置づけは不明である（舟崎から松戸所長にとの約束有り…）。
　音次郎は、翌昭和20年1月松戸を後に懐かしい津田沼製作所長に就任する。『昭和貳拾年壹月七日常務取締役伊藤音次郎津田沼製作所長ニ就任』［「日本航空機工業 第十貳回営業報告書」より］その時の心の中を知りたいところだが、昭和19、20年の日記が現存せず想像するほかない。津田沼は大正7年4月12日、稲毛からこの地に活動の拠点を移し、27年間にわたって飛行機作りに情熱を注いできた場所だった。音次郎にとって津田沼町鷺沼は、大阪市恵美須、千葉市稲毛に続く第三の故郷でもあった。短期間とは言え松戸（住居は鷺沼だったが）での活動を終えての津田沼帰還は感無量であったことだろう。しかし、ここでの仕事は民間機作りではなく当然ながら軍用機作りだった。それでも、音次郎の性格として誠実かつ熱心に工場運営に励み、会社（日本航空機工業）の利益に大いに貢献、国家に御奉公（「日記」より）したであろうことは言うまでもない。

◆こんな活動もしていた！　私立伊藤飛行機(後 日本航空機工業)「青年学校」　昭和12年〜20年

青少年を会社に集めて教育し、優秀な技術者養成を夢見る

「習志野市史 第一巻 通史編」より引用 [習志野市教育委員会]

『…伊藤飛行機製作所は、昭和12年12月15日(ママ25日)に株式会社に組織変更し、同17年8月(ママ7月)に日本航空機工業に買収されたが、同社も鷺沼に本社を置いた。ここには、まだ青年学校が義務制になっていない昭和12年4月23日に私立伊藤飛行機青年学校が設置認可されている。

伊藤飛行機の青年学校は企業の特色を強く反映した技術者養成学校の意味をもっていた。昭和16年7月に雑誌「航空時代」に掲載された「伊藤飛行機青年学校生徒募集」には、100名もの生徒を採用するというものであり、「本校ノ特色」として「新體制ニ順應シ 將來堅實有能ナル我ガ日本航空技術者トシテ必須ナル學術技能ヲ教育ス」、「忠君愛國ヲ根本精神トシ健全ナル體育ヲ実施ス」と示されている。[＊右下の雑誌広告参照]

この青年学校は、日本航空機工業株式会社への買収に伴い、昭和17年(1942)9月11日に私立日本航空機津田沼青年学校と名称変更し、学則変更や学校設置者変更とあわせて許可され、昭和19年5月9日に学則変更が許可されている。伊藤音次郎は会社の代表を退いた後も青年学校に関心をもち、昭和18年の日記には青年学校に関する記述を見ることができる。同年1月10日、会社の会議において、彼は「国家ニ役立ツ青年」を作るのは「当会社ヲ通シ」て行うのだと述べ、「小(ママ)供達ガ家庭ヨリ会社ヲ好ンデ集ル様ニ諸施設ハ勿論精神的ニ指導」することの必要性を説いている。(「伊藤音次郎日記」稲毛民間航空記念館所蔵)戦時下の国益のためだけでなく、企業に青年を引きつけるために青年学校の意義を検討していることが分かる。』㊟稲毛民間航空記念館は平成30年閉館

㊟青年学校　昭和10年の「青年学校令」により中等教育学校に進学せず勤労に従事する青少年に社会教育を行った。尋常小学校卒業者は二年制の普通科、高等小学校卒業者および普通科修了者は五年制(女子は三年)の本科を設置した。昭和14年、中学校に進学しない男子には青年学校が義務化された。太平洋戦争開戦後は戦時動員体制のもと軍需生産力の増強に向け、学科時数の引き下げや実習と言う名の勤労動員が常態化していった。

津田沼町内には、私立伊藤飛行機青年学校のほかに公立の千葉郡津田沼青年学校、企業立青年学校として私立篠原(後に日立精機習志野と改称)青年学校、私立田中航空機械青年学校、私立京成電軌青年学校等があったが詳細は不明。

音次郎は、合資会社伊藤飛行機製作所時代の昭和12年4月より会社に将来の航空技術者たる青少年を引きつけるための魅力ある青年学校設立の構想[下記の18年日記参照]を持ち、吸収合併により経営権を失った後もその趣旨を熱く主張し実践していたことが「日記」の記述よりうかがえる。なお松戸工場でも青年学校開設、18年4月20日入校式式実施。

[職業青年育成に情熱を傾ける]　㊟松戸は松戸工場青年学校

『昭和12年4月23日 青年學校ノ許可書ヲ見セ(局ニ)海軍ノ人ノ件聞ク』＊"軍事教練"担当の配属将校派遣を要請。

『10月5日 今日カラ青年學校ノ方ノ教練ヲ初メル』

『13年10月25日 七時半ヨリ(津田沼)小學校ヘ青年學校査閲ヲ受ケニ行ク(奈良原校長の)代理シテ閲兵ヲ行ヒ…』＊査閲官による軍事教練の実地調査で近隣の青年学校が合同教練。

『16年4月23日 三四年ノ修身時間ニ航空歴史ヲ説ク』

『6月18日 三四年ノ学科一時間』＊学科は公民、普通学科。

『6月21日 朝八時四十分ヨリ(校長の)奈良原氏ノ代講』＊奈良原、音次郎も授業の講師として若者達に熱い思いを伝えた。

『8月19日 青年學校一年生実習指導者撰定ニツキ…』

『18年7月9日 松戸 文部省型ノ組立ヲヤラセ飛行場ヘ運バセテ青年學校ノ生徒ニ訓練』＊グライダー組立・操縦訓練も。

＊カリキュラムは修身・学科・実習・教練など＋部活動＋工場の仕事

『16年8月6日 今朝々々礼ノ時此ノ日曜ニ千葉縣青校相撲大会ニ個人優勝シタ藤代ニ賞品ヲ與ヘル』＊楽しい行事も。

『17年5月18日 青年學校滑空部設置ノ件ヲ命ズ』

＊各種行事や部活動もある私立青年学校の教育だが仕事が主体。

『16年8月5日 町長ト新任校長ト会食 教練ノ先生ニツキ町ト學校ニマカセテ呉レトノコトデ一任』

『18年7月5日 松戸青校ノ職員会ヲ開キ七月中ノ行事其他ヲ打合セ』＊町と教員人事折衝や職員会議出席。

青年学校生徒100名募集の雑誌広告

「航空時代」昭和16年7月号 航空図書館蔵 高等小学校卒業、中等学校二年修了生が対象。

『18年7月24日松戸 明日カラ誉田ノ飛行場整備ニ勤務奉仕スル』＊他施設へ勤労動員に駆り出される。

『18年1月10日 青年學校設立会議(出) 自分ヨリ指道(ママ)精神ニツキ国家ニ役立ツ青年ヲ作ルコト
シカモ役立チハ當会社ヲ通シデノコトタルベキコト、小供達ガ家庭ヨリ会社ヲ好ンデ來ル様ニ諸施設
ハ勿論精神的ニ指導スルコトヲ希望ヲ述べ会議ニ入リ』＊職業青年育成への熱き思いを会議で語る。

| 昭和18年(1943)〜20年(1945) | 軍需工場として発展するも、民間航空一筋の音次郎の胸中は如何に |

──────────── (一部再掲) 「会社四季報」昭和18年 第１輯、第４輯より引用 ────────────

●日本航空機工業（昭和18年 第１輯）【本社】東京市麹町區丸ノ内三菱仲四號館
　【概況】當社は、もと航空機材工業と稱したものだが、十七年七月の増資を機として現社名に改
　　　　稱した。この増資に依って當社は現在資本金七百萬圓うち拂込五百萬圓となった。
　【膨脹】當社の工場は足立、松戸、津田沼の三工場に分れるが、足立は現在の主力工場で〇〇
　　（㊟軍事関係のため伏せ字）の綜合部品製作に當ってゐる。松戸は今回新設したもので規模
　　　　は足立の二倍に上り、將來の主力工場だ。ともに擴張、建設工事續行中で十八年春には
　　　　二、三倍増資の筈。
　【重役】社長 舟崎由之　　専務 畑 威　　常務 赤坂卯之助　　取締 今里廣記（他６名略）
●日本航空機工業（昭和18年 第４輯）
　【概況】足立、津田沼工場の擴充も進捗して居り、松戸工場の新設も第一期工事は九月頃には完
　　　　成する。羽田、福岡の修理工場も繁忙を極めて居り、グライダーも増産一途だ。航空機
　　　　小粒會社として成績は良い。七分配當は餘裕がある。
　【問題點】當社は修理、改造が主であるが、敵米英の大量生産に追付き追越す爲に、完成機組立
　　　　への進出を當局より慫慂されて居る様だ。下期中には具體化するかも知れない。
　【重役】社長 舟崎由之　専務 畑 威、今里廣記　　常務 赤坂卯之助、伊藤音次郎

──────────── ㊟慫慂（しょうよう＝勧めること）

──────── 「日本航空機工業株式會社　第八回〜第十参回營業報告書」より引用（抄）────────

＊昭和19、20年については音次郎日記が現存しないため、下記の營業報告書の記載事項がこの時期に関するほぼ唯一の
　一次資料(原資料)であり、後年編集された「略年譜」とあわせて事實関係を推測した（航空年鑑は未發行）。
●第八回營業報告書　自昭和拾七年拾月壹日　至昭和十八年参月参拾壹日
　昭和拾七年拾月壹日 海軍軍需品工場事業場検査令施行規則ニ依リ海軍監査工場ニ指定セラル
　【當期純益金】金四拾九萬四千八百七拾四圓貳拾銭也　　（＊純益　49万4874円20銭也）
●第拾回營業報告書　自昭和拾八年拾月壹日　至同拾九年参月参拾壹日
　當會社ハ資本金九百五拾萬圓ヲ増加シ資本金ヲ金壹千六百五拾萬圓トナス［＊資本金1650万円］
　【營業概況】・・・特ニ新機種ノ製作開始ト之ガ完成ハ業績一段ト躍進ヲ見、以テ些カ軍備ノ増
　　　　強ニ貢献シ得タルハ當社ノ本懐トスルトコロナリ　└完成機製作で業績躍進
　【當期純益金】金壹百拾六萬八千拾五圓四拾四銭也　　（＊純益　116万8015円44銭也）
●第拾壹回營業報告書　自昭和拾九年四月壹日　至同拾九年九月参拾日　　└１年間でこの成長
　昭和拾九年九月貳拾日　伊藤飛行機株式會社不動産所有權移轉登記
　同年六月拾五日　松戸製作所ニ付軍需大臣管理下令セラル
　同年六月貳拾日　津田沼製作所ニ付海軍航空本部長監督下令セラル
　昭和拾九年七月拾四日　顧問奈良原三次逝去
●第拾貳回營業報告書　自昭和拾九年拾月壹日　至昭和貳拾年参月参拾壹日
　昭和拾九年拾貳月貳日
　　津田沼製作所ニ對シ、第一海軍航空廠會計部長ヨリ海軍監督工場指定書交附ノ件通知セラル
　昭和拾九年拾貳月貳拾五日　軍需大臣及海軍大臣ヨリ軍需会社トシテ指定セラル
　昭和貳拾年壹月七日　常務取締役伊藤音次郎津田沼製作所長ニ就任
＊海軍監督工場＝戦時体制下、軍直属の軍需工場（工廠）とは別に軍需品を製造した民間の指定工場のこと。様々な制
　約もあったが、原材料・燃料・電力の優先割り当て、製品の確実な買い取りなど多大なメリットがあった。

| ── 陸海軍の完成機製作 〜キ76とキ86の大量受注内定 昭和18年 |

『会社には陸軍より キー57(ママ キ76) 木金混合の対潜機を受注、今日で云うＳＴＯＬ機で、複葉の
上翼前縁一パイのスロットと下翼後縁の左右補助翼に至る間に滑り出しフラップとを持っており 離
着陸距離は共に30米前後であった、そしてこの対潜機は二個の爆雷を抱けるように出来ていた 約
30機作って銚子飛行場に納入したが 19年になって機種変更となり、今度は紫電の主翼製作を命ぜ

られた　一部は長野駅須坂ヘソカイ工場を作った　一方津田沼
工場では、海軍の練習機を製作完納したとき丁度終戦となった』
「伊藤飛行機研究所略年譜」昭和16年(ママ)分より㊟昭和17年以降の誤り。

『(キ76の)生産は日本国際航空工業京都製作所および日本航空機
工業津田沼製作所で終戦まで続けられた。』[「日本航空機辞典」より]

海軍局地戦闘機「紫電」

㊟キ57とは一〇〇式輸送機のことであり、上記略年譜記載の機体仕様とは大きさも形状も異なっている。本章で記載したキ76三式指揮連絡機であれば「STOL性(短距離離着陸機能)」や「爆雷を抱く」等の記述に合致する。略年譜で「キ57」「複葉機」としたのは音次郎の記憶違いだろう。なお、キ76を松戸工場で製造との元工員の証言(鎌ケ谷市史)や津田沼工場で終戦まで製作と解説した「日本航空機辞典」などの資料からもキ76であることは明かである。
㊟ソカイ工場＝日本航空機工業発足に伴い退職した伊藤飛行機古参の社員と甥の清平らが、長野県須坂に設立した東亜軽飛行機(音次郎も請われて相談役として名を連ねている)のことと思われる。『17年12月6日 社長宅ニ(行き)東亜軽飛行機ノ発起人ニナル件快ヨク承認ヲ得 』『12月17日 清平來…昨日須坂ノ工場モ決定シタル由』

『18年10月12日[航本内示]東京飛行機ノ生産全然間ニ合ワ
ズ…結局本社ニハ金具百五十機分製作ヲ命ゼラレタ　自分ヨリ
完成機製作ニ自信アル旨述ベタニ対シ…ソレニ対シソレデハト
テ キノ八十六(キ86)四百台十九年度製作方内示アリ　尚事業法
ト管理工場ノ適要方今里氏ヨリ申出諒解ヲ得』＊航空本部より部
品製造を命ぜられた音次郎は完成機製作の技術力があると豪語し、
キ86の製作400機の内示を得、併せて管理工場適用も受けることに。

「日本の航空50年」より
キ86陸軍四式基本練習機

『10月22日　航本ヨリノ通知書ヲ見ル　四百機内示ノ件明記シテアッタ』
『10月26日　本社着(重役連揃って)キ四十六ヲ複操ニ直スコトニツキ口々ニ議論シテ居タガキ四十六ガドンナ機体ガ分ナ(ママ)イマヽヤッテ居タノニアキレタ。スグ布袋サン電話シテ　司令部偵ヲ複坐ト云フコトヲ聞ク　朝カラ…何ニヲシテ居タノガト思ッタ　社長ノ方針ト自分考ヘモ一致シタノデ、出来ルダケコトワル方針デ明朝板垣ニ行ッテ貰フコトトス 』㊟キ46＝陸軍一〇〇式司令部偵察機。
＊キ86を400機との内示直後、重役たちは更なる仕事の打診に色めき立っている。音次郎は作業内容と工場能力から不可能と判断、断るよう進言。それにしても、状況を判断できない重役連に呆れるばかりだ。
『11月4日　今朝航本ヨリキ七十六(キ76)シユトリッヒ製作方話シアリ　二〇〇機ニテ次第ニヨッテハ キハ十六ヲヘラシテモヨイトノコトデアッタ　社長以下皆ヤリタイ希望ノ様デアッタガ不可能ヲ述ベテ居ク』＊現場の責任者として、二機種同時製作は工場の能力から不可能であると進言。
『11月8日　今里専務ニ會フ キ八六ハ 十二月カラカヘルコト　其間キ七六ヲヤル様トノ航本ノ話シニ、ヤルコトニキメタ由』＊会社は航空本部の指示通りキ86とキ76の同時進行を決断するが果たして？
『12月24日　午後松戸ニ帰リ爆電操(ママ装)置ノ進行ヲ見ル　今夜ヨリ十二名徹夜スル由』＊対潜哨戒機に改造するため爆雷装置を艤装したキ76をようやく1機完成、年内ギリギリの12月31日に引き渡し。

㊟キ76を200機内示とあるが戦況悪化のためキ76の需要はなくなり、18年11月には対潜哨戒機に転用され爆雷装置を艤装した上、陸軍揚陸艦あきつ丸に搭載され、哨戒任務にあたったとの記録が残る。また日本航空機工業での爆雷装置艤装記録は「18年末の日記」に記述されている。製作機体実数は「略年譜」では終戦までに約30機と数は少ない。
㊟キ86は400機内示とあるが、昭和42年頃に書かれた「略年譜」には記載なく、果たして正式受注に到ったのだろうか。ただ四式基本練習機は日本国際航空で1030機も製作されており、下請けとして関わったということもありえる。

Y39[キ54 一式双発高等練習機]開発のための"実物大実験用滑空機"の製作と試飛行
陸海軍からは、部品、半完成機、完成機以外にも実験用開発機の製作も命ぜられた。㊟16/10/9日記初出。
『18年6月21日　Y39試飛行…リリーズノ離脱試験六回　七百米滑空一回　滑空機約一米位上ル』
『7月16日　五時半起床　Y39試飛行ノ為メ津田沼ニ居ル』＊開発は津田沼工場、音次郎も関わる。

㊟Y39＝陸軍一式双発高等練習機(キ54)の輸送機型(丙型　8人分の客席を備える)と同型の民間機のことをいう。日本航空機工業は、Y39の性能調査のため実物大実験用滑空機(グライダー)の製作を命ぜられ試飛行を繰り返した。機体は全木製、乗員4名、曳航機は九〇式水上作業練習機。実験用滑空機だが本体と同じY39と呼び慣わしていた。

　昭和17年伊藤飛行機を吸収合併・増資して新たに発足した「日本航空機工業(株)」は、部品製作に力を注いでいたが完成機体の製作にも進出するようになった。軍とのつながりがより密接になった上、戦線拡大の中で航空機増産の方針により『拾七年拾月　海軍監査工場ニ指定(第八回営業報告書)』『完成機組立への進出を當局より慫憑されて居る様だ(会社四季報18年第4輯)』との記述もあるように、更なる増資、営業利益の倍増と拡大の一途を続ける。昭和18年以降に音次郎が関わり受注にこぎつけたと思われる陸海軍用機は、略年譜に記されただけでも松戸工場で陸軍「キ76三式指揮連絡機」[鎌ケ

谷市史資料17 近現代聞き取り]［略年譜では対潜機とある]、海軍戦闘機「紫電」の主翼、津田沼工場では海軍練習機（機種不明）などがある。18年までの日記では陸軍「キ86四式基本練習機」の400機受注内示が記述されているが、戦況悪化などから正式契約に到り製作したかどうかは不明。

　ただ、大量受注に浮かれてばかりではいられない。音次郎は、工場増築、工作機械購入、工場稼働計画、原材料調達、人員募集、組織編成など緊急かつ大規模な生産計画を立てると共に、大量生産に向けて工員たちの士気を鼓舞しなければならないのだった。

『昭和18年12月16日 （松戸工場に）社長來　足立（松戸の幹部）ヨリ主トシテ計画ヲ説明　工場建設坪数一昨日決定通リ承認 人員計画大体三千人トシ補充方法、機械購入　配置圖ハ　廿二日來ル迄ニ作ッテ居イテ呉レトノコトデアッタ』が、どこまで大規模な計画が実現したのだろうか？

　昭和18年は軍より大量の発注を受け、日本航空機工業は創業以来の好景気を迎える。「日記」にもその喜びを『艱難の夜は明けぬ』『多年ノ宿願ガカナッタ』と素直に吐露している音次郎だった。

『18年11月14日 航本ノ注文ヲ受ケテ感アリ 左ニ記ス　　夢の世や 尚かん（艱）難の 夜は明けぬ』
『昭和18年補遺 本年ハ陸軍ノ仕事ガ決定シタ事ハ何ニヨリノ成果デアッタ 多年ノ宿願ガカナッタ訳デ特ニ年末ニ爆雷装置ヲ一週間デ仕上ゲタコトモ又大キナ収穫デアッタ 此意気ヲ以テ來年度ハ何ニガ何ンデモ軍ノ仕事ヲ達成セネバナラナイ ㊟爆雷装置ヲ一週間デ＝キ76貸与機に爆雷装置を艤装し12月31日納入。

　神佛に 御礼申して 來る年に 加護を祈りて 春を迎へる
　　十二月卅一日夜 九時』

～［航空余話］航空局と音次郎の立場が逆転？するが、信義を貫く音次郎は今まで通りに仕事～
　立場が逆転、とはちと言い過ぎかも知れないが、そんな気配を感じさせるやりとりが「日記」に散見する。かつて、民間の飛行機製作会社や飛行学校、飛行家たちへの許認可権限や補助金交付を背景に、逓信省航空局から強い態度で迫られたり罵倒されたりした屈辱を中小企業主である音次郎は何度も味わってきた。[39] 参照］ ところが、戦時体制のもと軍用機の需要が大幅に増加して陸海軍からの発注が音次郎ら中小企業にも舞い込み専念するようになると、逓信省航空局管轄の飛行機の修理や改造を担う工場が不足、航空局の事業に支障をきたすと不安を感じていたようだ。そんな局の苦境に対し音次郎は、長い付き合いを重んじ『局ノ仕事ハ絶対ニヤル』と固く約束するのだった。
『昭和18年10月18日 航本（陸軍航空本部）内田中佐ニ面會…（キ86を400機製作内示の件で）生産課ト連絡ノツイタコト礼ヲ述べ直（ママ 尚）局ノ仕事ハ絶対ニヤルカラ安心ヲシテ貰フ様チカウ 同氏ヨリモ尚局ノモノモ軍ノ仕事ダカラ最（ママ 是）非ヤッテ呉レト頼マレル』
『11月4日 （陸軍航空本部よりキ76を200機との打診を受けた後）航空局ニ行ク…陸軍ノ仕事初マッテモ修理ハ完全ニヤル旨特ニ説明シテ諒解セシム』＊養成所等の練習機修理の仕事は必ずやると約束。

軍需工場故の「空襲」の恐怖
─ 津田沼工場 ─　　　　　　　　　　　　　　　　　　　　　　　「日記」より ─
『昭和16年8月18日 警察ヨリ二名來 伊藤飛行場ガアル爲メ突撃（ママ 襲）ノ可能性ヲ説キ其時ノ処置ナドニツキ話シアリタリト』警察に限らず住民も不安を感じていたのだろう。同じ日の日記には『防光幕屋來　少シ話シヲ聞キ』とあり、夜間操業用に天窓等の防光幕（暗幕）の手配をしたようだ。
─ 松戸工場 ─　　　　　　　　　　　　「鎌ケ谷市史 資料集17 近・現代聞き書き」より引用 ─
『空襲は、松戸飛行場の方ではしばしばあったと思いますが、工場の方にはあまりなかったと思います。グラマンが飛んで来ると、珍しいので見に行って、機銃掃射に遭った人もいます。今の陸上自衛隊松戸駐屯地の格納庫には、機銃掃射の跡が残っています。』（S氏）
『空襲も体験しました。父が会社に面会に来た時、機銃掃射を体験しました。目の前にバリバリッて来たんです。二度目の空襲の時は、会社の社宅の防空壕に入る時に、玄関の前で機銃掃射にあいました。伝単（ビラ）をばらまいていく時もありました。』（I氏）㊟S氏、I氏とも前記「証言」と同一人物。

　いざ戦争となれば敵地の軍事施設や軍需工場を叩くのが常道。日本航空機工業(株)の松戸・津田沼両工場は、軍用機を作る軍需工場であると同時に軍事施設と隣接または近隣に立地していた。
　松戸工場に隣接する逓信省中央航空機乗員養成所（松戸飛行場）は、民間飛行士養成施設であると共に首都防衛機能を有するれっきとした軍事施設であり、この頃は陸軍航空隊が移駐してきている。
　津田沼工場のある津田沼町は明治時代から騎兵連隊や鉄道連隊（鉄道敷設訓練）、戦車大隊、捕虜収容所などがおかれた軍郷として名高い。この頃は陸軍習志野学校（㊙毒ガス戦研究）などがおかれた。
　この様な環境下にある松戸・津田沼工場が空襲（爆弾や焼夷弾の投下、艦載機による機銃掃射）の標

的となる可能性があることは必然であった。工場での雇用や関連企業（商店等）の賑わいはあったものの、工場従業員、動員生徒、近隣住民たちにとって高空を通過するＢ25やＢ29の光る機体を仰ぎ見て「いつかはここにも空襲が」と一抹の不安もあったに違いない。㉝両工場とも空襲の回数や規模は不明。

音次郎と「軍」との関わり

戦争という過酷な時代に翻弄されつつも「民間航空の発展」を夢見た軍需企業重役音次郎のジレンマ

「軍用機は作らない」と言ったというがその真意は？

◇『（払い下げ機を改造し「伊藤式」としていたのも事実だが）伊藤はそれでも独自の設計、製作機に情熱を失ってはいなかった。かといって、中島（飛行機）のような軍需直結には積極的でなかった。大正十年に陸軍の「甲式三型戦闘機」などの部品づくりや組み立てに手をそめたが、深入りはしなかった。後年、資金で行き詰まった時に「オレは人殺しの飛行機はつくりたくない」と家族に語ったことが何回かある。落ち目のひがみから出た言葉とは思えないのである。』

[「房総ヒコーキ物語」岡田宙太　昭和60年崙書房]

◇『父は、軍用機には関わりませんでした。軍から、協力を要請されましたが、自分の飛行機が戦争に使用されることを嫌ってか、一切協力をしませんでした。』

[資6「父、伊藤音次郎を語り継ぐ」井上和子（「聞き書き 習志野の女性たち２」平成17年）]

◇『次第に軍需中心となっていく航空業界で、商売気があまりない伊藤はあくまで手作りにこだわった。「戦争する飛行機は作らない、とも話していたそうです」と恵美子は言う。』

[「朝日新聞」平成19年9月28日付　飛行機雲見上げて⑩　より]

上記のような家族の証言（伝聞）もあるが、音次郎が大正11年前後頃に軍用機（甲式三型＝ニューポール24）を４機製作し、その後も伊藤飛行機への発注を積極的に働きかけたり改修・整備をしたり、昭和17年の吸収合併後は軍の指定工場として軍需品（飛行機部品、半製品、完成機体など）を大量に製作していたことは本章の日記をはじめとする各資料でも明らかである。

しかし、民間航空発展への思いが強かった音次郎にとって軍用機製作は主目的ではなく、安価な払い下げ機政策による民間飛行機製作所不況下の研究所存続のため、軍用機やその部品の製作を受け入れていたのが本音のようだ。それでも音次郎が手抜きをすることはなく、優秀な飛行機や部品類を納入していたが大量生産のできない中小企業には軍の仕事は回ってこない。昭和15年の資本提携、17年の吸収合併後は中堅軍需企業の重役として軍用機受注のため走り続けざるを得なかった。民間飛行家音次郎にとっては、ジレンマを抱えつつの軍用機製作であったと思われ、軍用機部品製作に方針転換を迫る重役たちに対し最後の抵抗とでも言えるかのように「グライダーや軽飛行機の完成機も作ること」を主張している[日記の15年8/22、9/5、16年11/11 44 参照]が社内では主流とはなり得なかった。国を挙げての戦争遂行により、音次郎の意思とは裏腹に軍用機製作へと引き込まれていくのだった。

前記囲み資料の家族の証言にある音次郎の軍用機製作への否定的な発言は、自分の夢である民間機を作れないことへの不満を妻きち相手にふとこぼした「愚痴」か「独り言」だったのかもしれない。誰にも見せない「日記」にさえ記述していない。[危ない愚痴は「ホンマノ記」という秘密日記（日記にその存在が散見するが現存しない）には記述したのだろうか。]戦争が激化するにつれ、研究所や倶楽部卒業生の空中戦や空輸任務中での戦死が報告され、工場の職工たちも召集され戦地へと出征していく。敗色濃厚となった昭和19・20年の日記（現存せず）にはどんな辛い思いが記されていたのだろうか[50参照]。

なお、音次郎について記した戦後数多くの書籍等でも、大正後期までの手作り飛行機や干潟飛行場、冒険飛行と門下生の活躍などが強調され、軍との関わりや軍用機製作にはあまり触れられてはいない。こうした背景と、いつまでも民間機を作りたかった音次郎の本音が、家族にも聞き手にも「斯くあってほしい」と強く影響を及ぼしていたのではなかろうか。

泥沼の戦争と軍備増強という暗く長い時代の訪れが、民間飛行家伊藤音次郎から果てしなき大空を自由に翔け巡る『安全な（民間）飛行機を作る』、という少年時代からの夢を奪っていったことだけは確かな、そして辛い事実なのである。

終戦

日本の航空黎明期から昭和まで「民間機」を作り続け、命を懸けて飛び続け、数多くの門下生を育て続け、困難な航空事業を経営し続けてきた音次郎の長き航空人生は、『津田沼工場では、海軍の練習機を製作完納したとき丁度終戦となった[「略年譜」より]』と、皮肉にも津田沼製作所長として「軍用機」を製作することでピリオドを打ったのだった。

┌─「舊 第二日本金属産業株式會社（前商號 日本航空機工業株式會社）第拾參回營業報告書（抄）─
│　　　　　　　　　（自昭和貳拾年四月壹日　至昭和貳拾年九月參拾日）」より引用
│
│●第拾參回營業報告書　昭和貳拾年九月貳拾九日　臨時株主總會ヲ開催ス
│　第壹號議案　戦争ノ終結二伴ヒ當會社從來ノ業務目的タル軍需品ノ生産ヲ平和産業二轉換ノ件
│　第參號議案　定款變更ノ件
│　　　　　　　（一）「日本航空機工業」トアルヲ「第二日本金属産業株式會社」ト改ム
│　　　　　　　（二）一、航空發動機ノ附属品、部分品並二機體ノ附属品、部分品ノ製作加工販売
│　　　　　　　　　　　二、航空發動機並二機體ノ試作　トアルヲ
│　　　　　　　　　　　一、磨鋼帶(ﾏﾏ)加工品ノ製作並二販賣
│　　　　　　　　　　　二、自轉車及同部分品ノ製作並二販賣　ト改ム
│　庶務事項　　昭和貳拾年九月七日　取締役、畑威、赤坂卯之助、伊藤音次郎、關山延辭任登記
└─

─────────────────────────── 「略年譜 昭和20年分」より引用 ───
┌
│『終戦により長い楽しくもあり苦しくもあった航空生活に別れを告げる事となった』
│『飛行機に志した初期から後援を惜しまれなかった佐渡島英禄氏竹島新三郎氏　更に日本航空界最
│　後の時期に舟崎今里両氏によって無力な私が航空生活の終りを飾らして貰ったことを常々感謝し
│　ております』　＊引退にあたり（戦後20年余の後に記したとはいえ）恩人たちへの感謝の言葉で締め
│　くくる音次郎らしさが表れている。伊藤飛行機(株)を吸収合併された舟崎や今里に対しては、傾
│　きかけた会社を建て直し、再び活躍の場を与えてくれた恩人として感謝している所が興味深い。
│　民間機ではなく意に沿わぬ軍用機を製作した葛藤は心の奥底にしまっていたのだろう。
└

　敗戦の結果ＧＨＱにより航空産業は全て停止させられた。［昭和20年10月10日付け指令「航空機生
産・加工の禁止」］［20年11月18日付け SCAPIN301指令「12月31日をもって一切の航空活動禁止・
航空局廃止」］などである。

　経済人である舟崎たち経営陣は、これらＧＨＱの動きに先立ち他分野業種へといち早く転身し再起を
図る。［第拾參回營業報告書［20年９月29日］では『第二日本金属産業株式會社（後の日本金属）』と飛行
機色を消した商号に変更した上で、『軍需品ノ生産ヲ平和産業二轉換』と時代の流れに合わせた内容とし、『磨鋼帶加工品(用途はドラム缶材、農機具、車両用材等)の製作／自転車の製作』に転換する。

　一方、経営者(含 取締役)という合わない仕事に無理を重ねてきた「飛行機技術者音次郎」は、昭和
20年９月７日付けで常務取締役（津田沼製作所長）を辞任する。

　なおこの頃『飛行機を作らず鍋釜作るなら開拓に出る』と言った、との家族の証言もあり飛行機製
作への強いこだわりがあったことがうかがえる。

　この機に航空界を完全に引退し［46・資7 参照］、年内12月には成田の竹林開墾へと妻子や従業員ら
7家族を引き連れて飛び込んでいくのだった。未知の領域を目指して飛び続けてきた音次郎らしいと
もいえる思い切りの良さと、新たな大冒険の始まりだった。開拓農民となることを瞬く間に決断し
行動に移した頃の様子を娘たちが語っている。

─────────────────────── ［資7 娘たち、父音次郎を語る より］───
┌
│孫美和『終戦後飛行機が作れなくなって、米兵が上陸してくると女は危険だからと3週間程、母と
│　　　伯母(恵美子)が長野県の須坂に疎開させられていた間に決めちゃったとか聞いているけど』
│二女恵美子『3週間後に長野から家に戻って来たらもう成田へ移住が決まっていた。頑固だった
│　　　からねえ。有無を言わせなかった。』
│孫美和『津田沼に戻って来たときには、おじいちゃんたちはもう成田に行っちゃってていなかっ
│　　　たって聞いた。3週間の間に決めて、七家族引き連れて行動しちゃった。』
└

┌
╎　何という決断力、行動力だろうか。そして「飛行機が作れなければ引退」との決断に"潔さ"さ
╎えも感じてしまうのは本書の著者ゆえの欲目か？
╎　生活のためやむを得ずとはいえ真剣に取り組んだ軍用機製作までもが取り上げられ、その喪失感
╎を払拭するため、そして長い間苦楽を共にしてきた従業員とその家族の生活保障のため全く違った
╎分野への転身を図ったのだろうか。想像を絶する苦しい竹林の開墾が待っているとも知らずに…。
└

46 竹林開墾と飛行機への情熱

恵美農場主音次郎の飛行機への想い 昭和20年〜42年

戦後、航空界を引退して慣れない農作業の日々が続く。竹林の開墾、農場づくりの厳しい労働をしつつも、飛行機への想いは消えてはいなかった。そんな音次郎の元へはかつての友人知己が訪れ、各種飛行機のイベントに招待されるなど、飛行機との関係はまだ脈々と続いていたのだった。

┌─ 開 墾 ─┐

　敗戦を機に航空界を引退した音次郎は旧伊藤飛行機勤務の７家族と共に昭和20年12月、千葉県より印旛郡遠山村十余三駒の頭（昭和29年合併し成田市東峰）に**14町歩**（約14ha）の払い下げを受け、入植する。23年12月3日には「恵美開拓農業協同組合」を結成して開墾を加速させるが、竹林で固い根が縦横に張り簡単には農地にすることはできなかった。慣れない農作業は飛行機作りとは全く異なる種類の苦しさだった。途中で脱落した者も出たものの、妻きちや息子たち、仲間共々持ち前の粘り強さで耐え抜き、十数年後には広大で立派な「恵美農場」として発展していくのだった。
＊販売用に栽培された県有竹林は客土の繰返しで根が深く層をなし、開墾は「竹林は二度（堀り）起こす」と言われた。
─ 注地名は「東峰」だが「東峯神社」と書かれることも。注音次郎は２町歩買受＝1,612円00銭［土地買受通知書より］─

┌──────────────────┐
│ **入植前の遠山村[後の成田市東峰]**
│ （地図中〇辺りの荒地、草地、樹林地に入植）
└──────────────────┘

大正14年発行
２万５千分の１　　五辻
大日本帝国陸地測量部
千葉県立中央図書館蔵

『飛行機作らず鍋釜作るなら開拓に出る』（音次郎談）
　日本航空機工業は第二日本金属産業と名称を変え部品類や自転車、日用品などの製造に転換したが、飛行機を作ることに命をかけてきた音次郎にとってそれはかえって耐え難いことだった。［45 参照］

ペンチやハンマーを鋤鍬に替え竹の根との闘いに挑むのだった。
昭和二十一年
恵美農場風景
（下）↓　（右）→

（上）鍬を振るう音次郎
（左）きちの開墾

きちさんと文代さんの笑顔

『野菜やスイカを作っていたが、試行錯誤し後には桑を植え蚕も飼っていた。』（文代さん談）

縦横に根を張っていた竹林が広い畑に変わり収穫の喜びを味わう。
←（左、右）昭和三十年（1955）前後→

文代（仁三郎妻）の麦刈り

─ 成田での音次郎の生活（家族の証言 抄）─
◆家は音次郎が自分で建てた。津田沼から材木を持ってきたが道がないためトラックが入れず、そこへ置いておいたら大方は持っていかれ、残りで二間程の家を建てたが寒かった。
◆29年に嫁に来たが、当初は食べ物も少なく芋の苗も食べた。開墾は大変だった。
◆後には、夫婦のための別棟など増築。壁一面に丹頂鶴の絵を描き、庭先には埋鉢に金魚、庭には柿、クルミなど、桃源郷の様だった。
◆お客は多く、外出もよくしていた。
◆ベレー帽を被り、グルメ、洒落ていた。
　［伊藤文代（仁三郎妻）、幸雄（文代長男）、安田美緒子（文代長女）氏　平成28年1月27日談］

(右)昭和二十一年正月
苦しい開墾を始めたばかりの頃。初孫と共に家族で新しい土地での門出の正月を祝う至福の一コマ。

(下)昭和二十八年津田沼より航空神社遷座
［31 鎮魂 参照］＊再掲

音次郎たちが入植して20年を経た東峰地区

昭和44年発行
国土地理院　五辻
2万5千分の1
県立中央図書館蔵

地鎮祭二十八年(1953)五月　社殿造営中　九月
入植者の産土神"東峯神社"として崇められた。

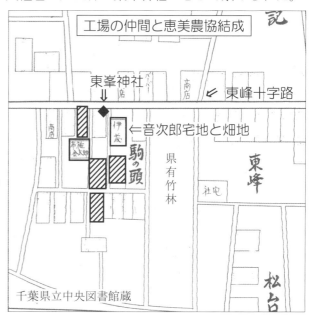

工場の仲間と恵美農協結成

東峯神社
東峰十字路
音次郎宅地と畑地
伊藤
布施金太郎
駒の頭
県有竹林
東峰
社屯
松台
千葉県立中央図書館蔵

開拓により大きく変わった東峰地区周辺
　〇は恵美農場のある辺りで、東峯神社も見える。
　……は右の動態図鑑の範囲

─ 恵美農場主音次郎　［「別冊 人間像」昭51 所収］─
『只今秋の農繁期に這入りまして、此の辺の落花生収穫時期で、引つづき麦類の蒔き付けが初まります。大体十一月十日頃迄には終る予定ですので、その間はやはり多少手伝をいたしますので、其後ちなればいつでも結構です。其間でも雨の日は差支ありません。昭和三十九年十月二十三日』
　　［平木國夫氏のインタビュー依頼に対する返信］

「成田市動態図鑑」昭和42年度版 成田市商工会 より
伊藤（音次郎）や布施（妻きちの弟金太郎）と 工場の仲間
で恵美開拓農業協同組合結成［昭23年12月⇒30年6戸］

東峯五五の宛名

(上)三十年九月十日 写　苦しい生活の中ホッと一息
(右)四十三年十二月　東峯の米松　恵美農場内
　36年春播種したキティホーク（ライト兄弟初飛行の地）の米松が大きく成長。［4 47 参照］

─ 飛行機への熱い想いは変わらず

竹林開墾から始まった農場の経営は軌道に乗り、恵美農場主として収穫の喜びを味わっていたが飛行機への熱い想いは変わらず、再び民間航空界に関わっていくのだった。

『グライダー製造を手助け？』技術者魂再び ［昭和27年4月22日付 恩人佐渡島英禄への書簡より 資1 参照］

『私個人につきましては健康上自信が持てませんので、今或る木材工業会社でグライダーを作りたい希望がありますので相談相手になる位の事と考へて居ります。』昭和26年頃から各地にグライダークラブが結成、製造を試みる企業の相談に快諾。ただ、実現したかどうかは不明。

日本航空協会評議員 昭和27年（1952）

敗戦後、全ての民間航空活動が禁止［民間航空廃止二関スル 連合軍最高司令官指令覚書］されていたが、サンフランシスコ平和条約締結に伴う航空再開とともに設立（昭和27年10月1日）された財団法人日本航空協会（旧帝國飛行協會→旧大日本飛行協會）評議員となり、久方ぶりに表舞台に復帰した。

友人知己との友情と交流　～飛行機仲間は音次郎を忘れず　音次郎は飛行機仲間を忘れず

自分に厳しく、人にはどんな時でも力を貸し見返りを求めなかった音次郎のもとには、いつも人が集まっていた。恵美農場には飛行機仲間が来訪し、航空関係の会合では嬉しい再会もたびたびあった。

田中氏と共に伊藤酉夫氏農場へ来場せる
昭和三十一年三月二十三日 田中不二雄、伊藤酉夫、音次郎、きち

白戸氏と高橋、島田両氏の年回忌を同時に執行わる　昭和三十年二月二十三日 白戸氏道場南宅 ㊟白戸氏命日昭13/3/24
左2人目北尾亀男、伊藤、白戸ハツ、相羽有（後）、乗地判治

帝都訪問五十年を祝いワザワザの来訪を受ける
水野氏、伊藤、郡氏、関川氏 昭和四十年一月九日

玉井清太郎君五十回忌　昭和四十一年五月二十日
左前2人目相羽有氏、伊藤、藤一郎君（玉井弟）

昭和四十一年七月十日　安飛神社再建
井上（長一）氏胸像除幕式 茨木市井上邸内

切磋琢磨した仲間の功績を称える碑が各地に建立された。心から祝福、アルバムで丁寧に保管してあった。

徳川・日野大尉胸像建立8、山縣五十年忌法要23、航空神社建立31、民間航空発祥之地碑建立47など人のため航空界のためには尽力したが、「民間航空の開拓者伊藤音次郎」自身の記念碑や顕彰碑は、いまだかつて建てられたことはない。

九州延岡城山公園内　後藤勇吉氏碑
昭和三十八年五月二十日 肥田木文雄氏より贈らる

航空関係イベント ～農場主音次郎、新型飛行機に乗る

　黎明期の民間航空を牽引した大先輩音次郎のもとには、現代の航空イベントへの招待が多数寄せられた。音次郎自身が思い描いた以上の民間飛行機の発達にきっと目を細めていたことだろう。

池袋西武ヘリポートにて　郡捷氏と　昭和三十四年

ＫＬＭ招待飛行　昭和三十六年八月十日　DC8
羽田-館山-茨城-東京上空-羽田

伊藤忠セスナ機にて幸雄（孫）も
同乗する　龍ケ崎上空
昭和四十年八月二十六日

（左）人力飛行機のテレビ画面撮影
昭和四十五年九月放送
前田健一氏指導の下に福岡工業
学校生徒によって作られた人力
飛行機の完成迄（46年に69m）

＊若き挑戦者たちに自らの青春時
代を重ね温かく見守る。

┌─ プロペラ機がなつかしい　毎日新聞千葉毎日　昭和40年1月12日付 ─┐
『…千葉も大きくなったものだ。私が少年時代に抱いた理想が、
あとに続いた人々の力で実現したことはうれしい。それにしても
発動機関の研究と、機体材料の進歩で超音速機時代になったとは
おどろきだ。プルンプルンとプロペラ機で、ゆっくり下界の風景
をながめて飛ぶ方が情緒があって私にはなつかしい。』
　　　　＊新国際空港候補地論議の頃の音次郎特集記事より

なつかしく
楽しきつどい
空の会
昔かたりに
時をわする、
一灯

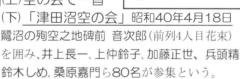

（上）空の会で一首

（下）調布飛行場にて
昭和40年8月26日（74歳）
事務室で電話を借り通話中

（下）「津田沼空の会」昭和40年4月18日
鷺沼の殉空之地碑前　音次郎（前列4人目花束）
を囲み、井上長一、上仲鈴子、加藤正世、兵頭精
鈴木しめ、桑原嘉門ら80名が参集という。

[津田沼　空の会]
伊藤飛行機出身者（所員、
練習生、工員等関係者多
数）の会。昭和47年11月
の名簿には126名記載。

栄誉　〜引退後に届いた数々の賛辞

　黎明期の日本民間航空発展に尽力した功績を讃えられ、ようやく数々の栄誉に浴することになる。既に引退し開拓農民となった身ではあったが、素直に喜び、航空界の発展を強く願うのだった。

運輸大臣表彰昭和三十六年(1961)
引退後16年、70歳にして栄えある表彰。

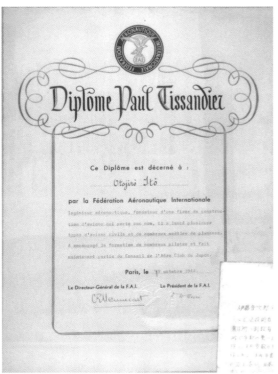

勲五等　雙光旭日章
勲章傳達の日
昭和四十三年(1968)十一月三日

勲五等受賞者
起立の中で
代表受勲さる
(中央；メガネ
音次郎)

伊藤音次郎氏　　[Paul Tissandier 賞]
氏は航空技術者で、伊藤飛行機製作所の創設者であり、この製作所で多数の型の民間飛行機を試作し、また多数の型のグライダーを製作した。また多数の操縦者の養成に力を尽くし、日本航空協会の評議員となった。この功績によって、ＦＡＩより氏にこの賞状をおくる。
　　　　(原文仏語　木村秀政博士　訳)

ＦＡＩ表彰　1964年(昭和39年)10月19日
国際航空連盟［本部：1905パリ⇒1998ローザンヌ］
「氏は航空技術者」で始まる表彰文は、飛行機作りにこだわった音次郎にとってこの上もなく嬉しかったに違いない。

叙位　昭和四十六年(1971)十二月二十六日
音次郎永眠の日付で奏授された。

47 運命のいたずらは続く！

音次郎を津田沼に引き戻した新空港 昭和41年～46年

昭和41年、変転の末に成田の三里塚が新東京国際空港建設予定地となったが、何と滑走路予定地には恵美農場があったのだ。反対運動激化の中、音次郎は用地売却第1号グループとなり民間空港建設に協力する。その後、末子の和子と移り住んだのが旧津田沼町の伊藤飛行機研究所滑走路跡の埋立地だった。さらに「民間航空発祥之地記念碑」建設に尽力するなど、大好きな飛行機のために病をおして活動し、昭和46年(1971)12月26日終焉。

運命のいたずら① 新東京国際空港建設計画 ⇒ 滑走路予定地の真ん中に恵美農場が！

　東京国際空港(羽田空港)の飽和状態解消のため、昭和41年(1966)千葉県成田市三里塚地区に新国際空港建設が閣議決定された。建設計画では、何と「恵美農場」がB滑走路の真ん中に位置していたのだ(空港予定地には古村および12の開拓農協があった)。民間航空の発展を願い、明治末から数十年にわたり挑戦し続けてきた音次郎にとって願ってもない嬉しい出来事だった。空港建設反対運動は激化の一途を辿っていたが、音次郎は迷うことなく用地売却に応じ「契約第1号グループ」として昭和43年(1968)1月4日、1町9反3畝(約1.91ha 畑地/山林/宅地　家族名義含む)を空港公団に売却した。しかし、混乱の中空港建設は大幅に遅れ、昭和53年(1978)の開港を音次郎が見ることは叶わなかった。民営化に伴い成田国際空港と改称されたが今も用地買収は完了せず、東峰神社手前で滑走路は途切れ手つかずのまま現在に至っている。㊟東峰神社と反対方向の北西側に滑走路320m延伸(下図参照)。

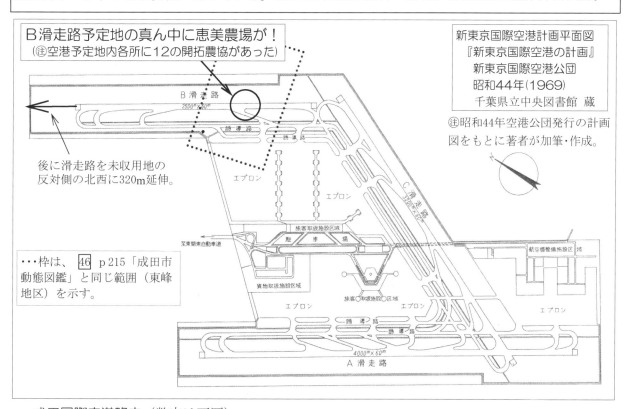

B滑走路予定地の真ん中に恵美農場が！
(㊟空港予定地内各所に12の開拓農協があった)

新東京国際空港計画平面図
『新東京国際空港の計画』
新東京国際空港公団
昭和44年(1969)
千葉県立中央図書館 蔵

㊟昭和44年空港公団発行の計画図をもとに著者が加筆・作成。

後に滑走路を未収用地の反対側の北西に320m延伸。

・・・枠は、46 p215「成田市動態図鑑」と同じ範囲(東峰地区)を示す。

成田国際空港略史 （数字は西暦）

61 運輸省新空港検討開始	67 反対闘争激化	91 成田空港問題シンポジウム
63 浦安沖、木更津沖、富里、	68 音次郎ら用地売却第一号	92 第二ターミナル供用開始
霞ヶ浦案などで検討	71 第一次第二次行政代執行	02 B滑走路暫定的に供用開始
65 閣僚懇談会で富里内定	78 A滑走路1本で開港	(未収用地を避け北西側延伸)
66 成田市三里塚に閣議決定	83 燃料パイプライン供用開始	04 民営化し成田国際空港㈱に
三里塚芝山連合空港反対同盟結成	86 第二期工事着工	23 現時点で当初案は未完成

㊟71(昭46)音次郎死去　　　㊟未収用地=東峯神社周辺域等

　生涯をかけた夢「民間航空発展」のため積極的に行動を起こす

　三里塚への空港建設計画は地域に大きな混乱を生み出した。公共の利益という理念とそこに住む農民の生活との対立である。農民たちの間でも古村と開拓村、絶対反対派と条件（賛成）派とに分かれ村落は分断していく。しかし、音次郎はそんな喧噪の中でもただ一人超然と"賛成"を唱えていた。ついに生涯をかけた夢「民間航空発展」が国際空港建設という形で現実のものとなるからだ。たとえ20余年にわたる苦しい竹林開墾の末に作り上げた恵美農場を取り上げられても少しも悔いはなかった。

◇ "純粋"に空港を歓迎したのは後にも先にも音次郎ひとり　　ルポルタージュに描かれた音次郎
『地元農民の圧倒的多数が空港反対を叫んでいるなかで、日本の水上飛行機の生みの親ともいわれた元社長の伊藤音次郎だけは、空港がきたことを大歓迎したという。いまは百姓に身を落としていても、彼の頭の中は飛行機しかなかったようである。おそらく飛行場がこの地にきたことを"純粋"に歓迎したのは、後にも先にも、この人ひとりではないかといわれている。
　　　　　　　　㊟原文のまま転載。[「三里塚アンドソイル」福田克彦　平成13年　平原社 p.40より]

伊藤家 蔵	空港公団と交わした土地売買契約書（部分）左上に契約第1号を表す「43.1号」と記載　正式契約日は「昭和43年(1968)1月4日」	㊟昭和42年11月17日の日記に『公団と契約書に調印す』とあるが、売却を前提とした土地調書(所有、地目、地積等)への押印
43.1号		

土 地 売 買 契 約 書

新東京国際空港公団の事業に必要な土地について、売渡人　伊藤音次郎 ㊞

大　字	字	地　番	地　目	公簿地積
東峰	笠峰	57	畑	15反4畝10

売却地は[畑地　1町5反4畝10歩]他に家族名義にしてあった[宅地155坪][山林2反4畝13歩][山林(現在畑)1反]（42年5月27日付 音次郎のメモより）

　昭和43年1月4日、年明け三が日を祝い早速「土地売買契約第1号」となった音次郎だったが、その間にも空港反対運動は政党や新左翼各党派が加わり激化していく。農民の間も分断から対立へとエスカレートしていく中、空港賛成ビラを単独で三里塚中に配布するような積極賛成派で契約第1号の伊藤家は『特に嫌がらせのようなことは受けなかった[家族談]』という。利得など勘定に入れず、終始一貫して民間航空の発展を願い、反対派に疎まれようが恨まれようが"純粋"に空港賛成を貫く音次郎は別次元の人間として見られ、対立や憎悪の対象から外れていたのかもしれない。

　反対運動はますます過激化し、空港建設は一向に進展しない。音次郎は意を決して「新聞に投書」「意見書送付（千葉県、空港公団、社会党）」「チラシ大量印刷・地域配布」などの思い切った行動に出る。
◆ 新聞に投書　　毎日新聞 昭和42年(1967)8月26日付投書欄　国会図書館蔵
　恵美農場主伊藤音次郎は、昭和42年夏、大胆にも空港反対を唱える日本社会党への丁重だが痛烈な批判を込めた質問状を新聞に投書し回答を求めた。

社会党と成田空港　どう解決するか聞きたい　　　農業　伊藤音次郎 76

　二十二日、ラジオニュースで社会党本部で成田空港の測量阻止を決定、総評などから数千人を動員して実力阻止を行うことを決議したことを聞き、あ然とした。この問題で社会党の地元出身の国会、県会各議員が少数反対者のために、最近も県庁に押しかけ反対デモを行ったことにつき、私は新しく委員長になった勝間田氏の意見を聞きたいと思っていたやさきにこのニュースで、ショックをうけた。空港問題は、すでに国会の決定を得て行われているはずである。富里から成田に変更されて、まる一年、ようやく地元民との話し合いがつき、いよいよ測量にかかろうとするとき、少数反対者のため、社会党は全党をあげて反対運動を行うとのこと。これでは、いままでの"何でも反対"から一歩も出ていない。党首交代で多大の期待をかけていた私は、社会党のため遺憾にたえない。
　空港問題は早期必要に迫られている。社会党は反対する以上この問題を、どう解決するつもりか、実行可能な方法をお聞かせ願いたい。関係地元民のうち、公表されている賛成者は八割、公表されない賛成者は一割以上、反対者は一割未満に過ぎない。この多数の賛成者は、すでに代替地、転職問題に取組み、一部では実行に移っている人々もある。万一社会党が希望しているようなことになった場合、社会党はこの人たちの精神的・物質的損失に対し責任ある償いを考えておられるのか。以上二点についてお答え願いたい。
　　　　　　　　　　　　　　　　　　　　　　　　　　　　　　　（千葉県成田市東峯）

◆日本社会党　勝間田委員長宛意見書　昭和43年3月14日付（右）
　投書に対する社会党の回答に失望し「空港建設に協力できなければ傍観の態度で」と訴えると共に「原地農民の反対理由に対して」と独自の見解を示した。ただ音次郎のように空港や飛行機に限りない愛情を抱くことのない農民には、20年をかけた開拓地は「先祖伝来の土地」と同じ価値を持ち、空港の必要性や国家の発展より一鍬の土塊の方が大切だった。音次郎の熱意が反対派農民に通じただろうか（条件付賛成派への後押しにはなったかもしれないが）？
◆地域住民へ大量の新聞折込チラシ配布　昭和43年(1968)7月

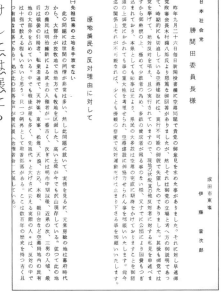

日本社会党
勝間田委員長様

成田市東峰
伊藤　音次郎

原地農民の反対理由に対して

㈠先祖伝来の土地を手放せない
此の問題に就いて、実情を知るに、元々開拓の地は幕府時代から、大部分が放牧地で当地方を牧場を図ると、然し此問題に就いて、高い志は今を山現存している茲で此の地方の歴史の引繼ぎは明治維新による武士の入植が一番古く、次を朝日台などの港川地内の人は有この大部分を占めている。中でも戦後の人々は、天神峰、東峰、松義、天弦、古込、木根、朝日台などの港川地内の人は有
　昨年九月二六日毎日新聞投書欄に空港問題で貴党の御意見を求めた事がありました、それに対し早速御党政幹事会木村籐八郎氏より懇篤な御回答がありましたが、時期的にも切迫している空港建設に、実行不可能の御説で失望した次第です。実は明治初期以後、近県の次、三男の入植者がこの地を手に入れ、血の出るような苦労を重ねて、天神峰、東峰、松義、天弦、古込、木根、朝日台などの港川地内の人は有

絶対反対の皆さん
バスに乗りおくれない様踏切って下さい
今迄の行きがゝりや　強迫に屈せず　勇気を出して立ち上がって下さい

昭和四十三年七月

航空五〇会

空港絶対反対の皆さん
国際空港は四十六年迄に絶対完成されねばなりません
御存じの通り地元大多数の賛成を得て建設準備は進行しています
今日では最早富里の二の舞は絶対に有りません
空港建設は国家発展のためです
国家の発展は全国民の発展であり　地元民である皆さん　此の大発展のがさず　新天地に活路を求め邁進して下さい　仕事はいくらでもあります
第三の賛成派が成立した由
日本国民であり　地元民である皆さん　此の好機をの

［左右共　伊藤家蔵］

［(左)のチラシ配布枚数］
三里塚分1500／芝山分1500
　　…戸別配布／個人渡し用
朝日3200／読売2300／林(新聞店
毎日・産経・千葉日報か？)4800
　　…新聞折込用
　　　　　　総計13,300枚
(チラシ原稿余白のメモより)

効果の程は？　ほかにも何種類かのチラシを大量作成・配布（メモ書きに新聞折込数など詳細に記録されている）したのだったが。

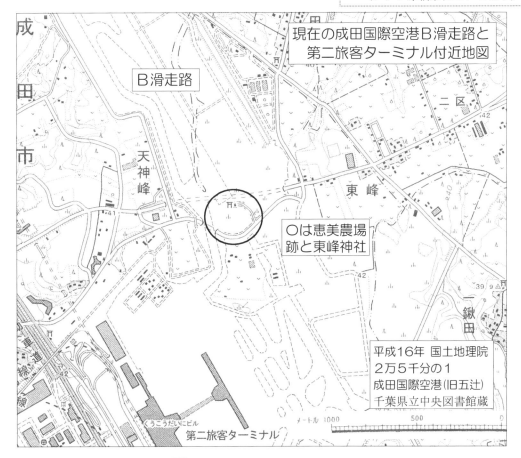

現在の成田国際空港B滑走路と
第二旅客ターミナル付近地図

成田市
B滑走路
天神峰
二区
東峰
一鍬田
〇は恵美農場跡と東峰神社
くうこうだいにビル
第二旅客ターミナル
東関東自動車線

平成16年　国土地理院
2万5千分の1
成田国際空港(旧五辻)
千葉県立中央図書館蔵

メートル 1000　　500　　0

注 〇枠は、219ページ及び 46 の「成田市動態図鑑」とほぼ同じ範囲を示す。
　未収用地の東峰神社とその周辺は荒地と畑が広がり、B滑走路が途切れている。

─ 運命のいたずら② 「習志野市沖合埋立事業」⇒ 新居は元伊藤飛行機研究所滑走路上に ─

　高度経済成長に伴い首都圏への人口流入が進み、大規模な住宅地の確保が必要となってきた。千葉県は、音次郎たちが飛行訓練を行った旧津田沼町鷺沼の干潟とその周辺を埋め立て、日本住宅公団が袖ヶ浦団地を建設、また隣接して戸建ての住宅用地を分譲した。音次郎末子の井上和子（本書監修者）は、倍率の高かった住宅用地分譲に当選、昭和43年（1968）住宅を建て、成田の農場と住居を空港公団に売却した音次郎も一緒に住むことになった。何とその新居は元干潟滑走路の跡地上であり、国道14号線を挟む僅か100m先には、元伊藤飛行機研究所の飛行機工場の建物が変わらぬ姿（戦後化学工場として利用されていたが平成24年末取り壊された）で建っていた。再び、夢を追い続けてきた懐かしい場所に戻ってきたのだった。

自宅より見る児童遊園地　昭和43年　干潟埋立地に立つ右手前住宅が自宅。奥が児童遊園。

「伊藤飛行機研究所滑走路跡」説明板（現在）
音次郎が末子和子と住んだ家に隣接する袖ヶ浦第二児童遊園内に建てられている。　［習志野市教育委員会設置］

膝下位の遠浅の海で海苔養殖作業　昭和43年
遙か彼方の埋立地（元干潟滑走路）に袖ケ浦団地が見える。ここまで来ても膝下までの海。

旧工場上より見降ろす滑走路跡の自宅　昭和43年頃
工場裏の崖上の高台から撮影。手前の瓦屋根の先が旧工場の一部か。更にその向こうの平屋（現在は二階建て）が新居。大正、昭和初期、写真の上半分を占める大空を恵美号各機やグライダーが海面にその姿を映しながら悠然と飛行・滑空していたのだ。

旧伊藤飛行機研究所跡

音次郎が晩年を過ごした井上和子宅

─ 干潟滑走路跡地のその後 ─
　旧津田沼町域（現習志野市）沿岸の干潟は、二度の埋め立てで大半が姿を消し（ラムサール条約登録地の谷津干潟のみ僅かに残る）、袖ヶ浦などの新町名がつけられ、大規模住宅団地や工場・流通基地などに大変貌を遂げた。
（ 22 地図で見る津田沼飛行場 参照）

第一次
埋立地

干潟

習志野市

1:25,000

国土地理院
昭和44年発行
習志野・千葉西部

(右)昭和44年10月　習志野市袖ケ浦埋立団地
　仁三郎(三男)　甫(孫・二男徳次の子)毎日新聞社機に
より航空写真撮影練習の時の作品
＊写真中央付近に居を構えた。

左地図の↑方向から撮影　右:海岸線　中:埋立地

─ 運命のいたずら③ ─ 病を押して最後の大仕事 ⇒ 『民間航空発祥之地碑』建立 ─
　飛行機に命をかけてきた地に戻って来た音次郎は、昭和44年4月29日、共に挑戦し続け散華した山縣豊太郎の『50回忌法要（航空懇話会）』を山縣飛行士殉空之地碑前で盛大に執り行った。
　そして最後の大仕事として、師奈良原三次が初めて開き音次郎らが引き継いだ千葉市稲毛の地に『民間航空発祥之地記念碑』を建てるべく建設委員会代表として奔走する。努力の甲斐もあって無事完成。昭和46年(1971)7月29日、重い病にもかかわらず病院から除幕式に臨むのだった。

(右)音次郎の挨拶『山縣豊太郎五十回忌』 23 参照)
　昭和44年4月29日　山縣飛行士殉空之地碑の前

(右下)『民間航空発祥記念碑建設地』殉空之地碑の隣
　昭和40年4月頃　左端音次郎と「津田沼空の会」の人々

音次郎原案の発祥之地碑
昭和45年　影山利政氏宛年賀状
＊二転三転し現在の形状に。

◆碑の場所を巡って
40年4月　鷺沼の殉空之地碑の隣に計画されていた(右下)
41年11月　稲毛海岸の視察
45年6月　第一回建設委員会
◆碑のデザインを巡って
『恩師奈良原三次、兄弟子の白戸栄之助の航空先駆者としての功を遺したい念願があった。…翁が初めに自分で設計した記念碑が、人が安座した膝のような台座の大石に高い石柱を建て…伊藤さんこれではまるで墓碑みたいですよ。…伊藤翁の真意はたしかにそこにあったのであろう。（個人感情を抑え、発祥之地記念碑に相応しいデザインをとの声で、次に高3ｍのステンレスの主翼を持つ図が設計家から提案も）三転して今回建設された記念碑設計となった。
郡 捷 編[民間航空発祥之地記念碑誌 編集後記 昭46]より

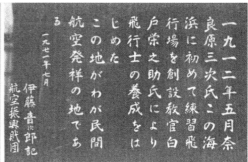

記念碑銘板 音次郎らしく師匠の奈良原
と先輩の白戸を讃えている。

一九一二年五月奈良原三次氏この海浜に初めて練習飛行場を創設し教官白戸栄之助氏により飛行士の養成をはじめたこの地がわが民間航空発祥の地である

一九七一年七月 伊藤音次郎記 航空振興財団

『民間航空発祥之地記念碑』除幕式

現 千葉市美浜区稲岸公園 ［高さ9.1m　上翼の幅9m］

昭和46年(1971)7月29日　入院中の病院から駆けつけ式典では建設委員会代表として挨拶もしたが、体調はすぐれず記念写真時には既に病院のベッドへ戻っていた。

記念に配布された鳳号の盾

『最大の好き日』
『除幕は白戸の孫 クス玉は美和（音次郎の孫）が綱を引いてパット花々しく開く
笹川氏の挨拶のあと自分が立ってすべての人達の好意と援助によって出来たる事の御礼を述べる…』 ［式典当日7/29の日記より］
　㊟美和さんは本書の監修者。

（左）記念式典で挨拶する音次郎(隣は及位ヤエ)

募金 法人1口2万円 個人1口1千円の募金開始後、航空振興財団(笹川良一会長)の補助事業として多大な支援を受ける。

現代の地図に見る稲毛飛行場跡と記念碑
JR稲毛
浅間神社
発祥の地碑
稲岸公園
研究所跡
国道14号
埋立地(元干潟)現在は住宅団地
旧海岸線
現海岸線
平成21年発行 国土地理院 千葉 2万5千分の1

現在の記念碑と松の木　平成28年
周りの松の木は、ライト兄弟初飛行の地キティホークの松の種を音次郎が成田市東峰で育てこの地に移植した。 ④ 参照)

音次郎の終焉　昭和46年12月26日 80歳
　高齢の上、病身にむち打ちつつ最後の大仕事を成し終えた音次郎は、その年の末に入院中の国立国府台病院で咽喉癌のため永眠。戒名「輝翔院浄音得造居士」、八柱霊園（松戸）に眠っている。民間航空史を塗り替える貴重な資料の「日記」は、震える文字で亡くなる直前まで書かれていた。

48 飛行機研究を支えた家族

父、姉、兄、妻、甥、そして子ども、孫たちとの温かい交流

日本民間航空の開拓者として奮闘した音次郎を常に支えたのは、やはり家族だった。忙しくてすれ違いが多かったようだが、5冊の「アルバム」には家族の写真が数多く含まれ、「日記」には家族の記述が溢れていたのである。

父の喜寿を祝うために自社で改修した飛行機で同乗飛行を（15分間）企画するなど、なかなか洒落た親孝行だ。機上で筆をとる父も度胸満点。
（右）「飛行」大正11年（1922）8月号巻頭グラビアと解説文（下）

◇日本で飛行した最高齢者
『喜壽のお祝ひに初めて津田沼で飛行された時の姿です。
両手にされてゐる扇子又は板面の文字は飛行中機上で執筆されたもので益々矍鑠たるその意氣は、壮者を瞠若たらしめるものです。蓋し本邦に於て飛行されたる最高齢者である。』㊟矍鑠（かくしゃく）
瞠若（どうじゃく）

（上）伊藤岩吉 七十七才 大正十一年六月二十二日 別機ブルドック
　伊藤式（空欄）型に記念同乗　機上にて扇面に 左 の字を書く
㊟同乗機は上記写真の機ではなく、恵美23型ブルドッグ。

音次郎が描いた母ヌイの肖像画
制作年月不明

大正四年娘時代の吉と其友人　左；きち　稲毛の浜辺にて

妻 きち 旧姓布施　稲毛海岸の商人宿「上総屋」[10 参照]の娘。音次郎は大口豊吉等とこの宿に長逗留し、奈良原の助手として腕を磨いた。一緒になった後は、飛行機作りに熱中し借金だらけの家計を切り盛りするなど苦労の連続だったが、明るさは失わず飛行家音次郎を支え続けた。
＊大正5年（1916）12月26日婚姻届出。平仮名の"きち"が本名（戸籍抄本より）。

大正７年、鷺沼海岸に移ってからのしばらくは、家族の写真や家の近所の風景写真などが多く残っている。次々と競技会で好成績をおさめたり、悪戦苦闘しつつも新しいアイディアで事業を拡大したりしている時期であったともいえる。その頑張りを支えていたのが、妻きちを始め小さな子どもたちの歓声が響く家庭だったのだろう。

大正七年鷺沼移転後
敷地内の池と井戸

大正七年　鷺沼に移って
吉と信太郎

（右）上の家時代　大正十一年　吉、惠美子、徳次、信太郎
［上の家］工場や格納庫からやや離れた高台の家に移った。

惠美子　六ヶ月　大正十一年
二女にも"惠美"と命名。

仁三郎と大蔵清三　大正十五年
大蔵は、音次郎の片腕として研究所のために惜しみなく働いた。後に毎日新聞社の操縦士として活躍。③⑤ 参照）

信太郎　仁三郎　エミコ　徳次
十才　三才　五才　七才
大正十五年十月

布施金太郎君と信太郎
　大正九年
妻きちの弟。操縦士になりたいと願ったが母親に反対され整備士になる。音次郎を慕い、成田にも一緒に入植、空港用地売却後は共に習志野（旧津田沼）に移り住んだ。

大正七年　鷺沼海岸
風景や草花の写真が何枚もアルバムに。

大正十五年頃

㊟布施金太郎の証言　「房総ヒコーキ物語（岡田宙太）」で、音次郎と伊藤飛行機研究所が生き生きと活動している様子を金太郎が回想している。

津田沼航空神社建設記念『昭和15年10月13日 大坂ノ兄夫妻文雄久次郎夫妻清、角夫妻ト奨、自分夫妻ト小供四人計十五人航空神社前ニテ写眞撮影』

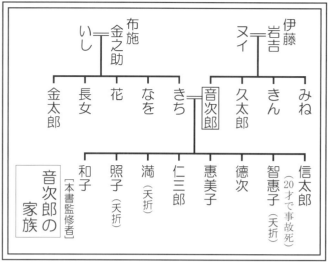

音次郎の家族

|布施 金之助＝いし|||||伊藤 岩吉＝ヌイ||||
|金太郎|長女|花|なを|きち＝音次郎|久太郎|きん|みね|

音次郎の子：和子（本書監修者）、照子（夭折）、満（夭折）、仁三郎、恵美子、徳次、智恵子（夭折）、信太郎（20才で事故死）

家計は火の車 "人に頼まれるといやと言えない"夫と、"やりくり"に苦労する妻 ─

◆二女恵美子(90)と四女和子(80)の対談より［平成25年10月20日］ 資7 参照

恵『人にもの頼まれると、いやっていうことが言えないんだよね。だから、いちばん苦労したのは母親だったね。』

和『お金ないのに貸しちゃったりね。』

恵『だから、うちにお金借りに来る人は、返すつもりなくて来るわけ。あそこに行って借りたら返さなくてもいいっていう頭でくるわけ。』

和『遺言ではないけれどいつも言っていたのが"貸した金は返ってくると思うな"なんだから。』

恵『貸しても取り立てないんだから。』

和『ちょっといいとそう（借りに来る）なのよ。悪い時は見向きもされないんだけど。』

恵『飛行機作ったり乗ったりするのは好きだけど金儲けは下手だったからね。』

◆母の"歯ぎしり"［末子井上和子の講演より 平成24年7月29日］ 資9 参照

『その中でも、私は母が一番大変だったと思います。父が飛行機の仕事をしていた頃、飛行機のことしか頭に無く、お人好しだった父は人に頼まれれば保証人にもなり、お金も貸してしまい毎日が火の車で、私が生まれる前は家も差し押さえにあったりで、随分と苦労したようです。後年、母が「私の歯が悪くなったのは、毎晩歯ぎしりをしていたからだ。」と、冗談交じりによく語っておりました。』

◆「伊藤飛行機研究所略年譜 昭和2年度分」より 資4参照

『此年会社工場には影響を与えなかったが、伊藤個人として差押え2回、破産申請まで受けたが、何んとか解決がついて多難であった昭和2年を越す。』

◆"差し押さえの日"の微笑ましくもほろ苦い家庭内の様子。 ［「音次郎日記」より］

『昭和2年12月19日 執達吏ハ 身分柄ダカラトテ 張紙ナドスベテ目ニツカナイ處ヘ張リ 額ナドハ其マヽニシ 價格ハ僅カニ 七十余円ノ見積リヲシテ帰ッタ由 廿八日競賣ノ事。差押ハ初メテノ体験ダガ（中略）夕食ノ時、信太郎ニチャブ台ヲ出サセル時 裏ニ張ッテアッタ紙ヲハガシテシマッタノデ、スグ又張ラセテ居イタガ 徳次ト二人デ何ンノ紙ダト聞カレヨワッタガ、オマジナイダト教ヘルト 又ナンノマジナイト聞クノデ、お金ノ出来ルマジナイデゴマカシタ』

◆金がなく苦しい生活に不平顔一つ見せない妻きち。 ［「音次郎日記」より昭和初期］

『昭和2年3月31日 家内病気 醫師ニ行キタイト云ッタガ金ナク終日ナヤム』医者にも行けず。

『昭和3年7月13日 明日女工ダケデモ支拂ヒタイノデ夜自分ト家内ノ冬モノアルダケ持タセテヤル 金明朝トノコトデアッタ コンナ時スコシモ不平顔ヲシナイ家内デ非常ニウレシイ』

『12月21日 旅費工面ノ爲メモーニングト家内ノ蒼物アルダケ質ニヤッテ三十円出來ル 米代二十五円ヲ工場ヘ 十五円自分デ持ッテ六時ノ汽車ニテ帰坂ス 心細シ』質屋通いでやっと帰阪。

『昭和4年9月30日 信太郎ノ定期券ヲ買ワネバナラヌ事ヲ思ヒ出シテ大困リ 夜家内ガトコカデ（ママ）借リテ來タ』家族や従業員の米代、夫や子どもの旅費等、隣近所に頭を下げて借りてくる妻。

『10月7日 米ニ困ッテ家内ガニ十円都合シテ來ル』妻の苦労を知ってか知らずか音次郎。

＊ライトプレーンクラブ設立に向け忙しく動く音次郎の陰に、内助の功を貫いた妻きちの存在。

こんなにも苦しい生活の中に家族団らんの幸せをかみしめる音次郎。仕事人間の別の顔が見える。
『大正15年1月1日　本年ハ朝ユックリト起キタ　日本晴レノ一點ノ雲モナカッタ　父、清平、吉、信太郎、キミ子、德次、エミ子、仁三郎トズイ分ニギヤカデアッタ　皆スコヤカデコトニ仁三郎ハ朝目ヲ醒スカラ寝ル迄終日元気デアッタ　本年ハ何カ病人ヲ出シタクナイモノデアル　今日ノ元気デアリタイ』
『昭和3年11月3日　八幡ノ學校ノ運動会ガアルノデ晝ノ辨當ヲ持ッテ行キナガラ小供ヲ皆連レテ見ニ行ク。イタイケナ小児ノ運動ヲ見テ居ルト涙ガ出テキマリガ悪ルカッタ』㊟この頃市川市菅野在住。
＊しかし、大正8年に智恵子、昭和5年に満と照子を相次ぎ幼くして亡くし、昭和11年には跡取りと
　目した長男信太郎を飛行機事故で失う。音次郎の慟哭の記述が日記に延々と記されている。

┌─ 父との旅行　［二女恵美子、四女和子の対談より　平成25年10月　資7　参照」 ─┐
　恵美子『（旅行など）私は行った記憶がない。』
　和子　『四年生の時、恵美会の伊勢旅行があった時に一緒に連れて行ってもらって奈良や名古屋へ
　　　　　寄ったのが一度きり。末っ子だからね。その時の写真が残っている。多少会社の景気が良
　　　　　かったのかも』
└──────────────────────────────────┘

『昭和18年1月4日　鹿ガ沢山ヨク慣レテ居ルノデ和子
　ガヨロンダ（ママ　喜）汽車デ法隆寺ニ行キ拝觀…』
＊恵美会（伊藤飛行機出身者たちの会）参加に合わせて妻と
　和子を連れて京都、奈良、大阪、名古屋周遊。（1/2〜1/7）
(右)奈良公園にて　きち、和子　昭和18年（1943）
＊家族を伴っての遠方への旅行など、音次郎には極めて珍
　しいことだったそうで、和子さんの大切な思い出だ。

　　　　妻への唯一の恩返し「園遊会」昭和36年（1961）秋

昭和三十六年　園遊会にて　皇居
園遊会への出席は、縁の下で支え続けてくれた
妻きちさんへの恩返しにもなった。

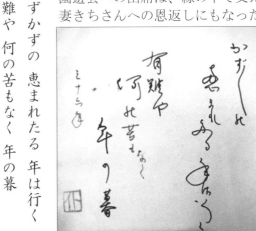

園遊会の写真の裏面に記された幸せに包まれた音次郎の句

有難や　何の苦もなく　年の暮
かずかずの　恵まれたる　年は行く

┌─────────────────────┐
『（借金だらけの生活で苦労し続けだっ
たが）昭和三十六年の秋、宮中で行われる
秋の園遊会に夫婦で招かれ、天皇陛下に
もお目にかかれて、母もいくらか報われ
たのかなと思っています。』
　　［末子　井上和子の講演より
　　　　平成24年7月29日］　資9　参照］
└─────────────────────┘

┌─ 妻への想い ─────────────┐
『三年前、妻にも先立たれた。東京訪問
飛行成功の年に結婚したのだから、今年
生きていれば金婚式を迎える年である。
金婚式記念に、昔、巡回飛行でまわった
土地を一緒に旅行しよう、と話し合って
いたのだが…生きているときは、苦労の
かけどおしであった。ただ、五年前、運
輸大臣の表彰をうけ、夫婦で、天皇・皇
后両陛下の園遊会に招待され、妻を連れ
て行ってやったのが、唯一の恩返しとな
ってしまった。
「こんなに晴れがましい席に出たことが
ない。お父ちゃん、本当にありがとう」
とくりかえして嬉しそうであった。』
　　　［「日本最初の東京上空三十秒」
　　　　文藝春秋　昭和41年7月号 所収］
└─────────────────────┘

49 幻に終わった映画化構想

円谷英二構想　黎明期航空界の映画化　昭和30〜40年代

民間航空界における音次郎の存在は、誠実な人柄と地道な努力、そして相反するような波瀾万丈の活躍の数々といえよう。そんな音次郎を始めとした航空黎明期の命知らずたちに目をつけたのが、特撮映画の巨匠円谷英二であった。映画化の構想はかなり具体的に進んでいたようだが、残念ながら円谷の急逝で幻となってしまった。もう映画化が蘇ることはないのだろうか。

　円谷英二が、黎明期の民間飛行家群像の映画化構想を練っていたことは一部に知られていたが、その詳細ははっきりしていなかった。ところが、この度の「伊藤音次郎」執筆のための調査を続ける中で伊藤家から次々と新資料が(再)発見され、幻の映画化の詳細が明らかになってきた。円谷は、具体的な計画を練っていたとされる昭和40年代前半より遙か10年以上も前から飛行機映画を構想し、資料を集め、研究を進めていたのである。それは、昭和33年秋の週間新潮誌上で明らかになる。また、何とそれには伊藤音次郎の末子(四女)で本書監修者の伊藤和子(現姓井上)が関わっていたのである。
　㊟書簡は伊藤家(井上和子)所蔵。書簡、注釈の波下線は著者による。敬称は略した。書簡中の表記は原文のまま転載。

── 証言①井上和子（音次郎末子）──

『そして戦後、昭和30年代ですが、週刊誌の尋ね人コーナーに伊藤音次郎を探しているという記事を見つけまして、私から円谷さんに連絡しまして、銀座でお会いしたことがありました。その時分、円谷さんは東宝の映画監督でしたが、「今ゴジラ等を作っているけれど、本当は飛行機の映画を作りたいのです。」と、熱く語っていらっしゃいました。その後、平木國夫さんという方が、何年も父の話を聞きに通われ「空気の階段を登れ」という父の一代記を出版されました。それを元にして、円谷さんは配役まで考えていたようだったのですが、父より1年早く病気で亡くなってしまい、映画化は実現しませんでした。』
　　　　［「伊藤音次郎展」講演記録　平成24年　於；習志野市菊田公民館］　資9 参照］

［上記の証言①を裏付ける資料］
　昭和31年の創刊号より今も続く「週刊新潮掲示板」は、各界の著名人が知人や思い出の品の消息、調査研究・執筆のための資料の有無などを誌上で読者に向かって問い合わせ、読者からの回答をまた誌上で紹介するという名物連載コーナーである。下記の号では、正宗白鳥、森光子、五味康祐、宇野浩二などが一緒に登場している。

円谷英二
『大正元年ごろの日本の民間航空創始時代のいろいろの苦心談や奇談、逸話を知りたいと思っているのですが。何か適当な当時の著書がありましたらお知らせください。当時は白戸栄之助氏や伊藤音次郎氏という飛行士が独学で飛行機の製作操縦をやっていたはずなのですが、この人たちの消息も知りたいと思っております。（特技監督・東宝）』
　　　　［「週刊新潮掲示板」週刊新潮 昭和33年(1958)10月13日号より引用 国会図書館 蔵］

円谷英二様へ
『おたずねの伊藤音次郎は私の父ですが、終戦と同時に津田沼の工場を解散いたしまして、有志数家族と共に、千葉県三里塚御料牧場の近く（成田市東峰55）に開拓者として入植しました。いまは2町歩の耕地を持ち、晴耕雨読の生活をしております。民間航空草分けの頃の写真や、いろいろな資料等、まだだいぶございますので、ご参考になればと思っております。また、父に直接お会いくださるならば、当時の面白い逸話等もたくさんあるかと存じます。なお白戸栄之助氏はだいぶ前に亡くなりました。（市川市八幡町7−81 伊藤和子）』
　　　　［「週刊新潮掲示板」週刊新潮 昭和33年(1958)11月10日号より引用 国会図書館 蔵］　［＊後に結婚して井上姓に］

和子と会った昭和33年以前から既に航空映画を作りたいと構想を温めていたことは確かなようである。この後、下記のように「ゴジラ㉙」など特撮映画のヒットの連発で忙しい中にもかかわらず、円谷は合間を縫って積極的に行動、音次郎等の資料を集め、映画の具体的な構想や風景のイメージをふくらませ、時には黎明期飛行家たちが躍動した現地を訪れてロケ地の適否の調査までしたようである。

```
-【参考】[同時期「特技監督」として円谷が手がけた主な作品] 昭和30〜40年代　＊㉚は昭和年数 ---
[怪獣映画]　　　　　　　　　[ＳＦ映画]　　　　　　[戦争映画]　　　　　　　　[その他]
「ゴジラの逆襲㉚」　　　　　　「地球防衛軍㉜」　　　　・「潜水艦イ-57降伏せず㉞」　「白夫人の妖恋㉛」
「空の大怪獣 ラドン㉛」　　　　「宇宙大戦争㉞」　　　　・「太平洋の嵐㉟」　　　　　「日本誕生㉞」
「モスラ㊱」　　　　　　　　　「電送人間㉟」　　　　　「紅の空㊲」　　　　　　　「孫悟空㉞」
「キングコング対ゴジラ㊲」　　「ガス人間第一号㉟」　　「太平洋の翼㊳」　　　　　「ゲンと不動明王㊱」
「三大怪獣 地球最大の決戦㊴」　「妖星ゴラス㊲」　　　　「太平洋奇跡の作戦キスカ㊵」「大阪城物語㊱」
「怪獣大戦争㊵」　　　　　　　「緯度０大作戦㊹」　　　「日本海大海戦㊹」　　　　「大冒険㊵」
＊38年円谷プロ設立　＊テレビ界へ「ウルトラＱ㊶」「ウルトラマン㊶」「ウルトラセブン㊷」
　　　　　　　　　　　　　　　　㊟無印は「特技監督」、・は「特殊撮影」、テレビでは「監修」---
```

　数多くの特撮映画を制作しつつ10年余に及ぶ調査を経て、ようやく構想がまとまりを見せたのは昭和40年代始め頃。証言②のように昭和43年４月、円谷と音次郎は親しく会食し、その際「日本飛行機野郎」の企画書を渡され説明を受けている。自分が主人公の一人として登場するドラマに照れ、「面はゆい」と正直な感想を述べている。そして律儀な音次郎は、古いアルバムから複葉機やそれを操縦する自身や仲間の飛行家たちの勇姿を複写し同封したものとみえる。　㊟正しくは「日本ヒコーキ野郎」

```
── 証言②伊藤音次郎［円谷英二に宛てた書簡］昭和43年(1968)４月19日付　便箋１枚 ──
『拝啓　先搬ハ大変御馳走━なりまして　其後御挨拶も申上げず失礼いたしました
此程立派な日本飛行機野郎企画書を頂きまして有難う　何んだか面はゆい感じがいたします
同封写真　何二かの御参考に相成りますれば幸甚━存じます　御成功を御祈り申上ます　早々
　　　　　　　　　　　　　　　　　　　　　　　　　　　　　　　　　伊藤音次郎

　　円谷英二様
　　四十三年四月十九日　　　　　　　［伊藤家 蔵　㊟カーボン紙による発信書簡保存帳 より］
　　最近別記の処へ移住いたしました』　㊟移住＝空港用地売却後、成田市東峰より習志野市袖ヶ浦へ転居。
```

　企画書は、ＮＨＫ用、ＴＢＳ用などと何種類か用意していたようで、企画書に基づき各放送局側と企画意図、放映時間、連続回数、セットの規模、出演者と人数等々の細部を交渉したのであろうか。
　次の証言③の書簡で、円谷はテレビ放映の準備を進めていたものの、飛行機など大道具や格納庫などのセットに予算がかかることを理由に先送りされてしまう。しかし、めげることなく「永年に亘って考へ、あたためて来た企画」と次に期している。㊟昭和43年の企画書の一部は「⑬証言」に転載している。

```
── 証言③円谷英二［音次郎に宛てた書簡］昭和44年(1969)１月16日付　便箋３枚［伊藤家 蔵］──
『新年おめでとう御座います。御元気に御越年のことゝ拝察し誠によろこばしく存じます。
さて、昨年中にテレビ放映の予定で準備して参りました「日本ヒコーキ野郎」残念ながら本年十月
放映の予定に持越されました。企画にはテレビ局側も大賛成なのですが　何しろ高格(ママ)な制作費
を要しますので難点があったわけです。先づ当時の飛行機七機の制作費、格納庫四棟と工場二棟の
費用をなんとか別経費として捻出を計らなければなりません。この運動が昨年中には出来ませんで
したので　今年こそはと考へ只今積局(ママ)的に活動を開始して居ります。その上、私としましても
永年に亘って考へ、あたためて来た企画なので意義のある作品として残したいと思へますので　出
来るだけ幅広い賛助者を結成して、映画の完成後も、使用した飛行機を適当な場所に陳列し　日本
民間航空発展のあとを偲ぶ参考館としたい考へも持って居ります。そのために各方面の方々にも会
見して賛意を得たい所存ですが、いづれにしてもそれ等の件については適当な御指示と御援助を御
願ひいたします。いづれ拝眉の上委しく御話も申上げたく考へて居りますので　その節はよろしく
御智恵を拝借させて下さい。右今日迄の経過を御報告重ねてお願ひ申上げる次第です。
　一月十六日　　　　　　　　　　　　　　　　　　　　　　　　　　　円谷英二
　伊藤音次郎様　　　　　　　　　　　　　　　　　　　　　　　　　　　　　　　』
```

　飛行家志望少年だった円谷は、単に映画化を図るだけでなく大道具で使用した飛行機などを展示し民間航空の軌跡を偲ぶ"参考館"を構想していたが実現することはなかった。
　次の３通の書簡［証言④⑤⑥］は互いに密接に関連する。音次郎は、長い年月を費やし完成間近となっている［円谷英二の映画］と［平木國夫の小説］の仲立ちのため、骨を折っていたものと思われる。

─── 証言④伊藤音次郎［円谷英二に宛てた書簡］昭和44年1月25日付 便箋1枚 ───
『円谷英二様
拝啓 其後は御無沙汰いたしました いつも御作品や紙上での御評判で 御活躍振りを拝察いたし
ております 此度御書面ニより多年ニ渡る御執念にホトホト感じ入りました
私の様な平凡人では 反って御作品をけがさないかと恐れています
時ニ 現在伊藤忠航空KKの航空部の要職ニ居て 操縦士でありアマ文士でもある 平木国夫氏が
私の五十年来の日記をもとに マダ未発表ですが小説風として原稿用紙千五百枚もかき上げたもの
があります
　　　平木氏ニ見せて出して貰う事とす
　　　　四十四年一月廿五日』

[伊藤家 蔵 ㊟カーボン紙による発信書簡保存文書が残るが、「別冊人間像」掲載の平木の創作ノートによると「絵葉書」だったとあり文面も微妙に異なる。その絵葉書を平木が投函したのだろう。この保存文書は下書きで、絵葉書に書き直したか。]

上記証言④は円谷からの書簡③［映画化の進行状況報告］に対する音次郎の返信。円谷の映画化への並々ならぬ取り組みに対し「御執念」と表現し感じ入っている。また、円谷の映画化をよりリアルかつ迫力あるものとするために《重大な情報＝平木國夫による未発表ながら1500枚の航空小説》の存在を伝え、連絡を取るように勧めている。なお、本書簡④は証言⑤の書簡の中に同封されており、平木に了解(小説原稿のことを円谷に伝えてよいかどうか)をとった上で投函と慎重である。

─── 証言⑤伊藤音次郎［平木國夫に宛てた書簡］昭和44年1月25日付 便箋2枚 ───
『拝啓 御手紙と原稿拝見いたしました
　五年間ニも渡る一方ならぬ御努力 尚実らず遺感(ママ憾)な事と存じ上げます 何ニか私にも大きな
責任がある様ニ感じられますが どうしてよいかもわかりません 凡人ひたすら好期の現れを祈願
いたします
　兼ね兼ね 円谷氏が やはり私を主とした飛行機野郎の映画を作るべく 私と交渉を持ってから
も、すでニ十年以上ニなりますので 最近(㊟円谷から)いたゝいた手紙の御返事を別紙(㊟書簡④)の様
にかきましたが(㊟貴殿に)御差支があるかも知れぬと思い 一度御目ニかけます
差支なければ 御手数ながら御投函下さい もし、いけない場合ハ破るかお手許ニにおゝき下さい
そして その事を一寸御知らせ下さい
厳寒の候 御家族御一同様 御健康を御祈り申上ます 早々 伊藤音次郎
　四十四年一月廿五日返 平木國夫様』　　　　　[伊藤家 蔵 ㊟カーボン紙による発信書簡保存帳 より]

平木の音次郎日記との格闘(膨大かつ読みづらい日記を家族総出で清書、それを元に伝記小説1500枚を書き上げた)は有名であるが、上記証言⑤では小説が未発表であることを自分の事のように心配し、責任を感じている音次郎に、飛行家時代から変わらぬ、相手を思いやる気の良い姿が思い起こされる。また「飛行機野郎の映画を作るべく 私と交渉を持ってからも、すでニ十年以上になります」とあるように、昭和33年の「新潮掲示板」以来映画化のための資料集めを続けていたことが明かになる。
　そして、この書簡は前記④と同じ日付である。つまり、平木宛の書簡⑤に「円谷に出す予定の書簡④の内容(平木の未発表1500枚の原稿の件が書かれている)で良ければ私に代わり投函してほしい」と依頼している。映画も小説も完成が急がれており、書簡の往復の繰り返しを避けたのだろうか。
　音次郎の気持ちを汲んだ平木に異存のあるはずもなく(『伊藤飛行機の銀幕上での乱舞が見たくてならない。大いに協力しよう。』［「創作ノート」別冊人間像より］)、書簡を受け取るや否や直ちに円谷宛の書簡④を音次郎に代わり投函すると共に、『モロテヲアゲ テサンセイ…… デ キルカギリノゴ キヨウリヨクシタシ』と次の電報⑥を打ち、円谷への協力を誓うのだった。

─── 証言⑥平木國夫［音次郎に宛てた電報］昭和44年1月29日 ［伊藤家 蔵］ ───
電文『一ガ ツニ五ヒツ ケフミハイジ ユ・ツブ ラヤシエイガ カノケントウホウモロテヲアゲ テサンセイ・フルキヒコウキノトクシヤツブ ラヤシシカナシ・トウホウモヨキヒコウキヤロウノエイガ デ キルヨウデ キルカギ リノゴ キヨウリヨクシタシ』ヒラキ』
『一月二十五日付文拝受 円谷氏映画化の件当方諸手を挙げて賛成 古き飛行機の特写円谷氏しかなし 当方も良き飛行機野郎の映画できるよう できる限りの御協力したし』平木』

　この音次郎から両者への書簡(44年1月25日付)がきっかけとなり、連絡を取り合うようになるが売れっ子の円谷は忙しく、直接会うのはまだ先のことであった。平木は、［「創作ノート」別冊人間像 所収］に『円谷英二氏は目下テレビ撮影中で多忙なので、十日過ぎに是非お眼(ママ)にかかりたいといっている。なんとか今年は、伝記小説「空気の階段を登れ」と映画「空気の階段を登る飛行機野郎」に日

の眼を見せてやりたいものである。』と記している。㉝平木は、自らの小説の題名で映画を呼んでいる。

　音次郎が意図したとおり3ヶ月後には証言⑦⑧⑨にあるように、平木の小説と円谷の映画化が一気に急接近、二人は旧知の間柄のように親しくなり映画化に向けて具体的な話を展開、"原案円谷英二・原作平木國夫"で制作しようという程までに話は進んでいくのだ。

── 証言⑦伊藤惠美子（音次郎二女）、井上和子（音次郎末子）の回想 昭和44年4月29日 ──

『山縣豊太郎さんの50回忌（昭和44年4月29日 正式名称は「航空懇話会」）を父と航空五〇会が主催して行った際に、円谷英二さんや平木國夫さんもいらして、父を主人公の一人とした航空映画のことで盛り上がっていました。円谷さんは、ずいぶん具体的な構想を練っているようで、主役は「竹脇無我」だと楽しげにおっしゃられていたのを覚えております。』

［「山縣豊太郎回顧五十年」の航空懇話会（法要）］
昭和44年4月29日 習志野市鷺沼（旧津田沼飛行場）
「殉空之地」碑前での平木と円谷の会話から。
＝証言⑧の平木著書に同内容が記載されている。

（右写真）左:平木氏　右:円谷氏　四月二十九日式場風景 航空映画の件で盛り上がっているお二人。

　音次郎の娘たちが目撃したこの日の円谷と平木の二人の様子（証言⑦）とその後の展開を、平木國夫が著作中に詳しく記しているので映画化に関係する部分のみを複数箇所引用させていただいた。円谷の映画化への強い思いや、平木の自著への溢れる自信と愛着など、なかなか興味深い内容が満載である。㉝「人間像」＝北海道に事務局を置く文芸同人誌（平木も同人）

── 証言⑧平木國夫『創作ノート「空気の階段を登れ」』昭和51年2月「別冊人間像」所収 ──
　㉝書籍の発行は昭和51年だが、引用文の大半は昭和44年執筆と文末に記してある。
『（山縣五十年忌当日＝昭和44年4月29日　円谷と会うことを待ち望んでいる）ようやく姿をあらわした。あとでわかったことだが、氏は「空気の階段を登れ」のロケ地下検分に行ってきたのだ。「ああ、平木さん！会いたかった。いいえ、今日は必ず会えると、それが目的でやってきたんですよ」と白髪の、私よりやや上背のある氏が、私の右肩を抱きかかえるようにして握手した。』
　＊音次郎の紹介（証言④⑤の書簡）以来連絡を取り合っていた。ロケ地下検分など映画化の具体的な行動。
『ともかくつつがなく式が終り、乾杯がはじまると、酒が呑めないという円谷氏は、もしよろしければ東京まで一緒に帰りませんかという。（中略）　ふたりで式場を抜け出し、音次郎氏宅に立ち寄る。私の手荷物をあずけてあったからだ。家の人たちに是非にとすすめられて、三十分ほど上りこんだ。お茶を呑みながら、主として音次郎氏の三男、仁三郎氏と話合う。（中略）　円谷氏にはこの新居ははじめてだが、家の人たちとは顔見知りであった。』
　＊証言①の新潮掲示板での出会いから10年来の聞き取り調査で何度か訪問したようだ。
『（円谷の車に同乗し東京へ帰る車中で話が弾む）円谷氏との接触がはじまったのは、今年になってからだ。「日本ヒコーキ野郎」という映画を作るのだが、その中心人物に伊藤音次郎氏をすえたいということからであった。』　＊音次郎による円谷への平木紹介（書簡④⑤）による。
『ともあれ氏は、長い間、子供相手ばかりの仕事をしてきたので、ここらあたりでライフワークを作りたいのであろう。無理もないことだ。ところが今、東京への車中で聞いたのはそんな簡単なことではなかった。実は、円谷氏自身が大へんなヒコーキ野郎だったのだ。ライフワークも文字通りのもので、本気の本気だったのだ。氏は、大正六年五月二十日東京芝浦で墜死した日本飛行学校の創立者のひとりであり、操縦教官の玉井清太郎の弟子だったのである。玉井清太郎は稲毛時代には音次郎とも親しかったし、この稿のはじめに出てきた玉井藤一郎の兄である。飛行学校の出来たのが大正五年八月だから、僅か十ヶ月の短期間だったが、円谷氏はここの練習生だったことがあるという。いわば航空界の大先輩だ。』＊円谷の映画化を軽く考えていた平木だったが、何と円谷は自分が執筆していた羽田の玉井清太郎の弟子であり本物のヒコーキ野郎であった。円谷の覚悟に改めて感動する。
『「原作平木国夫、原案円谷英二として、出来れば玉井さんのいた羽田の方もふくらませて、稲毛や津田沼と対比しながらやりたいのです、がよろしいでしょうか」「もちろん私は、どんな作られ方をなさっても少しもかまいません。」』＊元々は師の玉井等羽田を描くつもりだったと思われるが、10年来の音次郎との交流、さらに平木の原稿を読むうち、稲毛・津田沼の音次郎を中心に羽田の玉井との対比（音次郎をライバル視し燃えていた玉井の早すぎる死）など飛行家群像を描くことに変わっていったのかもしれない。

『円谷氏が、今朝早く家を出たのは、ロケ地選定の意味もあったという。出来るだけ竜次郎氏らの古戦場でオープン・ロケにしたいが、稲毛も津田沼もすっかり埋立てられ団地になっているので、その間近かで葭の名残りをとどめている谷津海岸にきめたとか。そこへ格納庫を建て、実物そのままにクラシック・プレーンを七機製作し、現場に泊り込みで撮影にあたりたいという。（⑱浅間神社境内、元上総屋旅館などの記述もあり。）「むかしのものは、出来るだけそのまま使いたいと思っています」若々しく、生き生きという。』＊谷津海岸（旧津田沼町西部）でオープンロケを行い、格納庫や工場を建て、飛行機を七機製作するなど本物に近い環境で撮影するというこだわりの映画づくり。

『死の間際まで「空気の階段を登れ」のコピイを離さず、伊豆の別荘まで一部分を携えて、しきりにメモをとったりしながら、「この映画さえ完成出来れば、もう思い残すことはないんだ」と繰返していたという。』＊まさしく、「飛行機野郎」の制作を"ライフワーク"としたかったのだろう。

　当然のことながら、上記⑧の創作ノートと次の⑨書簡とで違いは見当たらない。３人ものシナリオライターがいたり、ＴＢＳとＮＨＫの両局とテレビ放映についての協議が進んでいたりと、映画化もいよいよ大詰めに差し掛かってきた。

―― 証言⑨平木國夫「音次郎に宛てた書簡」昭和44年（1969）5月16日付　便箋４枚［伊藤家　蔵］――

『山県氏法要の写真が出来てからと思っておりましたのでお手紙差上げるのがおそくなりました。茲許同封お送り申し上げます　あの日は円谷英二氏といろいろ打ち合わせのような話をして東京まで参りました。原案円谷英二、原作平木國夫で仕事を進めたい由。原案と言うのは、玉井清太郎、相羽有の羽田海岸の話をふくらませ且つ稲毛、津田沼と対比して描きたいからの由です。原作「空気の階段を登れ」は実は昨年十二月半ば過ぎに朝日新聞社に持ち込み、一月半ばには「出版の方向に話が進んでいる矢先」円谷氏の映画化が持ち上ったため、しかも控え原稿が一部しか私の手もとになかったので、円谷氏が朝日から借りてきて三人のシナリオライターに読ませたり御自分が読まれたりで、話も一頓挫というかっこうですが、今日十六日円谷氏は朝日へ出かけ（原稿を返しがてら）出版を急いで欲しい旨（例えば週刊朝日かなにかに先ず連載をはじめるかどうか）よく相談するそうです。当初は、筆写しようかと思われたそうですが、なにしろ千五百枚もありますので、書物にしてもらったのをシナリオライターや関係者に配布しようと言うわけです。一方、昨日、朝日新聞の足田出版局次長（事実上は出版の最高責任者）からは次のような連絡がありました
　　　「円谷氏には御原稿お貸ししましたが、映画化の方も早く実現させたいものです
　　　　出版もそれに歩調を合わせてと考えている次第です」
　テレビ映画開始の予定は、ＴＢＳなら十月から、ＮＨＫなら来年二月で、前者なら一時間番組半年、後者なら一年継続したい由ですが、いずれにしても台本が急がれるわけです。円谷氏はここ二三日風邪でお休みでしたが、そんな事情もあって、今日はどうしても朝日にいかれるそうで、どうやら出版の話も映画の話も大詰に来たように存じます（後略　音次郎日記の借用について　他）
　　　　五月十六日　　　　　　　　　　　　　　　　　　　　　　　　　　　平木國夫拝
　　伊藤音次郎様　　　　　　　　　　　　　　　　　　　　　　　　　　　　　　　　　』

―― 証言⑩足田輝一（当時朝日新聞出版局長）昭和46年（1971）9月 ――
　　　　　　　　　　　　　　　　［平木國夫「空気の階段を登れ」出版記念会での祝辞］

『…じつは、この本を、非常に面白いところを目をつけられた方がたが沢山おられまして、たとえば、中には、当時、東宝の監督で、特に特撮の方で有名であられる円谷英二氏―この方も、この原稿がまだ本になる前に、評判をきいてこられまして、是非そのナマ原稿を読ましてくれないか、とおっしゃいました。が、わたくしの方も、おあずかりした原稿を、外部の方にお見せするのはどうかと思いましたけれど、平木さんのおゆるしを得まして、円谷さんに読んでいただき、円谷さんも非常に感動されまして、是非これは、映画にしたいと、こういうふうな話があったのであります。この円谷さんも、残念ながら、この話が実現する前になくなられました。』
［「悲喜こもごも取材楽屋話　その41　足田輝一・朝日新聞出版局長（上）」平成７年　平木國夫「風○天ニュース」所収］

―― 証言⑪平木國夫『大空が俺を呼んでいる』 ――
　　　　　　　　　　　　　　　　「ヒコーキ野郎」昭和47年２月号　日本飛行連盟　所収

（大正５年10月５日の三本ヨシ飛行場での初飛行以来）玉井式２号機が完全に飛べるようになったころ、練習生も５指を越えていた。長田正雄（21）、石橋熊一（21）、長谷川常芳（19）、円谷英二（15）、青

木茂(19)、福長浅雄(23)等である。円谷は2、3ヶ月在籍しただけで、映画界に転じていった。しかしヒコーキが根っから好きだった証拠に、ずっと後になるけれど、「燃ゆる大空」(昭和15年)、「ハワイ・マレー沖海戦」(昭和17年)、「加藤隼戦闘隊」(昭和19年)の航空機の特撮を進んで担当したばかりか、陸軍航空本部から「操縦法」映画の製作を発注され、パイロットつきで中間練習機をあずかったが、自分でも練習することを認められ、通算500時間飛んでいる。更に戦後、「日本ヒコーキ野郎」の製作をライフワークとしていたのに、昭和45年1月急死した。「日本ヒコーキ野郎」の主人公は伊藤音次郎で、それに円谷英二の思い出の地でもある三本ヨシ飛行場と羽田穴守界隈を舞台に、玉井清太郎らのことを加える予定であった。

㊟三本ヨシ飛行場＝羽田日本飛行学校の干潟飛行場。　　㊟本名は円谷英一。

円谷は、戦時中の航空映画制作の際に500時間も飛んだという。自らがヒコーキ野郎だったのだ。主人公の伊藤音次郎と個性的な玉井清太郎という二人を据えた映画は面白いものになったろう。

── 証言⑫井上和子 他 [「朝日新聞」平成19年9月28日（夕刊）飛行機雲 見上げて⑩] ──

『恵美子の妹の井上和子が父親への強烈な印象をもったのは57年ごろ、週刊誌の尋ね人広告に父の名前を見つけた時だった。銀座のレストランで会ったその広告主は「ゴジラを作っています」と名乗った。「特撮の神様」、円谷英二だった。[証言①参照]㊟広告ではなく消息照会記事[58年]
円谷は15歳のころ、飛行学校に入って操縦士を目指したことがあった。初対面の和子に「私は本当はゴジラではなく、お父さんの映画を撮りたいのです」と、紹介を求めた。民間航空史に詳しい作家の平木國夫は円谷から原作者になってくれないかと相談を受けた。「古い飛行機の話では売れないという映画会社を何とか説得していらしたようです」
円谷の思い描いた映画のタイトルは「ニッポン・ヒコーキ野郎」。奈良原の元で飛行機造りに奔走する伊藤を描くはずだった。円谷の三男の粲（あきら）は「音次郎さんにオヤジは自分の少年時代をダブらせていたようです」と振り返る。しかし、書きかけの企画書を残して70年、英二は世を去った。
もし、幻に終わらなければ、どんな作品が生まれていただろう。青い空と海を背景に、暴れ回る命知らずの若者たちの姿が見られたはずだ。空への見果てぬ夢を抱いた、ヒコーキ野郎たちの姿が。』

どんな映画が生まれていたことだろうとは、著者も含め航空ファン、映画ファンの共通する声であるが、今となっては夢である。

本書執筆がほぼ終わり入稿しようという矢先、ネットの書評で次の⑬の書籍を発見し早速購入した。何と、円谷の幻の映画「日本ヒコーキ野郎」の企画書の一部が引用されていたのだ。欣喜雀躍とはこのことをいうのだろう。推測と断片でしかなかった映画の内容が、企画書とはいえ公になったのである。早速、本書「伊藤音次郎」に転載することにしたが、本章49の最後を飾る貴重な資料となった。

── 証言⑬白石雅彦「『帰ってきたウルトラマン』の復活」双葉社 令和3年4月 より ──

円谷プロ1968年（昭和43年）

68年の企画書でもっとも注目すべきは「日本ヒコーキ野郎」である。これは英二念願の企画であり、死の直前まで実現に心血を注いでいた（注七）。68年3月30日に印刷されたこの企画書は、TBSに提出されたもので、番組フォーマットは60分、連続26回、オールフィルム・カラーを想定していた。これは他の二本より先行していて、表紙の右下には"円谷プロ企画室"と印刷されている。ここで、企画だけに終わった幻の「日本ヒコーキ野郎」をほんの一部分であるが紹介したい。以下、冒頭の文言と企画意図を採録しよう。（注七）劇場映画を含め検討されていたようである。

これは……
日本民間航空の揺籃期に、飛行機に憑かれた青年たちが、未知の大空に鳥の如く羽ばたかんとして、悪戦苦闘した笑いと涙の航空秘話である。
（1）企画意図
彼等は、自ら「空の野武士」と名乗った。日本民間航空の夜明けに、命知らず、道楽者、ヤクザ者、山師などと罵られながら、大空に憧れ、飛行機に憑かれ、開拓的情熱を燃やした青年、つまり日本のヒコーキ野郎たちがあった。
彼等は、国家の援助もなく、自らの血と汗で飛行機を開発し、生命を賭して操縦を習い、明日の日本の空を開くために悪戦苦闘したのである。

航空が今日あることを信じた彼等が、暗中模索しながら、田畑を家を売り払い、日本の空に築き上げたパイオニアとしての虹は、現在の驚異的な航空機の発展に貢献し、光り輝いているのである。
　　　これは、彼等「空の野武士」たちが、努力と活躍のうちに演じた珍談、奇談の数々を、時に喜劇的に、時に悲劇的に、フィクション・ドラマとしてつづり、日本の民間飛行家たちが、日本の空を征服するに至る楽しくも雄大な歴史をドラマ化するものである。
　　　明治百年を記念し、五十年前のそうした空の開拓史を描くことは、宇宙開拓の認識をたかめるためにも、また、現在七十才を過ぎた過去の空の野武士たちの功績をたたえるためにも意義あることだと思う。
　　　先覚者たちの、限りない努力と犠牲の結晶として、今日の航空界の隆盛があるのだから‥‥‥

　以下、ドラマの設定と展開、主な登場人物紹介、前半何話分かは不明だが、かなり詳細な具体的ストーリーが書かれていて、他に三本のエピソードも紹介されている。具体的ストーリーを読む限り、円谷プロが得意の特撮を活かしつつ（注八）、本格的ドラマを目指した意欲作で、かつてパイロットを目指した円谷英二の思いがそのまま反映されている印象がある。
（注八）飛行シーン、台風などの特撮シーンがある。　　　（中略）
　「日本ヒコーキ野郎」主人公の名前は白井音吉、これは日本航空界のパイオニア、奈良原三次男爵の弟子であった白戸栄之助、伊藤音次郎の二人を合わせたネーミングであり、後者は番組の監修者として企画書で紹介されている。奈良原自身は、奈良本男爵として、そして円谷英二の教官だった玉井清太郎は玉井清一として登場する予定だった。　　⑬偶然だろうが、丁稚時代に音吉と呼ばれていた。
　　　　　　　　　　　　　　　　　　　　――⑬横書きにしたため、年月日は算用数字に変えてある。――

　以上①～⑬の各氏の証言からも、円谷英二が"主人公音次郎と羽田の玉井を両輪に数々の空の猛者たちが登場する、日本民間航空黎明期の大空を翔び回る痛快な航空ドラマを制作しようとしていた"ことは確実である。そして、あの世界中を席巻した"ゴジラ（昭和29年）"と同じ頃には既に温め始め10年以上かけて醸成させてきた企画であること、具体的なシナリオ原案、配役や大道具、大規模なセット、資金調達方法、テレビ放映（長期連続ドラマ）の日程まで考えていたことなどが判明した。
　しかし、残念なことに円谷は昭和45年(1970)1月に急逝してしまう。直前までテレビ映画「日本ヒコーキ野郎」の企画を練っていたというが、ついに幻の映画となってしまったのである。
　円谷が民間航空黎明期の映画を制作しようとした背景には、①円谷自身が少年時代から飛行機好きで、大正5年に15歳で羽田の日本飛行学校（校長　相羽有、教官　玉井清太郎）に第一期生として入学するも、翌6年唯一の教官である玉井の墜死や台風による高潮被害で飛行場と施設が壊滅したこと。そのため飛行学校が活動停止となり、仕方なく退校せざるを得なくなったが飛行機のことを忘れることができなかった。②当時は既に引退していた音次郎や家族との交流、聞き取りから黎明期飛行家たちの波瀾万丈の生き方に触れて、「これは面白い映画になる」と天才映画人である円谷が直感したのではないだろうか。③さらに、音次郎の日記をもとに執筆された、平木國夫の大著「空気の階段を登れ」を原作本としてさらに膨らませることができた。（野武士のようなヒコーキ野郎たちを多数登場させることができた）④もちろん戦中の戦記映画の経験があったことは言うまでもない。

＊円谷英二　本名英一。特撮の神様と呼ばれる日本特撮映画界の第一人者。「ゴジラ」「ウルトラマン」等が名高い。
　少年期から好きだった飛行機の映画「日本ヒコーキ野郎」企画中の昭和45年1月、68歳で死去。
　15歳で入学した日本飛行学校が活動を停止し映画界へと進む。カメラマンとして着実に力をつけ先進的な撮影技術を生み出す。戦時中は特撮を駆使した「ハワイ・マレー沖海戦」などが大ヒット。戦後は「ゴジラ」を始め特撮怪獣映画を次々と大ヒットさせる。後にテレビ界へ進みここでもヒットを量産する。「円谷プロダクション」の創始者。
＊平木國夫　航空史家、ノンフィクション作家。事業用操縦士免許取得。伊藤忠航空輸送運行課長。日本航空機輸送運航部長等歴任。民間航空に関する著書多数（代表作に「空気の階段を登れ」がある。作品は巻末参考文献に記載）。
＊白石雅彦　映画研究家、脚本家、映画監督。円谷プロ初期作品のドキュメントなどテレビの研究書の執筆も多い。

　―　航空余話　円谷英二による映画化を巡る資料の発掘　――
◆私事で申し訳ないが、著者が円谷の[幻の映画]を調査するきっかけとなったのが⑫の新聞記事だった。記事をもとに国会図書館で「57年/週刊誌/尋ね人」を手がかりに、検索用パソコンで次々と現れる各社の週刊誌画面を丸一日穴の空くほど見ていくと「週間新潮掲示板」に辿り着いた。これが「尋ね人」だと目星を付け、創刊号から順に検索すると58年10月に円谷英二がヒット。証言の裏付けがとれた瞬間だ。以降、伊藤家の御協力で書簡類が発見されたこともあり、独立した49章となった訳である。その結果、音次郎と円谷、平木の関係も明らかになったのだ。
◆本書の出版社入稿直前、[生誕120年　円谷英二展（令3年8/17～11/23　国立映画アーカイブ）・（令3年12/18～4年1/30　福島県須賀川市）]に円谷の書簡（証言③）を展示したい旨問合せがあった。関係者が集まり情報交換し[幻の映画]を検討する事になった。ゴジラ、ウルトラマンの隙間の展示ケース一つ分ながらも、音次郎をはじめとする空の野武士たちの冒険や功績、円谷英二が映画化しようとした事実が広く世に知れ渡れば誠に喜ばしいことである。

音次郎には、映画化に適した数々の条件が揃っている

　円谷英二亡き後、50年が経つ。その遺志を継いで映画化・ＴＶドラマ化を図れないものだろうか。今、音次郎を中心にして考えると、円谷が構想したように実にドラマチックで映画化（長編映画、連続ドラマ）にはもってこいの条件が山積している事がわかるのだ。

①明治·大正·昭和と80年にわたる波瀾万丈の生き方
- ・ライト兄弟映画に触発・奈良原との出会い・丁稚から上京・独立・名機の発明・高潮で移転
- ・中小企業の悲哀・差し押さえ度々・門下生や愛息の墜死・グライダーへ転身・大企業に吸収
- ・引退し竹林開墾・空港用地売却１号・元滑走路跡に新居・病を押し最後の大仕事記念碑建立

②穏やかな好人物
- ・威張らず丁寧・頼まれれば全力をつくす・静かな闘志と粘り・金儲けの下手な生涯技術者
- ・貸した金は返ってくると思うな・そんな音次郎の元に集まる人々

③八面六臂のマルチ人間
- ・名機設計・手作りで製作・冒険飛行敢行・後進育成・企業経営・新事業開拓

④数々の冒険とスリル
- ・帝都訪問飛行・夜間飛行等民間機としての先駆けの大冒険・全国津々浦々を巡回飛行
- ・各飛行大会での弟子の活躍（宙返り、東京～大阪無着陸周回飛行、郵便飛行大会等々）

⑤個性溢れる人物群像
- ・佐渡島・奈良原・徳川大尉・日野大尉・鳥飼・白戸・玉井・大口・山縣・稲垣・後藤・佐藤
- ・黎明期空の猛者たち・兵頭・女性飛行家たち・井上・安岡・大蔵・謝・門下生たち・中島
- ・井上幾太郎・長岡外史・阿部蒼天・キャサリン・スミス・外国人飛行家たち・吉田・舟崎
- ・家族たち・航空局の役人や陸海軍人たち等々、それぞれの人物の豊富なエピソード満載

⑥ヒロイン登場
- ・妻きち・布施姉妹・姉きん・娘たち・初恋の仲さん・通りがかりの美女・芸者亀勇・兵頭精
- ・女性飛行家たち・上仲鈴子・キャサリン・奈良原亀尾・福島ヨネ等々、華やかな女性群像

⑦マニアも喜ぶ様々な飛行機の登場
- ・恵美号各機・単葉機・複葉機・水上機・推進式と牽引式・軽飛行機・グライダー・無尾翼機
- ・軍用機（陸海軍）・数々の民間機（名機から浮揚しなかった機まで）・設計構想メモの存在

⑧金と人間関係のしがらみ
- ・飛行家群像と友情そしてライバル意識・政界や軍とつながる大企業の隆盛・佐渡島との絆
- ・中小企業の悲哀と挫折・突然の飛行機事故と永遠の別れ・株式会社化を巡る経済人たち

⑨全国津々浦々を舞台に展開
- ・千葉の干潟を中心とした首都圏各地・生地大阪・巡回飛行地が全国各地に数十カ所
- ・朝鮮半島や台湾から満州、ヨーロッパまで舞台は広がる

⑩脚本のための豊富な資料群
- ・音次郎日記の生の声・音次郎アルバムの臨場感・伊藤家所蔵の遺品の数々・航空関係機関所蔵の膨大な資料・全国各地の地方新聞記事等々、脚本を書くにはもってこいの資料群

⑪確かな原作本、研究書の存在
- ・「空気の階段を登れ」をはじめとする平木國夫の著作群・「ヒコーキ野郎たち」稲垣足穂
- ・二宮忠八や後藤勇吉、兵頭精、大蔵清三などの個人史・本書をはじめ調査研究書各種
- ・円谷英二の幻の企画書と脚本原案

⑫どんな切り口からでもドラマ化可能
- ・青春群像ドラマ風に・冒険活劇ドラマ風に・社会派ドラマ風に・政治経済ドラマ風に

⑬今は民間航空発祥から約１世紀の節目　［下記は本書刊行の2023年(令和５年)現在で算出］
- ・奈良原国産機初飛行112年(1911年)・稲毛の干潟に奈良原の民間飛行場開設111年(1912年)
- ・稲毛に伊藤飛行機研究所開設108年(1915年)・津田沼に伊藤飛行機研究所移設105年(1918年)
- ・山縣豊太郎没後103年(1920年)・音次郎生誕132年(1891年)・音次郎没後52年(1971年)

＊著者の贔屓目かもしれませんが、円谷英二が考えたようにシリーズもので面白い映画が出来そうな予感がしませんか？　現在なら、円谷が技術面、予算面で苦労した飛行機や干潟飛行場、飛行場面の特撮もＣＧやドローンを使えば十分可能で、迫力のある映像が撮れそうです。民間飛行機に命をかけた伊藤音次郎という人物を描いてみるのに、是非一考の価値あります。

50 『私の人生』 昭和42年(1967)

長き航空人生を原稿用紙2枚に凝縮し省みる ［76歳］

私の人生

私の航空人生は明治四十一年から　昭和二十年敗戦と共に終りました　其間の歩みと結果を省みますと　生れつき気が弱く、おとなしかった事が長所とも短所ともなっています

気の弱さでは操縦士としては記録的な飛行もせず　経営者としては　今思えば、しなくてもよい苦労をして、ついに事業的には失敗に終りました

こんな私が大正八年以来度々賞を頂いた事はたゞ、やった事が多少人様より時期が早かったと云うだけの事で、運がよかったのですそれに先輩諸氏からは援助や御指導を受け友人からは親交を得た事は　気の弱さから悪い事をしなかったのと、おとなしさから、どなたとも心よく、おつきあいした為めと思われる

さて航空界を退いて、すでに二十余年其間時々思い出して嬉しい事は、教え子の中から航空界に大なり小なり貢献された人々の事です

処がここに、けがの功名とも云う事は　私が大正五年に各地で飛んだ事がありますが、其時長野の飛行を見て、当時中学生の和田喜三郎氏が後年毎日新聞の航空部長になられた事と　本年朝日放送の明治百年番組の飛行機野郎に一緒に出演した国枝実氏が、やはり其頃中学生で私の長崎の飛行を見て、航空界に入り現在航空大学の校長さんをしておられる事を知り　嬉しい事でした

処が此度敗戦後拓いた畑が新国際空港となる事になり、嬉しい事が又一つふえました

終りに長年の航空生活で卒業生中航空事業や悪夢の大戦で沢山の犠牲者を　又私の長男初め人様からお預かりした御子様を練習中に亡くした事で　今も毎日仏壇に向って御冥福をお祈りしております

昭和四十二年十一月十八日

伊藤音次郎

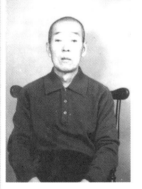

44. 11. 2 写
音次郎　七十八才

⚠️句読点をうたないなどの癖があるが、ほぼ原文のままとした。

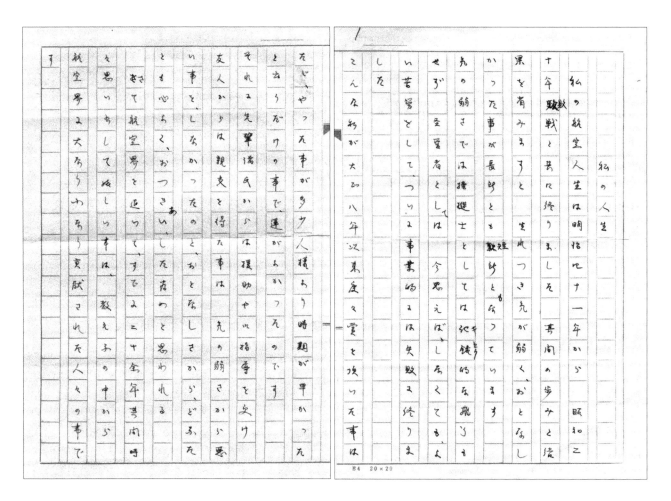

私の人生

私の航空人生は明治四十一年から昭和二
十年敗戦と共に終りし　其間の歩みと結
果を有みると生れつき先が翁く（弱く）おとなし
かった事が長所とも短所ともなりき他を抑へ
先の翁さでは操縦士としては他人に劣
ず全重者としてついては今思えば失敗に終りま
い苦労としてつみ事業的には失敗に終りま
した私が大正八年以来度々賞を次いで来た事は
こんな私が大...

それは先輩緒氏から親交を得た事は援助や指導
友人からは親交を得た事は援助や指導
とも悪ろく、おつきあいした右もどぶ悪
い事としなかった事はしさからふその翁さからふ
とも思わるく、おつきあいした右もどぶ思われる
それは先輩緒氏から運がよかったので
さて航空号を近って来てすでに二十余年其間時
え思いをして嬉しい事は教え子の中から
航空号と大なりわなり貢献された人々の事で
す

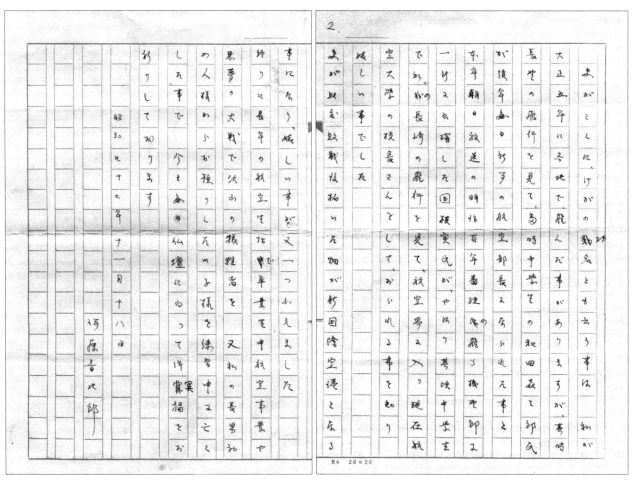

私がこれだけの数名となる事は私が
大正五年に各地で飛人で事があり其時
長空の飛行を見て此時中勢の和田義の郎氏
が後年毎日新聞の航空部長となられ喰中勢
本年朝日放送の明治百年番組の飛行機を
一寸...の長崎の飛行を見て航空号と入
下...の長崎の校長さんとして
空大学の校長さんと事でした
坂しい事でした
又が敗戦抜私り畑が新国際空港となる

事になり、坂しい事を又一つふえました
終りに長年の航空生活中で卒業生や航空事業
黒夢の大戦で沈めり犠牲者を又私の長男や
め人様から預りし吾子を仏壇にむかって冥福をお
した事で今も毎日

　　　昭和四十二年十一月十八日　　伊原音次郎

資 料 編

実践家であり理論家でもある音次郎は、航空雑誌に度々寄稿していた

日本中を沸かせた帝都訪問飛行や夜間飛行を敢行した音次郎は、単なる冒険家ではなく、無学問ながらも欧米の最先端の研究成果を積極的に吸収し、自らも地道な研究を重ねる理論家でもあった。＊16の図面や英語表記、計算式を見れば一目瞭然。民間航空の発展を願い、各種の報告や提言を航空雑誌に度々寄稿していた。まずは、全国巡回飛行直後に発表された危なっかしくも愉快な飛行エピソードの数々。詳細な飛行の模様は、民間飛行家たちにとっては参考となる貴重な記録、一般読者にとっては手に汗握る冒険ドラマだったことだろう。さらに民間飛行界の停滞と窮状を憂え、その救済を訴えている。［1916, 17年］

㊟音次郎の癖か編集方針か（植字の誤りか）、句読点が省略され読みにくい文となっているが原典に沿った。

「國民飛行」（第壹巻 第拾貳號）大正五年十二月發行
（第貳巻 第壹號） 大正六年一月發行

空飛ぶ旅路より（大正五年巡回飛行記） 飛行家 伊藤音次郎

今春五月千葉縣稲毛の飛行場出發以來全國各地に巡囘飛行中なる民間飛行家伊藤音次郎氏は既にサーケ所の飛行大會を終り民間に於ける繼續巡囘飛行のレコードを作りたるが十一月十三日九州別府に於ける大會終了後一先づ歸京し支配人阿部蒼天氏と協力の上新たにホールスカット八十馬力の水上飛行機を製作し來春よりは水陸二臺の飛行機に依りて活躍する由左記は氏の巡囘飛行の觀想記なり。

私は大正元年以來奈良原氏の助手として巡囘飛行は幾十囘の經驗を持って居りましたが、自ら飛行家としての巡囘飛行は今度が初めてであります。

私の飛行機は惠美號と名づけて居ります。グレゴアジップ四拾五馬力を附けた複葉トラクター式で餘り誇り得る程のものではありません。昨年の九月に起工して十一月に竣工したものであります。惠美號の名は私が大阪惠美須町出身である爲めばかりでなく私が飛行家となるには、隠れたる多くの後援者がありましたのでつまりそれ等の人達の美しい惠みに依て出來た事を長く忘れぬ爲であります。私は本年四月廿日に稲毛を出まして

一番最初に栃木縣栃木町

で處女興行飛行をいたしました。それから信州路に入りまして、松本市、諏訪、長野、佐久、埼玉の本庄再び信州の飯田次に伊勢の山田、松坂、今度はずっと九州に下って久留米、佐賀，宇島、直方、山口縣の宇部、九州の大牟田歸って山口縣徳山より肥前の島原から長崎、伊田、飯塚、と十月十七日まで丸六ヶ月間にサ七ヶ所五十八囘の飛行をいたしました。此の間には，研究の目的で無料で飛行したり又飛行した後ちに主催者に逃げられ宿の拂も出來なかった樣な色々な出來事がありましたが此處には主立った事を三つ四つ同志の参考として書いて見ます。事故としては發動機故障の爲め不時着陸が三囘，風の爲め海に墜落を一囘い

たしましたが其の時プロペラーを一本折ったきり幸ひに一度も機體を破壊したことがありません。

飛行場を種類別にいたしますと次ぎの如くなります。

河 原	七ヶ所
練兵場	三ヶ所
埋立地	五ヶ所
雑	五ヶ所

◇飛行ヶ所、回数に異なる記録あり。左記は10月17日までの記録で唐津と別府飛行を残す。「日記11/14」は22ヶ所、「傑作機物語」は23ヶ所とし飛行場種類別数も異なっている。

雑の内譯は（海の中洲、田、畑、牧場、城跡各一ヶ所）

右の内大多数が河原で次ぎが埋立地雑種練兵場と云う順になって居ります。練兵場なればどんな小さいのでも大抵樂に飛行が出來ますが其他になりますと中々さうは行きません殊に右の内原野と云うものが一つもありません以て如何に日本の土地が適當な飛行場に乏しいかゞ解りませう。

此の内でも最も狭い場所で飛行したのは福岡縣飯塚町でありました。場はやはり河原で長さ百米突(㍍)幅八十米突許りで其の両側に観覧者が居りますから實際の滑走場としては幅五十米突位のものでゞした。幸いに風は長さの方向に吹いて呉れましたが然しそこは一方は橋がある爲め離陸着陸は同一方向よりしか出來ない處でありました。

當日は離陸には向風で丁度都合がよかったが着陸は追風になりますので幅の狭いのと長さがないので少からず心配いたしました、それは追風で

降りますと風の爲め着陸後滑走距離が非常に長くなりますので百米突では狭いのと少しでも方向が變ると横に廻され見物の中に突込む恐れがある爲です。茲に一寸申上て置きますのは飛行機は風に向って飛揚し風に向って降りるのが最も安全な事であります。

　横風となると絶對にいけません、それは着陸の刹那機が横に流されたり、煽られたりすると着陸装置は勿論惡くすれば機をメチャメチャにするは愚(ママ)か身體に迄及ぼす事があります、風のやゝ強く吹く時"かもめ"の飛ぶのを御覧になると此の理がよくわかります。彼れは必ず風向ひに離陸又は離水して追風ですうっとおはれながら、巧みに、くるりと旋囘して風に向ってふわりと着陸いたします。そこで私は可成追風で降りても差支へないだけ安全を計る爲め、折角出來て居る格納庫も壊し賣店なども除さしたりそして着陸前一囘ボールプランをして見物と場の境界線上を低く飛行しました、見物は驚いて皆後にさがりました。之れで大分幅も廣くないのに無事に降りられました。

最も困難な飛行をいたしましたのは

　豊前伊田町の飛行でした。そこは十九ヶ所目の飛行で機も老朽になって居ますので再三飛行を拒ましたがどうしてもやらなければならない事になって行きました場所は爲朝の舊城跡ださうで幅百米長さ百五十米突ばかりの平地で西側は高い松林南と東は幅十米突深さ四五米突の凹地を隔てゝ林があり，只北の一方が開いて居ました。それも矢張凹地で下は田で四五十米突先に電燈線があり稍近距離に又鐵道線路の堤があり從て電線もありました。堤の向ふは又凹地ですが先きが丘陵で黄櫨の林でありました．此の地形で私の飛行機の能力からしますと、矢張離陸着陸が北一方より無い爲め弱い北風か乃至無風でなければ絶對に飛べない場所でありました。そこで初め場所を見に行った際有料として、多数の觀覽者を集めた場合僅の風の爲には飛べない様ではと思て斷りましたが若し飛べなければ展覽會だけで善いからと云うのでやりました處が當日は相憎西風でしかも七八米突の風が吹いて居ました。場内は高い松林の陰で風は無かったが少しどちらかへ出ると松林を越して來た風は遠慮なく凹地に向って吹き下して居ります。そこが丁度飛行機が離陸すると直ぐ這入る處なので忽ちたゝき落される事は明らかでありましたので、觀衆の騒出さぬ内にと思て十時頃すぐに飛行不可能の事を主催者に告げまして適當の處置に出づる様注意しましたが、ぐずぐずして居た爲め遂に群衆は騒出しました。そこで止むを得ず機は勿論壊れる積りで午後二時頃やりました。略(ほぼ)落ちるなら何處の邊と云ふ見當が付きますので其邊の人を除けさせ愈々左横少し追風で走り出

しました。百米突ばかり滑走して少し浮き上りますと機は忽ち横に流されました。右は直ぐ凹地なので從て機は右に傾斜しました同時に前面の凹地に出ましたので機はずんずん下り初めました。丁度大牟田で墜落したと同様の状態に成りました。私は右左の安定にのみ努めて下るのは關はないで置きました電燈線は前に取脱して置いてもらひましたが地上四五尺ばかりの所に在りましたので近づくや急に上げ枴を引いて越しました。機は又左右に傾斜しながら下りました、直ぐ前は堤で電線もありますので此時ばかりは思ひきってうんと上げ枴を引きました巧く利いて飛び越しましたと同時に機は左に大傾斜をして頭を急に左に向けました向ふにはすぐ丘陵があって黄櫨の木の下には多くの觀衆が左右に逃げ迷う様が如何にも氣の毒に見えました自分もこゝで落ちては大變だと思ひますので傾斜した儘の機をうんと上げて林の上に出ました。すると左から吹き上げる風は丁度機を水平にしてくれました。もう安心です。之れからは向風にどんどん上げました斯く云うと大變長い時間の様ですがそれが二十秒間を出でない瞬間的な出來事でありました。百米突以上に上がれば締たものです然し同地方は丘陵起伏し、川あり、すぐ附近に一の岳二の岳三の岳などの山あり加之(しかのみならず)に風も有り午後二時頃の一日中最も氣流の惡い時とて機は左右に大傾斜する毎に假りに東に向って居た機が忽ち西向きにされて了ふと云ふ程で一寸も思ふ様に飛べません。こうなると機體の老朽と云ふ事が少なからず私の神經をおびやかしました。さて心配になるのは着陸です。飛行場に當った場所へ向ひ風に降りるには滑走場が七八十米突より無い上正面には見物人が居るのでどこか田へでも降りやうかと思ひましたがそれも適當な場所を見出す事が出來ませんでした止むを得ず運を天に任せて充分注意を拂ひながら下降を初めました。其の中にも幾度か煽られましたが地に着く所で丁度松の陰になって居った爲か水平に安全に着陸出來ました。此の時の嬉しさと云ふたら實に例へ様がありませんでした。助手の山縣は機體に飛びついて喜びました。飛行時間は僅かに数分の短い時間でありましたが觀衆も目前危險なる飛行振りを見ては先きに惡口した人々迄が大に同情して呉れました。主催者は私に抱き付いて、唯泣くのみでした。即ち私に斯くの如き危險を侵させた事を謝するのでありました。私は此の鬼の如き男が私の僅かなる努力に對し泣いて呉れた事に依って此上なき滿足を覺へました。幾多の金メタルを貰ったより以上に嬉しく、思はず私も胸が迫って來ました。此の飛行に依って感じましたのは、スミス君の様な速力の速い特に昇騰力の速い飛行機が慾しいと思ひました。今度は一番愉快であった事

を書いて見ませう。
六ケ月間に最も愉快であったのは
　七月で有ました。其頃はまだ飛行機も壮健な時代でありましたから色々思ひ切た事が出來ました。同月五日に信州飯田の天龍川原で飛行しました。有名な天龍峽を眼下に飯田町を訪問し二回目には三哩ばかりの上流の神稲の河原に行きました次ぎは十三日伊勢の山田で參宮飛行をし同日松坂在大口港迄の（約七里）聯絡飛行をし翌日は同所で二回飛行いたしました。大口港は櫛田川の下流で飛行場は葦の生えた海の中洲でありました。滑稽であったのは山田から二十餘分で飛行場の上に來る時降りやうとすると先きに見に來た時より飛行場は狹し而も葦は水の中から生えて居るので着陸場が無くなって居りましたこいつは場所が違ったかと思ひましたが自分の指圖して居いた格納庫があるので違って居ない事が解りました、そこで私は思切つて機の後部から地に着く様に着陸しました。之は何んの爲めかと云ひますと苅り取る様に命じであった葦が苅てなかったのと水が有るので普通の着陸をすれば車輪の抵抗が急に多くなる爲め逆立するかとんぼ返りするからであります。
（つづく）
（承前）
　それから九州へ下りまして久留米で廿二日三日と二日間飛びせ四日は朝早く佐賀市迄聯絡飛行をやりました前夜大雨があったので機はびしょ濡れになって居ましたが廣い練兵場は拭いた様に清々しく遠くの森は霞がかゝって勿論風もなく絶好の飛行日和でした佐賀市はまだ未見地なので地圖を持って飛行しました。直ぐ筑後河に出ましたので左下に眺めつゝ次第に高度を取りました不圖振り返て見ると今山の端を離れたばかりの太陽は美麗な朝雲の絶え間からきらきらと輝き山や田や畑や森はたゞ霞に遮られてぼんやりと見へる中を筑後川のみが旭光を受けて銀河の様に輝きつゝうねうねと流れて居た、飛行機は、ハンドルを、放してをいても（ママ）、びくとも動かない。
不知火で有名な有明の海は
　平野との境も分からぬ程ぼんやりして居た。今思ひ出しても氣持ちのよい飛行をしました。やがて十分間程すると緑にコバルトを混じた様な平野の中に微かに旭日を受けた白い壁がちらちらと見え出し二分三分と近づくに従って佐賀市なる事が明かになりましたので方向をやゝ右に取り練兵場の上に出ました時間を見ると二十三分間ばかりでした。一二回旋回する内に聯隊の兵士が盛んに帽を振るので自分も手を上げて答禮しつゝ着陸しようとすると三尺ばかりの木がありましたので再び飛揚し一廻りして無事着陸しました翌日から又二日間に四回の飛行を無事終りました。

　同所では聯隊長初め在郷軍人會長憲兵隊長知事其他諸氏の熱誠なる後援を受けましたが残念であったのは同聯隊に居らるゝ第三期中村飛行中尉に面會の機會を得なかった事でした。
　廿九日卅日の二日間は宇の島で飛行しました。第五期の坂口中尉は小倉からわざわざ兵士を連れて來場せられ種々操縦上の話を聞きましたが大いに得る處がありました事を感謝致します。斯くて丁度七月一ヶ月間に六ヶ所飛行致しました一臺の飛行機で一ヵ月間にかく多數やれたのはもとより天候の良好であった爲もありますが日本では初めての事であらうと思ひます。スミス君はもっとやられましたが夫れは二臺の飛行機を使用せられた爲で有ります。
　今度は島原に於ける失敗談を一ついたしませう。之れは全く不注意から起た事で此の巡同飛行中唯一の汚點であります同所は海岸の埋立地で場所は細長い不等邊三角形をなし海に面した方が一番長く反對の方は鐵道線路になり最も短い底邊の方は丘陵で公園になって居りました。使用し得る場所は長さ二百五十米突巾最も廣き處で七十米突風はいつも公園の方から吹いて居るので離陸にはやはり隨分苦心致しましたそれでも午前の飛行は無事に終りました午後は幸いに風がなくなりましたので三時過ぎ公園の方に向ってやりました。離陸すると間もなくぜらぜらと發動機の音が變になりました。時すでに機は海の上に出て居りました。汐は引いて居りましたが岩石があるので下ろす譯に行きません。見ると前面に狹いながら芋畑がありましたので其所點（ママ そこまで）やっと行って降りました。幸にしてどこも破壊した處がなかったので發動機の原因を調べるとカムロットが一本動かなくなって居りました取はづして見るとブラレジャーのローラーシャフトのピンが脱けた爲めシャフトが廻ってガイドに喰込んで居りましたので早速それを離し機を元の位置に持って行き三分間ばかり試運転をやって再びやりました。二三分ばかりするとプツンプツンと切れ初めました五六分たつと中々激しくなりましたので場に引き返して來した處が調子が頗る具合よくなりましたので此儘降りては餘り時間が短かいのでも一少し飛びましやうと思って三同ばかり場上で圓形を書き着陸する積りで大きく海の上へ旋同して行きました。丁度陸前の松島によく似た風景の好い所でした。此の時又バラバラが初まりました。そして遂にピッタリと止まって了いました。高度は約三百米突許りありました。サァしまった先きに降りて居ればよかったと思ひましたがもう後の祭つりで差し詰め安全な着陸場を求めなければなりませんが島と云へば小さいものでしかも全島松が茂って居てとても駄目だし、すぐ下を望むと小さい洲が一つ見

えたので殆ど垂直に下げて行きました。をしりが浮き上がって何だか上翼を越して身體が前に飛び出しさうになりました。加速度が加はるに從って胸が痛くなりました。そこで再び機を水平にし旋回しながらと思ひましたが附近の島が目ざわりになりましたので此の上はどこか成るべく陸に近い所へ持って行かうと思いましたので今度は前と反對に出來るだけ、緩やかに空中滑走を初めましたが遂に海の中に降りてしまひました。附近で蛸を釣て居た爺さんが直ぐに舟をつけて呉れました聞くと此所は約十五尋ばかり深さがあるとの事、機は遠慮なく沈み初めたので綱を借りて舟につなぎました其の内に來るは來るは氣遣って助けに來て呉れる漁夫や、女子供で滿員の見物舟やらで海は忽ち動けなくなり加之(しかのみならず)半ば

破れた翼に舟が打つかるので

少なからず氣を揉みました其の内汐はどんどん上げまして港口の方へと押し流れました其廣(ママ)は約千呎(フィート)からの水深だとの事でした。

大勢の人たちの助力で機が附近の岸に上がった時は夜の七時頃でした翌日分解して見ると昨日修理した他のロットが三本迄ピンが無くなって居ました。全く僅かの不注意が大きな失敗の原因となるのです、そして飛行中降りようと思った時降りて置けばよかったのでした。

飛行界の先覺グレン・カーチス氏が"十成さんと思った時は八つで止めておけ"と云はれたさうですが其言が痛切に感ぜられました。最後に今回の飛行中最も

私の誇(プライド)とするのは長崎の飛行

でありました。同所はご承知の通り要塞地帶である爲め昨年飛行禁止令が發布せられて以來何人も許されなかった所で彼のナイルス氏が和歌山飛行を禁じられた事は何人も御承知の事であります。又近く國民飛行會の劍號が小倉の飛行を心好く許可せられなかった爲飛行場を他に取替たとかの噂も聞きました。然るに西島中將閣下や長崎要塞司令官並に憲兵分隊長殊に在郷軍人中尉黒田嘉六諸氏の熱心なる御盡力に依まして飛行區域と高度二百米突以内との條件付で許可せられ茲に私が要塞地帶内を最初に飛行する事を得ました耳(のみ)ならず同偕行社より金メタル一個を贈られ之を紀念せられました事を深く前記諸氏に感謝する次第であります。

終りに臨んで我民間飛行界に對し世の富豪が頗る冷淡なりとの聲が盛んでありますが之れは少し無理だらうと私は思て居ります。何故なれば今迄のあらゆる何々飛行會何々協會何々後援會或は何々と隨分澤山出來ました一寸數へても十指に餘る程有ります而かも盛に金を集めました其の高は成程獨逸や其他の諸外國に比すれば遙かに少い事は

事實でありますが然し夫等の會が多少でも集めた金はどうなりましたか現在維持されて居るのは帝國飛行協會と國民飛行會のみで其他のものは支離滅裂中には刑事問題迄惹き起したものがあります。そして折角金を出してやってもひどい目に會って居る人も鮮少ではありませぬ。だから金を出さないのが當り前で出せと云ふのが無理と思います。出させるには出させただけの効果を上げなければ何うしてもいけません。假に百圓出して貰ったら二百圓にも三百圓にも見える樣に使っていただきたい。今の飛行界では千圓が百圓にしか現はれて居ません。

序(ついで)なるから帝國飛行協會並に國民飛行會に對し私の希望を述べさせて頂きませう。日本の樣なちびちび寄附金の集まる處では數百萬圓の基本財産を造って其の利息で事業をやらうなどと思って居ては集った寄附金と集める費用とで零になるだらうと思ひます。いや現になりつゝある樣であります。それでありますから何しても有るだけの金を成るべく事實の上に大げさな事をやって如何にも飛行事業が盛んである樣に見せて貰ったなれば從て寄附する人も多くなり額も上る事と信じます。

實際寄附する方でも一向實が擧がらないでは出しごたえがありませんから折角出しかけた金も引込ませる樣な事が今日では有る樣に私は思ひます。

先日私が福岡縣飯塚町で飛行しました時同地の富豪貴族院議員麻生太吉氏は飛行會前主催者へ金壹百圓を寄附されて居りましたにも係らず飛行終了後わざわざ使を私の宿に寄され、飛行後援の爲として亦もや金壹百圓を私に贈られました。嘗て一面識もなく且つ平凡なる僅か十數分の飛行を見られたのみで此の所置に出られた事は私が飛行界に身を投じて以來初めての出來事でありました。此の金は早速今度新たに購入した八十馬力機に投じました。此所に國民飛行界誌上を拜借して厚く御禮を申します。世には斯の如き篤志家が決して少くない事を私は信じて居ります。

扨て(さて)、今の民間飛行界は數年前の狀態と比較して殆んど變りません、寧ろ退歩したかの感があります。著しく變って來たのは興行飛行料の安くなったのみです。と云ふと世人は稍々もすれば之を卑しめますが此興行飛行でもなければ何に依って今日飛行家は收入を得られますか何等奬勵法もなければ保護の道もなし、せめて懸賞でもあればですがそれもなし。斯くの如き有樣では何十人飛行家を養生(ママ)しても、人が多くなればなる程興行飛行も無くなるし、其人達はどうして生活して行けるでしょう？　現に佛國に支那に其活路を求めて海外に出づる民間飛行家の心事を察して頂き度ひと思ひます。

音次郎のブレーンでもある阿部蒼天が記す伊藤飛行機研究所の実態

音次郎を支えた有能な人材の一人に元朝日新聞記者の阿部蒼天が居た。本寄稿文では、伊藤飛行機研究所の宣伝を兼ね、民間航空界の窮状とその解決策等の提言を述べている。常々音次郎が述べていることと同じ趣旨であり、蒼天の影響を受けていたのだろうか、或いは蒼天が音次郎の意向を受け本文を寄稿したのだろうか。［1917年］

【阿部蒼天】阿部康藏 元朝日新聞記者。研究所の経営協力および広報活動を担っており、この年９月の大阪謝恩飛行での「征空小史」「機上から撒いたチラシ」なども作成している。航空評論家・記者としても数々の報告や論文を雑誌に掲載している。 ⑲ 参照］

「國民飛行」（第貳巻 第六號） 大正六年六月一日發行

稲毛飛行塲より　　　　　　　　　　　　　伊藤音次郎支配人　阿部蒼天

いくら焦慮（あせっ）ても藻掻いても金が無くては飛行機の仕事は手も足も出ません‥‥伊藤飛行機研究所には主任たる伊藤君の下に助手や見學生を合わせて十二名居ります‥‥民間に於ける飛行機を旺盛ならしめるにはどうしても實用方面に於ける飛行機の私（ママ）用法を講じなければなりません。

渡部城東兄足下

　昨日も今日も飛行機が飛んで來ました。晩春初夏の爽やかな碧空にあの金属的な發動機の爆音を聽く程心地よい物はありません。全く男性的の胸のすくやうな音響です。追濱の海軍飛行塲から東京灣を横斷して此稲毛の海岸に現はれそれから帝都の上空を一周して追濱へ歸りゆくあの飛行機達は少くとも五六十哩の飛行はして居るでせう。今囘のやうに十米突近くの強風の時でも平氣な顔をして悠々と飛んで來る飛行機を眺めるとツクツクお上の仕事が羨しくなります。いくら焦慮ても藻掻いても金が無くては飛行機の仕事は手も足も出ません。セメテ我々民間飛行團にも陸海軍で使ふ様な發動機が一臺でも手に這入ったなら我が貧弱なる民間飛行界も今日ほどの凋落を來たさなかったでせう。

　聞く所に依れば帝國飛行協會では陸海軍の飛行隊で使い古した老朽の發動機を地金同様の値で協會の一手に拂い下げをしてもらふ、之を民間の飛行志願者に安價に賣り渡すと云ふ計畫があるさうですが、一日も早やくその計畫の實現せられん事を望みます。陸海軍で老朽成すなきの古發動機でも現在の民間飛行家等が持って居る物に比較したらどれ丈優れて居るか解りません。一體世間の人達が我國に於ける陸海軍飛行家と民間飛行家とを同一地平線上に於てその優劣を論ずるのは頗る残酷な論理であって、両者が其生命を托して居る飛行機には、駄馬と駿馬

程の差異があるのですから、両者の間に何等のハンディキャップを附せずして漫（みだ）りにその騎手の優劣を論ずるが如きは公平なる批評家の爲さざる所であります。

　　　　　　⊠

渡部城東兄足下

　萬物凋落の秋に等しき我が民間飛行界の秋風裡にあって千葉縣稲毛の一角に據れる伊藤飛行機研究所の存在は些か乍らも足下に對して誇り得る權利を有する事と信じます。

　當研究所主伊藤音次郎の昨年度に於ける制空事業の一端は『空飛ぶ旅路より』の記録として、貴誌上に採録せらるゝの光榮を荷ないましたが、尚本年度に於ても我々の事業の經過を具して、航空界の先進たる足下に致すは我々の義務であると信じます。昨年中全國に亘って二十三ヶ所に飛行大會を催した伊藤君は、同年十一月約半ケ年振りで稲毛の根拠地に引き上げると同時に、海氣館前の地を相して六十余坪の永久的格納庫と製作工場を新設し、爾來昨年中使用した第一惠美號のグレゴアジップ四十五馬力發動機を修理して、今年二月中には本邦民間に於ける最初の夜間飛行を行ひ、四月上旬には伊藤君獨特の設計に成る第二惠美號が竣成し、前後三囘の試験飛行の結果、四十五馬力の弱き發動機を以てして、五百米突の昇騰に僅か三分四十秒しか要せざる好成績を示しました。尚故武石浩波氏の第三次後繼者として紀念すべきホールスカット

八十馬力發動機の所有者となった伊藤君は、四月中旬から複葉水上トラクターの製作に着手し、五月二十日を期して試験飛行を行ふことになって居ります。以上二臺の水陸飛行機の外伊藤研究所の見學生にして、神戸の人なる藤原正章君は惠美號第一號に日野少佐製作の五十(ママ)馬力發動機を附して滑走ジャンピングの練習中であるから遠からずして獨立の飛行家と成る事でせう。伊藤飛行機研究所には主任たる伊藤君の下に大口技師以下十一名の助手見學生が居って、就れも熱心に研究中でありますが中にも山縣佐野の二君は、既に單獨の直線飛行が出來るやうになったから、前記の藤原君と共に稲毛からは近々三人の新飛行家が生れる次第であります。

　　　　◇
渡部城東兄足下
　民間に於ける飛行熱を旺盛ならしめるには、どうしても實用方面に於ける飛行機の利用方法を講じなくてはいけません。飛行機が單に武器として殺人の道具としてのみその存在を認めらるゝ間は、到底民間飛行界の隆盛を望めぬでありませう。現在に於てこそ歐州戰線に於ける飛行機は、武器としての性能が、發揮して居らぬと云ふものの、歐州大戰終局後に於ける飛行機の平和的使命と云ふものは、決して武器としての價値の比に非ず、必らずや陸上の汽車海上の汽船に対して、新たなる第三の交通世界を實現する事と信じます。我民間飛行界振作の根本方針は、如何にして現在に於ける我が民間飛行機を實用に供す可きかの問題であります。單純なる航空思想の普及はナイルス、スミス、スチンソン等の外來飛行家に依って遺憾なくその目的を達せられたので、今後に於ける我が民間飛行家の任務は、最早や三分五分の興行的飛行大會を催して、徒に民衆の好奇心を滿足しむる事ではなく、如何にしてその技術を實用的方面に發揮せんかに存すると思ひます。實用的方面に於ける飛行機の利用方法として、最も容易なのは天空廣告の一法であるが三越、白木屋を初めレート、クラブ等の大商店が、新聞紙へ一頁大の廣告を掲載する費用を以て、何故に最も斬新にして奇抜なる空中廣告の効果多きを採らざるかを怪しむ物であります。空中廣告に次いでは飛行機に依る書信および小包郵便の運輸でありますが、現に大阪から四國の徳島に至る汽船運輸は、彼の直經四五十哩にも滿たざる海上の運輸に、七時間以上の長時間を要して多大の不便を感じ得る有様ですから、試みに大阪築港附近から阿波の小松島港（徳島港は浪荒き故徳島より六哩の西方なる小松島港を選ぶ）に至る五十哩未滿の海上に、水上飛行機に依る郵便運輸航空を開始したなら、如何に弱馬力の飛行機にても一時間を要せざる可く其利便は蓋し想像以外であらうと信じます。尚東洋の大新聞たる大阪朝日大阪毎日両新聞の如きも僅か一葦帯水の間なる徳島、撫養、小松島等の地にその夕刊を同日の内に配達する事が出來ずに居るが此間に使用するに八十馬力以上の水上飛行機を以てしたならば、優に一萬枚の夕刊を運搬する事が出來るのであります、私は我が民間飛行界の發達に對して常に甚大の好意と經費とを措まざりし大阪朝日新聞社に向って切に此方法を進むるものである。

　　　　◇
渡部城東兄足下
　過般千葉縣下志津に於ける飛行機砲兵の聯合演習を視察の歸途、稲毛飛行場へ立ち寄った所澤の鳴瀧航空隊長は、伊藤飛行機研究所を縦覽して、お世辞かは知らぬが「民間でこんな立派な飛行機が出來るとは思はなかった」と感心されたさうだが、世人が民間飛行家の事業と言へば一概に蔑視してその長所特技をも默殺し去らんとするは遺憾である殊に民間飛行界振興の使命を帯びて創設された，帝國飛行協會、國民飛行會等の主脳者が、未だ一度も稲毛を往訪したるを聞かざるは私の遺憾とする所である。
　　　　　　　　　　　（六、五、九）

注
【渡部城東】渡部一英　雑誌「國民飛行」主幹。3巻8号より「帝國飛行」、後には「飛行」と改題。
【發動機の拂い下げ】音次郎は既に大正4年1月に「協會のあるべき姿」と題し、発動機貸与など民間飛行界振興のために数々の提言をしている。[12]参照
　ただ、大正10年4月に「払い下げ勅令」として現実の政策となると、音次郎等民間飛行機製作者を圧迫し10年以上も続く「苦難の時代」を迎える。[38]参照
【惠美號第一號に日野少佐製作の五十馬力發動機】全国巡回飛行で使い込まれた惠美1型から2型へグレゴア45HPを付け替えた後、1型機体に日野の2サイクル50(ママ30)HPを付け地上滑走練習機としたことが分かる。
【飛行機の平和的使命】飛行機による交通・運輸を目指すという民間飛行家音次郎の強い意思が感じられる。
【空中廣告】伊藤飛行機では広告宣伝事業に先進的に取り組んでいた。夜間ネオンサイン、ビラ撒きなども実施し一部は流行したが、研究所の事業としては低調だった。[33]参照
【郵便の運輸】大正12年1月、朝日と組んで東京〜大阪間で実施するも成功とは言えず、朝日機の整備に甘んじる結果となる。一方、本文中にあるような堺〜徳島間の定期航空路を大正11年に門下生の井上長一が開いた。[35]参照
【六、五、九】大正6年5月9日

自らも含めた民間飛行界の苦境を見かねその打開策を辛口提言する

第一次世界大戦終結後の飛行界を見据えた「帝國飛行」の特集号。錚々たる陸海軍関係者や学者、航空記者たちの中に唯一民間より音次郎が選ばれている。音次郎は民間航空界の苦境を救うため、政府や陸海軍、帝國飛行協會による積極的な民間支援策の実施を誌上で訴えるのだった。[1919年]

㊟戦後＝第一次世界大戦後

「帝國飛行」（第四巻 第二號） 大正八年二月發行

戦後の問題

飛行家 伊藤音次郎

一、戦後航空界は如何に變化すべき乎てふ（〜かという）問題は、今日議するまでもなく既に事実の上に現れつゝあり。即ち

一、米國に於ける飛行郵便の實施後着々良成績を納め今や全米國中に航空路を設けて汎く普及せしめんとしつゝあり。

二、近く講和會議成立と同時にロンドン、巴里（パリ）間旅客輸送開始の發表。

三、白耳義（ベルギー）巴里間郵便飛行實施運動。

四、英京ロンドン印度間長距離飛行の成功。

五、大西洋横斷飛行期成會の設立後着々實行方針の發表。

六、五千馬力大型發動機の實現。

七、一萬八千馬力大飛行機の設計。

八、飛行機に依り北極探険。

九、伊國佛國等に於ける飛行郵便の實施、並に擴張等。

戦後短時日の内に現はれ來れる處のものは孰れ（いずれ）も 平和の利器として高速を尊ぶ有ゆる運輸機關に利用せられんとしつゝあり。而して是等は戦時中一昨年頃より既に各交戦國間に戦後多数の飛行家並に飛行機製造能率を如何に利用すべきかに就き研究せられ、偶々今日發表或は實行を見るに到れる迄にして 日々新紙に表はれ來れるもの相次ぎ應接に暇なし。由之觀之（これによりこれをみ）、今日 帝國の飛行界を双肩に負へる 帝國飛行協會の機關雑誌たる『帝國飛行』が今日此問題を掲げて研究の資料たらしめんとせらる實に飛行界の振はざる宜なりと謂ふべし。

二、時既に、平和の春を迎へ、今更戦後の處置に就き考究でもあるまいが乞はるゝ儘に無遠慮に愚見を述べさせて貰ひましょう。

今日我飛行界の無能は外國のそれに比し如何であるかを知て置く必要がある。

飛行家の数は開戦前二年佛國には既に一千名の飛行家があった。我國には今日尚其半数にも足らない。飛行機の能率戦時中進歩した優秀機を輸入しそれを模して製造されたが、それでも既に戦争中頃のものである。それも頗る少数で大部分はモ式を尚使用されて居る。

飛行囘数 ── 之は又てんでお話しにならない。飛行機の製造 ── 今日尚獨立の境に達して居ない。

飛行のレコードも僅かに高度に於ける五千五百米突、水上としての海軍の十時間飛行が稍見るべき位のもので其他距離に於ては、後藤氏の東京大阪間飛行ありたりと雖も、外國には一千哩以上に渡て居るから御話にならない。

斯く觀じ來れば丁度我國の今日の状態は、恰度戦前三年頃の佛獨に比することが出來やう。さらば戦時中各國の飛行機の進歩は平和の時の二十年間に當ると云はれて居るから取りも直さず二十三年間の後れである。此後外國のそれと同一水平線上に漕ぎ附けるには、政府も國民も寝食を忘れて働いても尚廿五年を要するであらう。況んや今日の如く怠慢て（ずるけて）居ては 益々其間隔が增すのみである。果して然らば一朝事ある時の運命は知るべきのみではないか。又斯くては平和の後に於ても益々機敏を尊ぶ今後の商戦に常に外國の足許へも寄り附くことが六かしからう。其處で第一外國の水平線に迄漕ぎ附ねばならぬが夫れには吾人は此際本場所の相撲の如くに國民全体を飛行機に熱中せしめねばならぬと思ふ。其方法は帝國飛行協會で常に計畫されて居るが、今少し徹底的にやらねば駄目、勿論今年度は懸賞飛行の發表などあったが茲一二年はお祭り騒ぎでも好いから成可く、多数の飛行機を飛ばす様にしなければならない。其處で來たるべき問題は多数の飛行家の養成と優秀なる發動機飛行機の建造である。夫には如何しても懸賞保護奨勵を必要とする外に優秀機は陸海軍に買上使用する事、又優秀なる技倆のものは陸海軍に教官として雇ひ入れる事等である。懸賞飛行は外國が戦前一二年頃迄盛んにやったもので、其當時尤も盛んにやった佛、獨が飛行機では世界中尤も進歩し、今日も尚其状態を持續して居るのを見ても懸賞が、如何に之を發達せしむる上に効力が有かゞしらるゝであらう。然し今年發表

された帝國飛行協會の懸賞は駄目である。何故ならば今日東京大阪間の飛行を行ふ爲には、少なくとも飛行機に一萬五千圓は支拂はねばならぬ。又練習も必要である。然るに七千圓の懸賞金では貰っても何にもならない。若し取れなければ〇損である。斯く云ふと如何にも打算的で、いやしい様であるが、今日民間飛行家中を物色して個人で一萬五千圓の機體を買求め、之に應じ得る人が一人として有らうか。何としても借金をしなければならない手合ばかりではあるまいか。借金をするとすれば、金を貸す位の人で勘定を知らない人は有るまい。飛行家はやりたくとも、やらせる人はないのだ。されば、協會では尚一歩を進めて賞金はもっと低額でもよいから、發動機を貸すやうにし、飛行機體だけは各自の自信あるものを造ってやらせるのである。然らば、飛行機製作の懸賞ともなり、一擧兩得となる譯である。而して優等なる成績を示した飛行機は陸海軍に使用する様にしなければ十分でない。外國では既に此の方法を取ったからして今日の發達を見たのである。先年我帝國飛行協會が二萬圓と云ふ大金を懸賞として發動機製作を奨勵した時、大阪の島津氏が一等に當選したが發動機其ものを生かしてやらなかった爲めに、其の發動機は泣いて居るではないか。若し彼の當時陸軍が買上げてくれて尚缺點が有らば其の點を指摘して改作せしめる様にしてくれたならば其後ドシドシ新造され益々改良されたに相違ない。即ち懸賞保護奨勵と云ふ事は官民一致の下に行はなければ駄目である。近く三菱、川崎、三井、東京瓦斯電氣等大頭株では發動機、飛行機の製造に著（ママ着）手する由であるが、日本は從來兎角情實の多い國で、政府は又斯る處で、製造されたものは成績の如何を問はず製造所の名義丈けを信用して注文する様であるが、是等の凡て懸賞飛行に應ぜしめ、其成績に依り採用する様にしなければ進歩を期することが出來まい。

飛行家の養成は、今日二三ヶ所に於て實行しつゝある。夫等の内確實とたしかめ得たものには、國家は之に保護を與へ、益々其發展を計り尚進んでは飛行場を可成多數全國に渡って設置する必要がある。如斯懸賞保護奨勵すれば期せずして多數の飛行家と飛行機製造家とが出來様、要するに是等の人々をして路を迷わない様にしてやらなければいけない。さすればやがて優秀なる機體と優秀なる飛行家も得られて飛行機の危險程度が今日一般の人の思って居る程でない事が解からうから、其處で愈々實用時代即ち、外國の今日の狀態になるのである。

其處で、先ず陸海軍では飛行機、發動機を民間に製造せしむること、飛行郵便、旅客運送、本土朝鮮間速達を要するものゝ輸送、昨年計畫された理蕃事業、遠洋漁業等を實行し、尚ほ徴兵されたる民間飛行家を下士に採用することも必要であら

う。其外研究すれば未だ未だ利用される事が幾多有るが、今は以上述べ來った處のものを実行するに尤も必要なる第一事として今日の帝國飛行協會と政府の當事者とが一致協力して其の衝に當られむことを希望して筆を止めて置く。　　　（完）

～～～～～～～～～～～～～～～～～～～

中小の民間飛行練習場、飛行家の台所は火の車。12名の民間飛行家へのアンケートに対し、資金難の音次郎はストレートに答えている。
［「飛行」大正9年(1920)12月号］

予が刻下の最大要求

『金と予の希望する人。』　伊藤音次郎

～～～～～～～～～～～～～～～～～～～

民間航空界の窮状を訴え、「資金」がすべてであると断じ、一般民間諸氏への支援を求めている。
また、飛行家志願の青年に対してはその動機に疑問を呈している。青年に関わる部分のみ引用してみた。
［「飛行」大正10年(1921)新年号］

飛行家志願の青年に與ふるの書（抄）

◆現時青年の飛行機熱
…自分が此の事業に着手して以來既に十星霜を經たのであるが、その間、この大事業に携はらんとして集り來るものは漸次其の數を増加し來つて居る。中には専門學校以上の學歴あるものもあれば、中等程度のものもあり、義務教育を了へたばかりの青少年も中々多いのみならず、近年に於ては妙齢の少女までもが健氣にも空界の人たらんとの望を以て訪れるのである。是を以て見れば今や飛行熱は全國一般に擴がり、航空事業の進歩發達は望んで期し得られるが如く見える。

自分は此狀態を見て大いに喜ばざるを得ない。さりながら静かにこれを觀察する時は、この光明に裏切られる或物のあるを否まずには居られぬ。何か故か、試み之等飛行家志願の青年にその目的動機を問うて見る。成程彼等は健氣なる決心、死すとも止まじてふ覺悟を持つ事は一致してゐる。さりながら彼等の眞動機を問ひ詰めて見れば、案外淺薄なものなるに痛く失望される。空中の人となって衆人の憧憬の的となりたい、世の寵兒となり榮光に身を輝かしたいと云った淺薄な、ヴオイアントな思想が彼等の大部分である。

衷心から國を思ひ、乃至世界に於ける自己の使命を考察して空中の人となる人は果して幾人あるか。こゝに至れば聊（いささ）か嘆息の叫を發せざるを禁じ得ないのである。…
…請ふ、世の飛行家志願の青年諸氏よ、御身等にして眞に國家を思ふならば、輕擧の動機を戒め、着々と自己の職に勉勵して富を積み、それを以て航空界に貢献すべきである。…

新雑誌創刊号の「民間航空界に於る希望」特集に答える

政府・軍主導で航空関係の施策が着々と整備、法制化されていく中、音次郎たち民間飛行家（練習所）は強い危機感を持ち、激しい口調で訴える。新設の航空局や帝國飛行協會の指導力と、民間航空界への支援の手を具体的な例をあげて求めている。しかし数々の提言も空しく、民間航空界は空前の不況へと向かっていくのだった。［1920年］

「飛行」（創刊號）　大正九年十一月發行

『航空機の統一と航空者の團結』
　　伊藤飛行機研究所長　伊藤音次郎

る於に界空航

結團の者空航と一統の機空航

耶次音藤伊　長所究研機飛藤伊

希望　　民間

　最近、傳え聽く所に依ればいよいよ航空取締規則が制定發布されると云ふことであるが、同時に我々が一日も早く實現せられんことを希望するのは、民間飛行機の資格を一定して、これの統一を計って貰ひたいと云ふことである。

　現に今秋、帝國飛行協會で飛行士奬勵規定を發表し、この選に叶って第一回分の若干の補助金を交付されたものは吾等十名であった。然るにこの資格詮衡（＝選考）や方法に就て、第三者の間に於ては可成の議論があるやうに聽いてゐるが、要するにこれは飛行機の資格が不統一であり且航空法の決定が出來てゐないか爲に原因する錯誤ではないかと思ふ。殊に曩（さき）に帝國飛行協會が飛行士免狀交付の計畫を樹てゝ、之を政府當局に圖ったところ、未解決の儘、握り潰されて了ったと云ふ内情も仄聞してゐる。

　かう云ふ状態では一番困るのは民間飛行士であって、何等據る所がなく殆ど足利時代、鎌倉時代の群雄割據の様も斯くやとばかりに思はれる現在であるのは時世が時世だけに餘計困るのである、航空局の新設を幸ひ、又帝國飛行協會近來の發展を好期とし此際、宜敷民間飛行士の統一を計って欲しいと思ふ。

　次に最も必要なことは凡そ飛行家たらんと志願して、獨立研究するものあれば、練習所に入って、教養をうけるものもあるが、これ等の人は皆若いのである。殆ど未丁年者又は漸く徴兵適齡を過ぎたばかりの者、或ひは適齡の爲、合不合格の決るまでは徒らに研究を見合してゐると云ふ程度の青少年が多い。かう云ふ人達が可成多額の費用を負擔して夫々研究の結果、相當の知識を得、相當の技術を習得して一人前の飛行士となってゐながら、一旦適齡で徴兵されれば二年乃至三年間は一兵卒として徒らに地上に踣蹐しなければならない、これは飛行家として、

　肝腎の働らき盛り、研究の仕盛りにぽかりと一年二年三年を引っこぬかれるのは甚だ辛いことである。出來るならば假に一年志願兵として勤務に服し制規の年限を經て、下士乃至將校に任命される場合、又は服務中にも入營と同時に特に航空關係部署に就かしむると云ふ便法を設けてくれても然るべきだと思ふ、折角やりかけてゐたことを中途で手離し、全く無關係の仕事に携はって幾年か經た後、再び航空界に戻って來ても、その間に航空界は進歩してゐるし、習ひ覺えた技術は薄らいでゐると云ふ譯で更に初めからやり直さなければならないやうな矛盾が生じて來るのである。これは資力薄弱な民間飛行者として、甚だしき苦痛とするところである。

　聞けば旣に政府で一般民間から志願者を募集して、航空術を授ける計畫があると云ふことであるが、私をして云はしむれば之又本末顛倒も甚だしいもので、寧ろ民間練習所を更に發達せしめて、之に養成せしめ、その中から政府の必要なだけ伴れて行くのもいゝし、又政府から練習を委託して來てくれる方が第一に民間航空界發展策の一助ともなり且は政府自らの些末な勞が省けて一擧兩得の實が擧がりはしないであらうか。　　㊟踣蹐（＝身を縮めて暮らす）

　次に第三の問題としては陸海軍で不要になった飛行機體、發動機乃至部品等を民間に低價拂下げて、民間に少しでも多くの材料品を均霑せしめて欲しいのである。我々はそれを或は練習用に或は研究用に、或は參考品として適宜之を有用の資に供する點に於て、決して陸海軍部内の當事者に優るとも劣らざる自信と覺悟とを持ってゐるのである。　　㊟均霑（＝平等に潤う）

　然し又一面斯くの如きこれ等の希望を遂行實現するには、まづ我等民間飛行界の現状打破に努めなければならない。之は要するに各個人の

練習場が多くして、その資力薄きが爲に満足な準備が出來ない、自然不完全なものを用ひ、不完全な教養をなし、不完全なる飛行士を養成すると云ふことに歸着して、何等航空界に貢獻の價値がないと云ふことになる。即ち之を打って一丸とし、一つの立派な完全な民間練習所を設立して、これに現在の練習所が合同連携するにあらざれば、いつまで立っても現状打破、進歩發達は困難なことである。そして將來は前にも述べた通りの政府の依託生をも併せ引受けるといふ位にまで進まなければならない。けれどそれを實現するにはこゝに至難の問題が三つあると云ふことを知らなければならない。

まづ第一に處理すべきことは現在の民間飛行家に多少とも借金のないものはない。殊に練習所などを經營してゐる人は殆ど債務の爲めに窮々としてゐる。だから民間飛行家が團結し、各練習所が合同するには夫々この借金の片をつけてからでなければ到底實行は出來ない。と云って、航空局並に帝國飛行協會あたりに全然この尻拭ひをやってくれとも申し難いが尠(すくな)くも考慮の中に入れて貰っておくことは必要である。それとも一つは借金がないまでも、完全な飛行機が持てないで困ってゐる人達に對する資金の融通方法に就ても、何とか便宜を與へて欲しいのである。

それからこれは民間飛行界積年の苦痛としてゐる處の飛行場の設置である。これ無きが爲に從來、總ての民間飛行者は如何に苦心をし、如何に不自由をし、如何に損害を蒙り、而も如何にその進歩を阻まれてゐたかと云ふことは、到底一朝一夕に語り盡し得べき事ではない。然しこれを設備するとなれば迚も(とても)、我々民間飛行士だけの力では如何ともする事の出來ないのは論を俟(ま)たない。矢張り航空局又は帝國飛行協會が主動となってこれの衝(しょう)に當り、民間飛行者はそのお膳立を俟ってあとについて行けばいゝ位の責任でないと、我々にそれだけの負擔(担)や運動は困難である。

一見甚だ蟲の好過ぎる感はあるが、我々としては民間飛行家奬勵保護の任に當る機關を全く無視する譯にも行かないからである。恐らく何を措いてもこれが刻下の最大問題であるまいか。

然るに翻へって幸ひこれ等前述の希望が一々具體して、愈實行に着手すると云ふ場合に立至って、又一つ憂ふべき事が生じて來る。それは民間飛行者を統一し指揮するの人である。無論この位置に据るべき人は吾々よりも名實ともに先輩であらねばならない關係上、餘計にその人選に苦しむのである。航空局や帝國飛行協會がさうー々細部に亘って、吾々の面倒を見ると云ふ譯に行かないと云ふことは當然のことであっ

て、云ひ換ればこの兩機關と吾々飛行者團の間の完全なお使役(と云ふと語弊があるが)のやうな、統帥者が、是非必要なのである。そしてこれは兩機關の選定に俟つよりも、寧ろ吾々の間に於て、互選するなり推薦するなり、依頼するなりして適當な人物を戴きたいと思ふ。

然しこれ等一切は總て私一個人の希望であって、必ずしもこれをもって全民間飛行者の意思であると見られては迷惑である。一言辨じておく。（十月八日）

【低價拂下】音次郎の持論でもあるが、10年4月に払い下げ勅令として現実のものとなる。民間に大量の払い下げ機が出回るが、音次郎など中小飛行機製造会社は受注が激減、十数年にわたる大不況に突入する。[38参照]

〰〰〰〰〰〰〰〰〰〰〰〰〰〰〰〰〰〰〰

音次郎の提言を裏付けるような民間飛行家の寂しい現状について、同じ創刊号に編集部執筆のユニークな調査記事が掲載されていたので紹介する。

> 民間飛行家で飛行機を持って居る人
> 　　　　　　　　持って居ない人

民間飛行家は三十人程ゐるうちに、もう全く商売替えしたものや、引退したものやを合せて十人程ゐる。そこであとの二十人程の人を区別して見ると飛行機を持ってゐる人と、持ってゐない人と云ふことになる。然し本当に自分の所有で立派に飛べる飛行機を持ってゐるものは極く僅かで、その三分の二は持ってゐない人である。そしてこの持ってゐない人のうちから尚細かに調べると、欲しいのだが手に入らない人、即ち適當なのがあって、それを買ひ入れる資力さへあれば直ぐにでも買ふと云って、手ぐすねひいて時期を待ってゐる人はまづ伊藤飛行機研究所出身の安岡駒好、謝文達、藤原正章の三氏である。尤も藤原安岡両君は現在、伊藤飛行機研究所に教師格で操縦術の練習をしてゐるから、全然飛行機を離れてゐるわけではない。次に近頃、やっと一臺の飛行機が出来かゝってゐる人は佐藤要藏氏と、玉井照高氏で、佐藤氏の方は馬詰駿太郎氏と共同でやってゐる。それからたとへ飛行機はあっても自身、既に飛行をしない人は伊藤音次郎、白戸榮之助両氏、飛行機もなく自分でももう飛ぶ意思のなささうな人に磯部鉄吉、馬詰駿太郎、井上武三郎三氏がゐる。自分所有のものでなく、會社又は練習所の飛行機を専用してゐる人に水田嘉藤太、茂呂五六、島田武男、高橋信夫氏等がある。尤も茂呂氏は内地ではまだ一回も飛行したことはない。そこで結局自分の飛行機を持って、常に自分で飛んでゐる人は左の數名に過ぎない。

石橋勝浪氏　小栗常太郎氏　安井荘次郎氏
福永淺雄氏　後藤勇吉氏　　　[28参照]

＊大正9年、現役民間飛行家が僅か20人というのに驚く。

資1 丁稚時代の恩義に感謝

「小旦那 佐渡島英禄氏」へ感謝の手紙　昭和27年(1952)

成田に移住し恵美農場を開墾している頃、旧主であり後援者であった佐渡島英禄との交流はずっと続いていた。丁稚時代、飛行家になるために思い悩み、それに対し物心両面で援助してくれた英禄の恩義に対し、当時の感激を記した日記を書き写し感謝の意を表している。音次郎らしい律儀さである。

「音次郎より佐渡島英禄宛の手紙 ①」丁稚時代の厚意に対する御礼状　　　　　　　　［佐渡島家 蔵］
　　昭和27年(1952)４月22日付（Ｂ５版便箋８枚のペン書き封書）
　　＊明治43年上京前の緊迫した心情を記した日記が３日分引用されているが、原文とは多少異なる。

拝啓
十四日付御芳書誠におなつかしく且つ嬉しく拝見いたしました　讀んで居る中に四十余年前の事が脳裏に映じ最(ママ早)速古い日記類を調べ初めますと次ぎから次ぎに様々の思ひ出が繰返されて参りました
今日は其中から貴下様に関係の処を一々書きぬいて御報告申し上ます
之れは明治四十三年の日記からですが其前に至迄を一寸述べさして頂きます
私が飛行機に心ざしたのは四十一年の秋で御ざいました　四十二年は世界的にも大分色々と進んで参りまして飛行船では独逸のツェペリン伯のが十時間以上の飛行を試み不完全ながら定期航空が初められました　飛行機の方は同年ブレリオ氏が初めて英佛海峡を横断飛行に成効(ママ)しましたが本年（四十三年）は英国人がドーバーからカレーに飛行し着陸せずに英国に帰って居ります
日本人では日野徳川両氏が外国に派遣され操縦を習って十二月代々木で飛行いたしました　奈良原式の純日本製第一号の出来たのが此の年の六月でした
此の頃の世界記録は高度が四千百四十六呎(フィート)距離は二百四十哩(マイル)　時間は四時間三十七分位でした　翻て私は四十三年六月一日に御店を退き同五日から御存じの関鉄工所に入り　十一月に奈良原氏の許に行くべく上京いたしました

日記の写し
『五月二十四日　火曜日　晴
　午前六時起床新聞を讀み出勤　簿記を終るや自助論を讀む　午後竹島新三郎氏東店老主人に私のお暇を貰ふ件を話して呉れられた　老主人は何時からでもと云われた趣き　そこでいよいよ自由の体とはなったが　今は中山氏不在中なり今月も余日少ないので今月一杯勤める事に仕様と思ったので　小旦那に自分の候補者を選ばれ

たいと頼んだ処、何処へ行のかと色々尋ねられたが　其時は話さなかったが　色々考へて小旦那には打明けて居くのがよいと考へ　四時頃奈良原先生の手紙をお見せして希望と決心を話した処　思ったより産むが易く非常に賛成で「ウーン面白い　それは面白い　行ったらすぐ手紙を呉れ　及ばずながら又相談相手にもなろう」と云われ　なんとも云えぬ愉快な感を得た』

『同年　十月二十七日　木曜日　晴
　夜萬朝報を見ると　奈良原氏は今度佐世保へ轉任になったので赴任迄での間に同氏飛行機の試験飛行がある由が出て居た　之れは自身に取っては由々敷問題で　氏が佐世保に行かれると自分の研究会志願も心許なくなるので此際是非共同氏に会って確かな事を定めたいのと　又いつ迄鉄工所に居っても　秘密裡に研究せねばならぬ状態では見込みも立たないので　此際是非上京したい　いや行かねばならないと考へ　旅費其他の調査を初め十二時近く就眠　』

『十月二十八日　金曜日　晴
　今日は朝から昨夜の問題を考へる　兎に角第一の問題は旅費である　如何に切りつめても十五円は入用　其金を如何しよう　姉には此前名古屋に行った時　其後店を止めた時　服を作った時と大分迷惑をかけて居るので今度はどうにも話しにくい　父には勿論だめ　兄は同情はあるが金は持たない　つひに思いつひたのは寄生木の良平ならねど一小旦那に御願ひしてしばらく拝借する事にし　返済は月々四、五円づつ月賦にして、いただくことにしたらと、夜店へ立寄り　それから浜宅へ小旦那をお尋ねしたが表が開かない　案内を乞ふのも気がとがめたので裏の中山氏を訪ねた　丁度居られたので色々話す内八時を過ぎた　心の内では気が気でなかった　やっとの事で思ひ切って中山氏の店から小

旦那をお尋(ママ訪)ねした　談話は飛行機の事に及び今日迄の研究して得ただけをお話ししたが借金の事につひては練習して居いた口上も述べる事が出来ず　つひ云ひ出し兼ねて九時過ぎ浜宅を辞した』

『十月二十九日　土曜日　晴
昨夜の失敗に目は未明から醒めて眠れぬまゝ色々工夫した結果　小旦那に手紙で申し上て見様と早速起きて　目的と希望と現状を述べて十五円拝借の件を書き　最後に今夕失禮ながら電話でお返事を戴きたい事を述べた　夜浜宅を電話した処　小旦那一流の「よろしい　承知した明日か明後日封筒に入れて店の誰れかに渡して居く」との事　余の其時の嬉しさは　今も手が振へる様だ　そして　やっと第一の難関を切りぬけた　而して何んでも勇気と熱心にかぎると思った　尚目前に横たわる大きな困難に対しても勇気と熱心にしかずと心にちかう』

以上が貴下様と飛行機に志した私とのつながりの初めです　天下茶屋にお伺ひしたのは其後帰坂した時の事と存じます　尚其後の日記を調査して又御知らせ申し上ます
今日はこれで失禮申し上ます
井上君は先月許可申請の為め島安博同道（島安博はクラブの卒業生で）上京の節希望により東京で会ひました　主として二人が活躍して居る様子です　実行力はありますが会社成立迄の資本関係が心配です　もっと有力な或は財界に自信のある人が入用だと思ひます
尚小さい國土に同じ様な計画が多過ぎる感がいたします　いづれ出来るのは限りありましょうが
それだけに井上君の計画のさまたげになると思ひます　出来れば経営には信頼が出来ますから　是非成立させたいものです　出来れば御援助を御願ひ申し上ます
私個人につきましては健康上自信が持てませんので、今或る木材工業会社でグライダーを作りたい希望がありますので相談相手になる位の事と考へて居ります
先日写真をやって居ります二男徳次が喀血いたしまして目下安静中で　其為め三男仁三郎が写真の方をやって居りますので　百姓の方は人を入れてやって居ります
墜死した長男信太郎は昭和十一年六月一日　墜落七日に死亡いたしました
山縣の死は大正九年八月二十九日津田沼の工場上の畑の中で　高度千米位で翼が折れたためでありました　飛行機は東京ー大坂間無着陸往復飛行に使った恵美号でした

いづれ又後便にて
四月二十二日　　　　　　　伊藤音次郎
佐渡島英禄　様
　（四十三年は私二十才の時で御座いました
　本年は満六十一才になりました）

＊出会いから40年以上たった昭和27年の手紙である。引用した当時の日記からは、飛行家になるべく奈良原の元へと上京しようと決意し、思い悩む音次郎の心の動きや心臓の鼓動さえも伝わってくる。英禄の一言も温かく、音次郎を奮い立たせる。飛行家人生を歩み出した原点がこの時にあったのである。そして、生涯恩人として深く敬愛し続けることになるのだ。
　　［佐渡島英禄については ⑥ 19歳で上京 他参照］
㊟浜宅［佐渡島英禄の住まい］
㊟自助論［スマイルス(英)著　成功伝集"天は自ら助くる者を助く"で有名　日本語訳は「西国立志編」］
㊟宿生木の良平［徳冨蘆花 著「宿生木」の主人公］
㊟井上君［井上長一　門下生　日本航空輸送研究所設立］
㊟島安博［元日本軽飛行機倶楽部　昭和13年萱場式無尾翼機試験飛行の操縦士］
㊟この頃、島、井上は極東航空設立に向け奔走中

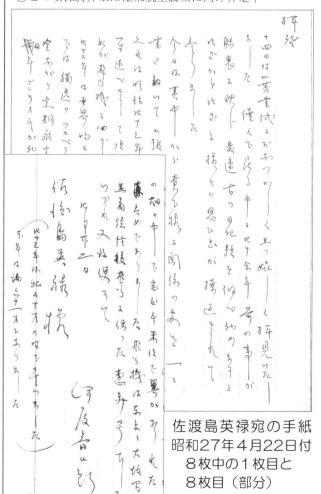

佐渡島英禄宛の手紙
昭和27年4月22日付
8枚中の1枚目と
8枚目（部分）

「音次郎より佐渡島英禄宛の手紙②」津田沼航空神社の成田市東峰遷宮への寄進に対する御礼状
昭和28年(1953)11月25日付（B5版便箋3枚毛筆封書）　　　　　　［佐渡島家 蔵］
「惠美會」名の領収書が同封されている。　㊟通常は遷宮＝伊勢神宮、遷座＝一般神社 に用いることが多い

拝啓　いつも御無沙汰申し上て居ります
此度航空神社遷宮に当り多額の御寄進に預り誠に
有難く御礼申し上ます
当日は幸天候にも恵まれ　珍らしい航空人の集り
と相成り　更に朝日毎日両新聞社の飛行機より式
場に菊の花束を投下され錦上花を添ゑ地元にては
初めての事とて非常な喜びに御座いました
翌廿三日は地元民の祭典が行はれ青年團奉仕の演
藝会が夜の二時頃迄ありました
別紙由来書及写真御送り申し上ました
先づは御報告方々御礼迄　　　　　　　　早々

　　遷宮の　やしろに香る　菊の花
　　移し得て　身近に友は　しづまりぬ
　　太鼓聞き　お供物の餅　つゝみけり
　　方つひた　たきびのあとや　霜の朝

　　十一月二十五日　　　　　　　伊藤音次郎
佐渡島英禄　様

＊航空神社の遷宮に航空界の友人たちが多く集ま
ると共に、朝日・毎日新聞社機が飛来して菊の花
束を投下するなど華やかに行われた。地元住民も
大喜びで、演芸会が真夜中まで催された。
　航空神社は、その後地域の産土神「東峯神社」
として崇められるようになる。
　　　［東峯神社写真及び由来書は 31 鎮魂 参照］

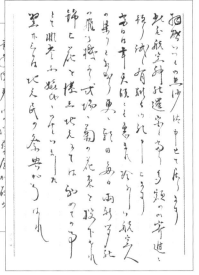

社殿造営中［再掲］
昭和二十八年九月二十七日

===

「佐渡島英禄より伊藤音次郎宛の手紙（部分）」昭和34年9月3日付（B5版便箋3枚ペン書き）
大正11年平和博出品スポーツプレーンの「銀牌」「賞状」を譲られたことへの礼状　　［伊藤家蔵］
　　　　　　　　　　　　　　　　［平和博出品スポーツプレーンと賞状は、41 参照］

（前略　英禄の健康上のこと）先般勝手なことを申
上げましたら　今回種々御配慮を頂き　殊に伊藤
研究所の宝物たる平和博覧会の銀牌と賞状を御恵
送を頂き　私としては飛行機に対する昔の熱情と
当時を回想して　感慨無量に存じますし　コンナ
貴重品を頂いて何とも御礼の申様なく　早速掲示
すべく額に仕立てる積りであります　永く永く私
の家宝とする積りであります
　不取敢御厚情に対し深く御礼を申上ます　私と
旧な人などボツボツ月々に逝去したり隠退して淋
しくなります　只々飛行界の発展やら鉄鋼界の進
展には年がひもなく食指が動き　且つ邦家のため
愉快に感して居ります　それにして貴殿の飛行界
に対する御貢献に対し余り世間なり当局の無関心
には奮慨に堪へませぬ　何卒何時までも御元気の

程を祈り上げます　何れは御功績の顕彰する事が
あるものと信じて疑ひません　不取敢御厚志拝受
旁御礼申上ます　皆々様益々御勇健の程祈上ます
　　昭和卅四年九月三日　　　　　佐渡島英禄
　　伊藤音次郎様

＊英禄が音次郎との友情の記念となる品を譲って
ほしいと所望したか？（軽い気持ちで小物程度のつ
もりだったろう）しかし音次郎は、何と伊藤飛行機
の宝物であり優秀な技術力を示す「銀牌と賞状」
41 参照］を送ってきたのだ。どこまでも無欲で
人の好い音次郎は、恩人と崇める英禄に差し上げ
るには、大切な銀牌しか思い浮かばなかったのだ
ろう。これらは佐渡島家の家宝として、今も大切
に保管されているとのことである。

資2 回想記『佐渡島英禄氏と私』

佐渡島家に請われ初の回想記執筆 昭和36年(1961)70歳

英禄の二男佐渡島明が、父の伝記を完成させるための資料として
ぜひとも回想記を賜りたいと音次郎に懇請し、それに応えて小旦
那（英禄のこと）との出会いと思い出、信頼で結ばれた友情、感
謝の心を昭和36年11月に綴った回想記。中でも、佐渡島商店で
の仕事振りや英禄との関わり合いの詳細な場面は貴重な記録だ。

[浪速商人伝　－佐渡島英禄の生涯－] 北木小馬 [月刊 経済要報] 所収
浪速商人の典型として、地金・薄板販売業界の長老、佐渡島英禄翁の生涯を記録した一代記。
昭和36年6月号から22回に渡って連載。うち第八回（昭和37年1月号）と第九回（同年2月号）
の2回分は、音次郎の回想記を引用しながら英禄と音次郎の強い絆を描いている。下記は「浪速
商人伝」より音次郎の回想記の部分のみを抜き出したものである。
[佐渡島家 蔵]

『佐渡島英禄氏と私』　　　　　　　　　伊藤音次郎

◆丁稚奉公

『私は、明治の末、即ち日本航空の誕生から今
日まで、我が航空界に関与して参りました。そ
して特に大正年間の日本航空が世界の水準に追
いつくべく、懸命の努力が払われておりました
当時、多少ながら、我が航空界に認められる業
績を残し得ました事は、ひとえに佐渡島英禄氏
と先代竹島新三郎氏の御援助による、たまもの
と、今日も深く感謝致しております。

　私が英禄氏の御支援を得るようになりました
のは、私が十六歳の時、佐渡島本店（佐渡島伊
兵衛商店）へ、一小僧として、竹島さんの御紹
介で入れて頂いたのですが、英禄氏が谷崎家か
ら、佐渡島本家の只今のイマ未亡人と御婚約が
出来た事から始まります。

　御婚礼の当日（明治四十年、即ち1907年一
月）は、私は浅葱のお為着（シキセ）に定紋の
ついた箱提灯を持って、お迎えの人々と共にお
供に加わったのでした。

　その翌年、私が夜学ながら、簿記を学んでい
たのが幸いして、簿記係として、帳場へ、河野
通胤君と共に抜擢されました。

　その年が暮れ、春を迎えた時でした。当時、
同店（佐渡島伊兵衛商店）では、暮は三十一日
夜まで営業し、正月三日間休業して、四日に棚
卸しが行われるのが慣例になっていました。

　しかし帳簿係としては、三十一日の終りに廻
わって来る年末の多量の伝票は、四日の棚卸し
と歩調を合わせて決算に持ち込むためには、普
通ではとうてい処理しきれないので、元日、一
日を伝票整理に一人で頑張っていた処、夕方、
英禄氏（当時、氏の事を小旦那と申し上げてい
たので、私には親しみ深い小旦那という呼び方

で、これから記す事を御諒承下さい）が、店へ
出て来られて、特別賞与として金五円を授けら
れました。これはその頃、私の一ヵ月分の給与
に近い額でした。』

◆空への憧れ

『明治四十一年（1908）十月十七日（旧新嘗
祭）＊北木小馬註[当時この日は祭日だったので、商
店の小僧さんたちも一日の休暇を与えられたのだろう]
活動写真（当時は映画とは言わず、勿論、無声
時代でした）で、米国のライト兄弟が1903年
に行った世界最初の飛行を見ました。

　然し、幼稚なカタパルトを使用していました
ので、これでは不便だ、どこからでも飛び立ち
得るものが出来たら、と思ったのが病みつきで、
以来、航空熱に取りつかれ、研究に熱中するよ
うになりました。』

『或る時、小旦那にこの話をいたしました処、
大いに賛成され、且つ激励を受けました。』

◆伊藤の上京

『そこで、大きに力を得て、兎に角工学の勉強
の必要を感じ、その年、梅田駅の北方の田圃の
中へ新築移転し、十一月三日の天長節に夜間部
を開校した都島工業へその日から入学し、なお
実技を学ぶため、ご主人（初代佐渡島伊兵衛）
の了解を得て店を退き、その頃、円手町にあっ
た佐渡島製銅場へ出入りの機械工場で、九条の
関鉄工所というのへ入所しました。』

『四十二年（1909）、名古屋で開催された博
覧会に飛行機の模型が出品されたのを見学に行
くときも、そして四十三年（1910）初夏、奈
良原男爵のもとへいよいよ実際の飛行機研究に
上京する時も、いつも旅費は小旦那から支給し
て頂いたのでした。

丁度この時、日本最初の国産飛行機として、奈良原式一号機が完成しました。が、この機には五十馬力の発動機が取付けられる予定が、注文したのが間に合わず、二十五馬力のものを取付けましたので、滑走だけで、飛行する迄に到りませんでした。

同年（明治四十三年、1910）十二月、日野、徳川両大尉によって代々木で日本最初の飛行が行われ、昨年が丁度その五十年に当りましたので、多彩な記念行事が催されました。

翌四十四年（1911）春、奈良原式二号機が五十馬力を附けて完成、丁度開設された所沢の陸軍飛行場で試験飛行が行われました。

そして、五月五日、奈良原氏自身が操縦して、初めて離陸され、国産機による日本最初の飛行が行われました。』

◆修業時代

『そこで、白戸栄之助、後藤銀次郎、私の三人が操縦練習生として採用され、まず初めに、白戸栄之助君が養成され、ここに我が国、民間最初の飛行士第一号が誕生しました。

翌四十五年（1912）奈良原式鳳号が出来、青山練兵場で、大正天皇が皇太子の御時、当時、皇孫殿下の現天皇をつれて台覧される、晴れやかな飛行が白戸君操縦で行われました。

間もなく世は明治から大正へと改まり、秋深まる頃、鳳号は中国、九州、四国と巡回飛行を行い、外見はなやかな年でありましたが、経済的に困難な航空事業のため、奈良原氏は翌二年（1913年）、ひとまず航空界を引退されるのやむなきに到りました。

当時なお未完成の私は、白戸君と苦難の二年間を過しました。その間、東京で喰えなくなると、大阪に帰っておりました。』

◆英禄の激励

『そんな或る日の事、小旦那と一日中、話し合った事がありました。時に小旦那は十万円貰って分家して、西店を開店したが、「おれが五十万円の資産を作るのと、君が飛べるようになるのとどちらが早いか、一つやって見ないか。君が早ければ一万円を君にあげよう」と、暗に、失意中の私を励まされたのでありました。』

◆伊藤の成功

『その後、漸く機会を得て大正四年（1915年）早春から独力で練習を始めるようになり、その秋には四十五馬力の伊藤式恵美一号を完成し、翌年（1916）一月八日、同機を操縦して、千葉から東京湾を横断、帝都訪問飛行に成功し、ついで信州より西日本に巡回飛行して、幸い好成績を上げる事ができ、当時の根拠地、千葉県稲毛に帰るや、恵美第二号と、巡回飛行中、偶然手に入った八十馬力の発動機を附けた水上機との二機を作り、同六年（1917）夏、右の二機をたずさえて大阪に帰り、故郷の空を飛んで

小旦那に喜んで頂きました。』

『その時（1917年夏）、前の口約により、金一万円也を小旦那が下さろうとしましたが、私はこれを御辞退しました。

しかしその後、千葉県津田沼に飛行機研究所を設立し、拡張するに当ってそれ（一万円）に十数倍する金を、竹島（新三郎さん）と共に、出して頂いたのでありました。

そのお蔭で多数の操縦士を養成し、優秀な技師を得て、つぎつぎと新機を製造して、当時、民間航空界の高度、速度、距離等、すべての記録を更新したり、また、東京、大阪間、往復無着陸の、当時としては大飛行にも成功いたしました。』

◆英禄への感謝

『これら（いろいろの功績）により、政府または飛行協会より、しばしば表彰の光栄に浴しましたが、その功績は私のものではなく、実に小旦那を以て第一（の功労者）とし、竹島様、奈良原男爵、技術的には、技師稲垣知足君、操縦面では私の一番弟子で天才と云われた山県豊太郎君等の諸氏に帰すべきであります。

しかるに、以上の方々は英禄氏の今春の御他界を最終として、既に全部が此の世の人でない事は、私に取って、返す返すも残念な事であります。

謹んで合掌、感謝と共に御冥福を御祈り申上げる次第であります。

三十六年（1961）勤労感謝の日
元伊藤飛行機製作所、所長、伊藤音次郎』

『かつての民間航空界の巨人、伊藤音次郎の今日迄の七十年の生涯における第一の恩人は、実に佐渡島英禄だったのである。佐渡島英禄という人は、このように、欲得を離れて人と附合い、これを親身になって支援し得る、心の寛い人だったのである。

伊藤音次郎は現在（昭和三十七年一月）、成田市東峯に隠棲して、悠々自適の生活を送っているということである。当年、七十歳である。』と著者北木小馬は結んでいる。

㊟通説と回想記との違い
『明治四十一年十月十七日（旧新嘗祭）』
（ライト兄弟初飛行の活動写真を観た運命の日）
　⇒10月17日は神嘗祭であり、新嘗祭は11月23日。
　　10月17日が正しいのか、新嘗祭が正しいのか、運命
　　の日はいずれか？ [6] で詳細に検証した]
『都島工業』⇒『市立大阪工業学校』が正式名
『おれが五十万…君が飛べるように…』
　⇒感動的な場面は、「空気の階段を登れ」に記された
　　丁稚時代か「回想記」の奈良原助手時代か。

- 254 -

第三の故郷習志野での講演記録　　昭和40年代前半

音次郎が習志野市（伊藤飛行機研究所のあった旧津田沼町）に再び居を構えた昭和40年代前半、市の教育委員会に依頼され飛行機人生を語った講演記録が、地元鷺沼小学校の教師の発行した郷土研究冊子に残っていた。長い飛行機人生の前半期のエピソードを飾らない言葉で語った貴重な記録だ。

同冊子所収の二女惠美子氏の談話も合わせて掲載。

掲載冊子『うつりかわる鷺沼』千葉県習志野市鷺沼地区の歴史と自然　昭和48年（ガリ版印刷）
編著者　安原修次（当時　習志野市立鷺沼小学校教諭）　[資10 証言 音次郎を見上げた人々 参照]

『飛行機と私』　　　　　　　　　　　　　　　伊藤音次郎

（前略）

明治44年５月、奈良原さんが見事に操縦を身につけ、距離は60メートル位だが完全に離陸した。これが、日本製の飛行機で、日本人の手で飛んだ最初になっている。

ところが、奈良原さんは男爵で跡取りだったので親戚がうるさくて続けられなくなった。そこで、練習生として入っていた白戸氏、後藤氏、三番目に私が入った。

当時の飛行機は、一人しか乗れないので、練習するにも初めから一人で操縦しなければならない。当時の回転式ノーム50馬力という発動機は、ローが効かないので、飛行機が動き出すと上がりたがって困る。だから、降りるときぶつけて脚を壊してしまう。そこで、脚を弱くして機体が壊れないで脚だけ壊れるようにした。しかし、走り出すとすぐ壊れるので、飛行機が走り出すと丸太とロープをかついで後から走って行き、ロープで縛ってかついできた。二、三日かかって直した。

そんなことをしながらも、白戸氏はようやく飛べるようになった。

徳川さんが来て、口でこうやるんだ、ああやるんだと教えるだけで、手を取って教えなかったので進歩も遅かったが、それだけに苦労しただけ乗り手も上手になった。これが、日本で最初に仕込まれた操縦士の白戸氏だ。

　　　－鷺沼に飛行場を作る－

所沢が飛行機の数が増え、陸軍で使うのに狭いくらいなので、もう借りることが面倒になった。どこか、金のかからない広い所がないかというので、奈良原さんが猟友会の鴨猟などでよく歩かれた経験があり、潮の引くのをよくご存じだったので、稲毛を物色された。

そこに「海汽館」という大きな旅館があり、そこの主人が太っ腹なので、「格納庫を建ててやろう。」と歓迎してくれ、あそこに民間の飛行場を作った。

そこに鳳号を持っていった時、お祭りのように沿道に店がたち、大変な騒ぎだった。

ところが、大正６年の大津波でそこが壊滅して私が鷺沼に来た。白戸氏は寒川（千葉市）に参られ、玉井清太郎という人は、今の羽田でやっていた。干潟の中から生まれた操縦士だけでも数百名になっている。

そういう訳で、ここ鷺沼は、民間飛行の故郷になっているといえる。

　　　－東京往復飛行－

私が稲毛で飛べるようになったのは大正４年のことで、新しく飛行機を作って、大正５年１月８日、天気が良いので東京へ飛んでいった。これは、民間機で東京を訪問した最初の事だ。その前、星野さんなんかが計画し、途中まで行って海に飛び込んでしまった事もあった。幸い私は、55分間で無事往復した。これが、私が世間に認められた最初だった。

私どもが飛べるということが、まだ東京の新聞社でも知らなかった。飛行機の形が、私どものは違っていたから。複葉の飛行機は、たいてい発動機が後ろにあって、プロペラが後ろで回る推進式というやつで、私の飛行機は複葉でも単葉飛行機のように前に発動機があった。

こういう飛行機は、当時世界的にも少なかった。だから、東京へそういう飛行機が飛んで来

たというので、「どこから来たんだろう。」というので新聞社で探して歩いたが、やっと夕方にやまと新聞の記者がやってきた。これが始まりで、大正５年に信州から中国、九州に興行してあるいた。

－安全な飛行機を－

そんな時考えたことは、とにかく飛行家の信用を回復しなければならんと思った。飛行機は、上がれば落ちてこわれるものだ。その上に、飛行家は身持ちの悪い者だということが一般に伝えられていたので。

私は、どんな地面の悪い時でも、ひっくり返らない飛行機を作ろうと思った。翼の大きさを普通より大きくする。すると、単位面積の目方が少なくなり、離着陸が早くでき、狭い場所でもよくなる。地面に着いた時、ひっくり返るのは車輪が前についているからだ。これをひっくり返らないようにするために、車輪に対して飛行機の重心を後ろにずらした。四つ車輪をつけ四つの車輪はでこぼこに応じてどんな格好にもなるようにした。

更に、長いそりを機体の前に突き出すようにした。どんな場所に降りて持ち上がっても、又元に戻るようにした。

信州の上田で飛んだ時、離着陸する場所は良かったが、それより二里ばかり上の村に降りてくれと頼まれた。見に行った所が、たくわん石みたいな河原だったので「とにかく、降りる所の石だけでも拾っておいてくれ。」と言って、飛んでいっておりたのだけど、ガタン、ガタンといって、腰掛けの板も割れた。それでも、飛行機はひっくり返りもせず、ちゃんとしていた。

そういうふうにして、飛行機は壊れない、危なくないもんだという証明をして、全国各地を歩いた。あの時、二十数カ所飛んで帰ってから、新しい大きな馬力の発動機を買って、水上飛行機を作った。

＊習志野市教委 堀部氏所有の録音テープより。
　　（㊟成田の恵美農場を空港公団に売却した後、
　　昭和43年〜46年習志野市袖ケ浦に居住の頃の
　　講演記録と思われる。）

恵美三号水上機による最初の飛行地
富山県伏木港　大正六年八月二十三日

『民間航空揺籃の地　鷺沼』
談 伊藤恵美子（音次郎の二女）

今から55年前（大正６年）、この附近は津波で大被害を受けました。その時、稲毛海岸にあった飛行場を流されてしまった父（伊藤音次郎）が、この鷺沼海岸に飛行場を建てました。大正７年、まだ日本に飛行機は数えるほどしかなかったころです。

海が干潮になると洲ができます。それを利用して滑走路にしたのです。飛行場は、ただ同然ですが、練習後の機体の洗浄が大変でした。

そんな練習の中から、日本最初の宙返り飛行をした山縣豊太郎が生まれましたが、その人は若くして事故のために亡くなりました。練習中片翼が折れて畑の中に墜落しましたが、地上に達するまで、畑にいたお百姓さんに、「危ないぞ、逃げろ。」と大声で叫んでいたということです。山縣飛行士の殉空の碑は、鷺沼三丁目のバス停から少し登ったところに現在も建っています。

工場では、いつも練習機、グライダー等の作りかけがありました。また、宣伝飛行などもやっていたため、宣伝ビラがたくさんあり、今鷺沼で50歳位の男の人の中には、ビラをもらいに飛行場へ来た人も居られると思います。

昭和11年、一番上の兄が同乗した練習機が墜落して操縦士ともに亡くなりました。何人かのそんな悲しい目にあいましたが、戦時中、軍人、軍属となって飛行士たちは大活躍をしたのです。今でも、生き残った当時の人が、「津田沼空の会」を結成し、年１回の会合をもっています。

終戦当時、飛行場はアメリカ軍に接収され、職を失った人々を率いて、成田市三里塚に集団帰農した父でしたが、そこも、また新国際空港の用地となりました。

それほど、飛行機と縁の切れなかった父も、1971年12月、自らも天国へ旅立っていきました。今では、30年間日本の民間航空の中心だった鷺沼を知る人も少なくなりましたが、忘れてはならないことと思います。

旧伊藤飛行機研究所　滑走路跡 碑
（現袖ケ浦第二児童遊園）習志野市教育委員会

資4 伊藤飛行機研究所略年譜

30年にわたる詳細な自筆年譜　大正4年〜昭和20年

戦後入植した成田の農地が新東京国際空港の用地となり「売却第一号」として契約した昭和43年前後、膨大な写真類の整理と併行して自筆の「研究所略年譜」をまとめた。30年以上もの長きにわたって毎日書き続けた「ポケット日記（通称音次郎日記）」をもとに書かれており、日付けや人物名、製作機体名その他様々な出来事を記載した詳細な年譜となっている。なお、大正末期以降はそれまでの簡潔な記述から一変して文章は長くなり経緯の説明が詳しくなっている。苦しい経営状況の中で悩み、試行錯誤していた複雑な思いが伝わってくる。

『伊藤飛行機研究所略年譜
　　　日本軽飛行機倶楽部を含む』
　　Ｂ４縦書き400字詰め原稿用紙
　　27枚54ページ。中央で折り、
　　右上を凧糸で綴じる。
　　ブルーブラックのペン書き。
　　　　　　　　　　　［伊藤家 蔵］

転記にあたり

　独特の癖のある句読点や空白は原本に沿っている。編集の都合上、「縦書きを横書き」に変えて記載した。なお 資を得て のような見え消しは音次郎自身が原稿を修正した跡である。

＊音次郎の記憶違いなのか、日記など他の原資料と事績や年月日が異なる箇所があるがそのまま転載し、　　に訂正内容や異論とその[出典]を記した。

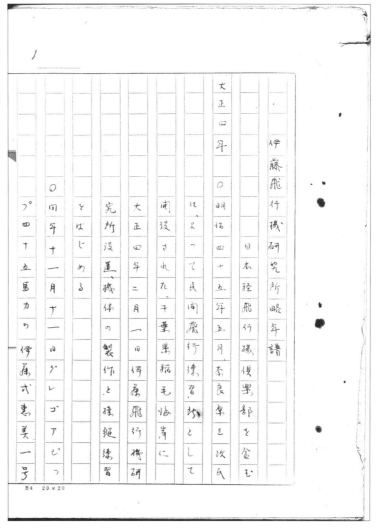

大正四年
〇明治四十五年五月、奈良原三次氏に、よって民間飛行練習所として開設された、千葉県稲毛海岸に　大正四年二月一日伊藤飛行機研究所設置、機体の製作と操縦練習をはじめる ＊一月三十日に練習第一日とある[日記]
〇同年十一月十一日グレゴアジップ四十五馬力の伊藤式恵美一号を完成させた ＊[日記]では11/11以降まだ張線・車輪取付け作業中につきこの日はまだ未完成の筈 ＊11/22白戸による試飛行 11/23音次郎試飛行

大正五年
〇一月八日恵美一号を操縦して伊藤自身千葉
ー東京間往復飛行を行う
〇四月より栃木県を振り出しに　長野、三重、広島、山口、福岡、長崎、大分の各県に航空宣傳飛行会を開催して十一月無事帰還

大正六年
〇一月六日民間最初の夜間飛行練習を行う
〇四月一日グレゴアジップ四十五馬力にて恵美二号機を完成、試飛行す
〇六月二十七日ホールスコット八十馬力にて民間最初の水上飛行機に成功す ＊白戸式巖号氷上機を音次郎が設計・製作（5年3/3試飛行）が最初
〇五月山県豊太郎練習生第一号として誕生す ＊大正3年頃門下生に。この年卒業生一号となる

○八月(ママ)水上機にて富山広島和歌山各県を飛行す　其留守中　山階宮殿下が稲毛飛行場に来場さる（其後津田沼に移轉後数回御来場された）＊富山8月、和歌山、広島は10〜11月

○九月四日から郷里大坂にて水陸二機で感謝飛行を行う（水上機は西ノ宮より飛行す）

○十月一日颱風による高汐にて格納庫二棟全壊す

○直ちに大坂に引上げ　近郊に飛行場を開設しようと努力したが適地を得る事が出来なかった

大正七年

○再び千葉県に土地を求めて、四月十二日津田沼町鷺沼海岸に練習場を設けることになり四十坪と二十八坪の本建築の格納庫工場と四十坪の仮格納庫二棟を建設す。且つ当時まだ珍しかった酸素溶接器を購入し、佐野清三郎に技術を修得させた。

○この年福永(ママ)朝雄、藤原延、佐野清三郎の三人が卒業飛行をした

○また練習用として日野式二サイクル三十馬力、ノーム五十馬力、ホールスコット八十馬力で練習機を製作、藤原君の注文でエルブリッジ三十馬力の機体を作る
＊ホールスコット練習機は稲垣設計とも［アルバム］

○九月十日稲垣知足君を製作部主任技師として迎えることになったが　年内は学校の休日ごとに来ることに決った

大正八年

○一月八日稲垣君の処女作としてノーム五十馬力搭載の本邦最初の曲技専用機の設計を開始す。＊処女設計＝前掲練習機設計と矛盾

○四月二十一日同機完成第二鶴羽号と命名五月十日洲崎に於て山県豊太郎が本邦民間最初の曲技飛行を行う　＊連続2回宙返り

○ゴールハム百二十五馬力中古機一台同じく百五十馬力発動機新品一台を購入

○十月二十二日、二十三日帝国飛行協会主催東京ー大坂間郵便飛行競技に山県豊太郎がゴールハム百二十五馬力機で参加し二等に入賞す

○明年行われる長距離飛行競技に備え、ゴールハム百五十馬力で長距離用機の設計製作に着手す

○工場三棟（二百四十六坪）　事務室、応接室、宿直室（三十六坪）　発動機工場倉庫一棟（二十七坪）増築す

大正九年

○完成したゴールハム百五十馬力惠美十四号機にて、山県豊太郎が四月二十一日帝国飛行協会主催東京ー大坂間無着陸往復飛行に参加し　距離八百四十キロ、時間六時間四十三分の距離と時間の新記録を作った

○更に次に行われる予定の福岡ー上海間の飛行に備え、米国にリバティー四百馬力発動機を発注す　＊日記にはマイバッハ準備とある

○七月二十五日後藤勇吉氏の乗用機として、坂東舜一氏より受注したローン百二十馬力富士号が完成した。同機は目的により主翼を交換出来るよう交換翼を準備した

○後藤機製作中に　秩父ノ宮殿下が御来場になり金一封を戴いた　＊後藤機試飛行は7/27

○八月二日三日洲崎に於ける第一回民間飛行競技会で、山県豊太郎は惠美十四号、後藤勇吉君は富士号、謝文達はゴールハム百二十五馬力機で、安岡駒好はホールスコット八十馬力練習機で参加　各競技種目に、いづれも一、二等に入賞す、中でも後藤機は高度五千メートルの新記録を作った（五千メートルに丁度と言うのは当時の高度計が五千米までしか記録出来なかった為め）

○八月二十九日朝八時、惠美十四号機で山県は飛行場上空で連続宙返飛行中三回目の引き起しの際、左翼折れて墜落殉職す

大正十年

○三月十七日大坂の後援者佐渡島英禄氏、竹島新三郎氏ほか銅鉄商その他の縁故募集にて、株式会社伊藤飛行機研究所となる
＊4/20設立発起人会 6/27会社設立登記［日記］

○工場二棟（百六十四坪）鈑金機械工場（六十三坪）木材乾燥室を増築し、木工機械、旋盤、電動機等を設備す。

○三月航空局及帝国飛行協会より中島知久平氏白戸栄之助氏と共に伊藤、稲垣に賞状及賞金を授與せられた

○佐藤章氏注文のチューリン百二十馬力にて後藤氏の富士号と同型式機を完成章（アキラ）号と命名され三月二十一日に引渡しを終る

○更に佐藤氏用として秋田県民から寄贈された、マイバッハ二百六十馬力惠美二十四型秋田号（長距離用）を受注製作す　＊320HP

○リバティー四百馬力惠美二十二型完成山県記念号と命名す　＊11年春完成

○小栗飛行学校に練習機としてローン八十馬力惠美二十型機を納入す。

○米国空中サーカス、バー飛行団が置いて帰った、カーチス式飛行機四台予備発動機二台全部を買いとる

○弊所練習用としてカーチス九十馬力にて惠美二十五型機を作る　＊11年完成

○十一月三日佐藤氏章号にて曲技飛行中東北方の鉄道線路上に墜落秋田号の試飛行を前にして同乗助手と共に殉職せらる

大正十一年

○伊藤式イ号星型五気筒四十馬力発動機を製作す

○右発動機を搭載し、スポーツ用小型軽飛行機を作る

○折から開催中の平和博覧会に出品して銀賞

を受ける。閉会後、大蔵清三が操縦快翔す　しかし発動機に尚改造すべき欠点が、あったが、資金続かず　後続機を作り得なかった事は遺憾であった
○此の年井上長一氏の大坂－四国間定期航空輸送の計画進み、弊所より機材、操縦士二名　機関士、整備士各一名を提供して、日本航空輸送研究所として発足す。同時に旅客用としてフライン（グ）ボートを受注す
○白戸栄之助氏の友人。盛岡の岩手日報社々長禿氏岳山氏より東京大坂間定期航空輸送実現の相談あり　本事業を決行するには朝日新聞社のほかなしと。禿氏氏から当時の東京朝日編集局長（後の文部大臣）安藤正純氏に、はかり　安藤氏が村山本社長を説いて明くる大正十二年正月を期して。実現することとなる。即ち機材、人員は白戸練習所と弊所の全力を集注し　運営一切を朝日新聞社に於て行うと言うことで航空局の許可と援助を得、名称を東西定期航空会と定める
○建坪二十七坪の設計室及び材料試験室兼練習生教室を増築す

大正十二年

○面積百八十坪の格納庫を新築す
○一月日本航空輸送研究所用のイスパノスイザ二百二十馬力フライングボート（乗客三名乗員一名）完成納入す
1月の日記に記載なし　当初150HPを220HPに変更
○一月十二日　三月末日迄を第一期として東西定期航空会開始さる　第二期以後は朝日新聞社の直営となり。操縦士は朝日の社員に迎えられ　弊所は整備作業を担当することとなる　*開始日は一月十二日[日記・新聞]*
○一月二十八日主任技師稲垣知足君、軽飛行機の研究のため、神戸出港の香取丸にて英仏に出発す　*出発は一月十八日[日記]*
○前年弊所練習部を卒業した中国人留学生、洪雲中君、帰国後空軍中佐に昇進したが、本年に入り中国空軍で軍用機の製作を開始することとなり、その相談のため再度来日した結果設計技師として矢野周一君を操縦士に安岡駒好の両君を弊所から派遣す。両君は昭和三年任務を果たして帰社した
○九月一日関東大震災により洲崎の東西定期航空会格納庫は、小栗飛行学校と共に水火の難に遇い壊滅す。臨時連絡用飛行場として、代々木練兵場が使用された　幸い弊所に被害はなかったが。丁度妻が腎臓結核のため、千葉病院に於いて手術二日目のことで病院隣の広場に蚊帳をつって避難していた　それは兎に角として　交通機関が破壊されたので東西定期航空会はもちろん。各飛行学校。日本航空輸送研究所。川西の日本航空会社の水上機は芝浦に、陸上機は代

々木に於て連絡飛行に当り、航空局の児玉常雄技術係長みずから陳（ママ陣）頭指揮した弊所は航空局から廻されるサルムソン式や中島式の整備に懸命の努力をし、輸送基地として、下志津飛行場を使用させてもらった。

大正十三年　*●苦難の時代になると記述が長文に*

○ここで一応過去を、ふりかえって見よう　大正七八年ごろから　川西から分れた中島知久平氏は三井の後援のもとに、また三菱川崎などの大手筋が、陸海軍の方針に基づき、英仏の製作権に大金をかけて、軍用機の製作をはじめた。その中にあって弊所は当初から国産機を誇りとし、優秀なものの製作を志し小は三十馬力より大は四百馬力まで　前述したように各種多数製作し各方面に活躍又育成せる操縦士により新記録など作って来たが。押収機材をはじめ。陸海軍の払い下げが出まわるようになって、民間に於いても新機の注文が全くなくなり殆ど修理工場と化してきた。茲に於いて打開策のひとつとして民間では、安くて効率のよい軽飛行機を開発する方針をとり　先には純国産機を作～たがり、尚先進の英仏に於て研究して貰う為め技師稲垣君の派遣を決めた
～今ひとつは～次ぎに開所以来の練習部は特別なものだけ残し、友人川辺佐見君に東亜飛行専門学校を創立経営させることにした
14年3月創立（協同事業）、昭和2年に譲渡[日記]
一方会社創立二年以内に増資をする、ことになっていたが、その後の経済界の不況で遂に不可能となり、整理のため会社を解散するの止むなきに至り　再び伊藤個人経営とした。そして今迄の無理が次第に現れて苦難の時代に入る
○震災によって航空機の実力が遺憾なく発揮され、特に新聞航空としての必要性が認識され、毎日新聞社でも大坂の川西の日本航空会社と提携したが、一月二十六日東宮殿下の御成婚式の模様を報道する原稿写眞の空輸競争に於いて、天候にも禍された～もの～が東西定期を持っている朝日に苦汁を味わされたので、遂に社内に航空部を新設自家用機を持つこととなった
然し当時は使用機は～当然～軍の払下機で朝日のサルムソンに対し毎日は海軍の十年式偵察機であった　整備は両航空部共弊所が引き受けることとなった

大正十四年

○朝日新聞社で訪欧飛行の計画があり　発表前に同社の先任操縦士大蔵清三君（東西定期発足の初めに弊所から入社した）を引き取って貰いたいとの要請が、航空局技術課長を通じてもたらされた　そこで同社の苦

衷を察して無条件で引取る事にした　そして河内君の訪欧が発表された　*屈辱の人事*

大正十五年
○五月十日稲垣君英仏より帰国す　早速アンザニー三十馬力で。一葉半式の軽飛行機の設計に着手。尚同君の、もたらした資料により。英国ライトプレーンクラブに範を取り日本軽飛行機クラブの組織に着手、帝国飛行協会と連携して規約を作り実行に入ったが時期末だ熟さなかった上に、工場に経済的な悩みもあり実現出来なかった
○田中不二雄君入社同君の発案により合資会社伊藤飛行機製作所と改める　*合資会社化は昭和2年6月[日記]*
○北海タイムス社に航空部を新設されサルムソンの整備を依頼される

昭和二年
○日日新聞社航空部長吉田禎治氏の仲介で所沢の航空社を買収することが出来た　そして分工場として陸軍機の修理をすることになった　*航空社買収は大正14～15年[日記]*
○田中君の献策により東京に出張所を設け、津田沼は稲垣君を工場長として陳（ママ陣）容を新たにした　*2月移転－9月廃止を決心*
○しかし金融面で益々苦しくなっていた折も折、航空局の或る一人が自分は蔭にいて立川の朝日新聞格納庫に隣接して東京飛行機製作所を作り、弊所では［古参の所員の一人 ⑭記述内容により仮称とした］を引き抜き同所長とし、朝日の仕事を作業中のものまで持って行かれたことは　心理的にも大きなショックを受けた
○その上に間もなく稲垣君が病床につくようになり　其後永い斗病生活の末昭和十年十二月二十四日遂に永眠された
○北海タイムスに対抗し　小樽新聞社でも航空部を設置し十年式の整備を受け、完成機は大蔵君が札幌迄空輸した　更に専任操縦士として酒井憲次郎君を入社させた ⑭大15
○大正二年に航空界を引退された奈良原三次氏が後援者と共に東京事務所に現われ氏の考案になるヘリコプターの試作を頼まれた　*奈良原は昭和2・3年には[日記]に現れず4年登場*
○明年行われる天皇即位式の原稿写真空輸に備え日日新聞社から大蔵君を懇望されたので承認す。
○此間経営はますます苦しくなるので遂に会議の末分工場を田中君に譲渡し東京事務所も引き揚げた　*分工場譲渡は4年8月[日記]*
○此年会社工場には影響を与えなかったが、伊藤個人として差押え二回破産申請まで受けたが、何んとか解決がついて多難であった昭和二年を越す

昭和三年
○安岡駒好、矢野周一両君が中國から帰國し

たので内容の充実を計り堅実を旨として、奈良原氏（ママ）や安岡と計り軽飛行機クラブの設立につとめる　*奈良原再登場は4年*
○一方広告宣伝飛行にネットを曳くこと及びネオンサインをつける事を考案し試験飛行を行う　其後ネオンの方は余り振わなかったが書（昼）間の字幕を引く広告飛行は一般に普及して永く利用された　*ネオンは昭4年*

昭和四年
○本年も尚準備時代であった
○奈良原のヘリコプターは後援が続かず　回転翼と胴体は出来たが、最も重要な、発動機から回転翼への連動装置が進まず、遂に其ままとなり完成を見るに至らなかった。　*奈良原ヘリコプター断念は昭和6年頃[日記]*

昭和五年
○数年がゝりの軽飛行機クラブもようやくまとまりを見るに至り奈良原三次氏を会長に戴き、長岡外史、小松直幹、安満欽一の三中将を顧問に、佐渡島英禄、竹島新三郎、星野錫、西野恵之助諸氏を相談役に、衣笠公寛、志賀潔、道永梯三、児玉静治、中山弘一、山本林平、木村秀政、高崎親輝の諸氏および伊藤音次郎が理事に　運営と練習は安岡駒好を幹事長とし、会員中より幹事数名会計一名を選抜して　四月二十一日飛行館に於て発会式を上げる事が出来た　*発会式は昭和6年4月21日[日記][写真ロゴ]*
練習機には払下機が経費が安く出来るのでアブロ、アンリオを使用　外に航空局から仏国製コードロン三十馬力単葉飛行機の貸し下げを受けた、そして此の年の十月には豊田安太郎君が第一号として卒業以後十六年三月民間練習打ち切りが発令されるまで九十二名の免状所有者を出した　これに軽飛行機クラブ設立以前の卒業者山県豊太郎から田中不二雄に至る五十九名を合わせると百五十一名となる　*コードロン40馬力*
○此の年磯部鉃（おの）吉氏ツェーグリング型初級滑空機を製作、所沢陸軍飛行場に於て、片岡文三郎君により試飛行が行われ、練習生として清水六之助君外三名の志願者があったが　間もなく破損したので、弊所に修理を依頼された　これが機会となって滑空機の製作を初めることとなった

昭和六年から昭和十二年まで
○そのころ既に滑空機の研究で知られた、航空研究所勤務中の山崎好雄氏を煩わし、需要にさきがけ昭和十二年までに、初級機伊藤式Ａ型二種、中級機Ｂ型六種、高級機Ｃ型六種及びスパン十九メートルのＤ型複座機を製作し　ほかにたゞ一機佐藤博先生設計のＴＣ型を作った　この間数々の記録を作り、競技会にも参加し毎回入賞した。又毎日新聞社の帆走飛行連盟御用をつとめ、

多数の滑空士養成にも使用された

○昭和十年毎日新聞社の招きで来朝した、ドイツのウォルフ・ヒルト氏本所に来場された

○昭和十一年航空賞が制定された時、純民間出身者三名の受賞者は安岡駒好、大蔵清三張徳昌、全部本所の出身者であった

○同年六月一日長男信太郎クラブ助教齋藤國松君同乗練習中墜落齋藤君即死信太郎同七日死亡す

昭和十二年

○支那事変発生軍拡と共に航空予備軍としての滑空士養成が、全国~~的~~の中等学校にまで及び、訓練用として初級機特に文部省型が普及した ＊文部省型は昭和15年以降

○時局に應じ工場整備のため、~~増資を考慮中のところ~~福西泰三氏~~の斡旋で、京都の大~~尾兄弟~~との出資を得て~~提携増資して株式会社伊藤飛行機となる ＊福西泰一郎の誤り

○航空局の指示により大阪の美津濃、アカシヤ木工、福田前田、東京の日本小型飛行機と本所の五社で日本滑空機工業組合を結成伊藤が初代組合長におされ、材料の協同購入滑空機の価格~~協定~~統一等を実施する。 ＊滑空機工業組合結成は13年5月

昭和十三年 ＊無尾翼グライダー依頼は12年8月

○萱場製作所より秘密兵器研究用と称して、無尾翼グライダーの製作を依頼された原型は日野熊蔵氏の考案とのことで、あったが、木村秀政氏にお願いして設計図を作ってもらった。なにしろ日本で初めての試みなので製作も慎重を期し、工作主任として伊藤参吉をあてた、一号機の完成が近づいたが、無尾翼のため、補助翼が昇降舵も兼ねるので、補助翼としての左右反対動作と、昇降舵としての同一動作を一本のハンドルで作動させねば、ならないけれど、これが木村氏の図面になかったので、設計部の今村武夫君が苦心して、完成させた。一号機は安岡が無事試験飛行をやったが 二号機が出来て、~~本格的な試飛行をするにあたり~~安岡が辞退を申し出た。ところが軽飛行機クラブ出身の島安博君が、是非自分にやらせてくれと申し出たので、やらせる事にした そこで特に慎重を期し最初はゴム索による直線滑空で操縦士に十分に自信をつけさせた後、茨城県の鹿島砂丘に運び砂丘の高度差を利用してゴム索発進で旋回飛行の練習を行った上 今度は柏の陸軍飛行場に運び、司令官近藤少将の好意により、自動車曳航で高度をとった。これによって機体操縦士ともに自信を得た~~その~~ので工場に持ち帰り~~今度は~~安岡~~の手によって、飛行機曳航を行い~~によって、~~ここに~~全試験飛行を~~終って~~完了の上、立川の陸軍航空技術研

究所へ納入した。軍でもはじめてなので乗員がなく 島君がそのまゝ軍の試験飛行操縦士も兼ね曲技飛行迄行える様になった

○本年十一月十八日 大正九年山県殉職以来後進の教導を続けて来た安岡駒好君が盲腸炎の為め稲毛の布施病院で死亡した

昭和十四年 ＊この年の記述は15年～17年のこと

○時局は、いよいよ緊迫を加えてきたので、一層工場の拡張~~を~~に迫られて来た 丁度木下耶麻次氏の照会（ママ）で、舟崎由之氏から交渉を受け、同氏経営の航空器材（ママ）工業株式会社と合併が成立した。そして松戸飛行場前に新工場を建設することになった ＊15年舟崎全額出資、17年合併［日記］［営業報告書］

昭和十五年 ＊この年の記述は17年のこと

○日本航空機工業株式会社と社名を改め、舟崎氏を社長に今里広記氏を専務に伊藤は常務として松戸工場建設を担当 千坪と五百坪の組立工場各一棟、更に二千余坪の工作工場、工員宿舎、動員学徒の宿舎二階建二棟の建設を行う ＊社名を改めたのは17年合併時

昭和十六年 ＊この年の記述は16年～20年のこと

○政府の方針により民間の各飛行練習所が全部閉査（ママ）されるに及び日本軽飛行機倶楽部も自然解消に終る

○会社には陸軍よりキー五七木金混合の対潜機を受注、今日で云うＳＴＯＬ機で、複葉の上翼前縁一パイのスロットと下翼後縁の左右補助翼に至る間に滑り出しフラップとを持っており 離着陸距離は共に三十米前後であった、そしてこの対潜機は二個の爆雷を抱けるように出来ていた 約三十機作って銚子飛行場に納入したが 十九年になって機種変更となり。今度は紫電の主翼製作を命ぜられた 一部は長野駅須坂へソカイ工場を作った ＊キー57は大型の100式輸送機のことで、キー76三式指揮連絡機が上記形状に近い 一方津田沼工場では、海軍の練習機を製作完納したとき丁度終戦となった

昭和二十年 ＊昭19、20の日記は現存せず詳細不明

○終戦により長い楽しくもあり苦しくもあった航空生活に別れを告げる事となった

○飛行機に志した初期から後援を惜しまれなかった佐渡島英禄氏竹島新三郎氏 更に日本航空界最後の時期に舟崎今里両氏に、よって無力な私が航空生活の終りを飾らして貰ったことを常々感謝しております

＊この「略年譜」には、長い航空生活を終え、嬉しかったこと、それに倍する苦しかったことや悔しかったことなど様々な思いに溢れている。そして、最後に感謝の言葉で締めくくり、飛行機作りや冒険飛行、後進の指導と同様に音次郎の誠実さと潔さが表れている。

資5 絵心溢れる音次郎

「飛行家にならなければ絵描きになっていた！」

少年期より絵描きを志していた音次郎は、17歳でライト兄弟の飛行の活動写真を観て一転飛行家の道へと歩み始める。その後の飛行家人生でも絵の才能は生かされ、様々な絵や図面を描いた。伊藤家に残されていた少年時代の絵画や、日記の端のイタズラ描き、飛行家時代の図面やスケッチなどの一部を紹介する。

㊟下記絵画は水彩多色画（モノクロ処理のため美麗さが再現できないが）。 ［「再掲」を含む］ （上）いたずら書き13歳

恵美尋常高等小学校　高等科三学年
明治三十五年(1902)　11歳

恵美尋常高等小学校　高等科四学年
明治三十六年(1903)　12歳
どの絵にも［上］の評価がついている。

明治三十七年　習作　十四歳（満13歳　質店奉公）遠景のぼかしなど水墨画風の優れたタッチである。

加納中尉ノ戦死

（左）加納中尉の戦死
明治三十七年十二月十四日　画
13歳の時、質店奉公の傍らに描いた水彩画（15作目）。
（下）毎夜のように絵を描く様子が明治38年（1905）の日記に書かれている。

『一月三日　夜に入（り）
　畫（画）ヲカキタリ』
『一月五日　畫をかき
　つつあるをりから若旦那
　がき（来）られたり』
『一月十二日　畫をかき
　床に入（り）本を讀む』
『一月十三日　夜十二時
　半頃迠で画をかけり』

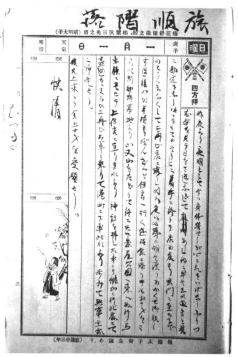

旅順陥落

（右）明治38年1月1日の日記と挿絵［Ｂ６版当用日記］
　　正月らしく羽根つきの様子。欄外に旅順陥落の文字も。

＊明治37年高等小学校卒業後質店に丁稚奉公に上がり、その頃から日記を書いている。現存する最も
　古い日記である明治38年（13〜14歳）日記　の端の小さな枠内には、少年とは思えない程のセン
　ス溢れる挿絵が満載で、日常生活から時事問題まで様々な話題を取り上げていることに驚嘆する。
（下）７cm×2.5cmの小さな枠内に詰まった世相［墨一色　毛筆・ペン併用か？］

注［5/9］は日記の日付

夜遅く提灯を持って
ご主人をお迎えに来
た丁稚音次郎　2/23

藤棚の下の女性　5/9

＊日記内容と直接
関連は少なく、見
聞した事を絵だけ
で表現している。
＊この頃、画才を
見込まれ化粧品の
新聞広告の美人画
を描き評判に。
［5］に詳細

軍艦と　　　5/5
行軍する兵隊

日本海海戦勝利の
提灯行列　6/4

注明治37・38年は日露戦争真っ只中。

元旦の羽根つき
穏やかな正月

上記1/1の日記

捧げ銃（つつ）をする軍隊の前を通る高貴な方々の馬車行列4/20

どこで見たのかお囃子、三味線、踊り2/11

＊大正４年に独立し研究所を立ち上げた後の大正５年から７年にかけて「（仮称）設計構想メモ帳」
　を常に持ち歩き、様々な機体、部品の設計や模写をしている。旅先などで短時間に描いたようだが
　詳細かつ美麗で、音次郎の画才と技術センスがうかがえる。　［設計構想メモの詳細は 16 参照］

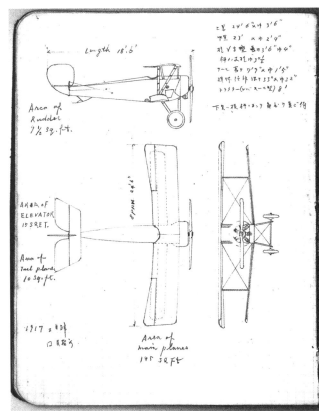

1917　２月號　国民飛行
機種名未記載。雑誌から外国機図面の模写か。

ホールスカット80HP　快速練習機（の金具各種）
３型水上機に搭載される発動機で各種機体を設計。

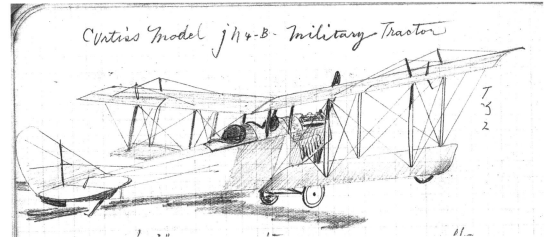

Curtiss Model の模写　（上）ｊｈ４−Ｂ　（下左）R4　（下右）Flying Boat（機種名未記載）
外国の航空雑誌からの模写だろうか。読書家で研究熱心な音次郎らしく多数機記録されている。

資6 若き音次郎の読書と自学

「努力と独創の人 音次郎」を形成した青少年期の読書歴

上京する前、佐渡島商店及関鉄工所で奉公中の明治42～43年（17～19歳）の日記には、多様な分野の読書に耽った様子が連日記され、若者の素直な感想も溢れている。また中等教育は受けなかったものの英字雑誌や工学、数学の専門書を読み、通信教育や夜学で専門的に学び深く研究している。もちろん、それらは仕事のない早朝や真夜中の努力だった。この頃の日記から、読書の記録を中心に音次郎の青春期を辿る。[1年10ヶ月で80数冊以上]

注1 ［「音次郎日記 明治42年1月1日～43年10月31日 奈良原三次の元へと上京する直前まで」より引用・抜粋]
注2 日付は書籍を購入（または借用）して読み始めた日であり、翌日以降毎日読み耽っているが省略した。
注3 読書記録を中心に抜粋要約し、毎日の仕事や勉強、飛行機、家族に関わる記述は一部を除き省略した。
注4 例「肉弾（桜井忠温）」「英語ノ日本」のような「カギ括弧（括弧）」内は ⇒「書名（著者名）」
　　 例『実二感ズベキ事数々』のような『太字二重カギ括弧』内は ⇒ 『音次郎日記の引用』

明治42年（1909）

1/1「趣味（新年号）」注巻末の金銭出納帳より
　　＊『藤井様へ年賀ノ礼二行キシニ店ノ間二沖さん居ラレタリ むねやゝサハギヌ』初恋！
　　注藤井様＝質店旧主 沖さん＝仲の誤り（中の娘）
1/7＊『夜物理研究…後三角術ヲ習フ 小旦那ノ説明ヲ得タリ』佐渡島英禄に教えて貰う
1/12＊丸善で赤インキ一壺と英字雑誌「倫敦」購入
1/15「講談本（書名不明）」⇒『馬鹿々々敷様』と言いつつ深夜1時まで読んでしまう
　　＊飛行艇のひな形を作るために図を描く
1/17＊（屈辱に対して）『大将デ、アローガ誰レダローガ今二見口…』少年の心意気！
　　今二見口は、この後何度も書かれた口癖
1/22「三角法講義」「ポケット用世界地図」「英語ノ日本」
　　＊小旦那（佐渡島英禄）に英語を教授して貰う
1/30「不如帰（尾崎紅葉）」⇒『浪子ノ薄命…之レ実二余ヲシテ泣カシメタリ…ツヒニ三時ノ時計ヲ聞キ少シ残シテ寝二付ク』
2/2「女学世界」＊モンロー主義の記事
2/3「渋沢男ノ實傳」⇒『実二感ズベキ事数々』
　　＊小旦那が貸してくれた渋澤栄一の一代記
　　＊この頃連日ガス機関（飛行機用エンジン）について研究（参考書物名は未記載）
2/4＊ライト式飛行機についての詳細かつ的確な批評を日記に記述 注本文 4 に原文記載
2/11「ツラスト」
　　＊1900年発行のツラスト（トラスト）論か？
　　＊命ぜられて企業組合の組織化に取り組んでいた音次郎が参考にしたと思われる
　　＊（傾いた様な我が家を見て）『今二見口、余ニシテ天下ヲ活（ママ閣）歩シ成功セシ暁ハ何ンノ此レ敷位ヒ必ズ宮人ヲ驚カシ呉レン』
2/12＊研数学館に通信教育の入会申込金（月50銭）を送る。科目は物理・数学・英語・習字で、それぞれの教科書、参考書籍も購入
2/14「竹外詩集（藤井竹外）」＊幕末の漢詩人

＊この後も度々竹外の漢詩を読んでいる
2/16＊この頃から英語の練習を始めている
2/17「元禄文休ノ團右衛門」＊講談本
　　＊『倉庫ニテ物理ヲ研究』仕事の合間に人知れず倉庫にこもり勉強（同様記述多し）
2/18＊研数學館の講義録到着
　　＊この頃から『数學ノ勉強』『早朝数學ノ勉強』『夜、土曜会デ数學、物理ヲ學ブ』
2/20「渋澤栄一評傳」＊小旦那に借りて読む
2/28「日本健（ママ）国史」
3/1「自助傳（スマイルス）」⇒訳書；西国立志編
　　＊後々まで折に触れて読み大きな影響を受けている⇒1年後の3/1に再び読み感動
　　注本章末に「自助論と音次郎」として詳述
3/6「科学世界」＊月刊誌を友人から借りる
3/7＊佐渡島商店では自分の目的を達しないので辞めようかと兄、姉に相談するが父には言えず、手紙に書いて発送（3/10）
3/12「議（ママ 義）士銘々傳」＊講談本
3/16「中學世界」
　　同日＊自助論を読み、竹外詩を習う（誰からかは不明）
3/18「竹外二十八字集」
3/19「日本外史（頼山陽）」「探検世界」
　　同日＊科学世界も読む
3/20＊大勢店員が居るがお前ほどの者は居ない、と小旦那に励まされ、辞めようかとの決心が揺らぐ
3/22＊毎朝数紙の新聞を読んでいる。さらにそれらを切り抜き、まとめている
3/25＊『科學世界ヲ読ム。之レニヨッテ飛行器二対スル大分新智識ヲ得タ』
4/5「三省堂 和英辞書」「工業瓦斯」「ドラウツマンスポケットブック」
4/6＊『戸次サン二日本外史ヲ習フ』
　　＊この頃、早朝は読書、夜は勉強（数学、平面幾何学、物理など）＆読書のパターンが定着。なお、この日からは飛行器（模型）の設計

に毎朝5時起床で取り組む
4/15「工業瓦斯」＊連日早朝に読む
「ポケット外史」ヲ買イニ行ッタ
4/18＊ゴム動力の模型飛行機の試験失敗。ゼンマ
イ仕掛けにと家人に説明するも理解されず
4/23「冒険世界」
5/1＊油絵の具購入、翌朝久しぶりに3枚描く
5/6＊「全国の都市地図」を集めることとする
5/9「科學世界(月刊誌)」「太陽(月刊誌)」
＊来月より毎月購入予約
5/11「欧羅巴」
5/12＊小旦那の「工業大辞書」を読む
5/15「發明界の四十七士」
5/18「植物採集帖」⇒無駄遣いとの感想
5/22「商業講義録」＊連日同書で学ぶ
5/27＊朝4時半起床、就業前まで工学を学ぶ
6/5＊同僚に英語を教える(同様記述多し)
6/7「文藝倶楽部」⇒『余リ面白イノデ遂々十二
時近ク沈夜ヲフカシタ』
6/10「工學講習録」＊研数学館のテキストか
6/14「日本歴史」＊小旦那に借りて読む
6/17＊この頃から自動車研究、製図に取り組む
＊独・英の雑誌を読むが一部しか分からず、
『アゝ残念々々　今頃迄學校ニ行ッテ居タナ
ラバト思ッタ』同僚に教える程なのだが
6/24＊藤井質店の仲さんの夢を見る『身…身分
ガ違フ…今マデアノ家ニ居タナラバ…』
6/26「空中戦争(ウェルズ)」＊明治41年翻訳直後
6/28＊工学講義録の雑報を読んでいると山田式気
球の記事があり3度読み返す。その後職工で
いいから雇って欲しいと7/3手紙を書く
7/1「我獨逸観(戸田海市)」＊独逸の文化発展に
驚き教育に感服。益々工学の必要を感じる
7/5＊大谷君相手に日本外史の講義を連日する
7/12・13＊スケッチをする
7/18＊『スミ渡ッテ限リ無キ大空ヲ眺メナガラ、
明笛ヲヒビカセタ』この頃度々明笛演奏
7/23「太平洋」
7/26「山と水(バレット)」＊黒岩涙香の翻訳
「佳人ビディ姫の伝」小旦那の居間から借用
＊余程感銘を受けたのか日記4ページに渡り
小さな字でびっしりと(2300文字程)あらすじ
や感想を書き連ねている
7/27「露伴叢書」⇒『中々高尚ナ事ガ書イテア
ルノデ訳(ママ 分)カラヌ處ガ沢山アッタ』
8/3＊科学世界の飛行器記事に感動
8/中旬＊この頃、勉強について深く反省する
8/19「澁柿の光圀卿」
8/22＊『備後町(藤井質店)へ行キ…美顔水ノ
看板ヲ貰ヒ帰宅ス』かつて自分が描いた広
告絵がブリキの看板？にでもなっていたか
⑤ 参照
8/26＊『新聞ヲ切取リシタ 其多クハ否全ク全部
空中飛行器ノ事ノミ』飛行器に夢中
8/28「肉弾(櫻井忠温)」＊日露戦記小説⇒『(10
時半頃読み終わり)目ヲ閉ジナガラ数年前ノ
戦争時代ノ事ヲ思起シ 書中ノ壮烈ナル語ト
ヲ対照シツツ夢ニ入ッタ』
8/30「講談本(書名不明)」

9/1＊毎日新聞連載「科学世界」を切り抜く
9/3「漢和大辞林(郁文社)」└空中飛行機
9/9＊「奈良原式飛行機」発明の新聞記事に感
動、奈良原宛に『夜ヒソカニ同飛行機乗員
ニ採用セラレン事ノ願書ノ下書キ』を書く
⇒翌10日発信［以下奈良原関係 ⑤ 参照］
9/16「ヨーロッパ」
9/19＊奈良原からの返事『軍人ノ外採用セラレ
ナイ(略)』→音次郎『余ハ大ニ落膽シタ』
9/25＊この頃仕事で連日店の金の回収に出歩く
9/28＊自分は何をしているのかわからないと思
い悩む『近頃ノ余ハ全ク何ニカシテ居ルカ？
実ニ吾レナガラ譯ガ分カラナイ…此タイダ
ノ渕カラ、ノガレル事ガ得ルダローカ』
9/29＊『竹外詩集ヲ取出シ「露滴空階松有影
泥金蓋山與君斟　客楼無月益無伴
可説去年今夜心」トヤッテ見タ (吟じた)
…何ンダカ淋シイ詩ダ』
10/1＊姉から月5円の小遣いを貰う。それなのに
自分は飛行家となる準備も覚束ない
10/13「思出の記(徳冨蘆花)」
＊中々面白くて12時頃まで読んだ
10/19＊『思出ノ記ヲ讀ミ初メ九時遂ニ巻ヲ終ッ
タ 中々筆致ノ妙ヲ得タ處ハ、サスガ…
徳冨ノ筆ダケアッテ実ニ感服ノ至リダ』
10/28「海上運送」を1時間程読む
11/3＊大阪工業學校夜學部に入学 ⑤ 参照
11/4＊初授業『帰店シタノガ九時四十分 何ンボ
タ―イテモ一寸モ起キテ呉レナイ 之ニハ少
々閉口シタ』帰ってからも勉強を続ける
11/7＊工業講義録、商業講義録（研数学館）を
整理し、製本する
「商界ノ友」「廃兵ノ友」
11/8「日独郵報」「カタログ雑誌」
11/12「岩見重太郎」⇒『余リ面白イノデ知(ラ)ズ
ゝゝ夜ヲフカシタ』
11/17「輸入税率のＢＯＯＫ」＊丸善にて代三円
11/19＊夜学の宮崎先生の誠心の授業に感謝
「伊藤博文公」＊11時40分消燈
11/20「海上運送」「紙の世界」＊読み尽くした
11/22＊仕事帰りに美術展覧会で円山應挙を見る
「商業通論」＊11時就寝
11/23＊初めての時計を藤井質店にて四円で購入
＊半人前で働きもない自分に嫁の心配まで
してくれる姉に感謝する
11/26＊この頃毎日「謡」をうなる。竹生島など
＊夜学で初めて本格的な製図をする
12/13＊友人の依頼で絵(六歌仙)を描く
＊夜学で先生の人生についての訓話に感動
12/19「世界の飛行船」＊11時就寝
12/24「小説(書名未記載)」
12/26「空中飛行船」
12/28＊『正月ノ読物ニ「欧州見物(桜井鴎村)」ヲ
買ッテ帰ル』
12/29＊老主人が二人の孫？を差別することに日記
で激しく怒っている。若者の義憤と同情
12/31『夜學ニ入ッタノデ幾分得ル處ガアッタ…
日記モイヨゝゝ終リヲツゲル　日記ヲ続ケ
テ記ケタダケハ唯一ノマ一手柄カ　ハゝゝ』

明治43年(1910)

1/5「寄生木(徳冨蘆花)」＊11時半就眠
1/9＊工業学校　応用機械学入学願書受信
1/12「商業通論」＊数日間読み耽る
1/14＊夕方6時から学校へ→10時帰店　復習、読書
　　　『今日速度ノ處デ最初ノ間眠クテヨワッタガ
　　　…眠タイ處ノサワギデナイノデ、目ハタチ
　　　マチ、パットシタ…而シテヨク分カッタ』
　　　「雲右衛門ノ議(ママ)士銘々伝」＊2時消燈
1/15「和漢名詩鈔」　1/18「日獨郵報」
1/23「國の光」「論語」⇒『得ル處大ナリキ』
1/29「此花」＊浮世絵雑誌
1/30「發明」＊雑誌　「世界見物(やぶの椋十)」
　　　＊1月の支出何と7円（うち本代5円15銭）
2/1＊『世界見物ヲ讀ム　椋十式ノ滑稽実二笑ワ
　　　セル　而シテ、知ラズヽヽヽノ間二外国ノ風
　　　俗、人情、習慣等ヲ頭二シミ込マセル　然シ
　　　ソレハ余リ極端ナ観察デアル』没頭しつつも
　　　冷静かつ公平な読み方をしている
2/4＊奈良原三次からの手紙「操縦者にならない
　　　か」で上京することを決心(11月初め上京)
　　　㊟奈良原との詳しい顛末は⇒[5]参照
2/7＊操縦者になるべく奈良原へ手紙を発信
　　　＊夜学で自分の製図が優秀で貼り出される
2/8＊飛行器操縦者になるため「瓦斯及石油機
　　　関」を出して読む　他の本を片端から原価の
　　　五割乃至七八割位で賣り飛ばす
2/12＊今日は店にいる間笑いたくない　店員の状
　　　態が飲酒、喫煙、賭博、嫉妬、いずれも道徳に反
　　　する　汚れる様な気がしてならなかった（目
　　　標を見い出し高揚した気分である音次郎の若
　　　き潔癖さの表れ）
2/13「飛行船」
2/17「實業少年」
　　　＊飛行機の製図思った通りに出来ないので、
　　　『本日ヨリ學校ヲ廃シテ之レニカヽル事二決
　　　心シタ』折角入った学校を辞めるという思い
　　　切った決断が生涯にわたる音次郎の真骨頂
3/1「自助論」に感動（購入は1年前の3/1）⇒
　　　『説ク處コトゴトク自助ノ精神ヲ發揮セザル
　　　ハナク本書ヲ讀ンデ怠惰タラントテモ然ル能
　　　ワズ　余デスラモ今朝僅二数葉ヲ讀ンダ二過
　　　ギナイガ自カラ勤勉、精力、正直タラントノ
　　　念ガ悠然トシテ起ルノヲ覺エタ』
　　　大きな影響を受け、人生の道標となる
3/4「趣味」＊小説⇒『讀ムノガモッタイナイ』
3/11＊「自助論」の登場人物の行動に感化され
　　　『余モ店へ通勤スル途中ヲ利用シテ漢文ヲ學
　　　バント志シ今朝ヨリ実施ノ爲メ歩ク事二シ
　　　今日ハ名詩鈔を讀ム』歩きながら読書
3/14「論語講義」
3/15『論語ヲ讀ミツヽ出勤　大分得ル處アリタ
　　　リ』早速実践
3/16＊漢文の復習のついでに、出郷の時(奈良原
　　　のもとへ行く時)家に残す七言絶句を賦す
　　　　　決然去國向天涯
　　　　　誰知今夜出郷志　＊11月初めの上京に際し
　　　　　生別又兼死別時　　この詩を残したか？
　　　　　愁使情緒闘考弟(ママ孝悌)

3/20「三越タイムス」「英語の日本」
3月　『一円五十銭自助論　一円五十銭工手便覧
補遺　二十銭科學世界　三十銭太陽　八十銭論語
　　　一円七十銭英語の本　〆六円也』
4/1＊この日より気象学を始める（書名未記載）
4/3＊気象日記を毎日つける
4/8＊カーチス商会(米)宛に英語で手紙を書き、
　　　翌日小旦那に不備の点を直して貰い、投函
4/25「初等独逸語研究」＊英・独語両方学ぶ
4/26「ジョージ・スチブンソン傳」＊筆写開始
4/27『「近古史談(大槻磐渓)」ヲ読ミツヽ出勤』
4/30「自助論」読み終える⇒『感ズル處有リ』
5/8～11＊佐渡島商店を辞め関鉄工所へ移る計画
　　　を進める。父立腹するも兄姉の仲介で承認
5/16「品性論(スマイルス)」を書店に注文
5/17「工業大辞書」
5/27「天界の現象」＊雑誌の記事か(ハレー彗星)
6/1＊佐渡島商店を辞める　最後のご挨拶
6/3＊「科學世界」の論説に工業家を志す青年に
　　　文学趣味はいけない事とあり『決シテ之レ
　　　等二手ヲ出サナイ事』と文学書断念宣言
6/5＊関鉄工所に事務員として勤める
6/14「理学界」
6/15＊萬朝報に奈良原飛行機竣成の記事を発見
6/19＊関鉄工所では蒸気機関しか扱わず、飛行
　　　機とは無関係である事がわかる
6/21「隈伯の國民讀本」
6/24＊本屋の払い3円50銭入用、姉が5円くれる
6/25「發明界の進歩」
6/26「蒸気機関」⇒『(発明は偶然ではなく昔よ
　　　り順序を経て完成した)ソコデ余ハ飛行機二
　　　関シテモ決シテ急グベカラズ　大二沈着ノ態
　　　度ヲ取リ直チ二飛行センナドトノ空想ヲ捨テ
　　　徐口(おもむろ)二其原動機ヨリ次第二進マン
　　　カナト思ッタ』慎重な飛行機作りの原点
6/30＊給料7円いただく
7/4「飛行機ノ現在及將來」
7/13＊この頃早朝5時起床で飛行機研究に没頭
7/25「十八史略」
7/28＊投書原稿を書く。「本邦発明家ト富豪二望
　　　ム」この持論はずっと持ち続ける⇒[資3、4]
7/31＊佐渡島の大谷君にある論文の翻訳を5円
　　　で依頼⇒英語を独学でも学ぼうと決意
8/3「英語ノ日本」
8/4「理学界」
8/6「飛行機通解」⇒『廉価デ内容ハ充分満足』
8/8＊『スマイルス氏二感謝（志の決行に至った
　　　のは）其ノ決断カヲ附與セシモノハ何二曰ク
　　　自助論ナリ…而シテ品性論ヲ今日讀ミ終ルヤ
　　　前キノ事々ハ益々強固トナリタリ』
　　　「和歌と俳句」＊昼も夜も読む
8/13＊主人の製図を見て学ぶ(連日同様の記述)
8/17「花鳥集(大橋乙羽)」小説など
8/18＊朝いよいよ飛行機の設計に着手する
8/23＊店の前をいつも通る女性に密かな恋心を抱
　　　くが、後に(9/4)人妻とわかり失恋する
8/26「機械設計及製図　前篇(内丸最一郎他)」
8/28＊外国の飛行学校への問合せの手紙を出す
8/29「瓦斯及び石油機関(内丸最一郎)」

9/2「新金色夜叉(桃葉散史)」
　　「職分論(スマイルス)」＊連日読み耽る
9/14＊姉に金を遣い過ぎと小言を言われる
9/20「金色夜叉(尾崎紅葉)」⇒『十一時近クヨリ
　　読ミ初メヌ(カルタ会の帰途の二人。熱海の
　　海岸の悲劇等を読むにつれ)本ヲ閉ヅル事モ
　　忘レ…遂ニ 四時近クナリケル』
9/25＊街中の若者たちと比べ我が身を反省する。
　　未だに飛行家になれずにいる自分
10/3＊昨日の朝日に伊賀男爵の飛行機記事見る
10/5＊外字雑誌の翻訳をやる(工学系の専門書)
10/19＊また「寄生木」を読む⇒『良平ノ(今夜)讀
　　ンダ境愚(ママ遇)ガ実ニ余ニ似テ居ル(然し)
　　余ハ脱走ヲ欲シテ成シ得ナカッタ　即チ彼レ
　　ハ成シタ…余ハ莫然何ンノ得ル處モナク此家
　　ノ寄生木デアルノダ』奈良原の元へ飛び出し
　　て行きたいのに行けない自分を嘆く
⇒以降10/30まで、奈良原のもとへと上京する決意
　　で小旦那佐渡島英禄に金を借りる算段に悩む
　　6 上京を決行　資2 回想記　の詳細記述を参照
10/30＊店から暇を貰う
10/31＊朝日新聞で奈良原が戸山ガ原で試験飛揚を
　　行った事を知る
11月初め＊上京決行！⇒この年の日記は、11月1日
　　以降空白。また、翌明治44年〜大正2年の日記
　　は散逸または現存せず

◆自助論に傾倒した音次郎

「自助論」サミュエル・スマイルズ（英）1859年
[翻訳「西国立志編」中村正直　1871年(明治4)]
㊟「西国立志編(13編324話)」は、明治時代を通じて100万
部以上を売り上げたという大ベストセラーとなった。

　明治時代、多くの青少年が青雲の志を抱き努力
を重ねていた。もちろん、若き丁稚の音次郎も例
外ではなかった。そんな中で出会い感銘を受けた
書物こそが「自助論」であり、序文の「天は自ら
助くる者を助く」という言葉のように、正直かつ
勤勉・努力する事を怠らず、一日の仕事が始まる
前の早朝5時から、そして仕事が終わってからの
真夜中に読書や数学、製図に明け暮れひたすら自
分を磨いていった。この気持ちは飛行家となり経
営者となってからも持ち続けていくのだった。

《日記に溢れる自助論（上記の再掲も含む）》
『明42/3/1 本日ハ平々凡々ニシテ少シモ成ス處
　ナシ…スマイルス翁ノ自助傳(ママ)ヲ購ツタ　定價
　四十五錢ダガ四十錢デアッタ』
『3/16 スマイルス翁自傳(ママ)等ヲ讀ム』
『明43/3/1 五時ヨリ自助論ヲ讀ム　説ク處コト
　ゴトク自助ノ精神ヲ發揮セザルハナク 本書ヲ讀
　ンデ怠惰タラントモ然ル能ワズ 余デスラモ今
　朝僅ニ数葉ヲ讀ンダニ過ギナイガ自カラ勤勉、精
　力、正直タラントノ念ガ悠然トシテ起ルノヲ覺ヱ
　タ』＊読んだ途端に感銘を受け怠惰ではいられ
　ないと勤勉の念が沸々と起こってきた
『3/2 床(とこ)ノ内ニテ自助論ヲ讀ミ七時出勤　直
　チニ事務ニ懸リ余暇ヲ見テ自助論ヲ讀ム』

『3/4 午前五時ヨリ「趣味」ヲ讀ンダ 然シ讀ン
　デ居ル内ニドーモコンナ小説ヲ讀ムノガオシイ
　様ナ、モッタイナイ様ナ気ガシタノデ直チニ、
　トヂ後チ新聞ト自助論トヲ讀ミ』＊小説を読ん
　でいるのが惜しいと自助論を読む程に傾倒
『3/5 今日ハ充分ナル余暇ヲ得タルマヽ、多ク自
　助論ヲ讀ムコトガ出來タ』＊余暇は全て自助論
『3/11「セルフヘルプ(自助論)」ノ中ニ博士ノメ
　ーソン・グードハ病人回診ノ爲メ馬車ニ乗リ廻ル
　間ニ「ラクレチーウス」ヲ飜(ママ)譯シ、「ヘール」
　ハ「サーキット」ニテ旅行セル間ニ「コンテン
　プレーシヨン」ヲ書キ…(他2名の例示 略)…ト有
　リシニ余モ店へ通勤スル途中ヲ利用シテ漢文ヲ
　學バント志シ今朝ヨリ実施ノ爲メ歩ルク事ニシ
　今日ハ名詩鈔ヲ讀ム』＊立志伝中の先人たちが
　寸暇を惜しんで学んだ逸話に学び“歩き読書”
　を始め、選んだのは漢文の名詩鈔
『4/30今朝自助論ヲ讀ミ終ッタ 然シテ大ニ感ズ
　ル處ガアッタ。ソハ別ニ金科玉條中ニ記スル思
　慮デアル』＊感激した言葉は日記とは別の“金
　科玉条”というノートに記録　㊟ほかにも“ほん
　まの記”という秘密のノートもあったが現存せず
『5/16 夕方田中書店へ行キ品性論(スマイルス著)
　ガ讀ミタクナッタノデ之レヲ注文シテ居イタ』
『8/8 五時起床 今朝品性論ヲ讀ミ儘(ママ盡)ス 余
　ハ「スマイルス」氏ニ憾(ママ感)謝ス 余ガ数年來
　志シテーツモナス能ワザリシ處ノモノ。 ソハ今
　年ニ入ッテ着々決行スルニ至ッタ。 其ノ決断力
　ヲ附與セシモノハ何ニ曰ク自助論ナリ。 余ノ注
　意深ク(以前ヨリハ)ナリ、正直トナリ(四十一年頃
　ニ比シ)シハ皆自助論ニ負フモノナレバナリ　而
　シテ品性論ヲ今日讀ミ終ルヤ 前キノ事々ハ益々
　強固トナリタリ』 ＊自助論のお蔭で以前より成
　長すると共に、思い切って転職を決意するなど夢
　に向かって一歩進むことができた
『9/2 日中モ夜モ職分論(スマイルス著)ヲ讀ンダ』

『大3/5/1 近來如何ニモ元気ガナクナッタ アエ
　テ小遣ノナイノミデナイ 自分自身頗ル心細イ様
　ナ気持ガシテスベテノ未來ガ非境(ママ悲境)ニシ
　カ考ヘラレナイ。コンナ時モ一度自助論デモ
　讀ンデ見タイ』＊前年、師の奈良原三次が突然引
　退し途方に暮れている時、思い起こすのは“天は
　自ら助くる者を助く”の自助論だった
『大4/10/4 豊サン見込ミアリ 操縦法ヲ教ヘルト
　同時ニ高尚ナル人格ヲ作リ且ツ學ヲ修メシムル
　コトニツトメルベク今夜自助論ヲ讀ムコトヲ
　教ユ』＊門下生第一号の山縣には自分の技術の
　全てを教え、かつ人格形成、修学を図るために自
　分を成長させた自助論を読ませることにした

＊「正直」「勤勉」「努力」「忍耐」「独創」……音次郎
　の生き方は、青少年期に読み耽ったあらゆる
　ジャンルの書物の数々、とりわけ「自助論」
　の強い影響を受けている。

- 268 -

資7 娘たち、父音次郎を語る

二女、四女、孫が音次郎の知られざるエピソードを語る

「伊藤音次郎展」（平成24年7月　習志野市菊田公民館）の展示写真記録を見ながら、音次郎の家庭内での私的なエピソードを語っていただいた。

　　出席者　伊藤惠美子氏（二女　大正11年生まれ）
　　　　　　井上和子氏　（四女　昭和7年生まれ）
　　　　　　西村美和氏　（孫　　和子氏の長女）
　　　　　　長谷川隆　　（本書著者）
　　日時と場所　平成25年10月20日　千葉県鎌ケ谷市　西村美和氏宅
　　＊惠＝伊藤惠美子氏　　　和＝井上和子氏　　美＝西村美和氏

- 進行役長谷川の発言や、極めて私的な内容はカットした。
- なお、展覧会のテーマ別展示写真記録を見ながらの座談のため、話の内容や年月が連続していない部分もある。

◆日記が残っています

惠『（文字が独特で）読めないんだよね、これがまた。（笑）』

美『平木さんがこれを借りて「空気の階段を登れ」として発表されていますが、今は稲毛に寄贈しました。その後、航空協会で解読とデジタル化保存をしていると聞いています。』㊟平成30年7月より航空協会HPで公開

◆子どもの頃から絵がとても上手ですね

惠『高等小学校4年生位の頃の絵が家に残っていたね。』

和『それが我が家にあるの。』

惠『飛行家にならなければ画家になろうと思ったって。その位うまかったよ。』

◆音次郎さんの実家は通天閣の近くとか

惠『通天閣の真下ぐらいにあった。真下は髪結いのおばさん（音次郎の姉きん）の家で、通りを隔てた向こう側にあった。』

和『きんさんは、いちばん面倒見てくれていた。』

惠『お金の面倒をみてくれたんだよね。』

◆奈良原さんに軽飛行機倶楽部の会長になってもらっています

美『それ以外にも、奈良原さんが零落していた頃家を世話したりしたって聞いている。』

和『市川に家を借りてあげたり日用品を援助したり娘さんの面倒まで見たりといろいろ世話をしていた。』

惠『昭和19年に奈良原さんが亡くなった後、娘さんの面倒も見ていた。終戦後は三里塚に呼んで一緒に住んでいたけど体が弱かったので昭和21年に亡くなってしまった。』

和『義理堅いんだよね。奈良原さんだけでなく娘さんまで面倒見ていたんだから。亡くなった後、父と私で成田の焼き場までリヤカーで運んでいったのを覚えている。』

㊟緑子さん（享年35）

◆相棒の大口さんは義兄弟にあたるとか

和『母（きちさん）の姉と一緒になって、亡くなると妹と一緒になった。』

和『南洋に行ったりいろいろしていた人ね。』

惠『そう、突然いなくなったりしたね。』

和『南洋に1ヶ月も行ってたり。お土産に貝殻を持ってきてくれたりしたけどとっても臭かったことを覚えている。』

美『上総屋（旅館）の跡取りになったんでしょ。』

◆家で音次郎さんは飛行機の話をしましたか

惠『飛行機の話はほとんどしなかったね。こっちも興味なかったしね。』

和『しみじみ話すことはなかったわね。』

◆家計は苦しかったようですが

惠『人にもの頼まれると、いやっていうことが言えないんだよね。だから、いちばん苦労したのは母親だったね。』

和『お金ないのに貸しちゃったりね。』

惠『だから、うちにお金借りに来る人は、返すつもりなくて来るわけ。あそこに行って借りたら返さなくてもいいっていう頭でくるわけ。』

和『遺言ではないけれどいつも言っていたのが、「貸した金は返ってくると思うな」なんだから。でも貸してたんだよね。』

惠『貸しても取り立てないんだから。』

和『ちょっといいとそう（借りに来る）なのよ。悪い時は見向きもされないんだけど。』

恵『飛行機作ったり乗ったりするのは好きだけど金儲けは下手だったからね。』

◆従業員や練習生たちとの接点は

恵『昭和12年までは工場の中に自分たちの住む家があって工員とか練習生とかと一緒だったけれど、12年以後は別々になってよくわからくなった。』

和『工場から外に移ったのよね。一度幕張に出てすぐにまた鷺沼の崖の上に引っ越してきた。根神社の下にね。』

恵『大格（納庫）と中格（納庫）があってね。大格には4、5機入ってた。』

和『これを（平成24年末まで建っていた建物の写真）見て格納庫という人がいるけれどこれは工場だった。隣には中格納庫があって、さらにその隣に大格納庫があった。工場の反対側（西側）に従業員用の宿舎があった。』注21の全景写真参照

恵『十軒長屋ね。』

和『練習生はみんな近くに下宿していた。農家などにね。謝文達なんかもいた。』

恵『長屋には従業員が住んでいた。』

和『たまに上の家から工場に行くと、若い男の子たちが長屋の窓に腰掛けてギターを弾いていた。』

恵『練習生たちは、新聞社の航空部に行くのが多かったね。』

和『工場の土地は、借地だったので父が買い取ると言ったんだけど売ってくれなかったそうだ。』

◆空中写真部を創設し通信販売をしました

恵『人のやらないことをやっているんだから、いくらでも儲けることができたのにね。それが下手なんだよね。大阪人のくせにね。うちの親父はそれができないんだよね。商売気がないっていうか。根っからの技術屋なんですよね。商売にはむいていないんだよね。』

◆家族が飛行機に乗るとか触るとかできたのか

恵『工員が夜なべして翼に布を貼ったり長い針で縫ったりしてるのを遊び半分で手伝うくらいはやったかな。』

恵『飛行機には乗ったことはなかったね。乗せないもん。兄貴（信太郎さん　享年20歳）が練習生の飛行機に乗り、落ちて死んだからね。』

和『兄も父から"乗るな"と言われていたんだけどね。』

和『姉が14、私が4つの頃。海から上がってくるのを見ていたもの。戸板に乗せて運んできた。』

恵『女学校からの帰りに鷺沼の町を歩いている

と「恵美ちゃん何やってんだよ。兄ちゃんが大変だよ。」と言われて慌てて家に帰った。廊下の端の方に切った学生服が置いてあった。学生服着て乗ってたけど脱がせられないので切ったらしい。
千葉大の大学病院に1週間位入院していたんだ。傷そのものはそうでもなかったようだけど肺炎を起こして亡くなってしまった。頭も打っていたみたいだった。』

◆干潟での練習の後は大変だったようですね

恵『塩水だから落とさなければならなかった。こんこんと湧いてくる掘り抜き井戸があったからそれで洗っていた。大変だったね。井戸は大きかったよ。八畳間くらいあった。真ん中は丸く直径2m位深くなっていて、さらに真ん中に細い管が通っていてそこからこんこん湧いてくるの。そこにいつもスイカや真桑瓜を冷やしていたの。」

和『山縣さんの50回忌の時は4月だったけど、井戸のことを知っている人がスイカを探してきて、冷やしくれていた。』

◆家族の旅行の写真が残っていますが

恵『私は行った記憶がない。』

和『4年生の時、恵美会の伊勢旅行があった時に一緒に連れて行ってもらって奈良や名古屋へ寄ったのが一度きり。末っ子だからね。その時の写真が残っている。多少会社の景気が良かったのかも。』

◆山縣さんや後藤、井上さんたちの話は

恵『聞いた覚えはないね。普段から話さない人だし。』

和『山縣さんのことも話はしなかった。今なら聞いていただろうけれど、当時は聞かなかった。もったいなかった。』

美『井上長一さんの家に行った写真があるけど、家族にも話さないで、自分の胸の中にしまい込んでいたのかも。』

◆「軍には協力しない」と言ったともいわれていますが

恵『聞いたことないね。』

和『私も聞いたことないわ。』

恵『親父なら（とても頑固だから）言いそうだけどね。』

美『軍の飛行機を何機か作ったりたくさん修理したりしていたらしいわ。』

◆グライダー作りにシフトチェンジします

恵『昭和12年からは家族みんなで工場から住まいが離れたのでよくわからない。』

和『（兄が卒業した）佐倉中学でもグライダー操縦訓練をしていたんで、そこにも納品したようだ。』

美『平木さんの空気の階段を登れでも昭和5年

の軽飛行機倶楽部発足までしか書かれていないから、グライダー時代を調べたいですね。』

恵『この頃、グライダーは自分の所で設計して作っていたけど、飛行機の方は自分の所で作らなくて、軍の飛行機を払い下げてもらって修理して飛ぶように改造していた。』

◆研究所で働かれたことがあるとか

恵『父はグライダーの組合長をやっていた。滑空機組合のね。個人だと資材などの払い下げとかしてもらえないんで。私も親に頼まれて女学校卒業してから京橋の事務所で事務の仕事を2、3年やった。』

◆株式会社時代、松戸に工場があったんですね

恵『舟崎さんという資本家が経営に入ってきて、昔からいた人が新しい経営者と合わなくて。青木さんとか布施金太郎さんとかが松戸の工場や長野（須坂の疎開工場）に移っていった。』

美『おじいちゃんは松戸の工場に行ったんですよね。』

◆終戦の時、設計図は燃やしてしまったとか

恵『軍需工場だったからね。一応。その頃は海軍の飛行機の修理をしていたから、米軍が来たのか命令があったのかは知らないけど。工場は使えなくなったようだ。』

和『終戦直後、（津田沼の家の）庭で燃していたのを見たような気がする。巻いたような大きな紙だった。小さなノートは（構想メモ）残っているけど。』

◆三里塚に移住した経緯は

和『習志野原も入植の候補だったみたいだけどもどうしてか成田に決めたみたい。』

恵『千葉県に陳情したようだ。』

美『終戦後飛行機が作れなくなって、米兵が上陸してくると女は危険だからと3週間程、母と伯母（恵美子さん）が長野県の須坂に疎開させられていた間に決めちゃったとか聞いているけど。』

恵『3週間後に長野から家に戻って来たらもう成田へ移住が決まっていた。頑固だったからねえ。有無を言わせなかった。』

美『津田沼に戻って来たときには、おじいちゃんたちはもう成田に行っちゃってていなかったって聞いた。3週間の間に決めて、七家族引き連れて行動しちゃった。』

和『女学生だったから詳しいことは分からなかったけどもそんな頑固なところがあった。歳をとってからはおばあちゃん（妻のきちさん）の方が強かったったけどね。』

恵『その場所が気に入っちゃってね。』

和『気に入ったの？　あんな笹藪。』

恵『竹藪ね。地面の下にこんなに（大きく手を広げて）根っこが張っててね。それを取り出すのが大変で大変で。私も2〜3年耕していた。弟の仁三郎が戦地に行っててどうなっているのか分からなかったからね。』

和『宮様だって百姓をする時代だって言ってたわよ。そんな新聞記事を見て、だから俺たちも畑仕事をするんだ、という発想だったみたいよ。』

◆新空港についての思いは

恵『喜んだんじゃないの。いちばん最初にはんこ押したんだから。』

和『妨害などの話は聞いていない。』

美『反対派の拠点となった東峯神社からご神体はいつとってきたんだろうね。』

和『三里塚の家（三男仁三郎宅）にご神体があった。遷したんだろうね。』

◆園遊会にご夫婦で出席されました

恵『一緒に皇居に行ったのは喜んでいた。』

和『美智子さんきれいだねっておばあちゃん（母）が言っていた。この時、おばあちゃんはもう具合が悪かった。』

美『苦労かけたおばあちゃんへのせめてもの恩返しだったかも。』

＊90歳の恵美子氏と80歳の和子氏、孫の美和氏に2時間にもわたりお話を伺いました。さぞかしお疲れになったことでしょう。ありがとうございました。
（恵美子氏は平成27年5月にご逝去されました。合掌）

全国巡回飛行中の音次郎
大正5年　信州にて

資8 父、伊藤音次郎を語り継ぐ①

末子和子よりの聞き書き『習志野の女性たち　2』所収
習志野女性史聞き書きの会・史の会　編　平成17年(2005)

習志野市袖ヶ浦（昔の鷺沼海岸の伊藤飛行機研究所の滑走路跡地であり、晩年の音次郎が娘と共に過ごした終焉の地でもある）在住の音次郎末子井上和子（本冊子の監修者）が父を語った記録が、『習志野の女性たち　2』に収められている。日本民間航空史資料の中では記載されることの少ない、音次郎の家庭での姿を克明に記した証言だ。

父、伊藤音次郎を語り継ぐ
井上和子 さん　　　袖ヶ浦在住　　昭和7年（1932）7月生

飛行機研究所で生まれた

私は、昭和7年（1932）7月津田沼町鷺沼（現習志野市鷺沼）にあった伊藤飛行機研究所の練習生用寄宿舎で、八人兄妹の末っ子として生まれました。

私が小学校に上がる前、幕張にある結核療養所の近くに住んだこともありましたが、小学校から終戦まで鷺沼保育所（現こどもセンター）裏の根神社の側に住んでいて、そこから津田沼小学校に通いました。

私はよく覚えていないのですが、小学校に上がる前の三つか四つのころ、伊藤研究所に女流飛行家で高山から出て来られた上仲鈴子という人がいて、男装の麗人というんですか普段は男の格好をしている人がいました。その方が高山で三味線をやっていて、こちらに来て船橋で西川流を教えるお宅に、私を連れてお稽古に通っていたので、私も日本舞踊を習っていました。上仲さんは、通っているお宅の先生に気に入られ西川流の養女になりました。養女になって三味線と踊りを教えるようになってからも飛行機に乗っていました。隣には鈴木飛行機研究所があって、同級生がいました。当時、津田沼小学校は二千人の生徒がいた時代でした。

私が子どものころ、この辺りでは夜とぼしといいますが、大潮の夜に遠浅の浜で母とハゼ捕りをしました。捕れたハゼはカラカラに干しておいて、煮て食べたものです。そんなに美味しいとは思いませんでしたが、子どもでも面白いほどよく捕れるのでそれが楽しくて、浜に灯りが見えると、カンテラを下げた母に連れられていきました。戦争が激しくなる前のことです。

戦争中は、空襲警報が鳴ると学校から集団で帰されたものです。そんなある日、家の直ぐ裏にある高台の道から海を見ると、海に爆弾が落ちて水柱がザーッと並んでいたんです。そのころの少年クラブなどの雑誌には、海軍の戦争の絵にその水柱の光景がよく描かれていましたが、その本物を目の当たりに見たんです。昭和19年（1944）ごろでしょうか。

この辺は戦災には遭いませんでしたが、機銃掃射での攻撃はありました。でも、人への被害は聞かなかったように思います。

高台にある家は周りが崖なので、崖にコの字型に穴を掘った防空壕と、門の近くの地面に穴を掘って上に蓋をした防空壕と二種類作り、機銃掃射のときは横穴に入り、爆弾のときは横穴に入ると生き埋めになってしまうので、門の側の防空壕に避難していました。

父と飛行機

父は、小さいころは絵が好きで、飛行機の道にいかなければ絵描きになっていたかもしれないと言っていたほどでした。

その父が、1908年にライト兄弟の活動写真を見て飛行家になろうと志したんです。それからの父は、夜学で機械工学の基礎を学び、上京して民間航空機の操縦者になりました。

その後、独立して1915年には稲毛に伊藤飛行機研究所を建てました。ライト兄弟の活動写真を見てから何年も経っていないですから、父の飛行機への思いはすごかったですね。

父が作った恵美号の名前の由来は、父が大阪市恵美須町に生まれたところから付けたものです。

1917年の台風で、稲毛の研究所は、高潮の被害に遭い壊滅してしまい、1918年に、津田沼町鷺沼に研究所を再建しました。当時、国道14号線から南側は遠浅の海岸線が続いていて、船橋から幕張にかけて飛行機製作所や研究所が

点在しているところでした。

父が建てた伊藤飛行機研究所の飛行機を製作する工場は今も残っていて築90年を経ていますが、現在の太陽化学工場として使われています。工場の西側には練習生の寄宿舎があり、工場を挟んで東側には格納庫と事務所がありました。

当時の飛行機は郷土訪問飛行をする場合も飛行機を分解して持っていって、当地で組み立てて飛ぶ飛行機で、飛行距離はそう長くはなかったのです。ですから、1916年帝都訪問飛行で、稲毛の浜から東京上空を旋回して帰ってくるという飛行時間を記録した恵美一号は大変な功績でした。

父は、男女差別とは無縁の人で、女性飛行家一号の兵頭精さんも、伊藤飛行機研究所にくるまで、女性を受け入れてくれる所を探して何件も断られて父のところに来たのだそうです。

飛行機作りには大変お金がかかりましたが、当時製作した飛行機は、飛行機セッケンといわれたほどよく落ちて、鷺沼の農家に落ちたこともありました。

落ちてもたいした被害は無かったようですが、練習生の中には、スクラップになった部品を勝手に売って飲んじゃったなんてこともありました。鷺沼の観音台にくず屋さんがあって、落ちた飛行機の翼が、くず屋の塀になっていたこともありました。

一番上の信太郎兄さんは飛行機が好きで、学校卒業までは、乗ってはダメだと禁止されていたのに、父に内緒で練習生の訓練飛行機に同乗し、谷津沖に墜落して亡くなってしまいました。二十歳でした。

飛行機事故で殉職した方のために、研究所の内に航空神社を建てて、亡くなった方の名前を書いたお札を御霊代にして祀っていました。

三番目の仁三郎兄さんも、飛行機に乗りたいばかりに二十歳前でしたが、特別操縦見習士官に志願して入隊し、ジャワ島に行きましたが、敗戦色が濃くなっていて乗る飛行機も無く終戦となり、飛行機には全く乗らずに帰ってきました。㊟御霊代＝31参照

父と母

母は、飛行機のことしか頭になく、金儲けが下手で頑固な父と一緒になって大変苦労しました。

当時、とても厳しい飛行機研究所の経営の上に、「貸した金は返ってくると思うな」と言いながら、人に頼まれればお金を貸しちゃうし、保証人にはなるし、私が生まれる前は家も差し押さえに遭ったりで、毎日が火の車、随分苦労したようです。母の歯が悪くなったのは、毎晩歯軋りしていたからだとよく言っていました。

私が生まれてからは、少しはよくなったようで、私の子どもの頃はそんな思いはしませんでした。

その母も、私が昭和37年（1962）に長男を生んだときに、お産の手伝いにきてくれましたが、「二人目は手伝えないよ。」と言っていた通り、翌昭和38年66歳で亡くなりました。

父と一緒になって、苦労し通しの母も晩年はよく父と喧嘩もしていましたが、病気になった母の面倒は、父が殆どみてくれました。食事の世話やらオムツの交換までよくやっていました。

田舎のことですから、具合が悪くなっても病院に入院することもなく、家で寝ていて、近くのお医者さんに看てもらって亡くなりました。

父と戦争・戦後

父は、軍用機には関わりませんでした。軍から、協力を要請されましたが、自分の飛行機が戦争に使用されることを嫌ってか、一切協力をしませんでした。

嫌だと思ったら、頑固で梃子でも動かない父でしたから、そんなときはとても怖かったです。飛行機が作れなくなると他に何もできない父は落ちた偶像でした。

「飛行機が作れないなら、畑でも耕すか。」と言って、私が女学校に上がった昭和20年（1945）の秋に、県から払い下げられた成田の開墾地（三里塚）に、従業員の七家族とともに入植して恵美農場を始めました。

父は、金儲けのダメな人でしたが器用な人で、二間だけの家を一人で建て、家族で移り住みました。三里塚は、千葉の北海道といわれるほど冬は寒いところで、当時は成田市に出るまで、殆ど家もありませんでした。辺りが竹藪や笹藪の土地で、根が張っていて開墾は大変でしたから、畑にするのに何年もかかりました。

一緒に入植した研究所の人たちも、後に一軒二町歩ずつ畑を分け合って別れていきました。戦後は仁三郎兄さんが戦地から帰ってきて後を継ぎました。

そのころだったでしょうか、津田沼にあった航空神社を三里塚に移し社を建て、その周辺の村の鎮守様としたのが東峯神社です。毎年11月23日に祭礼をしていました。

大変な思いで開墾した土地でしたが、飛行機人間の父は、成田に空港ができると聞くと大賛成して、農地買収の契約第一号でサインしました。昭和42年（1967）のことでした。反対派の人たちには随分恨まれたようです。それでも父は、「早く空港を作るように」と県知事に手紙を出したこともありました。

皮肉なことに、成田闘争が始まってからは、東峯神社が空港建設反対派の拠点となってしま

い、新聞やテレビに載ってしまったんです。神社が拠点にされてからは、御霊代は兄の家に祀りまして、父が私の家に来てから一時は我が家にありました。東峯神社は御神体の無い社だけになっていました。

その後、仁三郎兄さんのはたらきで、成田空港内にある航空科学博物館の一角に東峯神社のご神体の入った小さな社が完成したのが平成13年の9月でした。この社には兄も出資しました。社を建立して安心したのか、兄はその年の12月に亡くなりました。

現在は、毎年9月20日の航空記念日にこの社で祭礼をしています。

晩年の父は、私の一家と住み、稲毛に記念碑を建てる活動をして、『民間航空発祥之地』の記念碑を建立しました。その側には、父が育てたライト兄弟ゆかりの浜の米松が植えられています。現在も、11月23日には飛行機愛好家の『津田沼空の会』の皆さんたちが記念碑に集まってくださっているようです。

父が我が家にいたころは訪ねてくる人がとても多く、ＹＳ機の最初の造型に携わった日大の木村教授もよく見えていました。

器用な父は、山縣豊太郎（音次郎門下で鶴羽二号に乗り初の宙返り飛行に成功）の没50年式典のために、手作りの模型飛行機を記念品として制作したりしていました。その父も、昭和46年（1971）に80歳で亡くなりました。

父は、まめに日記を付けていました。『空気の階段を登れ』を書かれた平木國夫さんは、父が三里塚に住んでいたころから、話を聞きにきて、「是非その日記を見せてください。」とお願いしたそうですが、「日記なんて人に見せるものじゃない。自分だけのメモのつもりだからどうか勘弁して欲しい。最も私が死にましたら存分になさってください。」と見せてもらえなかったそうです。その後も、生きているうちに「どうしても見せていただきたい。」と度々お願いし『空気の階段を登れ』ができたといっておられました。

その日記を父の死後読みましたが、とても細かな字でびっしり書かれていて判読しにくい個所が多く、内容は、エンジンの話がほとんどで飛行機の製作に関することが主のようです。私が生まれた日には「予想外に安産であった、女である。」と書かれていました。私の直ぐ上の兄と姉を疫痢で亡くしていて、私を妊娠した母も体調が良くなかったので心配していたようです。でも家のようすなどは、あまり詳しく書いてはいませんでした。父の日記は稲毛の民間航空記念館に寄贈しましたので、そこに展示されています。

青春

父は、子どもの教育や生き方に特にどうこういう人でなかったので、時勢が時勢でしたけれど自分の考えで自由に生きてきました。私と姉（惠美子）は、成田に住むのが嫌で、私が女学校を卒業するまで稲毛の叔母の家にいて、卒業した年に叔母の家を出て、普通の家の一間を借りて間借り生活をしました。

そのころ姉は、花王石鹸に勤めていましたから、私は姉に育てられたようなもので、高校を卒業するまでは姉が親代わりでした。

私も一枚二十円ぐらいになるブロマイドに色を付けるアルバイトをしました。当時の写真は白黒でしたから、東京に勤めている姉が、日劇のカトレアという売店から白黒の写真を預かってきて、兄から色付けの技術を教わった私が色付けして、姉が届けていました。

このころ私は宝塚のファンで、一時熱中していまして、昭和26年の修学旅行では夜行列車で関西方面に行き、そこで宝塚まで行って花の道を歩いてきた思い出がありますが、いつしか熱も冷めてしまいました。

昭和20年（1945）4月に千葉高女に入学したころは防空壕掘りばかりで、勉強どころではありませんでした。校舎も空襲で焼かれ、当時の校長先生は焼夷弾が直撃して亡くなりました。校舎が焼けてしまったので、生徒はあちこちの学校に分散して通いました。

後に学校は、今の小中台にあった兵舎の敷地にプレハブの校舎が建てられました。授業は、選択科目と必修科目があって、クラス全員が顔を合わせるのは朝のホームルームのときぐらいでした。後は荷物を持って大移動をしてあちこちの教室に向かうのですが、校舎が別棟になっていて、雨の日の移動は大変でした。

学校制度も私たちの時代が一番めまぐるしく変わりました。六・三・三制になる前の、第二高校併設中学校がそのまま第二高校になっていきましたので、私は併設中学校を卒業し、第二高等学校を卒業しました。

戦後千葉高女も男女共学になって一級下に三名の男子が入ったのが最初で、いつも力仕事をさせられていました。

私の通った千葉高女はとても躾が厳しく、軍靴で歩いた兵舎を校舎にしているのでグチャグチャの床を、ピカピカになるまで磨かせられたり、外を歩くときの態度や身だしなみにまでとてもうるさく言われました。その後、また千葉女子高等学校となって女子校になりました。

私と姉は稲毛から本八幡の一間のアパートに移り、私が結婚するまで一緒に暮らしました。

その後、姉は私が次男を出産したころから一緒に住むようになり、いろいろと我が家の手助

けをしてくれました。今は成田の兄の敷地内に家を建て悠々自適の暮らしをしています。

姉、恵美子の名は父が最初に作った恵美号からとったものです。

結婚そして習志野

私は、京橋にある松本法律事務所に就職し事務をしました。就職当初は手書きでしたが、その後タイプを習い、タイプで事務をするようになりました。

主人ともそこで出会い結婚し、子どもができるまで八年ほどその事務所に勤めました。私が結婚した当時、夫は経営の立て直しを依頼され、法律事務所を出て他の職場に変わっていました。

結婚後、最初に住んだのは、久ケ原でそこに一年くらいで次に市川真間に移って、長男が生まれました。子どもは四人育てました。その後名古屋に住んだこともあり、習志野の前は横浜にいました。

習志野に来たきっかけは、この辺を埋め立て地にする宅地債券の話があって、主人は「おまえが生まれた近くがいいだろう。」と言ってくれましたが、当時は海でしたから「あんなとこ買ってどうするの。」と思ったんですが一応申し込みました。

縁があったのでしょうか、それまで公団住宅も随分トライしたのに、何度やっても当ったことが無かった私たちにここが当たりました。それから何年も遣り繰りして払い続け、造成が済んで場所を決めるときはくじ引きでした。

主人と父で何力所か見て、父が作った工場にも近いこの地に決めるこどができて、昭和42年（1967）4月に土地の引き渡しがあり、翌年に引っ越してきました。

横浜に住んでいた私たちは、長男の小学校の入学迄に家の造成が間に合わなくて、長男と私は何日か横浜から通いました。入学したのは袖ヶ浦西小学校です。後で袖ヶ浦東小学校ができました。

引っ越した当時は、三中ぐらいまで家が建っていなくてずーっと野原で、子どもが帰ってくると野原の中に黄色い帽子が見えました。

袖ヶ浦六丁目までは埋め立てができていましたが、その向こうは海で、休みの日には大勢の人が車で潮干狩りに来ました。帰りに近くの公園にゴミを捨てていくのには困りました。

四人の子どもを育てる間、ＰＴＡ活動を一人の子に一回はしました。

子どもにも手が掛からなくなってきたころ、たまたま東海銀行でちぎり絵の講習会があるのを知り、絵が好きな私は講習を受けて続けてみようと思い、長男の千葉大入学の日に、ちぎり絵を始めました。父に似たのか小さいころから絵が好きなのに、なかなか上達しない私でしたが、ちぎり絵は合っていたのか24年間続いています。

先生がとってもいい方なので最初からの皆さんが、亡くなったり、病気になったり転居したりされた方以外は、どなたもお辞めにならないで、毎年展覧会もやっていました。このごろは生徒さんが高齢になってきて二年とか三年ごとになっています。

最近になって、公民館で父のことを話して欲しいと言われたり、習志野カルタになったり、習志野市の小学校四年生の社会科の副読本に載ったりと、父について聞かれることが多くなってきました。私の子ども時代は父の仕事にそんなに興味は無かったし、結婚してからは、子育てに追われ、父のところに大勢の方がみえていたときも、話に加わることもしませんでした。父が同居している間に飛行機のことやなんか、もっと多くのことを聞いておけばよかったと今になって思っています。

つい最近も、伊藤飛行機研究所のことを聞かせて欲しいとアメリカから訪ねて見えた方がおられました。その方のお父さん（謝文達）は台湾の方で、伊藤飛行機研究所に研修生として留学されて、台湾に戻ってから航空業界でも有名になられ、その方の伝記を書きたいということでした。

私の子どもの中で、長男が機械の方に進んだので「おじいちゃんのＤＮＡだね。」なんて言われたり、孫の絵が県展に入選したりして、父の才能が受け継がれているのを感じることもありますが、父が私たち家族と生活したのは三年ほどでしたから、思い出が残っているのは長男ぐらいでしょうか。

その父について、娘婿が興味をもって熱心に調べてくれていまして、講演会の資料作りも手伝ってくれています。

これからの私は、伊藤音次郎の娘として、父を語り継いでいく役割があるように思っています。今、遺品や日記を整理して父の年表をまとめあげたところです。

（2004年10月13日
聞き取り　橋田、井上、佐藤）

＊原文の縦書きを横書きにした。
一部、漢数字を算用数字に変換した。

資9 父、伊藤音次郎を語り継ぐ②

末子和子の講演記録『伊藤音次郎展』より　　平成24年（2012）

習志野市菊田公民館を会場に、筆者も参加する「菊田公民館地区学習圏会議」が音次郎の事績を調査し『伊藤音次郎展』として展示発表した。その展覧会最終日に音次郎末子（四女）の井上和子氏が行った講演の記録である。
［平成24年7月29日　習志野市菊田公民館講堂（写真画像を投影しながらの講演）］

父、伊藤音次郎を語り継ぐ　井上和子

　私は伊藤音次郎の一番下の娘ですが、父が活躍していた頃のことは全く知りません。でも母や兄姉に聞いたことを思い出し、また、家にたくさんの写真や資料が残っておりますので、それらを参考にお話ししたいと思います。

　父は、明治24年6月3日、大阪の恵美須町に生まれました。そして、小学校は恵美小学校だったそうです。これが、後に父が作りました飛行機の名前になった訳です。

　小さい時は、絵を描くことが好きで、もし飛行家にならなければ絵の方に進んでいたかもしれないと、後年話しておりました。

　明治41年、17歳の頃、大阪の佐渡島商店という銅鉄を扱う店に丁稚奉公をしておりました。あるお休みの日に映画館でライト兄弟の活動写真を観て、すっかり飛行機の魅力にとりつかれてしまいました。

　当時、日本では陸軍が外国から飛行機を買い入れ、日野、徳川両大尉をフランスなどに派遣して操縦の勉強をさせていましたが、まだ国産機は一機もありませんでした。

　一方、民間では奈良原三次という人が複葉機を発明しまして、明治42年新聞に大きく発表されました。父は、その記事を見てすぐに奈良原さんに熱烈な手紙を出しました。すると「飛行家を志すならまず機械学を勉強しなさい。」という返事を頂いたそうです。それを受けて、父は早速梅田工手学校の夜学に通い、昼は佐渡島商店でソロバンを弾き、夜は平面幾何学だの製図だのに取り組んでいたようです。

　明治43年、19歳の時、盛大な送別会をして貰って上京します。この佐渡島さんという方は、父が独立した後も長い間援助を続けて下さったということです。上京して来ても、最初から飛行機に乗れるわけもなく、給料は無しの雑用係でしたが、あらゆる機会を利用して勉強していたようです。

　その年の12月に、代々木練兵場で行われた日野、徳川両大尉の我が国最初の動力飛行公開を

父は大勢の群衆のなかに混じってしっかりと見ることができました。

　その後、奈良原さんは、海軍を辞め、奈良原飛行団として活動を開始します。明治44年、父が20歳の時、奈良原さんが奈良原式2号機で民間での初飛行に成功しました。この写真は奈良原さんの初飛行の際、助手であった父も飛行服姿で記念撮影をしたものです。

　奈良原さんは、男爵家の若様だったので、周囲の反対で飛行機にはあまり乗らなかったようで、主に先輩の白戸榮之助さんが父の指導をしてくれました。白戸さんというのは、徳川大尉の部下だった方です。

　翌21歳の時、所沢の飛行場が手狭になり、奈良原さんは、あちこち探していたのですが、ある時稲毛の海岸を通った時、潮の引いたあとの砂地を大きな荷馬車が通っているのを発見、これならば飛行機の滑走も出来るのではないかと考えました。そこで、所沢から稲毛の海岸に移り、今の浅間神社の前の海岸で本格的に操縦の練習を開始しました。その時使っていた飛行機が奈良原さんの設計した鳳号といって、今その復元された実物大のものが稲毛の民間航空記念館に展示されています。㊟平成30年3月閉館

　さて、大正4年、24歳の時、父は奈良原さんの跡を継ぎ、稲毛に伊藤飛行機研究所を作って飛行機の設計・製作と操縦の練習を開始しました。

　翌年1月、父は「ちょっと行ってくる。」と言って、民間機としては初めて帝都訪問飛行をしました。伊藤式恵美号で稲毛から海上を、往復55分かけて東京の上まで飛んで行ってきたようです。その頃、東京でも飛行機を見た人は少なかったので、東の方から新しい飛行機が飛んできたと大騒ぎになったそうです。

　その頃の飛行機にはフードが無く、風を直接受けて非常に寒かったものですから、1合ビンにお酒を詰めて、それをチビチビやりながら身体を温めたそうです。今ではとんでもないこと

なので、以前津田沼小の子どもさんたちに授業で話したところ大ブーイングで困ったことがありました。それ以後は、子どもさんには話さないことにしています。

その後、全国を巡回飛行をするのですが、当時は遠くまで飛べませんでしたので、機体を分解して現地まで鉄道で運び、それを組み立てて飛ばすという大変手の掛かる作業だったようです。

その後、夜間飛行を日本で初めて成功させたり水上機を作ったりしました。

大正6年、26歳の時、9月に大阪で郷土訪問飛行を行います。大阪は出身地でたくさんの人にお世話になり、色々援助も頂いていましたので、感謝の気持ちを込めて謝恩飛行をしたわけです。

謝恩飛行会は大成功だったのですが、その留守に稲毛が大型台風に襲われ、格納庫や工場など全部壊されてしまいました。父は、大変困りましたが、幸い飛行機2台は大阪に持っていってありましたので助かりました。

その後、大阪を中心に飛行場の場所を色々探しましたが、陸地は大変な費用がかかりますので、稲毛と同じような条件の、当時の津田沼町鷺沼に決めたのでした。

翌年、27歳の時、4月に鷺沼海岸に伊藤飛行機研究所を再建、山縣豊太郎を中心に数多くの飛行士を育てました。この頃、鷺沼は大変活気があり若者のメッカとなっていたようです。

山縣さんは、16歳の時、父の門下生第1号として入門しました。練習にも大変熱心で、日本の民間では初めての2回連続宙返りや錐もみなど、曲技飛行にも挑戦して天才飛行士と言われていました。そして、懸賞飛行にも出場して、いつも良い成績をおさめ、賞金を稼いで研究所の運営に貢献してくれたようです。

しかし、大正9年父が29歳の時、鷺沼の上空で宙返りの練習中、翼が折れて墜落亡くなってしまいました。若干23歳でした。父の嘆きは大変なものだったようですが、まだ練習生だった安岡駒好を教官にして練習を続けました。父の山縣さんへの思いは並々ならぬものがあったようで、その後昭和15年、墜落した場所の畑を買い取り、記念碑を建てました。今でも鷺沼の高台の畑の中に海の方を向いて建っています。

その頃、女性で兵頭精（ただし）という練習生がおりまして、大正11年三等飛行士の試験に合格し、女性飛行家の第1号となりました。覚えている方もいらっしゃるかと思いますが、この方は後年NHKの朝の連続ドラマ「雲のじゅうたん」のモデルと言われた方です。

その頃、外国人留学生も多く、中国、朝鮮などから何人もみえていて、母国へ帰ってからはやはり航空界で活躍されたそうです。その中に謝文達という台湾の方がおられたのですが、5、6年前にその息子さんが訪ねて来られまして、お父さんの伝記を作るということで工場などを見に来られたことがありました。

それから、余談になりますが、昔ゴジラやウルトラマンの特撮監督をしていた円谷英二という方をご存じでしょうか。この方も、子どもの頃飛行機が大好きで、1916年15歳の時、羽田の日本飛行学校に入学します。しかし、入学して間もなく、たった一人の教官が墜落事故を起こして亡くなってしまいます。飛行学校もつぶれてしまいまして、空への夢はかないませんでした。

そして戦後、昭和30年代ですが、週刊誌の尋ね人コーナーに伊藤音次郎を探しているという記事を見つけまして、私から円谷さんに連絡しまして、銀座でお会いしたことがありました。その時分、円谷さんは東宝の映画監督でしたが、「今ゴジラ等を作っているけれど、本当は飛行機の映画を作りたいのです。」、と熱く語っていらっしゃいました。その後、平木國夫さんという方が、何年も父の話を聞きに通われ『空気の階段を登れ』という父の一代記を出版されました。それを元にして、円谷さんは配役まで考えていたようだったのですが、父より1年早く病気で亡くなってしまい、映画化は実現しませんでした。

話はそれましたが、父は終戦までの間、軽飛行機、グライダーの製作を続け、飛行機50数機、グライダー200機以上製作しました。昭和20年、54歳の時太平洋戦争が終わります。終戦と同時に、日本は飛行機を作ることが禁じられて仕事がなくなってしまいました。そこで引退を決意しまして、工場を閉め、設計図を始め研究所の書類をほとんど焼却してしまいました。

そして、成田の遠山村に、県から14町歩の竹林を払い下げてもらい、工場に勤務していた7家族と共に入植しました。何しろ細い竹が生い茂った土地でしたので、開墾するのはとても大変でした。私は女学校に入ったばかりで転校したくなかったので、稲毛の親戚の家に預けられ、実際に作業したことはありませんでした。それから20数年、慣れない農作業と、収入もあまり無く我々家族は、ほんとうに苦しい生活を強いられたものです。

その中でも、私は母が一番大変だったと思います。父が飛行機の仕事をしていた頃、飛行機のことしか頭に無く、お人好しだった父は人に頼まれれば保証人にもなり、お金も貸してしまい毎日が火の車で、私が生まれる前は家も差し押さえにあったりで、随分と苦労したようです。

後年、母が「私の歯が悪くなったのは、毎晩歯ぎしりをしていたからだ。」と、冗談交じりによく語っておりました。

その母も、私が昭和37年に長男を出産した時に、お産の手伝いに我が家まで来てくれましたが「2人目は手伝えないよ。」と言っていた通り、翌昭和38年、66歳で亡くなりました。

でも、その2年前、昭和36年の秋、宮中で行われる秋の園遊会に夫婦で招かれ、天皇陛下にもお目にかかれて母もいくらか報われたのかなと思っています。

そして、昭和41年、新国際空港が成田三里塚に決定します。父は大変喜びまして、空港公団へ契約第1号として土地を全部譲渡いたしました。

その頃、私は住宅公団の債券に当たり、習志野市の袖ヶ浦に家を建てることになっていました。父もまだ元気でしたので、やはり元の工場に近い所ということで、袖ヶ浦5丁目（元の干潟滑走路の場所にあたる）の今の場所に決めたわけです。そして、昭和43年、長男の小学校入学に合わせて引っ越してきました。

それから3年間、私どもと生活を共にしたわけですが、不便な三里塚の地から出て来たということで、当初は飛行機関係のお客さんがずいぶんみえました。その頃、私は子育ての真っ最中で何しろ小学1年の長男から1歳の次女まで4人もおりましたので、父の昔の話をゆっくり聞いたことがありませんでした。今になって、もっと聞いておけば良かったと悔やんでおります。

成田空港は、反対運動のために、なかなか工事にかかりませんでした。父は、空港公団から契約金が入ったのを元に、稲毛に民間航空発祥之地の記念碑を建てようと奔走しました。たくさんの方から寄附を仰ぎまして、昭和46年の7月、稲毛に立派な記念碑ができあがりました。その頃、父はもう病気が重くなっていまして、落成式の日も病院から出席したようなものでした。そして、その年に、平木國夫さんの書かれた『空気の階段を登れ』が出来上がり、出版されました。その年の12月、80歳で父は亡くなりましたが、稲毛の記念碑も完成し、自分の伝記も見ることができ、とても幸せだったと思います。

とにかく、父の一生は飛行機一色でした。飛行機をやめて住んだ所が、国際空港になるなんてとても不思議な気がします。飛行機が空を飛ぶようになってまだ100年ちょっとですが、その進歩には目を見張るものがあります。

日本の民間航空の歴史は稲毛から始まりましたが、稲毛は5年余り、そして津田沼は27年間と津田沼での活動の方がずっと長かったわけです。日本の民間航空界をリードし、外国にそれほど遅れない時期に飛行機を設計・製作し、たくさんの操縦士を育てて活躍した場所が、この津田沼にあったことを忘れないでいただきたいと思います。

『伊藤音次郎展』最終日の井上和子氏講演会
習志野市菊田公民館　講堂
平成24年（2012）7月29日

『伊藤音次郎展』会場スナップ　展示室
　平成24年（2012）7月24日〜29日
＊模造紙50枚に写真と地図や資料、解説を記載。
＊表彰状、設計構想手帳、プロペラ等の実物展示。

資10 証言・音次郎を見上げた人々

津田沼で飛行機が飛び廻る姿は日常的な光景だった

当時の津田沼（谷津・久々田・鷺沼ほか）の住民や子どもたちにとって、真上を飛ぶ飛行機を見上げ、浜辺で操縦士や練習生と遊ぶことは日常的な生活だった。数々の証言から伊藤飛行機の練習の様子や住民とのふれあいの様子を再現してみる。

*原本はガリ版刷り、B5版縦書き2段106頁
（平成29年に新装版刊行）

『うつりかわる鷺沼』安原修次　昭和48年(1973)

　郷土研究に取り組んでいた地元習志野市立鷺沼小学校教諭安原修次による、歴史や民俗、地誌についての聞き取りを始めとした詳細な調査記録。急激な都市化で失われつつある郷土遺産を記録した貴重な記録冊子である。この冊子は、当時証言を寄せた住民を始め広く地域に配布され、今でも各家で大切に保管されている。

　その中に、伊藤飛行機研究所員や操縦練習生と住民とのふれあいの様子が生き生きとした証言として記された箇所がある。また、音次郎による習志野での講演記録、二女恵美子および弟子で帝國飛行学校長の鈴木菊雄夫人の聞き書き（聞き取り記録）なども記されている。

［＊音次郎の講演記録と恵美子の聞き書きは 資3 に掲載］

《飛行士になるのも大変だな》
　　　　　　　　　談　鷺沼の伊東輝雄さん

「バリバリ」という異様な大きい音をたてて頭上を飛んで行く飛行機で目をさまされた。

　鷺沼には、昔二つの飛行場がありました。滑走路は海を利用したので、干潮の時しか飛べません。風向きの悪い日も飛べませんでした。二つの飛行場にはたくさんの練習生がいたので、よく遊びに行っていろいろなことを見たり聞いたりしたものでした。外人の練習生もいて、当時は大変珍しかったのです。

　練習をしているのが、家からもよく見えました。飛んではすぐ落ちる。また飛ぶ、のくり返しに、子ども心に、「飛行士になるのは大変だなあ。」とつくづく思ったものです。

　飛行機が落ちて死んだ人もいます。元飛行場のあった東の高台に、その人の石碑が建てられています。

　伊藤、鈴木の両飛行場のあった所は、今は建物などとりこわされました。（その一部はまだ残っている。）伊藤音次郎さんという人は、民間航空で日本でも有名な人です。

《山縣飛行士を悼み　鷺沼で歌われた歌》
　　　　　　　　　記録　安原修次

　その当時、鷺沼の人たちは次のような歌をうたって、山縣飛行士の死を哀れんだという。

　その当時の飛行機で曲芸飛行のできた人は、日本でも数えるほどしかいなかった。この鷺沼で飛行訓練をした人の中で、日本でも有名な飛行士が生まれたことは、部落の人々の誇りでもあったのだろう。

　　民間飛行家の山縣氏（うじ）は
　　空飛ぶその日が　大厄日
　　あわや墜落
　　見るもあわれな　むざんな最期

《干潟の滑走路》
　　　　　　　　　談　鷺沼の植草善司さん

　鷺沼三丁目（昔の下宿＝しもじゅく）に、伊藤飛行機、鈴木飛行機という民間航空の練習場がありました。

　干潮の時、干潟を滑走路として二枚翼の小さな一人乗りの飛行機が飛び立っていました。海中に吹き流しが立っていて、風向きを見て、風上に向かって飛び立つのです。

日本で最初の世界一周飛行機神風号の操縦士もおりました。

《のっけてくれ》
談　鷺沼の根岸松次郎さん

　伊藤音次郎という人が、自分で飛行機をつくって飛んであるっていた。あの人もずいぶん長生きをして、終戦後は三里塚の牧場あたりに行って百姓をやっていた。ところが、ここに空港ができることになって、また鷺沼にもどってきておととし亡くなった。この裏の高台（鷺沼保育所のうら）に、今は空家になっているが、そこに住んでいた。

　そのころは、トンボのような飛行機だった。練習生と友だちになって、乗りたくなると「少しのっけてくれねえか。」と言ったものだ。近くの子どもなんかも乗せてもらった。お金をとって乗せるのでなく、懇意な人がきてよく乗っていた。わしなども、練習生と友だちになってよく乗っけてもらった。

　二人乗りが普通で、そのうちにだんだん大きいのを作るようになり、四人乗りとか水上飛行機なども作ったりした。六、七人乗れるのもあった。

　山縣豊太郎という有名な飛行士がいて、伊藤さんの弟子ですよ。その人は生まれつき超人で飛行機ときたら曲芸飛行は何でもやって、こま落としだとか、きりもみだとか、宙返りなどもずいぶんやったものだ。でも最後に宙返りをやったら、はねが折れてしまって墜落して死んじゃった。今でも、そこに記念碑が建っている。

　あの頃は、まだ陸軍の飛行機でも200ｋｍ、300ｋｍを一回に飛んだのはなかった。でも山縣という人は、東京～大阪間の飛行を二回もやった。一回目は懸賞つきで、ただ向こうに着くだけだったが、二回目は往復をした。そのたびに優勝して、一躍名前が全国に知れ渡った。いっしょに参加した人の中には、東京から出て大山（神奈川県）の中腹にぶつかった飛行家もいた。山縣という人は、軽く往復しちゃって、賞金を鷺沼の部落に寄附したものだ。

　地元に飛行場があり、年中飛行機がとんでいたので珍しくなくなっていた。ひまがあると練習を見に行き、乗りたくなると「一回のっけてくれ。」などと言ったものだ。

《飛行場が遊び場だった》
談　鷺沼の伊東　清さん

　今から三十数年前、鷺沼には二つの民間飛行場がありました。一つは伊藤飛行場、もう一つは鈴木飛行場です。

　ある時、「飛行機が落ちた。畑に飛行機が落ちたぞ。」と、口々に叫びながら畑の方に皆かけていった。いも畑の真ん中に飛行機が頭からつっこんでいた。けが人はいなかったが、当時としては大変なできごとであった。

　格納庫には数機の飛行機があり、子どもたちの目を楽しませてくれた。今の鷺沼三丁目のはずれに、昔のおもかげを残した建物がある。格納庫のすぐ下が海で、潮がひくと飛行機を出して滑走路に早変わりしたものだ。

　あのころの海はとてもきれいで、季節によっては、キス、イナを始め、カニ、エビなどがよくとれた。学校から帰ると、海に泳ぎに行ったものだ。堀田川の流れも清く、ふな、どじょうなどをよくとりに行った。当時の子どもたちにとっては、海と堀田川と飛行場が、唯一の遊び場であった。

＊鷺沼には、伊藤飛行機研究所と接するようにもう一つ飛行練習所があった。音次郎から学んだ鈴木菊雄氏が設立した「鈴木飛行研究所」である。奥様の談話が記録されている。

　鈴木菊雄
　　大正８年　伊藤飛行機研究所入所
　　　11年　卒業証書第27号
　　昭和２年　一等飛行機操縦士免許取得
　　　３年　鈴木飛行研究所設立
　　　　　　（後に帝國飛行学校と改称）

《飛行学校のこと》
談　故鈴木菊雄夫人

　主人はこちらに来て、初めから伊藤先生の所（伊藤飛行機研究所）に入所し、飛行機について勉強した。鷺沼の海岸にあり、すぐ隣が飛行機の修理・組立て工場だった。

　「日本でも操縦士をたくさん養成したい。」と思い、そのために飛行学校をつくった。戦争の前までやっていたが、若い人が大勢いたものです。うちの飛行学校には、朝鮮、蒙古、インドなどからも練習に来ていた。卒業した人は、戦争に行って死んだ人が多かった。今でも生存している人は、二、三人しかいない。

　そのころの日本で民間飛行学校というと、鷺沼と船橋の第一飛行学校、それに東京の羽田ぐらいだった。

　海の潮が干いた時練習するので、時間なども決まっていない。一時間くらい乗りたいと思ってもその通りにいかなかった。

　一年に二十人ぐらい勉強に来ていたが、学科と実地の両方合格しないと操縦士の資格はもらえない。約二割の人が受からなかった。そういう人は、家からお金をもってきて遊んでいて熱

心にやらない人です。一人前になるまでにはずいぶん苦労したものです。

いちばん盛んだったのは、昭和七、八年ごろだった。いつも十人ぐらいの人が鷺沼に来ていた。潮がひくと練習生を起こして、プロペラを回して海に出ていった。そして、潮がひいている海の中ごろから上っていった。

当時練習生は農家などに下宿していた。近所の子どもなどもよく乗せてもらっていた。しかし、ふだん飛んでいるので、あんまり飛行機には関心がなかったようだ。

年中飛んでいても、近所の人からうるさいなどと言われなかった。海でアサリなどをとっていて、そこを飛行機が飛んでいても皆平気でいた。風もなく、潮がひいている日などは、夜が明けるとすぐ練習したものだ。夕方も、日の暮れるまでやっていた。

三等に合格すると、飛行機で郷土訪問した。

帝國飛行学校格納庫前にて　前列中央:鈴木菊雄

＊＊＊＊＊＊＊＊＊＊＊＊＊＊＊

| その他の資料より引用 |

『房総　ヒコーキ物語』昭和60年　崙書房
　　　　　　　岡田宙太（朝日新聞記者）

このころ（大正６年）、布施（金太郎）さんが伊藤のところに加わった。上総屋（音次郎の妻きちの実家）の跡取りを棒にふって、飛行機の世界に飛び込んでしまう。本人は飛行家を志したが、母親の猛反対で、整備士になる。『整備士も乗せられるんです。「責任同乗」といって。こっちは、他人まかせで、死んだらいやだから、必死で点検しましたよ。最初に飛んだ時は、地上を見るどころじゃなかった。汗たらたら、ひざはガクガクでしたよ。』

国道１４号沿いの習志野市鷺沼一丁目のＴ字交差点に古ぼけた木造の化学工場がある。これが人手に渡ったかつての伊藤飛行機製作所である。残っているのは、当時の三棟のうち二棟だが、立派に健在だ。伊藤はことさら頑丈につく

ったのだ。『オヤジは台風がくると聞いただけで、即座に家の周りを竹や板で囲った』。伊藤の三男、仁三郎さん（成田市在住）の話だ。よっぽどこりたのである。

――――――――――――――――――

習志野市立小学校３、４年生用の社会科副読本
『わたしたちの習志野市』令和３年度版
　　　　　　　　　　　習志野市教育委員会
「大空への夢　伊藤音次郎」中のコラムより
《宙返りの練習をしていました》
　　　　　　　　　談　谷津の織戸さん

昔の飛行機は木の柱と布とハリガネでできていました。今の飛行機とは大変ちがいました。青い空を見上げると宙返りの練習をしている飛行機を今でもはっきりと覚えています。当時、飛行機はめずらしいものなので、たくさんの人が海岸に見物にきました。㊟音次郎を４年生で学ぶ

――――――――――――――――――

習志野の歴史を数々の分かりやすいエピソードでまとめた冊子の中より引用。
『ならしの見聞記』将司正之輔　昭和54年
　　（元教育長　習志野市史編さん準備委員）
《あぶないぞ！　にげろ！》

１９２０年８月２９日の昼頃、鷺沼の上空から降ってきたこの声。「あぶないぞ！、にげろ！」

そしてその声の消えないうちに飛行機が一機高台の畑中に突込んだ。説明をするまでもなく飛行機の墜落であった。そして山県豊太郎氏が墜死した。

まことにいたましい民間航空スタート時代の伊藤飛行機研究所の惨事であった。（中略）

伊藤飛行場に出入りの大工さんに村山倉吉さんと言う方がいる。つい先頃亡くなったがよく昔語りに伊藤さんの話を聞かせてくれた。

伊藤さんの片腕的存在となりグライダー製作にはその手腕を発揮した方のようで、相互に兄弟の様に信頼しあっていた仲であった。

村山さんの話によると、伊藤さんは本当に金銭に恵まれない人だった。飛行場の経営は経済的に余裕のあった生活ではなかったようで、村山さんの給料は半年も一年もおくれて支払われたことは度々であったと云う。それでも、伊藤さんを信頼して一度も賃金の請求をしたことはなかったという。もって、お二人の間柄が判るようである。

伊藤飛行場も太平洋戦争と共に、時代の影響は幾多の障害を生んだ。ついに工場の経営を他人と交替せざるを得なくなった。しかし飛行機に関する執念的な念願は益々旺盛で、戦時中はグライダーの製作に重点をおいて仕事を維持していた。（後略）

『聞き書き』

著者による聞き書き　平成26年

伝聞だがいくつかの証言が得られた。

談　菊田公民館　寿学級の皆さん

《飛行機が国道を渡っていた》

『格納庫から出した飛行機を、海岸の滑走路まで運ぶのに、たくさんの人が押したり引っ張ったりしていました。格納庫と滑走路の間に千葉街道があり、通る車に止まってもらい横断をしていたと母に聞きました。』

《近くに何人もの外国人が下宿していた》

『飛行機の操縦を習うために中国や朝鮮などからやって来た人たちが、津田沼や鷺沼に何人も下宿していたと母から聞きました。その人たちの中には、帰国してから随分出世した人もいたそうです。』

98歳の新井さんから直接証言を得られた。矍鑠とした物腰、さっき見て来たような生き生きとした思い出話に圧倒された1時間であった。

伊藤飛行機のある津田沼町鷺沼から4㎞ほど離れた検見川在住の新井英夫さんは少年の頃から写真が大好きで、検見川浜の海や舟、海苔干し、町並み、戦後の埋め立ての様子など数々の写真を撮っていた。それらは後に新聞やNHKの取材を受ける程に貴重な記録写真だった。そんな記録写真の中に、昭和13年、18歳の新井少年が鷺沼まで出かけて撮った飛行場や飛行機の写真が残っていた。[41] 軽飛行機　参照]

談　千葉市検見川町の新井英夫さん
（98歳　聞き取り　平成30年3月）

《写真大好き少年が見た伊藤飛行場
昭和13年》

『写真が好きで130円のドイツのカメラのバルダックス（スプリングカメラ）を思い切って買った。日本で組み立てるから安かったらしい。勤め人の月給が40〜50円の頃だった。よくお金があったと思う。』

『鷺沼まで歩いて飛行機を写しに行った』

『伊藤音次郎さんは見たことがない。だって相手は大人だから話しかけるなんてことはできない。でも、働いている人（工員か練習生か）に「写真撮っていいですか」とお願いして撮っていた。』

『海水がひたひたになっている干潟で勢いよくプロペラが回っているのを見ると、「（撒き散らした）塩水が機体にかかり後で水で洗い流すのが大変だろうな」と子ども心にも思ったものだ。』

『（持参した本書掲載の航空写真を見ながら）この格納庫の前にある千葉街道をみんなで飛行機を押して海岸まで運んでいた。そんなに人数はいらなかった。だって当時の飛行機は軽かったからね。』

『今と違って千葉街道は狭くて車なんてそんなに通っていなかったから、飛行機の出し入れは大丈夫だった。うちの近所でも車を持っている人は1軒だけだったし。通っているのは、大八車と馬車くらいのものだった。』

昭和13年に新井さんが撮った鷺沼飛行場（再掲）
「さくら號　文部大臣　安井英二（昭12.6〜10）」名の機体

岩城昌子氏による聞き書き　令和2年

元伊藤飛行機工場跡のすぐ近くにお住まいの岩城氏の聞きとりにより、伝聞ながらも貴重な証言が得られた。

談　廣瀬さんの80代のおばあちゃん

『お舅さんから聞いているわ。子どもの頃、よく飛行機を見に行ってた、と。』

この方の家は、国道14号（旧千葉街道）沿いのつくだ煮屋さんだったとか。

『今日は飛ぶかな、飛ばないかな、と友だちとよく見に行ってたよ。』

『エンジンはかかっていたけれど、俺が見ている間は飛ばなかった。』

『今日はエンジンをかけなかった。』など

談　80代の男の方

『山縣さんが墜ちてくる時、下にいる人たちに「あぶない、にげろ、にげろ」と叫んでいたと文献で読んだのではなく、人づてに（直接見聞きした人から）聞いている。』

談　谷津にお住まいの方

『おやじから聞いているよ。こうやって（身振り手振り）ぶーん、ぶーんと宙返りなどして飛んでいたんだけれど、落っこちちゃったんだよ。』

資11 音次郎のエピソード集

思わず笑っちゃう話、笑うに笑えない厳しい現実の数々

膨大な「日記」には、音次郎の意外な一面や愉快なエピソード、感情剥き出しで怒り悲しむ様子、家族愛に満ちた心温まる様子など人間味溢れた記述が満載である。また、航空界の内幕や飛行家たちへの複雑な思いなども余すところなく記述されている。その多くはこれまでの各章でも触れているが、紙幅の関係で部分的にしか書き切れなかったり割愛したりした事柄も多い。そこで、それらを「分野別小コラム」にしてみた。㊟通常の10.5ｐ⇒10ｐに縮小し数多く掲載。

◎奈良原三次を巡って　[9] 奈良原の自作機空を飛ぶ・30 交友録③奈良原アルバム　関連]

◆師奈良原の「国産機初飛行」の前に "大阪の森田新造機の飛行が先" とは認めたくない　[9] 参照]
＊奈良原初飛行25周年を記念し「奈良原式２号機写真」「国産機初飛行新聞記事」を絵はがきとして参会者に配布する計画をたてた。その新聞記事を探す過程での敬愛する師奈良原三次をおもんばかっての出来事。
『昭和11年5月2日（新聞記事を使って記念絵葉書を作るにあたり）時事二行キ写シテ帰ッタガ記事ハヨカッタガ最後二森田氏ガ以前二飛ンダ様ナコトガ書イテアッタノデ中止ス』㊟時事＝時事新報
＊時事新報社に行き新聞記事を写真に撮ってきたが、現像してみると奈良原初飛行より先に大坂の森田新造が飛行したとあったので、「時事新報」の記事をやめて「東京日日新聞」の記事に変更して絵はがきを作成。

東京日日新聞記事（明治四十四年五月六日）

(右)音次郎が作成し配布した新聞記事の絵はがき
　　東京日日新聞 明治44年5月6日付 [9] に詳細]
(左)音次郎が絵はがきにするのを断念した時事新報の
　　記事 明治44年5月6日付　　国会図書館 蔵

＊師奈良原の国産機初飛行は航空史に燦然と輝く大記録であるが、大阪の皮革商森田新造が、ベルギー製グレゴアジップ45馬力発動機を搭載した自作の単葉機で明治44年4月24日(奈良原の11日前)に大阪/城東練兵場で飛行した、との上記新聞記事が残る(ジャンプ程度とも言われ、航空史では断定されていない)。しかし、日野熊蔵の例(明43/12/14日本初飛行 [8])にならえば森田を国産機初飛行とする方が説得力があるかもしれない。

◆奈良原の虫のいい話 ～弟子は辛い [空(から)領収書]の要求　"策謀家男爵" それとも "天然男爵" ？
『昭和5年7月29日 外二奈良原氏ノ取巻連追拂ヒ 代及引越料ノ出處ナキ爲メトテ五百円ノ領収書ヲ書イテ呉レトノコトニ書イテ差出ス』＊取り巻き連中を事務所の外に追い出し、怪しげな取引を画策。
『9月14日 奈良原氏來場 児玉氏ノ都合上村田氏二見セル爲メ千円ノ領収書ヲ書イテ呉レトノコトニ多少ノ不安ハアッタガ書イテ渡ス 之レデ先キノ五百円ト合セテ千五百円ニナル 児玉氏カラ返リ書ヲ入レサセルカラトノコトデアッタ』＊1,500円もの空領収書を発行させられたが、果たしてどうなることやら？

◎皇族の台臨、不敬

◆山階宮武彦王台臨　㊟下記を含め４回も津田沼に台臨。[29] 参照　訪問時の写真有り]
『大正14年5月7日 明日山階ノ宮武彦王殿下台臨トノコト』
『同年5月8日 七時起床 全員二大掃除ヲヤラセル。駐在へ報告ス 巡査三四名來 十一時頃來場 御附ハ伊藤君一人デアッタ アブロ(鈴木)一回飛行 雨降ル 午後益々ハゲシ 畫餐後経営ノ事二ツキ御下問アリ 学校一分二円二定メタ動機其他二ツキ言上 一時過ギ御帰ニナル』＊空の宮様らしく具体的で詳しい御下問あり。
◆不敬　＊鈴木菊雄、東宮御所(皇太子の御所)上空を飛行し不敬にあたると大問題に(幸いに始末書で済む)。
『大正15年11月27日 鈴木東宮御所上空五百メートル二テ通過セリトテ 局ヨリ理由ヲ説明セヨトノ電報ア

リタリ 対策ニツキ協議ス』＊この頃、鈴木菊は東亜（川辺佐見）の教官だが、実質音次郎が中心の協同経営。
『1月28日 七時鈴木來 東宮御所通遇ノ始末書ヲ持ッテ來タ 之ヲ自分デ訂証(ママ)シ橋本善二清書サセル
ノデオクレ 十時川辺君ト同道上京 局ニ行ク 児玉課長ニハ川辺同道 祝課長ヘ川辺会フ 皇宮警視ト近衛
師團トカラノ通知デアッタトノ事デ中々免倒ノ様デアッタ』
＊始末書を提出した上、方々に謝罪する羽目になったがそれで済んでホッと一息。

◆またもや不敬　＊広告字幕引きに失敗し錘の鉄棒をぶら下げながら皇后陛下行啓予定の上野上空を飛行。
『昭和6年10月15日 鈴木ノ佐々木アブロニテ森田ニタノマレビラ飛行ス。出発ニ綱ヲ引キヤリソコネテ
重リノ鉄棒ヲ、振リ廻シナガラ東京ヘ飛行 帰ル迄大ニ心配ス。ノミナラズ 皇后陛下上野行啓時間ニ近ク
上野上空ヲ飛行シ 問題ヲ起ス』㊟鈴木ノ佐々木＝門下生鈴木菊雄が独立し経営する鈴木飛行研究所（伊藤
飛行機のすぐ近くにあった）の所員が字幕引きに失敗の上、行啓上空を飛行し冷や汗。
『10月16日 警視廳ニ行ク 佐々木森田、丁度始末書ヲ取ラレテ居ル處デアッタ。助川氏カラモ自分飛行場
ノ統一ヲ計ッテ役所ニ届出ナドヲ完全ニシテ貰ヒタイトノコトデアッタ』 ＊鈴木飛行研究所の顧問に名を
連ねる音次郎が謝りに行き叱責される（レジェンド音次郎が出向き、警視庁も穏便に済ます）。

◎民間航空黎明期の笑い話　＊過ぎた昔だから笑っていられるが…。

◆命懸けの「人間ブレーキ」　「航空三十年座談会⑥」朝日新聞 昭和15年9月19日付 より
伊藤音次郎氏『初めの中私共の手に入った發動機は歐州第一次大戦の中古品で値段にして三千圓程度のも
のを以つて飛行機を作ってゐた次第でした　（大正初期の）巡回飛行にはいろいろな思ひ出があります 第一
移動します時に今ならすーっと飛んで行くのですが、当時は一々機體も發動機も分解して汽車に積んで行く
のです こんな時代ですから、飛行場も名許りの極く狭いものでして、今のやうにサイド・スリップ（横滑り）
で鮮やかに着陸するなんて藝当は思ひも及びませんから、時々見物人の中へ飛び込むやうなことがありまし
た（笑聲）　これを防止するため豫め三、四人が飛行場で待機して居りまして、飛行機が着陸して見物人の方
へ飛び込みさうになると、いきなり飛行機にブラ下がるんです（笑聲）人間ブレーキですね 全く毎日のやう
に命がけの飛行をやったもので、今から思ふと夢のやうです』

◆酔っ払い運転　㊟帝都訪問飛行中の出来事。[14]再掲]
『大正5年1月8日 寒気ヲオボエタ時ノ用意ニ酒ヲ五勺バカリポケットニ入レル』
＊帝都訪問の際、音次郎は飛行中の寒さ対策として、日本酒5勺(90mℓ程)を持参した。真冬の1月、高度500
mの寒気、風防ガラスなどない飛行機は冷たい風をまともに受ける。その対策の酒だったのだ。『ムネノ辺
ガ寒クナッテ來タノデ目鏡（めがね）ヲ拭イテカラ、ビンヲ取出シ酒ヲノンデスグ捨テタ』と、帝都訪問の半
分以上が終わった帰途で酒をぐいっと飲み、海へ捨てた（これも大いに問題）。この話を、本書の監修者であ
る音次郎の末娘の井上和子さんが、近年習志野市立津田沼小学校で行われた4年生総合学習の伊藤音次郎を
テーマにした授業でゲストとして話したところ、子どもたちからは「飲酒運転だ〜」と非難囂々。井上さん
は、このことから今度学校の授業に呼ばれた時には、この話は絶対にしないと心に誓ったそうだ。

◆名人後藤勇吉でも航路を間違える
『大正10年8月21日 午前中帳簿引合セ中一機後藤機ラシイノガ千葉方面カラ東京ヘ行ッタノデ変ダト思
タラヤハリ後藤氏ガ道ヲ間違テ帰タコトガ分ッタ』＊津田沼で下りるのを見逃したか？この頃は計器もな
くカンと視力が頼りの職人芸。

◆飛行機が珍しくて集客できた時代は終わった　＊大正5年の巡回飛行[15]参照]の熱気は伝説と化した。
『昭和5年11月3日 十時過ギ第一回飛行後四時半迄ニ 十回飛行 八回目位カラ安岡ノ着陸見當アヤシク
ナリ今一度ト云フノヲコトワル 之レデ丁度契約ノ回数ダケハタシタ訳デアル 見物丸デナク、村ノ有力者
ナド一人モ來ナイ不影(ママ景)気ノ飛行会デアッタ。』＊信州赤穂にて。昭和一桁の「どん底時代」、僅かな謝
礼をあてに数をこなすだけの飛行会を催すが有料の見物人は皆無に近い。

◆鯉のぼり飛行　＊下界では、鯉の滝上りならぬ「鯉が空から降ってきた」とびっくりしたことだろう。
『昭和6年5月2日 幼児愛護日ニテ鯉ノボリヲツケテ飛行ス 鯉ハ二台共キレテ飛バシテ仕舞ッタ』

◎金にまつわる話　〜金に苦しんでいるが金に執着せず [38]〜[40]苦難の時代①〜③参照]

◆『貸した金は返ってくると思うな』音次郎の金銭哲学 [資7]娘たち父伊藤音次郎を語る 参照]
＊「貸した金は…」は音次郎が妻や娘に語った言葉であるが、下記の事例はその言葉通りの"借金に関する
考え方"である。自分も苦しいが何とかかき集めて貸す、相手の言い訳を素直に信じて借用書はとらない。
"借りた金は何としても返すが、貸した金は無理に請求しない"という音次郎の金銭哲学である。金が貯
まるはずもなく、当然資金に窮し事業も成功せず、中小企業主音次郎の波乱の人生がそれを物語っている。
『昭和15年9月28日 夜〇〇〇〇來 予想通リ金ヲ貸シテ呉レトノコトデアッタガ通帳ヲ見ル アト五百円
シカ残リガナイ上ニ石屋ヘ三百五十円拂フノデ百円位ナラ貸ス旨述ベル ソレデモトノコトニ貸ス 借用証
トノコトデアッタガ名刺ニデモヨイト云フト万年筆ガナイトノコトニ証書ハ取ラナイコトトス。イズレ返
サイ(ママ 返サナイ)場合ニコチラカラ取リニ行ク意志モナイノダカラ同ジコトダ』[再掲]
㊟石屋ヘ三百五十円＝この年「山縣飛行士殉空之地碑」「航空神社」建設の石材費。

◆「金儲けが下手」を公言
『昭和16年2月19日 日本軽飛行機会社役員ト…宴会ヲ開カレ九時迄グライダーニ関シ会談 皆カラ自分一

人ヲ頼リニスル様ナモテナシ振リニ恐縮ス　但シ自分ハ金モウケハヘタダカラ御指導ハスルガ、モウケル事ハ皆サンノ努力デ御勝手次第トニゲテ居ク』＊新会社立ち上げに際し音次郎を担ぎ出す動きに対して牽制。

◎貧乏飛行場

◆飛行場なのに飛行機用のガソリンがない　[12] 独立 伊藤飛行機研究所　再掲]

＊とにかく金のない伊藤飛行機研究所では、練習の度に必要量のガソリンを少量だけ買いに行く、それもツケで買い、後で頭を下げて支払いを待って貰うという有様。「帝都訪問」をしようと思い立った日も千葉まで自転車でガソリンを買いにやらせ、あの民間航空初の大冒険飛行を敢行したのだった。

『大正5年1月8日朝　今日ハ大変日ガ好イトノコトヲ聞イテ居タノデ東京ヘ飛ンデ行クベク決心シタ。ソシテガソリンヲシラベサセルト足リナイ　お吉ノ方ノヲ貰テモ僅カニ五合バカリシカナカッタノデヤムヲ得ズ花チヤンニ金ヲ借リ自轉車デ千葉ヘ　二ガロン（約8Ｌ）買ヒニヤッタ』㊟花ちゃん＝上総屋二女、きちの姉

＊研究所絶頂期の大正10年、安岡駒好と後藤勇吉が練習に励むとガソリンの買い置きがなく・・・。

『大正10年5月17日 ローン安岡ホ式後藤大二飛ブ　ガソリンナクナル　大急ギデ馬車ヲ東京ヘヤル』

＊たったの2機が飛んだだけでガソリンがなくなった。自転車操業状態。

◆借金のあげくに1年で2回の差押え　[48] 家族 再掲]　＊2度目の差押えは昭和3年6/28

＊大正10年の「軍用機払い下げ勅令」[38] 参照]以降、伊藤飛行機は自転車操業が続く。気の良い音次郎は、製作や修理の代金は踏み倒され、貸金の督促にもなしのつぶての有様。借金も下手で、返すのだけは律儀ときており年中金欠状態。税金が納入できず、とうとう「差押え」となり執達吏がやって来る。その時の息子たち（信太郎と徳次）とのやりとりがおかしく、苦しい中にも微笑ましい家族団らんの光景が広がる。

『昭和2年12月19日　執達吏ハ身分柄ダカラトテ、張紙ナドスベテ目ニツカナイ處ヘ張リ（中略）差押ハ初メテノ体験ダガ人ガヨカッタノデ非常ニ気持ニサワラナカッタ。タバタ食ノ時信太郎ニ、チヤブ台ヲ出サセル時裏ニ張ッテアッタ紙ヲハガシテシマッタノデ、スグ又張ラセテ居イタガ徳次ト二人デ何ンノ紙ダト聞カレヨワッタガ、オマジナイダト教ヘルト又ナンノマジナイト聞クノデお金ノ出來ルマジナイデゴマカシタ』

㊟紙＝強制執行で対象の動産（家財道具）に貼る紙。

12月19日の差押え後日譚『12月28日　差押ノ方ハ　八十二円ニテ金太郎買取リ終ル』＊競売に掛けられたが身内の布施金太郎（妻の弟）が落札し事なきを得る（安い金額で落札でき出費は少なくて済んだ）。

◆貧乏飛行場（稲毛時代）の様子　　　［「第二征空小史」大正10年 中正夫のコラムより］

『航空局の依託生が立派な機體で練習しておるのを見るにつけても伊藤氏や山縣君の稲毛時代の苦心した練習振を思い出す　海氣館の女中の襟の汚れをふく揮發油を貰ひ集めてガソリン代わりに練習したり　古い飛行機の翼を裂いて通（ママ徹）夜して綱をなってタイヤの代りをしたことがあった　それから思ふと涙ぐましい氣分になる』＊翼を裂いて＝翼用の羽布を裂いて包帯状にし、車輪に巻き付けタイヤチューブ代わりにしていたが時々ほどけ、引きずって飛んでいた。

◆持参金1,000円付きの助手を雇用　〜貧乏会社に助手は必要ないが、のどから手が出る程欲しい1,000円

『大正14年10月25日 大辻ヨリ千円持参金付ノ助手一名使ッテ貰ヒタイトノコトデアッタ　稲垣ノ金ノ入ル（いる）場合ダカラ一寸考ヘタ。兎ニ角明日午後會フコトニ打電ス』『10月26日 大辻ト會フ　助手ノ件ヨク事情ヲ話シ稲垣ノ爲メニ止ムヲ得ズ採用スルコトニシ　今夜本人ト會見ノ結果電報ニテ知ラセテ貰フコトニス』『10月29日 大辻ヲ待チハ百五十円受取ル　スグ正金ニ行キ巴里大使館気付日佛銀行宛七百五十円永田ヘハ　二百三十円上海支店渡シニテ送金ス』

＊研究所からの仕送りが滞りがちの中で欧州留学中の稲垣知足のためには何でもする覚悟の音次郎。

◆断り切れない音次郎　＊お人好し音次郎の元には口八丁の手合いが引きも切らず。

『昭和12年2月16日 川辺君來　万年筆一本十五円ノヲ買ワセラレル　月末持ッテ來ルトノ事』＊川辺まで。

『昭和15年9月15日 安田ノ弟來　ツマラヌ本ヲ四十冊賣付ケラレル』＊40冊も買ってどう処分したのか？

◎風聞が踊る

◆噂が噂を呼ぶ　＊まだまだ海のものとも山のものとも知れない事業だからこそその長い尾ひれ付きの噂話。

『大正9年4月8日 宮本組ヨリ電報アリ九時四十分ニテ上京　スグ行ク　昨夕刊ニテ陸軍ヨリ本所ニ注文アリ　十万円ノ会社ニナルナドト出テ居タニツイテ商業的見地ヨリ代理納入ノ委任状ヲ呉レト云フノガ主要ノ目的デアッタラシイ』『4月11日 二三日前研究所ガ百万円ノ会社ニナリ陸軍カラ注文ガアッタトノコトデ各方面カラ色々ノ見（ママ）ヤ祝ガ來ル様ニナッタ』＊抜け目のない企業（宮本組）はすぐさま代理店希望を申し出る。資本金「十万円」の噂話がたった3日間で「百万円」の噂へと跳ね上がる。名機を次々製作している伊藤飛行機への期待値も込められているのか。

◆小栗とロシア疑惑

『大正14年8月15日 江東憲兵分隊ヨリ小栗露西亜ヨリ十万円ヲ貰ヒ飛行場ヲ船橋ニ作ルトノコト事実ナリヤトノ問合セガアッタガ初耳デアッタノデ知ラヌ旨返答ス』＊飛行機が戦力として認識されたからか。

◎海と干潟と飛行場　㊟明治45年5月、奈良原三次が稲毛海岸に目をつけ干潟飛行場が始まった。[10] 参照]

◆干潟ならではの諸問題

①飛行機の騒音問題

『大正12年7月10日 上天気 八時起床 プロペラノヒビキウルサカッタ』＊潮の干満の具合で早朝４時から練習することもあった干潟飛行場。音次郎がうるさいと感じるのだから、近隣住民はさぞかし…。
②干潟滑走路の悲哀
『大正14年10月11日 菊池出発ヲ急イダガ汐ノ間ニ間ニ合ズ満汐後十二時海岸ヨリ出発ノ節海中ニ突中発動機停止セシモサカ立シテペラヲ折ル 予備ノペラナク直チニ作業ニ着手 夜九時迄ニ布張リ終ル 発動機海水浸入ノ爲メ分解 午前一時迄ニ完成ス』
＊満潮が近づくと極端に狭くなる干潟滑走路。海に突っ込み機体損傷や発動機故障は日常的に発生。
③海岸使用権問題［21 参照］
『大正10年12月31日 午後村山氏訪問 飛行場問題幕張ノ話シヲシテ賛成ヲ求ム。同氏ハ従來通リ使用サレルコトハ少シモカマワナイガ組合トシテ契約書ヲ作リ調印スルコトハ出來ナイカラ縣トシテ許可サレル分ニハカマワナイダロウトノ意見デアッタ』＊海岸使用問題が再燃。組合長が物わかりがよく助かったが。
『昭和7年4月20日 和泉屋ニ行ク 海岸ト海ノ使用料ヲ今年カラ拂ッテ貰ヒタイトノコト 海ニ組合へ百円 海岸ハ区へ三十円トノコトニ承認ヲ與へ後雑談 埋立ノ件ヤラ今日迄ノ苦心談 大坂ノ出資関係等ヲ話シ煙ニ巻ク』『4月25日(4月20・21日の話を受けて)泉屋ヨリ電話ニテ川辺君ヨリ飯沼、鈴木、川辺等モ海岸使用ニ参加セシメ共同ニテ貸サレタシト申込ミタル由 自分ノ立場ト彼レ等トノ立場ヲ一應述ベテ反対意見ヲ云ッテ居ク 川辺ノ奴不ラチナコトヲ初メ居ッタ』＊音次郎の鷺沼独占使用に共同使用を求める飛行家たち。

◆干潟ならではの貝掘り(カイボリ) ～贈答品にもなり一石二貝？
『昭和2年8月4日 久シ振リデ海ニ這入ッテアサリヲ取ッタ』『昭和5年3月26日 長岡(外史)閣下ニクラブノ報告ト礼状及蛤トアサリヲ送ル』＊大量の蛤とアサリを贈答品に。
『昭和16年4月29日 突然小倉中将ガ見ラレタ…家ノ玉子ヲ十五ヶト一昨日取ッテ來タアサリヲ一アミ差上ゲ』＊物資不足の戦時下(日中戦争４年目、この年12月太平洋戦争開戦)、高級軍人も卵やアサリを喜んだ。
『5月24日 九時四十分頃渡辺、宮本並ニ木下氏令息等來 星野奈良原氏ト十時海ニ入ル 黒鯛四五十枚 ダツ、イカ等大漁デアッタ。終ッテ貝掘リヲナシ十二時ヨリ舟デ会食 一時頃終ル 二時上陸』
＊奈良原と共に漁をする。師弟での漁は楽しかったことだろう。㊟貝掘リ＝個人客や漁民による潮干狩り。

◆海岸にはこんな危険もあり、時には事故も発生した ～貝掘りの穴とケイカイの杭に冷や冷やの離着陸
『大正4年2月8日 コワカッタノハ貝掘リノ女ガバラヽヽニゲタ中ニ一人ダケ返(ママ 反)対ノ方ニ來タ女ヲアヤフク翼ノ先キデツキタオス處デアッタ』＊千葉の干潟はアサリ採りのメッカ。干潟は穴ぼこだらけ人だらけで離着陸時に避けるのに苦労したそうだが、新参の飛行機に漁協は逆に迷惑したに違いない。
『大正5年4月17日 其内左ノエレロンガ、ケイカイノ杭ニカ(カ)ッテ左へドシントイッタ爲メ右ノ羽根ト車輪ヲ一個コワシタ』＊練習飛行中、ケイカイの杭にエルロン(aileron 補助翼)を引っ掛けて横転大破。
㊟ケイカイ＝沖合にあった貝の養殖場でアサリ・蛤・牡蠣の稚貝を撒き養殖。多くの杭が打たれていた。

◎“乗り物”いろいろ

◆自動車感覚で飛行機を乗り回す
『大正12年8月7日 白戸へ行ク必要アリサルムソンニテ行ク』＊10kmほどの近距離で千葉街道なら車でも一直線の15分。飛行場が何処にでもあればと思ったことだろう。⇒航空タクシー構想へとつながったか？

◆危なっかしい飛行機で大冒険を敢行しても、“自転車”には乗れなかった音次郎
『大正14年10月27日 夕方自轉車練習ス』＊音次郎、34歳で自転車練習をするが飛行機より苦労した？

◆飛行機の車輪は自転車屋に注文
『大正10年9月22日 岡本自轉車へ車輪注文ヲ発ス』＊まだ飛行機部品の専門工場がない時代、特注品(総重量500kg程度の飛行機なら自転車の車輪を改造したもので十分間に合った)なんだろうな。

◆“飛行機酔い”した音次郎と謝文達 ＊乗り慣れているはずが、他人の操縦する飛行機は苦手らしい。
『大正９年５月27日 ヤマト新聞主催シベリヤ出征兵慰問相僕(ママ)ノビラマキ飛行後藤君八時半頃行フ 謝君同乗 帰途謝君飛行機ニヨウ 初メテノ出來コトナリキ』＊謝の飛行機酔いに驚いていた音次郎だったが『昭和６年５月25日 〇時四十二分始動出発 乗ッタ時カラ気分悪ルカッタノト風強クカナリユラレタノデツヒニ鈴鹿ノ上デ、ハキ出シタ 三時丁度着』と、自分自身も酔う。
『5月28日 永田君操縦ノスーパー機ニ同乗ス 乗客自分共四名 内一名女 風平穏 浜松附近ニテ少シ気持チ悪シク、仁丹ニテナオシ函根越エ中バヨリ風ツヨク大ニユレ、タチマチハク』
＊この頃盛んに運航されるようになった「定期航空（東京・立川～大阪間 日本航空輸送(株) 片道約３時間で運賃35円週12往復 昭和４年４月開設)」を利用して大阪出張の行き(5/25)帰り(5/28)の便での出来事。

◆飛行機以外の乗り物に乗り感激
・“馬橇(そり)”に乗る ㊟北海道航空路開設に出張、札幌にて。
『大正14年1月28日 馬橇ニノル 初メテダガ割合ニ乗心地ノヨイモノデアッタ 細カイ雪ハタチマチ、ヒザニ眞白クナッタ 何ンダカ露西亜ノ小説中ノ様ナ気ガシタ』
＊“雪原を疾駆する馬橇”に読書家の音次郎らしい一言。
・“人力車と駕籠”に乗る
『大正15年7月17日 自動車ニテ関本 朝食ヲ取リ人力車ニテ一丁目迄行キアトカゴニ乗ル ヘソノ緒切ッテ初メテノ乗モノ 中々工合ノヨイモノダ。四十分ニテ着』＊生まれて初めてと言わないところが面白い。

◎ 趣味の世界に浸る ～存外多趣味だった

◆ 著名人の揮毫集めは趣味？実益？
『昭和16年1月24日 千葉ノ徳永氏訪問 揮毫ヲ乞ヒ早速書イテ貰フ』
『1月25日 （協會の後）山水楼ニ行ク 日野(熊蔵)、伊賀(氏広)サンガ見エテ居タノデ揮毫シテ貰フ』
＊他にも、徳川好敏中将、井上幾太郎大将 29 参照]や上原平太郎中将、磯部鉄吉など多数。趣味なのか会社のための関係作りなのか？

◆ 俳句が日記に溢れているが上手いかどうかは？ ㊟ほとんどの句に季語がないが自由律俳句？無季俳句？
『大正14年1月23日 12日ニ山階ノ宮殿下三度目の台臨アリタリト光栄至極 "あまたゝび 台臨を得し 晴やかさ"』＊山階宮殿下の台臨に感激して。
『1月24日 "さみしさを 酒で忘るゝ 夕まぐれ"』＊札幌にて宿で一人飲む。
『3月21日 "雪とけの 音を聞きつゝ 春しのぶ"』＊北海道飛行場計画のため札幌へ出張。 35 参照]
『昭和16年2月1日 本日ヨリ號ヲ流水トス』＊50歳を迎えるにあたり "俳号" を付ける。㊟欄外に記入。
『昭和17年2月27日 "立って見つ 歩て見つ室の 広さかな"』＊チブスで長期の入院中。
『昭和18年1月4日 "日の本の 栄の基 あをぐかな"』＊伊藤飛行機出身者の会「恵美会」京都奈良旅行中。

◆ 癒やしを求めて小鳥、犬、草花を愛でる ＊小鳥や草花を愛でる記述が数多く登場する。この頃は不況・工場改革の真っ只中。[38 ～ 40 苦難の時代 参照] ストレスを抱え癒やしを求めたのかも。
『大正10年7月24日 六時起床 小鳥ノ屋根ヲ作ル 八時半工場ニ行ク』＊出勤前の大工仕事に汗を流す。
『昭和2年8月28日 築地デカナリヤヲ見七円デ番(つがい)ヲ買ッタ 永イ間欲シイト思ッタモノデアッタ』
『昭和3年7月29日 午後小僧ヲ連レテ小川ニ川狩ニ行ッタガ、貝高、フナ、ドジョウ、等面白カッタ。日曜日ハジツトシテ居ルヨリヨイ気持デアッタ』＊休みの日、会社の小僧さんを連れて川遊びを楽しみ、借金の事など忘れて童心に返る。
『昭和4年11月3日 近所ノ鳥屋デスシク、ホシカッタ、コバルトノインコーヲ買ッテ帰ル 家ニハ矢沢サンニ貰ッタコトニシテ居ク 代価弐円八十銭 安クナッタモノダ 一時ハ 千円以上モシタモノ』
＊借金苦の中、「また買ってきた」とか「無駄遣いをして」とか叱られるのかな？
『昭和5年10月4日 稲毛ヨリ犬ヲ連レテ來ル 今迄飼ッタ犬ノ中デ一番ヨイ犬デアッタ』
『10月5日 今日ハ苗床ヲツクリ秋蒔ノ種蒔キヲ行フ』
『昭和6年6月21日 終日在所。ホーセン花ノ植替 朝顔ノ植替ヲナス 何ンダカ借金デモ返シタ様ナ気持チ』
＊草花に癒やされすっきりした気分になったことだろう。

◆ マニアと言える程の写真好き ㊟本書掲載写真の多くは、音次郎撮影か、命じられて所員が撮影したもの。
『大正7年3月8日 藤井写眞機店ニテ写眞機ヲ買フ』『大正10年3月4日 写眞器ヲ見ニ行ク フオーカルプレンシヤターノ暗函トテッサー十七番ヲ購入 手金廿円渡シ』『同年3月5日 写眞機四百五十五円ニテ購入』
＊苦しい経営状況の中、なけなしの金をはたいて高級写真機を購入した。
＊日記には各所に自身で撮影したことも記されており相当のマニアだったことが分かる。
『昭和2年2月6日 折角雪影(ママ景)色ヲ写眞ニ入レヨウト材料ヲ昨日買ッタノニ帰ッタ頃ハモウホトンドトケテ居タ』

大正十一年 バラ　大正八年二月 雪の日

大正五年九月 中国路 徳山
＊飛行機や工場、旅の記録写真だけでなく、風景や人物など日常生活も数多く撮っている。

大正六年 稲毛飛行場の格納庫と工場
＊時には現像を失敗、裏焼きで左右逆に(両方とも別のアルバムに掲載)。[12 掲載の同一写真と比較を]

◎ 筆まめ音次郎

◆ 何処に行ってもすぐに絵はがきをたくさん書いて投函する律儀さ
『大正14年1月23日 發信午前 知覧、信太郎、児玉、森川、早川 午後發信 吉、大蔵、高田、大坂兄、橋本、飛行部、知覧、下山田大佐』＊北海道飛行場計画のため札幌出張中の宿からだが、何と枚数の多いことよ。
『3月20日 工場、知覧君川辺、宅ナドニ繪ハガキヲ出ス』＊札幌出張で青函連絡船出航を待つ僅かの間に。
『大正15年8月25日 六時半青森着 キリ有リ好天気 信太郎、佐野稲垣田中知覧ニ繪ハガキヲ出ス』
『同年11月17日 出帆迄三時間アリ繪葉書ヲ七八枚書イテ出ス』＊寸暇を惜しんで絵はがきを書く。

◆ 少年期からつけ続けた日記 ㊟この本自体が「音次郎日記」からの引用でできている。
『大正5年1月16日 参拝 散歩 操縦法 宙返り法 日記 新聞 雑誌』㊟参拝＝稲毛浅間神社、操縦法＝[12 参照]＊毎日変わらぬ朝の参拝と散歩、木立の中で操縦法のイメージトレーニング、戻って前日分の日記と新聞。
『昭和4年1月2日 昨日大坂出張中（12/22～27）ノ日記ヲ記入ス』＊出張や病気の時は後でまとめ書き。

◆日記は妻に公開？ きちの腎臓結石手術の日の日記はきち自身が書いた？ (注)8/23〜28は音次郎による日記
記載はなし。以下は、なぜか妻のきちが書いているが病院に日記帳が？『大正12年8月24日 朝五時頃目を
さまし今日は手術の日でなんだかへんな気がしてたまらなかった 九時頃主人来て昨夜ねつが出たので先生
もいやならいつでも宜しいとの事であったがどうせ一度はしなくてはならぬと思い思い切てする事にした
思いの外らくにすんだ 白戸初子さん来てくれた 主人夕方帰る 夜からづいぶんくるしくって困った』

◆ "ホンマノ記" という秘密日記or備忘録も書く (注)ホンマノ記＝本当のことを書いた日記の意か？
『大正3年2月16日 田辺氏へ返書ヲ書ク。ホンマノ記ノ中ニ写シ置ク』『大正5年10月22日 巡回飛行記
ヲ修正補足シテホンマノ記ニ記シタ』＊手紙や旅行記の写しを取るという "備忘録" として活用。
『大正5年11月25日 今夜ハソンナコトヤ将來ノコトヤ僕ノホンマノ記ヲ讀ンデ聞カセテヤッタ』
＊芸者の亀勇、亀松に将来を語ったりホンマノ記から引用したりと本音の書かれた "秘密日記" として活用。

◎神仏への尊崇

◆信仰心厚い音次郎 〜稲毛浅間神社と成田山、地元の神社への参詣を欠かさず
①稲毛浅間神社[稲毛で独立してから台風で壊滅するまでの2年半のほぼ毎日のように参詣] [10] [12] 参照]
『大正5年8月28日 五時半起床 浅間神社参拝 散歩 朝食後日記』＊静謐な社殿と林の中清々しい気分に。
『8月29日 四時半起床 浅間様参拝 仕度ヲナシ朝食後出發』＊朝食前の早朝参拝後仕事。
②成田山[大正5年〜昭和18年までの28年間で80回以上も参詣。その多くは友人や所員、家族を誘っている。]
『大正5年1月2日(大口らと)参詣ハ例ニヨッテ自分ハ自分ノベストヲツクスカラ保護セラレタシトヨリ外
ナカッタ』＊ベストを尽くすから見守っていてくださいと、常にチャレンジ精神を忘れず。
『大正8年3月14日 晝食後山県ト成田山ニ参詣 夕方帰ル』『大正9年11月10日 午後後藤(勇吉)氏ト成田
山へ参拝』『昭和8年1月3日 七時起床 朝食前ニ成田山ニ参詣ニ行ク…ミクジヲ引クト大吉トアリ』
③地元鷺沼村の産土神 "根神社" (注)音次郎の住居がある鷺沼字権現台688の近隣に鎮座している古社。
『昭和14年1月1日 六時過ギ起床 ラジオ体操 之ヨリ先キ 神佛禮拝 四方拝 氏神サンへ和子(本書監修
者)ヲ連レテ参拝 終ッテ神社裏へ出ル 正二日ノ出ノ直前 待ツコト約一分 紫雲ノ間ニ巨大ナ日ノ出ヲ拝
ス 何ニカヨイ暗示ヲ得タ様ニ感ジル 今日ハ何モ考ヘナイ日トス』
＊毎年元旦には神仏礼拝、四方拝をしてから根神社へ参詣(初詣)するならわし。

◆山県をいつまでも忘れず〜毎年欠かさず命日にお参り(大正9年8月29日 鷺沼の畑に墜落) [23] 山縣 参照]
『昭和9年8月29日 今日ハ山縣ノ日 ラジオ体操ヲ終ッテ小供ヤ家内モ皆花ト線香ヲ持ッテ御参リニ行ク』
『昭和15年8月29日 山縣ノ碑モ出來上リーツ借金ヲ返シタ気持チ』＊この日、墜死20年目にして「山縣飛
行士殉空之地」石碑を建立する。長い間の胸のつかえがようやくおりたのだった(木製の碑は既にあった)。

◆ "津田沼航空神社" 創建 [31] 鎮魂、[29] 交友録②井上幾太郎 に詳述)
『昭和15年11月1日 航空神社祭 珍ラシイ人々ハ々ハ天王寺谷、知覧ノ妻君、関口君ノ父、杉本ノ弟、徳永サン、
旦代君、磯部サン、尾崎サン、飯沼君、吉村、乘池諸君來 木下耶麻次、今里、畑、板垣、森川、舟崎來場 神崎ヨリ
町長其他來テ呉レタ。局、協会、縣、町カラ來ナカッタコトハ少シ淋シカッタガ今日ハ全国的ニ色々ナ催シモ
ノ多ク其爲メコレ等カラハ來ラレナカッタラシイ 予定ヨリヤヽ遅レニ時半頃ヨリ擧行 先ヅ奈良原氏ニ胸
像贈呈 終ッテ祭典後自分ヨリ舟崎氏ヲ招(ママ)介挨拶ヲナス』＊著名な航空人が多数参列し盛大に挙行、航
空殉職者の御霊を祀った。(注)神崎＝下総香取の神崎神社より分霊

◆験担ぎをするだけでなく、"易者や霊動術師" もやって来る [験担ぎについては [12] に詳述]
①"易者の婆さん" のご託宣
『大正15年4月10日 桑原君照(ママ紹)介ノ易者婆サン來 今年ハ何事ヲ発展シテハナラヌトノ事デアッタ
コレハ大ニ至言ト思タ 十円ノ御礼ハ苦シカッタ』＊不況真っ只中に "事業の拡大は危険" という至極当た
り前の御託宣に納得し10円のお礼とは…。
②"霊動術師" を所員が連れて来る
『昭和2年6月24日 夕方加藤靈動術ノ先生ヲ連レテ來ル 小供皆ヤル 夕食ヲシテ帰ル』＊子供皆やるって？
③"御看経にすがる" 千葉で一番偉い坊さん？もやって来る
『昭和4年5月31日 朝石橋サントカ云フ人ガ來テ話シテ居タト思ッタラ今日カラヤルノダトテタ方大勢
來タ 千葉ノ一番エライ防(ママ)サンダト云ノモ來テ、イワユル御看経ナルモノガ初マル 自分モ参詣ス 一
週間デ必ズ動ク様ニスルガ家族全体ガ一生懸命ニナラネバダメダトノコトデアッタ』＊二男徳次の腕を治
すというので藁にもすがる思いで参加したのだろう『6月23日 家内ハ朝カラ徳次ヲ連テ船橋ノ御講ニ行ク。
ドコデモ御供養ガ出ズ腹ヲヘラシテ帰ッテ來タ 夜自分導師トナリー本御看経ヲナス』
(注)御看経＝おかんきとも。講を組織して集まりみんなで念仏を唱え、精進料理を食す。

◎健康不安と解消法 ＊体調不良を常に抱えつつも挑戦し続ける音次郎は、克服の努力も欠かさない。

◆働き過ぎ、過度のストレスからくる体調不良がつきまとう
『大正14年7月1日 昨日ノ疲レデ…午後床ニツク 自分ナガラ 精力ノ乏シイノニ驚ク モット健康ニシタイ
モノダ』『大正15年8月22日 近來身体ノツカレ及頭ノツカレヲ早ク感ジル様ニナッタ』
『10月5日 菊地ヲ見舞ヒ、ツヒデニ見テ貰フ 神経衰弱トノ事デアッタ。注謝(ママ)ヲ受ケ五日分ノ薬ヲ貰
ッテ帰ル』＊不況の中、神経衰弱に陥る。職人気質の音次郎には似合わぬ経営者稼業に疲れたか？

『10月19日　朝洗面ノ時ムネ悪シク、例ノゲーヘヘヲヤッタアト　記帳中モイキ苦シク、脈ヲ見ルト早クナッタリオソクナッタリ時ニハ一寸トマッタリ、イヤナ気持デアッタ…ゼンソクノ様ニ思ワレテナラナカッタ』

◆健康維持とストレス解消 ～アンマからラジオ体操まで

①金はないが"アンマ"は呼ぶ＊どんな時でもアンマを呼ぶ習慣の音次郎（日記に記しただけで171回）。
『大正14年1月22日　札幌　ゴム靴ガヨイトノコトニ買フコトニシタガ僕ニ　三四円シカ残金ノナイニハ頗ル心細カッタ　川辺へ手形二枚入レテ送リ金策ヲ依頼ス…晝前アマリ眠クナッタノデ床ヲ取ラセ、アンマヲ呼ンデヤラセル。』＊金はなくともアンマはとる　『大正15年8月15日　終日脳ヲ休メル事ニ努メル　幸ニ風涼シク朝アンマヲ取リ一時半迄眠ル事ガ出來タ　頭モ軽クナッタ様ナ気ガシタ』
＊周囲に気を遣いストレスの固まりのような音次郎にとっては"アンマ"は必須なのかもしれない。
②ラジオ体操（ＮＨＫ）＊時には挫折もしたラジオ体操だが中年となり健康不安の中、毎早朝に取り組む。
『昭和9年8月1日　本日ヨリラジオ体操ヲ初メル』＊43歳、経営のストレスもたまり手っ取り早い健康法。
『8月3日　今朝カラ惠美子トラジオ体操ヲヤル…エミ子ガ先生ダ』＊夏休み中の二女恵美子に教えて貰う。
『昭和12年4月24日　今朝床ノ中デ考慮中フト新株主ヤ従業員全部ニシテカラ今自分ガ死ンダラ、ドウナルダロウト思ヒ到ッテガク然　目ガ醒メル思ヒガシタ。コレハドウシテモ、健康第一主義デ行カネバ将來何百人ノ人ニ迷惑ヲカケル事ニナル。三五年ハ大ニ健康ヲ保持セネバナラナイ。ソレニハ先ヅ酒ヲ〻シミ、ラジオ体操ヲヤルコトデアル』＊従業員の生活は自分の双肩にかかっていることに思い到り、"健康第一主義"の保持を誓う。それには酒を慎み（誓っただけで守れなかったようだ）、ラジオ体操の習慣化だ。
『昭和16年8月7日　五時起床　日記新聞朝食ラジオ体操』＊少年の頃からの朝の習慣にラジオ体操が追加。
③西式強健法　㊟西勝造が昭和2年に創始した健康法で、現代医学を批判し、宗教医学一体論を唱える総合健康法。
『昭和4年10月2日　昨朝カラ西式強健法ヲ初メタガマダウマク行カナイ』
『10月7日　西式強健法大分ナレテ來テ十一分デ出來ル様ニナッタ』＊昭和7年まで度々実践した。

◎音次郎の"心の内"が日記に表れる

◆絶頂期の音次郎の心境

①他の飛行家から妬まれる？
『大正10年1月11日　近來白戸自分飛行場ニ対シ他飛行場及飛行家ヨリネタマレ気味ナルコトヲ感ズ　大ニケイカイヲ要ス』＊白戸、伊藤の隆盛も長続きはせず、4月の払い下げ勅令を機に大不況へ真っ逆さま。
②今日の発展を喜ぶ
『大正10年1月20日　昨夜十二時頃ヨリ目醒メテツヒニ眠レズ　古イ日記帳ヲ讀ミ五時半ニ及ブ（大正）三年四年頃ノ苦心ニ比シ今日ノ發展ヲ嬉（ママ）ブ』＊かつての逆境時代を日記で振り返り、今の発展を喜ぶ。

◆真面目な飛行家音次郎

①遊び感覚の宙返りを諭す　＊安全飛行が音次郎の信念　慣れない飛行機で遊び半分の飛行は許せない！
『大正14年6月8日　鈴木白戸機ニテ宙返リヲナス　大蔵ソレヲ笑フ　後チ二人ヲ呼ビヨクイマシム（戒む）』
②品行方正だったと誉められ照れる　＊黎明期飛行家は荒くれ野武士ばかりだから尚更音次郎が目立った。
『昭和5年9月5日　報知ノ常務久間氏ハ　自分ガ飛ンデ居ル頃カラ知ッテ居テ一度最（ママ）非會ヒタイト思ッテ居タトノコトデアッタ。アノ賞時ノ飛行士中一番品行方正デアッタトテ誉メラレキマリ悪ルカッタ』

◆大正5年の全国巡回飛行当時の懐かしい人々に歓待され感激[信州飯田]　[15] 全国巡回飛行　参照]

『昭和5年9月7日　ナツカシイ川原ニ行ッテ見タ。コヽハ河ノ流レモ川ノ工合モ川向ノ人家モモトノマヽデ家ノ白カベガ新ラシイ位デ我家ニカエッタ様ナ気ガシタ。一時頃主人帰リ大変ヨロコンデ呉レテ晝食ニ例ノコイノアライ、ウナギノカバヤキ玉子ヤキナド田舎式ニウント山盛リ出シテ、ブドウ酒トビールデ馳走ニナリ、終ルト自動車デ天竜峡ニ行キ仙峡閣デ又馳走ヲ出サレテビールゼメニ困ッタ　記念寫眞ヲ取リ七時頃満月ノ天竜峡ヲ自動車デ帰ルトスグ又ビールデヤット飯ニシテ貰ッテ八時頃床ニツク』
＊たった一度の飛行会なのに我家ニカエッタ様ナ気ガシタに全てが凝縮。

◆細村屋 ～所沢出張の際の定宿　[再掲 9 に写真有り]

『昭和5年4月15日　細村屋二行キー泊ス。父君ハ昨年ノ十一月二死ンダ由　古イナジミハ、何ントナクヨイモノダ』＊明治44年5月、奈良原の無給助手となった頃に初宿泊し、以来所沢出張の度に必ず利用。

◆事故を隠す ～正直・真面目な音次郎だったが背に腹は替えられぬ

『昭和6年10月6日　BAUF受検合格』㊟ＢＡＵＦ＝伊藤飛行機所有アンリオ28（ルローン80ＩＰ）㊟受検＝堪航検査
『10月7日　門松來　事故ヲシラス　出テ見ルトアブロトアンリオガ障突逆立シテ居ル…昨日（堪航）検査スンダバカリノ方ノアンリオデアッタノニハ弱ッタガ少シ様子ヲ見ルコトニシ、アブロノ損害ハ大里ガ負担スルコトニナル　鈴木ニハ大里ヨリ其旨ツゲル　兎ニ角知ラヌ顔デ堪航証貰ヒニヤル　明日トノコト』
＊検査合格の堪航証が失効しないよう知らん顔を決める。
『10月8日　UF堪航証受取ル　スグ補助金申請書ヲ調整　出サセル』＊堪航証発行後、航空機維持奨励金申請
『10月9日　UF無検査ニテ修理スルコトトス　試験十二日トノ通知ニヨリ大急ギ間ニ合セルコトトス』
＊修理するには再堪航検査が必要だが無断で修理。とにかく12日実施の上仲鈴子[26参照]のアンリオでの操縦士試験に間に合わせなければ。『10月11日　BAUF完成ス』とぎりぎりで間に合わせることができた。
＊翌日の操縦士試験で、上仲は着地に失敗して逆立ちとなったが何とか二等操縦士免許を取得した。音次郎の"努力？"の賜物であるが、バレはしないかとヒヤヒヤだったろう。

◆所長は所員のプライベートの管理も必要

『昭和3年4月24日　夜オソク今村來　橋本又女エヲ（宿舍に）引張ッテ居ルトノコト　イヨヽヽダメダ』
＊こんなことにまで気を遣いストレスはたまる一方だったろう。嘆息が聞こえそう。

『昭和7年6月29日　上野宅ニ行キ上野ノ勘當ヲ詫シテ貰フコトト嫁ノ性ヲ諒解ヲ求メ　二ツ共成功　夕食ノ馳走ニナリ帰宅ス』＊親戚のおじさんや仲人の代わりとなって親身に世話を焼く。これが音次郎の魅力。しかし、それをいいことにサボったり過大な要求を突きつけたりする輩も続出。中小企業経営者も大変だ。

◆夫婦げんかの仲裁を頼まれる　㊟鳥飼夫婦と白戸夫婦の仲裁を度々頼まれて成功している。

『大正10年8月21日　晝過ギ鳥飼氏來　初子君ガ帰ッテ居ルニツイテ仲ニ遠入ッテ呉レトノコトニ共ニ上京』＊音次郎を何度も手玉に取った口八丁手八丁の鳥飼繁三郎も女房には頭が上がらなかった。

◆極寒の満州視察中も飛行機の改良を考える　㊟満州航空路開拓調査に大蔵清三と1ヶ月滞在［85参照］

『大正15年12月2日　足ガ痛クテ歩ケナイ位デアッタ…アトデ聞ケバ零下二十二度デアッタト…車中発動機ノ保温ニツイテ研究…生来初メテノ寒気ヲ体感ス』＊長春にて。どんな時、どんな場所でも飛行機の事を考えている技術者根性。

◎恋する音次郎 〜「初恋」から妻に知られた「浮気」まで

◆片想いの恋の相手は人妻だった 〜音次郎19歳　青春時代のほろ苦い1ページ　［初恋は⑤参照］

　関鉄工所事務員の頃、店の前を毎日掃き掃除をしていると美しい女性がいつも通り過ぎる。いつしかその女性に憧れ、掃き掃除が楽しみになって来る。そんなある日、女性が男と一緒に歩いて来る。丁稚仲間が「夫婦で歩いている」と言うのが聞こえた。愕然、絶望する心の動きが日記に克明に書かれている。
＊音次郎には申し訳ないが失恋記録を長々と引用する。

『明治43年8月23日　十五日以來ノ空想ハ尚ホ盡キズ止ンメ（ママ 止メン）ト欲シテ止マラズ。アヽ余ハ遂ヒニ彼女ノ捕（とりこ）トナッタ。』

『9月4日　今日モモダエタガ如何ニセシカ昨日ト変リ一度モ彼女ノ姿ハ見エザリキ。夜ニ及ビテ、チラリ北ヘ行ク後姿ヲ見タ時不思議ナル言葉ハ耳ニ入リヌ　余ハホトンド信ズル能ワザリキ　其声ハ火夫ノ口ヨリ來リヌ　曰ク「氷屋（彼女ノコト）ハ　イカケ（鋳掛け＝夫婦で連れ立って歩くこと）デ何處カ行キヨッタ」　アヽ此一言如何ニ恨メシキコト。實ニ今迄夢ニモ思ワザリキ。シカモ其夫ハ日日表ヲ通ル人トカヤ　余ハ捨テザルベカラズ。然リ　スベテ心ノ曇リハ晴ラサレヌ。ヨシサラバ余ハ余ノ最大ナル戀ニ向ワン。余ノ彼女ニヨッテ、ナヤマサレタル處ニヨッテ失ヒタル時間ヲ取リ戻サザルベカラズ。然リ夕々　而シテ知ラズトモ夫アル婦人ニ戀セシ吾レハ又少ナカラヌ罪アルナリ　輓回セザルベカラズ　余ノ品性ヲ、職分ヲ　而シテ余ハ必ズヤ婦人タルノ念ヲ去ザルベカラズ　余失戀スルコト之レニテ三度　アヽ最早ヤ余ハ男子タルノ價直（ママ 値）ナキナリ。サラバ余ハスベテノ女ヲシリゾケン　サラバヽヽヽ』＊青春のほろ苦い1ページ。

◆浮気がバレ、妻から離縁を求められる　＊命を賭して大空を翔ぶ「飛行家はもてる」とはいうものの・・・

『大正15年9月26日　昨夜家内ヨリ女ノ件ニツキ離縁ヲ求ム　ヨクナダメテ今後ノ家庭ノ方針ニツキ考フ』

『10月17日　昨夜十一時頃目サメ　其マヽ眠レズ三時頃ヨリ家内モ目ヲ醒シ、ツヒニ朝迄語リ明ス』

『昭和2年7月11日　就床後家内ノヒスニナヤマサレ一時半二時頃迄ツヒニ眠レナカッタ…洋傘ノ話シモ出タ　洋傘ダケハ最（ママ 是）非早ク買ッテヤリタイト思ッタ』＊女道楽に業を煮やした妻が離縁を切り出し怒るのは尤もだ。怒りついでにいつ買ったとも知れない薄汚れた洋傘の愚痴も出る（きちのことだから、家族のため会社のためにと自分のものは買わずに倹約に努めていたのだろう）。『7月15日　銀行ニヨリ家内ニ五十円渡ス　成程カナリヒドイ洋傘デアッタ』＊妻の薄汚れた洋傘に初めて気づく迂闊さ。50円で解決したのだろうか？こんなだらしのない面も併せ持った音次郎だが、金がなくとも愚痴もこぼさず明るく振る舞い、どこかから金を工面してきてくれるなど家を支えてくれた妻には感謝しかない。『（晩年）病気になった母の面倒は、父が殆どみてくれました。食事の世話やらオムツの交換までよくやっていました』［資8］より］

◎大袈裟な話が飛び交う〜真面目な理想論や山師も蠢く　㊟同種の話は数多く、本書にも随所に。

◆「沈没船」の真鍮塊　山師風の件も舞い込む

『大正14年11月27日　宮本氏ヨリ眞中（ママ 鍮）モノノ件ニツキ佐渡島ヘ用事アリ会ヒタシトノコトニ午後ヨリ上京ス。佐藤ニ立寄リ奥田電話ニテ交渉後ステーシヨンホテルニテ會フ　沈没船積荷ノ眞中塊百五十屯（ママ）バカリノモノヲ買ッテ貰フニツイテ同船引上費ノ金融通方デアッタ。駄目ダトコトワッタガ　應聞イテ呉レトノコトニ手紙出スコトニシタ』＊引き揚げ費用が目的か？怪しげな話には乗らない音次郎。

◆「秘露（ペルー）」への飛行計画　＊大西洋横断（この1週間後リンドバーグが成功）も叶わぬうちに壮大な話。

『昭和2年5月14日　菱伊氏來　秘露ヘ飛行機ノ問題ニツキ話シアリ　濱田氏ニ會ッテ呉レトノ事デ…』

『5月16日　菱伊氏ト富田氏來　秘露行キニツキ話シアリ　費用ノ出ルコトナラヤルト考ヘル　出費ノ方法トシテ三菱案ヲ提示ス』＊費用が出るならと音次郎は答えるが、案の定この2日のみで日記の記述は途絶える。

◆「国際飛行場」を市川に　＊音次郎のネームバリューを利用しようとする人々が引きも切らず。

『昭和3年3月12日　晝食川上氏ト共ニス　国際飛行場ノ問題ヲ市川尻ニスル件ニツキ（元　　　件）自分ノ名儀（ママ）デ運動ヲヤッタラドウカ　運動ハ川上ガヤルトノコトデアッタ　結構ダト云ッテ居ク　実際確実性ガアルナラ、ヨリヨイ事デアッタ』＊「大飛行場建設」は音次郎の悲願だが、この計画にはあまり期待していないようだ。40年後、新東京国際空港（成田）用地売却第1号となり、国際空港建設に貢献する。

◆「台湾」内地の定期飛行計画　㊟久松定夫、木下耶麻次はこの頃朝日新聞社航空部所属。
『昭和4年10月10日　久松氏訪問…台湾内地ノ定期飛行ヲヤリタイノデ僕ト木下君ト三人デヤロウジヤナイカトノコトデヨイ事デアルカラ讃(ママ)成ス。シカシドウモ何故ニ自分ヲ仲間ニ入レルカニツイテ尚ヨク話ソウト思フ内人ガ來タノデ後日ノコトトシテ日日ニ行ク』＊自分を引き入れる意図を訝しがる。

◆「金山開発」の甘い話⇒仲介者による「詐欺」だったため兄久太郎は大損する
『昭和6年9月25日　上京　飛行館ニテ児玉氏ト会見　富山氏ヘ電話シテ三時頃飛行館ニ來テ貰ヒ三人デ會フ　寰山氏ノ金鉱ヘ行ク　神谷氏ニ途中寄ッテ見テ貰ッタラドウカ、ソノ上デヨケレバ金ハイツデモ出ストノコトデアッタ。其旨スグ手紙ヲ大坂ヘ出ス。明日神谷氏ニ寄テ貰フ否カノ返事ヲ聞クコトニ打合セテ帰ル』
『10月29日　兄ニ其後ノ様子ヲ聞ク　警察ノ方ハ要スルニ仲介シタブローカー連ニ裏切ラレタ型デ兄一人賦(ママ 孤)立シタコトニナリ不利デアッタガ結局千円ノ手形ノ方ハ坂口ガ五百円兄ガ五百円作ッテ返スコトニナリ二千八百　田口ニ対シテハ利子ハ十余円ヲ支拂ヘバ示談成立　警察ノ方ハ取下ゲ出來ルトノコトニ結局六百円金ガ入ル(いる)コトニナッタ訳デアル　藤原ヘアスゼヒ會ヒタイト打電ヲシテ居ク　ツル姉ハ小供ノチヤンヽヽヽノ仕立ヲシテ居タガ一枚五銭ダソウダ　一日十枚ハ骨ガ折レル由。』
＊兄嫁ツルは仕立ての内職で細々と日銭を稼いでいる中、兄は騙され600円もの損失。

◆「大千葉飛行場」構想　㊟徳永熊雄＝元臨時軍用気球研究會委員、協會参事、予備役陸軍大佐、千葉市在住
『昭和7年3月25日　徳永氏ヨリ千葉市長アテ都市研究会ヨリ千葉市ニ飛行場設置ニ関スル問合セ状ニツキ自分ニ意見ヲ聞カレタ。ソレカラ千葉海岸埋立問題起リ、之レガ運動ヲ初メルコトニナル』
『7月6日　共ニ千葉ニ行キ徳永氏ニ會フ　大千葉飛行場請願ノ件ハ防空演習後ニスルコト　竹崎氏ニ千葉少年号ニ関シテ依頼アリ』＊飛行場設置と海岸埋め立ての話から大千葉飛行場請願へと派手な動きになってきた。戦局悪化とともに立ち消え、埋め立てのみ昭和30年代になってようやく実現する。

◎歴史の証人 音次郎 ～日記に記されたリアルタイムの歴史　＊政治、経済、市井の話まで様々。

◆関東大震災 被災・支援録
①向島の遊郭？で被災　『大正12年9月1日　両国着（商用後）向島ニ行ク　アンマヲ取ル　丁度十二時頃大震來　ハダシノマヽ飛ビ出ス　数回ノ強震ニ附近ニ到(ママ 倒)壊家屋アリ　二階家ハ　二尺グライモユレテ居タガ幸ヒ南北動ニ対シ家ガ南北ニ長イ四軒長屋デアッタノデ到(ママ 倒)レハシナカッタ　一時前ノ醫師ノ庭ニ逃ゲ後千鐘ヶ淵停車場ニウツリ夜ヲ徹ス。本所浅草辺ハ猛火ト化シ五百米位ノ高空ヨリ土丹(ママ)板ノ大ナルモノアダカモ紙屑ノ如ク落下ス　東京全市火ノ海ト化ス　津田沼海嘯ヲオソル』
＊向島の馴染みの所で被災か？　揺れの方向と長屋の形態の比較とこんな時でも冷静な分析。
②津田沼は全く無事　『9月2日　五時ニギリ(握り)二ツ喰ッテ五時半兎ニ角一度帰宅スルコトトシテ出発　汽車通ズルトノコトニ平井ニ行ク　一時間カヽッタ　間モナク汽車ガ來タノデ乗ル　一家族バラヽヽニ行所不明ノモノ其他アワレナル話シ車中ニ充ツ　津田沼着　佐野ニ寄リ帰宅　之レハ又案外ナ　建築中ノ兵営ノ上ニツミ裏ネタ瓦ガソノマヽ乗ッテ居ルナド地震ハドコニアッタカト云フ様ナ有様デアッタ。無論工場モ無事　伊藤來　明朝善後策ノ打合セラレナシ午後千葉ニ行ク　自分ガ帰ッタノデ皆大嬉(ママ)ビデアッタ　川辺海野、金太郎ハ自分ヲサガシニ昨夜東京ヘ行ッタトノコト　病院ニ泊ル(㊟妻きち入院中)タダシ野外』
＊東京の惨状に比べ津田沼は地震ハドコニアッタカと云フ様ナ有様とホッと一息。
③関東大震災での朝鮮人等殺害　㊟音次郎も混乱していたのか、空いていた7月のページにも記述している。
『7月5日(9/5分)　米ノ方ノ話モツイタノデ正午ヨリ車ニテ向島ヘ行ク　米三升芋其他若干　四時半ツク　途中習志野ニ送ル鮮人ニ会フ』＊朝鮮人等への暴力行為が発生（殺傷事件も多数記録されている）、軍はその保護収容の名目で習志野の高津廠舎などの軍施設に送った。
『7月6日(9/6分)　二三回ノ震動デ熟睡セズ　七時起床　九時前ニ出カケル　電車迄送ル　荒川土堤ニ鮮人ヲ焼ク煙リガニ三ヶ所　クサイ臭ト共立登ッテ居タ』＊殺された朝鮮人を野辺で焼く煙が立ち上る悲惨な光景。
㊟9月6日のページには朝鮮人を焼く光景の記述はなく、代わりに『今日ハ実ニイヤナ日デアッタ』とある。
④いざという時、飛行機故障　『9月7日　夜十二時前後強震二回アリ　今日ハヤヽ落付イタ日デアッタ　工場ノ職工ノ働キ振リ思ワシカラズ　此ドサクサマギレニ　一時休ンデ仕舞イタイ様ナ気ガシタ　ホ式二百飛ブ時ニナッテ電池ガナイトノコトニ吉村ノ百五十ニテ立川ヘ取リニヤル準備セシモオイルプレシヤーニ故障アリ中止ス　下志津ヘガソリン取リニヤッタガ之又ナシ』＊関東大震災では飛行機が大活躍をした記録が残るが、伊藤飛行機は故障の連続やガソリン不足等で出遅れたようだ。
⑤支援物資を知人や局へ運ぶ　『9月8日　加藤ニ鈴木自動車ノ運転ヲナシ芋ト米ヲ持ッテ上京セシム　鳥飼毛布石鹸芋一俵、局白米一俵芋二俵　航空部芋一俵　三満津芋一俵　宮本一俵　加藤一俵　河村一俵　福田一俵　朝日一俵　荻野氏來白米トノコトニスグ八幡ヘヤル　百円持タセテヤリ三俵取アエズ受取リ野菜類ト求メテ自動車ニテ帰ル　内田來　長野ヘ帰郷スルトノコトニ　廿五円内ニアッタダケ渡ス　大変嬉(ママ)ンデ局ノ自動車ニ同乗シテ帰ッタ　後看護婦帰京シタノデ千葉ヘ行ク』㊟千葉ヘ行ク＝妻きちが腎臓結核で千葉病院に入院中で私的に雇用していた看護婦が震災で帰ったため。
＊即座に知り合いや世話になっている機関に救援米、芋等を大量に届けるなど音次郎らしい心配りだ。
⑥東京の惨状　『9月11日　八時頃ヨリ車ニテ市内ニ行ク　惨憺タル光景ハ想像以上デアッタ　机(ママ 橋)ニハ死体ガ山ノ如クニ積重ネ非(ママ 悲)惨ヲ極メタ　佐藤ヲ見舞ヒ鳥飼ニ行キ朝日ニ立寄リ局ニ行ク　帰途社ニ立寄ル　ガソリン十一函ヲ海軍ヨリ貰フ事ト(ナ)ル　帰途ハ千住ニ出テ白髪(ママ 髭)橋ヲ渡ッテ帰ル』

◆女性の最新ファッションへの音次郎の批評　＊「令嬢がウジャヽヽヽ」などと好感は持っていないようだ。
『大正15年4月21日　藤山雷太氏ノ訪欧飛行成功園遊会二行ク…帽子ヤ靴ヲ買フノデ少々時間ガ遅レテニ
時二行ッタ。イワユル令嬢ナルモノ　上野デ繪ヤ呉服店ノ店飾リヲ見タノト同ジ様ナノガウジャヽヽヽ居タ』

◆昭和金融恐慌　㊟昭和2年3月、蔵相の失言を契機に金融不安が表面化し中小銀行を中心に取り付け騒ぎが発生
『昭和2年3月22日　朝局二行キ帰宅シテ見ルト村井銀行休業ノ爲ヘ拂下資本家伊藤氏ハ金ガナクナッテ行
ケナイトノ事　晝頃香川氏來　特二コトツテ二來ラレタ　大二弱ッタガスグ鳥飼二行キ話ス　丁度五百円ダケ
銀行ガアブナイノデ引出シテ居ルノガアルトノコトデせ五日晝迄ノ約束デ借リル事ニシテ一安心ス』
＊音次郎のどん底時代でもあり、泣き面に蜂状態。

◆説教強盗、遂に捕まる　㊟強盗強姦犯(約100件)。侵入した家で「防犯上の注意をした」ことから説教強盗と呼ばれた
『昭和4年2月23日　三年越シノ説教強盗ツイニ捕ル　實二帝都ヲオビヤカシ議会ノ問題ニマデナリシモノ
前科一犯ノせ九才ノ青年妻木松吉ト云ヒ左官職。内縁ノ妻ニ一女一男アリ　第一回二這入ッタ米屋二指紋ヲ
残シタ事カラ発見サル。指紋ノ調査二　四十万枚ノ中ヨリ一週間カヽッテサガシタ由』

◆「ツェッペリン伯號」訪日　㊟LZ127　当時世界最大の硬式飛行船(独)　全長236.6m　マイバッハ550HP 5基搭載
『昭和4年8月19日　ツエ伯號ノ飛來デ技術課ハ、ワンヽヽシテ居タ。霞崎(ママ)二行ク　四時頃ヨリ注意スル
内見エルヽヽヽトノコト事(ママ)二改正道路迄出ル　ハルカ東方ヲ南二向ッテ灰色(銀色ナレドモ)二見エル同
船ガ、ユルヽヽト低空ヲ飛行シテ居タ。實二何ントモ言葉ガ出ナカッタ』＊音次郎の興奮が伝わってくる。

◆「民政党」に入れるつもり　㊟立憲民政党＝政友会と並ぶ二大政党。議会中心主義を標榜し都市中間層が支持基盤
『昭和5年2月20日　今日ハ浜口内閣ノ総撰擧デアル　自分ニハ依頼状ナド沢山來テ居ルカラ撰擧人名簿二
出テ居ルノデアロウガ昨年五月引越シテ來タノダカラ當然撰擧権ガ無イノガ當マエナノデ行カナイ事ニシ
タ　若シ入レヽレバ民政黨ニ入レルツモリデ居タ　川辺君ハ政友ノ川島氏二入レルトノコトデアッタ』

◆防空演習　㊟飛行場主として防空演習には昭和7年以降毎年参加
『昭和11年7月7日防空演習二参加　洲崎飛行場ニテ　亜細亜飛行学校
格納庫(左から)伊藤　後　小栗常太郎君　前　飯沼金太郎校長』(右写真)
＊上記のようにアルバムには記載されているが、日記では昭和10年？

◆大規模な戦争が近い
『昭和16年7月11日　自動車モトラックハ全部徴発ニナルトノコトデ
アッタ　イヨヽヽ大規模ノ戦争ガ初マルモノト思ワレル』
＊音次郎の嗅覚が鋭いのか、庶民も大戦争近しを肌で感じていたのか。

◆いよいよ始まった
『昭和16年12月8日　午前食事中七時ノニユース後陸海軍大本営発表　今暁我陸海軍ハ米英ト戦闘状態二入
レリトノ発表アリタリ　イヨヽヽ初(ママ)マッタ』＊軍需産業の一員となった音次郎はどう感じたのだろうか。

◆灯火管制
『昭和16年12月31日　本日ヨリ燈火管制再ビ行ワル　正月二対スル敵国ノ攻撃ニソナエル爲メデアル。例
年ノ成田山ヤ明治神宮夜中参拝モ禁ジラレタ』＊それにしても開戦直後から夜間参拝にも灯火管制とは。

◆米国機京浜方面ヲ初空襲ス　㊟B25爆撃機16機による日本本土各地(東京・横須賀・名古屋・横浜・神戸等)初空襲
『昭和17年4月18日　晝食二帰宅スルト〇時半空襲警報アリ工場二行ク　京浜ヲオソヒ九機打オトシタリト
ノコト　名古屋、神戸モ少数來リタル由　被害ハ東京ハ多少アリタレドモニキロ焼夷弾ダカラ、知レタモノ
デアッタラシイ　若干ノ死傷ト火災アリ　德次ノ大森ノ上ハ低空デ数機ガ飛ンダトノコトデアッタ』
＊音次郎も大本営発表の「九機打オトシ」「被害ハ多少」「若干ノ死傷」を疑いもしなかったが、実際には全国で
全壊・焼失100棟以上、死傷者500名以上を数えた。

◆インド独立運動の講演　㊟英国からの独立を目指した運動で、ガンジー、ネルーなどが指導。1947年に印パ独立
『昭和17年6月22日　観音讀誦会二出ル　終ッテ木村日記氏ノ印度ノ獨立ニツイテト講演ヲ聞ク　結論ハ印
度ニガンジーアルカギリ必ズ獨立ハナルトノコトデアッタ』＊観音経信仰(本章に記事あり)で読誦会参加。
㊟木村日記＝インド留学し梵語研究。立正大教授、日蓮宗日本寺官長。

◆買い出し列車
『昭和18年8月31日　今日ハ買出部隊往復共多ク立往生ス　明日カラニ貫目以上持テナイノデ特二今日ハ多
イラシイ』＊京成電車で松戸工場へ通勤途中の光景。東京から千葉や成田方面の農家への買い出しの人々。

◎大阪の恩人たち　㊟折々に相談し支援を受けた佐渡島英禄、竹島新三郎、中山弘一　⑤⑥㉜㊲参照
＊苦境に陥った音次郎は、度々大阪へ支援要請に行くが金属業界も不況の真っ只中、けっして大企業とは言
えない佐渡島らに断られたり怒鳴られたりと思う様にはいかない。怒ったり落ち込んだり、感謝したりと音
次郎の反応が面白い。その後、昭和36年に英禄が亡くなるまで親交が続く。
『大正10年11月18日　西店(佐渡島西店＝英禄の独立店)二行ク…急作ノ擴張予算二テ話シヲツケ今年度一
万五千円借入レヲ約シテ外二來春百万円増資説ノリヨウカイヲ得テ五千円ハスグ帰途西店ニテ受取リテ帰
ル　大二安心ス』＊当座の五千円を都合してもらっただけで、約束の一万五千円借入、百万円増資は自然消滅。
『12月27日　朝大坂へ金ノ都合聞合せ打電ス　夜ダメノ返アリ』＊追加の支援は断られ、ぬか喜びに終わる。

『大正12年6月20日 自分一人會談 大変ニシカラレル 兎ニ角皆持ッテ來イトノコト』＊増資株募集がうまくいかないため佐渡島英禄に配当金が払えず、小切手で済まそうとしたが大いに叱られてしまった。
『大正15年5月9日 佐渡島ニ行キ西店主人(英禄)ニ會フ。金ノ方ハヨイカラ事業ノ方ヲウマクヤッテ呉レ 其内ニス 又金モ出ストノ事デアッタ』＊個人会社から合資会社に移行するにあたり、心強い励ましの言葉はいただいたが…先立つものは出すと言うものの確約は取れず。
『昭和6年3月18日 佐渡島ニ行ク 急(ママ 忙)ガシソウデアッタガ三十分バカリ話ス 会フトマダヽヽ話シガ、ツキナカッタ』＊父の葬儀で大阪へ帰った折に久し振りで会う英禄は、昔のように話をよく聞いてくれ、自分のことも話すのだった。
『8月17日 中山氏ヲ訪問 気ノ毒ナ様ナ店デアッタ 一時間バカリ話シテ帰ル』
＊不景気は恩人中山も同じ。そんな中山相手には軽飛行機倶楽部発展の資金支援依頼は言い出せない。
『8月18日 九時半ニナルノヲ待チ兼ネテ佐渡島ニ行ク 主人トー時間バカリ話シタ。ヤハリ我等ノ主人ト云フ感ガスル タノモシイ人ダ』＊佐渡島自身も不況の中で苦しんでおり、時には厳しいことを言われ支援も断られるが、永遠の庇護者であり大恩人の我等ノ主人だと昔日の思い出が蘇る。

◎「あまり成功しなかった」各種事業(構想)の数々 ［33 34 35 飛行機時代の新しい事業①②③関連］
◆計画書・予算書等の作成請負［例：大阪〜名古屋間定期航空路構想］
『昭和3年4月8日 定期航空ノ計畫書ヲ作ル……定期用小型機ノ設計ス』
『9月18日 都筑氏訪問 同氏訂証(ママ)ノ計畫書ヲ見テ意見ノ交換ヲナシ創立費実費ハ半々支出ノコトニ定メ』＊計画作成に特異な才能があった音次郎のもとには、数々の事業の相談や事業計画の具体案作成依頼が寄せられた。大阪〜名古屋間定期航空路構想もその一つで、音次郎の元に持ち込まれた思いつきに近い話に興味を示し、自分ならと具体的な計画書・予算案に仕上げたのだが、肝心の相談者は出資者を集められなかったのか自然消滅したようだ。計画書の作成手数料の有無やその額など詳細は不明である。
◆遊覧飛行＝同乗飛行
『昭和2年1月31日 決算十二時迠 仕度シテ出懸ケル處ヘ東本願寺ノ光暢氏夫妻來場 小西飛行スルコトニナル 風強シ 注意ヲ與ヘテ…（自分は）上京』著名人も利用する津田沼伊藤飛行場での同乗飛行。
㊟光暢＝東本願寺第24代法主大谷光暢
『昭和3年3月24日 新橋小栗助手來場 兎ニ角四十円ヲ内入トスルカラ女優ヲ乗セテ貰イタイトノコト』
『昭和4年8月6日 安岡稲毛ヘ同乗者乗セニ行キ五六十円カセイダ由』＊安岡駒好個人収入となる同乗飛行。
＊昭和に入ると、有料で飛行機に同乗させたり遊覧飛行専門に運航したりする飛行場や飛行学校が増えていく。伊藤飛行機では遊覧飛行を積極的に事業化してはいなかったが、同乗という語が時々日記に現れており、依頼があれば臨時に遊覧目的の同乗飛行として乗せていたようである。

◆昭和7年の飛行会は様変わり＝パラシュート降下と高等飛行（宙返りなど難しい技）がメインに
『昭和7年5月15日 八時半野田學校裏ニツク 地均シナドサセル内十時二十分二機見エ風向キモ丁度南ニ変リ無事着陸。寫眞ヲ撮リ行列ヲツクッテ寺ニ行キ満州戦死者ノ慰霊祭アリ。安岡木下其間牛島ノ藤ヲ見ニ行ク 宗里氏來 晝食後（在郷軍人会の）分会長ヨリ五百円水引カケタノヲ受取リ領収書ヲ出ス 二時半木下機出発 永山嬢パラシュートヲ 丁度學校ノ庭ニ降リル 少シ低クナカッタノデアッケナカッタガ無事。安岡次イデ高等飛行ヲ行ヒ帰ル。』
＊飛行機がそれ程珍しくない時代になると、単に飛行機を飛ばすだけではなく、祭りやイベントの集客のため女性のパラシュート降下や一等飛行士による高等飛行（宙返りなど）が行われるようになる。なお、このパラシュートは船橋の「第一飛行学校(校長 宗里悦太郎)」によるもの。

◆漁業飛行＝魚群探査飛行と魚輸送
『大正14年5月2日 鈴木ヲ呼ビ漁業飛行ノ方進メルコトヲ進メ決果予算書ヲ作ッテヤル事トス』
『昭和3年6月7日 三葉ノ利用法トシテ銚子カラ魚河岸ヘ魚ノ輸送ヲ思ヒ立チ尚定期モ計畫シ猿田ヲ通ジテ銚子ノ方ヲマトメ東京ハ東京デ進メルコトトシ先ヅ東京方面魚問屋組合長ヲ訪問サセルコトニ打合セヲナス』㊟猿田＝門下生、銚子河口に大利根飛行場開設し水上機定期飛行実施
『6月23日 鳥飼氏ニ魚輸送ノ件昨日ノ井上ノ意見ヲ参考ニ花月ト相談スルコトヲ話シ三時頃同道シテ丸ビルノ花月ニ行キ主人ニ会ッテ話シス 一ツ研究シテ見ルトノコト』＊研究とは体の良い断り文句。
『7月19日 鳥飼ニ行キ花月ヲ聞テ貰ッタガヤハリダメ 熱ノナイコトオビタダシイ』
＊まだまだ飛行機には信用がない。㊟花月＝丸ビル地下にあった食堂(割烹)
『9月21日 東京ノ水産講習所ヨリ魚ノ空中輸送ニ関シ照介(ママ 会)アリ』
＊払い下げの三葉機（3枚翼 10年式艦上雷撃機 ［41 写真参照］）を整備・改造し、その活用方法を考えて思い立ったのが、魚群探査と魚輸送である。魚群探査は、他で実用化され効果を上げているが、伊藤飛行機では事業化することはなかった。魚輸送はあまりにも画期的すぎて卸業または割烹花月の主人も興味を示さなかったようである。水産講習所の空中輸送はその後日記にも登場せず立ち消えアイディア倒れの一幕だった。

◆不況の中「宅急便」的な臨時の仕事も請け負い現金収入を得る
『大正14年8月2日 （日日の）吉田君來 明日リバティーデ大坂ヘフイルム輸送ヲ頼ミタイトノコトニ承諾 尚大蔵ト打合セヲサス』『8月6日 謝禮弐百円位デドウカトノコトニ 百五十円デヨイト話ス』
＊新聞社の重要かつ急ぎのフィルムか。謝礼200円というのを自分から150円に負けた気の良い音次郎。広

告飛行（ビラ撒き、アミ引き飛行[33]参照）と合わせ、不況下に手っ取り早い現金収入の道。

◆「早慶戦撮影」飛行機(操縦士込み)の賃貸しか？それとも専門家に撮影の依頼か？
『昭和5年4月28日 工藤君ニヨリ 明日天気ヨケレバ写眞ヲタンノデ(ママ 頼んで)自分ハ局ニ行ク』
＊空中写眞部は廃止されたのか？工藤写眞館に航空写眞撮影を依頼（飛行機と操縦士は伊藤飛行機）。
『5月17日 午後工藤氏來 アブロデ早慶戦撮影ニ行ク』
＊前年秋は共に全勝で戦い熱狂に包まれた。この年の春の大会の早慶戦は慶応が3-2、4-2で2連勝しリーグ
優勝。新聞紙面を大きく飾った。東京の工藤写眞館が同乗して撮影。大正10、11年頃の空中写眞部[34]参照]
のような独自事業ではなく、写眞家に飛行機＆操縦士賃貸しか？それとも伊藤飛行機から撮影依頼か？

◆「塩田飛行場開設」の大構想 昭和4年頃
『昭和3年3月30日 川上氏ト會フ合計ハ万弐千余坪アリ 大部分塩田デ持チ主ハ自分ニ名儀(ママ)変更シテ
モヨイトノコトデアッタトノコトダガ自分ノ意見トシテ先ヅ格納庫ヲ作ッテ飛行場ノ型式ヲ取リ 其管理
人トシテ運動シタ方ガ有利目ツ合理的ダト思フ旨ヲノベル 氏モ讃(ママ)意ヲ表シテ ㊟川上氏＝
居タ』 ＊塩田飛行場日記初出。大構想これから1年余の夢の始まり。　　　　函(ママ箱)根土地役員
『昭和4年5月28日 塩田ヲ飛行場トスルノ請願ヲ縣ニナスベク朝川辺君ヘ行ク』　　[後の国土計画(株)]
『5月29日 今日ハ塩田飛行場ノ請願書ニ半日ヲツヒヤス』＊前年から着々と準備を進め、いよいよ始動。
『6月予定 塩田飛行場設置運動』＊しかし局や県のトップとのパイプはなく運動が功を奏するかは疑問。
『6月5日 田中(所澤より)上京・・・帰途気持チガヨカッタトテ船橋ノ町長ニ会ッテ塩田飛行場ノ件ヲ話シタ
ソウダ 大変嬉(ママ)ンデ居タソウデ 地主ニモ照(ママ)介ノ名刺ヲ呉レタソウダ 明日自分上京明後日塩田見
分ニ行クコトニ相談ス』『6月7日 田中ト船橋ノ塩田ヲ見ニ行ク』
＊田中不二雄はアイディア満載、行動力旺盛な反面、放言や大言壮語が目立ち危なっかしいのだが。

『6月8日 今朝ノ千葉版ニ塩田飛行場ノ
件ガ出テ居タ 地主ハ秘裏ニシテ呉レト
ノコトデアッタ由』
＊音次郎のアイディアか箱根土地㈱の川
上氏の話に乗ったのかは不明ながら、請
願書を書いたり候補地の塩田を訪れたり
と動き始めた直後、新聞にすっぱ抜かれ
てしまう。秘密交渉を進めていた地主や
町長の立場が危うくなり計画は頓挫。国
や県の施策、莫大な資金等の問題もあっ
たのだろうが、この後塩田飛行場計画が
日記に登場することは遂になかった・・・。

5万分の1
東京東北部 大8
佐倉 大14 合成
県立中央図書館蔵

船橋の塩田

＊干潮時しか使えない鷺沼などの干潟滑走路と
比べ何と広大なことか。この年昭和4年塩田は
廃止、飛行場用地とする大チャンスだったが…

伊藤飛行場←

◎家族との日常生活アラカルト　[48]飛行機研究を支えた家族　関連]
＊苦しく忙しい経営の続く日々だったが家族といる時は忘れることができた。

◆誕生日を祝う　＊質素ながらも妻きちさんの心づくしで毎年欠かさず誕生日のお祝いをしている。
『昭和6年6月3日 四十一才ノタン生日 赤飯トコワ飯ヲタク。夜ハコロッケデ御祝ヒ』

◆兄と寝床で五目並べ　㊟兄の久太郎とその子清平は、その後音次郎の会社を手伝い、良き片腕となる。
『昭和3年2月24日 夕方帰宅スルト大坂ノ兄ガ來テ居タ 何ニカ重大事カト思ッタラ、取引ノ金ヲ取リニ來
タトノ事デアッタ ヤヽ安心シタガ大分急(ママ 忙)ガシイ金ノ様子デアッタ 朝日ノ件心配シテ居タガ、アラ
カジメ話シス 食事ヲ共ニス。床ノ中デ五目ヲヤッテ一寸小供気分ニナル』
＊辛い日常を忘れ童心にかえる。子どもの頃から仲の良かった二人なのだろう。

◆子どもたちと散歩　＊不況下、金策に追われ忙しい音次郎だが、時には一緒に遊ぶことも。そんな時には
嬉しそうに日記に記すのだった。
①幕張まで『大正14年6月12日 夕方信太郎德次ヲ連レテ幕張迄散歩ス 自分トシテハ初メテデアッタ。帰
リニ途中ヨリ腹痛デ大ニナヤンダ』㊟信太郎は長男(昭和11年20歳の時に飛行機事故で死去)、德次は二男
②夜の散歩『昭和2年8月7日 夜家内ト小供ヲ連レテ日比谷公園ニ行ク 公園ニ這入ルト仁三郎ト満ハ眠ル
シ少シスルト惠美子ガ歩キナガラ居眠リヲ初メテモノニナラズ苦ンデ帰ル』
㊟仁三郎は三男、満は四男(夭折)、惠美子は二女　㊟この年合資会社に改組、東京事務所開設。銀座の狭い店
舗住宅に家族共々移り住んだ[39]苦難の時代②参照]

◆差押え前日の朝、子どもたちと過ごす
㊟東京事務所は1年足らずで廃止、東京－津田沼の間の市川市菅野に転居した
『昭和2年12月18日 六時起床 昨夜カラ小供トノ約束デ八幡様ヘ参詣ニ行ク 雪ガチラヽヽシテ居タ 今
年ノ初雪 八幡宮ニ参拝 少時散歩 神官ガ杏樹ノ落葉ヲカイテ處々百燈ヲ上ゲテ居タノガ 朝ノ冷気ノ中ニ
ユラヽヽト立ノボリ繪ノ様デアッタ 一時間一寸デ帰宅。（中略）サンパツヲナシ一時頃ヨリ信太郎ヲ連レ
テ風呂ニ行ク。ユックリト、アカヲ落シヨクアタヽマッタ ヒサシ振リデアッタノデ気持チヨカッタ』
＊差押えの前日であるが、2度目の差押えで要領は分かっていると達観。のんびり過ごす音次郎一家。

◆即位の礼の日、家族一同で皇居参賀し銀座で食事

『昭和3年11月10日　家内、キン、德次、仁三郎、エミ、満ヲ引連レ上京ス　上野ノ博覧会カラ二重橋前デ丁度三時　アノ広場ガ人デ一杯デアッタ　ドン(㊟正午の号砲)ト同時二万歳ノ声一セイ二上ガッタガ広イ爲メカ、ソレ程二大キクキコエナカッタ。人ニモマレナガラ銀坐ニ出デ　アスターデ　八円ノテーブルデ皆ンナガ、喰ヒ切レナイ程タベサセタノデ大嬉(ママ)ビデアッタ。円タクデ帰ル。兎二角　コンナコトハ自分トシテハ生レテ初メテ　家内モ結婚後初メテ　タベ、ガマロノ中ヲ気ニシナイデ、時々、嬉(ママ)バセルコトガ出來レバヨイノダガ』　＊初めて家族での豪勢な食事にみんな大喜び。家族団らんの幸せを噛みしめる。

◆家族孝行

『大正10年10月20日　朝床ノ内ニテ本年度収支予算ヲ作ル　仕事ノ段取リヲナシ九時四十分二テ父、妻、小供ヲ連レテ国技館ノ菊ヲ見二行ク　コンナコトハツヒニ例ノナイ事デアッタガヤハリ愉快ナモノダ　タベ心ガイソガシク落付カナイノデ遊ビナガラ気ガ気デナカッタ　近頃ハ毎日コンナ気持ガスル　菊ヲ見テ橋向二テ昼食中雲低クツヒニ雨降リ出ス　一銭蒸気ニテ浅草二行キシモ仲見世ヲ通リ観世音二参詣シテスグ帰ル　五時帰宅』　＊忙しい中の家族孝行だったが、仕事人間の音次郎は仕事が頭から離れない。

◆おもちゃの飛行機設計、製作

『大正10年9月12日　夕方玩具ノ飛行機設計圖ヲ作ル』『9月13日　青島二玩具飛行機ヲ作ラセル』『9月15日　自分模型小供ノ玩具製作ヲヤル』連日『玩具作ル』『9月23日　玩具ホヾ完成　ツリ下ゲテ見ル　余程コウバイガナクテハ行カナイノデ綱デ引クコトニシタ方ガヨサソウダ』＊部屋や屋外に紐を張って走らせる(飛ばせる)ものらしい。『11月15日　小供ノ飛行機ヲ庭ノ松ヨリ下ノ庭迄ケーブルヲ引ク　数回ノ後チ非常二工合ヨクナッタ　信太郎モ初メノ内ハオソロシガッタガ後二ハ乗タガッテ來タ』＊子どもが乗って遊べる(空を飛ぶ)ような大がかりな玩具だったんだ！自宅に遊園地。

◆妻の心遣いに感心する

『昭和3年4月10日　大坂ノキン姉ガキチ二呉レタ下駄ヲ早速母二呉レタコトニシテ家内ガ母二見セタノハ大出來デアッタ　中々ヤサシイ處ノアル奴ダ』＊きちの心遣いで家族・親戚が円くなる。

◆妻きち　賄いで疲れ、高熱発す

『昭和5年2月1日　今日カラ賄ヲ家内ガヤルコトニナッタノデフトンハ上ゲテヤルコトニシタ』

『4月12日　家内九度近イ熱ガアッテ床ニツク。無休デ余リ働イタ爲メクタブレタモノダロウ　身体中ガ痛ムトノコトデアッタ　ホントウニ早ク楽ヲサセテヤラナイトイノチガアブナイ』

㊟賄い＝工場の所員・職工たちの食事(舎宅居住者には三食)や残業時の夜食などの調理や食材調達等々
＊働き者のきちは手を抜くことを知らない。

◆音次郎の頼もしい片腕となる「清平」

㊟兄久太郎の長男で、音次郎の仕事を手伝い大いに信頼され日記にも数多く登場
『昭和3年4月12日　五時半起床　七時十分工場着　清平ヲ連レテ行ク　機械ノ据付ヲ自分ト二人デヤル』

◆役にたつ「金太郎」

㊟布施金太郎、妻きちの弟で戦後も成田移住、習志野移住と音次郎と行動を共にする
『昭和4年7月12日　金太郎賄ノ方ヲ止メ工場ヲ手傳フコトヲ命ズル』
＊この頃は遅配続きで多くの所員が辞めていき人手不足。飛行機の整備から借金対策、賄いまで何でもやってくれた頼もしい義弟。

◆満のお漏らし事件

『昭和4年12月14日　夜明二ウツヽヽシテ眠カッタ　満ノ小便モラシ二腹ガ立ッテ家内ヲタヽキ起シテアトデオカシカッタ　坐敷中バラヽヽ雨ガフッタ様　小供モ皆目ヲサマシタ　丁度三時半頃　結局自分ガウロタエテ窓マデ連レテ行ッタ爲メデドコカデ、ジットサセタ方ガヨカッタ』
＊寝小便に腹をたててみたものの、慌てた自分の対応が悪かったことに苦笑。嬉しそうに日記に記述。

◆夭折　悲しさの極致　〜長女智惠子はスペインかぜ　四男満の四十九日と三女照子の初七日を一緒に行う

＊愛する我が子が刻一刻と死に至る状況の慟哭の記録。涙なしには読めない。何ページにもわたりびっしりと書き連ねられているが、ここでは一部しか引用していない。
『大正8年2月14日(朝仕事先から急行したが昨夜 智惠子 死去 したことを聞く)白布ヲノケテ見ルト青イガ　静カニ眠ッテ居ルトヨリ思ワレナカッタ　思ワズホヽヲ（頬）ツヽイテ見タ　笑フダロートモ思ワナカッタガソンナ気持デヤッタガ手先キニ冷タク感ジタノミデアッタ』
＊2月はじめ、妻きち、長男信太郎、生後1ヶ月の長女智惠子が罹患。スペインかぜであった。
『昭和5年6月14日　朝稲毛ノ病院二行ク　照子ヤヽヨキ模様ナレドモ今明日最モ危険ナリトノコトデアッタガ、上京』　＊照子にいつまでも付き添ってやりたいが、多忙な音次郎にはそれも叶わない。
『6月16日　今日ハ何タル悪日デアロウ（＊満 死去、その間、照子は肺炎の兆し、恵美子も40℃の発熱。)』
『6月30日　満死後昨夜初テ満ノ夢ヲ見ル　ヤハリ初メハ、ケイレンヲ起シカケタ顔デアッタ。一番頭二残ッテ居タ爲メダロウ。シカシイヤナ気持デハナカッタ　少シ話シモシタ様デアッタ。』
『7月28日（＊照子 死去）』『29日　照子出棺…來月弐日一週忌(初七日)ト満ノ四十九日トニ告別式ヲ行フ事トス』
［＊合掌　長女智惠子 享年1ヶ月　　四男満 享年4歳7ヶ月　　三女照子 享年1歳4ヶ月］

資12 伊藤飛行機株式會社 略歷

第二次株式会社創立時発行の公的社史　　昭和13年

二度目の株式会社創立の翌年に発行された「伊藤飛行機株式會社　概要一覧」に、音次郎と共に歩んできた研究所（稲毛〜津田沼）の略歷が掲載されている。株主や官庁向けに発行されたものであり、成功や栄光の歴史、軍・官とのつながりをより強調した宣伝用の記述が中心だが、当時書かれた記録として貴重な資料の一つである。㊟リアルタイムの「日記」、昭和42年前後に書かれた「略年譜」と併せて読む必要がある。

「伊藤飛行機株式會社　概要一覧」昭和13年（1938）1月発行
　　ハシガキ、工場設備一覧、本社ニテ製作セル飛行機概覧、
　同寫眞、本社ニテ製作セル滑翔機概覧、同寫眞、同納入先、
　伊藤飛行機株式會社略歷、賞狀、Jan'e氏世界航空年鑑抜粋
　　㊟下線は本章 資12 に転載　　波下線は 資13 資14 に転載

ハシガキ

　現伊藤飛行機株式會社は昭和十二年臨時資金調整法による主務大臣の認可を得て千葉縣津田沼所在の合資会社伊藤飛行機製作所を充實、改組擴大して創立したものであります。

　本社の起源は三十年前民間航空の始祖奈良原男爵と伊藤音次郎氏が協力して國産飛行機を製作したのに始り、恰も我が國民間航空發達史の起源と同一であります。爾来飛行機の製作と飛行士の養成に邁進すると共に他面航空輸送事業の端を開き營々辛苦二十有餘年、その間畏くも秩父、山階兩宮殿下の御臺臨を仰ぐこと數回に及んで居ります。陸軍の指定工場となりしことあり現在逓信省指定工場としてグライダー輕飛行機の製作に従事して居ります。

　然るに今や、我が航空界は目覺ましき進歩發展をなし國防上は申すに及ばず、經濟上に人類文化の上に必要欠くべからざる重要なる役割を擔（担）当することゝなり、全世界を擧げて航空時代の展開となりました。

　此の畫期的な飛躍發展時代を迎へ、茲に吾社は其の三十年に及ぶ尊き體驗に基き陣容を整へ報國的精神を以て精進し、皇恩の萬分の一に報ひ奉り、併せて人類文化の向上に貢献せんとするものであります。

　　　昭和十三年一月　　　　　　　　　　　　　　　　　　　　　　　　以上

- -

伊藤飛行機株式會社略歷

飛行練習所創設　　　　大正四年千葉縣稲毛海岸ニ飛行練習所ヲ設ケテ機體ノ製作飛行士ノ養成ヲ
　　　　　　　　　　　ナス
　　　　　　　　　　　同年秋複葉飛行機第一號惠美號ヲ完成ス

宣傳飛行　　　　　　　大正五年四月ヨリ同十月マデ現社長操縱士トシテ栃木、長野、三重、福岡、
　　　　　　　　　　　長崎、山口、廣島各縣下ニ宣傳飛行ヲ行フ　㊟十月→十二月マデ

水上機製作　　　　　　同年十一月歸場後格納庫工場一棟ヲ新設シ第二惠美號陸上機並我ガ國最初
　　　　　　　　　　　の水上機第三惠美號水上機ノ二臺ヲ製作ス　㊟民間初の水上機は音次郎設計・
　　　　　　製作の白戸式巌号(大正五年三月)　㊟第二惠美號、第三惠美號水上機製作は大正六年

宣傳ト飛行士養成　　　大正六年春ヨリ水上陸上機二臺ヲ以テ社長之ヲ操縱シ富山、廣島、大阪、
　　　　　　　　　　　和歌山各縣下ニ宣傳飛行ヲ行フ
　　　　　　　　　　　又本所最初ノ卒業生山縣豊太郎ヲ出ス練習生トシテ現日本航空輸送研究所
　　　　　　　　　　　々長井上長一、現一等飛行士藤原正章、佐野清三郎ヲ養成ス

山階宮殿下御臺臨	同年八月山階宮殿下親シク御臨場御下問ノ榮ヲ賜ハル
海嘯ノ襲來	同年十月一日東京湾大海嘯ノ爲工場格納庫ヲ全滅ス
津田沼二移轉	大正七年四月現在ノ地ヲト(ボク)シ格納庫及工場ヲ建設シ山縣豊太郎ヲ操縦教官トシ所長ハ主トシテ製作二努カス、同年第二回卒業生トシテ藤原正章、福永朝雄ノ二名ヲ出ス　　　註 ト(ボク)＝良し悪しを判断する　占う
我ガ國最初ノ曲技用飛行機ノ製作	大正七年稲垣知足ヲ聘シテ曲技用飛行機ノ製作ヲ行フ山縣豊太郎之レヲ操縦シテ民間最初ノ宙返リ飛行ヲ行フ　　註 曲技專用第2鶴羽完成は大正8年4月　　註 民間初の宙返りは10日程前に水田嘉藤太が成功、山縣は2回連続宙返り
懸賞飛行	大正八年及九年兩度東京大阪間二行ハレタル帝國飛行協會主催往復飛行競技二山縣ヲ参加セシメ八年ハ二等賞、九年ハ一等賞ヲ受ク、九年ノ使用機ハ稲垣設計セル伊藤式惠美號百五十馬力二ヨリ六時間四十二分ノ記録ヲ作リ大正十四年訪欧飛行ノ行ハレル迄本邦二於ケル野外長距離レコードヲ保持ス（ジェーン世界航空年鑑参照）　　註 六時間四十三分
秩父宮殿下御臺臨	大正九年七月秩父宮殿下御臺臨金一封ヲ賜ハル
航空局飛行協會賞	大正十年三月多年本邦航空事業二盡力セシ故ヲ以テ航空局及飛行協會ヨリ賞状及賞金ヲ、同ジク設計者稲垣知足二對シ技術二關シ賞状賞金ヲ授與セラル
會社創立	大正十年四月株式會社伊藤飛行機研究所トナル
陸軍省航空局御用被仰付	大正十一、十二年二於テ航空局ヨリ甲式三型四臺製作ノ御下命ヲ受ケ良好ナル成績ヲ以テ完納ス　　註 甲式三型＝ニューポール24
各種機體ノ製作	大正十一年イスパノスイザー百五十馬力ヲ附シタル伊藤式飛行艇ヲ製作シ大阪湾内旅客輸送二充ツ翌年同型及改造型ヲ製作シ二百二十馬力ヲ附シ完成ス 大正十一年ヨリエヲ起シ「リバティー四百馬力」「マイバッハ　二百六十馬力」ヲ附シタル長距離飛行機ヲ完成ス（ジェーン世界航空年鑑参考）
平和博二出品銀牌ヲ受ク	同年東京二於ケル平和記念博覽會二　四十五馬力ノスポーツ用純國産飛行機ヲ出品し銀牌ヲ受ク　　註 四十IP？　　註 賞状・銀牌共佐渡島家に寄贈、家宝として保管
陸軍御用被仰付	大正十一年十二年度二亘リ陸軍航空部御下命二ヨリ偵察機ノ修理ヲ行フ
航空輸送事業創始	大正十年本所出身井上長一ヲ助ケ堺市大濱二飛行場ヲ設ケ四國大阪間ノ定期航空ヲ開始セシム　　註 大正十二年 大正十二年一月朝日新聞白戸飛行場ト協カシテ東京—大阪間定期航空創設者東西定期航空會ヲ起シ東京大阪間ノ定期航空ヲ開始ス
グライダーノ試作	大正十年我ガ國情二照シ無發動機飛行機磯部式グライダーヲ試作ス
山階宮殿下再度御臺臨	大正十二年四月山階宮殿下再度御臺臨ノ光榮ヲ辱（かたじけの）フス
會社解散	大正十三年十一月株式會社ヲ解散シ伊藤飛行機製作所ト改メ再ビ伊藤個人ノ経營二歸ル
山階宮殿下御臺臨	大正十四年一月及五月二回二亘リ御臺臨ヲ賜ハル

合資會社設立	昭和二年六月合資會社伊藤飛行機製作所ト改ム
日本輕飛行機倶樂部創立	昭和四年十二月航空機ノ經濟的獨立ヲ目標トシ輕飛行機ノ普及ヲ計ルベク 本所練習部を廢シ日本輕飛行機倶樂部ヲ創立ス
養成セル飛行士	大正五年以來卒業生山縣豊太郎以下百數十名
航空賞受賞者	昭和十一年航空賞制定セラルルヤ純民間出身操縱士受賞者三名安岡駒好、 大藏清三及張德昌ハ全部本所出身者ナリ
各種グライダーノ優賞	昭和十一年末本社製伊藤式CⅠ型筑波山大會ニ優賞ス 昭和十二年五月本社製伊藤式CⅡ型大阪ニテ優賞遞信大臣牌賜ハル
遞信省試作命令	昭和十二年末最優秀高性能滑翔機三種類試作命令賜ハル
組織變更設備擴充	昭和十二年十二月臨時資金調整法ニヨル主務大臣ノ許可ヲ得テ資本金五拾 萬圓全額拂込濟ノ伊藤飛行機株式會社ヲ創立ス

現在迄ニ製作セル航空機		
飛行機設計試作	五十餘種	
整備修理機體	百五十餘機	
プロペラ設計新造	二十四種	
輕飛行機用發動機設計	一種	
滑翔機設計試作	十五種	
滑翔機製作數	約二百餘臺	
陸軍機並公用機製作	四臺	
修理	數臺	

┌─ ＊著者補足 ─┐
◆滑翔機製作台数二百余機とある
が、昭和13年以降も大量に生産し
ており実数は更に大幅増加する。
　　　　　　　　　　　42 参照
◆二度目の株式会社化以降軍用機
受注へと方針が変わり、機種、台
数とも大幅に増加。44 45 参照
└─────────┘

本社ニテ修理、整備並改造ヲ施シ又ハ一部新造セル陸軍、海軍、遞信省拂下機並民間機ノ種類
陸軍機

ニューポール 甲式一型練習機	サルムソン 乙式一型偵察機	八七式 輕爆撃機
ニューポール 甲式二型練習機	アンリユ(ママ オ) 巳式一型練習機	
ニューポール 甲式三型戰鬪機	アブロ 五〇四K型練習機	
ニューポール 甲式四型戰鬪機	ソッピース 三型（パップ型）	

海軍機

モ式 水上機	九〇式 艦上戰鬪機	一五式 水上練習機
十年式 スパロー・フォーク機	ハンザ 水上偵察機	一五式 水上偵察機
十年式 艦上戰鬪機	アブロ 五〇四L型水上練習機	八九式 艦上攻撃機
十年式 艦上偵察機	クック式 陸上機	九二式 艦上戰鬪機
十年式 艦上三葉雷撃機	三式 陸上練習機	
一三式 艦上攻撃機		
一三式 水上練習機		
一三式 陸上練習機		
一四式 水上偵察機		

㊟ここで示した修理、整備並改造機とは、陸海
　軍等の払い下げ機を民間仕様に改修して飛行
　学校や官庁、個人に売却、または伊藤飛行機
　の自家用・練習用としたもの。
　なお、軍からの完成機製作受注は昭和18年以降。

(右)昭和五年改造セル一五式水上偵察機
　　中古の払い下げ機も立派な民間水上機に変貌。

資13 本社ニテ製作セル飛行機概覧

大企業に負けない手作り機　大正4年〜昭和13年

「惠美号」以来一貫して手作りの民間機を作り続けた音次郎。安全かつ高性能を求めて日夜努力し、数々の名機を作り上げる。しかし、大量生産する大企業にはほど遠い一機種一機という手作り生産には限界があり、製作総数は50余機種にとどまっている。なお、大正末期以降の製作受注はなくなり、「払い下げ軍用機」の民間仕様への「改造・修理工場」と化してしまった。

㊟惠美号（1型）の前に白戸式旭号を設計・製作している。［「伊藤飛行機株式會社 概要一覧」昭和13年（1938）より］

現在迄ニ製作セル航空機

飛行機設計試作	五十餘種	滑翔機設計試作	十五種
整備修理機體	百五十餘機	滑翔機製作数	約二百餘臺
プロペラ設計新造	二十四種	陸軍機並公用機	製作四臺　修理数臺
軽飛行機用發動機設計	一種	㊟整備修理機體＝陸海軍払い下げの中古機を民間仕様に整備改修した

本社ニテ製作セル飛行機概覧

- ㊟・機種［牽＝牽引式、推＝推進式］［陸＝陸上機、水＝水上機］［単＝単座、複＝複座、三＝三人乗り］
- ・下線は冊子印刷後に音次郎がペン書きで加筆した部分
- ・漢数字は一部算用数字に変換してある
- ・☆印のついた型式は参考にアルバム写真等を掲載した

◆下表は昭和13年発行の冊子に音次郎がその後加筆したものの転載であるが、記憶違いも数多くあるようだ。明らかな誤りや疑問点は㊟で訂正した上、原文のまま掲載した。
◆下表と機種写真解説の参考とした日記・アルバム・研究書・辞典・写真集間で異なる内容の記述がみられたが㊟異説記述にとどめた。

型　式	機種	用途	製作年次	記　　事
伊藤式惠美第一型 ☆	牽陸複	自家用	大正四年	社長伊藤音次郎氏研究製作セルモノニシテ、大正五年二月(ママ)社長自ラ操縦シ帝都訪問ニ成功同年秋各地ニ飛ブ。㊟五年二月⇒一月
☆同　惠美第二型	同	同	大正五年(ママ)	惠美第一型同様各地ニ飛ブ。㊟五年⇒六年
☆同　惠美第三型	同水	同	同(ママ)	國産機トシテ最初に成功した水上機。㊟五年⇒六年
同　鶴羽第一號	同	練習機	大正七年	㊟音次郎は、白戸の依頼で前年の五年に民間初の水上機白戸式巖号を設計・製作している
☆同　鶴羽第二號 ㊟日記には第二鶴羽とある ㊟ここに惠美第五型 大正八年 ゴルハム125馬力と自筆で書き込み, 横に十を書き加えて十五型とし、長い矢印→で十四型と十六型の間へ移動させている。次ページ写真。	牽陸單	曲技練習用	大正八年	本機ハ民間最初ノ曲技用機トシテ作ラレ、大正八年五月奠都五十年祭ニ本所出身山縣豊太郎氏操縦シ民間最初ノ宙返飛行(ママ)ヲ烈風中ニテ敢行ス　㊟民間初宙返りは水田、山縣は連続2回宙返り
☆同　惠美第十三型一號	牽陸複	練習用	大正九年(ママ)	大正九年八月現工務課長安岡駒好氏ノ操縦デ洲崎ノ第一回民間飛行大會ニ参加高度1,370米、速度109粁毎時共ニ 四等トナル。
☆同　惠美第十四型	同	長距離用	同	大正九年四月山縣豊太郎氏ノ操縦デ第一回遠距離飛行（東京大阪間無着陸往復）ニ参加6時間42分(ママ)デ飛行優賞ス。㊟6時間43分 同年八月山縣氏操縦デ第一回民間飛行大會参加速度142粁時(ママ)デ優賞、高度3,375米デ二等。㊟速度136.4km/時（37.9m/秒）[新聞記事・日本航空史]

恵美第十五型 ゴルハム一二五馬力 (手書き縦書き注記)

機名	種別	用途	年	備考
同　恵美第十五型　㊟右は鶴羽2号の次に自筆で書き加えた文字。五型は製作当初の一時的な名称で部分改修？して十五型と称したとも考えられる。			大正八年	ゴルハム125馬力
☆同　第十六型「富士號」	牽陸複	高度記録用	大正九年	大正九年八月元川西航空機會社テストパイロット後藤勇吉氏ノ操縦デ第一回民間飛行大會に出場、高度5,000米で優賞、速度127粁(㎞)時デ二等、大正九年翼面積減ジ後藤氏操縦デ第二回大阪、久留米間ノ郵便飛行ニ　二等、大正十一年五月安岡氏操縦デ第二回民間飛行大會ニ参加、速度171粁時デ三等、距離389粁デ三等。
同　第十七型「鶴羽第三號」				ジャイロ80馬力
☆同　第十九型 "章號"	同	自家用	大正十年	佐藤章氏自家用トシテ製作ス。
☆同　第二十型 "小栗號"	牽陸單	練習用	同	大正十年五月小栗常太郎氏操縦デ洲崎ノ第二回民間飛行大會参加。
同　二十一型				クレルジー130HP（謝文達）
☆同　第二十二型 "山縣記念號"	牽陸三㊟複とも	一般性能機	大正十一年	東京上海飛行ノタメ製作　大正十二年六月杉本信三氏操縦デ下志津第四回民間飛行大會ニ参加ス。
☆同　第二十三型（ブルドッグ）	牽陸複	練習用	大正十年㊟十二年とも	カーチス90HP　大正十一年六月吉川隆基氏操縦デ下志津第三回民間飛行大會ニ参加、速度148粁(㎞)時デ二等トナル　㊟堪航検査11年1/16と記録
☆同（ベビー號）㊟特26型 J-BIRDより			㊟十二年とも	
甲式三型　二式二四型 ☆	**牽陸單**	**陸軍戦闘機**	大正十一年	大正十一、十二年度ニ於テ當時制式戦闘機トシテ陸軍省航空部ヨリ御用命良好ナル成績ヲ以テ完納ス。　（㊟原本太字記載の軍用機）
伊藤式第二四型一號 ☆ "秋田號"	牽水陸單	長距離用	大正十年	佐藤章氏註文ニテ長距離用ニ製作ス。　マイバッハ260HP ㊟各種研究書では320HPと記述
☆同　二十五型	牽陸複	練習用	大正十一年	カーチス90HP
☆同第二十九型一號 "臺北號"	牽陸三	旅客輸送用	大正十一年	我ガ國最初ノ旅客機ニシテ、リムジン採用。
☆同スポーツプレン ㊟26型か30型か？	牽陸單	スポーツ機	同	大正十一年東京上野ニ於ケル平和博ニ出品。銀牌ヲ受ク ㊟大11平和博の記録写真及昭30年代再現図には恵美26型とある［41 参照］が、本表では29型と31型の間に記載されているのは？
☆同　三十一型三號	推水四	旅客飛行艇	大正十三年 十一	我ガ國最初ノ旅客飛行艇ニシテ大阪湾内旅客輸送に充ツ。㊟音次郎が十一年に訂正
同　恵美第四九型	牽陸單	スポーツ機	大正十三年	スポーツ用機トシテ製作ス。㊟払下げ改修機か
同　恵美第五〇型	同	同	昭和八年	同　㊟払下げ改修機か

同	惠美第五一型	牽陸単	スポーツ機	昭和九年	エアー・タクシー用トシテ設計。㊟製作は不明
☆同	惠美第五二型	同	滑空機曳航用	昭和十年 (ママ)	滑空機曳航用トシテ製作ス。㊟払下げ改修機 ㊟本表に十年とあるが写真及び堪航検査実施は十一年
同	惠美第五三型	同	軽旅客機	昭和十三年	目下設計中。㊟製作は不明
同	惠美第五四型	同	練習機	同	目下設計中。㊟製作は不明

發動機

伊藤式空冷四〇HP	スポーツプレーン二装備	大正十一年製作

修理、整備並改造

陸軍機9機種、海軍機18機種	＊詳細な機種名は［資12 伊藤飛行機株式會社略歴］に掲載

◆伊藤飛行機研究所が設計・製作した主な飛行機の写真一覧

［「音次郎アルバム」「伊藤飛行機研究所概要一覧」より（アルバムに貼付されていない写真は下記から転載）］
　［海軍雑誌「海と空」昭和10年5月臨時号（日本航空協会蔵）］［「日本の航空50年」酣燈社 昭和35年］
㊟下線部分は、アルバム記載の音次郎が書いた「写真キャプション」（ただし、発動機馬力は算用数字に統一）
㊟登録記号は、［「J-BIRD」日本航空協会 平成28年］によった

寄せ集め練習機　大正四年　［12 参照］
発動機はグレゴアジップ45馬力　改造隼号
鳥飼の隼号を借りて改造修理した練習機。

白戸式旭号　グリーン50馬力　大正四年五月
白戸に依頼されて音次郎が初設計・製作したが、白戸
の希望で「白戸式」と命名された。　［12 参照］
㊟40HP、80HPとした写真集もある［「日本の航空50年」より］

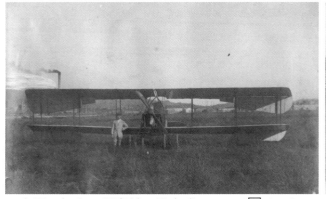

大正四年十一月惠美一号完成　　［13 参照］
中古のグレゴアジップ45馬力（隼号搭載）を使って
音次郎が設計・製作した記念すべき自家用第1号機。

大正五年作　白戸氏依頼設計　民間最初の水上機
音次郎が設計・製作したが、今回も先輩をたてて
「白戸式巌号」と命名。インディアン60馬力 ［18 参照］

完成せる惠美二号機　大正六年四月
グレゴアジップ45馬力継承。　[17]参照]
１型をやや小型にし、軽快、安定性向上。

惠美三号水上機による最初の飛行地　大正六年
「フロート構造など、水圧データもなしによく成功し
たものだ。」と後に専門家をうならせた。[18]参照]

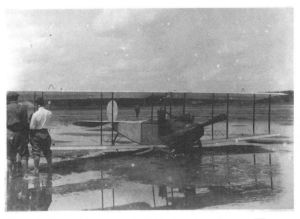

練習事故を講評する山縣教官　大正九年　[26]参照]
日野(熊蔵)式２サイクル30馬力地上滑走練習機
練習生が中級期に搭乗しテール上げやジャンプを
したという機[加藤正世の手記「巣立ちするまで」より]

大正八年春　第二鶴羽号　　　　　　[24]参照]
稲垣知足が最初？に設計した曲技(宙返り)専用機。
　この高性能機で山縣は２回連続宙返りなど成功。
㊟稲垣７年に９型設計関与

惠美九型練習機　大正八年春　ホールスコット80HP
㊟７年夏以降時々訪れる稲垣の助言を受け？音次郎が
　設計した。稲垣の初設計ともいわれる。

(右)大正八年東京/大
阪間第一回懸賞郵便
飛行競技（第二位）
山縣豊太郎操縦
ゴルハム125馬力
惠美五型というが、
米国人飛行家が残し
た中古飛行機。後に
改修して「十五型」と
呼称か？　[23]参照]

(右下)惠美十三型改造型
　　大正十年　[「海と空」より]
カーチス90HP　J-HUDE

(左)設計者 稲垣
ゴルハム150HP
山縣豊太郎が東
京大阪間無着陸
往復競技優勝。
９年８月、宙返
り練習中翼が折
れて山縣墜死。

大正九年　惠美十四号試飛行に引き出す　　　　[23]参照]

大正九年　大阪～福岡間飛行競技参加　後藤勇吉君
伊藤式惠美十六型富士号　ル・ローン120馬力 [25]参照
J-TAMN　目的による主翼交換式　坂東・後藤発注機
弱馬力ながら高性能で数々の大会で好成績を得る。

山縣の為めに製作せるリバティ400馬力を搭載せ
る伊藤式惠美二十二号長距離用機なりしも完成と
共に山縣記念号となる　十年作 (ママ)完成は11年春
J-TIQT　　[23]参照

二十三型ブルドッグ　大正十一年　カーチス90馬力
(注)バー曲技飛行団の差押え機か否かで意見分かれる
J-TEBD　父の喜寿祝いに記念同乗してもらった機。
[48]参照 [写真「日本の航空50年」より](注)表には十年とある

惠美十九型章号　チューリン120HP　J-TAJK
大正十年　佐藤要蔵発注　各地で活躍したが津田
沼で墜死。 [「日本の航空50年」より] [31]参照

二十型小栗号　ル・ローン80馬力　J-TACD
小栗常太郎発注　大正十年 [「日本の航空50年」より]

特二十六型?ベビー号　大正十一年　カーチス90馬力
J-TEFH　　バー曲技飛行団の差押え機を購入、
一部改造。11年三等操縦士競技会（下志津）に
長尾一郎操縦で参加、加藤正世が着陸時破損。

甲式三型（二式貳拾四型）＊ニューポール24型
大正十一年陸軍より4機受注し伊藤飛行機研究所
で製作。[写真「海と空」より] [37]参照

伊藤式二十四型秋田号マイバッハ260HP　大正十年
長距離用機　佐藤章発注(注)各種研究書では320HPと記述
郷土からの寄贈も佐藤墜死で本機搭乗は叶わず。[31]参照

大正十一年 伊藤式惠美二十五型 カーチス90馬力
J-TELN ㊟バー曲技飛行団の差押え機との説も
11年6月の懸賞飛行大会にて大蔵清三が三等離着陸
　　で２等、兵頭精、張徳昌も搭乗。　[27 参照]

惠美二十九型一号 台北号 イスパノスイザ220馬力
J-TIXA 門下生謝文達(台湾)発注の旅客輸送用機
日本初のリムジン型旅客機。[写真「海と空」より]
㊟台湾に輸送予定が音次郎所有に(官憲に睨まれたか)
㊟東西定期航空会の朝日12号として洲崎で焼失？とも

大正十一年平和博出品國産輕飛行機 銀牌ヲ受ク
い号伊藤式空冷五気筒40馬力発動機 ㊟26、30型とも
発動機も含め純国産の小型スポーツ機として注目
されたが資金の目途が立たず開発断念。[41 参照]

惠美三十一型三号飛行艇イスパノスイザ220馬力
日本航空輸送研究所へ納入セル旅客輸送用飛行艇
門下生井上長一の堺〜徳島間定期航空路に就役。
大正11年に150馬力、翌年改造型220馬力納入。
　　　　　　　　　　　　　　　[35 資12 参照]

参考 コードロン輕飛行機 局の貸し下げ機 [41 参照]
　昭和五年　日本輕飛行機倶樂部開設当時

昭和十一年末本社製作練習機　惠美第五十二號
滑空機曳航用トシテ製作ス(飛行練習用としても利用)
J-BIXD アブロ504K 160馬力　払い下げ改修機

　　　一型式一機だけの製作は芸術的行為
『私はいまでも、その一品料理ともいうべき、一型式一機だけ製作、ほとんど制作とでもいうべき
　芸術的行為を記憶している。技術的に見たら、ヨーロッパの機体に劣るかも知れなかったが、創
　作的意欲においては絶対に負けない設計が誕生した。』
『伊藤がその制作した形式で、高性能のものをまとめて生産する気があったかは疑わしい。…
　この方針ではとても産業として成立するものではない。…伊藤がこの点において極めて淡白で
　あったことは注目に値する。』　　　[「空気の階段を登れ」(三樹書房版)解説 佐貫亦男　より]

音次郎製作の飛行機機種名のメモ断簡［日記 大正10年版に挟み込み］

＊白戸榮之助に依頼され初設計・製作した「白戸式旭号（グリーン50HP）」から、練習部の地上滑走練習機として使用された「日野式二サイクル（番号15とも見える？）」までの15機が記載されたメモ。二サイクル以降の左側は破れておりその先は不明。数字は製作順と考えてほぼ間違いないが、練習機が何機か洩れ落ちている。また、同一発動機搭載機が複数箇所に記載されているが、恵美№や機種名は異なる。9年5月の二サイクル完成以降に書かれたものであるが、日記中には関連内容の記述は見当たらない。

[メモ記載の機種名] ・ [該当する機種または推定される機種名] ・ [⑫関連章番号]

№	メモ記載の機種名	該当する機種または推定される機種名	関連章番号
1	グリーン	白戸式旭号 グリーン50HP 大4年3月白戸に依頼され音次郎が初設計・製作 4年5月完成 白戸の巡回飛行で大いに使用された	⑫
2	恵美 No.1	恵美1型 4年11月完成 帝都訪問・巡回飛行・夜間飛行活躍の名機	⑬⑭⑮
3	インデアン 水上	白戸式巖号 インデアン60HP 白戸に依頼され音次郎が設計・製作した民間初の水上機 5年3月試飛行 後に後藤勇吉に貸与	⑱
4	恵美 No.2	恵美2型 1型の老朽化で新機設計 1型の発動機を使い小型高性能化 6年4月試飛行 7年4月福長機に発動機ごと売却	⑰
5	同 水上	恵美3型 ホールスカット80HP 玉井清太郎墜死機の発動機を鳥飼が入手 当時は3型ではなく6年式水上機と呼称（第二征空小史） 6年6月試飛行	⑱
6	鶴羽 No.1	第1鶴羽 ノーム50HP 海野幾之介より購入 6年6月試飛行 甥の山縣のため音次郎に設計・製作依頼 7年5月完成	⑱
7	ツバメ	恵美6型燕号 エルブリッジ40HP 極東五輪自転車優勝の藤原正章（延）に依頼され3,500円で音次郎が設計・製作 7年6月完成 7年6月試飛行	㉑
8	恵美 No.3	恵美3型 7年2月の日記に「白水（利雄）來 飛行機（水上）渡ス 千二百円受取」とある 故障がちの機体 発動機を改修し売却	⑱
9	鶴羽 No.2	第2鶴羽 ノーム50HP（第1発動機転用）機 8年4月完成 奠都50年祝賀会で山縣が連続2回宙返り成功 稲垣知足渾身の曲技専用	㉔
10	フランクリン	練習機（恵美№不明）フランクリン80HP発動機搭載 8年8月の日記に「フランクリン発動機再入手」「フランクリン大二廻リ」が初出 9年9月頃飛行練習記述多し	㉑
11	グレゴア 八年式	恵美2型 福長に売却後破損 8年5月「福永ノグレゴア試運転」6月大阪飛行会で墜落破壊 伊藤で設計・製作 8年10月引渡し	⑰
12	ホールスカット 八年式	恵美9型又は13型 ホールスカット80HP 売却の3型発動機再入手 8年春9型に搭載 同乗練習の必要性から13型複座練習機に改造	⑱
13	ゴーハム 百廿五馬力	恵美13型 ゴルハム125HP 郵便飛行競技2着の5型を改修し名称変更?「昭13飛行機概覧」に手書きで「十五型125HP大正八年」とある	㉓
14	ゴーハム 百五十馬力	恵美15型 ゴルハム150HP 9年3月完成 山縣用長距離機 東京大阪 周回無着陸飛行1等 9年8月三回宙返り練習中鷲沼で墜落死	㉓
15	二サイクル	地上滑走練習機 日野式2サイクル30HP 9年5月完成 地上滑走用練習機（練習部中級用）として多くの練習生が必ず操縦した	㉖

日記の隙間から設計・製作・売買記録を洗い出し、無理を承知で機種を「推定」してみたが如何？ 恵美2型は福長に売却後破損、改修し別の機種名に。 3型水上ホールスカットは、「白水に売却→鳥飼所有→再び音次郎のもとへ→9型・13型1号に搭載→航空記念館へ寄贈」と巡った。 ゴルハム125HP搭載の5型機を15型と手書きした本章の飛行機概覧もある。改修ごとに機種名（恵美型式）を変更し別の機としている。㊟機種特定の論拠資料が日記（発動機名で記載）と数少ない写真のみであり断定はできず検討の要あり。

資14 本社ニテ製作セル滑翔機概覧

グライダー製造への転身成功　昭和5年～昭和13年

「飛行機」から「グライダー」へ。青年時代からの旅客飛行機への夢とは若干異なる方向だが、数多くの機体を生産、全国の愛好家や団体、中学校へと納入した。苦境だった研究所は経営形態や名称を変えながらも息を吹き返すことができたのだった。　［「伊藤飛行機株式會社 概要一覧」昭和13年(1938)より］

現在迄ニ製作セル滑翔機
　　滑翔機設計試作　　　　十五種
　　滑翔機製作数　　　　　約二百餘臺

著者補足
◇左記は昭和13年初めまでの数値。以降新たなグライダーブームにより製作台数は飛躍的に増加する。

本社ニテ製作セル滑翔機ノ概覧
㊟・型式［Ａ＝プライマリー（初級機）、Ｂ＝セコンダリー（中級機）、Ｃ・Ｄ＝高性能機］
　・下線は、冊子印刷後に音次郎がペン書きで“加筆修正”した部分
　・漢数字は、一部算用数字に変換してある　　　・「滑翔機」と「滑空機」が混在しているがそのまま転載した
　・☆印のついた型式は、参考にアルバム写真等を掲載した
　・「音次郎日記」では、単に『グライダー』としか記されておらず、日記から型式の特定は困難である

型　式	機　種	製作年次	記　事
伊藤式第一ＢＯ型	滑翔機	大正十一年	本社設計製作セルモノニシテ我ガ國最初ノモノ
㊟「伊藤飛行機株式會社概要一覧“略歴”」には大正十年とあり、「略年譜」には記載がなく真偽不明だが、本文42中に伊藤飛行機で試作していた経緯を資料をもとに検証した。　[42参照]			
磯部式	初歩練習用滑空機	昭和七年 五年	我ガ國グライダーノ始祖磯部氏ノ設計。㊟音次郎が五年に訂正 ㊟伊藤で製作ではなく修理
伊藤式　Ａ一型 ☆	ユニバーサル型 初歩練習用滑空機	昭和六年 五年	我ガ國滑空訓練ノ初期 各種講習會ニテ専ラ使用セラル。㊟音次郎が五年に訂正した
同　　Ｂ一型	ユニバーサル型 中間滑翔練習機	昭和六年	Ａ１型ニナセルヲ附ス ㊟本邦初のセコンダリー ㊟音次郎が六年と加筆
同　惠美第二型(ママ)		昭和九年	試作 ㊟この行誤記。型式名は飛行機と混同したか？
同　　Ｂ二型	滑翔練習機	昭和十年	我ガ國セコンダリー級ニテ最高ノモノ　滑翔訓練用ニ多数使用セラル。（隼二型参照）
同　　Ａ二型	初歩練習機	昭和十一年	製作臺(台)昭和十三年三月迄百数十臺。（燕二型参照）
同　　Ｂ三型	滑翔練習機	同	Ｂ二型改造
同　　Ｂ五型	中間練習機	同	試作
同　　Ｂ六型	中間滑翔練習機	同	セコンダリー普及型
同　　Ｃ一型	高性能滑翔機	同	昭和十一年末筑波山ニテ優賞ス。

㊟各型式の「別称」
　燕＝Ａ型（初級機）
　隼＝Ｂ型（中級機）
　鷲＝Ｃ型（高性能機）

☆同	C二型	同	昭和十二年	各種競技會ニ優賞シ遞信大臣牌ヲ賜ル。（鷲二型参照）
同	C五型	滑翔機	昭和十二年	中級ソアラートシテ製作ス。（鷲五型参照）
同	C六型	高性能滑翔機	昭和十三年	遞信省試作滑空機
☆同	TC型	同	同	同 ㊟佐藤 博（九州帝大）に設計依頼
☆同	D一型	高性能複座滑翔機	同	同
☆K・H式一型	無尾滑翔機	同	試作 ㊟KH式⇒HK式（日野熊蔵式）

主ナル納入先（順序不同）

㊟各納入先末尾の敬称「殿」は省略　＊再掲

陸軍省
帝國飛行協會
帝都防空協會
三島帆走飛行協會
北海道グライダー協會
臺北警察署
王子區役所
東京日日新聞社
東京朝日新聞社
大阪朝日新聞社
大阪毎日新聞社
電報通信社
北海タイムス社
小樽新聞社
河北新報社
日本航空輸送研究所
日本輕飛行機倶樂部
日本空中作業會社
東亜飛行專門學校
大利根飛行場
第一航空學校
馬詰飛行研究所

亞細亞飛行學校
田中飛行學校
帝國飛行学校
東京瓦斯電氣工業株式會社
日本帆走飛行聯盟
霧ヶ峰グライダー研究會
大阿蘇グライダー倶樂部
木更津グライダー倶樂部
市川在郷軍人會
極東帆走飛行クラブ
酒田航空研究會
大日本青年航空團
大日本飛行少年團
帝國航空少年團
能代航空研究會
河原子町航空團
満州飛行協會
臺南州國防義會
東北帝国大學工學部
早稲田大學航空研究會
東京高工グライダー部
神奈川縣立厚木中學校

栃木縣立石橋中學校
東奥義塾
青森縣立弘前中學校
青森縣立商業學校
青森縣立木造中學校
明治中學校
茨城縣立工業學校
帝國商業學校
巣鴨學園
立命館中學校商業學校
三島南青年學校
伊藤飛行機青年學校
東京帆走飛行研究會
山口縣水産課
朝鮮總督府
臺湾國防義會航空部
大日本空中測量會社
槇航空事業社
北海道グライダー協會
森岡(ママ)グライダー研究會
千葉縣中等學校體育協會
遞信省航空局

㊟昭和13年以降は、中学校向けに飛躍的に増加する。

◆伊藤飛行機が設計・製作した主な滑翔機の写真一覧

［音次郎アルバム全5集より（アルバムに貼付されていない機は下記書籍から転載した）］
［「滑空機」朝日新聞社 昭和16年 より］
［「航空朝日」昭和16年1月号より］

毎日新聞社主催上ノ原講習会（昭和十年七・八月実施）
『伊藤式A1型初歩練習用滑空機　我ガ國滑空訓練ノ初期各種講習會ニテ專ラ使用セラル』
　　　J-BIFD　ユニバーサル型

[以下全て 42 参照]

伊藤式最初のユニバーサル型の飛行

伊藤式C−2型(ソアラー) 昭和十二年
『各種競技會ニ優賞シ遞信大臣牌ヲ
賜ル』＊鷺沼海岸大格納庫前にて
［「滑空機」朝日新聞社 昭和16年 より］

佐藤式ＴＣ型(ソアラー) A-2005
『遞信省試作滑翔機』昭和十三年
［「滑空機」朝日新聞社 昭和16年 より］
音次郎が佐藤博に設計を依頼。

伊藤式D−1型(ソアラー) A-2009 昭和十三年
『遞信省試作滑翔機 複座』［「滑空機」朝日新聞社 昭和16年 より］

（右上下）萱場式無尾翼グライダー　HK−1型
［「航空朝日」昭和16年1月号及び「音次郎アルバム」より］
萱場製作所からの製作依頼 原型は日野熊蔵 設計は木村秀政

└注社内呼称Ａ３−１型
　昭14.9飛行機曳航
　A-1017［J-BIRD］

（左）萱場式無尾翼試作
グライダー 昭和16年
HK-4モックアップ
注実寸大模型（木型）┘
［写真「滑空機」朝日新
聞社 昭和16年 より］

注 各ページの縮小率
は統一していない

緒　言

我國民間航空發達史ノ第一頁ハ津田沼時代ニ始マリマス。凡ソ今ヨリ三十年前ノ事デアリマス。之ト時ヲ同フシテ津田沼ニ出現シマシタノガ伊藤飛行機製作所デアリマス。爾來約三十年間当航空界ニ多大ノ貢獻ヲ致シマシタハ勿論、組織內容ニモ種々進步變遷ヲ經テ今日ノ伊藤飛行機株式會社トナリマシタ。

此ノ三十年ニ及ブ飛行機製作ノ經驗ヲ以テ先年來グライダーノ製作ヲ從事シマシタノデ、其製作品ノ優良ナル事ハ皆ヲ俟チマセン。現ニ我國代表的グライダー製作者ノ第一位トシテ遞信省ヨリ昨年來高性能グライダーノ試作ヲ命ゼラレテ居リマス。

スポーツトシテノグライダー運動ハ昔ニシテ玆ヘバ運動精神ニ合致シタモノデアリマス。卽チ十数人ヲ一團トナリ共同作業ヲナシ、各自個空ノ快味ヲ滿喫シ得ル事ハ他ノ運動競技ノ追隨ヲ許シマセン。卽チ、困苦艱難ニ堪ヘ、一致協力ノ精神ヲ養ヒ、而モ航空ノ智識ヲ得ル可々誠ニ青少年諸君ニ推奬スベキ運動デアリマス。カルガ故ニ陸軍省航空本部ノ提唱ニヨリ大日本青少年航空團ガ組織サレ目下盛ンニ乘員ノ養成ニ努メテオリマス。又帝國飛行協會ハグライダー購入者ニ對シ補助金ヲ出シテ之ヲ奬勵シテ居リマス。加之グライダー運動ハ國防上ノ觀念ヨリシテモ重大ナル意義ヲ有シマス。吾國飛行機操縱士ノ不足ハ軍民ヲ通ジテ周知ノ事實デアリマス。之ガ增加發達ヲ計ル上ニグライダーハ其ノ初步練習用トシテ最適ノモノデアリマス。高價ナルガソリンヲ使用セズ而モ飛行機ヨリ受クル危險ヲ蒙ラズシテ其目的ヲ達シ得マス。以上ノ事實ヨリシテ吾國中等學校、青年團其他ノ青少年團體運動部當局ノ各位ニ對シ一日モ早クグライダー部ノ新設ヲ御勸告致シマス。又今日ノ非常時局ニ際シ斯クノ御勤メスル事ヲ吾社ノ崇高ナル義務ト思ヒマス。

昭和十三年五月

遞信省
航空局 御指定工場　伊藤飛行機株式會社

伊藤式各型グライダー

伊藤飛行機株式會社

本　社	東京市日本橋區本町四丁目（大東ビル） 電話日本橋（24）4195～7番
飛行場 並工場	千葉縣津田沼町鷺沼一四四〇 電話 新津田沼 19番
關西出張所	京都市下京區西洞院七條南

伊藤式 A2型 プライマリー

（乙種滑空機）

本機ハ弊社多年飛行機製作上ノ技術ヲ以テ伊藤式ユニバーサル型プライマリーニ改良ヲ加ヘ製作シタモノデアリマス。

特　徴

1. 非常ニ輕快デアル
2. シカモ主要部分ハ充分ナ强度ヲ有ス
3. 航空力學的性能極メテ良好
4. 分解、組立並運搬ガ非常ニ容易

諸元並性能

翼　幅	10.040M
全　長	5.450M
全　高	2.165M
縱橫比	6.67
滑空比	11:1
自　重	75.0kg
全備重量	135.0kg
沈下速度	1.05m/s

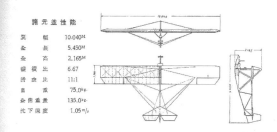

（乙種滑空機）　本機ハ弊社多年飛行機製作上ノ技術ヲ以テ伊藤式ユニバーサル型プライマリーニ改良ヲ加ヘ製作シタモノデアリマス。

伊藤式 B2型 セコンダリー

（乙種滑空機）

特　徴　本機ハセコンダリー級ニテハ最高級ノモノニシテ長時間滑翔練習用トシテ獨逸ツェクリング型ニ原型ヲ採リ、本社ニテ改造ヲ加ヘタモノデアリマス、本邦ニ於ケル最高級セコンダリーデアリマス。

記　錄　箱根十國峠ニテ1時間半ノ耐空記錄ヲ有シ、全日本帆走飛行競技會ニテセコンダリー競技ニ優賞シテ居リマス。

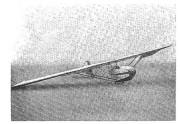

御使用團體

日本帆走飛行聯盟殿	2機
三島帆走飛行協會殿	2機
大日本青年航空團殿	7機
東京高等工學校殿	1機
帝國飛行協會殿	2機
極東帆走飛行俱樂部殿	1機

諸元並性能

翼　幅	12.640M
全　長	6.500M
全　高	1.625M
縱橫比	1:9.60
自　重	128kg
搭載量	60kg
全備重量	188kg
滑空速度	43.5km/h
最小速度	38.0km/h
沈下速度	0.9m/sec
滑空比	14:1

（乙種滑空機）　本機ハセコンダリー級ニテハ最高級ノモノニシテ長時間滑翔練習用トシテ獨逸ツェクリング型ニ原型ヲ採リ、本社ニテ改造ヲ加ヘタモノデアリマス。本邦ニ於ケル最高級セコンダリーデアリマス。

伊藤式 B6型 セコンダリー

(プライマリーナセル付)

本機ハ伊藤式A2型プライマリーヨリB2型高級セコンダリーニ移ル中間練習機トシテ最適ニシテ次ノ様ナ特徴ヲ備ヘテヰマス。

特　徴

1. セコンダリー級トシテ最モ軽量デアル
2. 自動車曳航、ウインチ巻取可能
3. 分解、組立並運搬ガ容易
4. 修理改取ハ極メテ簡易
5. 価格ガ非常ニ低廉デアル

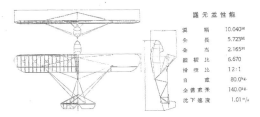

諸元並性能

翼　幅	10.040^M
全　長	5.723^M
全　高	2.165^M
縦横比	6.670
滑空比	12:1
自　重	80.0^{kg}
全備重量	140.0^{kg}
沈下速度	1.01$^{m/s}$

附 **ウインチ巻取装置** 自動車用

弊社多年ノ經驗ニヨリ優秀ナル設計ヲ致シテ居リマス。
御註文ノ際装備スル自動車ノ型式製作年度御通知下サレバソレニ基キ調製致シマス。

飛行機 曳航用レリース 自動車

操作ノ容易、使用材料ノ吟味、並安全ヲ主トシ製作致シテ居リマス。

伊藤式 C2型 ソアラー

(高性能滑翔機)

本機ハ獨逸標準型滑翔機ゲッピンゲン1型及グロナウ型ニ匹敵スベク設計サレタモノデソノ性能、強度、安全性並ニ操舵性等彼レニ優ルトモ劣ラヌモノデアリマス。熱氣流ヲ利用シ雲中飛行デ千八百米ノ高度記録ヲ作ッタ際ニ直徑百米弱ノ急旋回ヲ行ッテ居マス。又各種曲技飛行ニモ好成績ヲ上ゲテ居リマス。分解組立頗ル簡易且ツブレーキ付車輪装備故離着陸並ニ取扱モ非常ニ容易デアリマス。

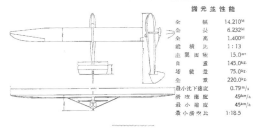

諸元並性能

全　幅	14.210^M
全　長	6.232^M
全　高	1.400^M
縦横比	1:13
主翼面積	15.0$^{㎡}$
自　重	145.0^{kg}
塔載量	75.0^{kg}
全　重	220.0^{kg}
最小沈下速度	0.79$^{m/s}$
滑空速度	49$^{km/h}$
最小速度	45$^{km/h}$
最小滑空比	1:18.5

記　録

昭和11年 末 筑波生駒山ニ於ケル報知新聞主催競技會ニ於テ本機原型C1型距離飛行ニ優賞。
昭和12年5月 大阪生駒山ニ於ケル全日本航定飛行競技會ニ於テ清水鐐氏本機ヲ操縦シ優賞、遠征大ニ評判ヲ贏ム。
昭和12年5月 清水鐐氏操縦ニテ日本特メノ熱氣流ニ依ル滑翔記録ヲ作ケ、同時ニ日本ニ於ケル高度記録1800米ヲ獲得。

(プライマリーナセル付)　本機ハ伊藤式A2型プライマリーヨリB2型高級セコンダリーに移ル中間練習機トシ最適ニシテ次ノ様ナ特徴ヲ備ヘテヰマス。

御 取 引 ノ 手 引

本機ノ賣價

1. 伊藤式 A2型 **プライマリー**	¥	550.00
2. 伊藤式 B6型 **セコンダリー**	¥	650.00
3. 伊藤式 B2型 **セコンダリー**	¥	800.00
4. 伊藤式 各型 **ソアラー**	¥	1000.00 以上

本賣價ハ材料市價ノ變動ニ因リ時ニ増減アル事ヲ豫メ御承知願ヒマス。

御 註 文 ニ 就 テ

◎ 普通御取引ハ御註文ト同時ニ總額ノ1/3ヲ、航空局ノ完成檢査(塩空檢査)完了致シ現品御引渡シト同時ニ殘額ヲ申受ケマス。

◎ 政府又ハ帝國飛行協會ノ補助金下附申請書類ハ便宜弊社ニテ作成シテ差上ゲマス。

◎ 現品御引渡シハ御註文後大凡一ケ月ト定メテ居リマスガ精々早ク御渡シ様ニ致シマス。

◎ 現品御希望ニヨリ何地ヘデモ發送致シマスガ本來賣價ハ工場渡シノ建値ニナッテ居リマスカラ運賃、荷造費、保險料、其他ノ諸掛ハ凡ベテ御註文主樣ノ御負擔ニ願上ゲマス。
此等諸費用ノ御見積モ御照會ニ依リ早速調べテ御案内致シマス。

◎ 御送金ハ野村銀行堀留支店又ハ振替東京七七一一二番ニ御振込ミ願ヒマス。

◎ 尚**アマチュアー**設計家ノ御便利ヲ計リ御設計圖ニ依リ御見積製作ヲモサセテ頂キマス。

◎ 又自ラ御製作御希望ノ方ハ弊社製作圖面並ニ材料部分品ノ分賣モ致シマス。

◎ 弊社ハ遞信省航空局ノ御指定工場デアリマスデ各種飛行機ノ製作修繕モ致シマス。

◎ 近來各地ヨリノ御照會ヤ御註文ガ日々繁劇ヲ呈シテ參リマシタ、從ッテ近ク註文殺倒ヲ極ムル事ト存ジマスレバ可成此際先物像約御註文ノ御申込ミヲ歡迎致シマス。

◎ **グライダー**御註文先ニ對シテ御希望ニヨリ當方ヨリ指導者ヲ實費ヲ以テ派遣致シマス。

◎ 各學校並ニ公共團體ニ於テ**グライダー**部創設又ハ維持ニ關スル御參考ノ資料ハ何時デモ御提供致シマスカラ御遠慮ナク御照下サイ。

◎ 御通信ハ凡ベテ本社宛ニ願上マス。

㊟売価は、同月結成したばかりの日本滑空機工業組合の協定価格。

(高性能滑翔機)　本機ハ獨逸標準型滑翔機ゲッピンゲン1型及グロナウ型ニ匹敵スベク設計サレタモノデソノ性能、強度、安全性並ニ操舵性等彼レニ優ルトモ劣ラヌモノデアリマス。熱氣流ヲ利用シ雲中飛行デ千八百米ノ高度記録ヲ作ッタ際ニ直徑百米弱ノ急旋回ヲ行ッテ居マス。又各種曲技飛行ニモ好成績ヲ上ゲテ居リマス。分解組立頗ル簡易且ツブレーキ付車輪装備故離着陸並ニ取扱モ非常ニ容易デアリマス。

裏表紙中央マークの拡大図

＊このマークの意匠は、［雲と鳥と飛行機(グライダー)］又は［波と鳥と飛行機］か。
　前者なら、マークの上半分に全てを描くことで、遙か高層の雲海を貫き、どこまでも広がる真っ青な大空を飛翔する飛行機を表しているのかもしれない。
　後者なら、干潟を飛び立つ海鳥のような飛行機を表すと共に、鳥と飛行機が「人」のように見えることから、この後昭17にまとめる卒業生名簿「鷺沼の干潟から巣立た鳥人たち」と同じ発想による大空を目指す勇敢な「鳥人」を意味するのかもしれない。

資15 音次郎の門下生一覧

卒業生名簿「鷺沼の干潟から巣立た鳥人達」昭和17年

　　『(昭和5年の)10月には豊田安太郎君が(軽飛行機倶楽部の)第1号として卒業　以後16年3月民間練習打ち切りが発令されるまで92名の免状所有者を出した　これに軽飛行機クラブ設立以前の卒業者山県豊太郎から田中不二雄に至る59名を合わせると151名となる』と略年譜に記されているが、それを裏付ける昭和17年(1942)作成の卒業生名簿の写しが2部存在していた。

　　卒業生名簿は表題を「鷺沼の干潟から巣立た鳥人達」といい、音次郎が作成した手書き名簿である。日記には『昭和17年9月6日　午後山県以來ノ卒業生名簿ヲ作ル』と名簿作成について記されており、平木國夫氏の著作中にも『いま私の手もとに、「鷺沼の干潟から巣立た鳥人達」という手書きの名簿がある。表題は伊藤音次郎自筆であるが、中身は昭和十六年ころ部下の手によって浄書されたもの』[「女流飛行家第一号」平木國夫　別冊人間像　昭和51年　人間像同人会(北海道に事務局をおく同人誌)より引用]とある。昭和43年に習志野市転居以降、教委関係者が閲覧し写しをとったのだろう。[習志野市教育委員会 蔵]

凡例　番号=卒業証書番号　㊟原本は「手書き・縦書き」㊟写しは2種類あり、氏名など微妙に異なる。
　　　卒業年月=卒業証書の年月　㊟卒業した後にも練習を続け、免許を取得した場合もあるようだ(年月が異なる)
　　　現等級=「飛行機操縦士免許（1等、2等、3等）」㊟名簿作成時の昭和17年時点（後、上位免許取得もある）
　　　摘要=卒業後の進路、消息（名簿作成時の昭和17年時点　空欄も多い）死とあるが事故死、病死かは記載なし
- -
　　※著者補足=「航空年鑑(昭和5年～16・17年版)の航空機乗員名簿と航空名鑑」「日本航空史」「各種の研究書」、「津田沼航空神社合祀英霊」等を元に卒業後の進路や消息等の一部を補足したが、資料・文献になく詳細不明の者も多い。その場合は、「音次郎日記」から練習生時代の様子を部分引用した。ただし、紙幅の関係上40字以内に収めた。㊟途中退会なのか、本卒業生名簿に記されず日記にのみ登場する門下生も多い。

鷺沼の干潟から巣立た鳥人達

伊藤飛行機研究所　　　千葉県千葉郡津田沼町鷺沼1440番地　　　電話 津田沼19番

番号	氏　　名	卒業年月 ㊟年／月	現等級	摘　　要	※著者補足 出身地　▼航空事故死（練習、業務、戦闘等）『 』は音次郎日記原文　[ ]は引用文献名
1	山県豊太郎	大正　6／5		墜死	広島 門下生1号。民間初の2回宙返り、東京大阪間往復競技1位など活躍 ▼大9墜死。23詳細
2	福永　朝雄	7／8	2	＊役場の戸籍原簿が焼失し福長浅雄となる(現)	静岡 福長　恵美2型を4000円で購入し練習する 天龍川原に福長飛行機研究所開設 旅客機製作
3	藤原　　延	7／8	1	33/7/23死	岡山 正章 極東五輪(大4上海)自転車優勝 伊藤飛行教官 飛行時間長く能力高いが事故も多い
4	佐野清三郎	7／12		川西	[ー] 山県に続く最古参の門下生(大5年頃か?) 工場長 立川の整備工場に移籍したが後日復帰
5	杉本　信三	8／11	1	負傷後死亡	京都 東西定期航空会操縦士 11年三等競技大会速度優勝 ▼13年空中写真撮影中墜落、後死亡
6	照井謙次郎	8／11	(ママ)		岩手 『8/2/5照井今日ヨリ來』『8/3/13照井モ自重スル處大二有望ナリ』『3/31練習中逆立』
7	安岡　駒好	(ママ)	1	病死	高知 卒9／4 技倆抜群 山県亡き後主任教官 中国空軍に招かれ指導 軽飛行機倶楽部幹事長
8	久保田亀之助	9／4	1	死	京都 技倆優れ助教官 井上長一の日本航空輸送研究所に派遣され堺～徳島等定期航空路操縦士

No.	氏名	年月	等	所属等	備考
９	謝　文達	大正　９／４	２	中華航空	台湾　台湾第一等飛行士と賛美　台湾に議会を！ビラ撒布で当局に睨まれ、中国本土に渡り活躍
１０	小田桐健三郎	10／５			青森　技倆は優れていたが右目弱視のため、10年制定航空取締規則の資格試験受験出来ず無免許
１１	大辻　春雄	10／５	３		一　『10/7/29大辻君千米突(㍍)ニ スロットルシテ目標地に着陸　之レニテ卒業トス』
１２	髙左右隆之	10／10	３		大阪　万国飛行免状　大３朝鮮で王族はじめ９万の群衆を前に飛行　日本の免許取得のため入門
１３	坂本　壽一	10／10	３		山口　万国飛行免状　民間飛行大会高度優賞　中国で飛行隊組織し活躍　日本の免許取得で入門
１４	山崎八洲男	11／３	３		一　10/11/29の卒業写真(兵頭/加藤/張/洪と共に)が残る㊟左記卒業年月は免許取得時点か
１５	兵頭　精子	11／３	３		愛媛　精　男に混じり練習と整備に明け暮れ日本初の国家公認女性飛行士(免許番号38)　26詳細
１６	張　　德昌	11／３	１	日航	朝鮮　井上長一の堺〜徳島定期航空路操縦士　魚群探見飛行に従事　戦後韓国空軍参謀総長/中将
１７	吉川　隆基	11／３	３	墜死	広島　11年三等操縦士競技会で速度２等、離着陸３等　▼二等試験前日低空で急旋回し失速墜死
１８	大藏　清三	11／３	１	大毎	兵庫　技倆抜群　東西定期航空会操縦士　朝日新聞、後毎日新聞入社し日比親善飛行などに活躍
１９	片岡文三郎	11／３	１	豊田機械	愛知　羽田→津田沼　第４回懸賞飛行(二等)優賞　片岡飛行学校開設　昭5磯部式グライダー初飛行
２０	長尾　一郎	11／３	１	日航	広島　『9/11/27長尾二三日前より來場』井上長一のもとで定期飛行や魚群探見飛行に従事
２１	加藤　正世	11／４	３	昆虫学博士号取る	東京　「帝國飛行」編集者から入所　練習生時からルポ多数(本書にも複数引用)セミ博士で名高い
２２	村上　五平	11／４	３		北海道　『10/10/11羽田村上君來場　泊ル　練習生ニナリタイトノコト　玉井氏依頼状ヲ要求ス』
２３	髙橋今朝治	11／５	２		宮城　宮城県初の民間飛行士　宮城飛行協會設立　宮城飛行学校開校などに尽力[年鑑⑪では白戸]
２４	吉村　豆意	11／５	２	警視庁	広島　㊟航空年鑑や日本航空史では白戸出身とあり、途中移籍か？12年三等離着陸競技２等
２５	洪　　雲中	11／８	３	病死	中国　中国空軍中佐となり安岡操縦士、矢野技師を招き中国最初の戦闘機ニューポール24を製作
２６	青島　次郎	11／８	３	病死	静岡　工具として入所、働きながら練習し６年半で三等取得　飛行研究所や模型飛行機会社創業
２７	鈴木　菊雄	11／８	１	病死	宮城　伊藤、東亜の教官を経て昭3鈴木飛行研究所(後帝國飛行学校と改称)設立　資10に写真
２８	湯谷　　新	11／９	２		北海道　卒後12年開業の日本航空に入り、大阪の木津川尻を基地とした瀬戸内海定期航空に従事
２９	玉木幸次郎	11／10	３	病死	一　『9/3/3玉木午後ヨリ仕事ス・10/2/2玉木他所員練習ス』練習生でなく所員として練習か
３０	亀井　五郎	11／10	１	日航	東京　日本航空輸送で定期飛行操縦士を務める　㊟日本航空史話「川西・日本航空の想い出」執筆
３１	井上　正鑑	11／10	１	日航	東京(青森)　南部家→井上子爵家継承　川西の日本航空、日本航空輸送で操縦士　後運航管理業
３２	平松　牛造(ママ)	11／10	１	日航	岡山　牛郎　川西・日本航空操縦士　大15内鮮満連絡定期航空路第一回飛行　日本航空輸送(株)
３３	久保田　太	11／10	１		青森　大14琵琶湖周回競技３等　御国飛行学校教官、福岡県渡辺鉄工所航空機部テストパイロット
３４	横山　豊馬	11／11	３	病死	高知　『12/2/11安岡横山ヲ呼ビ高度飛行ノ件ヲクレヽヽ意見シテヤル』第4回懸賞離着陸等外

番号	氏名				備考
３５	鵜飼文次郎	大正１１／１１	(ママ)		□ ２等『10/7/6鵜飼ノ離着陸ヲヤラセルコトニシ』12年四回懸賞飛行三等離着陸で４等
３６	有賀　文造	１２／８	(ママ)		□ ３等（＊詳細不明）
３７	弘中　正明(ママ)	１２／８	３ ママ	満州学生	山口 正利　１等　日本航空　日本学生航空連盟教師　昭15満州飛行協會主事(伊藤にグライダー発注)
３８	秀(ママ)基演	１２／１０	２	墜死	朝鮮 李　祖国訪問飛行敢行　京城航空事業社設立 ▼宣伝飛行中墜死、朝鮮出身最初の犠牲者
３９	中村光太郎	１２／１０	３		□ 大13年末三等免状［日本航空史］（＊詳細不明）
４０	小西金次郎	１３／４	２	病死	京都『14/4/19今日ノ競技会ハ…全敗　ワズカニ小西ガ離着陸ノ三等ニ這入ッタ』
４１	小野寺　開(ママ)右衛門	１３／４	２		□ 関右衛門　大13年末三等免状［日本航空史］（＊詳細不明）
４２	小西　正弘	１３／４	３	鉄道省	□ 大13年末三等免状［日本航空史］（＊詳細不明）
４３	梅本　幸一	１３／４	２	中華航空	奈良 大13年末三等免状［日本航空史］白戸出身　東京日日新聞社［年鑑⑪］　西田飛行機研究所
４４	鎌谷　二郎	１３／６	３		□ （＊詳細不明）
４５	小幡源次郎	１３／６	３		□ （＊詳細不明）
４６	菊地(ママ)良治	１３／６	１	墜死	秋田 菊池?大13三等競技離着陸２等 ▼昭和博覧会(4年広島)宣伝飛行中濃霧のため堺で墜死
４７	竹中　泰門	１３／１１	３		東京 大13年末三等免状［日本航空史］（＊詳細不明）
４８	金　治玕(瓘)	１３／１１	３		朝鮮 東亜同文書院大学学生(上海)　後上海で独立志士となる ㊟２等 13/9卒とする文献もある
４９	荒木　清吉	１４／１	２ ママ	台北	富山 １等 職工で働きながら３年余費やし三等 郷土訪問に５万人　東京飛行機　台湾国防義会
５０	戸野　元	１４／１	２		滋賀 大12伊藤飛行機製作所へ入所　海軍阿武隈第五分隊飛行班［年鑑⑤］14/2月卒業とも
５１	笠山　満節(ママ)	１４／１	(ママ)		□ 満郎?（＊詳細不明）
５２	旦代　次雄	１５／１	(ママ)	満航	青森 １等 東亜飛行専門学校修業［年鑑⑰］東亜教官　日本学生航空連盟教師　満州航空操縦士
５３	伊藤　光義	１５／３	１	墜死	秋田 大14東亜、15伊藤修業　陸軍航空本部技術部⑤⑪ ▼満州航空勤務中山西省雁門関で戦死
５４	愼　鎌(ママ)寅	１５／３	(ママ)	朝鮮航空…死	朝鮮 鏞寅 １等 朝鮮飛行学校、航空事業社設立　日満支連絡飛行、京城−裡里−光州間定期飛行
５５	藤田　武明	昭和　２／３	(ママ)	朝鮮警察	愛媛 １等 御國飛行学校教官　朝鮮飛行学校　朝鮮警察で国境警備にあたる［黎明期のイカロス］
５６	山本　良三	２／１０	３ ママ		大阪 ２等 昭2/3第一飛行学校入学［年鑑⑤］（＊詳細不明）
５７	前田　岩夫	３／２	１		東京 昭2/10伊藤飛行機製作所に練習開始　日本航空輸送勤務［年鑑⑤］日本学生航空連盟理事
５８	猿田　秀文	３／２	１		千葉 アブロを購入し大蔵に指導を受ける　銚子河口に大利根飛行場開設、水上機定期飛行実施
５９	田中不二雄	３／７	３	田中飛行研究所	東京 音次郎の信頼を得、経営に関与　不況で所沢分工場を譲渡さる　戦後民間航空復活に尽力

日本軽飛行機倶楽部

番号	氏　名	卒業年月 昭年／月	現等級	摘　要	※著者補足 ▼昭16～20年には戦死者も多い筈だが17年作成の本名簿には一部しか載らず。進路等消息不明者は「日記」から練習生時代の様子を引用した。
1	豊田安太郎	昭和　5／10	1	陸軍	東京 倶楽部練習生1号（昭和4年12月入門）第一飛行学校勤務[年鑑⑦] 41に日記詳細
2	門松　榮	5／10	1	墜死	鹿児島 ▼昭7/10曲技練習中墜死 [31に日記詳細＝門松の死を悔やむ記述] 東亜[年鑑⑦]
3	吉田　重雄	6／7	1	東日	樺太 昭14毎日新聞世界一周ニッポン号副操縦士 横須賀海軍工廠 ▼昭19/12重爆空輸中戦死
4	関口　亀吉	6／8	1	墜死	富山 富山飛行場開場祝賀飛行 日本空中作業社 ▼昭12年平壌陸軍支廠で重爆空輸中不時着死亡
5	高橋　英二(ママ)	6／8	2		東京 英次 卒業月6/9とも）『6/9/8高橋…二等ブ試験 場内無事終了ス』
6	大里　保藏	6／10	1	墜死	神奈川 ▼昭6/11母校横浜高工附属工業学校記念日に当り飛行、同校校庭に墜落す[航空神社]
7	上仲　鈴子	6／10	2		岐阜 昭8/7女性初の大阪→東京無着陸飛行 郷土訪問実施 後芸道の師匠に転身[26に詳細]
8	田中　春雄	6／10	1	墜死	東京 ▼昭13/8羽田に於て日本航空輸送会社勤務練習飛行中殉職 [津田沼航空神社合祀英霊]
9	沢田　芳雄(ママ)	6／10	2	陸軍	山形 芳夫 亜細亜航空学校初代教官[年鑑⑦]
10	宮脇　文作	6／11	3	墜死	─ ▼昭6/11No.6大里機同乗墜死『6/11/4田中(が乗る筈が)出ル間際ニ宮脇ガ乗ッタソウダ』
11	催旦(ママ)　守	7／6	2	日立航空	─ （＊詳細不明）
12	黒澤　健	7／6	1	中華航空	北海道 慎航空事業社 東京帆走飛行研究会教師 『昭7/4/9風強ク黒沢アヤフクアブロヲ轉ブク』
13	飯田　弘孝	7／6	1	旭航空	富山 日本軽飛行機倶楽部助教[年鑑⑩] 『昭7/5/16明日黒沢飯田ノ受検ノ準備ヤ手配ヲ定メ』
14	武中政次郎	7／8	1	台北国防義会	大阪 政二郎？ 日本航空輸送研究所 東京帆走飛行研究会教師
15	富谷　政七	7／8	2		三重 『昭7/7/27富谷…野外飛行ノ為メ三田浜飛行場へ行ク』9/30に2等試験
16	三觜　泉藏	7／8	2		神奈川 『昭7/4/30(怪しげな事をせず)専心クラブノコトヲヤルナラ…練習費ヲ立替テヤル』
17	武内　政夫	7／10	2	病死	福島 『昭7/10/27(アブロをやっと借りて)竹(ママ)内二等試験無事終了トノ入電アリ ヤレヽヽ』
18	山本　良作	7／12	2	陸軍	新潟 『昭7/12/10山本スベテ良好トノ講評 ヤハリ充分練習ヲヤラセタ甲斐ガアッタ』
19	埴山　芳瑞	8／3	1	墜死	富山 発動機工として4年余で二飛 富山飛行場開場祝賀飛行 クラブ助教 ▼昭11船橋で墜死
20	太田　善藏	8／3	2	伊藤	福岡 東亜修了[年鑑⑬]倶楽部助教[年鑑⑩]『8/3/5豊田左翼破損太田夜業シテ修理』工員兼務
21	熊谷　義則	8／6	2 ママ	中華　死	東京 1等 ▼昭16/12広東飛行場附近中華航空勤務中殉職『昭8/5/23受検中の熊谷ヲ見ニ』
22	大牧準四郎	8／8	2	大毎	栃木 日本軽飛行機倶楽部助教[年鑑⑫]（＊詳細不明）
23	信田(ママ)正典	8／8	2	大毎	大阪 信岡[年鑑⑬] 大阪毎日新聞社『昭8/7/25信岡、受検ノ為メ立川ヘノ飛行風強ク中止ス』

２４	萩原　周夫	昭和　８／８	1	ハルピン	茨城 『8/7/25渡辺、萩原、信岡受検ノ爲メ立川へ飛行風強ク中止ス』会場は立川飛行場
２５	斉藤　國松	８／１０	1	墜死	岩手 齋藤 ▼昭11/6/1同乗の音次郎長男信太郎と共に練習中谷津沖で墜死 [31]に新聞記事
２６	渡辺　宏	８／１０	2	朝鮮	千葉 『8/7/25渡辺…受検ノ爲メ立川へ飛行風強ク中止ス』軽飛行機倶楽部グライダー部指導者
２７	今井　仁	８／１２	1	日航	千葉 日本航空輸送研究所 東京帆走飛行研究会教師[年鑑⑩]
２８	島　吉正	９／２	2		大阪 倶楽部教官　同グライダー部指導者[年鑑⑩] 大阪にてグライダー教官
２９	高川　一郎	９／２	2（ママ）		富山 1等 昭4年組立工で入所 5年で2等合格 昭121等 北陸航空研究所開設
３０	伊谷　明一	９／５	2	福田軽飛行	大阪 （＊詳細不明）
３１	縣　信男	９／５	2	三菱航空	静岡 『9/4/30口頭試問ト縣、桂林場内ダケ終ル…9/2縣野外飛行…宇都宮二不時着…無事』
３２	桂林　広高（ママ）	９／５	1	満州国空軍	大分 高廣『昭9/9/16桂林ノ後援者モ明日來ルカラ金ヲ持ッテ…』 日本空中作業社勤務
３３	加藤　二郎	９／１０	2	戦死	愛知 ▼『昭9/3/9クラブ二加藤二郎新入会』在籍7ヶ月間で3等または2等免許取得
３４	青木　正三	９／１０	2	病死	岡山 『昭9/9/26今日カラ一等黒沢、竹中、二等加藤、三等原田、青木、拡張サル…ノ試験アリ』
３５	久田　壽夫	９／１２	2	飛行協会	埼玉 『昭9/5/1(試験に向かうが)久田行道不明 電報ニテ小名浜(福島)二不時着 無事トノ事』
３６	原田　義雄	９／１２	2		岡山 『昭9/9/26今日カラ一等黒沢、竹中、二等加藤、三等原田、青木、拡張サル…ノ試験アリ』
３７	荒木　孝就	９／１２	2（ママ）	死	埼玉 1等 逓信省航空局 東京帆走飛行研究会教師[年鑑⑩]
３８	山口　清	１０／２	1	中華	― 『9/12/24山田航空官來 拡張試験縣ノ高等飛行 安岡ノ甲四 飯田ト山口ノサルタ方終リ』
３９	斉藤　照夫	１０／２	2		福島 （＊詳細不明）
４０	長谷川明治	１０／２	2	満航	東京 No.29高川の北陸航空研究所を手伝う 後満州航空へ
４１	広畠　富久	１０／２	2	陸軍	福島 廣畑富男 （＊詳細不明）
４２	角　参吉	１０／２	2	伊藤	富山 道へ 工具で入所 2年後に練習始めるも製作の音次郎姪と結婚し伊藤姓に 無尾翼機製作
４３	小林　晴夫	１０／	2	日航	東京 ▼昭19/12バシー海峡空輸中殉職 （台湾ーフィリピン間海峡）[航空神社]
４４	足森喜代榮	１０／	2	陸軍	鳥取 『昭10/12/16足森ノ二等試験ノ爲六時アンリオヲ船橋へ空輸 昼前船橋二自分モ行キ』
４５	佐藤孝太郎	１１／４	2	陸軍　死	北海道 『11/4/14船橋ヨリ二等野外無事終了』▼昭15/11花蓮港(台湾)陸軍航空隊勤務中殉職
４６	須藤　一良	１１／７	1	海軍チョウヨウ	― 『昭11/6/18須藤ノ二等場内飛行ト荒木ノサル擴張アリ』
４７	吉田　健策（ママ）	１１／１０	2	満航	― 健次『昭11/2/18新入學吉田君来』日本軽飛行機倶楽部助教[年鑑⑫]
４８	島　安博	１２／５	2	萱場	大阪 昭13萱場式無尾翼機試飛行に携わる[42]に詳細 戦後極東航空(全日空前身)設立に奔走
４９	筑井　久雄	１２／５	2	台湾逓信局	埼玉 ▼昭20/1バシー海峡空輸中殉職 （台湾ーフィリピン間海峡）[航空神社]

No.	氏名	昭和	級	所属	備考
５０	吉野　眞	昭和12／9	2	死	千葉 『昭12/3/21吉野練習生21円１時間分入レル』▼昭15/11台湾花蓮港沖殉職[航空神社]
５１	吉井　義男	12／9	2	日立	― 『昭12/4/20吉井練習生入会ス 但シ千円デ一人前ニシテ呉レトノコト』
５２	黒澤　利定(ママ)	12／11	2	北海タイムス	― 『昭12/5/19日本飛行機ヨリ…黒沢止メルコトニツイテノ話ダッタ』＊移籍のゴタゴタか
５３	遠藤　金治	13／8	2	陸軍	― 『昭13/7/14遠藤君ニ餞別ヲ持ッテ行ク』＊陸軍入隊に対する餞別か？
５４	四宮　千秋	13／8	2	陸軍	徳島 『昭13/8/30四ノ宮ノ甲四ノ件』『13/9/3竹崎ノ十年四ノ宮へ譲ルコトニ決定』＊自家用
５５	山口　登	13／10	2	南方航空	東京 『昭13/7/9山口親子来 月曜日カラ始メルコトニナッタ…』戦後全日空航空本部長
５６	大内　義視	13／10	2	殉職	― ▼隅田川陸軍勤務中立川下志津間飛行中悪天候のため墜落殉職[航空神社]
５７	邱　松耀	13／10	2		― （＊以下63まで詳細不明）
５８	大澤　壽郎	14／1	2	陸軍	
５９	西埜　鶴雄	14／1	2	乗員訓練所	
６０	西川伊三郎	14／1	2		
６１	佐渡友輝夫	14／1	2		
６２	伊東　茂雄	14／1	1	日航	
６３	滝澤　高尚	14／3	2		
６４	高根　榮(ママ)	14／3	2	航空局	― 髙振榮？（＊詳細不明）
６５	西尾惠美子	14／3	2		― 『14/2/23試験11時ヨリ初マリ…西尾3時発4時20分桐生着 2/24無事帰リ学科モ終了』
６６	德永　富夫(ママ)	14／3	2	陸軍	― 勇夫？（＊詳細不明）
６７	秋山　千里	14／6	2	海軍予航	― （＊詳細不明）
６８	金　鉄峯	14／6	2		― （＊詳細不明）
６９	島田テル子	14／6	2	讀賣　死	富山 讀賣新聞社
７０	庄司　操	14／8	1	倶楽部	― （＊詳細不明）
７１	江崎　増男	14／8	2	陸軍	― ▼昭19/12フィリピンネグロス島空中戦闘で戦死[航空神社]
７２	北田(ママ)隆雄	14／9	2	陸軍	福島 池田？（＊詳細不明）
７３	松崎　二郎	15／6ママ	1	満航　死	福島 ▼昭16/7山西省東8キロ満航勤務中殉職 東亜出身[年鑑⑧][航空神社]
７４	高　善柱	14／12	1		― （＊詳細不明）
７５	樋口　兼治	14／12	2	東洋航空	― （＊詳細不明）

倶楽部の練習生たち[倶楽部員写真帳より]

研7 安岡駒好 倶楽部幹事長兼教官

軽69 島田テル子[倶楽部員写真帳より]

76	内山　良弘	昭和14／12	2	立川	─	（＊詳細不明）
77	浅見　義平	15／2	2		─	（＊詳細不明）
78	松平　和子	15／2	2		─	『昭15/2/14試験場内終リ松平外一名桐生着風強ク帰還ハ明朝トノコト8/23松平ノ父來』
79	三宅　一彦	15／4	2		─	（＊詳細不明）
80	笹原宇太郎	15／8	2		─	（＊詳細不明）
81	朴　■緒	15／8	2		─	君緒？（＊詳細不明）
82	權田　泰夫	15／8	2		─	（吉田泰夫）▼昭20/2南支那海空輸中殉職[航空神社]
83	下里　猛	15／11	2		─	（＊詳細不明）
84	兪　大植	15／11	2		─	（玉川）（＊詳細不明）
85	朴　成道	15／11	2		─	（矢田）（＊詳細不明）
86	松岡　逸郎	16／2	2		─	◆政府の方針で、民間の飛行練習場は全て停止させられる[再掲 41 参照]【自発的という名目の強制停止】『15年8月23日　クラブノ問題　決局ヤメロトハ云ワナイガ自発的ニ止メルコトトシ現在居ルダケハヤラセル爲メガソリンヲ配給スル様話シテ居クトノコデアッタ』「残りの練習生の分だけはガソリンを配給する」と、恩着せがましく倶楽部停止に追い込む局のやり方に、音次郎は腸の煮えくり返る思いだったろう。この練習生たちも、自分が最後となる軽飛行機倶樂部の思い出を胸に必死で練習に励んだことだろう。　昭和16年3月、日本軽飛行機倶樂部終焉
87	古川　恒潔	16／2	2		─	
88	小泉弥之助	16／2	2		─	
89	谷　和	16／2	2		─	
90	小野　三夫	16／3	2		─	
91	初谷　保	16／3	2		─	
92	孫　民	16／3	2		─	

総計　151名

補足　伊藤飛行機に在籍したが"卒業生名簿非記載"　＊他にも数多くいたであろうが記録に残らず。
○別の飛行学校よりの途中移籍や一時在籍、その他の諸事情か（「航空年鑑」「各種研究書」等には伊藤在籍と記載）
　信田五平治 東京 2等『信田五平次君來　見学ヲ許ス　玉井君ノ（羽田）許ヲ三人一度ニ出タノコト』　川西航空
　吉田志郎 高知 2等　白戸→伊藤移籍　郷土訪問中観客負傷させ引退、後復帰し名古屋飛行学校教官　▼練習中墜死
　吉原清治 佐賀 1等　南部（井上）信鑑の教えを受ける　報知新聞社でベルリン〜東京1万キロ連絡飛行に成功
　鈴木正憲 千葉 2等　昭12日本軽飛行機倶楽部卒[年鑑⑪]▼昭12/4千葉県船橋市にて墜死[航空神社合祀名簿]
　諏訪宇一 京都 1等　大8卒　昭3太平洋横断練習中墜落負傷、同乗後藤勇吉死亡　▼昭17/9屏東飛行場空輸中墜死
　町田三郎 埼玉 1等　大8卒　陸軍航空本部技術部
　李　商泰 朝鮮 3等　大12第四回懸賞競技離着陸にて等外
○伊藤飛行機の卒業試験未実施または不合格
　井上長一 徳島　大6年入門するも操縦を諦めて経営の道を選び成功。日本航空輸送研究所設立し、堺−徳島間に
　　　　日本初の定期航空路開設 35 参照]戦後極東航空（全日空前身）設立
○練習生の時に死亡または諸事情（多くが経済的事情）で退所
　武石新藏 秋田　▼大10/11/3　佐藤要蔵（章）機練習飛行同乗中に墜落焼死 31 参照[津田沼航空神社合祀英霊]
　市原　翠 高知　兵頭精と同じ頃学んだ女性　経済的負担から途中退所「兵頭精空を飛びます」の表紙写真
○「日本航空史」に伊藤飛行機在籍or卒業とある者が数名いるが他に資料なく不明（㊟白戸、東亜との混同か）
㊟大正14年3月、伊藤飛行機練習部を分離し東亜飛行専門学校を設立（校長　川辺佐見）したが音次郎と川辺の協同経営だった。そのため東亜練習生は音次郎の門下生でもあったがここには掲載せず。昭和2年、川辺に譲渡し完全独立。

資16 伊藤音次郎関連地図

日本中の空を飛んだ音次郎と仲間たちの足跡

奈良原、白戸とともに訪れた巡回飛行（飛行展示会）、伊藤飛行機研究所の仲間たちと共に７ヶ月にわたって実施した全国巡回飛行、その他各地を度々飛んでいる。生活費を始め研究所の維持費、次の飛行機製作費の大半を興行（有料の巡回飛行）で賄わなくてはならない黎明期民間飛行家の宿命とはいえ、よくぞここまでと言う程に全国各地を飛び回ったものである。

東京湾沿岸の民間干潟飛行場と飛行学校◆● （参考；主な関連軍施設▲）

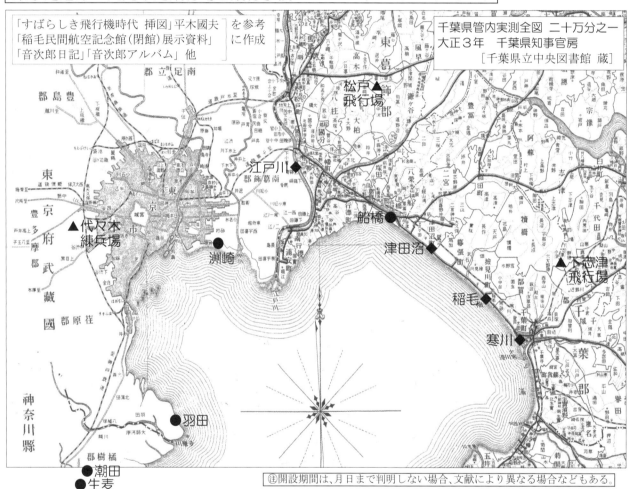

「すばらしき飛行機時代 挿図」平木國夫
「稲毛民間航空記念館(閉館)展示資料」 を参考
「音次郎日記」「音次郎アルバム」他　に作成

千葉県管内実測全図 二十万分之一
大正３年　千葉県知事官房
［千葉県立中央図書館 蔵］

㊟開設期間は、月日まで判明しない場合、文献により異なる場合などもある。

【●羽田】
日本飛行学校(相羽有/玉井清太郎)
　大5.8〜大6.5/20
日本飛行学校(相羽有/玉井藤一郎)
　大6.7/9〜大6.10/1
羽田飛行機研究所(玉井照高)
　大7.2/1〜大10.11/30 └藤一郎改め
東京航空輸送社/日本飛行学校
　昭8.12/4〜昭13　　　　(相羽有)
【●潮田（鶴見）】
第一航空学校(宗里悦太郎)
　大12.5/5〜大15.2
片岡飛行学校(片岡文三郎)
　大13.2/1〜大15.2
【●生麦（鶴見）】
玉井飛行場(玉井照高)
　大10.12/1〜大12.9/1

【◆津田沼（鷺沼）】
伊藤飛行機研究所[製作所]
　大7.4/12〜昭17.7/20(伊藤音次郎)
　㊟15.6 舟崎全額出資し実質経営
日本航空機工業(舟崎由之/伊藤)
　昭17.7/20〜昭20.9/29　└常務
東亜飛行専門学校(川辺佐見/伊藤)
　大14.3〜昭11㊟当初協同、昭2独立
鈴木飛行研究所(帝國飛行学校)
　昭3.4/29〜昭14　　(鈴木菊雄)
日本輕飛行機倶樂部(奈良原三次
　昭4.12〜昭16.3　　　　/伊藤音次郎)
【●洲崎】
亞細亞航空学校(飯沼金太郎)
　昭8.4/21(5/22開校式)〜昭15.5/6
田中飛行学校(田中不二雄)
　昭8.11/3〜昭17.4

【◆稲毛】
奈良原飛行団(奈良原三次)
　明45.5〜大2頃㊟奈良原引退後も
　白戸を中心に巡回飛行実施
伊藤飛行機研究所(伊藤音次郎)
　大4.1/30〜大6.10/1
白戸協同飛行練習所(白戸榮之助)
　大5.9〜大5.12/20
【◆寒川】
白戸飛行練習所(白戸榮之助)
　大5.12/20〜大12.10
【◆江戸川（篠崎）】 河川敷飛行場
日本輕飛行機倶樂部(奈良原三次
　昭10.1/15開設認可 /伊藤音次郎)
【●船橋】
第一航空学校(宗里悦太郎)
　大15.2〜昭14

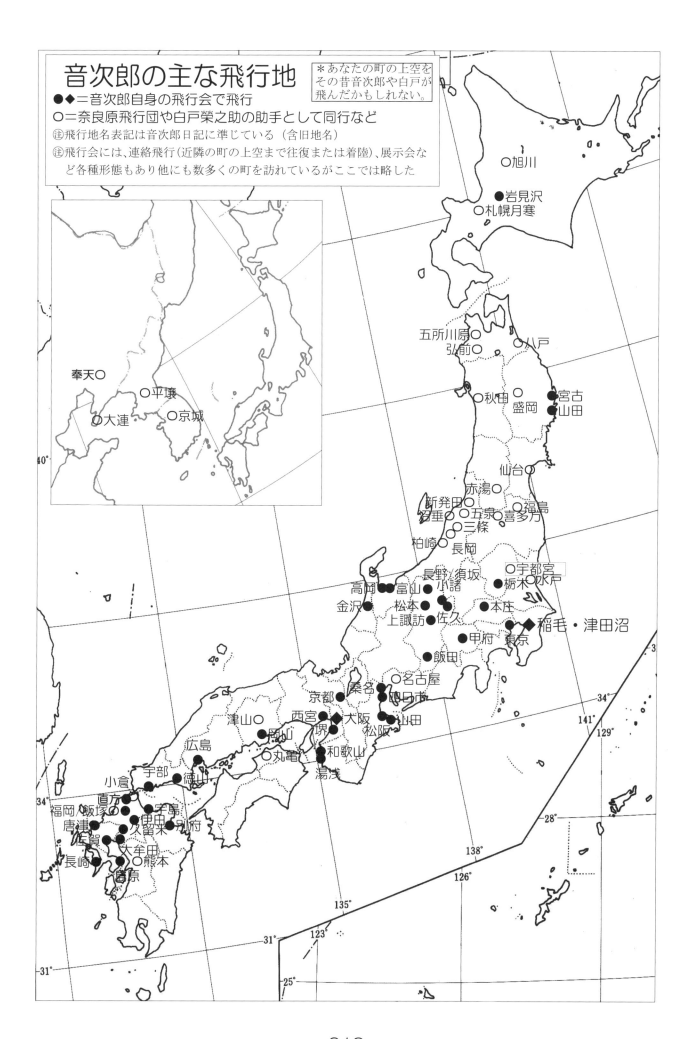

音次郎の主な飛行地

●◆＝音次郎自身の飛行会で飛行

○＝奈良原飛行団や白戸榮之助の助手として同行など

㊟飛行地名表記は音次郎日記に準じている（含旧地名）

㊟飛行会には、連絡飛行（近隣の町の上空まで往復または着陸）、展示会など各種形態もあり他にも数多くの町を訪れているがここでは略した

＊あなたの町の上空をその昔音次郎や白戸が飛んだかもしれない。

○旭川

●岩見沢
○札幌月寒

○奉天

○平壌

○大連 　　○京城

40°

五所川原○
弘前○　　　○八戸

○秋田　　　盛岡○　　●宮古
　　　　　　　　　●山田

仙台○

赤湯○
新発田○　　　　●福島
●亀田○五泉　　●喜多方
　　　○三條
柏崎○　　長岡○

○宇都宮

高岡●●富山　長野○須坂　　●栃木●水戸
金沢●　松本●　小諸●
　上諏訪●佐久●　　●本庄
　　　　　　●甲府　●稲毛・津田沼
　　　　●飯田　　東京◆

○名古屋
京都●　桑名●　●四日市
津山○　西宮●大阪◆　山田●
　　堺●　松阪●
岡山●　　和歌山●
広島●　○丸亀　湯浅●

宇部●徳山●
小倉●
直方●
福岡●飯塚●●宇島
唐津●●田川●別府●
佐賀●久留米●
長崎●大牟田●熊本○
　　　●島原

3─

─34°
141°
129°
138°
─28°
135°
126°
─31°
123°
─25°

─ 319 ─

資17 年譜 音次郎波乱の生涯

80年の生涯を日記や回想録、社史等をもとに辿る

◇出典および年譜中の略称（詳細は巻末の参考文献一覧）
「日記」　　＝「（音次郎）日記」明治38年〜昭和46年　⇒略称未記載でも「日記」を元に記述している
「アルバム」＝「（音次郎）アルバム」明治末〜昭和戦後までの写真を昭和42年前後編集
「回想」　　＝佐渡島家宛て音次郎書簡「回想記　佐渡島英禄氏と私」昭和37年
「新評」　　＝音次郎執筆　別冊新評「民間飛行一番機はこうして飛んだ」昭和46年
「略年譜」　＝音次郎作成「伊藤飛行機研究所略年譜」昭和42年前後執筆
「略歴」　　＝「伊藤飛行機株式會社略歴」昭和13年「伊藤飛行機株式會社 概要一覧」所収
「概覧」　　＝「本社ニテ製作セル飛行機概覧」「同　滑翔機概覧」昭和13年　同上所収
「空気」　　＝「空気の階段を登れ」昭和46年、平成22年・「日本飛行機物語 首都圏版」昭和57年　以上平木國夫

㊟＊資料や文献間に食い違いがある場合、明らかな誤りは修正し、他は 「空気」では明治38年 のように諸説を併記
　＊囲み数字 12 は、本文中の主な関連章番号　　＊日付は「音次郎日記」に基づく
　＊年齢は6月（3日誕生日）時点での満年齢に合わせた
　＊飛行機やグライダー完成月日、施設竣工月日が日記等で確認できない場合は各年度末尾に◇をつけ記載

年代	年齢	伊藤音次郎および伊藤飛行機研究所(製作所等)関係年譜	国内外飛行界 [社会情勢]
明24 1891	0歳	幼少年時代/青雲の志《大阪》 ○6月3日 大阪府西成郡今宮村で出生（現大阪市浪速区恵美須）　5	・4月 二宮忠八鳥型模型飛行器 10m飛行　3
明36 1903	12歳	○小学校時代から絵の才能を発揮（高等科3、4年時絵画綴り現存）　5 　＊小学校には数えの6歳で入学したとの親族の雑誌投稿文章あり	・12月ライト兄弟(米)世界初の有人動力飛行に成功　4
明37 1904	13歳	○3月 恵美尋常高等小学校卒業 しばらく家で絵を描いて過ごした可能性 5 ○藤井甚兵衛の大丸質店に奉公[大阪市東区備後町 現中央区]　5 「空気」では38年に質店奉公とあるが、「日記」では38年1月1日には既に奉公中	[日露戦争〜明38]
明38 1905	14歳	○この頃?から日記を書き続ける(現存日記は38年1月1日より)　1 　(この年の日記余白には繊細美麗な挿絵が数多く描かれている) 資5 ○「毎夜絵を描く」との日記記述あり、深夜まで描く（水彩画数枚現存）　5 ○1月19日 店主に命ぜられ「美顔水」の新聞広告用美人画の上絵（下書き） 　を描く⇒その後、新聞に永く掲載され評判を呼ぶ　5 ○藤井質店の娘さんに初恋の情を抱く（40年後の日記で判明）　5 ○5月17日頃 質店を辞め実家(兄)の仕事の手伝いや絵の修行をする　5	・10月 国際飛行連盟(FAI)創設
明39 1906	15歳	○大阪の佐渡島伊兵衛商店(銅鉄商)に竹島新三郎の紹介で奉公にあがる 　[大阪市南区安堂寺橋通 現南船場]　5 「空気」では40年、「足跡」では数え年16歳とある ＊竹島新三郎、佐渡島英禄等には末永く後援者として世話になる	
明40 1907	16歳	○2月 佐渡島英禄との出会い（英禄が谷崎家から佐渡島家へ婿に入る） 　この年の日記は欠落、「回想」では1月、「佐渡島家資料」では2月27日に婚礼 5	
明41 1908	17歳	○9月23日または10月17日または11月23日[運命の日]道頓堀朝日座でライト 　兄弟飛行の活動写真を観て飛行家を志す 　この年の日記は欠落、「第二征空小史」では9月23日、「回想」「大正7年日記(思い出を記述)」では10月17日、「新評」「空気」では11月23日と音次郎自身の記録や思い出も一定しない。いずれかは不明だが大正7年日記の10月17日が順当か？ 5 ○この頃佐渡島商店では「音吉」と呼ばれ、仕事に励む　5	・奈良原三次、東京帝大工学部造兵科卒業し海軍横須賀工廠造兵部に奉職
明42 1909	18歳	○小旦那佐渡島英禄に時々勉強を教わったり本を貸して貰ったりする 資6 ○毎日早朝および夜に自学自習、読書に励む　日記（明42年1/1〜明43年 　10/31上京直前）には専門書、文芸書、雑誌等90冊余が記載　とりわけ 　「自助論（スマイルス著・訳書 西国立志編）」に深く感銘し影響を受ける 5 　『自カラ勤勉、精力、正直タラントノ念ガ悠然トシテ起ル』 資6 ○2月12日 研数学館の通信教育講義録でも学びはじめる（月50銭）資6 ○3月 佐渡島を辞めて飛行機研究のできる環境へ移ることを考え始める ○7月3〜4日 山田式気球の雑誌記事を読み(6/28)、発明者山田猪三郎宛に 　「職工でもよいからおいてくれ」との手紙下書きを書く（投函不明）　5 ○この頃「飛行機研究」と称し連日模型飛行機を製作 資6	・7月 臨時軍用気球研究会発足 会長に長岡外史中将　7

	音次郎関連の出来事	世相・航空界の出来事
	○9月姉から財産1万円婿入り養子の話しを持ち出され困惑 ○9月9日付の「奈良原三次氏の飛行器発明」の新聞記事に感動し翌日には早速手紙を出す『飛行機乗員二採用セラレン…』[5] ○9月19日「飛行家を志願するなら、まず機械学を学ぼう」との返事？[5] 「日記」には別の返事が記載され、機械学云々はいつの手紙か不明「新評」には音次郎自身の思い出としてこの言葉が掲載 ○11月3日 開校したばかりの市立大阪工業学校夜学に入学し、奉公の傍ら翌年2月17日までの3ヶ月半機械学を学ぶ(途中で行くのをやめる)[5] 「空気」梅田工手学校、「回想」都島工業とあるが、「日記」では大阪工業学校	・7月 ブレリオ(仏)ドーバー(英仏)海峡横断 [4] ・12月 プリアール(仏武官)自動車曳航で我国初の滑空(引網付のため反対論多し)[31]
明43 1910 19歳	○2月4日 奈良原より「操縦者にならないか」との手紙が来る[5] ○以降、奈良原へ丁重な返事、履歴書や写真、健康証明、飛行機の絵葉書等を度々(3月24日迄に6通)出すが、一向に返事が来ず焦燥感を募らす[5] ○2月17日 工業学校夜学を辞めて飛行機の研究にかかる決心をする[5][6] ○5月 店を辞めるにあたり、竹島新三郎、佐渡島英禄に事情を話し、老主人への仲介を願う 英禄には大いに賛同を得る「ウーン面白い」[6][資1] ○6月1日 佐渡島商店を辞める 最後のご奉公に精を出す[6] ○6月5日 関鉄工所に事務員として採用、月末に給料7円いただき感激[6] ○6月15日 新聞記事を読み奈良原の飛行機を操縦する栄光を夢見る[6] ○6～7月 関鉄工所勤務半月後、取扱商品は蒸気機関であり飛行機には無関係である事がわかる また、ガソリンエンジン取扱は関ではなく「岡」鉄工所の間違いであることもわかり愕然とする[6] ○8～9月 いつも店の前を通る女性に恋をするが人妻である事が分かる[5] ○大口豊吉が奈良原式1号機製作に携わる(以降5号機まで全て製作)[9] ○10月27日 奈良原佐世保転勤を知り、その前に会うべく上京を計画[6][資1] ○10月31日 奈良原式1号機試験飛揚の新聞記事を読み刺激を受けて直ちに上京を決意 その際元小旦那の佐渡島英緑に餞別20円をいただく[6] ○11月初め 上京決行 11/1以降日記は未記入[6] ○上京後、佐渡島商店当時の旧知の伊丹康吉宅に泊めてもらいつつ山田洋傘商店に勤める[6] ○軍務多忙な奈良原三次には一向に会えず[6] ○12月15日～19日 伊丹康吉宅より代々木練兵場へ日参 日野熊蔵歩兵大尉徳川好敏工兵大尉の練習および日本初飛行を間近で目撃[7][8] 公式飛行前12月14日の日野の試験飛行を日本初飛行とする説が近年は有力	・4月 日野大尉が仏・独、徳川大尉が仏に派遣される[7] ・6月 奈良原の飛行機竣成するも仏製発動機未着の記事 [韓国併合～昭和20] ・10月 奈良原式1号機、戸山ケ原で試飛行するも滑走に終わる[6] ・12月 日野、徳川両大尉が代々木練兵場で日本初飛行[8]
明44 1911 20歳	○4月 海軍を辞めた奈良原は所沢の陸軍飛行場の一角を借用し民間で活動開始する 白戸榮之助が徳川大尉から奈良原に依託され操縦士となる[9] 奈良原三次の助手時代/力を蓄える《所沢・稲毛》 ○5月5日 奈良原式2号機、国産機初？飛行(所沢飛行場 操縦奈良原)[9] 森田新造が先か？ 音次郎がこの日の初飛行を目撃したかどうかは不明 ○5月6日頃 奈良原三次の東京飛行機製作所の無給助手となるが奈良原との対面は6月になる「空気」は初飛行前の4日、「首都圏」では6日とある[9] ○即座に所沢の細村屋に下宿先を決め、以後20年以上も定宿とする[9] ○9月 奈良原式3号機完成するも11月突風で大破、発動機は差押えに[10] ○12月1日 大阪輜重第四大隊入営⇒翌年2月末頃除隊[10]	・4月 所沢に日本初の陸軍飛行場開場 ・4月 大阪の森田新造が自作機で飛行との時事新報記事 4/24 奈良原より11日早い飛行 ・5月 奈良原式2号機国産機初？飛行(所沢)[9] ・6月 徳川大尉による日本初の航空機事故に対し⇒新語「不時着(陸)」誕生[31] ・10月 国産軍用機「会式1号機」初飛行[7]
明45／大元 1912 21歳	○3月 除隊後、奈良原が新たに作った東洋飛行商会に行き、志賀潔技師長(理学士)から飛行機理論等の専門的指導を受ける[9][10] ○4月13日 奈良原式4号機鳳号、川崎競馬場で本邦初の有料公開飛行[10] ○5月11日 青山練兵場(神宮外苑)で皇太子殿下はじめ皇族方御臨席のもと鳳号の公開飛行を実施し喝采を浴びる(川崎、青山共 操縦は白戸)[10] ○5月下旬 奈良原飛行団、所沢から稲毛海岸に移転(本邦初の干潟飛行場)[10] 「民間航空発祥之地碑誌」では「5月26日飛行場設定」とある (奈良原と白戸は海気館、音次郎と大口及び川辺は上総屋を定宿とする) ○5月～6月 音次郎、稲毛にて奈良原式4号(鳳号)で操縦訓練を始めるものの3回で打ち切り(初練習5/27か) 名古屋の飛行会に同行する[10] ○7月 芝浦埋立地で4日間興行 広島/福岡/小倉/熊本/丸亀/岡山 ○10月～12月 奈良原飛行団、白戸操縦(助手音次郎)で地方巡回飛行実施 巡回飛行中、広島で鳥飼繁三郎の甥山縣豊太郎少年と出会う[10]	・奈良原飛行団移転後、稲毛は民間飛行のメッカとなり数多くの飛行家が操縦練習 [明治天皇崩御][大正改元] ・10月 近藤元久、海外(米国)での邦人初の死亡事故[31] ・10月 福島ヨネが鳳号に同乗し女性初の飛行機搭乗[10]
大2 1913 22歳	○4月 朝鮮(京城、平壌)で鳳号の飛行会実施 平壌で機体を壊し帰国[10] ○4月 鳥飼式隼号、大口豊吉設計製作 5月稲毛・9月札幌で墜落(鳥飼操縦)[10] ○6月 奈良原式5号(鳳二世 新品のノーム70IP搭載)完成[10] ○6月 鳳二世号で水戸、金沢にて快翔するも、無理な金策がたたり発動機が差押えに遭う[10] ○10月 鳳号で月寒(札幌)、旭川、仙台にて飛行会。帰途宇都宮で発動機故障し、音次郎が事態収拾のため残留。[10]	・3月 木村・徳田陸軍中尉国内初の死亡事故[31] ・4月 帝國飛行協會創設[12] ・5月 鳥飼式隼号墜落(後に音次郎の所有となる)[13] ・5月 武石浩玻、民間初の死亡事故[31]

	○この頃奈良原が男爵家の事情等で引退、奈良原飛行団は事実上の解散 [10]	
	○翌年にかけ音次郎は度々大阪の実家へ帰り模型飛行機を製作したり、白戸の巡回飛行の手伝いに何度も呼び出されたりして過ごす [12]	
	○失意の時期(〜大3)に帰阪の際、英禄に『自分が50万円作るのと君が飛ぶのと競争しよう』と励まされる[回想記] 「空気」では丁稚奉公中とある [6]	
大3 23歳 1914	○この頃、奈良原三次への失望感、不信感が沸々と湧きおこる [30]	・この頃外国帰りの民間飛行家が盛んに飛行会を催す
	○3月〜5月 大口、川辺、玉井が野島銀蔵に請われ台湾飛行会に同行 [10]	・6月 鳴尾競馬場にて協會主催の第1回民間飛行競技大会 観衆27万人 [12]
	○山縣豐太郎、16歳で音次郎門下となる [12] [23]	
	7/20日記に「豊さん」として初出 以降度々登場 正式入門日は不明	
	○6月12日 元の発動機を都筑(竹)鐵三郎より借用,鳳二世号を復活させる [12]	
	○6月〜12月 白戸の助手として秋田、甲府、信州飯田、上諏訪で巡回飛行するもトラブル続きのため音次郎が事後処理に走り回る [12]	[第一次世界大戦〜1918]
	○この頃金が無く実家へ帰る度に先行きや養子話が出て思い悩む [12]	
大4 24歳 1915	冒険者の時代/独立し飛躍す《稲毛》	
	○1月 荻田の墜死を受け、辛口論文「協會のあるべき姿」提出 [12]	・1月 荻田常三郎京都で墜死 [12]
	○1月 模型飛行機が20円で売れ、新機製作資金の一部とする [12]	
	○1月14日 鳥飼が隼号の使用許可をくれる [12]	
	○1月30日 隼号到着 千葉市稲毛に伊藤飛行機研究所開設[練習第一日]と日記に記す 商人宿上総屋の荷車置き場を工場として飛行機製作と飛行士養成に向け自身の飛行練習を始める (2月2日 隼号初練習) [12]	
	○隼号を整備・改造し飛行練習する[改造隼号] [12]	
	○毎日稲毛浅間神社に詣でた後、境内で飛行練習(全身を使ったイメージトレーニング)をする[稲毛にいる間続ける 朝昼夜と参拝時刻固定せず] [10]	
	○3月 白戸に依頼され初設計・製作開始 5月5日 白戸による試飛行(白戸式旭号と命名) [12]	
	○5月22日 隼号での初旋回に喜ぶ [12]	
	○6月2日から2ヶ月半 白戸に頼まれ旭号の巡回飛行に同行(東北・北陸) [12]	
	○9月4日 鳥飼よりグレゴアジップ45HPを1,200円で購入 新機設計にかかる(資金は大阪の竹島新三郎1,000円、父200円←実質は姉きんから) [13]	・9月 協会第一期操縦練習生尾崎行輝卒業飛行(所沢〜青山練兵場往復)
	○9月16日 新格納庫完成 (9/9葦簀張りでは危険なため新築することに) [12]	
	○9月〜11月 伊藤式恵美号(恵美1型)を400円の低予算で製作 [13]	
	○9月20日 白戸、飛行学校を計画 音次郎と新機の提供、組合形式を提案 [12] 11月 練習生募集に申込殺到(受付事務担当は音次郎)⇒その後の経緯不明	
	○11月22日 恵美号完成 先輩の白戸に試飛行を依頼し成功 [13]	・12月 ナイルス(米)青山練兵場で宙返り飛行を公開 観衆10万人 [11]
	○12月11・12日 ナイルス(米)の宙返りや夜間飛行を見学 [11]	
大5 25歳 1916	○1月8日 恵美号にて55分間の帝都訪問飛行敢行 日本中が熱狂 [14]	
	○2月〜7年7月 「設計構想メモ」に様々なアイディアを描き綴る [16] [35]	・スミス(3月)、スチンソン(12月)等外国人飛行家の来日と曲技&夜間飛行披露 [11]
	○3月3日 白戸に依頼され“民間初の水上機を設計製作、試飛行(白戸式巖号と命名) [18]	
	○4月8日/6月3・5日 アート・スミス(米)の各種曲技飛行を見る [11]	
	○4月20日〜11月17日 恵美号で7ヶ月間にわたる全国巡回飛行(航空宣伝会)を実施する (栃木から別府まで22ヶ所62回の飛行) [15]	・この頃、飛行機からのビラ撒布が始まる [33]
	○8月10日 海野幾之介より水没事故機搭載のホールスコット80HPを1,500円で購入契約(翌6年恵美三型水上機に搭載) [18]	
	○8月28日 大工に格納庫の見積もりをさせる (新築400円 建替51円) [12]	
	○9月20日頃 白戸、稲毛に白戸協同飛行練習所開設(音次郎と連携) [12]	
	○10月1日 巡回飛行中唯一の汚点=島原で海に墜落、救助される [15]	・音次郎の生涯の恩人佐渡島英禄が大正3年10月分家しこの年9月に「佐渡島西店」として独立 [6]
	○10月20日 巡回飛行記「空飛ぶ旅路(國民飛行)」執筆開始 寄稿文① [15]	
	○11/14 巡回飛行決算[収入7,923円/支出7,399円66銭/差引523円34銭] └*借金返済含む	
	○12月 2棟の格納庫を建てる(新築および建替) [12]	
	○12月16日 女流飛行家キャサリン・スチンソン(米)の夜間飛行、宙返りを見学し、大いに刺激を受け密かに挑戦を決意 [11]	
	○12月20日頃 白戸、千葉市寒川に移転し白戸飛行練習所を開設 [12]	
	○12月26日 上総屋三女「布施きち」と婚姻届出 戸籍抄本より [48]	
	○12月29日 引越し終わりこの日よりきちと住む [48]	
大6 26歳 1917	○1月6日 稲毛で民間航空初の夜間離着陸、飛行に成功 [17]	
	○1月6日 井上長一入門 (後に堺〜徳島に定期航空路開設) [35]	
	○1月9日 矢野周一が稲垣知足を連れて研究所に来る(稲垣初出) [24]	
	○1月10日 この頃から山縣の本格的な練習始まる [23] 『山縣練習セシム 滑走四回 ジャンプ二三回 直線飛行二回』	
	○3月22日 井上長一から300円借入し恵美2型3型の製作費用に充てる [17]	
	○4月1日 伊藤式恵美2型設計・製作(恵美号のグレゴアジップ45HPを利用) この日試験飛行 [17]	

	○5月　山縣が操縦練習生第1号として卒業　　　　　　　　　　　　資15	・5月　日本飛行学校教官の玉井清太郎墜死(生徒の円谷英二は退校し映画の道へ)
	○6月27日　恵美3型(水上恵美号)設計製作、試験飛行(ホールスコット80HP＝竹島新三郎の援助で前年海野幾之介より1,500円で購入したもの)　18	
	○7月9日　水上機を山縣が練習で壊す(翼4枚・フロート・プロペラシャフト他)18	31　49
	○8月21日　山階宮殿下来場(津田沼移転後も数回来場)(高岡飛行会中)　29	・6月　陸軍各務原飛行場開設
	○8月22・23日　恵美3型最初の飛行会　富山県高岡伏木港　　　　　　18	
	○8月31日　母校恵美小学校に3型を持ち込み展覧会と講演会実施　　19	
	○9月4日〜10日　恵美3型を携え西宮及び故郷大阪訪問飛行実施　　　19	
	阿部蒼天制作「征空小史」を政財界配布	
	○9月16日　関西飛行記者倶楽部主催「謝恩飛行」でメッセージカード散布　19	・10月　猛烈な台風により関東一円に大被害　東京湾沿岸の飛行場〜寒川(白戸)羽田(相羽)など〜も高潮で軒並み壊滅
	○9月25日　東京でホーカー化粧水のビラ撒きのための商業飛行が「帝都一周飛行」と話題に　ビラ撒きは昭和10年代頃まで重要な収入源となる　20　33	
	○10月1日未明　台風による高潮で民間航空のメッカ稲毛飛行場は壊滅	
	恵美2型、3型の2機はまだ大阪にあり無事だった　　　　　　　20	
	○10月〜翌年3月　家族・助手等一同で大阪移住　(10月12日出発)　　20	・12月　中島知久平、群馬県太田に飛行機研究所設立(後の中島飛行機)
	同　堺など大阪近辺で飛行場開設に努力するも叶わず　　　　　20	
	同　資金調達のため各地で飛行会(和歌山、湯浅、広島、京都、東京、桑名)　20	
大7　27歳 1918	○2月13日　恵美3型水上機を白水利雄に3,200円で売却　　　[日記]　18	
	ホールスコット80HPが後に製作の機体に搭載されており、売却後借用・買い戻したか	
	○3月14日　津田沼の宅地地価問合せ(この頃既に津田沼に着目していた)　20	
	○3月22日　大阪を訪ねてきた東京高等工業学生の稲垣を伴い和歌山見物　24	・4月　協会の後藤正雄、所沢大阪間飛行
	○4月3日　恵美2型を門下生の福長朝雄に4,000円で売却(鳥飼の仲介)　17	
	経営者として順風満帆時代/優れた手作り機の数々《津田沼町鷺沼》	
	○4月12日　船橋から稲毛までの海岸を鳥飼と歩き、津田沼町鷺沼海岸に貸家と400坪の土地を借り(鷺沼1440番地　現習志野市)研究所を再建　20	
	○4月25日　(4/18一旦帰阪し)家族と共に大阪より引き揚げ、津田沼へ　20	
	○5月8日　山縣と共同製作した鶴羽一号ノーム50HP(鳥飼名義)完成　21	・5月　中島知久平、川西財閥と結び日本飛行機製作所設立
	○5月11日　格納庫2棟出来る(地均し含500円一寸)	
	○5月30日　福長朝雄旋回　7月23日藤原正章旋回　いずれも旋回の祝宴を張る	
	○5月　この月に音次郎が練習したのは僅か3日間　山縣の成長に伴い経営に重心を移していき飛行回数は漸減	
	○6月20日　藤原正章注文のエルブリッジ搭載機試飛行(3,500円で売却)　21	・7月　飛行家13人で飛行士倶楽部創立　基本金500円中100円を音次郎が負担
	○8月　この頃連日練習機の設計　12/11『僕(音次郎)ノ練習機出来ル迄…』21	
	7年に稲垣の初設計(鶴羽2号以前)と言われる練習機のことでは？　21参照	・7月　パターソン事件の始まり(郵便飛行の件)[米騒動]
	○9月10日　稲垣知足を東京高等工業の学生のまま研究所の主任技師に迎えるが年内は学校の休日ごとに来ることに決定　　　　　　　　　24	
	○9月16日　佐渡島(2,500円)よりの支援(借用ではあるが)	
	○9月中旬　白戸の頼みにより岩見沢と宮古、山田(展覧のみ)で飛行会	
	○9月30日　奈良原三次、男爵を襲爵[記念写真記載]　　　　　　　　30	
	○10月17日『立志十週(ママ)年記念二付夜祝宴ヲ張ル(日記より)』	
	ライト兄弟の活動写真を観て飛行家になるべく立志　通説では11月23日など　5	
	○10月〜11月　山縣、広島、朝鮮各地で飛行会[広島で郷土訪問飛行10/25]　23	
	○8月〜12月　白戸出征の間に練習生の指導及び練習所事務処理手伝い	
	○11月11日　工場上棟式(大工見積もり2,700円)	
	○11月23日「稲垣氏來‥ノーム製図ヲ見ル」(ノーム搭載第1鶴羽設計図)　24	
	◇この年練習用に日野式2サイクル30HP、ノーム50HP練習機、ホールスコット80HP練習機、藤原延の注文でエルブリッジ30HPの機体製作[略年譜]　21	
	◇稲垣がホールスコット80HPで練習機設計？[アルバム]日記記載なく疑問	
	◇40坪と28坪の格納庫工場、仮格納庫2棟建設、この時代では先進的な酸素溶接機を購入し佐野清三郎に技術を修得させる[略年譜]＊5/11のことか21	
大8　28歳 1919	○年頭の辞『日本航空事業ノ先鞭ヲ付ケルコト(日記)』と事業家宣言　21	
	○1月1日　鷺沼の氏神に初めて参拝(根神社か？　この後度々参拝)[日記]	
	○1月8日　稲垣技師、日本初の曲技専用機(ノーム50HP)本格設計開始　24	・4月　陸軍航空部設立(本部・補給部の二部制　本部長は井上幾太郎少将→後大将)
	○1月中下旬　飛行練習所規則を作成し飛行学校練習生を募集する　　21	
	○2月中旬　練習生の練習開始(この後、山縣教官のもと連日練習)　　21	
	○2月13日　長女智恵子スペイン風邪で死去(生後40日)	・4月　所沢に航空学校開設
	○3月4日　福長、津田沼町大久保付近に不時着	・4月　中島式5型陸軍制式機に(4型の試験結果良好で航空部より20機受注。一部改良を加え5型と称し10年までに民間含め118機生産)37
	○3月19日　大阪の博覧会で飛行	
	○3月30日　台湾より謝文達入学	
	○4月21日　稲垣設計山縣用宙返り専用機完成(第2鶴羽号)鶴羽2号とも　24	
	○4月24日　音次郎が第2鶴羽号胴体の鶴の絵を描く(左右非対称形)　24	
	○4月25日〜5月4日　第2鶴羽号試験飛行　　　　　　　　　　　　24	・4月　日本飛行機製作所の水田嘉藤太民間初の宙返り
	○5月5日　山縣、第2鶴羽号で民間初の連続？2回宙返り成功(津田沼)　23	
	○5月10日　山縣、東京奠都50周年記念飛行大会で烈風の中連続2回宙返り公開(洲崎→上野)＊非公式ながら天皇陛下のお目にとまったとのこと　23	・5月　東京奠都50年祭民間飛行大会(洲崎)　　　　　23　25

○8月3日 謝父子来、初めて1万円の飛行機作る事になる [21]	
○8月17日 佐渡島4,000円出資、竹島も同額？	
○8月20日 ゴールハム125HP中古機1台、同150HP新品発動機1台購入契約[21]	
○9月22日 竹島に5,000円借りる	・10月 第1回東京〜大阪間 懸賞郵便飛行競技(1等佐
○10月22・23日 山縣、第1回東京〜大阪間懸賞郵便飛行競技で2等入賞 (恵美5型＝中古ゴールハム125HP機) 1等佐藤要蔵 [23]	藤要蔵) [23][25]
○10月 翌年実施の長距離飛行競技に備え、ゴールハム150HPで長距離用機 の設計(稲垣)・製作に着手[10/10に150HP入手] [23][24]	・10月 国際航空条約締結 (パリ条約)
○11月20日 兵頭精、女性初の入門者 [26]	・12月 日本飛行機製作所分
○12月20日 坂東舞一ら来訪 後藤勇吉を客員教官に迎える [25]	裂(坂東舞一×中島知久平)
◇工場3棟、事務所、応接室、宿直室、発動機工場、倉庫増築[略年譜] [21] 資4	[25]
大9 29歳 1920 ○1月3日『鶴羽鮮人金氏二引渡シ荷造ヲナシ預ル』と第2鶴羽号売却か [24]	・1月 民間飛行作振会新年飛 行会(洲崎) [24]
○1月16日 民間飛行作振会新年飛行会(洲崎)に山縣が第2鶴羽号で参加 [24]	
○3月4日 木工場大工4人で建築→3月24日 工場出来上がる(大工220円)[21]	
○3月19日 恵美14型(長距離用)完成、試飛行 完成祝宴 [23][24]	
○3月30日 150HP(14型)に早くも買い手、1万5千円で懸賞飛行後と口約束[24]	・4月 東京〜大阪無着陸周回
○4月21日 山縣、東京〜大阪周回無着陸懸賞飛行競技に距離と時間の新記録 で優勝(恵美14型ゴールハム150HP 距離840km、6時間43分) [23]	飛行競技(参加の飯沼金太 郎が丹沢で遭難し重傷)
＊14年の朝日機訪欧飛行までに於ける国内長距離レコード保持 [23]	[23][31]
次の福岡〜上海間飛行に備え米国にリバティ400HP発動機発注 [23]	・5月 臨時軍用気球研究会解
○7月 後藤機製作中に秩父宮殿下御来場 金一封を戴く [29]	散 [7]
○7月27日 稲垣設計の目的により主翼が交換できる恵美16型ローン120HP富 士号完成し後藤試飛行(後藤と坂東舞一が共同発注) [25]	・5月 イタリア軍機二機、100 余日かけて訪日飛行 [11]
○8月2・3日 洲崎に於ける第1回懸賞飛行競技大会で伊藤門下1・2位独占 (速度;山縣、高度;後藤、曲技;後藤 他に謝、安岡)中でも後藤機の富士 号は高度5,000m(以上)の新記録樹立 [25]	・8月 第1回懸賞飛行競技大 会 [25]
○8月29日朝8時 恵美14号機で山縣は津田沼飛行場上空で連続3回宙返り 飛行練習中に左翼が折れ墜落殉職 [23]	・8月 陸軍管下航空局設置
○9月18日 山縣墜落地の農地の地割りと道の縄張りをする 坪5円ずつ [23]	・11月 大阪〜久留米間第2
○11月5日 久々田に転居→翌6日初めて出勤を体験 ＊今までは工場内に住居	回懸賞郵便飛行競技(1等
○11月21〜23日 第2回懸賞郵便飛行競技(大阪〜久留米)で後藤が2等 (主翼交換式の恵美16型富士号) [25]	石橋勝浪) [25]
○この頃、ビラ撒きを盛んに行い現金収入を得る [33]	・12月 航空局陸軍依託操縦 練習生10名選抜 [36]
大10 30歳 1921 ○この頃の伊藤飛行機研究所の職員体制 所長;伊藤音次郎 工場長;佐 野清三郎 設計主任技師;稲垣知足 発動機主任技師;矢野周一 高等 飛行術教官;後藤勇吉 飛行術教官;安岡駒好、藤原正章 [37]	
○この年の始め研究所に「空中写真部」を創設し、航空写真撮影・販売の先駆 けとなる(雑誌「飛行」大正10年4月号から広告掲載開始 操縦;後藤勇吉 後に安岡駒好・撮影;矢野周一との記録 2月26日初撮影飛行か) [34]	
○3月3日 工場全部棟上げ終わる 4/24工場落成式典(来賓多数) [21] 資4	・3月 航空取締規則公布
○3月4日 フォーカルプレンシャッターの暗函とテッサー17番購入 (写真好きの音次郎は度々高級写真機を購入、本書写真等多数撮影) [34]	[堪航検査、操縦士資格試 験等制定] [38]
○3月17日 株式会社組織とすることが大阪の支援者たち(佐渡島英緑、竹島 新三郎、中山弘一)の内諾を得る [37]	
○3月21日 佐藤章より受注製作の恵美19型チューリン120HP完成し、章号と命 名され引渡し [28] 資13	
○3月30日 航空局および帝國飛行協会より音次郎、稲垣、白戸、中島に賞状お よび金一封授与(音次郎、白戸、中島7,000円/稲垣2,000円) [37]	・4月 軍用機払い下げ勅令[38] 中小民間飛行機製造会社の
○4月20日 伊藤飛行機研究所が資本金12万5千円の株式会社として発足す ることが大阪で開催の発起人会で決定[会社登記は6月27日] (最大株主 佐渡島英緑1,200株、取締役会長 中山弘一) [37]	10数年にわたる衰退始まる
○4月 練習機として恵美20型ローン80HPを小栗飛行学校に納入 資13	
○米国空中サーカス、バー飛行団が置いて帰ったカーチス式飛行機4台と 予備発動機2台全部を井上長一を通じて買い取る 資13	
○5月11日 堪航検査、操縦士試験始まり航空局より係官6名来場 [27]	
○5月21・25日 第2回懸賞飛行競技大会で安岡駒好が富士号で速度と距離に 3等入賞(速度/曲技1等は高橋信夫＝白戸式25型は稲垣設計の改良型、 距離1等は後藤) [25]	・5月 第2回懸賞飛行競技 ・8月 東京〜盛岡間第3回懸
○7月 佐藤章より秋田県民寄贈の長距離機秋田号マイバッハ320(260?)HP注文 (恵美24型)完成まもない11/3佐藤墜死により搭乗は叶わなかった[31] 資13	賞郵便飛行競技 ・8月 航空局陸軍依托第1回
○7月 栄光と鎮魂の研究所史「第二征空小史」中正夫編輯で発行 [32]	操縦練習生卒業飛行 [36]
○11月21日 大工と全て(事務所等)の見積価格決める ＊竣工日不明 [21]	・11月佐藤要蔵(章)章号で曲
○11月29日 山縣亡き後第1回卒業生記念写真(兵藤、加藤、張、洪、山崎) [27]	技練習中助手と共に津田沼
◇工場2棟、鈑金機械工場、木材乾燥室増築、木工機械、旋盤、電動機等整備 [略年譜] ＊4/24、11/21のことか [21] 資4	で墜死 [31] ・11月 金沢〜広島間第4回
◇払い下げ勅令以降20年間にわたる航空不況の中、中古軍用機や部品を払 い下げてもらい改修に励む日々が続く [35]	懸賞郵便飛行 [25]

大11 1922	31歳	○伊藤式イ号星型空冷5気筒40HP発動機を製作 41 ○恵美29型台北号製作（我が国最初のリムジン型旅客機 謝文達発注） 資13 ○3月24日 兵頭精、三等飛行機操縦士試験に二度目の挑戦で合格し女性飛行家第一号として免状取得（3月31日付 免状番号38） 26 ○春 山縣用に用意したリバティ400HPで恵美22型山縣記念号製作 23 ○4月12日 英国皇太子を空中より歓迎、4/27写真に収め皇太子殿下に献上（90年後に写真が再評価され新聞雑誌を賑わすことになる） 34 ○研究所練習用にカーチス90HPで恵美25型練習機を製作 資13 ○6月2・3日 三等操縦士懸賞飛行競技（下志津）参加15名中10名が伊藤飛行機一門（含出身者）速度、離着陸部門で上位を占める 25 ○6月22日 父岩吉の喜寿祝いに伊藤式恵美23型で同乗飛行 48 ○7月10日 **イ号星形5気筒40HP発動機搭載の伊藤式スポーツ用小型軽飛行機が平和博覧会（3月10日～7月31日 上野）にて銀牌を受ける** 41 大蔵清三が操縦し高性能を証明するも資金不足で改造できず開発断念 ○8月 兵頭精のスキャンダル記事が新聞に掲載、飛行界を去る原因となる 26 ○10月28日 井上長一より受注した我が国初の旅客飛行艇恵美31型3号機完成、初飛行（イスパノスイザ150HP→翌年220HPに改造） 35 ○11月3日～11日 東京～大阪間定期式郵便飛行競技に最年少で大蔵清三が出場し好評を浴びる（伊藤飛行機から5名参加） 25 ○井上長一の日本航空輸送研究所から上記飛行艇を受注すると共に機材、操縦士（久保田亀之助、張徳昌）/機関士/整備士を提供し後援する 35 ○『伊藤式第一BO式滑翔機設計製作（我が国最初）』との記述が会社の記録にあるが詳細不明（10年に磯部式グライダー試作との記録も） 42 ○11～12年にかけて航空局より陸軍戦闘機甲式三型二式二四型（ニューポール）4機受注 良好なる成績で納入 37 ○11～12年にかけ陸軍航空部命により偵察機の修理を行う 37 ○9月～12月 盛岡岩手日報社社長禿氏岳山より東京大阪間定期航空輸送実現の相談 朝日新聞編集局長安藤正純に諮り（10/26）実現へ 機材、人員は白戸と伊藤、運営を朝日、名称は東西定期航空会とする（調印12/7） 35 ◇建坪27坪の設計室及び材料試験室兼練習生教室を増築[略年譜] 21 資4	・6月 三等操縦士懸賞飛行競技 25 ・6月 井上長一の日本航空輸送研究所発足 35 ・11月 同上、堺大浜～徳島間に初の定期旅客運航開始 ・11月 東京～大阪間定期式郵便飛行競技（優勝島田武男） 25
大12 1923	32歳	○1月11日～3月 朝日新聞社と伊藤、白戸提携で東西定期航空会を結成し東京～大阪間定期航空開始するも事故多発など多事多難 第二期（8月）以降は朝日直営となり、伊藤飛行機は整備作業のみにせんじることとなる 35 ○1月13・14日 会社の資金繰り苦しく、東西定期航空会開始にもかかわらず支援を求めに帰阪するが断られる⇒以降、度々帰阪し佐渡島、竹島、中山へ ○1月18日～大15年 稲垣知足、軽飛行機研究のため英仏留学へ 24 ○3月12日 東西の洲崎格納庫焼失 台北号焼失との文献もあるが日記記載なし ○不況で飛行機修理中心となり、自動車製作を試みる（68台） 35 ○3月30日 山階宮殿下再度御臺臨 [概要一覧]では4月 29 ○卒業生洪雲中、帰国後中国空軍中佐となり軍用機製作のため優秀な人材の依頼、4月矢野周一と安岡駒好を派遣する（～昭和3年） 資4 ○5月4日付國民新聞に矢野周一技師開発の無発動機飛行機の記事掲載⇒昭和6年「航空年鑑」に「伊藤飛行場で設計されたが失敗に終った」とある 42 ○6月2・3日 第4回懸賞飛行競技（下志津）二等操縦士部門7名中2名、三等操縦士19名中10名を伊藤飛行機が占め、成績も良好 25 ○7月 大蔵清三が朝日新聞入社 東西定期航空会操縦士として以後活躍 35 ○8月 妻きち、腎臓結核のため千葉病院で手術 48 ○9月1日 震災による伊藤飛行機研究所の被害はなし ○震災後、航空局からまわされるサルムソン式や中島式などの整備にあたる 輸送基地として下志津飛行場を使用 資4 ○10月 白戸の航空界引退、飛行学校閉鎖に伴い練習生を引き受ける ○矢野周一、モーターグライダー設計との新聞記事[日日房総版12/15付] 42 ◇180坪の格納庫新築[略年譜] 21 資4	・1月 東西定期航空会結成 東京～大阪間定期航空開始 ・3月 航空局 陸軍省から逓信省に移管公布 ・4月 日本航空株式会社設立（川西系 坂東・後藤）同上7月 大阪～別府～福岡間定期航空開始 ・6月 第4回懸賞飛行競技（下志津） 25 ・8月 東西定期航空会第2期運行開始 35 [関東大震災] ・9月 震災で洲崎の東西定期航空会格納庫全滅 臨時に代々木練兵場を使用 ・9月 各航空会社、飛行学校が緊急連絡等に大活躍
大13 1924	33歳	**払い下げ機の修理工場化時代/終わりの見えない苦難の日々《津田沼》** ○この頃の伊藤飛行機練習部職員体制[部長；伊藤音次郎、講師；稲垣知足/矢野周一、操縦教士；杉本信三/大蔵清三、助教；鈴木菊雄/矢野周一] 27 ○ホンダ(株)創始者の本田宗一郎が18歳で練習生となるも1ヶ月で退所 27 ○3月 12年下半期～13年上半期の研究所収支が61,915円余もの欠損に 37 ○11月 陸海軍機の民間への安価な払い下げ等による民間航空界の不況のため、株式会社伊藤飛行機研究所解散、音次郎個人経営の伊藤飛行機製作所とする また経費のかかる飛行部門（練習部）を分離することとする 37 39 ○スポーツ用機として恵美49型を製作[略年譜] 払い下げ機を改修か? 資13 ○この時期、朝日および新設の毎日新聞社航空部の機体整備を請け負う 新規製作受注はなくなり、修理及び整備しかないのが現状 資4	・この年、世界一周挑戦機が経由地として日本に続々到着（米/仏/アルゼンチン） ・6月 仏機来日、大蔵清三（朝日）が上空で出迎え ・毎日新聞社、航空部新設 ・7月 川西系日本航空と毎日新聞社提携の春風号で後藤勇吉日本一周(4,395km)

大14 1925	34歳	○1月11日/5月8日 山階宮殿下津田沼に台臨　28 資11 ○現地の新聞社と提携した北海道、東北飛行場開設、新聞輸送計画は機運 　が盛り上がらず　35 ○3月 飛行部門を分離し、川辺佐見と音次郎との協同経営の東亜飛行専門学 　校を設立(〜昭和11年)㊟川辺へ譲渡し完全独立させるのは昭和2年　37 39 ○5月 朝日の訪欧飛行計画の人選を巡り、社員として迎えられたにもかかわ 　らず大蔵清三を引き取ってほしい旨(退社)の連絡 　(訪欧操縦士には短軀の大蔵ではなく長身で語学堪能な河内一彦に決定)35 ○7月 大蔵清三による訪欧飛行見送りを兼ねた大連飛行計画は航空局の許 　可を得られず中止(朝日退社の大蔵の飛行機での見送り拒否)　35	[治安維持法・普通選挙制] ・7月 朝日新聞社の初風、東 　風がシベリア経由でパリ→ 　ロンドン→ローマに10月着 　(総飛行距離17,403㎞ 　㊟途中引返し等も含む)
大15 1926	昭元 35歳	○前年12月〜1月 東京日日新聞社航空部長吉田禎治の仲介で所沢の航空社 　を買収し、分工場として陸軍機の修理にあたる(軍への足がかり)　39 ○2月15日 「日本輕飛行機倶樂部趣意書」を作成する　41 ○3月12日 朝日から上野博覧会用20人乗り飛行機注文も条件合わず中止　39 ○5月10日 稲垣、英仏留学から帰国するも体調不良で休養　24 ○稲垣、35馬力軽飛行機恵美51型機設計(一葉半式)に着手[略年譜] 24 資4 ○この頃、英国風クラブの組織化に着手するが機熟さず　41 ○北海タイムズ社航空部新設、所有機サルムソンの整備依頼　35 ○小樽新聞社航空部新設 十年式を大蔵操縦で札幌迄空輸　35 ○11月17日〜12月21日 大蔵清三と共に満州に赴き航空路開設のため各地の 　実地調査にあたるも収穫なし　35	[大正天皇崩御][昭和改元]
昭2 1927	36歳	○1月 大蔵清三、毎日新聞航空部嘱託に(伊藤兼務)4年12月正社員　39 ○2月13日 田中不二雄の意見で、稲垣に津田沼を任せ、音次郎は東京出張 　所で対航空局折衝にあたることを本人たちに伝え翌日正式決定　39 ○2月18日 東京銀座二丁目に東京事務所設立し、翌19日妻子と共に移転　39 ○6月23日 合資会社登記申請　39 ○6月27日 稲垣喀血、心身の不調で次第に設計への意欲をなくす　24 ○㊟この頃「奈良原現れる」と略年譜・史話・空気にあるが、日記では昭2〜3年に 　奈良原の名は一切記述なく、昭4年8月10日に再登場して以降頻繁に訪れる。36 ○7月 東亜を協同経営から川辺に譲渡し完全独立に移行 　9月 川辺と財産分配を行う(工場と東亜で飛行機や発動機、部品等)　39 ○9月26日 東京事務所を廃止することを決心する　39 ○10月28日 東葛飾郡市川町(現市川市)菅野に転居決定、手付け渡す　39 ○11月28日 事務所移転届け出　39 ○12月1日 役場で転入及び子供(信太郎、徳次)の入学(転校)手続きをする ○12月 航空局の有力者により、立川の朝日新聞格納庫に隣接して東京飛行 　機製作所を作り古参の所員を引き抜き所長とし、朝日の仕事を作業中の 　ものまで横取り。また多数のベテラン職工の引き抜き等で心理的に大き 　なショックを受ける[略年譜]　39 ○12月19日 津田沼の自宅差し押さえ　40 48 ○この頃の数年間はどん底状態で、給料遅配、工場縮小、工員の士気低下 39	[昭和金融恐慌] ・5月 リンドバーグが大西洋 　横断に成功 ・12月 帝国飛行協会、太平洋 　横断計画飛行士に後藤勇吉 　等4名任命
昭3 1928	37歳	○1月26日 稲垣父より音次郎のもとへ辞表が送られてくる　24 ○6月28日 またもや差押え 今回は飛行機4台と家財道具が競売に　40 ○8月 「航空タクシー」構想が航空局の了解を得るも、資金不足で進まず、相 　羽有の東京航空輸送社に先を越される(昭和10年)　35 ○10月15日 佐野が捨てられ、すがってきたので詫び状を書かせ許す　39 ○12月11日 中国から帰国した安岡駒好が音次郎のもとを訪問　40	・2月 後藤勇吉、太平洋横断 　飛行訓練中佐賀県七浦で墜 　死 計画は中止となる 25 ・10月 日本航空輸送会社が 　政府主導で設立 ・航空局の「航空機維持奨励 　金支給制度」始まる 38
昭4 1929	38歳	○1月17日 料金滞納で電気を止められる(この後、度々止められている)40 ○2月 「夜間広告飛行」5月「ネオン」が日記に初出 伊藤飛行機の考案　33 ○この頃ベテラン工員の大量引き抜き(→立川へ)発覚 局幹部の画策　39 ○5月16日 市川市菅野から津田沼町鷺沼に転居 ○この頃、1年越しで塩田(船橋)飛行場計画を進めるも失敗　資11 ○7月31日 学校機能を併せ持つ倶楽部として練習生を募集することとし経 　済的見通しが立つ　41 ○8月10日 大正2年に航空界を引退した奈良原三次が突然現れ、氏考案の 　直昇飛行機(ヘリコプター?・オートジャイロ?)試作を依頼 以降、奈良原は足 　繁く音次郎のもとを訪れる㊟略年譜、史話は昭和2年とあるが日記では4年に 　再登場 (この年4日間 8/27・10/23・24、5年54日、6年114日来場) 　音次郎は困窮状態の奈良原のため市川に家を探すなど支援 30 42 ○8月30日 経営難で所沢の分工場を田中不二雄に譲渡　39 ○11月16日 長岡外史中将に倶楽部の名誉顧問就任の了解を得る 29 41 ○12月 航空機の経済的独立を目標として軽飛行機普及を計るべく練習部を 　廃し日本輕飛行機倶樂部(ライトプレーンクラブ)を創設　41	・3月 東西定期航空会、日本 　航空(株)は定期航空路線を 　輸送会社に譲渡し解散 ・4月 日本航空輸送会社が貨 　物、旅客輸送開始 [世界恐慌はじまる]

昭5 1930	39歳	**軽飛行機とグライダー時代/新たな活路を見出す《津田沼》** ○1月4日 倶樂部新年初飛行（この後仕事始めと合わせ毎年恒例となる）41 ○4月6日 矢野周一による作りかけ（大11）グライダー修復を所員が試みる 　そこで別のグライダーを作ることにする（独自にグライダー研究開始）42 ○磯部鉄吉製作初級滑空機の試験飛行（所沢）での破損に伴う修理依頼を受 　けたことを機会に滑空機の製作を始める[略年譜]42 　6月30日 磯部氏來場グライダークラブ（伊藤）工場ト提携シテ眞ヒタイ[日記] ○四男満（4歳）三女照子（1歳）を相次いで亡くす 資11 ○7月26日 伊藤飛行機考案のネオン点灯広告飛行敢行「ヘチマコロン」 　画期的だったがトラブルも多く余り振るわなかった 33 ○10月 倶樂部第1号卒業生豊田安太郎 ～昭16年までに92名の免状所有 　者卒業軽飛行機倶樂部以前の59名を合わせ卒業生総数151名となる）41	・4月 学生航空連盟結成 　（朝日新聞社後援） ・5月 磯部鉄吉予備海軍少佐 　所沢にてグライダー試験飛 　行（片岡文三郎搭乗） 42
昭6 1931	40歳	○1月4日 仕事始め式で安岡操縦機同乗（音次郎1年振り、奈良原20年振り） ○1月7日 磯部来場、グライダー試飛行 1月17日 原価工賃と材料費460円請 　求（音次郎らしく採算度外視）㊟下記のセカンダリーのことか 42 ○1月 「日本初のセカンダリー完成（発注・磯部鉄吉 製作・伊藤飛行機）」 　[「日本のグライダー」より]㊟この頃の音次郎とグライダー関連資料に食い違い有 42 ○2月16日『宮崎氏…グライダー設計ノ件ヲ依頼ス 承認ヲ得』 42 　「日記」では山崎ではなく"宮崎"とあり、日記の誤りか？別人物か？断定でき 　ず 7年1/23にも同様の記述あり。航空研究所の山崎好雄には、昭和13年までにA型プ 　ライマリー2種、B型セカンダリー6種、C型ソアラー6種及びD型複座等多数設 　計してもらっているのだが… ○4月21日 日本軽飛行機倶樂部初役員会（会長に奈良原三次、顧問に長岡中 　将ら、相談役に佐渡島・竹島、理事に木村秀政、音次郎ら、運営と練習 　の幹事長には安岡駒好） 練習機には、安価に済む払い下げ機のアブロ、 　アンリオ及び航空局からの貸与 略年譜、アルバム等では昭5年とある 41 ○6月30日 朝鮮孔徳里で二宮忠八合理飛行機発祥之地記念碑除幕式（出席せ 　ず 音次郎も関係者の一人か）＊7月10日付で二宮より報告状来信 29 ○7月 長岡外史を通して作家巖谷小波に軽飛行機倶楽部歌歌詞の添削依頼 　8月1日 同倶樂部歌の作曲が出来上がる[原詞；奈良原、作曲；朝吹英一]29 41 ○10月15日 伊藤飛行機考案の網引き（ネット曳航）広告飛行が日記初出 33 　以降、広告代理店を通じて多くの依頼が舞い込む ◇奈良原のヘリコプターは後援が続かず、回転翼と胴体はできたが発動機 　から回転翼への連動装置が進まず完成に至らず 略年譜では昭4年 32 ◇伊藤式B1型ユニバーサル型グライダー製作？[概覧]42 資14	[満州事変]
昭7 1932	41歳	○1月23日『山崎君來 グライダーニツキ協議、プライマリー ソワラー兼用 　機ヲ結局、新ラシク設計シテモラウコト』8年宮崎は誤りか？以降山崎と記述 ○4月20日 それまでただだった海と海岸使用権が有料になる 21 　（海100円→漁業組合へ、海岸30円→鷺沼区へ） ○5月19日 航空神社の建設準備を安岡駒好に命ずる（翌8年地均し、土堤）31 ○8月14日 川辺佐見の東亜飛行専門学校練習生呉成玉が鷺沼の民家に墜落 　し住民の廣瀬チカさん死亡 音次郎が川辺に代わり住民と折衝する 31 ○12月18日 日本軽飛行機製作所新設 資本金1万円 理事；奈良原、音次郎他 　（軽飛行機の販売のみに限定 注文は伊藤飛行機へ）	[五・一五事件]
昭8 1933	42歳	○7月10日 軽飛行機倶樂部の上仲鈴子、女性初の大阪→東京間無着陸飛行成 　功（3時間42分）26	
昭9 1934	43歳	○6月12日 奈良原と飛行場予定地視察[巾300m、長さ500m以上は確実]と喜ぶ 42 ○6月19日 江戸川区篠崎の河川敷に日本軽飛行機倶楽部飛行場開設申請 42	・帝國飛行協会、グライダー 　製作費補助規定 38 42
昭10 1935	44歳	○1月1日 十数年振りに借金全て返済して年越しできたことを喜ぶ[日記]40 ○1月15日付 内務省より江戸川飛行場（江東区篠崎町先河川敷）開設認可 42 ○1月19日 新聞で相羽有の航空タクシー出願を知り、先を越されショック 35 ○5月1日 東京帆走飛行研究会を設立 42 ○7月21日～8月9日 音次郎が設立の東京帆走飛行研究会主催の上ノ原グラ 　イダー講習會（参加者約100名？日記では10数人 講師陣に安岡駒好等）42 ○10月13日 来日中のヒルト氏(独)津田沼に来場するも潮が合わず飛べず 42 ○11月9日 江戸川飛行場起工式 格納庫起工か？ 42 ○12月18日「航空二十五周年記念会」で航空黎明期を彩った人達と旧交を温 　める[井上大将、徳川、日野、田中舘、奈良原等]29 ○12月24日 稲垣知足、闘病の末死去 24 ◇伊藤式B2型セカンダリー機製作[概覧]42 資14	・4月 京都市立第一工業学校 　に中等学校初の滑空部設立 　（中学初は厚木中10年5月）42 ・5月 日本帆走飛行連盟結成 ・10月 ヒルト（独）来日、日 本滑空機界に多大の影響42 ・11月 大蔵清三、日比親善飛 行（東京～台北～マニラ間 4032km/14時間54分）に成功
昭11 1936	45歳	○2～3月 所沢陸軍飛行場の航空記念館に伊藤飛行機所蔵の歴史的発動機二 　台を寄贈（4月24日付で校長徳川好敏より礼状来信）29	[二・二六事件]

		○6月1日 長男信太郎、練習生機(齋藤國松即死)に同乗し墜落、6月7日死去 [31]	
		○6月1日 日本軽飛行機倶楽部にグライダー部を新設 [42]	
		○9月2日 航空賞が制定され、純民間出身者三名の受賞者は安岡駒好、大蔵清三、張徳昌と全て伊藤飛行機研究所の出身者が独占 [42]	
		○11月1日 江戸川飛行場でグライダー練習開始式挙行 [42]	
		◇伊藤式A2型初歩練習機製作(13年3月までで百数十機)[概覧] [資14]	
		◇伊藤式B3・B5・B6・C1型練習機製作[概覧] [資14]	
		◇滑空機曳航用として恵美52型製作[概覧] [資13]	
昭12 1937	46歳	○4月23日 伊藤飛行機青年学校設置認可(企業内学校) [45]	・4月 朝日新聞社の神風号、訪欧飛行(東京～ロンドン)
		○5月27日 第1回帆走飛行競技大会(生駒山)ソアラーの部で清水六之助が伊藤式C2型で優勝 逓信大臣牌を賜る [資14]	
		○7月9日 新築事務所へ移転(工場と大格納庫の間の事務棟)	[日中戦争～1945]
		○8月8日 日野熊蔵、萱場資郎來場し無尾翼グライダー製作を受注 [42]	
		○11月19日 航空局より単座、複座の高性能滑翔機三種の試作命令 [42] [資14]	・航空予備軍として滑空士養成が中学校にまで及び、訓練用の初級機プライマリーが普及 [42]
		◇伊藤式C2型、C5型グライダー製作[概覧] [資14]	
		第二次株式会社設立と吸収合併化の時代/資本に翻弄《津田沼》	
		○12月25日 福西泰一郎、富尾兄弟の出資を得て株式会社伊藤飛行機創立(資本金50万円)＊大正10年に続き二度目の株式会社に(登記13/1/15) [43]	
昭13 1938	47歳	○1月1日 盟友であり義兄弟でもあった大口豊吉死去 [9]	・2月 文部次官通牒「中等学校ニ於ケルグライダー滑空練習ニ関スル件」[42]以降、全国の中等学校に滑空部続々と設立
		○2月 無尾翼機HK-1の機体完成⇒島安博により150回以上の試験飛行実施する(～15年4月) [42]	
		○3月24日 兄弟子でありライバルでもあった白戸榮之助死去 [9]	
		○5月 航空局の指示により、5社で日本滑空機工業組合を設立し音次郎が理事長になる(伊藤、美津濃、アカシア、福田前田、日本小型飛行機)材料の共同購入、滑空機の価格協定など実施 6月8日 組合発会式 [42]	・5月 日本滑空機工業組合設立(6月 発会式) [42]
		○5月 「伊藤式各型グライダー」カタログ発行 [資14]	・5月 東京帝大のグライダー「航研機」が周回航続距離と平均速度で世界記録
		○11月18日 山縣殉職以来後進の育成を続けてきた安岡駒好死去	
		○伊藤式C6型、TC型、D1型グライダー(逓信省試作3機)製作 [資14] [42]	
昭14 1939	48歳	○1月 柏の豪農、実業家吉田甚左衛門が出資し相談役につくも、役員人事や株式譲渡、経営一任など不利な条件が重なり、音次郎は対応に苦慮する [43]	・8月 大日本航空(株)設立 [第二次世界大戦～1945]
昭15 1940	49歳	○4月 木下耶麻次の幹旋で舟崎由之が新出資者となる計画が本格化する [44]	・5月 文部省式1型グライダー試飛行成功 [42]
		○5月 吉田甚左衛門に30万円支払い、手を引かせる(資金は舟崎) [43]	
		○6月1日 音次郎、裸一貫になることを覚悟する [43]	・6月 逓信省松戸飛行場中央航空機乗員養成所開所式 [45]
		○6月 株式全部(50万円)を引き受けた航空機材工業(株)社長舟崎由之を新社長に迎え、音次郎は常務取締役となる [44]	
		○6月18日 航空神社建築準備を命ずる(本建築の社殿建設へ) [31]	
		○7月2日 山縣墜落地60坪を購入手続き(7/16登記) [23]	
		○7月13日 音次郎、再び社長に返り咲く [44]	
		○8月10日 オリンピアマイゼ製作完成・試飛行(15年五輪グライダー競技国際規準機 ソアラー) [42]	
		○8月29日 山縣飛行士殉空之地碑を墜落地の鷺沼に建立 [23]	
		○9月29日 音次郎、帝國飛行協會より民間航空功労者として表彰	・10月 帝國飛行協會、大日本飛行協會に改組
		○10月2日 松戸飛行場中央乗員養成所機26台の整備を引き受ける事になる	
		○10月8日 井上幾太郎大将に航空神社御神木の揮毫を依頼(合祀者名か?) [29]	・10月 文部省編「滑空訓練教程草案」刊行 [42]
		○10月21日 香取郡の神崎神社(主祭神天鳥船命)で御神符を受ける(分霊) [31]	
		○10月31日 夜、航空神社遷座祭 [31]	
		○11月1日 津田沼航空神社を工場敷地内に創建(山縣、長男信太郎始め研究所関係殉難者の合祀54柱⇒後104柱に)、航空神社祭を挙行 [31]	・12月「日本航空發始之地碑」建立(代々木練兵場内＝現代々木公園) [8]
		航空神社祭に先立ち奈良原三次へ胸像を贈る(白戸、音次郎、川辺連名) [30]	
		この日に合わせ合祀英霊名を記した「津田沼航空神社由来」作成 [31]	
昭16 1941	50歳	○1月 音次郎が社長を更迭され総務部長(常務兼任)に降格、社長には舟崎 [44][伊藤閥排除；兄久太郎 監査→顧問、甥清平 他社出向]	・文部省、滑空機購入補助金 [42]
		○3月 民間における飛行機操縦練習打ち切りに伴い、日本輕飛行機倶樂部自然消滅(昭和4年以来92名が免許取得、卒業) [41] 山縣豊太郎以来、飛行機、軽飛行機含め卒業生151名を数える	
		○9月23日「航空野武士会」で黎明期飛行家たちと旧交を温める[奈良原、川辺、相羽、豊間、飯沼、渡部、小栗、原、北尾、井上武、根岸、青島] [28]	[太平洋戦争～1945]
		○この頃軍需製品を扱うようになり好況(大量の工員募集広告) [44]	
昭17 1942	51歳	○1月13日 体調不良を訴える 1月23日チブス罹患で長期入院 3月5日退院 1月30日 妻きちもチブス入院(夫婦同室)3月14日退院	

		軍需工場時代/伊藤飛行機の名称消滅 《津田沼・松戸》	・4月 中等学校で滑空訓練が正課に［軍事教練の2分の1までグライダー可 3年30時間、4年40時間、5年30時間］
		○6月1日 『六月一日ヲ以テ航空器(機)材ト合併ス 法的ニハ七月トナル見込ミ』　45	
		○6月18日 音次郎、滑空機工業組合理事長を退き相談役に　42	
		○7月1日 合併の詳細、重役会で決定　45	
		○7月20日 伊藤飛行機解散　舟崎由之の航空機材工業に正式に吸収合併され日本航空機工業(株)と名称を改め、本格的な軍需工場として発展（資本金700万円）⇒終戦までの間に、対潜機、偵察機、紫電の翼など製作し軍へ大量に納入　＊「伊藤飛行機」の名称消滅　45	
		○常務取締役として松戸工場建設および運営に力を注ぐ　45	
		○9月6日 『午後山縣以來ノ卒業生名簿ヲ作ル』　資15	
		○10月 海軍監査工場に指定（以降、陸海軍より各種指定を受ける）　45	
		◇『1,000坪及び500坪の組立工場各1棟 2,000坪余の工作工場、工具宿舎、動員学徒宿舎二階建て2棟[略年譜]』㊟略年譜では15年とあるが誤記	
昭18 1943	52歳	○1月2日～7日 恵美会（伊藤飛行機の親睦団体）の旅行で妻きち、末子和子を連れて関西方面へ（家族旅行はこれが初めて 写真残る）　48	
		○4月20日 松戸工場に青年学校開設、入校式　45	
		○4月30日 松戸工場の所長に就任か？『松戸勤務…定期券ヲ求ム』鷺沼より松戸工場へ片道2時間通勤　45	
		○Y39（一式双発高等練習機の民間仕様機）の実寸大実験用グライダー製作　45	
		○10月21日 航空本部よりキ86（陸軍四式基本練習機）400機内示[日記]　製作・納入まで進んだかどうかは不明　45	
		○11月4日 航空本部よりキ76（陸軍三式指揮連絡機）200機の内示[日記]　後に爆雷装置艤装　㊟下記の30機作ったというキ57？ 対潜機のことか『陸軍よりキー57、木金混合の対潜機を受注　30機作って銚子飛行場に納入[略年譜]』㊟キ57は大型輸送機であり、キ76の誤りと思われる　45	
		◇この頃から完成軍用機の発注増える　45	
昭19 1944	53歳	○7月14日 師奈良原三次逝去(68歳)㊟生年は明9年12月、10年2月の二説あり　30	
		○9月13日 賀陽宮恒憲王殿下松戸製作所に台臨　45	
		○海軍戦闘機紫電の主翼製作[略年譜]　45	
		○長野県須坂に疎開工場を作る[略年譜]　45	
昭20 1945	54歳	○1月7日 常務取締役の音次郎は津田沼製作所長に就任　45	[敗戦]
		○8月15日『海軍の練習機を製作完納したとき丁度終戦となった[略年譜]』	・8月 GHQ日本国籍の航空機の飛行禁止　45
		○敗戦直後、全ての設計図等関係書類を自宅庭で焼却したという　資7　＊僅かに残ったのが本冊子掲載の写真と資料類である	・10月 GHQ日本の航空機生産・加工を禁止　45
		○9月7日 日本航空機工業(株)の取締役辞任　敗戦を機に航空界を引退　45	・11月 GHQ12月31日限り一切の航空活動を禁止［航空禁止令］　45
		○9月29日 舟崎たちは平和産業に転換し第二日本金属工業(株)設立するも、音次郎は「飛行機作らず鍋釜作るなら開拓に出る」と経営参加せず　45 46	
		恵美農場時代/竹林開墾に精を出す 《成田》	
		○12月 千葉県より14町歩の竹林の払い下げを受け、研究所の7家族と共に印旛郡遠山村駒の頭（29年成田市東峰に住居表示変更）に入植　45 46	
昭21 1946	55歳	○以後、縦横に根を張った竹林の開墾に苦労する　46	[日本国憲法公布]
昭22 1947	56歳		[日本国憲法施行]
昭23 1948	57歳	○12月3日 入植地で研究所の仲間と共に恵美開拓農業協同組合を設立　46　その後、竹林は立派な恵美農場として発展していく	
昭24 1949	58歳		
昭25 1950	59歳		
昭26 1951	60歳		・1月 GHQ、日本資本による国内航空運送事業認可の覚書［サンフランシスコ平和条約］
昭27 1952	61歳	○4月 佐渡島英禄への手紙に、19歳で上京する直前の緊迫した状況を記した日記文を引用して感謝の意を伝える　資料1	・3月 日本グライダー連盟設立

		○財団法人日本航空協会（前身帝國飛行協會→大日本飛行協會）評議員となる	・10月　日本航空協会設立
昭28 1953	62歳	○10月　航空神社の遷座に先立ち、15年発行の小冊子「津田沼航空神社由来」に英霊名と移転の記を追加して配布　31　資料1 ○津田沼工場跡より航空神社を入植地に遷座　地元の信仰厚く東峰地域開拓農民の産土神東峰(峯)神社となる5月18日地鎮祭・11月22日遷座祭31　資料1 ⊕「成田空港地域共生委員会記録集」には11月23日遷座とある	
昭29 1954	63歳		
昭30 1955	64歳		
昭31 1956	65歳		
昭32 1957	66歳		
昭33 1958	67歳	○10月〜11月　音次郎末子の井上和子と映画監督円谷英二が雑誌の週刊新潮誌上で書簡により音次郎の消息を語り合う　その後銀座で会い、円谷は「本当は飛行機の映画をつくりたかった」と和子に話す　49	
昭34 1959	68歳	○この頃から昭和40年代初頭にかけて「再現設計図」に取り組む　17 ○9月　佐渡島英禄に、大11平和博で受賞した「銀牌と賞状」を贈呈した　資1	
昭35 1960	69歳		・航空50年を記念してキティホークの米松の種を贈られる（日本航空協会宛）　4　47
昭36 1961	70歳	○春　米国より送られたキティホークの米松の種を恵美農場に播く　4　46 　（昭和46年7月　建設中の民間航空発祥之地碑脇に成長した米松を植樹）47 ○3月21日　少年期からの恩人佐渡島英禄死去（76歳）　資2 ○9月20日　運輸大臣表彰　46 ○宮中秋の園遊会に夫婦で招かれ天皇・皇后両陛下にお目にかかる　48 ○11月　佐渡島家に請われ、回想記「佐渡島英禄氏と私」を執筆。この回想記が「佐渡島英禄の生涯（月刊経済要報）」の一部として転載される　資2	
昭37 1962	71歳	○残存する唯一の「新農家日記(富民協会)」には『主人が…』と連日記述されており、妻きちが日記を書いている。（音次郎の日記は不明）	・7月　YS11第1号機完成 ・8月　同　初飛行に成功
昭38 1963	72歳	○3月22日　妻きち死去（66歳）　48	
昭39 1964	73歳	○10月19日　ＦＡＩ（国際航空連盟）よりポール・ティサンディエ賞授与される　46 ○「徳川好敏之像」建立（代々木公園）に発起人の一人として参加　8	・4月「徳川好敏之像」建立　8 　（代々木公園内） ［東京オリンピック］
昭40 1965	74歳	○4月頃「民間航空発祥之地碑」建設候補地として「山縣飛行士殉空之地碑」脇を選択、木柱の碑をたてる　47 ○8月26日　セスナ機に孫幸雄と共に同乗し、操縦桿を握る（写真あり）46	・11月『富里地区新空港内閣内定す』
昭41 1966	75歳	運命のいたずら時代/晩年の不思議な縁《成田・習志野・稲毛》 ○恵美農場が新東京国際空港B滑走路予定地中央に位置することが判明　47 ○「日野熊蔵之像」（代々木公園）建立に田中不二雄と共に尽力　8 　4月23日『日野さんの像　除幕式（日記）』 ○6月20日　ＮＨＫテレビ「私の秘密」出演 ○11月頃「民間航空発祥之地碑」建設候補地として稲毛を選択（後決定）47	・4月「日野熊蔵之像」建立　8 　（代々木公園内） ・6月　新東京国際空港が成田市三里塚に閣議決定　47 ・12月　沖合埋立事業で造成された旧干潟飛行場跡地が習志野市編入（袖ケ浦に）47
昭42 1967	76歳	○この頃の前後数年間、長い飛行家人生を彩った膨大な写真の整理をしたり思い出をまとめたりして「アルバム」「伊藤飛行機研究所略年譜」等の作成に取り組む　1　全編　資4 ○8月26日　空港反対政党の日本社会党に対し毎日新聞の投書欄に痛烈な質問を投書する　さらに勝間田委員長宛に空港賛成論を送付した　47 ○11月17日　土地調書（空港用地の所在、地目、地積等調査）作成に応じ押印47 ○11月18日　「私の人生」と題した航空人生を振り返る文を書く　50	・空港反対闘争激化　47

年号	西暦	年齢		
昭43	1968	77歳	○1月4日 用地売却契約第一号グループとして、空港公団の用地買収に応じ 1町9反3畝（約1.91ha 家族名義含む）を売却する 47 ○4月 成田より元伊藤飛行機研究所滑走路跡の埋立地習志野市袖ヶ浦5丁目に末子井上和子一家と共に居を移す［航空神社御神体の航空事故英霊者名木札も遷す］ 47 ○7月 この頃、空港賛成の立場から何種類ものチラシを作成（1回に1万数千枚）し、新聞折込等で地域に配布する 47 ○11月3日 勲五等 雙光旭日章受章 46	
昭44	1969	78歳	○1月 円谷英二が「日本ヒコーキ野郎」のテレビ映画制作の具体的な計画を立てテレビ局側と交渉中（円谷から音次郎宛書簡による） 49 ○4月29日「山縣豊太郎50年忌法要」「航空懇話会」を殉空之地碑前で実施、航空関係者多数参集 音次郎製作の鶴羽2号模型を参列者に配る 23 47	
昭45	1970	79歳	○1月 円谷英二氏逝去 音次郎を主役の一人とした映画化は幻と消える 49	
昭46	1971	80歳	○重い病気をおして稲毛海岸（現稲岸公園内）に民間航空発祥之地記念碑建立のため建設委員会代表として尽力する 47 ○記念碑脇に音次郎が成田市東峰で育てたキティホークの米松を植樹 4 47 ○7月29日 民間航空発祥之地記念碑除幕式を挙行 病院から式典に参加 47 ○8月30日 平木國夫氏、音次郎日記をもとにした音次郎の伝記小説「空気の階段を登れ」を朝日新聞社より刊行 1 ○12月26日 国立国府台病院（市川市）で永眠 旧松戸飛行場近くの八柱霊園に眠る（輝翔院浄音得造居士） 47 ○同上 正六位叙位（奏授） 46	・成田空港用地第一次（2月）第二次（9月）行政代執行 47
昭51	1976		○ ＮＨＫ朝の連続ＴＶ小説「雲のじゅうたん」放映 門下生兵頭精が主人公のモデルの一人となる 26	
昭53	1978		○音次郎悲願の民間空港「新東京国際空港」A滑走路1本のみで開港 47	・5月 新東京国際空港開港 47 （A滑走路1本のみで）
平13	2001		○三男仁三郎、成田空港隣接の航空科学博物館敷地内に航空神社を建立するため尽力 音次郎より依託され自宅に祀っていた津田沼航空神社の御神体を遷す 31	
平14	2002			・B滑走路暫定的に供用開始（未収用地＝東峯神社周辺を避け北西側に320m延伸）
平16	2004			・4月 新東京国際空港が民営化、「成田国際空港（株）」に
平22	2010		○「空気の階段を登れ 新装版」が三樹書房から刊行	
平23	2011			［東日本大震災］
平24	2012		○7月24日～29日 習志野市菊田公民館にて「伊藤音次郎展」開催 7月29日 同上最終日に本書監修の井上和子氏の講演会 講演記録は資9 ○9月29日 東京駅赤レンガ駅舎復元オープン（10月1日）関連の新聞記事により伊藤飛行機研究所空中写真部撮影の東京古写真が90年振りに日の目を見る。見出しには『90年前の大正11年撮影の航空写真発見！』『関東大震災直前の首都東京』など全国紙、地方紙多数が写真と解説掲載。週刊誌の巻頭カラーグラビア4ページにも。 34 ○この年の暮れ、元伊藤飛行機研究所工場建物（化学薬品工場に転用）が取り壊され90年余の歴史に幕を下ろした 21	
平30	2018			・3月 稲毛民間航空記念館閉館
令2	2020		○8月29日 山縣豊太郎没後100年法要が、「殉空之地碑」前において地元鷺沼・袖ケ浦の住民たちにより挙行された 23	
令3	2021		○「伊藤音次郎生誕130年」「民間航空発祥之地碑（稲毛）建立50周年」「音次郎没後50年」	［東京オリンピック パラリンピック］
令5	2023		○本書「歴史的資料で読み解く伊藤音次郎」刊行	

おわりに

　習志野市菊田公民館で開催した「伊藤音次郎展（平成24年7月）」以来10余年で、ようやく一冊の書籍としてまとめることができました。航空素人が書き上げた本書が、日本民間航空史上における伝説の飛行家「伊藤音次郎」の多大な功績［設計、製作、冒険飛行、後進育成、企業経営、新規事業開拓、そして不思議な運命等］を正しく伝えられたでしょうか。また、少年時代からの夢を生涯追い続け永遠の青春を謳歌する生き生きとした姿、誠実で誰をも信頼し信頼されるまっすぐな生き方、「栄光」と「挫折」そして「復活」を何度も繰り返した波瀾万丈の航空人生を描くことができたでしょうか。本書籍を通じて、音次郎と仲間たちの挑戦する姿とその魅力を感じていただけたならば幸いです。

　井上和子氏、西村美和氏の監修および御協力のもと、遺された資料を整理・調査する中で新たに発見された貴重な原資料を、詳細な日記・アルバム写真と共にできる限り掲載し、音次郎を理解するための「資料集的な役割」も持たせました。その結果、様々な分野やテーマから音次郎に迫ることができました。ただ一方では、間口が広くなった分音次郎の挑戦する心の内に分け入ることができず、表面的になぞっただけではないかとの反省があります。さらには、旧仮名遣いおよび難解な漢字や語句、膨大な原資料の多用による読みにくさのため、現代の青少年に音次郎の生き方から学んでほしいという密かな願いが曖昧になってしまったのではと、義務教育に携わってきた者として心残りもあります。

　なお、本書には通説と異なる記述が複数含まれています。これらは、「音次郎日記やアルバム写真」など数少ない資料から感じた航空素人ゆえの素朴な疑問であり、通説を修正するような強固な論拠を持つものではありませんが、批判を覚悟の上で通説と併せて掲載しました。

　今後とも、より一層黎明期民間航空史および伊藤音次郎の事績を追究し、広く伝える努力を続けていく所存ですので、専門的あるいは多様な視点から本書の記述内容や各種資料の取り扱い方等を検証していただき、誤謬や論理の飛躍、説明不足な点を御指導いただきたいと存じます。

　おわりに、航空素人の初歩的な疑問にも懇切丁寧に御指導あるいは励ましていただきました航空史研究家の小暮達夫氏はじめ、本書刊行および伊藤音次郎展や各種講演会開催にあたり御協力、御指導いただきました多くの皆様方、関係機関に厚く御礼申し上げます。ありがとうございました。

　　　　令和5年7月

長谷川　隆

御協力、御指導および各種資料を提供していただいた皆様方 　（敬称略）

伊藤家関係者［二女 故伊藤惠美子、末子(四女) 井上和子、孫 西村美和
　　　　　　三男伊藤仁三郎妻 伊藤文代、孫 伊藤幸雄、孫 安田美緒子］
日本航空協会、所沢航空発祥記念館、静岡県磐田市大見寺、沖縄県南風原町役場、宗教法人飛行神社、愛媛県八幡浜市教育委員会、稲毛民間航空記念館(平成30年閉館)、習志野市教育委員会、習志野市菊田公民館、習志野市菊田公民館地区学習圏会議、千葉市立郷土博物館、松戸市立博物館、鎌ケ谷市郷土資料館、東北芸術工科大学東北文化研究センター、共同通信社、新潮社、産経新聞社、ならしの朝日新聞社、国立国会図書館、千葉県立中央図書館、熊本県立図書館、高岡市立中央図書館、成田山仏教図書館、習志野女性史聞き書きの会、早稲田大学広報課、小暮達夫、長島宏行、苅田重賀、佐渡島英厚、白戸和子、故影山艶子、坂倉典子、円谷 粲、古池啓一、上原すみ子、徳川 真、巖谷國士、安藤義淳、中村英利子、鈴木秀生、さいとう写真館、岡下富彦、南 慎二、井上千秋、安原修次、米澤弘実、田中 実、故新井英夫、小高宏文、小林義明、西眞裕美、岩城昌子、大矢弘孝、尼木資之、市原善衛　多くの皆様方

引用・転載および参考文献・資料、伊藤音次郎遺品類について

＊航空機および航空史の基礎知識が皆無の私にとって、一般教養書を含め航空関係の通史や概説、個人史、地域史、写真集等初歩的な資料（主に二次資料）から概略を学ぶことは必須であり、その上ではじめて歴史的な文献や伊藤音次郎の遺した貴重な一次資料の数々を理解することができたのでした。次頁の文献・資料の収集（書店以外でも国会図書館・航空図書館・千葉県立中央図書館・ネットの古書通販等）および資料の読解は私の伊藤音次郎調査の軌跡であり、一般教養書やマンガから専門書まで多少なりとも目を通した文献・資料（図書館での複写物を含む）を全て列挙させていただきました。今後の伊藤音次郎を中心とした黎明期民間航空史研究の一助になればと思います。
＊一次資料（論の引用元となる原典・原資料等歴史的文献）と数多くの二次資料（原典を引用または参考にした研究書・評論・批評・写真集・小説などの各種著作物）が混在しています。
＊一次資料（原資料）を収集、検索できず、二次資料から引用・参照した孫引きの箇所も多くあることお許しください。

＊参考文献・資料、伊藤音次郎遺品類の一覧
　　　　　　　　　　　　　　　　　　　　　　　　　　　＊テーマ別刊行順に分類
◇伊藤音次郎遺品類［伊藤家（井上和子、伊藤幸雄）所蔵　非公開］
　「（仮称）音次郎日記　原本」　　　　　　　　明治38年〜昭和46年［原本　一部欠落　※大半は千葉市に寄贈］
　「（仮称）音次郎日記　日本航空協会活字起こし」明治42年〜昭和18年［一部欠落］
　　　　　　　　　　　　　　　　　　　　　［日本航空協会による活字起こし＆日記写真　協会ＨＰで公開中］
　「（仮称）音次郎日記　平木國夫氏活字起こし」大正３年〜６年［平木國夫氏による活字起こしのうちの一部］
　　　　　　　　　㊟活字起こし＝音次郎日記は極めて読みにくく、古文書のように解読しデータ化する必要があった
　「（仮称）音次郎アルバム　全５集」　　　　　明治末〜昭和年間　昭和42年前後に音次郎が再編集
　「（仮称）音次郎アルバム　その他」　　　　　昭和戦前［グライダー時代　奈良原三次集］同上再編集
　「各種写真類」　　　　　　　　　　　　　　　大正〜昭和年間　音次郎およびご家族撮影のバラ写真
　「二男徳次編集アルバム」　　　　　　　　　　昭和15年前後に撮影（一部昭和初期含む）
　「航空写真　東京名所」　　　　　　　　　　　大正10年〜11年頃撮影のバラ写真（名所一覧添付）
　　　　　　　　　　　　　　　　　　　　［伊藤飛行機研究所空中写真部の矢野周一撮影・後藤勇吉操縦］
　「（仮称）設計構想メモ」全118ページ　　　　大正５〜７年　音次郎自筆の設計構想図面帳
　「第二征空小史」中正夫編輯　　　　　　　　　大正10年　伊藤飛行機研究所
　「伊藤飛行機株式會社　概要一覧」　　　　　　昭和13年　伊藤飛行機株式會社（第二次）
　「津田沼航空神社由来　合祀名簿」　　　　　　昭和15年　伊藤飛行機株式会社　／　28年(補遺)　恵美会
　「各種設計図の再現図」Ａ４方眼紙全23枚　　　昭和30年代〜40年頃　音次郎自筆の再現図面
　「伊藤飛行機研究所略年譜」原稿用紙全27枚　昭和40年前後　音次郎自筆の原稿
　「空港絶対反対の皆さん（草稿、新聞折込チラシ原本）」昭和43年　音次郎作成
　「国・県・空港公団よりの回答書および礼状類」昭和42、43年　音次郎宛
　「日本社会党委員長勝間田清一宛意見書」（草稿、送付用印刷物）昭和43年　音次郎の意見書
　「土地賣渡通知書」（入植時書類）　　　　　　昭和20年　千葉県
　「土地売買契約書」（空港用地売却書類）　　　昭和43年　新東京国際空港公団総裁と伊藤音次郎署名
　「東峰恵美農場＆周辺地域実測図」　　　　　　昭和42年　千葉県
　「音次郎宛て書簡類各種」　　　　　　　　　　各年次　　二宮忠八、徳川好敏、佐渡島英禄、奈良原三次、
　　　　　　　　　　　　　　　　　　　　　　　　　　　　　大隈信常、井上幾太郎、井上長一、円谷英二ほか多数
　「音次郎差し出し書簡類各種（カーボン紙複写）」昭和40〜44年　佐渡島英禄、平木國夫、円谷英二宛ほか
　「知人、門下生等記載の過去帳」伊藤音次郎作成　各年次
　「音次郎11〜13歳時ほか水彩画類多数」　　　明治36年〜38年他　音次郎自筆水彩画、デッサン
　「鶴羽二号機木製模型」　　　　　　　　　　　昭和44年　山縣豊太郎50年忌参加記念品として音次郎が制作
　「伊藤飛行機株式会社正門表札（銅製）」　　　昭和16年以前　伊藤飛行機株式会社
　「賞状類、メダル類各種」　　　　　　　　　　大正〜昭和
　「奈良原三次アルバム写真、メダル類等遺品各種」明治末期〜昭和戦前
◇伊藤音次郎著作物
　「鷺沼の干潟から巣立った鳥人たち」伊藤音次郎　昭和17年　写本(㊟原本を習志野市教委が昭和40年代に筆写　2種)
　「音次郎差し出し影山利政氏宛年賀状」　　　　昭和28年〜46年
　「回想記　佐渡島英禄氏と私」伊藤音次郎　　　昭和37年　月刊経済要報(㊟大阪・堺市経済界の発行)
　　　　　　　　　　　　　　　　　　　　「浪速商人伝　佐渡島英禄の生涯」北木小馬　所収
　「日本最初の東京上空三十秒」伊藤音次郎　　　昭和41年　「文藝春秋　７月号」所収　文藝春秋社
　「雑記帳」　　　　　　　　　　　　　　　　　昭和41年頃　稲毛時代や玉井清太郎の思い出
　「私の人生」原稿用紙全２枚　　　　　　　　　昭和42年　音次郎自筆の原稿
　「社会党と成田空港　〜どう解決するか聞きたい」伊藤音次郎　昭和42年　毎日新聞投書欄
　「民間飛行一番機はこうして飛んだ」伊藤音次郎　昭和46年　「別冊新評　飛行機全特集」評論新社　所収
　「民間航空発祥之地碑誌」郡　捷編集　　　　　昭和46年　民間航空発祥之地碑建設委員会
◇伊藤飛行機研究所（製作所）関係
　「第二征空小史」※再掲　　　　　　　　　　　大正10年　伊藤飛行機研究所
　「(株)伊藤飛行機研究所　営業報告書　第壹期〜第五期」大正10年〜13年　株式會社伊藤飛行機研究所
　「伊藤飛行機株式會社　概要一覧」※再掲　　　昭和13年　伊藤飛行機株式會社（第二次）
　「伊藤式各型グライダー」販売用カタログ　　　昭和13年　伊藤飛行機株式會社（第二次）
　「津田沼航空神社由来　合祀名簿」※再掲　　　昭和15年　伊藤飛行機株式會社（第二次）
　「航空機材工業(株)　営業報告書　第壹回〜第拾参回」昭和４年〜20年（※代表　舟崎由之）
　　　　　　　　　　　航空機材工業株式會社〜日本航空機工業株式會社〜舊第二日本金属産業株式會社
◇日本軽飛行機倶楽部関係
　「飛行家になるには」職業指導研究會編　　　　昭和８年　三友社　職業指導叢書(第一編)　所収
　「鷺沼の干潟から巣立った鳥人たち」倶楽部員名簿　※再掲　昭和17年　写本(㊟原本を習志野市教委が昭和40年代筆写)
◇日本航空協会刊行
　「日本航空史　明治・大正編」編纂　北尾亀男　昭和31年　日本航空協会
　「日本航空史　昭和前期編」　　　　　　　　　昭和50年　日本航空協会
　「日本民間航空史話」　　　　　　　　　　　　昭和41年　日本航空協会
　「日本航空史年表　証言と写真で綴る70年」　　昭和56年　日本航空協会
　「男爵の愛した翼たち（上）」　　　　　　　　平成18年　日本航空協会
　「それでも私は飛ぶ」藤原洋、藤田俊夫　　　　平成25年　日本航空協会
　「Ｊ−ＢＩＲＤ」河守鎮夫　他　　　　　　　　平成28年　日本航空協会
　「「伊藤音次郎日記」にみるスペインかぜ　航空パイオニアのみた100年前のパンデミック」今野大輔
　　　　　　　　　　　　　　　令和２年　日本航空協会「航空と文化　No.121」所収

◇平木國夫氏著作物
「平木國夫ヒコーキの小説特集号」小説および取材ノート等15編 平木國夫 昭和51年 別冊「人間像」所収
「空気の階段を登れ」平木國夫　　　　　　　昭和46年　朝日新聞社 ＊初版
　　　　　　　　　　　　　　　　　　　　　平成22年　三樹書房
「鳥人たちの夜明け」平木國夫　　　　　　　昭和53年　朝日新聞社
「日本ヒコーキ物語　北海道篇」平木國夫　　昭和55年　冬樹社
「日本ヒコーキ物語　北陸信越篇」平木國夫　昭和55年　冬樹社
「日本飛行機物語　首都圏篇」平木國夫　　　昭和57年　冬樹社
「イカロスは翔んだ　日本航空界の先駆者たち」平木國夫　昭和58年　国際情報社
「空駆けた人たち　静岡県民間航空史」平木國夫　昭和58年　静岡産業能率研究所
「南国イカロス記　かごしま民間航空史」平木國夫 昭和62年　酣燈社
「越の国のイカロスたち」平木國夫　　　　　昭和64年/平成元年　富山新聞連載記事の写し
「伊予から翔んだイカロスたち　えひめ民間航空史」平木國夫　平成3年　酣燈社
「飛行家をめざした女性たち」平木國夫　　　平成4年　　新人物往来社
「イカロスたちの夜明け　民間飛行家第1号たちの生涯」平木國夫　平成8年　グリーンアロー出版社
「黎明期のイカロス群像」平木國夫　　　　　平成8年　グリーンアロー出版社
「小説家内田百閒と航空学生たち」平木國夫　平成11年　酣燈社
「すばらしき飛行機時代」平木國夫　　　　　平成12年　アトラス出版
「イカロス群像　神奈川民間航空事始」平木國夫 平成20年　酣燈社
「悲喜こもごも取材楽屋話（連載　その1〜81）」平木國夫　昭和58年〜平成18年
　　　　　　　　　　　　　　　　　　　　　航空ジャーナリスト協会誌「風°天ニュース」所収
◇稲毛民間航空記念館刊行物（㊟平成30年3月31日閉館）
「民間航空発祥の地稲毛　100周年記念誌」　平成25年　千葉市みどりの協会
「稲毛民間航空記念館展示解説書 “稲毛海岸飛行場物語”」平成26年　千葉市みどりの協会
◇航空事故関係
「航空殉職録　民間編」　　　　　　　　　　昭和11年　航空殉職録刊行会
「日本の航空機事故90年」大内建二　　　　 平成15年　交通研究協会
◇写真集、辞典関係
「海軍雑誌 “海と空” 臨時増刊　寫眞日本航空史」昭和10年　海と空社
「日本傑作機物語」“航空情報№.99” 臨時増刊 昭和34年　酣燈社
「日本の航空50年」　　　　　　　　　　　昭和35年　酣燈社
「日本航空史　日本の戦史③ 別冊1億人の昭和史」昭和54年　毎日新聞社
「日本の航空史（上）1877〜1940」　　　 昭和58年　朝日新聞社
「日本の航空史（下）1941〜1983」　　　 昭和58年　朝日新聞社
「日本航空機辞典 上巻 1910−1945」　　 平成元年　モデルアート社
「日本陸軍軍用機パーフェクトガイド　1910−1945」　平成17年　学研
「J−BIRD」河守鎮夫 他 ※再掲　　　　　平成28年　日本航空協会
◇航空史関係（※日本航空協会刊行物は別に分類）
「日本警防大鑑　附録 航空機が今日の發達を來すまで」奈良原三次　昭和15年　日本輕飛行機倶樂部圖書部
「雲の上から見た明治　ニッポン飛行機秘録」横田順彌　平成11年　　学陽書房
「日本民間航空通史」佐藤一一　　　　　　　平成15年　国書刊行会
「飛行の夢　1783−1945」和田博文　　 平成17年　藤原書店
「戦後日本民間航空のあけぼの」鈴木五郎　　平成24年　潮書房光人社
◇滑空機関係
「伊藤式各型グライダー」販売用カタログ　※再掲 昭和13年　伊藤飛行機株式會社（第二次）
「滑空機　1890−1941」　　　　　　　昭和16年　朝日新聞社
「昭和17年版 世界滑空機年報」南波辰夫編 昭和17年　工人社
「滑空日本歴史寫眞輯(Web版)」渡部一英　昭和18年　航空時代社
「日本のグライダー　1930〜1945」川上裕之 平成10年　モデルアート社
「日本グライダー史」佐藤博 木村春夫編　　　平成11年　海鳥社
Web版「滑翔の灯」　　　　　　　　　　　平成19年　滑空史保存協会
◇個人史および飛行家群像
「巨人・中島知久平」渡部一英　　　　　　　昭和30年　鳳文書林
「わがヒコーキ人生」木村秀政　　　　　　　昭和47年　日本経済新聞社
「伊藤音次郎　わが国民間飛行機の創始者」村田博史　昭和53年　津市市民文化第4号
「虹の翼（二宮忠八伝）」吉村昭　　　　　　昭和55年　文藝春秋
「二宮忠八小伝」　　　　　　　　　　　　　平成14年　宗教法人 飛行神社
「房総ヒコーキ物語」岡田宙太　　　　　　　昭和60年　侖書房
「今里広記から学ぶ男の魅力学」永川幸樹　　昭和60年　KKベストセラーズ
「ヒコーキ野郎たち」稲垣足穂　　　　　　　昭和61年　河出書房新社
「資料集　飛び安里」　　　　　　　　　　　平成3年　沖縄南風原「飛び安里」初飛翔顕彰記念実行委員会
「鳥人、後藤勇吉」吉田和夫　　　　　　　　平成8年　朝日ソノラマ
「学習まんが人物館　円谷英二」　　　　　　平成8年　小学館
「兵頭精、空を飛びます！」中村英利子　　　平成12年　アトラス出版
「始祖鳥記」飯嶋和一（小説版 浮田幸吉）　 平成14年　小学館
「新装版　本田宗一郎からの手紙」片山修 編 平成19年　PHP研究所
「佐渡島英禄の足跡」佐渡島英厚　　　　　　平成22年

「日本の空のパイオニアたち」荒山彰久　　　　　平成25年　早稲田大学出版部
「お嬢さん、空を飛ぶ」松村由利子　　　　　　　平成25年　ＮＴＴ出版
「航空黎明期　郷土『播州』の名パイロット大蔵清三氏の記録」原田昌紀　関西航空史料研究会編　平成26年
「奈良原門下の航空モニュメント」川畑良二　平成27年　稲毛民間航空記念館における講演会レジュメ
「徘徊在両個祖國［さまよい　両祖国のはざまで］上下（謝文達　伝）」謝東漢、呉余徳（謝文達の子・孫）
　　　　　　　　　　　　　　　　　　　　　　2016年（平成28年）台湾（台湾語版）
　Web資料　＊各地域史中の飛行家の足跡や紹介　各年次　全国各自治体HP、地域住民HP等
◇小暮達夫氏著作物
「空のパイオニア飯沼金太郎と亜細亜航空学校」小暮達夫　平成26年　「航空と文化」日本航空協会　所収
「旧制佐倉中学校滑空部史話（前・後）」小暮達夫　平成26・27年「佐倉市史研究」佐倉市　所収
「国内初の民間飛行場となった稲毛海岸」小暮達夫　平成29年「千葉いまむかし№.30」千葉市教育委員会　所収
「ひとすじのヒコーキ雲　航空黎明期のパイロット・飯沼金太郎の生涯」小暮達夫　平成30年
「千葉市所蔵の木製プロペラに関する一考察」小暮達夫　令和5年「千葉いまむかし№.36」千葉市教育委員会　所収
◇新東京国際空港・成田闘争関係
「成田市動態図鑑　昭和42年度版」　　　　　　　昭和42年　成田市商工会
「新東京国際空港の計画」　　　　　　　　　　　昭和44年　新東京国際空港公団
「千葉県戦後開拓史」千葉県戦後開拓史編集委員会編　昭和49年　千葉県
「三里塚アンドソイル」福田克彦　　　　　　　　平成13年　平原社
「成田空港地域共生委員会記録集」　　　　　　　平成23年　共生委員会記録集編集委員会
◇各市町村郷土史関係
「うつりかわる鷺沼」安原修次　　　　　　　　　昭和48年　ガリ版刷り　・　平成29年　新装版
「習志野市教育百年誌」　　　　　　　　　　　　昭和51年　習志野市教育研究所
「習志野市史　第一巻　通史編」　　　　　　　　平成7年　習志野市
「習志野市史　第四巻　史料編Ⅲ」　　　　　　　平成6年　習志野市
「新版　習志野　～その今と昔」　　　　　　　　平成16年　習志野市教育委員会
「小学校副読本　わたしたちの習志野市　令和3年度版」毎年加除訂正の上刊行　習志野市教育委員会
「聞き書き　習志野の女性たち2」　　　　　　　平成17年　習志野女性史聞き書きの会（史の会）
「写真集　千葉のあゆみ」　　　　　　　　　　　平成3年　千葉市
「鎌ケ谷市史　資料集17 近・現代聞き書き」平成20年　鎌ケ谷市
「鎌ケ谷市史　資料編Ⅳ・下（近・現代2）」平成25年　鎌ケ谷市
「鎌ケ谷のあゆみ（三訂版）」　　　　　　　　　平成24年　鎌ケ谷市
「松戸市史　下巻（二）大正・昭和編」　　　　　昭和43年　松戸市役所
「習志野　八千代の昭和」（「民間航空の開拓者・伊藤音次郎」の章）分担執筆　長谷川隆　平成29年　いき出版
「成田史談」22号　昭和52年・65号　令和2年　　　　　　　　　　成田市文化財保護協会
◇地図、航空写真関係
「成田市動態図鑑　昭和42年度版」※再掲　　　　昭和42年　成田市商工会
「地形図（各縮尺）」　　　　　　　　　　　　　戦前各年次各地域　大日本帝国陸地測量部
「地形図（各縮尺）」　　　　　　　　　　　　　戦後各年次各地域　国土地理院
「絵はがき　－写真に残された明治・大正・昭和－」平成17年　船橋市郷土資料館　地域研究資料4
「航空写真（Web公開）」国土地理院Web　　　戦前各年次各地域　大日本帝国陸軍　米軍
　　　　　　　　　　　　　　　　　　　　　　戦後各年次各地域　国土地理院

◇新聞、雑誌関係
「東京朝日新聞、東京日日新聞、萬朝報、都新聞、大阪朝日新聞、読売新聞、毎日新聞千葉版（千葉毎日）
　やまと新聞、地方紙各紙　ほか明治・大正・昭和戦前期新聞記事」各年次　各新聞社
「飛行界、國民飛行、帝國飛行、飛行、航空朝日、航空時代、航空技術ほか大正・昭和戦前期の航空雑誌」
　　　　　　　　　　　　　　　　　　　　　　戦前各年次　各出版社
「週刊新潮　平成24年12月6日号巻頭カラーグラビア　東京駅等航空古写真」平成24年　新潮社
「週刊新潮」「週刊読売」「朝日新聞」記事　戦後各年次
「新聞各紙　平成24年9月28日または29日付　東京駅古写真を巡る特集記事」平成24年
　　　　　　　　　　　　全国紙（毎日、産経、日経）、地方紙（千葉日報、埼玉新聞等20紙）
「翼のある風景　№.19」　　　　　　　　　　　昭和62年　日本航空宇宙工業会
◇統計資料
「航空要覧」　　　　　　　　　　　　　　　　　大正14年　昭和3年　逓信省航空局
「航空年鑑」　　　　　　　　　　　　　　　　　昭和5年～16・17年　帝國飛行協會、大日本飛行協會
「日本全國銀行會社録」「會社四季報」「ポケット會社職員録」各年次
「日本の創業者　－近現代起業家人名辞典」　　　平成22年　日本アソシェーツ㈱
「大正過去帳　物故人名辞典」稲村徹元　他編　　昭和48年　東京美術
「値段の風俗史」週刊朝日　編　　　　　　　　　昭和56年　朝日新聞社
「物価の文化史事典」森永卓郎　監修　　　　　　平成20年　展望社
　Web資料　「消費者物価指数」総務省統計局・「Q＆A 教えて！にちぎん」日本銀行　各年次
◇その他関連資料
「官報」国立国会図書館デジタルコレクション　各年次　独立行政法人国立印刷局
「西国立志編」中村正直　翻訳　明4（原文「自助論」サミュエル・スマイルズ　1859）昭和56　講談社学術文庫
「紅の豚1～4」宮崎　駿、アニメージュ編集部　平成4年　徳間書店
「『帰ってきたウルトラマン』の復活」白石雅彦　令和3年　双葉社
「航空関係の記念館等掲示物・パンフレット類」各年次　各航空記念館、博物館等
「図説　広告変遷史」　　　　　　　　　　　　　昭和40年　広告変遷史刊行会

著者

長谷川 隆（はせがわ たかし）

元千葉県習志野市立袖ヶ浦西小学校校長。市内外の小・中学校等で37年間教職に携わる。退職後は市立公民館生涯学習相談員。市内外で伊藤音次郎や郷土史に関する講演活動を行う。「習志野・八千代の昭和」（いき出版）に「民間航空の開拓者・伊藤音次郎」の章を執筆。習志野市藤崎在住。

監修者

井上 和子（いのうえ かずこ）

伊藤音次郎の末子（四女）。旧津田沼町鷲沼の伊藤飛行機製作所で出生。習志野市袖ヶ浦在住（元干潟滑走路跡地）。市内小学校等で、夫の友雄（故人）と共に父 伊藤音次郎を語り継ぐ講演活動などを行う。

西村 美和（にしむら みわ）

伊藤音次郎の孫。井上和子の長女。音次郎の遺品資料類の分類・整理に尽力する。鎌ケ谷市在住。

写真及び資料について

出版社の倒産および個人の連絡先不明のため資料の引用など、ご連絡ができなかったものがございます。弊社では引用の範囲をこえないものとし掲載させていただきました。もしおこころあたりのある資料などございましたら、出版社までご連絡のほどお願いいたします。

歴史的資料で読み解く **伊藤音次郎**

2023年11月30日 第1刷発行

著　　　者　　**長谷川 隆**

発　行　所　　**株式会社 遊タイム出版**
〒577-0067 大阪府東大阪市高井田西1-5-3
Tel 06-6782-7700　Fax 06-6782-5120
＜東京支社＞
〒141-0022 東京都品川区東五反田2-20-4 NMF高輪ビル7階
Tel 03-6417-4105　Fax 03-6417-3429
https://www.u-time.ne.jp

印刷・製本　　**株式会社 アズマ**

ISBN978-4-86010-365-1 Printed in Japan